KB210524

Le bluff technologique

Jacques Ellul

자끄엘륄총서 35
기술담론의 허세

지은이	자끄 엘륄
역자	안 성 헌
초판발행	2023년 11월 1일
펴낸이	배용하
책임편집	배용하
등록	제364-2008-000013호
펴낸곳	도서출판 대장간
	www.daejanggan.org
등록한곳	충남 논산시 매죽헌로 1176번길 8-54, 101호
편집부	전화 041-742-1424 전송 0303-0959-1424
분류	기술	기술담론	기술철학
ISBN	978-89-7071-573-5 04230
세트	978-89-7071-435-6 세트

 값 35,000원

추천사

박동열 교수 서울대학교

코로나19 팬데믹이 지금 종료된 것으로 보이지만, '롱 코비드' Long Covid로 불리는 코로나19 후유증과의 싸움은 여전히 진행형이다. 이달 말에서 다음 달 초, 일본이 후쿠시마 제1원자력발전소 오염수 2차 방류를 시작할 계획이라는 소식이 들린다. 이뿐 아니라, 전 세계적 차원에서 벌어지는 기후 온난화, 생태계 붕괴, 대기 오염, 에너지 자원고갈, 식수 부족, 사라지는 열대우림, 광우병, 유전자 변형 생물, 석면 핵폐기물, 남성의 생식기능 저하, 생물체 복제 등 환경·생태 위기의 소식은 점점 더해가고 있다. 실로 현대인은 급격히 발전하고 있는 첨단기술의 혜택을 받으면 받을수록, 이런 생태적 위기들을 더욱더 경험하게 되는 것 같다. 그리고 그 속에서 우리는 더더욱 비인간화와 주체성 상실을 깊이 절감한다.

이러한 상실감은 이미 하이데거가 경고한 바와 같다. 그는 현대 기술로 말미암아, 존재자들의 존재가 존재자에게서 사라져 버림을 이야기했고, 그 결과로 존재자는 존재의 무게와 신비를 상실했다는 사실에 경악할 것임을 선언했다. 그에 따르면, 현대 기술 문명의 근본적 문제는 지상에서 성스러운 것의 차원이 사라졌다는 사실에 있다. 말하자면, 인간을 비롯한 존재자 전체를 온통 처리가 가능한 에너지원으로 보는 존재 이해 방식이, 오늘의 기술사회의 문제라는 것이다. 그는 이러한 문제를 극복하기 위해, 존재 자체의 소리에 귀를 기울이면서, 사물과 존재자에 대한 지배 의지를 버릴 것을 촉구했다. 그리고 모든 사물에 다시 신비롭고 성스러운 존재의 충일함을 깃들게 하여, 경악이 경이와 기쁨으로 전환되도록 해야 한다고 주장했다. 그리고 전체의 '열린터' 안에서 모든 존재자는 자신의 고유한 모습을 드러내는 존재의 경험을 하고, 존재자들의 지배자가 아니라 '존재의 파수꾼'이 되는 것을 통해서만 현대 기술 문명의 위기를 극복할 수 있다고 언급했다.

한편, 엘륄은 자신의 책, 『기술, 시대의 쟁점』*Technique ou l'enjeu du siecle*이 미국에서 번역된 이래로『기술사회』*The Technological Society)*, 현대 기술에 대해 하이데거보다 더 강하게 비판했다. 그후 출판된 『기술체계』*System technicienne*와『기술담론의 허세』*Le bluff technologique*에서, 그는 사람들이 그토록 칭찬하고 있는 기술technique이 사회 문제의 심층에 있는 핵심 문제로 규정하고, 오늘날 자율성을 확보한 거대 기술체계가 지니고 있는 불확실성과 위험성을 깊고 폭넓게 다루었다. 예컨대, 그는 산업혁명을 통해 등장한 현대 기술 문명을 인간의 통제를 벗어난 자율적, 자기증식적 현상으로 파악했다. 그리고 현대 기술들은 점점 복잡해지고 세분화되어서 점차 전통적인 인간 공동체의 붕괴로 이어진다고 보았다. 그리고 기술사회에 내던져진 인간은 기술의 적응에 어려움을 겪게 되면서 절망감에 빠지게 되지만, 이런 절망감은 기술의 선전체제를 통해 기술 체제를 위협하지 못하고, 오히려 기술 체제에 도움을 주는 방향으로 해소된다는 것이다. 말하자면, 첨단기술에 대한 선전체제가 환상의 세계를 창출하면서, 기술이 지속해서 일으키는 각종 문제를 대부분 은폐한다는 것이다. 비록 기술전문가들이 각각의 기술을 다루고 있다고 하더라도, 정작 사람들은 기술의 전문화와 파편화로 인하여 기술체계 전체와 그 위험성을 볼 수 없게 되었다는 말이다. 그 결과, 인간은 기술에 대한 책임을 점점 상실하게 되어 버렸고, 기술은 바야흐로 비인격적인 실권자로 등장했다는 것이다. 그리고 기술은 점차 민주주의 모든 통제를 이탈하려는 경향을 띠면서, 사회 내부에 자율적인 기술체계를 구축해 가고 있다는 것이다. 그런데, 이러한 기술체계는 결국 인간의 자유를 매우 취약하게 만들어서 인간의 주체성을 점차 소멸시키고, 인간으로 하여금 허약하기 짝이 없는 모습으로 살게 만들어 버리고 말았다는 말이다.

『기술담론의 허세』는, 이 기술체계가 우리 사회의 각 영역에 미치는 역기능적 영향력들을 적나라하게 폭로하고 있다. 그런데, 이러한 엘륄의 폭로는 언제나 읽기가 불편한 측면도 있다. 독자들을 불편하게 하는 점이 어떤 부분일까? 아마도 엘륄이 기술사회의 문제점들만 잔뜩 제시하고 그에 대한 해결책이 무엇인지 명확히 제시하지 않기에, 극단적인 비관론자와 같은 그의 태도가 불편할 수도 있을 것 같다. 또한 현대 세계에 대한 그의 총체적 관점이 보이는 급진적인 분석 방식과, 온갖 것들을 문제 삼는 치열함과 엄격함에 독자들은 일종의 거부감 같은 것이 유발되기도 할 것 같다. 그리고 기술과정에서 변혁의 기회를 희망할 수 없다는 그의 결정론적 입장은, 독자들에게 탈출구가 없는 막다른 골목에서 봉쇄된 것 같은 불편한 인상을 주기도 한다. 하지만, 기술과 기술의 논리에 관한 그의 사유는 매우 명민하고 강고하며 총체적인 통찰력을 가지고 있다. 또한 전 세계를 지구적 차원에서 파악하는 그의 포괄적인 현실 이해는, 진보에 대한 무한한 신뢰와 인간의 자유로운 지배력에 대한 확신과 기술의 무한한 응용가능성에 대해 강하게 제동을 걸게 한다. 그리고 기술 세계에 대한 재인식을 촉구하는 그의 폭넓은 성찰은, 엘륄을 기술 비관론자라고 비난하는 사람들이 오히려 기술 낙관론에 함몰되어 현실을 정확히 보지 못하는 사람이라는 생각마저 들게 만든다. 결국 그의 사유는 독자로 하여금 성장 논리로 인해 나타나는 현대사회의 돌발변수와 위기들의 정체를 돌아보도록 하고, 그 일들이 어떻게 벌어지게 되었는지를 파악할 수 있는 실마리를 얻게 한다.

이처럼, 기술 문제를 깊게 생각하게 하는 삶으로 이끄는 본서를 번역하는 일은 결코 만만한 작업이 아니다. 우선 많은 페이지의 번역을 감당해야만 하고, 불행한 예언자의 우울함과 같은 엘륄의 비판들에 맷집이 강해야 하며, 시시콜콜한 사건들에 대한 이해와 친절하지 않은 저자의 문체들을 해독하는 값지불을 해야만 하기 때문이다. 하지만 역자는 저자만큼이나, 인공지능, 빅데이터, ChatGPT 등 첨단기술들로 둘러싸인 독자들에게, 소망의 언어로 각자의 삶을 되돌려 주려는 의지가 강했다. 그 결과 독자들은 자유로운 하나의 '열린터' das offene 를 선물로 받았다. 이제 본서를 통해 우리의 삶이 점점 사슬에 결박되어 가고 있다는 것을 깨닫는 일과, 또 이 사슬에서 벗어나는 길은 사슬의 정체를 파악하는 것에서 시작됨을 자각하는 일은 오로지 이 책을 읽는 독자의 몫이다. 이것이 "두렵고 떨려 전율마저 이는 자유"의 길이 아닐까?

기술 담론의 허세

기술담론의 선동과 선전

자끄 엘륄 _{지음}

안 성 헌 옮김

기술담론의허세

3부 · 부조리의 승리

시대의 척후병, 엘륄

장-뤽 포르케[1)

독자 여러분은 행운아다. 감히 그렇게 말하고 싶다. 지금껏 자끄 엘륄의
수많은 저작에서 어떤 길도 발견하지 못한 독자라면, 그 길을 발견할 가능
성이 가장 높은 것이 이 책이기 때문이다. 『기술담론의 허세』는 흔히 "기술
진보"라 불리는 표현을 논제 삼아 엘륄의 저작들에 접근할 수 있는 최적의
작품이며, 기술 진보에 관한 그의 통찰이 완성 단계에 이른 저작이다. 이 책
에서 엘륄은 때로 격정적으로, 때로 근엄하게, 때로 충격을 선사하고, 때로
예언자처럼 행동하면서 청년의 생동감과 역동성을 선보인다. 이 책이 출간
된 1988년 당시 엘륄은 76세였다. 시간차가 있지만, 오늘 이 책을 집어든
독자들은 놀라운 경험을 하게 될 것이다. 책 출간 당시 인터넷은 존재하지
않았다. 휴대전화도 없었고, 유전자 변이 옥수수도 없었다. 9·11 사건도 일
어나지 않았다. 그럼에도, 그는 오늘날 대부분의 사상가들보다 우리 시대
를 더욱 선명하게 그린다. 겉보기에는 점점 확실하고 투명한 세계처럼 보이
지만, 사실은 더욱 복잡해지고, 포착하기 어려워진 이 세계의 숨은 논리까

---

1) 『자끄 엘륄: (거의) 모든 것을 예견했던 사람』(*Jacques Ellul, l'homme qui avait* [presque] tout
   prévu, Le Cherche-Midi, 2003)의 저자다.

지 세세하게 들춘다.

오늘날 전 지구 차원의 생태 위기는 우리의 당면 과제가 되었다. 기후 온난화, 생태계 붕괴, 대기 오염, 에너지 자원 고갈, 식수 부족, 사라지는 열대 우림, 거듭되는 각종 위기, 광우병, 유전자 변형 생물, 석면, 핵폐기물, 세베조 사건2), 안테나 중계망, 알레르기의 폭발적 확산, 남성의 생식기능 저하, 생물체 복제 등 이루 헤아릴 수 없다. 뿐만 아니라 대중을 향한 무차별 테러까지, 이 모든 현상이 우리의 근심 덩어리이며, 눈앞에 있는 현실이다. 이것은 기술의 "기능 장애" 문제이면서, 심층에 숨은 '어떤' 문제이기도 하다. 엘륄은 이러한 현상들을 예고했고, 각 현상들의 뿌리를 "기술 Technique"3)이라 명한다. 엘륄에 따르면, 사람들이 그 효력을 찬양하기 바쁜 "기술 진보"는 무無주체 과정, 즉 주체 소멸의 과정으로 바뀐다. 다시 말해, 자율성을 확보한 맹목적인 권력은 나름의 규칙들을 따라 자가 성장하며, 성패成敗의 결과물을 대량 섭취하면서 살찌우기에 여념이 없다. **기술**이 인간을 해방한다고 하지만, 실상은 다르다. **기술**은 판단할 필요가 없는 명실상부한 실권자를 참칭하며, 민주주의의 모든 통제를 이탈하고, 제 멋대로 천연 자원을 고갈시키며, 사회 내부에 "기술 체계"를 구축한다. 결국 **기술**이 인간을 위기로 내몬다. 옛 사람들과 비교했을 때, 기술 체계의 내부에 사는 현대인은 겉멋만 들었지 허약하기 짝이 없는 존재들로 바뀌었다. 말만 번지르르할 뿐 인간의 자유는 취약해질 대로 취약해졌다. 체계화된 기술 전체주의가 삭제한 인간의 자유에 관하여, 엘륄은 성상 파괴자에 준할 정도

---

2) [역주] 1976년 이탈리아 롬바르디아주 세베조에서 일어난 다이옥신, 염소가스 과다 유출 사건이다. 스위스에 본사를 둔 제약회사에서 유출한 다량의 폐기물로 인해 막대한 가축 피해 및 인명 피해가 발생했다.

3) [역주] 엘륄이 대문자로 사용하는 '기술'(Technique)은 기술의 기능이나 작동을 넘어서 총체성 체계를 형성한 차원을 지칭한다. 또한 이것은 신의 지위에 오른 것처럼 절대화된 차원을 가리킨다. 기술은 인간의 통제권을 벗어나 인간을 포섭하는 일종의 전체주의다. 엘륄이 강력한 비판을 가하는 기술 사회는 세계에서 신을 비롯한 각종 지배 세력을 제거하면서, 자신이 새로운 신의 자리에 오르는 '기술 전체주의 사회'(la société du totalitarisme technicien)라 할 수 있다.

로 급진적인 분석을 시도한다. 그는 생애 전반에 걸쳐 이 문제를 지속적으로 깊이 연구했다. 때때로 사람들은 그의 분석을 '역겨운 복고주의' 라고 혹평 하기도 했고, 매체들을 우습게 여기는 지식계급의 오만한 태도라고 비난하기도 했다. 그러나 엘륄은 『기술담론의 허세』와 더불어 방대했던 자신의 지적 모험을 매듭짓는다. 다시 말해, 이 책에서 자신을 기술 연구 분야의 개척자로 만들었던 모험을 마무리한다. 고향 땅 프랑스에서 철저히 외면당하고 도리어 미국처럼 타지에서 관심의 대상으로 부각되었다. 올더스 헉슬리는 엘륄의 첫 대작인 『기술. 시대의 쟁점』을 영어권에 소개했고, 이 책의 영어판 출간을 앞당긴 장본인이다.[4] 최근 들어 엘륄의 저작들이 재편집, 재출간되며 세간의 이목을 끌고 있다. 특별히 대안 세계화 운동가들altermondialistes 반세계화운동 사이에서 그의 이름이 회자되고 있으며, 이들의 지성 배양과 학습에 엘륄의 지분은 상당하다. 대안 세계화 운동의 기수인 조제 보베[5]는 이미 1970년대 초반에 엘륄과 깊은 지적 교분을 나눴다. 만일 이들이 전인미답의 투쟁 양식을 창조하는 데 성공한다면, 엘륄 사상의 공헌과 타당성을 누

4) [역주] 『멋진 신세계』의 저자이자 영국의 작가인 올더스 헉슬리는 엘륄의 『기술. 시대의 쟁점』(1954)을 영어권에 처음으로 소개한 인물이다. 훗날 시카고대학교의 총장을 지내는 로버트 허친슨이 산타 바바라에 민주주의 진보를 위한 '싱크탱크' 연구소를 만들면서 유럽의 기술 연구서를 수집하던 중, 헉슬리의 소개로 엘륄의 책을 접했고, 이를 뉴욕의 출판사와 협력해 역간 작업을 진행했다. 프랑스에서 엘륄의 책은 일부 지식인들에게 호평을 받았을 뿐, 대중 차원에 유통되지 않았지만, 당시 기술 진보의 '기능 장애'(le dysfonctionnement) 문제를 피부로 느끼던 미국인들은 이 책에 깊은 관심을 보였다. 존 윌킨슨(John Wilkins)이 번역한 영역본은 1964년 『기술 사회』(The Technological Society)라는 제목으로 미국에서 출간되었다. 엘륄의 친구이자 산업 사회의 뿌리까지 비판하려 했던 급진 사상가 이반 일리치(Ivan Illich)도 이 책에 큰 영향을 받았음을 밝혔다.(1993년 11월 보르도 국제학술대회 개회사) 관련 자료를 참고하라. Jacques Ellul et Patrick Chastenet, À contre-courant. Entretiens, Paris, La Table Ronde, 2014 [1994], p. 51~52.

5) [역주] 조제 보베(José Bové , 1953-현재)는 프랑스 농민운동가, 환경운동가, 정치인이다. 식량 자주권 수호를 위해 1999년 프랑스 남부 미요 지역의 맥도널드 체인점을 트랙터로 밀어 버린 사건으로 유명하다. 식량 주권 문제와 세계 차원의 식량 분배 문제, 식재료 가공품 일원화 현상과 같은 문제가 정치경제 문제, 환경 문제와 결코 무관하지 않음을 꾸준히 외치는 활동가이다. 1970년대 초반 엘륄과 만났으며, 엘륄의 『혁명에서 반란으로』(안성헌 역, 대장간 2019)를 침대 머리맡에 두고 탐독했을 정도로 엘륄 사상에 심취했다. 보베의 사상에 대한 단면을 엿볼 수 있는 국내 자료로 『한겨레신문』(2004년 9월 13일자)에 실린 홍세화와의 대담을 참고하라(http://legacy.www.hani.co.kr)

구도 의심하지 않을 것이다.

★

자끄 엘륄은 1912년 보르도에서 태어났다. 18세에 읽은 마르크스의『자
본론』은 청년 엘륄의 사상을 전복시켰다. 사상의 전복을 체험한 엘륄은 그
후에도 꾸준히『자본론』을 참조한다. 엘륄은『자본론』의 각 주제들을 수
박 겉핥기로 읽지 않았다. 그리고 그의 꼼꼼한『자본론』읽기는 '확고한 반
공주의자 엘륄'이라는 결과에 이른다.[6] 그러나 마르크스의 지적 엄밀성,
연구 방법론, 지성계의 주요한 공헌 등은 엘륄에게 꾸준히 영향을 미친다.
『기술담론의 허세』에서 엘륄은 다음과 같은 말로 마르크스를 소환한다.
"나는 매우 오래된 주제지만, 동시에 망각된 주제 하나를 소환하려 한다.
우리는 이 주제를 끝없이 갱신해야 한다. 바로 '산업화'다. 후기 산업화에
해당하는 기술 사회 혹은 정보화 사회로서의 산업화는 생산을 위한 체제가
아니다. 또한 산업화는 소비 재화나 참살이도 아니며, 사람들의 생활 개선
책도 아니다. 산업화는 그저 어떻게 하면 더 많은 이익을 남길까 고민하는
생산 체제일 뿐이다. 산업화에 대한 이러한 해석은 '절대적'이다. 그 외 나
머지 해석은 모두 핑계, 변명 수단, 정당화일 뿐이다."541쪽

법학을 공부한 이후, 엘륄은 프랑스 정치생태학'écologie politique의 주요 기수
가운데 하나인 베르나르 샤르보노Bernard Charbonneau와 만난다.[7] 이후 두 사람
의 지적 동행은 일평생 지속된다. 피레네 지역에서 보낸 시절이 계기가 되

---

6) [역주] 엘륄이 주로 문제 삼는 부분은 마르크스 사상에 대한 마르크스주의자들의 왜
곡이다. 물론 마르크스 사상 자체의 오류나 시대 부적합성을 지적하기도 하지만, 엘
륄은 마르크스주의자들의 사상 왜곡 문제를 매우 신랄한 어조로 비판한다. 마르크스
사상과 그 사상의 후계자들에 관한 엘륄의 시각과 평가에 관해, 보르도대학교 정치
연구소에서 30년 간 강의한 내용을 엮은 두 권의 책을 참고하라.『마르크스 사상』(안
성헌 역, 대장간 2013),『마르크스의 후계자』(안성헌 역, 대장간 2015)

7) [역주] 이 부분에 대한 장-뤽 포르케의 진술을 교정할 필요가 있다. 샤르보노와 엘륄
은 고교 시절에 처음 만났고, 대학 진학 이후 피레네 산맥 야영 활동과 토론, 인격주의
운동 등을 통해 우정을 심화했다. 다음 자료를 보라. Frédéric Rognon, « Bernard Charbon-
neau et Jacques Ellul. Aux sources de l'écologie radicale du XXIᵉ siècle », dans Écologie & Politique,
nᵒ 44, 2012, repris dans Bernard Charbonneau et Jacques Ellul, La nature du combat pour une révo-
lution écologique, Paris, L'Échappée, 2021, p. 12.

어, 두 사람에게는 자연에 대한 공감대가 형성되었다. 1930년대 엘륄과 샤르보노는 학생들의 교육 자율권을 주장하는 모임에 가담했고, 에마뉘엘 무니에Emmanuel Mounier의 인격주의 운동과 밀접한 관계를 맺는다. 과잉 풍요 사회에 반대하고, 소박한 사회를 가꾸는 소규모 집단들의 확산을 기도한 엘륄과 샤르보노는 "세계적으로 사유하고, 지역적으로 행동하라Penser globalement, agir localement"이미 60년 전에 대안 세계화의 가능성을 주장했던 이들이 외쳤던 구호다!는 강령에 따라 살았다. 전쟁 발발 이후인 1940년 7월, 당시 스트라스부르대학교 교수로 재직했던 엘륄은 "전복적"인 주장을 폈다는 이유로 전격 해임된다.[8) 히틀러의 프랑스 점령기 4년 동안 엘륄은 보르도 인근 시골에 살며 '레지스탕스' 운동에 가담한다. 해방 이후 그는 도지사 직을 거부하고, 6개월간 맡았던 시의원직도 포기한다. 또한 "파리로 상경하지" 않고, 보르도대학교 교수로 남기로 결심한다. 이 시기부터 엘륄은 가히 걸작이라 할 수 있을 '기술' 연구에 매진한다.

1940년을 기점으로, 엘륄은 다음과 같이 자문했다. '만일 마르크스가 20세기에 살았다면, 과연 무엇을 "규정 요소"로 생각했을까?' 이 질문에 대한 엘륄의 대답은 '기술'이었다. 정치와 경제를 뛰어 넘어, 현 세계의 견인차는 기술이다. 엘륄은 이 대답을 추호도 의심치 않았다. 1954년에 위 질문과 대답에 직결된 책인『기술. 시대의 쟁점』이 출간된다. 이후 엘륄은 한 땀한 땀 바느질 하듯 기술 현상에 대한 연구서[12권를 쉼 없이 선보인다. 대중에 대한 허위 선전 문제를 다룬『선전』1962, 실체 없는 정치권력 문제를 논한『정치적 착각』1965, 새로운 사회 학설들을 논한『새로운 사회 통념들에 관한 주석』1966, 사회 계급의 변화를 다룬『부르주아의 변신』1967, 68년 5월 혁명의

---

8) [역주] 엘륄은 당시 나치의 괴뢰 정부였던 프랑스 비시 정부를 강경 비판했고, 프랑스와 독일의 접경지인 알자스와 모젤(로렌의 일부) 지역 청년들에게 징집 거부를 독려했다. Cf. Frédéric Rognon, « Jacques Ellul, le politique et le transhumanisme. Un regard chrétien sur le déferlement technologique », dans Marie-Jo Thiel et Talitha Cooreman-Guttin (dir.), *La vulnérabilité au prisme du monde technologique*, Strasbourg, Presses universitaires de Strasbourg, 2020, p. 199.

불발을 되짚어 본『혁명의 해부』1969, 현대 사회에서 혁명의 필연성이 불가능한 이유를 논한『혁명에서 반란으로』1972, 은폐된 종교성의 복귀를 지적한『새로운 신화에 사로잡힌 사람들』1973이 있다. 기술 문제를 폭넓게 연구한 '기술 삼부작'의 두 번째 책이자 자신의 사회학 연구의 이맛돌이라 할 수 있을『기술 체계』1977에서9) 엘륄은 새로운 형태의 '거대 종합 체계'를 주장한다. 정보의 무차별 난입 현상에서, '기술'과 '모든 하위 체계'를 결합하는 힘을 확인한 엘륄은 다음과 같이 단언한다. '앞으로, 사회 내부에서 이 힘이 "기술 체계"를 구축할 것이다. 기술 체계, 즉 기술 총체성 내부에서, 모든 영역은 상호 결합하고, 서로가 서로의 조건을 이루고, 서로를 강화시킬 것이다.' 이후 엘륄은 예술 분야를 교란시킨 기술을 연구한『무의미의 제국』1980과 이미지를 통해 기술이 언어의 가치를 박탈하는 법을 탐구한『굴욕당한 말』1981을 출간한다. 마지막으로『인간을 위한 혁명』1982에서 엘륄은 희망espoir을 언급한다. 마이크로컴퓨터의 정보처리기술은 희망을 부른다. 탈중심주의와 탈권력을 표방하고 사람들에게 자유 시간을 만들어 줄 이 기술은 인간을 노동에서 해방시킬 것이며 진정한 혁명을 일으킬 것이다. 이것과 연속해, 엘륄은『기술담론의 허세』에서 다시 한 번 희망에 주목한다. 만일 희망의 문이 단 몇 년이라도 열려 있다면, 인간은 역사의 호기好期를 놓치지 말아야 한다. "차일피일 미루면, 아예 손 쓸 수 없을지 모른다."

★

---

9) 마르크스를 발견하기 직전 해에 엘륄은 모든 것이 전복되는 것 같은 신비 체험을 한다. 결국 그는 신앙인이 되었고, 생애 전반에 걸쳐 신과 마르크스 사이에서 간극을 유지하는 모습을 보인다. 즉, 하나의 작업에 두 개의 얼굴인 셈이다. 기술 문제에 집중한 사회학이 한 쪽 얼굴이고, 또 다른 주제를 다룬 신학이 반대쪽 얼굴이다. 자끄 엘륄의 저작 목록을 참고하라. [역주] 엘륄의 기독교 회심 시기에 대해 마르크스 사상 이전과 이후에 대한 논란이 있다. 통상 1929년 여름에 엘륄의 기독교로의 회심이 먼저 있었고, 곧바로 9월 학기부터 법과대학에 개설된 마르크스 사상 강의를 들으면서 마르크스에 빠져 들었다고 알려져 있다. 그러나 엘륄의 제자이자 대담자였던 파트릭 샤스트네(Patrick Chastenet)의 기록에 따르면, 엘륄의 장남이 공개한 서신에는 엘륄의 회심 일자가 1930년 8월 10일로 적혀 있다. 샤스트네의 기록이 확실하다면, 엘륄의 기독교로의 회심은 마르크스 사상 접촉 이후의 사건이다. 다음 자료를 참고하라. Jacques Ellul et Patrick Chastenet, À contre-courant. Entretiens, op. cit., p. 13.

엘륄은 『기술담론의 허세』에서 구어체에 가까운 생동감 넘치는 문체로 '사악한 것'에 대해 기록한다. 그는 기술 체계의 모든 면과 우리 사회에 미치는 영향력을 적나라하게 폭로하고픈 열망의 소유자이다. 이 책에는 그 열망만큼 구체적인 사례와 참고자료가 풍부하다. 『기술담론의 허세』는 기술 체계에 대한 강조로 포문을 연다. 다시 말해, 기술에 관한 여러 담론들인 '테크놀로지'라는 용어의 본래 의미는 결코 허언이 아니다. 사람들은 기술의 장점에 대해 입에 침이 마르도록 칭찬했다. 그러나 거기에는 기술의 비용, 효용성, 위험에 대한 고찰은 쏙 빠졌다. 기술의 부정적인 측면을 은폐해 온 현대인은 환상의 세계에 빠지고 만다. 기술에는 양면성이 있다. 모든 기술 진보에는 그만한 대가가 뒤따르기 마련이다. 더군다나 기술 진보는 해결하기 어려운 각종 문제들을 야기한다. 오늘날 큰 타당성을 보이지 못하는 분석이 하나 있다. 바로 '우리가 생각하는 지구의 가장 큰 위협<small>엘륄이 이 책을 쓸 당시에는 널리 알려지지 않았던</small>은 자동차와 각종 산업시설물 때문에 야기된 온실 가스와 그로 인한 지구 온난화 아닌가?'라는 분석이다. 부정적 효과와 긍정적 효과는 결코 분리될 수 없다.[10] 뿐만 아니라, 경제 진보와 성장의 이면에는 예측 불가능한 결과들이 나타나며, 그 결과들의 총량도 증가한다. 기술이 새로운 위협 요소들을 끝없이 만들어 내는 현상을 보며, 엘륄은 친히 **"예지叡智力Prévoyance"**이라 불렀던 것을 회복하자고 말한다. 그가 명명한 **예지력**은 "행동들과 제도들을 견인하는 인간의 능력, 광범위하게 퍼져 언제 어디서 터질지 모르는 사고의 위험을 숙고하는 기본 교육"을 가리킨다. 이것은 현대인이 이야기하는 "사전예방원칙"[11]의 초안이 아닌가?

---

10) [역주] 기술의 양면성을 가리킨다.
11) [역주] "사전예방원칙"은 각종 재난과 위험을 미리 고려하고, 발생할 수 있는 위험 요소를 사전에 방지할 수 있는 정보를 제공하고, 사람들을 교육한다. 첫 번째 파도 이후에 도래할 두 번째, 세 번째 파도를 미리 예측하고 검토함으로써 더 큰 재난을 미연에 방지할 수 있는 효과를 기대한다. 엘륄은 이러한 예방원칙에 개인들의 지혜가 발휘되어야 한다고 보았다. 덧붙여, 그러한 지혜는 일차원적인 사고가 아닌, 입체적인 사고에서 비롯된다.

★

독자들은 이 책에서 오늘날 가시화된 여러 현상을 확인할 수 있을 것이다. 이를 몇 가지로 간추려 보자.

첫째, 홍수처럼 밀려든 기술 진보의 시대[12]와 관련해, 시민들의 자문을 구하기가 더욱 어려워졌다. 또한 시민들을 민주주의 통제권에 예속시키기도 어렵다. 오늘날 "공개토론장"과 같은 합의기구에서 시민들과 전문가들의 대화를 보면, 이러한 합의기구의 한계가 명확히 드러난다.

둘째, 문화를 흡수하는 기술 문제가 대두된다. 인터넷의 출현을 예감했던 엘륄은 "문서처리"에 "문화"를 섞으려는 시도에 거리를 둔다. 그 이유는 수준과 전문성을 갖춘 자료들, 즉 난해한 자료들에 대한 사람들의 접근성은 떨어지고, 쉽고 중독성 있는 정보에 대한 접근성은 증가하기 때문이다.

셋째, 오늘날에도 결코 지배 요소가 되어서는 안 될 '성장 종교'[13]의 문제가 부각된다. 이 문제에 관해 엘륄은 다음과 같이 말한다. "성장 자체는 좋다. 그러나 사람들은 무엇의 성장인지, 성장의 취약성이 무엇인지, 성장의 수혜자는 누구인지, 성장을 통한 잉여자금으로 무엇을 할 것인지를 묻지 않는다. 특정 부류에게 돌아가는 이익이 성장을 정당화할 수 없다."390쪽 경제학자이자 철학자인 세르주 라투슈Serge Latouche[14] 처럼 기독교인이 아닌데도 엘

---

12) [역주] 기술 진보의 시대는 일차적으로 기술 발전과 성장으로 이루는 시대를 가리킨다. 이 책에서 엘륄은 시종일관 이러한 진보가 가져온 이면의 "퇴보" 문제를 동시에 봐야 한다고 지적한다. 담론의 허세는 일종의 선동 선전술이다. 즉, 좋은 것만 부각하고 나쁜 것은 감춘다. 문제는 이러한 담론의 선동 선전이 사람들의 생활, 삶의 질, 자유 등에 진보가 아닌 "퇴보"를 가져오는 내용을 이야기하지 않는 데 있다. 덧붙여, 한국의 정치에서 작동하는 진보-보수의 구도와는 아무런 상관이 없다.

13) [역주] 경제 성장을 무조건 추진해야 하는 것으로 여기는 맹목적 믿음을 지적하는 표현이다. 성장의 이면에 무엇이 작용하는지, 과연 그러한 성장을 계속 추진하는 것이 타당한지, 타당하다면 어디까지 성장하고 어디에서 멈춰야 하는지에 대한 논의는 미미하다.

14) [역주] 프랑스 경제학자이자 철학자로 20세기 후반과 21세기 초반을 기점으로 탈성장(la décroissance) 문제를 거론한다. 당초 생산력주의(le productivisme)에 경도된 마르크스주의 경제학자였지만, 아프리카와 동남아시아와 같은 제3세계 지역에서 활동하면서 문화의 다양성, 서구 사회와 현격히 다른 사고방식을 경험한 뒤 서구식 생산력주의를 포기했다. 본인은 이를 사도 바울의 다마스쿠스 회심 사건(사도행전 9장)에 빗대어 이야기했다. 성장의 한계 문제에 대해 "성장 종교 혹은 성장 우상 숭

륄을 꼼꼼하게 읽은 독자들은 '성장'이라는 교리에 격하게 대들며 "자율자치와 공생공락을 위한 탈성장décroissance conviviale"을 대안으로 제시한다.

넷째, 우리에게 반복적으로 나타나는 강박 관념의 문제가 있다. 우리는 "종종 결정하기 어려운 문제와 만나며, 끝없이 선택을 강요받는다. 즉, 우리의 범위를 넘어서는 문제나 상황에 직면할 때마다 결정을 해야 한다." 광우병의 위기를 간단하게 정리하는 질문이 하나 있다. '이 스테이크를 먹어야 하는가 말아야 하는가?' 생사를 따지는 이 질문은 수많은 사람들의 강박 관념을 낳았다. 오늘날 우리는 "결정하기 어려운" 무수한 질문과 마주한다. '유전자 조작 식품을 먹을 것인가 말 것인가?, 송전탑 부근에서 살 것인가 말 것인가?, 생활 쓰레기 소각장 근처에서 살 것인가 말 것인가?' 등과 같은 질문이 끝없이 제기된다.

다섯째, 오염의 문제를 보자. 엘륄은 흔히 환경오염의 "주요" 목록이라 평가되는 내용을 열거하면서, "사람들도 오염의 비극을 아예 등한시할 수 없다는 것을 잘 안다"라고 덧붙인다. 그러나 오염을 막는 데 법은 전혀 힘을 발휘하지 못한다는 사실에 주목한 엘륄은 "기술 성장률에 비례해 오염은 계속 늘어날 것"403쪽이라 예단한다. 오늘날 우리는 그의 예단이 옳았음을 확인한다. 더욱이 "교토 의정서"처럼 비교적 온건한 목표를 제시한 합의문조차 입법화될 기미조차 보이지 않는다. 가관이다.

여섯째, 광고에 관해 살펴보자. 엘륄은 광고를 "모든 체계의 동력"과 "우리 사회의 보이지 않는 독재자"591쪽로 여긴다. 광고는 프랑스의 시청각 체계

배"라는 미망에서 깨어날 것을 외친 그는 현재 '탈성장의 선구자'(les précurseurs de la décroissance) 시리즈를 통해 학계와 대중에게 탈성장 담론을 보급하고 교육하는 데 심혈을 기울인다. 이반 일리치, 코르넬리우스 카스토리아디스, 장 보드리야르, 자끄 엘륄의 영향을 받았으며, 특히 자끄 엘륄과 관련해, 그의 기술 사상을 면밀히 탐독한 이후 기술과 경제의 문제를 다룬『메가머신: 기술과학 이성, 경제 이성, 진보 신화』(La M gamachine. Raison technoscientifique, raison économique et mythe du progrès, Paris, La dè couverte/MAUSS, 2004)와 엘륄 사상과 탈성장 운동의 관계를 조명한『자끄 엘륄: 기술 전체주의에 반대하며』(Jacques Ellul. Contre le totalitarisme technicien, Neuvy-en-Champagne, Éditions la passager clandestin, 2013)를 썼다.

전체를 통제하고, 그 예산은 문화 예산의 여섯 배에 달한다. 따라서 오늘날 가장 영향력 있는 영역이라 보아도 무방하다.

일곱째, 테러리즘 문제이다. 첨단 기술의 확장, 자원 및 생필품 낭비를 그칠 줄 모르는 서구와 생필품에 대한 접근로 자체가 차단된 제3세계 사이의 간극은 더 벌어졌다. 제3세계의 좌절감은 폭력으로 표출될 수 있다. 911 사건 발생 13년 전에 작성된 이 책에서 엘륄은 매우 비판적인 시각을 내 놓는다. 당시에는 다소 과장된 시각처럼 보였을지 모르지만, 지금 우리는 시대를 예측한 탁견으로 이해한다. "제3세계가 선진국에 맞서 벌이는 전쟁이 도래할지 모른다. '투사들'이 자기 목숨을 초개처럼 버린다면, 제3세계 발 테러리즘은 더욱 강력해질 것이고, 서구는 이를 막지 못할 것이다. 현 세계에서 모든 것이 위험 수위에 이른다면, 우리는 결국 무릎을 꿇고 말 것이다. 투쟁이 불가능한 상태가 되기 때문이다."428~429쪽

요약하면, 책 전체를 두고 볼 때 『기술담론의 허세』는 전작 『기술 체계』에 비해 구조와 개념의 엄밀성은 부족하다. 그러나 내용면에서는 훨씬 풍성하다. 독자들은 『기술담론의 허세』를 통해 엘륄 사상과 한 걸음 가까워질 것이며, 자유롭고, 사람 냄새나고, 지성을 자극하는 사상과 만나게 될 것이다. 또한 독자들은 독서 과정에서 마음에 들지 않는 구절도 수없이 발견할 것이며, 그에 따른 불만도 생길 수 있다. 엘륄이 고집스럽게 밀어붙이는 내용을 확인해보자. 엘륄에게 샤독[15]은 내용 없는 만화일 뿐이고, 록 음악은 소음에 지나지 않는다. 이러한 엘륄의 주장에 동의하지 않는 독자들도 있을 것이다! 마이크를 든 "바보 천치들"이 "젊은이들을 현혹시키려 각종 구경거리를 만든다. 이들은 젊은이들에게 새로운 아이돌의 행동을 따라하게 하고 그들의 추종자가 되기를 바란다"라고 주장하며 구경거리 문화[16]에 직

---

15) [역주] 1968년에서 1973년까지 방영된 3~4분용 만화영화이다. 자크 루셀이 시작한 이 예술 작업은 208개의 이야기를 통해 시대상을 집약적으로 반영하려 했다.
16) [역주] 프랑스어로 "스펙타클"(spectacle)이다. 관람, 공연, 볼거리 등을 의미하는 이 용어는 사람들을 공연 관람하는 관객 정도로 축소시키는 사회 현상을 꼬집는 말로 사

격탄을 날리는 엘륄에게서 독자들은 우월감과 불만에 찌든 늙은 '꼰대'의 모습을 볼지도 모른다. 그러나 얼핏 보면, 구경거리 문화에 대한 엘륄의 진단은 "스타 아카데미"[17]에 대한 예견이기도 했다. 독자들에게 오해가 없기를 바란다. 엘륄은 자기 사상에 대한 독자들의 완벽한 동의를 기대하지 않는다. 엘륄은 그저 토론거리와 생각거리를 던졌을 뿐이다. 무엇보다 그는 폐쇄된 체계, 즉 총체성 체계를 주장하지 않는다. 오히려 생각의 자취, 분석 방법, 특히 이데올로기에 대한 적법한 해석을 제안한다. 그리고 이러한 그의 제안은 시대의 척후병 역할을 한다.

엘륄의 다른 저작들처럼 『기술담론의 허세』도 거만한 침묵으로 인사를 건넨다.[18] 연필 잡은 소수 지식인들만이 그러한 태도를 신랄하게 비판할 수 있는 특혜를 누렸다. 「르몽드」1988년 3월 25일자에서 피에르 드루앵Pierre Drouin 은 『기술담론의 허세』에서 "소책자"를 발견했을 뿐이라고 말한다. 드루앵은 역설적 칭찬마저 불필요하다는 생각을 감추지 않으면서 엘륄의 "완고한 태도"를 지적한다. "프랑스보다 해외에서 신기원을 이룬 저작들에서 엘륄은 30년 넘도록 고집스럽게 기술의 해체 문제를 다뤘다. 그는 오늘날 신기루와 같은 기술의 문제를 해체하는 데 뚝심을 발휘했다." 그러나 피에르 드루앵이 엘륄의 "근본 질문인 '인간은 기술로 인해 더 인간다워질 수 있는가?'"에서 자기 논리를 펴는 데 유리한 내용을 찾았다면, 그것은 엘륄에 대

용된다. 대표적인 사상가는 기 드보르(Guy Debord)로서 그는 사회 구성원들을 자율적 주체가 아닌 관람객과 구경꾼으로 만드는 시류를 비판했다. 드보르의 『스펙타클의 사회』는 엘륄의 『선전』 및 『정치적 착각』과 동일한 궤를 그리는 책이다. 6·8 운동의 정신적 지주였던 드보르나 그와 궤를 같이한 엘륄 모두 당대에 넘쳐나는 구경거리(오락물 등)의 유통이 가속화되는 문화에서 주체의 자율성 축소 문제를 매우 심각하게 지적했다.

17) [역주] 프랑스에서 인기리에 방영된 프로그램으로 스타가 되는 과정을 시청자들에게 가감 없이 보여주었다. 24시간 감시 체제, 저질 방송이라는 비판도 있었으나 인기가 매우 높은 프로그램이었다.

18) 『기술담론의 허세』에 관해 지금까지 발표된 논문 전체와 접촉하는 데 도움을 준 스크랜턴대학교(펜실베니아)에서 재직 중인 조이스 행크스에게 감사한다.

한 자신의 깊은 유감을 명확히 전달하기 위함이었을 것이다. 드루앵은 다음과 같은 말로 엘륄에 대한 자신의 진한 아쉬움을 표한다. "자끄 엘륄의 옛 악령들이 재출몰하는 곳은 어디인가? 소비자에게 제공되는 개선 사항마저 조롱할 때일 것이다. [...] 사회 참여보다 숙고와 명상의 삶을 좋아하는 이웃이 있다고 하여 그를 비판하는 사람은 아무도 없다. 그러나 우리가 동료 인간들과 어울려 살 수 있는 길인 사회 참여의 삶을 택했다면, 인간의 재능이 공동체에 참된 진보와 가능성을 제공할 수 있는 부분까지 경멸하는 이유는 무엇인가? 아마도 엘륄은 '욕구 영역의 확장이 꼭 인간을 부패한 세계에 살도록 하는 것은 아니다' 라는 말을 제대로 이해했는지에 대해 많은 질문을 받았을 것이다." 드루앵의 비판은 한 마디로 '엘륄은 완전히 틀렸다!' 이다.

장-폴 도예(Jean-Paul Doll) 는 잡지 「뤼」 1988년 2월에 기고한 사설에서 엘륄을 신랄하게 비판한다. "암살"이라 불러도 좋을 정도로 그의 비판은 매섭다. "엘륄이 진단한 기술은 모든 것을 단일한 언어에 포섭하려 하고, 마치 귀신을 모시듯 숭배의 대상이 된다. 기술은 정치경제의 실천과 활동의 집합체, 즉 '상상계(immaginaires)'와 '상징계(symboliques)'의 집합이다. 최선과 최악의 경우를 각각 짚어보자. 전자의 경우, 사람들은 종합적으로 시류를 파악할 줄 아는 영민함을 발휘해, 마치 편집증처럼 프랑스의 상황에 전념할 수 있을 것이다. 후자의 경우, 사람들은 원한(관정)에 매몰되어 해석의 창을 감추고, 세계와 사물들의 상태를 파악하는 작업을 중단할 것이다. 이러한 진단은 명백한 '오류'다. 도예에 따르면, 엘륄의 기술은 기능 장애와 위기를 유발하는 것이며, 이 위기에 늘 초조해 하는 과민반응의 희생양일 뿐이다. 좀 더 심하게 말해, 기술은 근본적, 형이상학적 악의 화신이다. 그러나 아우슈비츠 이후로, 우리는 악의 문제가 결코 기술에 속한 문제가 아니라는 사실을 안다." 도예의 이 신랄한 비판은 죽음의 수용소에 대한 책임을 자본에게 물을 수 없음을 구체적으로 설명하려 할 때, 사적 복수심에 젖어 자본을 마치 "악귀 보듯"한 마르크스에게 유감을 표하는 태도와 동일한 궤적을 그린다. 몇 년 후, 『인조인간』Gallimard, 1996이라는 책을 통해 도미니크 부르Dominique Bourg는 같은 맥락에서 『기술담론의 허세』를 비판한다. 부르에 따르면, "엘륄은 '기술의 매력을 인간의 시야에서 없애고, 인간이 자기만의 시각으로 판단할 수 있는 자유를 수호'하려는 계획을 세운다. 그러나 지금은 이 계획을 실현하기 어려운 시대다. 엘륄은 '기술의 악마화'로 기술의 매력을 비난하고, 반대하는 수준에 머물 뿐, 그의 처방전은 매우 불투명하다. 오히려 엘륄이 제시하는 처방전이 악을 강화하는 데 일조할 수도 있다. 덧붙여, 엘륄 본인은 개인 판단의 자유를 그리 비중 있게 다루지도 않았다. 그는 기술 체계에 동의한 사람들에게서 기술에 매료된 존재, 기술로 인해 소외된 존재를 보았을 뿐이다. 그러나 이들에게서 다른 모습을 발견할 수 있는 시도 자체를 원천봉쇄하지 않았는가? 기술과 그 결과물이 빚은 인간의 정교하고 세밀한 이해력이 엘륄이 그토록 수호하려 했던 문제에 오히려 유용하게 쓰일 수 있다."[19] 우리는 무엇이 이들을 불편하게 만들었는지 잘 안다. 엘륄이 논쟁 때마다 보이는 태도, 그의 엄격함, 급진적인 분석 방식, 현대 세계에 대한 총체적 시각을 제시하려는 노력 등이 우리의 거부감을 유발한다. 때때로 더 나은 이해를 위해 제시한 주제들을 난폭하게 난도질하거나 희망의 문을 봉쇄하는 것 같은 인상을 주는 그의 태도는 분명 우리를 짜증나게 한다. 하지만 그렇다고 그의 공헌이나 그의 명민한 통찰과 강고한 확신까지 버려야 하는가?

10년 후, 캐나다 퀘벡에서 발간된 전자공학 분야의 잡지 『에르메스 2』[1998]

---

19) [역주] 프랑스와 스위스의 철학자인 도미니크 부르는 기술에 관한 기존 태도를 수정했고, 현재는 생태운동과 기후변화의 문제에 적극 나서는 운동가가 되었다. 그는 2019년 유럽 의회 선거에서 "생태 위기에 따른 긴급 조치" 목록을 작성했고, 통전 생태학(une écologie intégrale)의 투사를 자처했다. 한 때 '지속 가능한 성장'(le développement durable)을 지지했으나 자신의 오판을 인정하고 탈성장(la décroissance) 운동에 가담했다. 현재에도 생태운동 분야에서 왕성한 교육과 정치 활동을 병행한다.

년 가을호에 게재된 장편 논문에서 피에르 블루앵Pierre Blouin은 엘륄 사상의 타당성을 논한다. "『기술담론의 허세』는 엘륄의 논제를 읽기 싫어하고 경청하지 않는 이유를 자문해 보라는 세간의 충고를 극복할 수 있을 상식과 명료한 자료들이 넘치는 책이다. 사람들이 단순성이 아닌 기본적이고 명석한 사고에 대해 생각하지 않으려 하는 이유는 무엇인가? 엘륄의 사상을 가히 '혁명'이라고 부를 수 있는 부분은 다음과 같다. 엘륄은 우리에게 '기술 사유'에 관해 말한다. 기술 사유란 기술의 사용과 목표, 기술의 논리와 이유에 관한 사유이며, 경우에 따라 기술의 발전과 응용 가능성에 제동을 걸 수 있을 요소에 관한 사유이다. 그러나 사람들은 엘륄의 이러한 메시지를 바라지 않았다." 저자는 엘륄이 제시한 주요 분석들을 조목조목 검토하면서, 어느 지점에서 그의 분석이 예언자다운 분석인지를 찾아낸다. "『기술담론의 허세』에 서린 근본 특성 가운데 하나"를 도출한 저자는 엘륄의 "총체성, 개방성, 포괄성을 갖춘 현실 이해"라는 말로 결론 맺는다. 1990년대 초반을 시점으로, 엘륄을 비판하는 이론가들에게 현 세계를 전 지구 차원에서 생각하려는 의지는 낯선 일이 되고 말았다. 블루앵의 말을 들어보자. 엘륄을 비판하는 이 이론가들은 "'새로운 컴퓨터 정보기술' New Technology of Information이 유일한 분야가 되고 다른 분야들을 허상으로 만드는 상황에 경계선을 그리려면, 전문가답게, 그리고 외부의 입김을 배제한 상태에서 합리성 여부를 따져야 한다." 기술은 기술 세계에 관한 포괄적 성찰을 거의 할 수 없는 지경에 이르게 했다. 엘륄은 이마저도 예견했었다.

★

이 책의 마지막 부분에서 엘륄은 기술에 대한 단상을 기록한다.[20] 독자들의 각별한 관심이 필요한 주제는 '기술 문제를 깊게 생각하는 삶에 도달하기'이다. 흔히 사람들은 엘륄의 글에서 비관론과 불행한 예언자의 우울

---

20) [역주] 엘륄은 라틴어 소제목 Ultima verba로 표시한다.

함 밖에 보지 못한다고 단정한다. 그러나 엘륄은 세간의 이러한 평판을 반박하면서, 소망의 언어들로 결론을 맺는다. 사실 엘륄은 누차 소망을 이야기했고, 이 책에서도 그것을 반복한다. 엘륄의 분석은 "인간 해방"이라는 단 하나의 목표를 겨냥한다. 달리 말해, 인간에게 "각자의 삶"을 되돌려주는 것이 유일한 목표이다. 우리 삶은 사슬에 결박되었다. 그러나 그 사슬의 정체를 파악한 인간만이 사슬을 벗을 수 있다. 만년의 엘륄이 "두렵고 떨려 전율마저 이는 자유la tremblante liberté"를 환기했다는 사실이 매우 감격스럽다. 우리가 두렵고 떨리는 이 자유를 원한다면, "고위급 인사나 권력자의 밥상에서 떨어진 부스러기나 주워 먹으면서 살지 않을 것이다. 오히려 시류에 순응하지 않고 언제나 원천에서 샘솟는 물을 따라 걸었던 사람을 표본으로" 삼는 길을 택해야 할 것이다.[21] 감격과 용기가 동시에 솟는 말이다. 엘륄 선생! 진심으로 감사드린다!

---

21) [역주] 엘륄은 이미 1930년대 인격주의 운동가 시절부터 대량 생산 및 소비 과잉을 주도하는 산업 기술 체제와 도시민 무산계급화(la proléarisation)를 양산하는 대도시 체제를 강경 비판했다. 그리고 이에 맞서, 자율 주체들의 자기 제한과 검소한 절제를 바탕으로 소규모 단위의 공동체들이 민주적으로 합의하는 "절제된 도시(마을)" 구성을 주장했다. 이는 국가의 중앙통제를 받아 수직으로 하달되는 방식에 대항한다. 우리가 엘륄을 '아나키스트'라고 부르는 중요한 이유이기도 하다. 그는 사람과 사람의 사귐을 바탕으로 형성되는 사회의 구성과 보호를 외쳤고, 통제와 서열 질서로 내리 찍는 국가나 이를 떠받드는 이념(국가주의 혹은 국가 우상숭배, 나아가 중앙통제를 공고히 하는 기술 전체주의까지)을 맹비난했다.

서 론

"뭐야! 또 기술이야!" 이 책의 제목을 본 사람들은 이렇게 외칠 게 분명하다. 1950년 기술 사회를 폭넓게 연구한 글을 완성한 뒤, 나는 그 책에『기술 담론의 허세』라는 제목을 붙였다. 그러나 당대 저명한 사회학자였던 편집자의 손에 이 원고가 들어갔을 때, 발행 금지 처분을 받았다. 그 편집자는 기술 사회에 관한 책을 한 권 준비 중이었으며, 내가 제안했던 제목을 '자기' 책 제목에 붙이려 했다. 따라서 당시 작성된 원고의 제목은『기술. 시대의 쟁점』*La Technique ou l'enjeu du siécle*이 되었다. 이 편집자가 준비한다던 책은 아직도 출간되지 않았다

그 당시 나는 대형 출판사 두 곳에 원고를 보냈다. 양쪽 모두 유사한 답변과 함께 원고를 반려했다. 답변의 요점은 이랬다. "기술? 이게 책 제목으로 무슨 의미가 있나요? 선생께서는 여태껏 한 번도 존재하지 않았던 주제에 누가 관심을 보일지 궁금하신가 보군요?" 당시 기술 연구는 두 가지 방향으로 진행되었다. 첫째, 산업 기계화 문제에 관한 연구조르주 프리드만의 저서가 대표 사례가 한 축을 이뤘다. 둘째, 우리 사회를 다루는 문학 작품들이 다른 한 축을 이뤘다. 이 작품들은 기술에 대한 암시와 은유를 포함했다. 아쉽게도 현재 대중의 기억에서 사라진 글인 뒤아멜의『미래 생활의 몇 장면』*Les Scènes de la vie future*이 있다. 문학 분야에서는 가끔 공상과학 서적도 등장했는데, 헉슬리의『멋진 신세계』*Le meilleur des mondes*가 대표작이었다. 그러나 이 서적은 저속하고 허풍 가득한 영화나 삼류 소설보다 상당히 높은 수준의 글이었다. 다만 기술 자

체와 기술 제품들에 동화되는 사회에 관한 내용은 전혀 등장하지 않는다. 3년 뒤에『기술. 시대의 쟁점』4판 편집에 들어갔을 무렵에는 저명한 학자였던 모리스 뒤베르제의 영향력이 필요했을 정도였다. 지금은 시대의 수레바퀴가 다르게 돌아간다. 그리고 기술 관련 책들도 봇물 터지듯 출간된다. 프랑스에서는 매 주마다 이 주제를 다룬 출판물이 등장한다.

오늘날 폭발한 기술 관련 주제들을 나는 크게 세 가지 범주로 구분한다. 첫째, 구체성과 특수성을 담은 현실과 기술 자체의 연결 범주이다. 통상 컴퓨터와 레이저 기술과 동일 수준에서 이뤄지는 '기술의 특수 적용' 관련 연구^{학교의 컴퓨터 교육, 행정 전산화 등}와 기술의 일반 활용을 다룬 저작들이 그에 해당할 것이다. 둘째, 현대 사회와 관련된 여러 시도들을 범주로 택하겠다. 현대 사회는 기술의 영향력과 발전 속도에 예속된 사회^{소비 사회, 낭비 사회, 정보화 사회}이다. 여기에 기술의 사회 지배라는 현상을 덧붙일 수 있다. 사회는 "네트워크 사회, 즉 광역망 사회"^{그렇다고 집단 사회는 아닌}로 바뀐다. 앞으로 우리는 이 사회에서 살 것이다. 셋째, 우리는 여러 철학자들의 저서에서도 관련 범주들을 도출한다. 하이데거와 하버마스 이후로, 기술은 철학의 주요 논제가 되었다. 철학자들의 연구 방향은 크게 두 가지로 나뉜다. 1) 다니엘 세레쥐엘^{Daniel Cérézuelle}의 박사학위 논문이나 자니코, 네렝크, 오투아의 저서처럼 '기술 현상을 파악하려는 방향'이 있다. 2) 보드리야르, 모랭, 브랑의 경우처럼, 기술의 영향력 아래에 있는 현 세계의 특수 범주들을 구별하려는 방향이 있다. 다만 나는 프랑스어 서적에 한해서만 이야기하겠다! 이 책과 마찬가지로, 어떤 책에서도 새로운 것을 찾기란 결코 쉬운 일이 아니다. 그 와중에도, 나는 지금까지 주목받지 못했지만, 반드시 새겨야 할 몇 가지 현실을 확인했다.

『기술. 시대의 쟁점』¹⁹⁵⁴과『기술 체계』¹⁹⁷⁷의 내용과 비교했을 때, 우리는 이 책을 기존의 내용을 되풀이하는 정도의 책으로 보지 않는다. 물론, 앞의 두 책에서 도달했던 결론과 내가 그간 폭로해 왔던 현상이 이 책의 출발점은 맞다. 따라서 두 책의 내용을 뒤집을 이유는 없다. 몇 주 전에 미국의 한 사회학자는 『기술. 시대의 쟁점』을 두고 "현실에 딱 들어맞아 너무 놀란 책"이라고 말했다. 독자들은 지난 30년 동안 내가 기술에 관해 이야기했던 부분을 '폭넓게' 확인할 수 있는 사회, 경제, 기술 사건들의 출현을 목도하는 중이다. 감히 그렇게 단언한다. 나는 교열과 교정도 하지 않았다. 내 기술 분석은 그간 프랑스 학계에서 간과되었던 분야이다. 나는 이른바 '낙인찍기' 현상을 자주 접했다. 『기술. 시대의 쟁점』의 출간 당시, '기술에 대적'하고 '진보를 적대시' 한다는 세간의 평가가 있었다. 즉시 '반동분자' 라는 낙인이 찍혔다. 그러한 평가에 동의하는 독자라면, 기술에 관한 새로운 담론들을 담은 내 다른 책들을 읽는 수고를 반복할 이유가 없다. 특히, 개신교계 인사들은 기술 영역에 대한 내 저작들에 무지하다. 내 저작을 알았다는 정도로 낙인찍기에 대한 위안을 삼겠다. 그러나 그런 식으로 담론의 독창성을 무시했던 사람들이 지난 10년 동안 일상 담화에서 내 분석과 결론을 무의식적으로 활용한다. 기술의 중립성, 기술의 발전이나 보편성을 저지하지 못하고 수용할 수밖에 없는 인간의 상황 등이 대표 사례다. 확실히 지금도 낙인찍기는 끝나지 않았다. 나는 결코 "반기술주의"^{나는 이런 평가의 불합리성을 누차 밝혔고, 중세로의 회귀를 바라지도 않았다}를 표방하지 않았다. 그럼에도, 내 엄격한 분석으로 인해 그러한 낙인이 찍혔다. 내 분석은 기술을 긍정과 가능성의 시각에서 보려는 독자들과 예측 불가능한 세계와 마주한 독자들에게 매우 거칠고 사나운 인상을 풍겼다. 즉, 기술을 이야기하려면 기술의 적이 되어야 할 것 같은 인상을 풍겼다. 확실히 사람들은 '기술이 너희를 자유롭게 하리라' 는 식의 달달한 자장가를 더 좋아했다.

A. 브레상과 C. 디슬레의 책²²⁾은 이중으로 반대를 표하면서 이러한 낙

22) *Le Prochain Monde: Réseaupolis*, Le Seuil, 1985.

인찍기를 이은 최신 사례라 하겠다. 둘은 다음과 같이 말한다. "오늘날 기술에 극렬하게 반대하는 정신을 재검토하는 현상이 두드러진다. 최근 들어, 기술에 양면성을 부여한 자끄 엘륄의 사상이 대표 사례이다." 이들의 첫 번째 오류는 기술의 양면성에 있다. 필자가 기술의 양면성을 처음으로 분석한 시기는 1960년이다. 또한 기술이 유용하고 욕구를 충족시킬 생산물을 만든다는 부분에 대한 인정사실 '나는 이를 단 한 번도 부정한 적이 없다'과 전혀 상관없다. 브레상과 디슬레가 제시한 첫 번째 반론은 내가 "기술을 적대시"한다는 평가에서 기인한다. 그러나 이들의 반론은 내가 눈사태나 암을 적대시한다는 말만큼이나 어불성설語不成說이다. 단언컨대, 내가 막연히 "기술에 반대"한다는 평가는 유치하기 짝이 없다! 브레상과 디슬레의 두 번째 오류는 다음과 같다. 이들은『인간을 위한 혁명』의 한 구절을 인용한다. 그러나 이 책에 대한 심각한 곡해가 있음을 부정할 수 없다. 브레상과 디슬레는 일부 신기술이 탈脫중앙집권화와 분권화에 기여할 수 있고, 소외된 개인의 자유 시간 창출에 영향을 미칠 수 있다고 말했다는 이유로, 내가 기술에 대한 견해를 바꿨다고 말한다. 그러나 나는 이를 결코 부정하지 않았다. 내가 제시했던 내용의 절반가량을 망각했다. 바로 이 부분이 두 사람의 불행 아닐까? '어떤' 기술은 '아마도' 긍정 효과를 낳을지 모른다. 이 기술이 사회에 이중의 변화를 낳는다면 말이다. 다시 말해, '자유'에 기초한 '혁명 사회주의' 권력단언컨대, 사회당이나 공산주의로 이룰 수 없는 권력이다. 오히려 프루동, 바쿠닌의 아나키즘 사상으로 회귀하고, 카스토리아디스의 사상에 대한 면밀한 검토를 통해 이룰 수 있는 권력일 것이다에 이르고, 사회경제의 급진적인 전복급여 제도 폐지, 분배 경제 등을 이룬다면 가능할 것이다.[23] 서술한 모든 것이 신기술을 통해 '가능'할 수도 있다. 과거에는 이러한 기술을

---

23) [역주] 엘륄은 파트릭 샤스트네와의 대담에서 노련한 정치꾼들의 손아귀에 들어간 권력을 되찾아 "자유 인민의 사회주의"(un socialisme de liberté)를 구성해야 한다고 말한다. 즉, 대단위 국가나 집단 차원의 사회주의가 아닌 개인의 자율성이 살아있는 소규모 공동체와 직접 민주주의가 가능한 단위의 사회주의를 구성(엘륄은 종종 '사회체' 구성의 중요성을 언급한다)하는 일이 정치의 관건이라고 생각한다. Jacques Ellul et Patrick Chastenet, *À contre-courant. Entretiens, op. cit.*, p. 83.

응용할 수단이 없었기에 상상조차 할 수 없었던 일이다. 그러나 내가 주장했듯, '신기술 자체'가 그러한 방향으로 나아갈 어떤 변화도 이끌지 못한다는 점도 부정할 수 없다. 이 과정에서 나는 기술 사회에 대해 수행했던 옛 분석을 일체 재론하지 않았다. 단지 특정 기술 수단과 정치경제가 180도 바뀌었고, 둘 사이에 연결점이 있다면, 변혁이 가능할 것이라 지적했을 뿐이다. 또 이러한 변혁을 이룰 수 있는 시간은 매우 짧고 촉박하며 아마도 몇 개월, 최대 몇 년에 불과하다고 예단했을 뿐이다. 변혁에 필요한 시간은 이미 흘러갔다. 오늘날 기술 과정의 변혁을 희망하기란 어려운 일이다. 너무 늦었다. 우리는 인류사에 다시는 오지 않을 중대한 변혁의 기회를 놓쳤다.

내 책들을 읽은 대다수 작가들의 생각에서 확인할 수 있는 얄팍하고 가벼운 시각을 보여주기 위해, 브레상과 디슬레의 사례를 이야기했을 뿐이다. 물론 내 저서들을 진지하게 읽은 독자들을 겨냥한 것은 결코 아니다! 요컨대 내가 썼던 글과 1954년의 경고와 정확히 일치하는 현재 내 경고의 목적은 '기술'에 함축된 내용물, 즉 장래에 대한 잠재의식, 성장 논리로 인해 출현할 수 있는 돌발변수와 위기에 대한 의식에 있다. 더욱 구체적인 목적은 다음과 같다. 기술에 관한 의식화 작업을 통해 서구인들에게 새로운 행동양식을 제안하고, 서구인의 기술사용을 통제하기 위해서다. 당시 서구인들은 기술에 관한 세부 지식이 없었고, 기술은 서구인들의 통제권을 벗어나 있던 상황이었다. 미리 알아 챈 사람이 더 조심하는 법이다. 이 경고는 중요했지만, 누구도 그것에 주의를 기울이지 않았다. 내 책은 서구의 기술 문제를 강력하게 경고했지만, 도서관 책장에 가지런하게 정렬됐을 뿐이다. 그리고 이따금 현실과 동떨어진 지식인들의 참고 문헌 목록에 등장했다. 비록 후발 주자이지만 결코 저런 지식인들처럼 행동하지 않았던 사회에 속한 사람들만이 그 경고를 진지하게 받아들였다. 이 대목에서 나는 미국을 이야기하고 싶다. 미국의 지식인들과 대중들은 내 책에 큰 관심을 보였다. 생각지도 못한 일이었다. 이들이 관심을 보인 이유는 이 책에서 당시 자신들의 삶과 경험에 직접 와 닿는 서술들을 발견했기 때문이다. 미국인들은 내 책을 통해 '현재 자국에서 벌어진 일의 정체'와 '그러한 일이 어떻게 벌어졌는지'를 파악할 수 있는 실마리를 얻었다. 그러나 그 책을 회고록 정도로 취급했을 뿐, 그 이상의 관심을 표하지 않았다. 프랑스인들은 이 책을 도시보다 농촌을 선호하는 "고독한 산책가의 몽상" 정도로 여겼다. 또한 그 누구도 발생하던 문제들의 과정을 바꿔야 할 시기라고 생각하지 않았다. 나는 또 다른 형태의 발전 가능성을 꿈꿨고, 누구도 내게 부여하지 않았던 파수꾼의 역할을 자처했다. 하지만, 내 절규에 누구도 귀 기울이지 않았다. 그리고 우리는 지금 그 결과를 목도하는 중이다. 따라서 이 책 『기술담론의 허세』의 특징은 과거의 책과 동일하지 않다. 오늘날 우리가 따져야 할 부분은 30년 전 미국이 겪었던 일들이 아니다. 지금 우리가 어디에 도달했는지, 즉 현주소를 따져야 한다.

이 책에 얽힌 비화가 하나 있다. 내가 『기술 체계』의 말미에 서술했던 것처럼, 나는 사회 전면에 걸쳐 영향을 미치는 컴퓨터 정보 문제에 관한 책을 집필하려 했다. 그러나 단순히 정보의 영향력뿐 아니라, 기술의 기능 장애 문제를 다루고, 무수한 기능 장애 문제를 컴퓨터 정보가 어떻게 해결할 수 있는지를 다루려 했다. 나는 1978년부터 저술을 시작했지만, 매우 버거운 일이었다! 컴퓨터 정보는 매우 빠른 속도로 내 예측을 벗어났다. 내가 어느 지점에 초점을 맞추고 연구하는 순간 바로 벗어나는 식이다. 2년만 흘러도 완전히 구식 취급을 받는다. 나는 그 속도를 도무지 따라 잡을 수 없었다! 결국 작성했던 원고 중 200쪽 가량을 포기했고, 현 세계와 정보의 관계 및 밀림과 같은 정보 세계를 밝히려는 기획도 포기했다. 다뤄야 할 자료들을 확실하게 제어할 수 없었다. 잡았다고 생각한 순간 물고기는 손아귀를 벗어났다.

기나긴 우회로를 지나서 나는 광범위하지만 심층이 아닌 표층에서 기술을 수용하는 현대 사회를 이해하려는 책 한 권을 집필하려 했다. 당시 그 책은 총 3부로 구성되었다. 1부는 「도전, 내기, 도박」$^{Défis, Enjeux, Paris}$이다. 도전은 기술 진보에서 비롯되었고, 탁자에 놓인 현안은 내기이며, 지식인과 정치인은 도박을 감행한다. 2부는 「기술의 영향력으로 인한 사회 변화」이며, 3부는 「출구, 개연성, 가능성」이다. 지난 7년 동안 방대한 자료 수집에 집중했다. 이 자료들은 내가 통제하고 정리하기 매우 어려운 상태였다. 그러나 나는 세부 계획들을 수립하고 집필 작업에 착수했다. 1983년 말에서 1984년 초 사이에 출간된 장 셰노의 『근대성에 관하여』$^{De la modernité}$는 사실상 이 책 1부의 대부분을 재 진술한 책이었다. 나는 이 책이 내려친 철퇴에 맞았다. 왜냐하면 셰노의 책은 그 책의 2부의 내용과 거의 일치했기 때문이다. 당시 셰노의 책은 매우 탁월했고, 재발견의 가치가 충분한 책이었다. 나는 같은 방식으로 셰노의 논증을 되풀이하지 않으려 했다. 내 책은 풍성한 문서들을 포함했지만, 본질적인 내용들은 이미 언급된 것과 별반 다르지 않다. 나는 1984년 말 『쟁점들』$^{les Enjeux}$이라는 부제로 출간된 『대백과사전』$^{Encyclopaedia universalis}$으로 인해 어안이 벙벙해졌다. 1,000쪽, 180개의 논문은 "쟁점^{내기}"에 대해 명확히 기술했을 뿐만 아니라, 엄밀한 의미에서 "도전"에 관해서도 기술했고, "도박"에 관한 내용도 포함시켰다. 관련 내용이 모두 들어있던 셈이다! 다시 말해, 이미 내 책 1부가 거기에 담겨 있었다! 그것도 내가 수행할 수 있었던 것보다 열 배는 풍성하고 발전된 형태로 말이다. 집필 계획의 차질을 빚을 뻔했던 두 번째 순간이었다. 따라서 기술에 관한 내 연구에서 견지될 내용이 과연 유용한지 알 필요가 있었고, 이는 또 하나의 문젯거리였다. 그럼에도, 나는 뭔가 다른 방식으로 말해야 할 것이 있음을 느꼈다.

'반대로' 나를 다른 영역으로 인도했던 세 권의 책이 있다. 나는 이 책들을 통해 기술 사회와 기술 체계에 대한 이론 구성에 심혈을 기울일 수 있었다. 철학 관점에서 출발해 기술 사회와 기술 체계에 대한 이론 해석의 진보를 이룰 수 있었던 세 권의 책은 다음과 같다. 도미니크 자니코, 『합리적인 것의 힘』*Gallimard, 1984*; 질베르 오투아, 『기호와 기술: 기술에 저항하는 철학』*Aubier, 1985*24) ; 자크 네렝크, 『인간학: 인간적인 기술을 위한 사용 설명서』*Lausanne, 1986* .25) 나는 이 책들에게 기죽지 않았다. 오히려 이 책들에서, 앞으로 기술과 그와 연관된 복잡한 내용들을 '사실감 있게' 이해할 수 있는 정밀한 사상을 발견했다. 당시까지 비관론에 빠지지 않고, 사유를 포기하지 않고, 기술의 충격과 위험을 측정하는 작업은 존재하지 않았다. 따라서 이 책의 작업은 더 이상 내 개인의 작업이 아닌 다른 사람들과의 공조라고 해야 할 것이다. 그렇다면, 알아서 뒤로 물러나야 하는가? 그 점에 대해 다음과 같이 말해야 할 것 같다. 지난 몇 년 동안 나는 또 다른 접근 가능성을 배웠지만, 공허한 접근법에 지나지 않았다. 기술 세계에서 새 방향이 출현했다고 말할 수도 있을 것이다. 그 방향은 내가 이전에 분석했던 것보다 널리 확산되었지만, 분석의 확실성은 더 취약해졌다. 나는 확산력은 커졌으나 확실성은 떨어진 이 분석의 감춰진 부분들에 관심을 가졌다.

우리는 이 책의 제목을 『기술담론의 허세』로 정했다. 이 제목을 접한 대다수의 사람들은 어색한 반응을 보일 것이다. 만일 허풍이나 허세를 허락할 수 없는 분야가 있다면, 바로 기술이 그 분야에 해당할 것이기 때문이다! 우리의 능력 유무를 떠나, 기술 영역에서 사물은 명료해진다. 달에 갈 것이라 말했을 때, 얼마 지나지 않아 실제로 인간은 달에 착륙했다. 인공 심장의

---

24) [역주] 벨기에의 철학자 질베르 오투아(Gilbert Hottois, 1946−2019)는 자신의 초기 사상을 바꿔, 엘륄과 거리를 두는 쪽으로 선회했다. 2018년에 출간된 『기호와 기술』 대중 보급판에는 초판에 수록된 자끄 엘륄의 서문 전체가 삭제되었다. 오투아는 1990년대 중반까지 자끄 엘륄과 질베르 시몽동(Gilbert Simondon)을 종합하려 애썼으나, 이후 '트랜스휴머니즘'과 '포스트휴머니즘'의 긍정 측면을 강조하며, 기술의 긍정 효과에 호응하는 쪽으로 연구 활동을 이었다.

25) [역주] 네렝크가 1986년에 출간한 이 책의 실제 제목은 『8일 창조: *Enthropologie* 입문』이며, 엘륄은 이 책의 서문을 작성했다. 일반적으로 '인간학' 혹은 '인류학'으로 번역 가능한 프랑스어 Anthropologie 대신, 네렝크는 정보 불확실성의 누적을 뜻하는 '엔트로피'와 결합된 신조어 Enthropologie를 제시한다. 양쪽의 프랑스어 발음은 동일하다.

체내 주입이 가능하다고 이야기했을 때, 단시일에 실행에 옮겼고, 지금 우리는 실제로 가능한 현실을 목도하는 중이다! 과연 무엇이 허세란 말인가? 그러나 이 대목에서, 우리는 도드라진 '난독' 증을 짚고 넘어가야 한다. 나는 근본도 불분명한 미국식 용어를 맹목적으로 모방해 뇌리에 각인한 용어이자 오늘날 무분별하게 남발되는 용어인 "테크놀로지, 즉 기술담론"에 대해 항의하려 한다. 테크놀로지는 기술에 관한 담론을 말할 뿐 현 시대의 각종 매체들이 사용하는 용어와는 무관하다. 다시 말해, 기술에 관한 연구를 수행하고, 기술 철학이나 기술 사회학을 체계적으로 조직하며, 기술의 질서에 관해 '가르치는' 작업을 통틀어 "기술담론"테크놀로지이라 할 수 있다.르호베르는 "다양한 기술에 관한 '연구'를 '기술담론'"이라 불렀다. 적절한 표현이다 기술담론은 특정 기술을 사용하고 말고의 문제를 가리키지 않는다. 정보 기술의 사용을 소개하기 위해 '정보 기술담론'을 논한다거나 인공위성과 로켓의 사용 및 제작을 보여주기 위해 '우주 항공 기술담론'을 논하는 작업은 말 그대로 어리석은 일이다. 우리가 기술담론이라 칭한 '테크놀로지'라는 용어를 사람들은 뭣도 모르는 상태에서 마구잡이로 사용했을 뿐이다. 우리는 바로 이것을 비판의 표적으로 삼는다. 물론 보편 현상이 된 이 용어의 사용에 대해, 내 항변이 큰 효력을 발휘하지는 않을 것이다. 나도 그 점을 잘 안다. 그럼에도, 이 책의 제목을 다음과 같이 정당화하려 한다. 나는 "기술의 허세"를 이야기하지 않겠다. 기술이 약속한 것을 스스로 지키는지, 기술 자체가 허풍쟁이인지를 증명하는 식의 작업은 내 과제가 아니다. 아니, 전혀 상관없는 부분이라고 하는 편이 더 정확할 것이다. 대신, "기술담론의 허세"를 논하려 한다. 즉, 우리 시대 기술담론에 서린 '큰 허풍'에 대해 이야기하겠다. 특히 '눈 가리고 아옹' 하도록 하는 기술담론과 기술에 대한 우리의 태도 변화를 강요하는 기술담론에 내재된 허세거품처럼 부풀려진 담론의 문제를 다루려 한다. 예컨대, 정치인의 허세, 방송 매체들의 허세, 자기 기술에 근거해 노동에는 하나도 참여하지 않고 말로만 떠드는 대담 자리에만 주구장창 출연하는 기술전문가의 허세, 공공성의 허세, 경제 표본의 허세 등이 그에 해당할 것이다.

이러한 허세의 문제를 발견함과 동시에, 나는 낯선 영역에 들어간다. 기술 진보에 근거한 사례들과 발표된 선언문을 섭렵하면서, 모든 것을 뿌리부터 재정립하려 한다. 경이로운 수준에 이른 기술의 다양성은 인간에게 다양한 역량과 방향성을 제공했다. 이제 인간이 기술 진보 이외의 다른 가능성과 방향성을 생각할 여력이 없을 정도다. 기술에 관한 담론은 기술 현상의 정당화를 추구하지 않는다. 더 이상 기술에 대한 정당화를 필요로 하는 시대가 아니다. 오히려, 기술에 관한 담론은 각 기술의 보편 응용과 완전무결, 화려한 가능성과 다양성, 성공을 증명하려는 담론이다. 내가 허세를 이야기하는 이유는 다음과 같다. 첫째, 오늘날 사람들은 기술의 100가지의 성공과 위업을 1,000가지로 부풀려 평가한다. 그러나 기술의 반대급부, 유용성, 위험 요소들에 관해 결코 묻지 않는다. 둘째, 우리는 기술을 현 시대 모든 집단들의 문제실업, 제3세계의 비참, 각종 위기, 공해, 전쟁 위험나 개별 문제건강, 가정, 생활, 심지어 삶의 의미까지도의 유일한 해법으로 여기며, 사회 전체의 진보와 발전을 견인할 수 있는 유일무이한 가능성으로 여긴다.[26] 거듭 강조하지만, 이 책은 '허세'의 문제를 겨냥한다. 왜냐하면 사람들은 기술의 효력과 가능성은 100배로 부풀리고, 부정 측면은 애당초 은폐하기 때문이다. 그러나 이 허세는 이미 엄청난 결과를 야기했다. 예컨대, 기술담론의 허세는 기술의 자리를 '함축과 비밀의 합리성'에서 '명시와 폭로의 합리성'으로 바꾼다. 동시에 기술담론의 허세는 인간을 오락과 환상의 세계에 젖어 살도록 유인한다. 오락과 환상의 세계란 10여 년 전에 우리가 "구경거리 사회la société du specta-cle"라 불렀던 것보다 기술 현상을 더욱 맹목적이고 무비판적으로 수용하는

---

26) 이러한 허세를 적나라하게 밝힌 사례로 다음 글을 참고하라. *Match*, 2 Octobre (le numéro spécial), « Technique de 2005 ».

세계를 의미한다. 마지막으로, 이 허세는 일종의 '인간 길들이기' 현상을 낳는다. 즉, 과거에 기술에 대해 보였던 인간의 유보적 태도나 우려를 모조리 불식시키고, 그저 재미와 착각의 세계에 빠져 살도록 한다.

예비 논문

대혁신

1. 다차원 진보[1]

　우리는 지난 10년 동안 폭발적으로 생산된 기술들과 전 영역에 걸친 기술의 완성을 목도했다. 이 부분에 대해 모두가 동의한다. 그러나 지난 10년은 진보의 구성 요소들을 종합적으로 배출한 시기이기도 하다. 우리는 전대미문의 이 요소를 다섯 가지로 제시한다. 바로, 원자력, 컴퓨터 정보 통신, 레이저, 우주 항공 기술, 유전자 공학이다. 현대인은 이 다섯 가지 요소들을 잘 안다. 기술이 현실화된 오늘날 상황에서 이 요소들은 신비의 매력을 발산하는 중이다. 반면, 이 요소들은 인간을 옴짝달싹 못하게 할 정도로 위험하며, 10년 전에 우리가 상상했던 것을 훌쩍 뛰어 넘는다. 사실 나는 오랜 기간 이 다섯 요소들에 관한 담론을 제시해왔다. 자만심에서 하는

---

1) 우리는 새로운 사회에 대한 규정을 두고 항상 망설인다. 이 점을 인지하자! 현재 우리는 어정쩡한 형식들을 박식하게 연구하는 '변화된 상황'을 목도하는 중이다. 예컨대, '산업사회'에서 '현 시대'로의 이행을 평가하려면, "대량 생산 체제로 뒤바뀐 산업사회, 과학과 기술에 근간한 후기–산업사회를 대체할 수 있을 발전 논리"가 필요하다고들 말한다. 터무니없는 짓이다. 산업사회가 기술에 근간하지 않고 과학에 크게 주목하지 않았던 것처럼, 오늘날 후기–산업사회는 대량 생산을 목표로 하지 않는 명민함을 발휘하기 때문이다! 아래 논문에서 쉽게 찾을 수 있는 구문 하나를 나는 과감하게 본문의 제목으로 인용했다; « Technopolis », numéro spéciale de la Revue *Autrement*, 1985, p. 87.

말이 결코 아니다. 지금 우리는 컴퓨터나 로켓포의 요람기였던 1950년의 상황과 동떨어진 시대를 산다! 사회의 전 영역에는 언제나 혁신의 요소들이 차고 넘쳤다. 보다 강하면서 다용도로 사용할 수 있는 장치들을 제공하기 위해 축적된 기술의 혁신이었다. 이는 1950년에 내가 제작했던 법칙에 정확히 부합하는 현상이다. 이 법칙에 따르면, 기술 혁신은 기하학적 진보를 따른다. 그러나 나는 1977년에 오류를 범했다. 그 오류는 다음과 같은 생각 때문에 발생했다. '효율성과 완성의 단계에 다다를 때, 특정 영역에서는 멈추려는 경향이 나타난다.' 나는 당시 컴퓨터들의 능력과 신속성이면 충분하다고 생각했고, 그 이상으로 진행할 필요는 없다고 생각했다. 명백한 오판이었다. 복합 연산을 수행하기 위해 과학자는 새로운 연구법을 찾았고, 이들에게는 1,000배 이상의 초고성능 컴퓨터가 필요했다. 이러한 오판을 전제로 나는 다섯 가지 혁신 요소 전체를 인용했다.

10년 전부터, 나머지 분야를 압도할 수 있는 기술 분야가 존재했다. 특히, 이 분야는 사회와 기술계 전체를 바꿀 수 있는 분야이기도 했다. 바로 '컴퓨터'였다. 원자의 지위를 물려받은 탁월한 후계자다. 새로운 기술 연구는 전산 정보 분야와 필히 연계되어야 하는 상황이 되었다. 이때부터 컴퓨터 정보 분야는 유전자 공학, 레이저, 우주 항공과 같은 타 분야와 중요도를 두고 경쟁한다. 위 세 가지 분야도 우리 세계를 전복하고도 남을 능력이 있다. 더 이상 컴퓨터 정보로 인한 충격만 이야기할 수 없다. 컴퓨터는 전체 변화에서 일부에 해당할 뿐이다. 예를 들어, "우주 항공 분야에서 이뤄지는 갖가지 도전"을 생각해 보자. 이러한 도전은 가히 폭발 수준이다. 이를 목도하는 우리는 완벽한 무력감에 빠진다. 컴퓨터가 만든 환상적인 변화도 명확히 설명되지 않았다. 이미 앞에서 지적한 사항이다. 새로운 기술 전체가 야기하는 변화를 전반적으로 파악할 수 있는 역량을 갖춘 분석 전문가가 존재할 수 있겠는가? 일각에서는 내가 기술의 기본 다섯 가지 항목으로 선택한 부분에 토를 달수도 있을 것이다. 그만큼 기술의 진보를 이룬 영역은 다양하고, 그에 따라 다른 사례들을 이야기할 수도 있다. 흉부외과, 농학 연구, 화학 분야의 다양한 발견, 텔레비전이 만든 다양한 변화 등이 그에 해당할 것이다. 그러나 내 견해는 이와 큰 차이가 있다. 흉부외과 등을 위시한 사례들은 구체적 영역에 적용 가능하고, 정확한 측정이 가능한 기술 혁신에 해당한다. 응용의 다차원성과 관련된 분야가 아니다. 반면, 내가 제시한 다섯 가지 집합체는 '다방향multidirectionnel'이다. 헤아리기 어려울 정도로 방대한 영역에서, 한계를 예고하지 않고, 계측도 불가능한 기술 혁신을 이끌었던 주역도 다름 아닌 이 다섯 가지 영역이다. 또 이 영역들은 서로 동일하지도 않다. 컴퓨터 정보, 유전자 공학[2], 우주 공간 연구는 기술 융합의 복합 공간이지만, 레이저는 그 자체로 '하나의' 기술 도구이다. 그러나 이 다섯 가지 항목을 서로 유사한 특성으로 묶는 이유는 이들이 보여 준 '무한한 다차원 가치polyvalents d'une façon illimitée' 때문이다.

몇 해 전, 연구자들은 컴퓨터를 응용한 다양한 장비들을 발견했다. 이 장비들로 화려하고 적극적인 활동이 가능해졌다. 최근의 쟁점은 레이저다. 현대 사회의 발전 과정에 한 가지 특이한 변화가 일었다. 이전 시대[40년 전에]는 에너지의 발전에 따라 경제와 산업의 발전 기간을 분류했다.[3] 동물 에너지에서 화석 에너지로, 화석 에너지에서 석유 에너지로 이동했다. 원자핵 분열 에너지의 사용이 구체화 되었을 때[1950년에 나는 산업 분야에 에너지 사용이 임박했다]

---

2) 나는 유전자 공학이라는 용어를 시험관을 확보하기 위한 연구나 순수 상태, 생명체 유전 형질의 특수 유전자 일반, DNA 절단과 부착, 수용체 세포 내 DNA 분자 도입 등과 같은 부분에 국한하지 않고, 광범위한 의미로 채택한다. 나는 이 용어를 포괄적으로 사용하겠다. 왜냐하면 '시험관' 아기, 복제 생산, 배아 줄기세포의 대리모 이식 등과 같은 다양한 결과가 이미 존재하기 때문이다. 물론 이 책에서는 이러한 기술이 야기하는 도덕적 문제를 다루지는 않을 것이다. 독자들은 다음 자료를 참고하라. Ph. Kourilsky, « Le génie génétique », in *La Recherche*, avril 1980. 아울러 Pr. 테스타르의 경고도 환기할 필요가 있다. 테스타르에 의하면, 유전자 공학은 가장 큰 위험을 부를 수 있다. 하여 그 한계를 추적함과 동시에 유예 기간을 설정해야 한다.

3) 에너지 문제 전반에 관하여, 다음 자료를 참고하라. Science, *Technology and Society*, V, 1(특별호), 1985. 진화와 다양한 에너지 원천에 관한 매우 훌륭한 자료와 연구를 수록했다. 특히 전기(電氣)의 미래에 관한 연구가 두드러진다.

는 글을 작성했다. 당시 나는 이 분야에 문외한에 가까웠다. 왜냐하면 풀어야 할 문제가 산적했기 때문이다. 적어도 1970년 무렵이 되어서야 에너지 사용의 보편화를 생각할 수 있었다, 사람들은 "정상" 도식대로 움직였다. 다른 에너지 자원이 이전의 에너지 자원을 자연스럽게 이었고, 그것은 생산과 운반의 새로운 연결을 가능케 했다. 그러나 불행하게도, 이러한 "원자의 시대"는 매우 짧았다. 왜냐하면 1960년대를 기점으로 지배자로 등극한 기술 혁신은 더 이상 에너지 생산과 상관없는 것이 되었기 때문이다. 이제 컴퓨터의 시대가 왔다. 따라서 산업과 기술 발전의 단계를 나타내는 데 에너지 소비 측정에 필요한 진보를 위해 매우 건설적인 것이라 평가되던 종래의 기준이 비효율적인 기준으로 바뀌었다. 정보화 사회, 네트워크로 조직된 사회는 더 이상 이전 시대의 연장이 아니었다. 또 "후기−산업 사회"라 불리는 취약한 사회로 점차 바뀌는 중이다! 따라서 나는 1977년에 이러한 사회의 특징을 '컴퓨터'로 지적했고, 과거에 기술 '사회'를 위해 진행한 분석과 똑같은 분석을 새로운 사회를 위해서도 수행해야 했다.

나는 변화를 파악할 수 있었다. 특히 소형 컴퓨터와 마이크로컴퓨터 정보처리 기술의 발전 이후로 변화에 대한 파악은 어렵지 않은 작업이었다. 이전 표본들의 경우, 사람들은 보다 큰 것을 제작하고 더 나은 재료를 생산하는 문제에만 몰두했다. 산업이나 상업적으로 가장 "좋은 것"이면서 동시에 가장 수익성 있는 것이 무엇인지에 집중했다. 그러나 정보의 발달과 더불어 소형 제품이 진보의 중요한 특징이 되었다. 효율성은 더 이상 '거대함'과 연관된 개념이 아닌, '축소'와 연관된 개념이다. 이제 우선시되는 것은 원자재 생산이 아닌, 정보의 생산, 처리, 전달, 해석, 기록이다. 정유 모터가 지배하던 세계에서 탐구는 언제나 "이상적으로 '단순' 기계"를 지향하는 반면, 정보 분야의 탐구는 점차 복잡해지는 체계를 지속적으로 창조해 나간다. 전자는 모든 것이 에너지 과다 소비에 머물지만, 후자는 에너지 절약을 지향한다. 컴퓨터, 자동 업무 처리, 정보 통신, 로봇 생산 등이 주를 이루는 신세계는 매우 효율적이고 생산적이며 에너지 소비를 최소화하는 세계다.

우리는 인간을 대체하는 새로운 단계를 체험한다. 이를 묵상하는 정도로는 불충분하다. 인간의 물리적 힘이 점점 기계와 에너지의 성장으로 대체된다. 온 시대에 걸쳐 일어나는 거대한 변화다. 인간은 또 다른 에너지 공급원의 역할을 맡는다. 인간은 기계의 통제統制자가 되어야 했고, 더 나은 것을 구상하고 발견해야 했다. 그러나 컴퓨터 정보 분야, 원자재 생산에서 컴퓨터 정보 생산으로의 이행 등과 맞물려, 인간의 행동에 새로운 영역이 부과된다. 그렇다면, 경쟁 중인 인간들 사이에 배제가 발생한다는 말인가? 이러한 배제를 한 쪽에서는 매우 심각한 사안으로 여기고, 다른 한 쪽에서는 새로움에 대한 막연한 두려움에 매몰된 이들의 무지와 공포 정도로 취급한다. 이 문제는 뒤에서 다시 다루겠다. 여하튼, 현재 우리가 주목하는 부분은 이러한 이행 과정의 경향과 그 경향의 완벽한 전환, 그리고 이러한 전환에서 발생할 수 있는 주요 사건들이다. 산업 분야에서 사용되는 에너지는 석탄이나 석유다. 이 산업에는 수많은 노동자들이 필요하다. 즉, "항상 대량大量"으로 생산하는 산업에 속한다.

이러한 생각은 마르크스 이론의 틀에서 한 치도 벗어나지 않는다. 오히려, 전적으로 마르크스 이론의 자장磁場 안에 머문다고 하겠다. 마르크스의 이론에 따르면, 프롤레타리아의 성장은 필연이다. 성장한 프롤레타리아는 다수를 점하면서 막강한 계급으로 부상한다. 동시에 프롤레타리아는 피지배 계급이기도 하다. 그러나 이러한 현상이 무기한 지속되지 않는다. 피지배 계급은 성장하고, 다수를 점하며, 세력을 구축한다는 점에서 반드시 지배 계급으로 바뀐다. 그러나 자동화와 정보화 현상의 도래와 함께, 마르크스 이론이 지적했던 경향도 바뀐다. 즉, 육체 노동력을 원하지 않는 쪽으로 점점 바뀐다. 물론, 이에 대한 만만치 않은 반증들도 있다. 여하튼, "새로운 기계들"의 출현으로 노동력 절감이 이뤄진다. 자본에 대한 투자는 증가하고, 노동력에 대한 투자는 감소한다. 이와 동시에, 다수의 노동력 감소 현상도 나타난다. 노동력 감소 대신, 또 다른 사회적 범주가 발전한다. 즉, 서비스업의 발전과 함께 3차 산업 종사자가 증가한다. 이러한 현상은 경제 성장의 가속화 시기였던 1960년대와 "영광의 30년"¹⁹⁴⁵~¹⁹⁷⁵ 시기의 가장 큰 화제였다. 보건, 행정, 경영, 교육, 위생, 사회복지와 같은 영역에서 서비스 산업의 발전이 두드러졌고, 해당 분야는 이러한 발전을 지지했다. 매년 수천 개의 일자리가 창출되었다. 이는 분명 사회에 유익한 것이지만, 경제 가치의 생산과 무관하다. 사람들은 국부를 충당하는 핵심 영역인 대량 생산, 임금 인상, 대량 소비에서도 "서비스업"의 발전을 보았다. 거기에는 어린이들의 오락과 놀이를 위해 초빙된 "사회자나 진행자들"의 용역 활동까지 포함되었다.

그러나 컴퓨터는 자체 발전했고, 컴퓨터 응용은 점차 여러 영역을 차지하기 시작했다. 특히 컴퓨터는 서비스 분야를 점령하다시피 했다! 정보처리 기술, 자동 업무 처리, 텔레마티크통신과 컴퓨터에 의한 정보처리 융합 기술는 사무실 직원을 집단 대체할 수 있다. 독자들도 잘 알듯이, 오늘날 피고용 노동자의 해고가 극심한 분야는 은행과 보험이다. 인간이 수행했던 모든 노동을 기계가 수행한다. 1973년에 시작된 경제 위기는 발생할 수밖에 없는 참사였다. 생산 대비 초과 이윤폭 감소와 직원 인건비 상승을 야기한 1973년의 위기로 인해, 각 기업들은 용역 인력을 줄였다. 일단 구매한 이상 부대비용의 염려가 없는 컴퓨터를 활용해 이익을 창출하는 방향으로 선회했다. '산업 중심 세계'에서는 자동화 체계를 통해 생산했던 것을 '서비스 중심 세계'에서는 컴퓨터를 통해 생산한다.

컴퓨터와 실업의 인과 관계를 두고 격론이 일었다. 수많은 통계 자료들이 제시된 토론이었다. 나 역시 이 자료들을 꼼꼼히 읽었다. 물론, 섭렵한 자료들 중 신뢰할 만한 자료는 없었다. 그럼에도, 토론에 참여한 사람들은 토론회마다 과하다 싶을 정도로 이 자료들을 사용했다.[4] 컴퓨터 제작과 응용으로 창출된 일자리의 수는 극히 일부였다. 덧붙여, 프랑스 정부 정책의 타당성 여부를 따져야 한다. 현 정부는 "20세기의 현실에 들어갈 준비"라는 명분으로 모든 학생들에게 정보처리 기술 의무 교육을 추진하려 한다. 여기에서 드러나는 자명한 사실이 있다. 수많은 청년들 가운데 극소수만이 분야에서 일자리를 찾을 것이다. 우리는 컴퓨터 정보처리 분야에 대한 담론의 허세를 탐구하면서 이 문제를 거듭 확인한다. 따라서 컴퓨터 증가, 사회 전 부문의 컴퓨터 응용 등으로 우리 사회를 정보화 사회라고 평가하려 했다. 현 시대와 옛 시대를 가르는 핵심 기준인 원자핵의 퇴출에 가속도가 붙었다.

덧붙여, 우리가 진보를 일궜다는 생각 자체를 바꾼 두 가지 자료들이 오늘날 정보화 사회의 특징으로 부상했다. 이제 진보를 측정하는 기준은 '에너지 경제' 와 '노동력 경제' 일 것이며, 그 목적은 동일한 생산단위의 생산일 것이다. 생산성에 관한 대화를 이해하는 우리는 이 기준들을 시야에서 놓치지 말아야 한다. 과거에 생산성은 수공업 노동력에 대한 요구였다. 그러나 오늘날 상황은 정확히 그 반대가 되었다. 기업의 "생산성"이 증가하고 경쟁력이 감소할수록, 기업은 인적 노동력을 활용한다.[5] 여하튼 새로운 사

---

4) R. Rothewell et Ziegveld, *Technical Change and Employment*, Francès, 1980. P. Boisard, « Les 35 heures et l'emploi », in *La Recherche*, n° 128, décembre, 1981.

5) 따라서 우리가 지속적으로 파악할 두 가지 유형의 담론에 서린 불합리성은 다음과 같다. 첫째, 실업을 해결하기 위해 기업들 간의 경쟁을 부추겨 생산성 증가를 견인해야 한다. 둘째, 1929년과 1979년의 위기를 단순 비교하는 경악할 만한 일이 있었다. 1929년의 위기는 경제 도약을 재개했던 자동차 산업의 비약적 발전을 통해 해결되었다. 이에 해당하는 오늘날의 기술 장치는 바로 컴퓨터다. 따라서 정보 통신 산업으로 우리는 위기를 극복할 수 있을 것이다. 여기에는 다음과 같은 전제가 필요하다. '기술의 모든 생산물은 실생활에 안성맞춤이며, 이 생산물의 특징은 별로 중요하지 않다!' 애석하게도 정보 통신의 특성들은 1930년대 철강 산업에서 사용된 신기술의 특성을 정확하게 뒤엎었다. 경제 재도약을 위한 새로운 기술적 비약으로는 충분하지 않다. 쟁점이 된 두 가지 유형의 기술 간에는 어떠한 공통점도 없다. 결과적으로 우리는 똑같은 결과를 기대할 수 없다!

회는 더 이상 에너지 문제에 좌우되지 않고, 소통과 정보처리에 의해 좌우된다. 이러한 변화는 매력적이다. 또한 응용의 폭을 전 방위로 확장할 수 있도록 하며, 새로운 영역의 개방에 대해서도 관대하다. 인간은 이제까지 존재하지 않았던 새롭고 창조적인 세계를 상상할 수 있는 용기를 다시 얻었다. 컴퓨터는 시와 회화 분야의 창작에서 공해 관리나 정치-군사적 의사결정에 이르기까지 못하는 일이 없다. 나는 마이크로-정보 통신 분야인간의 자유에 유용한 도구가 될 수 있을를 염두에 두며 컴퓨터의 이러한 움직임을 겨냥한다. 그러나 『기술 체계』에서 다음과 같은 질문을 제기했다. 우리는 정보 통신 때문에 벌어지는 내용에 주목해야 한다. "기술 체계에서는 실질적인 피드백 구축이 어렵다." 다시 말해, 사람들은 어떤 통제 없이도 자가 성장과 진화를 이루는 이 체제 내부에 체제 기능, 적응 방향, 신속성을 통제할 수 있는 '피드백 작동 방식'이 존재하는 것처럼 생각할 것이다. 현재 우리가 사는 사회는 분명 정보화 사회이다. 정보 통신 분야는 우리 세계에 큰 의미를 부여하지 못했던 원자력 에너지보다 더욱 중요한 분야가 되었다.

그러나 주도적 위치에 오른 분야는 또 다른 분야의 도전을 받는다. 바야흐로 경쟁의 시작이다. 이들의 경쟁 속도는 컴퓨터가 원자를 대체했던 것만큼 빠르다. 바로 "우주 항공"이다. 오늘날 "우주 항공"은 신기술과 주요 기술 모두를 포괄하면서 동시에 인력을 활용하는 모든 기업에게 무수한 가능성과 공간을 개방하는 중이다. 요컨대, 정보 통신을 통해 출현할 수 있는 정도의 가능성과 공간의 개방을 우주 공간의 개방과 정복을 통해서도 이야기할 수 있는 시대이다. 이것은 우리 세계의 특징이다. 물론, 이러한 견해에 대한 반론도 있을 것이다. '마이크로-정보 통신은 우리의 일상 곳곳에 침투했으며, 우리는 가까운 곳에서 컴퓨터나 미니텔과 쉽게 접촉한다.' 물론, 이 경우에 우주 항공 분야는 텔레비전 시청자와 다르지 않다. 그러나 지식과 정보 분야와 마찬가지로, 정치, 군사, 경제의 현실에 비춰 볼 때, 우주 항공 분야는 선두를 차지한다. 무한한 공간에 대한 개방성은 우리 사회의 특징을 다채롭게 표현한다.

그러나 두 분야의 경쟁으로 인해, 또 다시 새로운 기술 분야가 등장한다. 바로 '레이저'다. 핵심이 무엇인지를 파악하는 데 10년도 채 걸리지 않았다. 이는 실험실 체험과 연관되었다. 오늘날 레이저는 곳곳에서 활용된다. 외과 수술, 중공업 분야, 음악 녹음실, 전쟁 준비 등 전 영역에 레이저가 활용된다. 따라서 우리는 경이로운 수준의 효율성을 지닌 도구, 상상을 불허하는 유연성, 역량, 정밀도를 갖춘 도구를 확보한다. 그러나 이 도구는 현재도 도달하기 어려운 수준이며, 상상조차 할 수 없는 규모의 가능성을 품은 도구이다. 과연 레이저의 세계를 오늘날 개화開花한 세계이자 내일 만개滿開할 세계라고 규정하지 못할 이유가 있겠는가? 다시 말해, 지난 25년 동안 우리 사회의 조직과 행동의 기반을 이뤘던 요소들이 총체적으로 바뀌었다. 실제로, 우리 사회의 특징을 상호 일관성을 갖춘 네 가지 요소들로 서술할 수 있다.

네 가지 요소는 나머지 전 영역을 아우르며, 지배한다. 바로 '정보 통신, 우주 항공, 유전공학, 레이저'다. 이들은 투자, 할인 수익, 수많은 전문가와 연구진, 권위와 위신 등의 영역 등을 관장한다. 모든 것이 근본적으로 새롭게 보인다. 그러나 나는 이 사회와 실질적으로 새로운 요소들로 이뤄진 기술 체계를 연구하면서 기술 체계 자체가 관건이라는 사실을 깨달았다. 체제는 더욱 풍요로워지고, 복잡해지고, 다르게 구성되지만, 결국 체계 자체는 일관성을 유지한다. 말하자면, 이러한 대혁신의 흔적이 이미『기술 체계』의 분석에 남아 있다. 내가『기술 체계』에서 폭로한 전반적인 특징과 기술 진보 및 기술 확장 양식의 특징에 그 자취가 있다는 말이다. 근본적인 분석으로 바뀐 것은 아무 것도 없다. 오토바이를 탔다고 가정하자. 목적지에 빨리 도착하기 위해 80km나 120km를 밟는다. 그러나 아무것도 바뀌지 않았다. 여기에 모터를 개조, 확장하면 180km까지 속도를 낼 수 있다. 그러나 여전히 아무것도 바뀌지 않았다. 이 경우에도 마찬가지다. 정보화 사회, 우주공간 사회, 레이저 사회도 기술 사회, 기술화를 통과한 사회에 부합하는 사회들이다. 그러나 우리를 놀라게 한 이 혁신으로 문제의 성격이나 토대가 바뀐 것은 아니다. 우리는 이를 현 시대의 대혁신이라 부를 수 없다! 기술의 변화는 나머지 분야에 대한 기술의 영향력, 세력, 지배력을 강화하는 현상에 지나지 않는다. 기술 체계에 완전히 동화된 사람들의 목표는 동일하다. 또 각종 연구와 탐구를 거친 응용 수단들의 경우도 마찬가지다. 컴퓨터 정보 통신 때문에 정신이 혼미한 사람들은 옛 시대의 평가를 벗어날 수 있을 만한 것을 이 분야에서 찾으려 한다고 말할 수 없다. 정보 통신은 사회에서 실행 가능한 수단들이나 방법들의 표층 단계일 뿐이다. "산업 양식의 변화에 따라 주력 생산물"도 바뀐다. 이를 숙고하는 데 적합한 도구는 정보 통신이다. 더불어, "정보"의 통제와 조정이 가능한 사람들을 세우는 일에도 정보 통신은 안성맞춤이다. 물론, 컴퓨터 정보가 인간의 모든 행동 수단을 대체할 수는 없다. 이러한 대체 불가능성에 관한 주장을 우리는 J-J. 세르방-슈레베르Servan-Schreiber의 도발적인 논조가 묻어난 책『세계적 도전』*Le Défi mondial*에서 확인할 수 있다. 이 책은 인간의 모든 행동을 대체하는 컴퓨터에 대한 연구를 터무니없는 주제로 일갈한다. 에너지 대전환이 산업 체계를 도마 위에 올려놓지 않았던 것처럼, 컴퓨터 정보 통신도 기술 체계를 심문하지 않을 것이다. 오히려 기술 체계에 대한 신뢰를 강화하고, 체계를 발전시키며 복잡하게 만들 것이다. 따라서 화려한 변화나 대규모 혁신진보의 표층 단계인 '기술 체계의 조직화'에 머무는 이 '신비로운 장치'는 실제로는 어떠한 것도 바꾸지 않는다. 그러나 1980년대 초반 이후로, 우리는 종래의 혁신과는 전혀 다른 차원에 속하는 '대혁신'을 똑똑히 목격했다.

2. 사회 담론

　본 연구를 진행하기 전에, 나는 이와 관련된 사회 담론의 정체를 밝히려 한다. '도전, 내기, 도박' 이라는 세 용어는 우리 시대에 새롭게 도래한 상황 전체를 보여준다. 신문 기사 제목, 라디오와 텔레비전 광고, 정치인들의 담화문, 때로 "진지한" 서적들을 통해, 누구나 이 상황을 평가한다. 지금 이 상황을 표현할 수 있는 적절한 용어가 바로 '도전, 내기, 도박' 이다. 정보는 도박, 도전, 내기이다. 동시에 우주공간이나 유전자 공학도 마찬가지다. 사람들은 입이 닳도록 일본의 도전, 유럽의 내기에 대해 이야기한다. 제3세계에도 내기거대한 1세계와 2세계 사이에서, 도박자기 세계의 발전을 위한, 도전성장 가능성을 통해 을 감행한다. 미국에 대한 독립도 일종의 내기이다. 평화는 내기이지만 평화적 공존은 도박이다. 성장과 풍요는 내기이면서 도박이다. 공간과 공간을 연결하는 교통수단인 테제베T.G.V.의 성공은 도박이었다. 마그렙 지역6) 주민들의 이민과 실업 문제는 프랑스 사회에 대한 도전이다. 반면, 행정부의 정치는 도박이다. 이 모든 것은 우리가 수용한 실제적인 정보에서 채택한 사례들이다. 이 외에도 무수한 사례들이 있을 것이다. 특이한 점은 이러한 예시들이 하나같이 일정한 제어 체계7) 속에서 해석된다는 것이다. 나는 세 가지 단어의 부과를 우연으로 치부하지 않는다. 오히려 이 단어들은 우리 상황을 해석할 수 있는 집단 무의식 용어라고 생각한다. 그렇다면 이 단어들의 의미는 무엇인가?

　도박이란 우리에게 위험 요소들이 있다는 주장이며, 과감한 행동에 대한 보장이다. 이미 결정된 폐쇄적인 상황에서, 우리는 요행에 좌우되는 어떤 것에 대한 도박을 감행한다. 그것의 성공 확률은 불투명하며, 예측도 불

---

6) [역주] 아프리카 북부의 모로코, 알제리, 튀니지 지역을 지칭하는 표현이다.
7) [역주] 일련의 사건들이 하나같이 '도전, 내기, 도박'이라는 용어로 해석 가능하다는 뜻이다.

가능하다. 도박을 감행할 때, 우리에게 위험 요소들이 출현한다. "진리, 민주주의, 혁명을 두고 벌이는 경기에는 위험 요소들이 상존하기 마련이다. 경기 중 복합적인 위험 요소가 불현 듯 나타난다."에드가 모랭 이처럼 도박에 '관해 말할 때', 위험 요소들이 출현한다. 이 요소들 중에서, 우리는 친히 진실성과 민주주의 의식을 갖춘 이들임을 입증하려 한다. 그러나 그와 동시에 우리는 스스로 '자유민' 임을 주장한다. 도박이라는 말그러나 현실은 허풍과 말만 가득한 도박들뿐이다은 자유인이 된다는 뜻이다! 우리가 말하는 "도전"은 풍성한 발전으로 혼란만 가중된 세계, 악몽과 표면적 불가능성에 사로잡힌 세계가 전달하는 도전을 제거할 수 있는 용기를 나타내는 말이다. 우리는 최악의 상황과 마주할 수 있다. 갈등과 경쟁이 사회를 구성한다. 그렇다! 지금 우리는 갈등의 절정에 있으며, 저마다 승리를 단언한다. 우리는 패배주의를 거부한다. 이것은 힘의 문제가 아니라 법적 판단과 과단성의 문제이다. "계산, 전달, 정보 재생산의 모든 작동 과정에는 오류의 위험이 도사린다. 말하자면, 살아있는 조직은 매 작동 과정마다 오류의 위험과 얽힌다. 이 위험은 파멸과 붕괴의 위험이며, 극단적인 경우 죽음에 이를 수 있다. 따라서 그것은 오류에 맞서 싸우는 모든 조직에게 본질적, 기본적으로 나타나는 필연성이다."에드가 모랭 8) 우리는 이것을 오늘날 사회공동체에 정확하게 적용할 수 있다. 상황에서 비롯된 장애물을 제거할 때, 우리는 오류 가능성을 거부할 수 있다. 소중한 교훈이다. 마지막으로 '내기' 를 다뤄보자. 이 말은 모호하다. '내기' 라는 단어는 '모든 행동이 곧 놀이' 라는 의미를 포함한다. 사실 그렇게 심오한 표현도 아니다. 보드게임의 일종인 '모노폴리' 는 현실의 모습을 본 뜬 놀이였다. 그러나 오늘날에는 현실이 모노폴리의 모습이나 해상 전투의 모습을 본 뜬 놀이가 되었다. 새로운 정보들의 놀이터에서 발견할 수 있는 특성인 '요행수' 를 생각해보자. 이 때 우리가 가담하

---

8) E. Morin, *Pour sortir du XXᵉ siècle*, Nathan, 1981.

는 놀이는 우리의 기교, 지식, 미덕에 호소하지 않고, 순수한 우연에도 호소하지 않는다. 요행수로 점철된 현 사회 내부에서의 '놀이'는 단순한 룰렛 놀이가 아니다.

여하튼, 상황은 생각보다 심각할지도 모른다. 그러나 단순히 내기에 불과하다는 점을 기억하자. 문제의 핵심은 우리가 가담한 이 내기의 정체가 무엇인지를 정확히 아는 데 있다. 이 판의 정체는 과연 무엇인가? 그 이유는 이 놀이의 정체성은 놀이의 진지함과 중량감 자체에 달렸기 때문이다. 제어하기 어려운 이 경기에 불어 닥칠 수 있는 위험 요소들의 차원을 알아내는 일이 중요하다. 그것은 우리의 장래를 결정할 수도 있는 일이다. 일단 도박판이 벌어졌다면, 우리는 모든 것을 따거나 잃는다. 즉 '모 아니면 도'다. 따라서 놀이 규칙들을 정확하게 숙지하는 게 문제가 아니라, 우리가 결정제어할 수 있는 위험 요소가 무엇인지를 아는 게 중요하다. 심지어 사람들은 이를 합리성에서 비롯된 도박이라고 부르기까지 했다.Ladrière 도처에서 집요한 방식으로 회귀하는 세 가지 용어들과 함께, 우리는 자유, 용기, 예지의 의미를 밝히려 한다. 다시 말해, 우리는 세 가지 유형을 기준으로 모든 것을 이해한다. 우리 사회에서 내기, 도박, 도전으로 평가되지 못하는 것은 사실상 아무 것도 없다. 개인의 단순 모험은 더 이상 존재하지 않는다. 게다가 더 이상 사적 영역도 없다. 우리 모두는 이 놀이라는 한 배를 탔다. 달리 평가할 수 있는 요소도 존재하지 않으며, 더 이상 아포리아aporie도 없다. 이 놀이는 걷잡을 수 없이 커졌고, 모든 것을 포괄할 정도가 되었다. 모든 것은 이 놀이의 일부가 되었다. 개별적으로 놀이에 가담한 사람도 더 이상 존재하지 않는다. 우리는 그저 일부분일 뿐이다! 규모의 대소大小와 상관없이 경제적, 정치적 환경에서 쟁점은 놀이라는 형태를 띤 거대한 전투에서 이기는 것이다. 이제 우리는 거대한 도박판을 정확하게 평가하는 법을 모르는 상태에 이르렀다. 그저 판에 돈을 걸 뿐, 구체적으로 '무엇'을 말할 수 없는 상태가 되었다.

그러나 나는 이 세 가지 용어들이 은폐한 것을 적나라하게 벗겨낼 생각이다. 이에 결국 도전, 내기, 도박이 언제나 기술 관련 질문과 접촉한다는 사실을 확인하려 한다! 이는 분명히 정확성을 동반한 작업은 아니다! 제3세계, 유럽, 군국주의화는 정치에 속하는 용어이며, 물가 상승, 교환 불평등, 생활수준, 성장은 경제에 속하는 용어다. 즉, 명확한 분류가 가능한 용어들이다. 그러나 기술은 도처에 새끼를 쳤다. 기술은 열쇠이자 실체이며, 각종 문제와 상황들의 기반이다. 기술은 "최종 층위"의 결정 요소다. 우리에게 도전하는 것은 바로 기술, 무엇보다 신기술이다. 이 주제에 관한 다양한 제목의 서적이 상당량 누적되었다는 점을 고려해야 한다. 대표적으로『정보의 도전』,『유전자의 도전』,『과학기술의 도전』 *Salomon* 등이 있다. 우리는 일견 다음 사실을 깨닫는다. 우리는 개별적 존재도 아니고, 사회도 아니다. 우리는 그저 입 다물고 책임을 진다. 또한 저마다의 습관에 빠져 살 준비를 해야 한다. 예컨대, 컴퓨터와 같은 정보처리 과학을 예로 들 수 있다. 정보처리 과학은 하나의 도전이다. 왜냐하면 그것은 우리의 경영 속도를 심의할 뿐 아니라, 사고방식도 문제 삼기 때문이다. 정보처리 과학은 우리의 관료주의적이고 지적인 흐름을 전복한다. 정보처리 과학은 매 순간마다 우리에게 수천 가지의 정보를 쏟아 붓는다. 실로 우리는 범람하는 정보에 압도되며, 마치 하나의 단위처럼 움직이는 수백, 수억의 사람들이 계측한 정보에 점차 익숙해진다! 컴퓨터는 우리의 삶의 차원과 속도를 바꾼다. 우리의 바람과 무관하게, 정보처리 기술은 사회에 정보망을 직조織造한다. 이제 사회는 더 이상 옛 방식, 특히 전통 구조와 무관하다. 우리는 예전처럼 지속'할 수 없다.' 매우 단순하다. 왜냐하면 이 정보처리 기술이 바로 '여기에 있기' 때문이며, 우리는 그것을 무시할 수 없기 때문이다.

철길이나 찻길이 출현했더라도, 승차감만 좋았다면 마차 여행도 지속되었을 것이다. 오늘날 더 이상 선택지는 없다. 정보처리 기술 '자체' 가 '정보망' 을 포함하기 때문이다. 다시 말해, 컴퓨터 사용 유무에 대한 선택권을 확보한 상태에서 진보를 선호하는 기획자가 없기 때문이다. 컴퓨터와 기획자의 만남이 체계 전체를 견인한다. 그리고 그것은 과거와 비교할 수 없을 정도로 달라졌다. 즉, 기술 체계는 더욱 강력한 통합 체계가 된다. 기술 체계와 다르게 행동할 수 있는 방법은 없다. 이제 사무실, 방송 매체, 직원, 생산물을 체계적으로 짜 맞춰야 한다. 만약 이런 통합 체계가 없다고 가정해 보자. 한 편으로, 사람들은 매력적이고 유용한 장치의 이점을 모두 잃을 수 있다. 다른 한 편으로, 컴퓨터를 한 조직에 침투시키기 바라거나 다중 회로를 활용에 유용하도록 바꾸지 않은 채 사회에 그대로 침투시킨다면, 우리는 상상할 수 없는 무질서에 봉착할 수도 있다. 나는 정보처리 기술에 대해 말했던 부분을 원자력 에너지나 유전자 공학에서도 반복 적용할 수 있다고 본다. 더욱이 유전자 공학은 사회 조직 뿐만 아니라 우리의 철학적 개념들, 전통적 인문주의, 도덕에도 도전장을 내민다.

이와 같이 전체가 한 가지 도전에 굴복하는 기현상이 벌어졌다. 과연 우리는 신체적, 사회적, 지적으로 정보처리 기술에 맞춰 살아야 하는가? 도덕 정신의 차원에 유전자 공학을 적용해야 하는가? 이는 수사학적 질문도 아니고, 특정 학파의 가설도 아니다! 다만 정보처리 기술로 인간을 형성하는 방법취학 연령부터을 명확히 확인하면서도 그 밖의 다른 질문들에 관해서는 우발적 반향도 없는 상태, 공허한 상태라는 점을 짚어 두겠다. 그러나 우리가 주목해야 할 내용이 있다! 어떤 환상도 새기지 않은 단 하나의 단어다. 사회의 여러 담론이 평가한 모든 도전들은 직간접적으로 모두 '기술' 과 관계된 사건들이다. 이는 쟁점과 관련해서도 마찬가지였다. "쟁점"이란 무엇인가? 무수한 내용들 가운데, 내가 콕 집어서 말하고픈 기념비적인 책이 있다. 우리 사회의 '쟁점들' 에 관한 질문을 다룬 책으로, 총 1,000여 쪽에 달하는

『대백과사전』이다. 우리가 다루는 현안과 관련해, 이 책 전체를 참고하면 유용할 것이다. 쟁점들은 인간사의 결정적인 전환 국면에 선 우리에게 깊은 인상을 심어주는 특정한 관점에 적합한 모든 질서에 속한다. 우리는 소통 가능한 것을 알아야 하며, 수명 연장과 노령 인구 증가라는 현실에서 차제에 어떤 사회가 출현할 것인지도 파악해야 한다. 또 '인간 지능'과 '인공지능'의 관계도 알아야 한다. 모든 것이 전혀 새로운 방식으로 이뤄지는 세계에서 예술의 미래 정체성에 대해서도 알아야 하며, 소리의 원인 탐구 없이 청각으로만 인지하는 기술인 '어쿠스매틱 음악la musique acousmatique'도 알아야 한다. 또한 기술의 현실들과 접촉한 이데올로기들은 소멸한다는 사실도 알아야 한다. 무엇보다 종교 이데올로기와 정치 이데올로기가 이러한 소멸의 핵심을 차지한다. 더 이상 기술을 인간의 사유에 봉사하는 단순한 도구라고 말할 수 없다. 그러나 지식 자체는 중요한 쟁점이다! 인류가 지난 50만 년 동안 그랬듯이, 우리의 지속적인 지식 습득은 과연 가능한가?

내기, 즉 쟁점enjeu은 우리의 사회 환경이자 자연 환경이다. 생태주의자들은 확실히 시대에 뒤떨어졌다. 이들은 현재 드러난 난관들을 소화할 능력이 없다. 자연을 중심에 두고 그 중요성을 강조하고 역설하는 모습은 분명 타당하다. 그러나 기술의 난관을 어떻게 생각해야 하는가?[9] 덧붙여, 사회적 관계 자체가 쟁점이 되었다. 변화 과정들은 바뀌었고, 예전의 사회생활과 개인생활의 분명한 영역들은 이제 매체들의 출현으로 뒤섞었다. 내가 여러 논문에서 밝혔듯이, 폭력과 테러리즘의 끔찍한 성장을 견인한 제1원인은 정치 문제가 아니라 기술 문제다. 이것은 홍수처럼 불어난 정보와 조

---

9) [역주] 엘륄은 파트릭 샤스트네와의 대담에서 생태주의자들이 기술 문제를 총체적 시각에서 바라보지 못한다고 비판했다. 그는 기술 비판과 생태 사상의 근접성을 인정하면서도, 생태주의자들이 지나치게 교조와 학설에 집착하는 나머지 다른 문제들을 협소하고 순진하게 바라본다고 비판한다. 또 생태주의자들은 인간의 정신 차원에 미치는 기술의 영향력과 그 결과를 숙고하지 않은 상태에서 사안 대 사안으로 날을 세운다고 지적한다. 다음 자료를 참고하라. Jacques Ellul et Patrick Chastenet, À contre-courant. Entretiens, op. cit., p. 231~232.

작된 정보의 결과이며, 정치와 행정 조직의 무능력, 정치인의 무능력, 기술 변화의 현 실태를 숙고해야 할 정치 학설의 무능력이 빚은 결과다. 과연 지금 구경거리spectacle 정치와 다른 형태의 정치가 존재하는가? 우리는 우리 자신을 무한히 넘나드는 문제들이나 상황들을 주제 삼아 쉼 없이 결정을 내려야 한다. 우리는 이러한 독촉장에 시달린다. 앞에서 이야기한 '내기' 의 문제는 이처럼 심오한 차원의 문제다. 이를 기술들과 비교해 보자. 과연 결정가능한 것과 불가능한 것의 경계는 어디인가? 내기의 문제는 우리의 상상을 초월한다. 가장 진부한 형태로 부각된 쟁점을 꼽으라면, 아마도 북반구와 남반구의 관계일 것이다. 둘의 분리는 역설적인 상황이다. 이러한 분리와 동시에 세계는 표면상 '하나' 가 되어 분리될 수 없다. 물질 차원에서는 의사소통 수단을 통해, 경제 차원에서는 경제의 상호보완성을 통해, 단일 세계가 구축되었다. 현대인들은 국제 경제를 이야기하지 않고, 세계의 '단일' 경제를 이야기한다. 이러한 식으로 세계를 논하면서, 동시에 선진국pays sur-développé과 저개발국pays sous-développé, 시설 과잉 국가pays sur-équipé와 시설 부족 국가pays sous-équipé 등으로 나눠 이야기한다. 내 시각에 이런 식으로 진행되는 논의는 진부하다.

시급한 문제는 정의와 감성의 문제가 아닌, 기술 문제다. 그 이유는 우리가 이 내기에서 이기지 못할 경우, 우리를 기다리는 것은 공멸共滅이기 때문이다. 경제계에서는 복합, 누적된 여러 내기들 가운데, 경제 전반을 지배하는 두 가지 현상이 있다. 하나는 '인구 불균형의 회복' 현상이고, 다른 하나는 '세계 화폐 재조정' 현상이다. 이러한 현상이 지배하는 이유는 가중된 화폐 불균형 상태에서 무한정 살 수 없기 때문이다. 특히 연관 화폐들의 총량이 상상할 수 없을 정도로 상승했지만, 이러한 불균형 상태를 지속할 수 없다! 이 내기에 가담한 사람들을 위해, 근본적인 쟁점 사항들을 제시해야 한다. 해당 질문은 다음과 같다. '지금 그리고 여기에서hic et nunc' 어떤 기술을 적용해야 해당 분야에 유리한가? 현실 사회에 '유일하게' 존재하는 것은 기술에 대한 의존뿐이다. 기술이 이 내기의 '평가자'가 되고, 이길 수 있는 방책을 마련할 것이다. 그러나 벌어지는 도박판들을 들여다보면, 기술에 대한 이러한 의존이 언제나 명확했던 것은 아니다. 여러 문서에서 이 용어를 본 사람들은 무엇을 이해했는가? 일각에서는 '기술에 대한 통제 가능성'이라는 낙관론을 품고 내기 돈을 걸었다. 그러나 통제는커녕 기술이라는 도박판 자체를 연장하고 말았다. 또 한 쪽에서는 사람의 의지만 있으면, 충분히 가능하다는 의지주의적voluntariste 정책을 추진하면서 도박판의 승기를 잡기도 하고, 어떤 사람은 민주주의를 내세워 도박을 감행하고, 어떤 사람은 사회 민주화를 통해 얼마든지 기술을 이끌 수 있다는 낙관론에 심취해 판에 뛰어든다. '기술 통제'라는 이 도박은 가령 "에너지 제어"와 같은 이상적인 문구로 표현되기도 한다. 사람들은 기술 제어를 설명하는 데 적절한 도구로 '법률'을 제시한다. 그리고 또 다른 도박에 손을 댄다. 즉, 새로운 국제 기구, 조약, 행동 규칙, 책임 규약 등을 기술 통제에 적절한 도구로 생각한다. 그러나 이러한 법률 세계화는 경제 세계화를 낳는 기술 세계화와 관련되어야 한다. 결국, 사람들은 기술이 사회 분권화와 자체 조직화를 낳을 수 있다는 낙관적 전망과 함께 도박판에 손을 댄다.

이는 앞에서 거론한 내용과 전혀 동일하지 않은 생각이다. 나는 '미시 기술microtechniques'과 '자유 인민의 사회주의socialisme de liberté' 10)의 결합을 생각했었다. 그러나 오늘날 자립적인 소규모 사회를 조직하고 이끄는 주인공은 인간이 아닌 기술이다. 현대인은 대립 관계의 두 가지 도박을 안다. 첫째, 정치다. 둘째, 규격화된 사회를 만드는 기술을 통제할 수 있으리라는 낙관론

---

10) [역주] 엘륄이 구상하는 사회체(le corps social)는 프루동의 연방주의와 닮았다. 그는 청년기부터 줄곧 중앙집권 국가 통제제가 아닌 소규모 집단의 자율성이 생생하게 살아 있는 형태의 사회체 및 조합 형태의 사회체 구성을 주장했다. Cf. Frédéric Rognon, *Le défi de la non-puissance. L'écologie de Jacques Ellul et Bernard Charbonneau*, Lyon, Éditions Olivétan, 2020, p. 37.

이다.

사람들은 기술 성장이 위기를 극복하고 해결하는 유일무이한 길이며, 경제 위기를 해결하기 위해 신기술의 사용이 필요하다고 말한다. 이것은 또 다른 도박이다. 또 기술 성장이 실제적인 기술 문화를 만들 것이라 말한다. 이 역시 도박이다. 사람들은 '문화와 기술의 위기^{용어의 전통적 의미에서}에 직면했다'고 말한다. 18세기까지 서구의 모든 사회에서, 기술은 문화의 범위 안에 있었다. 그러나 18세기 이후부터 기술이 문화의 지배자가 되더니 결국에는 문화를 변두리로 내쫓았다. 서구 사회는 기술과 문화의 역전이라는 격변기를 맞았으나 이 문제를 크게 의식하지 못했다. 극소수의 저자들만이 이 문제를 다뤘을 뿐이다. 우리는 이러한 상황을 제대로 분별할 수 있어야 한다. 나아가 이 분별력을 바탕으로 새로운 문화 표본을 만들어야 한다. 새롭게 만들어질 문화는 기술을 문화 내부에 통합할 수 있는 형태이어야 한다. 다시 말해, 기술은 문화에 예속돼야 하고 문화 공동체를 위한 수단에 머물러야 한다.

기술 문화에 초점을 맞춰 거기에 내기 돈을 거는 일이 주류가 됐다. 또 사람들은 이러한 문화의 가능성을 두고 도박^{예컨대 아이들의 학교 교육}을 감행한다. 정보 통신 덕에 우리에게 닥친 모든 문제^{단지 '문제'로서의 문제}가 해결될 것이라 생각한다. 물론 사람들은 '연구-발전^{혹은 성장-현대화}'라는 삼각편대를 토대로 균형감과 만족감을 선사할 수 있을 세계 차원의 신 경제 질서를 두고도 도박판을 짠다. 일각에서는 미래에는 지금까지 성장과 발전에서 확인된 모순의 해법을 찾을 수 있을 것이라 평가하기도 한다. 사람들은 질적 성장을 추구할 것이고, "새로운 성장을 위한 계약서"^{포페랑}를 제시할 것이다. 이들의 평가에 따르면, 기술은 제3세계와 관련되어 있는 수많은 난관과 곤경의 문을 열 것이며, 기술의 다양성은 제3세계라는 풋말을 바닥에 "떨어뜨릴" 것이다. 한 마디로, 옛 유럽 사회의 노선을 답습해 성장 중심의 노선을 채택할 것이다! 마찬가지로, 사람들은 기술들로 말미암아 연쇄적인 경제 발전도 예상할 수 있다고 생각한다. 이 역시 도박이다. 심지어 사람들은 기술의 역효과도 예고할 수 있으리라 생각한다. 마지막으로, 사람들은 인간이 이러한 기술들의 단계에 있지 않는 한, "인간을 고안"해야 하고, 이 기술들을 구체적으로 사용할 능력이 있고 거기에서 최고의 결과물을 얻을 수 있는 새 인간을 창조해야 한다고 말한다. 새 인간 창조는 기술 성장에 대한 제동도 아니고, 역효과의 원인도 아닐 것이다. 이처럼 사람들은 새로운 인간의 가능성과 관련된 도박도 서슴지 않는다.

위 내용들은 오늘날 기술담론 지지자들 대다수가 감행한 도박들의 목록이다. 우리는 여러 기술이 난무하는 현실에서 기술은 곧 도전이라는 사실을 깨닫는다. 그것은 인간과 우리 사회와 경제에 내민 도전장이다. 기술은 모든 것을 심사한다.^{정복자의 승리인가 혹은 패자의 죽음인가} 또한 기술은 **도전**이자 **내기**이다. 우리는 가장 효율성 높은 기술에 손을 내밀어야 한다. 모든 기술은 정치적, 경제적, 과학적 전투 현장에서 벌어지는 내기, 즉 단판 승부와 같다. 왜냐하면 나머지 요소들의 문제를 풀 수 있는 열쇠를 기술이 쥐고 있기 때문이다. 마지막으로, 기술은 **도박**이다. 인간과 사회의 장래를 두고 벌이는 도박판에서 우리의 승리를 보장하는 주역이 바로 기술이기 때문이다. 사람들은 이제 모든 것이 기술에 달렸다고 단언할지도 모른다. 두 말 할 나위 없이, 우리는 모든 것이 기술을 향하는 사회, 그리고 기술이 전체를 움직이는 사회에 산다!

이 삼총사^{도전-내기-도박}와 관련된 저서들과 논의들을 접하며, 나는 매우 황당한 장면을 봤다. 곧 푼돈 정도로 '내기' 하던 '도박' 판이 '도전'^{도발}하는 수준으로 '내기' 돈의 체급을 키운 대형 '도박' 판과 쉴 새 없이 연결됐다. 일관성 유지를 위해 하나의 요소가 다른 요소에 상응해야 한다. 그러나 이는 매우 예외적인 일이다! 도전은 사회 질서에서 새로운 기술들이 문제없이 통합되는 단계에 이르는 것을 뜻한다. 사람들은 어떤 내기를 하는가? 바로 경제를 건 내기이다. 북반구와 남반구의 자원과 기술력의 균형 유지를 찾기 위한 내기 판을 벌였다. 그렇다면, 무슨 도박을 하는가? 법이 모든 문제의 해결책일 것이라고 믿는다. 나는 각 용어의 의미를 다시 설명할 수도 있고, 세 용어의 상호 부적합성을 제시할 수도 있다. 나아가 정보에 정통하고, 기술, 과학, 지성과 연계된 담론의 특징을 바탕으로, 세 용어들이 엄밀하지만 일관성 없는 담론을 구성할 뿐이라는 사실도 제시할 수 있다.

따라서 이러한 분야에서 실행된 진보는 확실히 다음과 같은 의식화 작업과 동의어다. '이제 모든 것은 더 이상 경제가 아닌 기술에 달렸다.' 이 얼마나 뒤늦은 각성인가! 그러나 우리는 확실히 대답해야 하는 부분에 대해서 여전히 말을 더듬는다. 또 이러한 모험에 책임을 져야할 자들에 대한 성찰과 논의가 문제시 되는 경우에도, 초지일관 말을 더듬는다. 독자들은 본 연구서를 통해 현실은 우리의 상상과 통제 범위를 넘어섰다는 사실을 구체적으로 확인할 수 있을 것이다. 요컨대, 다양한 방향에서 진행된 이 놀라운 혁신 때문에 의식화 작업에 책임을 져야 할 사람들은 더 큰 의무감을 안게 되었다. 그러나 이 정도로도 여전히 충분치 않다. 왜냐하면 우리가 분명하게 볼 수 있는 것이나 각종 "매체들"을 통해 알게 된 것만으로는 수천 가지의 소소한 변화각각의 변화는 해당 영역에서 매우 중요하다를 일일이 담아내지 못하기 때문이다. 이러한 변화는 오히려 대중들의 눈에 띄지 않는 형태로 나타난다. 우리는 우주 공간을 날 수 있는 새로운 기구가 사용되고 새로운 외과 시술법이 실행되었다는 사실에 놀란다. 그러나 그러한 소식은 사실 쉼 없이 누적된 수백 가지의 완벽주의가 낳은 결과물에 지나지 않는다. 이 점을 계속 염두에 둬야 한다.

다양한 분야에서 다양한 혁신이 발생한다. 모든 것을 산업에 맞춰서 보기 때문에 별로 달가운 용어는 아니지만, 사람들은 이를 바탕으로 "3차 산업 혁명"을 이야기한다. 그러나 현 사회를 설명하는 데 있어, 다양성과 열광이라는 용어만으로는 한계가 뚜렷하다. 무엇보다 정보를 고평가하는 '미디어' 사회, 공간 사회나 원자력 사회, 옛 도식을 끌어와 말하면, "소비 사회"스카르딜리나 교육 사회베이예로 등이 현대 사회를 표현하는 데 알맞은 용어일 것이다. 오늘날 포괄성을 갖춘 용어를 사용하면, 아마도 **진보** 사회가 제일 적절할 것이다.

진보라는 관념은 확실한 보장이면서 효과적인 전진처럼 보인다. 경제 발전은 사회 발전과 개인 발전을 규정하며, 경제 성장은 경제 발전을 규정한다. 전 분야에서 이뤄진 양적 성장이 질적 개선을 유도한다. 당연하다. 그러나 동시에, 사람들은 기술의 번식이 일종의 새로운 작동 방식을 낳는다는 점도 알았다. 이 현상에는 조직화, 정보, 의사소통, 복합체, 기술의 용어들로 각인된 사회 전체에 대한 과학들기술적인이 수반된다. 모든 과학이 이른바 '사회적인 것'으로 바뀌기 때문이다. 아마도 사람들은 오랜 기간 이 문제를 연구하게 될 것이다. 덧붙이자면 생물학이나 물리학 같은 과학 분야들은 "사회적인 것"에 이르는 데 거부할 수 없는 매력을 갖췄다. 이는 타 영역들과 연계된 과학 개념들이나 이론들을 만드는 정도로 그치지 않는다. 한 걸음 더 나아가, 개념들과 이론들을 사회에 일반화Varela하거나 사회의 시각에서 개념과 이론을 생각Prigogine하려 한다. 11)

그러나 내가 앞에서 네 가지 영역컴퓨터 정보 통신, 우주 항공, 유전공학, 레이저으로 인용했던 새로운 과학과 기술들이 있다. 암묵적으로 제시된 기술들의 집합체, 즉 기술을 바탕으로 유지되는 기술들의 집합체를 발전시킨 분야를 알아야 한다! 기업 내부의 변화를 낳는 조건들에 대한 탐구, 기술 간극에 대한 탐구, "연구개발"의 변동에 관한 탐구, '기술 평가Technology assessment', 영향력에 대한 연구, 기술 응용의 결과에 대한 심리 연구 등이 확인돼야 한다. 기술의

---

11) J.-P. Dupuy, in *L'Auto-Organisation*, Colloque de Cerisy, Le Seuil, 1983.

결과물이 기술 연구의 광범위한 영역을 구축한다. 그리고 그 결과물은 앞에 제시된 네 가지 혁신 영역의 결과물과 맞물린다. 그리고 사람들은 세계 곳곳에서 만들어진 가짜 변화를 진짜 변화라고 착각한다. 가짜 변화라는 표현은 매우 정확한 표현이다. 그러나 우리는 이 변화의 가치를 평가할 때, 첫 번째 난관에 봉착한다! 기술 혁신에 주목하고 그 혁신의 내용들을 열거하는 정도로는 불충분하다. 왜냐하면 혁신 자체와 다른 단계에서도 변화가 나타날 수 있기 때문이다. 무용하다고 말하기는 어렵지만, 수치와 통계 부여만으로는 충분치 않다. 그러나 우리는 이미 변화가 질적이면서 동시에 양적이라는 사실을 언급했다. 전 영역에서 전개된 수치들의 불명료한 성격에 관해 고려하지 않은 채 숫자에 연연한다면, 변화에 대한 협소한 관점만 확보할 뿐이다. 따라서 변화를 측정하려면, 1차 기술 혁명에서 3차 기술 혁명까지 존재했던 추억, 기억, 옛 경험을 참고하는 주관적 기준이 필요하다고 생각할지 모른다. 물론, 주관적 기준은 유용하다. 그러나 주관적 기준은 부분적이고 자의적이다. 따라서 변화의 척도는 모호한 상태다. 그것은 과학적이고 포괄적인 대신, 일회적이고 감각적이다.[12)]

　사실, 변화와 진보는 측정 불가능하다. 또 둘은 약분되지 않는 관계다. 즉, 변화와 진보는 다른 어떤 것과도 비교할 수 없고, 다른 기준을 통해 측정될 수도 없다. 변화와 진보는 유사한 어떤 것과도 결코 비교할 수 없고, 이론의 여지없이 명백하며, 손아귀에 넣고 마음대로 할 수 없는 현상이다. 여하튼, 나는 앞에서 모든 것이 변하지만 본질적으로 변한 것은 하나도 없다고 분명히 이야기했다. 그것은 단계에 관한 질문이다. 과거에 나는 이를 바다에 견준 적이 있었다. 성난 폭풍우는 바다 표면을 뒤 흔들 수 있고, 거대한 파도는 모든 것을 집어 삼킬 수 있다. 그러나 수심 100미터 지점의 물은 고요하다. 아무 일도 없다. 더욱이 폭풍이 일건 말건 조류의 흐름은 한결

---

12) 미셸 앙리, 『야만』, 이은정 역(자음과모음, 2013)

같다. 기술은 환상적으로 바뀌지만, 광범위한 체계로 채택된 기술, 즉 기술 체계에는 어떤 변화도 일어나지 않는다. 온 지구를 헤집는 기술과 대립하거나 이 기술에 역행하는 또 다른 기술은 없다. 눈부신 혁신들이 기술 체계 안에 차곡차곡 등록될 뿐이다. 한 가지 그림으로 이해해보자. 광역고속철도 TGV와 국철 미슐린Micheline은 형태상 다르다. 그러나 철도 체계는 양쪽 모두 똑같다. 철로, 연결망, 동일한 신호, 조직, 시간표, 물질과 조직의 하부 구조는 '그 원리상' 동일하다.

바흐만과 에렌베르그가 일간지 「르몽드」에 기고한 "미래 충격은 없다"*le choc du futur n'existe pas, Le Monde, 4 mars 1985*와 달리, 나는 "정보 충격"이 있다고 말한다. 정보화 현상이 모든 생산 방식을 재검토하는 경우, 정보처리 자체가 또 다른 재화 생산 영역들을 교체할 수 있는 중요한 생산 대상으로 바뀌는 경우, 정보처리가 도덕정신의 기품을 바꾸는 경우, 사고방식, 추론 방식, 습득 방식까지 뒤죽박죽으로 만드는 경우, 지식의 영역들을 깨끗하게 청소하는 경우, 새로운 환경을 창조하고 이전과 다른 관계 양상을 창조하는 경우, 우리는 가히 충격이라고 말할 수 있다. 이 모든 변화가 익숙해질 틈도 없이 급속도로 이뤄진다는 점에서, 이것은 "충격"이다. 더군다나 특정 정보매체에 익숙해지기 시작하자마자, 세상은 이미 또 다른 기술로 바뀐다.

우리는 '산업'이라는 용어에 역점을 두고 3차 산업 혁명을 논할 수 있다. 즉, 지난 100년 동안 전통 방식으로 생산된 재화들을 시장에서 대규모로 경쟁하도록 하고, 이를 극복할 수 있는 것처럼 보이는 새로운 재화의 생산이 이뤄졌다. 섬유 산업 혁명, 금속공업 산업 혁명 이후에, 정보 생산과 관리 주체에서 산업 혁명이 일었다. 이것은 근본적으로 새로운 형태의 산업 재화들의 출현이다. 여기에 에너지 절약이 이 혁명의 특징이라는 점도 덧붙일 수 있다. 그러나 3차 '경제 혁명'이라고 말하는 편이 더 나을 것이다. 사람들은 결코 기술 "혁명"을 이야기하지 않는다. 기술 단계의 변혁은 존재하지 않으며, 기술의 특징을 담은 단계에서의 변혁도 존재하지 않는다. 기술 진보에서 새로운 단계는 존재하지 않는다. 새로운 것은 모두 기술 체계 안에 완벽히 포섭되고, 기술의 일반적인 발달 과정에 누적되며 기술의 특징이 바로 무한 성장이기 때문이다, 기술의 특징을 선택한다. 바꿔 말해, 기술 "진보"와 새로운 응용 분야와 상관없이, 이것은 내가 기술 **현상**이라 칭한 분석들을 전혀 문제 삼지 않는다. 물론, 나는 본문에서 이 분석들을 재활용할 생각이 없다. 다만 과거에 발견된 것들의 굵직굵직한 관계를 누구나 이미 알고 있는 것으로 가정할 것이다. 예컨대, "기술 현상"이란 곧 환경이 된 기술, 즉 "기술 환경"을 가리킨다. 이런 내용은 독자들도 이미 아는 내용으로 전제하고 부연 설명을 덧붙이지 않겠다. 다만, 기술 환경이란 우리가 사는 새로운 "자연"이자 결정 요소[13], 체계로서의 새로운 "자연"이라고 할 수 있다. 마찬가지로, 나는 기술 현상의 특징들인 자율성, 단일성, 보편성, 전체화, 자가 성장, 인과율 상승, 합목적성 부재 등을 답습하지 않을 것이다. 또 **기술 체계와 기술 사회**의 대립을 재해설하지도 않을 것이다. 1952년에서 1975년까지 내가 분석했던 내용들이 전반적으로 주효했다.[14] 또한 현대 기술의 어떠한 발전과도 모순되지 않았다. 거꾸로 각각의 "진보"는 그 동안 내가 분석해왔던 것의 확증이며, 예견했던 것의 실현일 뿐이다. 세부 사례를 제시해보자. 내가 집필에 열중하던 1952년 당시, 중국은 체제와 무관하게 강고한 기술력을 갖춘 국가로 탈바꿈하는 중이었고, 서구를 따라 잡기 위한 50년 계획안을 추진하던 중이었다. 이러한 전환은 1970년대 말에 실행되었다. 심지어 흐루시초프 보고서 이전에, 나는 소련의 목표가 자체 기술 생산력을 토대로 미국과의 경쟁, 미국에 대한 극복이 될 것이라 예고했다. 또한 나는 지난

---

13) 20년 전만 하더라도, 기술이 사회의 결정 요소였다는 말은 추문(醜聞) 취급을 받았다. 그러나 오늘날 이 말은 "세계"를 표현할 수 있는 명칭으로 아무런 하자가 없다. 1985년 7월 1일에서 4일에 개최된 프랑스—일본 학술대회의 주제는 "신기술은 어떻게 사회를 규정하는가?"였다.

14) 이론의 여지는 있으나, 기술의 자율성 문제와 관련해 뒤퓌(Dupuy), 카스토리아디스(Castoriadis), 뤼사토(Lussato), 켐프(Kemp), 고르스(Gorz) 등을 참고하라.

10년 동안 기술 연구에 헌정했던 책 대부분에서 그 당시 수행했던 분석들에서 영감을 얻었고[이 부분을 이야기한 적이 거의 없다!], 오늘날 이 자료들은 누구나 참고하는 공동 자료가 됐다.[15]

3. 대혁신

우리는 수많은 **혁신들** 자체로는 이전의 **기술** 체계를 바꾸지 못한다는 점을 보이려 했다. 7~8년 전부터 큰 변화가 일었다. 이 변화는 기존의 것과 전혀 다른 질서에 해당한다. 잘 알려진 것처럼, 인간은 현대 기술에 제대로 적응하지 못했다. 인간 공학 분야에서 산업 기계의 집단 활용에 유리한 진보를 일궜지만, 갖가지 문제들[과거에는 심리 문제, 현재에는 정신 구조의 문제]을 일으키거나 질서와 기술 효용성의 혼란을 초래하는 적응력 상실과 같은 현상들이 남아 있는 상황이다. 더욱이 이러한 적응력 상실은 다양한 형태로 변하기도 했다. 어쨌든, "인간과 기계의 조합"이라는 이상향의 도래를 목표로, 인간은 "기계"에게 적응하고, "기계"는 인간에게 적응해야 한다는 문제는 고전적인 문제가 됐다. 사람들은 이 문제를 잘 알고, 때때로 부정적인 평가를 내리기도 한다. 어떤 경우에는 인간 편에서, 또 다른 경우에는 기술 편에서 그러한 평가를 내렸다. 전자의 경우에는 인간의 퇴행적인 정신으로 기술 세계의 조화롭고 풍성한 발전을 회피한다는 평가가 있었다. 후자의 경우에는 기술 성장으로 자발성, 상상력, 비합리, 가치들이 파괴되고, 결국 인간의 특수성에 해당하는 이러한 요소들이 제거되었다는 평가가 있었다.[16]

---

15) 망설여지는 부분이 몇 군데 있기는 하지만, 로케플로가 사용했던 기본 자료들을 참고하라. Roqueplo, *Penser la technique*, Le Seuil, 1983. 또 스스로 자기 좌표를 찍는 기술의 보편성과 관련해, 다음 자료를 보라. E. Zalenski et H. Wienert, *Transfer des Techniques entre l'Est et l'Ouest*, O.C.D.E., 1980.

16) 미셸 앙리의 사상에 여전히 이런 관점이 살아있다. [역주] 엘륄은 인간을 합리적 존재로만 보지 않는다. 엘륄의 "현실주의"는 그의 사상 골조인 키르케고르의 시각과 마찬가지로, 인간 안에 존재하는 합리와 비합리, 이성과 비이성을 "변증법"적으로 아우른다.

찰리 채플린의 「모던 타임즈」를 통해 볼 수 있듯이, 인간과 기술 사이에 거친 대립이 발생한 이후, 모순은 가동 중인 신기술들과 더불어 신경 분야의 변화를 가져왔다. 강박 관념과 수면 장애가 나타났다. 그러나 모순은 줄지 않았고, 사람들은 기술 진보 자체에 대한 문제 제기 없이 해결책 마련에 급급했다. 또 사람들은 다른 차원에서 **사회**와 **기술** 체계의 대립을 보았다. 첫째, 나는 **기술 사회**와 **기술 체계**를 혼동하지 말아야 한다고 강조했다. 체계는 거의 대부분의 방향과 구조를 규정한다. 그러나 체계는 전체를 포섭하지 않는다. 바로 그 상태로 사회 내부에 거한다. 다시 말해, 사회는 체계의 상위 개념이다. 엄밀히 말해, 제도들은 기술기법들이 아니다. 사회는 이데올로기들, 과거 잔존물, 신화 전체를 그 안에 포함한다. 카스토리아디스가 탁월하게 분석한 것처럼, 사회는 "사회적 상상계 l'imaginaire social"를 통해 구성되며, 관습과 풍속은 기술의 여백이다. 바꿔 말해, 현대 기술은 점점 미지의 영역으로 침투해 들어가지만, 크로지에Crozier가 모든 것의 근본이라고 말한 '인간관계'를 유지하는 사회 속까지 침투했다고 볼 수 없다. 마찬가지로, 여전히 인간다운 관계를 유지하는 사회를 기술적으로 표현할 수도 없다. 둘째, 나는 기술 체계가 사회를 완전히 장악하지 못하는 상황이 기술 체계 안에서 반복적으로 발생한다는 점도 이야기했다. '본래' 기술 체계는 자신에게 호의적이지 않은 세계에서 발달했다. 이 체계는 저항을 극복해야 한다. 체계 내에서 발생하는 대부분의 "기능 장애"는 기술에 대한 사회 공동체의 부적응에서 비롯됐다. 사람들은 이러한 부적응만 없다면, 기술은 오류와 역효과 없이 작동할 것이라 생각한다.

두 가지 경우, 문제는 과거에 근간한 문제가 된다. 즉, 인간은 아득한 과거나 가까운 과거에서 자신의 존재를 확인한다. 또 인간은 비록 알지 못하는 과거일지라도 과거로부터 자기의 특징 대부분을 뽑아낸다. 각각의 사회는 완만한 진화와 진보적 창조의 결과다. 사회는 옛 경험들의 축적물에서 그 실체를 뽑아낸다. 사회가 붕괴되지 않는다면, 사회의 뿌리를 자를 수도 없다. 반대로, 기술은 항상 현재 진행형이며 미래를 지향한다. 어제의 기계는 오늘 더 이상 가치가 없다. 오늘날 1950년대 자동차는 놀림감 밖에 되지 않는다. 사람들은 현실 도구의 단계로 이행하기 위해 굳이 계보학系譜學이 필요 없다. 오로지 중요한 것은 도구의 효율성과 힘 등이다. 확실히 오늘의 기술은 어제의 기술을 출발점 삼아 실행되었다. 그러나 어제의 기술은 결과물로 남지 않는다. 그 기술에 '여전히 유용성이 있다'면, 그 기술은 새로운 제도권에 도입될 것이다.[17] 나는 이러한 근원적 대립이 한 편으로는 **인간과 사회**의 갈등을, 다른 한 편으로는 **인간**과 **기술** 체계의 갈등을 야기한다고 생각한다.

이 갈등은 1970년에 서구 문명에 대한 핵심 질문이었다. 사람들은 그 질문에 답하려 했다. 일각에서는 문제에 대한 부정으로 답을 대신했다. 그것은 두 가지 형태로 나타났다. 첫째, 현실 문제는 급속도로 소진될 정도의 비합리적 후유증을 겪었다. 둘째, 기술은 사람들이 이야기한 모든 것을 교란시키지 않는다. 기술은 조심스럽게 사회의 틀에 들어가서 거기에 적응하는 정도에 그친다. 한편, 이러한 견해와 전혀 다른 방향도 있다. 갈등의 수용을 출발점으로 삼는 방향이다. 이들은 유토피아를 이야기했다. 그것은 '사회 유토피아'나 '인간 주도 유토피아'로 나타났다. 사람들은 사회 유토피아를 다음과 같이 표현했다. 낙관주의 측면에서 유토피아는 말 그대로 "세계들 중 가장 좋은 세계"이다. 조지 오웰의 『1984』는 사회 유토피아에 대한 비관론을 대표하는 소설이다. 마지막으로, 영화와 공상과학 만화들이 대중의 눈높이에 맞춘 사회 유토피아를 그렸다. 이 모든 사례에서 중요한 요

---

17) [역주] 엘륄은 유용성과 효율성을 판단의 제1원칙으로 보는 시각을 기술의 중요한 특징으로 지적한다. 그리고 이것은 기계에만 해당하지 않고, 인간을 대할 때에도 마찬가지다. 엘륄이 기술을 단지 기계에 국한시켜 이야기하지 않는 이유이다. 엘륄에게 기술은 정신의 변화까지 관장하는 일종의 '영적' 힘이다. Cf. 자끄 엘륄, 『기술. 시대의 쟁점』(대장간 출간예정) 2장을 보라.

소는 '과감한 도약'이다. 다시 말해, 긍정적인 방향이든 부정적인 방향이든 모든 문제를 일거에 해결할 수 있는 가공할만한 힘을 가진 장치들을 가진 사회, 우리에게 필요한 장비를 완벽하게 구비한 사회, 완벽한 균형을 이룬 사회에 이르겠다는 목표로 희미한 중간기 따위는 과감히 뛰어넘는 사회가 핵심이었다. 행복의 유토피아건 불행의 유토피아건, 유토피아는 현실 상황에 대항하는 수단이었다. 그러나 어느 길로 가야 유토피아에 당도할 수 있을지를 알아야 하지 않을까? 이를 쟁점화하지 않았다는 점이 문제다. 나는 이 점을 분명하게 지적하고 싶다.

우리는 이러한 유토피아를 주요 작가들의 사상에서도 만날 수 있다. 이 작가들은 무시해도 무방한 현실의 난관들을 등에 짊어지고, 해결책 마련을 위해 모든 문제를 해결할 수 있는 곳이 있는가? 오랜 기간 예견과 예측을 시도해 왔다. 그러나 인간과 관계된 유토피아도 작동 중이다. 사람들은 "21세기에 진입하기" 위해 필요한 심리/정신적 변화들을 찬양함과 동시에 여전히 예측 불가능하다는 이유로 더욱 강경한 명령조로 발언하기 시작했다. 그 대표 격이 유명한 키베르Kybert 18) 일 것이다. 이제 인간의 두뇌에 소형 전극체를 이식해 안전한 수술이 가능해졌다. 그 결과, 복고주의적 반응과 부적응 문제가 단번에 제압됐고, 새로운 환경에 완벽하게 부합하는 행동이 나타났다. 그러나 이것은 정치, 경제, 사회, 심리 문제를 포함한 서구 사회 전반의 문제들 가운데 핵심이었다. 그리고 명백하게 드러났듯이, 서구는 거대한 난관에 봉착했다. 그러나 서구는 이 난관을 뛰어넘고 해결할 능력이 없어 보인다.

바로 이 지점에서, 지난 몇 년 동안 우리가 **대혁신**la Grand Innovation이라 불렀던 현상이 등장했다. 앞에서 이야기한 기술들의 발전과는 비교할 수 없을 정도로 중요한 현상이다. 우리의 눈앞에서 벌어진 이 변화는 크게 네 가지로 구성된다. 첫째, 사람들은 갈등 해결의 직접 수단 찾기를 멈췄다. 둘째,

---

18) [역주] 엘륄은 기술 체계와 관련해 발생하는 돌연변이를 이야기하기 위해 이 용어를 사용한다.

사람들은 기술에 경제와 정치를 억지로 끼워 맞추지 않고도 지낼 수 있게 되었다. 셋째, 기술 영역에 잡티조차 없을 정도로 완벽하게 일치된 인간, 즉 "변종" 인간을 생산하겠다는 계획도 단념했다. 넷째, 직접 행동을 통해 기술의 기능 장애 문제를 정면 돌파하지도 않았다. 정면 돌파는 결과물 전체를 측정하는 작업과 동떨어진 방식이고, 설령 변화가 있다고 하더라도 미미한 수준에 그친다. 한 가지 덧붙여, 내가 '범람' 혹은 '포위'라고 규정했던 거대한 변화가 일어난다. 왜냐면 어떤 사람도 명확하게 그 변화의 전략에 대해 깊게 생각하지 않았고, 과거에 무엇이 발생했는지 그리고 지금 무엇이 발생 중인지를 알려고 하지 않기 때문이다. 표면상 변한 것은 전혀 없다. 다시 말해, 기술은 계속 진보하고, 인간들은 그것을 누린다. 또한 기술 시대 초기부터 존재했던 기술에 대한 이데올로기적 반응도 여전히 존재한다.

사회와 인간의 특성에 맞는 질서에 이르기 '위한' 연구에서, 어떤 연구자도 기술 체계에서 출발하지 않는다. 기술 체계에서 발생하는 "사건들"에는 나름의 "힘"이 있다. 이 힘이 또 다른 사건들을 일으킨다. '기술들의 확산'에 매개체 역할을 하는 것은 각종 언론과 사람의 담론이다. 다시 말해, 기술에 대한 언론과 학계의 담론 변화가 기술의 확산을 돕는다. 기술의 확산은 과거의 장애물을 모두 극복한다. 그리고 기술의 확산 과정은 이러한 장애물을 모조리 소화한다. 또 확산을 저지하는 경향을 드러내는 저항 요소들을 완전히 포위해 결국에 최종 승자가 되었다. 한 술 더 떠, 인간도 이러한 기술들의 확산에 적대감이나 거부감을 표하지 않았다. 이유는 다음과 같다. 첫째, 인간에게 제시된 모든 기술은 향후 어떤 저항 세력이 출현하더라도 극복인간이 핵심을 파헤치려 하지 않는다는 점에서할 수 있기 때문이다. 둘째, 사람들은 무슨 목적으로 기술 확산과 대립하는지 정확히 알지 못하기 때문이다. 이름만 앞세울 뿐, 실제로 그 확산의 정체를 파악하지 못하고, 오히려 기술의 확산을 확신하고 분명한 사실로 받아들이기 때문이다. 과연 우리는 누구와 대립하는가? 우리는 그 정체를 알 수 없다. 왜냐하면 포획에 관련된 담론, 즉 '포위'는 신기술들에 대한 인간의 적응을 암시하는 내용을 하나도 포함하지 않았기 때문이다. 말을 달리하면, 적어도 '이것만은' 적응해야 한다고 이야기할 수 있는 것을 포함하지 않는다. 신기술은 화려한 공연 질서와 같다. 또 아무런 대가 없이, 문제없이 행복을 가져오는 것처럼 보인다. 모든 일이 이런 식으로 발생한다.

우리 앞에서 투명하게 발생한 '포위' 현상은 수많은 방향과 소리를 통해 이뤄진다. 그러나 구체적으로 말해, 이것은 현 시대에 존재하는 각종 기술의 경이로운 발전을 통해서만 가능했다. 현대 기술들은 이전 기술들보다 더 강력해졌다. 그와 동시에, 인간에게 더욱 가까워졌고, 친숙하고, 개별화되고, 인간적이라는 느낌마저 선사한다. 거기에는 오직 기술 혁신만 있을 뿐이다. 왜냐면 기술 체계가 아무런 걸림돌 없이 발전할 수 있으려면, 사회전 구성체와 개인의 참여가 우선돼야 하기 때문이다. 오늘날 레이저, '시험관' 아기, 은하계 사이에 있는 탐사선 등은 이전 것과 비교할 수 없을 정도로 중요한 자리를 차지한다.

더 이상 신화들이나 거대한 기획들은 필요치 않다. 변화는 평범하게 일어난다. 변화의 성취를 가능케 하는 주역은 평범함이다. 왜냐하면 인간에게 돌연변이의 모습인 '키베르사이버'를 소개하는 작업의 재생, 반복이 멈추지 않기 때문이다. 일상의 평범한 생활이 이를 보충한다. 모든 것을 다 관장하는 신이나 천재와 같은 기술소소한 기술 제품을 만드는 천재들이 아닌은 인간에게 최고의 안정감과 평범한 일상을 선사한다.[19] 지금 우리는 '기술담론의 허세'라는 이름으로 이 문제를 연구하는 중이다. 상황에 대한 세밀한 설명이 필요

---

19) [역주] 비상사태가 일상화되면, 더 이상 비상사태가 아닌 것처럼, 돌연변이의 일상화도 더 이상 돌연변이가 아니다. 엘륄은 이러한 기이함이 평범함으로 바뀌는 장면이 결코 불안정하게 일어나지 않기에 이를 "기술 천재"라 불렀다.

할 것이다. 이러한 기술 현상은 인간이나 사회가 기술 성장에 대한 적응 수준이 향상되었음을 뜻하지 않는다. 오히려 명시적인 혹은 암묵적인 갈등이 존재하지 않는 일종의 '중립' 상태에 빠졌음을 뜻한다.

인간과 사회를 포위하고 포식한 이 현상은 새로운 과학 이데올로기의 창출과 맞물려 심층 토대들예컨대, 합리성 변화에 있는 정신적 판단력을 제거한다. 덧붙여, 이러한 포위와 포식 현상은 사회-기술 담론에 개인을 끝없이 가두는 형태로 진행되었고, 이 담론에 완벽하게 적응하려 했던 이들을 해방시키는 행위를 통해서도 진행되었다. 전자의 경우, 두 가지 가능성이 공존한다. 첫째, 기술 이론가와 고도로 숙련된 전문 기술자로서, 인간을 위한 유일한 선을 '완전함'이라는 이상에 최대한 적응할 수 있게 하는 작업에 달렸다고 보는 쪽이다. 둘째, 이와 동시에 정치인들이나 경제학자들의 개입도 필요하다. 이들은 위기와 실업 등에도 불구하고, 유일한 탈출구를 기술의 극단적인 발전에서 찾으려 하고, 자의든 타의든 인간을 그에 적응하도록 해야 한다고 생각한다. 인간들의 자발 행동에 해당하는 후자의 경우에도 두 가지 길이 있다. 첫째, 이것은 사회에서 자기 성공을 추구하는 자들의 길이며, 향후 기술 실천의 문제를 다루는 것이야말로 성공할 수 있는 기회를 포착하는 유일한 지름길이라는 사실을 정확하게 아는 자들의 길이다. 둘째, 현대 사회의 구성단위인 원자가 따르는 길사실, 이 길은 장기간 우리를 붙잡아 둘 길이다이다. 나는 구성단위인 원자를 기술들에 '매료된 인간'homme fasciné이라 부른다. 즉, 기술들에 완벽하게 적응하는 방식 외에 다른 방식을 알지 못하는 인간, 마치 만화경처럼 자기 세계에 침투한 기술들의 화려한 그림에 완전히 빠져든 인간이다.

우리는 다양한 기술을 통해 지금의 현실에 이르렀다. 우리가 사는 실제 상황과 기술담론의 허세를 형성한 기술들의 매력적인 담론 사이에는 분명한 간극이 있다. 우리는 이를 바탕으로 다양한 노선을 탐색해 보려 한다. 여하튼, 우리는 다양한 지류, 행동, 반향을 따라가면서 매우 거대한 기술 혁신과 만나게 될 것이다. 또 인간과 사회 공동체 역시 기술 체계 내부에 통합되었음을 인지할 필요가 있다. 물론, 아직 미완성 단계이고, 사회와 기술 체계 사이와 개인과 그 개인을 둘러 싼 기술 주변부 사이에는 여전히 여백이 있다. 그러나 서구에서 이 여백은 계속 줄고 있으며, 서구인은 새로운 인간의 표본이 되는 중이다. 견실한 정치 담론이 있음에도 불구하고, 서구인과 다른 사회에 사는 사람들 간의 실제 간극은 더 벌어졌다.

보 론

여기에서 나는 줄리안 사이먼의 『인간, 우리의 마지막 기회: 인구 증가, 천연 자원, 생활수준』*L' Homme, notre dernière chance: croissance démographique, ressources naturelles et niveau de vie* [20]을 중심으로 몇 가지 내용을 생각해 보겠다.

우리는 "인간, 우리의 마지막 기회"라는 멋스러운 제목에서, 현 시대의 위기 중에서 인간주의에 기초한 성찰을 어렴풋이나마 볼 수 있다. 그러나 실제는 그와 다르다. 줄리안 사이먼*Julian Simon*이 쓴 이 책은 인류가 두 배, 세 배, 네 배로 증가할 수 있고, 이를 매우 탁월한 방식으로 인류에게 전혀 문제되지 않는다는 논조로 입증하려 한다. 한 마디로, 저자는 '인구 증가에 찬성' 한다. 나는 이 논고에서 이와 관련된 질문에 연연하지 않겠다. 따라서 글의 주제와 관련 없는 네 개의 장은 다루지 않을 생각이다. 사이먼의 책 마지막 네 개의 장 가운데 두 개는 인구에 대한 본인의 관점을 선택한 이유를 제시하고, 그것의 타당성을 입증하는 데 열중했다. 그리고 한 개의 장은 인구 증가 찬성론에 '반대하는' 자들을 논쟁적으로 다뤘다. 그리고 나머지 한 장에서 저자는 친히 선택한 가치들에 관한 의사를 솔직하게 밝힌다. 그러

---

20) 영어 원문, 1981; 프랑스어 번역문, P.U.F., 1985.

나 이 책에서 우리는 경제저자는 경제학자이다 영역 및 기술 영역에서 불합리하다고 볼 수 있을 구절을 별로 발견하지 못했기에, 세밀하게 논할 필요가 있는 나머지 열여덟 개의 장을 토대로 논의를 진행하겠다.

나는 다음 장에서 "일반적인" 기술담론을 탐구할 것이며, 이 담론을 허세와 구별하려 한다. 왜냐하면 우리의 분석에 큰 도움을 줄 수 있는 내용과 만났기 때문이다. 무엇보다 주목해야 할 부분은 저자 사이먼이 과학적 엄밀성의 필요를 주장하면서 광대들과 사이비 과학이 된 자신의 적수들주로 로마 클럽의 보고서, 영국의 "성장 제한" 보고서을 지속적으로 비난하는 대목이다. 그는 과학자로서 많은 통계 자료, 도표, 비율을 제시한다. 이 책은 그러한 내용들로 가득하다. 그러나 내 관심사는 따로 있다. 즉, 논증하려는 대상 자체가 가짜라면, 이를 증명하기 위해 삽입한 통계들과 도표들 역시 무용지물에 불과하다는 것이 내 관심사다. 나는 이 점을 중요하게 여긴다. 아무리 자료가 정확하다한들, 그것이 과학 작업을 충족시킨다고 말할 수 없다. 가설 자체가 오류라면, 무의미하다. 따라서 정당한 가설에 정확한 논증이 필요하다.

사이먼의 주제들은 사람들의 이목을 끌기에 충분하다. 현대 세계를 분석하는 학자들이 다소간 동의하는 부분과 정반대의 모습을 보이기 때문이다. 황당무계한 수준이 아닌 이상, 나는 저자의 방식, 순진함, 비순응주의를 그리 불편하게 여기지 않는다. 무엇보다, 저자는 자유주의 경제학자다.[21] 그러나 저자의 자유주의는 더 이상 학계에서 통용되지 않는 형태의 자유주의인 '절대' 자유주의다. 저자에게 시장은 매사 평등하고 완벽한 경쟁이 이뤄지는 곳이다. 여하튼, 시장은 최고 실력자가 이기는 곳이다. 더 나은 급여를 받을 수 있는 일터를 찾아 자연스럽게 이동하는 노동 순환, 그리고 자본

---

21) 저자는 메릴랜드대학교에서 정치경제학과 경영학을 가르치는 교수다. 그의 저서는 미국에서 대단한 성공을 거뒀고, 프랑스에서도 탁월한 수준의 서평들이 나왔다. 특히 「르몽드」에서 그 작업을 제대로 수행했다.

순환을 비롯한 모든 요소에 어떠한 속박이나 제제도 가하지 않는다. 저자는 초반부터 기본 주제들을 보도한다. 세계의 먹거리 문제는 전혀 존재하지 않으며, 1950년에서 1980년 사이에 세계 주민들의 영양 상태도 개선되었다. 또 지속 성장과 맞물려 영양 상태의 개선은 멈추지 않을 전망이다. 이 무렵 경작지는 증가했고, 농지 면적도 필요 이상의 성장을 지속했다. 어떤 방향에서 보더라도 자원들의 보유고는 한계에 봉착하지 않을 것이다. 천연자원의 희소가치도 점차 줄어들 것이다. 에너지 자원의 미래도 다른 천연자원의 미래만큼 밝다. 에너지 자원의 성장에 한계란 없다. 공해도 없다. 현재의 공기와 물도 1850년보다 훨씬 맑다. 이것도 지금보다 더욱 개선될 것이다. 인구 고밀도로 인한 어떠한 병리학적 결과나 정체가 없기 때문에, 반대로 세계 인구 성장의 감소를 주장할 하등의 이유가 없다. 바로 이것이 저자가 열여덟 개의 장에서 풍부하게 "논증하는" 주요 주제들이다.

이러한 모든 추론들의 바탕에는 두 가지 중요한 토대가 있다. 첫째, 각 분야의 전문가들은 확실한 결과물을 우리에게 전달할 수 있는 결정적인 능력이 없다. 즉, 석유, 구리, 철, 석탄의 잠재적 매장량은 전문가들의 예측과 모순된다. 이들에게 유일한 기준은 시장 가격의 기준인 '경제' 적 기준 밖에 없다. 우리는 뒤에서 이 유일한 기준이 사용되는 방법에 대해 확인할 것이다. 그러므로 어떤 경우든지 사람들은 공해, 재생 불가능한 원자재의 고갈 등으로 인해 "기술" 자료들과 거리를 둔다. 그것은 기술들의 모든 잠재성을 정당화하는 우리가 뒤에서 확인하게 될 저자의 상상에서 주목해야 할 부분이다. 둘째, 한계들이 존재하지 않는다는 논증도 있다. 사실, 본 논의에서는 이 두 번째 바탕이 더 중요하다. 전 영역에서 한계는 가짜 개념이다. 만일 수학 용어로 '한계' 라는 말을 선택한다면, 이 말은 매우 불투명할 것이다. 예컨대, 두 개의 고정점 사이의 간극을 3cm라고 하자. 이 간극은 "제한적"이다. 다시 말해, 거리상 한계가 있다. 그러나 이를 다르게 말할 수도 있다. 이 경우,

한계라는 말은 거짓이다. 왜냐하면 양 고정점 사이의 간극은 3cm이지만, 계속 잘라 들어가면 수천 혹은 수백만 개의 점이 존재하기 때문이다. 그러므로 점의 한계는 없다. 세계에 사는 누구도 어느 분야에서든 한계가 존재하는 곳을 이야기할 수 없다는 논쟁에도 주목해야 한다. 공해의 한계는 무엇인가? 구리 보유량의 한계는 무엇인가? 누구도 그것을 말할 수 없다. 그렇기 때문에 한계는 존재하지 않는다! "미래의 어떤 순간에도 천연 자원의 양이 현저히 감소하거나 완전히 사라지리라고 믿어야 할 하등의 이유가 없다." "정밀하지 않은" 규정의 오류이므로, 대상을 유한하지 않은 것으로 생각해야 한다.

그러나 석유를 일례로 들어보자. 유정 '하나'의 잠재적 생산량을 측정할 수 있다는 말은 의심의 여지없이 참이다. 따라서 그것은 한정적이다. 그러나 세계에 얼마나 많은 유정井들이 있는지 알 수 없거니와 잠재적 생산량도 측정하기 어렵다. 따라서 "한계"라는 용어는 무의미하다. 설령 우리가 거기에 다다랐다고 해도, "최고 수준의 기술들"을 통해 아스팔트로 포장될 편암들과 모래들의 착취는 점점 쉬워질 것이다. 이 내용을 추가해야 한다. 또 기술 덕에 석탄이 석유로 바뀔 것이라는 말도 추가해야 할 것이다. 그리고 적절한 기술 진보를 통해 대두유, 야자유 등이 석유로 바뀔 것이다. 핵연료도 고갈되지 않을 것이다. 지구가 핵 공정에 필요한 에너지 자원들을 다 썼지만, 걱정 없다. "다른 행성들에 에너지 자원들이 있기 때문이다."

낙관론에 기운 이 경제학자의 '모든' 담론은 전 방위에서 이뤄지는 무수한 기술들의 무한 진보에 대해 절대적인 믿음을 보인다. 이 경제학자는 난관에 봉착할 때마다 "기술 진보가 이를 해결할 것"이라고 답한다. 절대성을 유지한 이 대답이야말로 **기술담론의 허세**다. 그러나 이러한 "과학적" 사유가 두드러지는 몇 가지 사례를 확인해 보자. 우리는 어떻게 생산물의 희소성을 측정할 수 있는가? 우리는 그가 전문가들의 능력을 폐쇄적으로 기피하는 모습을 보았다. 그에게는 단 하나의 엄격한 기준이 있을 뿐이다. 바로 '가격'이다. 생산물이 소량일 때, 가격은 비싸다. 생산물이 저렴한 이유는 수량이 많기 때문이다. 줄리안 사이먼은 구리를 사례로 제시한다. 통계에 역점을 둔 그는 1800년에서 1980년 사이에 구리 가격이 700에서 100으로 떨어졌다고 논한다. 이것은 오늘날 시장에 구리보다 더 많은 물품이 엄청나게 존재한다는 뜻이다. 이제 관건은 '지속적'인 하강 곡선이다. '그러므로' 여기서부터 저자의 논의가 흥미로워진다 이러한 가격 하락이 지속되지 않을 이유가 없다. '따라서' 구리의 수량이 늘어날 것이고, 충분히 일반화할 수 있는 수량을 확보할 것이다. 저자는 이런 식으로 구리의 저장량이 무한하다는 점을 '증명'했다!

어쨌든, 저자는 외부로의 확대 적용extrapolation이 일어나는 곳마다 이러한 곡선들을 사용한다. 지난 30년 동안 어떠한 예측 전문가나 미래학자도 더 이상 직선적인 외부 확대적용을 활용하지 않았다. 사이먼은 이 사실을 모르는 것 같다. 그는 먹거리 자원들에도 동일 논법을 사용한다. 지난 한 세기 동안 곡물 가격은 계속 떨어졌다. 즉, 곡물이 풍성해졌고, 풍요가 무한 지속될 것이다. 다시 말해, "세계의 먹거리 자원들은 개선될 것이다."[22] 기근, 먹거리 부족 등과 같은 주제를 다루는 데 두려워할 이유가 없다. "현재 기근을 유발하는 현실의 조건들은 과거의 어느 때보다 더 취약하다." 그러나 과학의 관점에서 "먹거리 부족으로 고통을 받는 세계의 인구는 전 세계를 놓고 볼 때 큰 비중을 차지하지 않는다"라는 참고자료를 채택한 사이먼에게 의심의 눈초리를 보내지 않을 수가 없다. "20세기의 3/4분기에 기근으로 '일부' 사람들이 죽기는 했지만, 1900년에 기근으로 죽은 사람들의 10%에 이르지 '않을 것으로 예상'한다." 오늘날 공해 문제가 한 세기 전보

---

22) 줄리안 사이먼은 모든 농업 전문 기술자와 학자들이 자기 견해에 동의한다고 힘주어 말한다. 과연 르네 뒤몽(René Dumont) [역주: 생태주의를 표방한 프랑스의 사회학자, 농학자, 평화주의 운동가]이 그것을 어떻게 생각할지 궁금하다!

다 심하지 않다는 것을 논증하기 위해, 사이먼은 1880년 런던을 유일한 참고자료로 활용한다. 말하자면, 당시 세계에서 거의 유일하며 지독하게 공해에 오염되었던 곳과 비교했다는 것이다!

기술 이데올로기 문제로 되돌아가보자. 먹거리 생산에 관해서도 인류는 전혀 걱정할 필요가 없다. 우리는 기술 혁신 덕에 생산을 배가시킬 수 있다. 예컨대, 식물들을 성장할 시간을 높이기 위해 밤에도 태양광을 반사할 수 있는 거대한 거울들을 위성에 설치한다. 더 이상 유지 불가능한 "한계"수확 체감의 법칙을 완전히 거부하며에 봉착할 때, 우리는 은하계 전체를 활용할 수 있을 것이다. 거기는 진정한 "천상의 방목장"일 것이다. "우리는 1990년에 달에 있는 광물 광산 개발을 시작할 수 있다. 2000년부터는 지구에 필요한 모든 에너지를 충족시킬 수 있는 태양 에너지 위성들을 만들 것이다. 또 우리는 이 위성들에서 농사도 지을 수 있을 것이다. 산업 생산은 이미 1980년대에 […] 시작되었다." 서둘러야 한다! 대기 오염을 염려하는 당신의 생각은 이미 잘못된 생각이다. 그러나 다양한 평가들을 선보이기 바쁜 전문가들의 견해를 없애면서 시작해야 한다. 다양한 평가들을 선보이는 전문가들의 고차원 논쟁은 이들의 무능력을 입증할 뿐이다. 다행인지 모르겠지만, 줄리안 사이먼에게는 다른 기준들이 있다. 사이먼은 서구 세계에서 수명 연장 수단에 관한 통계를 확신한다. 그의 출발점은 이러한 확신이다. 사람들이 더 오래 살기 때문에, 이들의 환경이 부모 세대의 환경보다 더욱 건강하다는 증거가 된다. 문자적으로는 그렇지 않다. 저자의 시각에, '모든' 질병의 출처는 환경이다. 표면상 그렇다. 그러나 다른 쪽에서 보면, 사라진 질병들을 나열하는 사이먼은 의학과 신약新藥의 진보를 '전혀 고려하지 않았다.예컨대, 항생제!' 거의 신뢰하지 않았다고 보아도 무방할 정도이다. "기대 수명은 건강과 연계된 공해의 상태를 표현하는 가장 훌륭한 지표이다." 물론, 공해가 있었다. 그러나 현대 기술들 덕에 사람들은 환경의 질을 개선한다. 대기의 질과 수질도 눈에 띄게 개선되었다.^{미국} "오늘날 전체 수질의 60%는 '상태 매우 양호'라 할 수 있다." "기술 해법에 저항하는 환경오염 물질은 존재하지 않는다." 심지어 경작지 확장에 대한 해법도 있다. "농지 보유라는 고정 관념은 구리와 에너지 보존이라는 고정 관념만큼 기만적이다. 사람들은 농지에 노동, 돈, 기술들을 투자하면서 그것을 '개간'한다." 농부 1인당 절대 경작지 면적은 계속 증가한다는 것이 그 증거이다! 그러나 그는 농촌 지역의 인구 감소 문제를 전혀 고려하지 않는다! 또한 도시와 도시 외곽의 인구 초과 문제도 고려하지 않는다! 그렇다면, 그의 말은 그냥 무시해도 좋은 거짓말이 아닌가!

이른바 '과학적'이라는 표현으로 떠들어 댄 이 놀라운 보고寶庫와 관련된 마지막 사례로, 우리는 '모든' 것이 그에 합당한 기술들을 통해 해결될 것이라는 주장을 확인한다. 그러나 기존에 이미 추진된 기술들과 신기술들이 늘 존재할 것이므로 개발자, 과학자, 기술자는 계속 필요하다. 1만 명을 위해 한 명의 개발자가 필요하다면, 10만 명을 위해서는 열 명의 개발자가 필요하고, 100만 명을 위해서는 100명의 개발자가 필요하다. 따라서 가능하면 사람 숫자를 계속 늘려야 한다. 왜냐하면 예술가, 철학자, 과학자, 기술자의 숫자도 그 방식대로 상승할 것이기 때문이다. 직선적으로 외부 확대되는 체제, 즉 '확대적용'만큼이나 불합리한 논증이 아닐 수 없다. 그러나 불합리할 뿐만 아니라, '모든 발견, 고안, 혁신은 반드시 긍정적이며 탁월하다'는 기본 전제에 머무는 논증이다. 사이먼은 기술들에 대한 최소한의 망설임도 용납하지 않는다. 그의 눈에 추진동체, 무반동 자주포, 전자기 지뢰, 지상 로켓포^{그리고 그 외의 다른 것들}, 화염병^{coktail Molotov}의 개발은 여타 모든 기술들과 마찬가지로 가치 있는 기술이다. 심지어 그는 이를 심각한 문제로 여기지도 않는다. 나는 이 어마어마한 것들에 관한 몇 가지 사례도 택할 수 있었고, 지면을 통해 관련 주제를 길다 싶을 정도로 해설했다. 왜냐하면 전술했던 것처럼, 대중적으로 큰 성공을 거둔 사이먼의 논리가 마치 "사실들"에 기초하고 과학적이라 외치는 '기술 우상 담론'의 사례처럼 보이기 때문이다. 사이먼의 글은 성찰에 유용한 입문서가 될 수 있다. 그러나 우리는 보다 정교하고 세밀한 담론들을 포괄적으로 다룰 필요가 있다! 여기서 나는 기술 성장에 따른 쟁론을 다룬 가장 최근의 서적을 추가하려 한다. 에리히 가이슬러의 다음 책이다. 독자들은 참고하기 바란다. Erich E. Geissler, *Welche Farbe hat die Zukunft?*, Bonn, Bouvier, 1987.

4. 기술 귀족제에 관하여

우리는 서구 세계에 산다. 우리는 민주주의 체제를 확신하면서 이 세계에 산다. 더불어, 우리는 독재와 민주주의를 대립시킨다. 일정한 자유를 누리며, 정기적으로 선거에 참여한다. 물론 사회주의자들은 현 민주제에 평등이 결여되었다고 평가하고, 분배의 불평등과 대자본의 영향력을 들어 '부르주아 계급'이 누리는 각종 특권을 비판한다. 150년 전까지 거슬러 올라가는 이 두 가지 평가는 실상 표면적이고, 부정확하게 특정 영역을 큼직큼직하게 나눴을 뿐이다. 현대인들은 그보다 더 중요한 두 가지 관념을 보여줬다. 이제 우리는 개인의 중요성을 이야기하는 사회에 산다. 또 우리는 더 이상 자기 아비들에게서 유산을 물려받지 않고, 자기만의 지식으로 자산을 확보하는 사회에 산다. 이 사회에서 자리를 잡을 수 있게 하는 것은 바로 지식Savoir이다. 지식은 사회의 전 단계에서 맹활약한다. 기업의 고위직과 관련해, 사람들은 더 이상 아비에서 자식까지 특정 가문의 인사들로 배치된 자본가, 전문적 노력 없이 그저 자기 시간을 유유자적하게 보내는 자본가를 생각하지 않는다. 자본가는 지식을 익혀야 한다. 그러나 상황은 노동계도 마찬가지이다. 노동계에서도 앞으로 사람들은 직장 생활의 경험, 노동 현장이나 농촌의 전통 학습 양식이었던 실용적 도제 학습 등이 평가 절하된다는 사실을 깨달았다. 연구가 필요하고, 그렇지 않다면 최소한 현대식 공장에서 자리를 차지할 수 있을 이론 역량을 보증할 수 있는 자격증을 취득해야 한다.

투렌Touraine이 20년 전에 밝혔던 이 대립각은 이제 진부해졌다. 우리는 점차 능력 본위의 사회에 도달한다. 그리고 그 사회로 돌아갈 것이다. 그러나 이러한 해석들에 또 다른 해석이 추가된다. 그 방향은 **기술관료 지배체제**Technocratie를 강조한다. 사실 나는 오랜 기간 동안 이 용어를 거부했다. 전문기술자는 직접 지배권을 행사하려 하지 않는다. 이제 나는 다음과 같이 말하겠다. 우리는 항상 기술 지배체제에 살지 않는다. 전문기술자가 정당들을 점유한 것은 아니기 때문이다. **민주주의나 독재정치를 기술관료 지배체제**와 동등하게 취급할 수 없다. 과거에 나는 **전문기술관료들**Technocrates의 존재 여부도 의심했다. 그러나 지금은 이들의 존재를 인정하며, 점점 그 수가 증가한다는 점도 인정한다. 다시 말해, 자기의 전문기술 역량을 통해 국가 운영에 가담하려는 기술 관료들이 증가하는 중이다. 물론, 이 기술 관료들이 전면에 나서 정치의 방향을 좌우한다는 말은 아니다. 내가『정치적 착각』에서 분석했던 정치인의 역할은 사회 공동체와 최고 전문가들의 매개자였다. 정치인은 둘을 매개하는 역할을 지속한다. 그러나 전개된 방향은 다음과 같았다. 이 전문기술관료들은 자신들 없이는 아무것도 할 수 없다는 사실을 알았다. 이들은 정치 활동의 전 분야에 발을 걸쳤으며, 정치인들 뒤에서 이러저러한 기술들을 장려하고, 거대한 기술의 작동에 국가가 참여하도록 유도했다. 사회의 삶은 바로 이러한 기술 발전과 연계되며, 기술자는 만능열쇠를 쥔 사람처럼 보인다.

사람들의 인식도 달라졌다. 사람들은 당면한 문제들에 대해 기술적이고 전문적인 해답을 내놓는 기술자의 말을 듣는 대신, 권위적인 전문기술

관료의 말을 들으려 할 것이다. 이 관료들은 "'이' 해법뿐이다. 다른 해법은 없다. 이것을 '반드시' 적용해야 한다."라고 주장한다. 기술자는 '권위'와 결합하는데, 이 '권위' 가 기술자를 전문기술자로 탈바꿈하는 힘, 즉 기술자 본인의 역량으로 전문기술자가 되게 이끄는 힘으로 작용한다. 이들이 알고 말하는 것 바깥에는 어떤 것도 존재하지 않는다. 자체 능력을 갖춘 전문기술자는 돌연변이와 같은 이 도화지의 마지막 장에 '존재해야 하는 것' 현재 당위과 '존재해야 할 것' 미래 당위에 관한 그림을 그린다.

예컨대, 미래 사회를 예견하는 저서들과 관련해, 유능한 비기술자들Fr. 드 클로제, A. 뒤크로크, J.-J. 세르방–슈레베르의 글과 전문기술관료들브레상과 디슬레의 공저나 테크노 폴리스Technopolis에 관한 공동작업의 글을 비교하는 것도 흥미로운 작업일 것이다. 전문기술관료들은 명령조로 말하며, 기술 논리를 시발점으로 한 치의 망설임 없이 "이것이 바로 우리가 '반드시' 건설해야 할 사회다. 우리는 이 모델을 피할 수 없다"라고 말한다. 그럼에도, 프랑스의 그랑제콜Grandes Écoles인 고등 공과대학교École Polytechnique, 국립행정학교E.N.A., 중앙공과대학교Centrale, 국립광산학교Mines, 고등상업학교H.E.C., 국립예술직업기관Arts et Métiers 출신의 이 전문기술관료들은 기술관료 지배체제, 말 그대로 '테크노크라시' 를 구축하지 않는다. 드러난 현상은 적지만, 실제 깊이는 매우 깊다. 이 전문기술관료들은 새로운 지배계급을 이룬다. 지금 우리는 귀족주의 체제에 산다. 말하자면, 전문기술관료들은 귀족들Aristo 23)이다. 그러나 이 귀족들은 사회를 지배하는 사회 주도층과 그 목적에 따라 세분화된다. 예컨대, 군부 사회에서 귀족은 최고의 전사들의 몫이다. 민주주의 사회에서 귀족은 가장 훌륭한 정치적 혜안을 표현하는 자들이 될 수 있다. 동시에 인민의 참여를 유도하는 연설에 능한 화술과 요령을 가진 자들이 될 수 있다.

---

23) [역주] 고대 그리스에서 불린 호칭이다. 그리스어로 탁월성과 덕을 뜻하는 '아레테'(*arété*)를 지닌 사회의 고위층을 가리킨다. 이것은 개인적 덕의 탁월성과 동시에 높은 출신의 계급을 지시한다.

오늘날 귀족은 최고의 기술 역량을 갖춘 자들, 이 기술들의 응용과 효과를 배가시킬 능력을 갖춘 자들이다. 그러나 이들은 정치의 방향에 대해서는 큰 관심이 없다. 많은 사람들이 글을 통해 '국가', '선이란 무엇인가?', '무엇을 위한 것인가?' 등과 같은 내용을 직간접으로 반복한다. 이제 국가의 매개 없는 사회를 조직하고, 작동시키는 힘을 실행할 경우, 비정치적이고 특정 지식에 기초한 사회 계급으로 대체된 "국가 쇠퇴"를 더 이상 예고하지 말아야 하는 상황이다. 고전 민주주의의 타락을 보여주는 명확한 '징후', 순수한 외부 '징후'가 하나 있다면, '모든' 정치인들이 언어 사용에서 보이는 총체적 무능이 그에 해당할 것이다. 정치인들의 연설은 무의미한 장광설뿐이며, 정치인 자체의 연설 "수행" 능력이 매우 떨어진다.

따라서 현 시대의 귀족들은 각자의 영역에서 가장 복잡하고 "세련된" 기술을 실행할 수 있는 능력을 갖춘 자들이다. 또 이들은 기술 실행력을 발판으로 각종 발전을 일굴 수 있는 역량도 갖췄다. 이들에게 가장 알맞은 옛 공식을 찾자면, 아마도 '아는 것이 힘이다'일 것이다. 고전 그리스어나 로마법에 대한 지식을 갖춘 이들에게 이 공식은 오류나 다름없다. 이러한 지식은 아무런 힘도 발휘하지 못하거나 기껏해야 시험 통과용 지식에 불과하기 때문이다! 그러나 현대의 모든 기술 분야에서 지식은 곧 힘이다. 즉, 지식이 권력이다. 기술에게는 권력 신장 외에 다른 목표가 없다. 우리는 이 점을 결코 잊지 말아야 한다. 어느 분과에 있든지 기술 지식을 가진 자가 권력을 갖는다. 이러한 지식을 갖지 못한 자는 '어떤' 권력도 확보하지 못한다. 총리나 총장직도 얻을 수 없다. 왜냐하면 총리나 총장은 자기 주변 사람들, 관련 기술을 '아는' 자들과 밀접하게 관련되고, 이들에게 직접 의존하기 때문이다. 만일 이들이 완벽하게 구비되지 않고, 지금 유명한 컴퓨터 지원체계 D.A.O. 컴퓨터 지원을 받아 의사결정을 내리는 체계를 모른다면, 이들은 더 이상 의사결정을 하지 못할 것이다. 기술자를 통해 확보한 협의와 그 결과물이 없다면, 의사

결정은 불가능하다. 여기에서 우리는 능력주의Méritocratique의 실현을 볼 수 있다.[24] 그러나 매우 엄밀한 의미에서 그렇다는 뜻이다. 그 이유는 사람들이 정치인의 오류에는 찬성표를 던지지 않는 반면, 전문기술자의 오류는 언제나 아무렇지 않은 일로 여기기 때문이다. 우리는 전반적으로 깔린 문제인 기술자의 무책임 문제를 거듭 논할 필요가 있다. 이제부터는 이 문제를 강조해야 한다. 왜냐하면, 무책임은 오늘날 귀족주의의 중요한 특징 가운데 하나이기 때문이다. 이 귀족들은 결코 책임 당사자가 될 수 없다. 이들을 누가 심판할 것인가? 이따금 전문기술진의 책임에 대한 주제가 부각되는 경우가 있기는 하다. 외과 의사들이 그에 해당한다. 사회의 맹비난을 받는 외과 의사를 보며 사람들은 고통과 불편을 느낄 수 있다. 그러나 심각한 오류나 사고가 발생했을 때, 나는 프랑스 전력공사, 원자력 발전소, 로켓 연구소의 선임 연구원의 얼굴을 본 적이 없다. 또 이들의 정체를 추적하거나 공개 비난하는 경우도 본 적이 없다. 이 역시 현대판 귀족주의의 특징 중 하나이다. 즉, 이 귀족주의는 법 위에 있다. 전문기술진도 이 귀족주의에 편승하기는 마찬가지다.[25]

더군다나 이들에게는 법에 어떠한 가치나 이익이 존재하지 않는다는 말도 별로 거북하지 않다. 법은 과거에 만들어진 것이며, 16세기에나 유용하지 현재에는 더 이상 필요 없다. 왜냐하면 법은 진보를 마비시키기 때문이다. Cf. 브레상과 디슬레의 책을 보라 우리는 이 법의 문제를 재론해야 한다. 하지만 오늘날 전문기술관료들이 표현하고 강요하는 기술들과 마주했을 때, 법은 망상에 불과하다. 예컨대, 핵무기 비확산 조약의 실제 적용은 요원하다 덧붙여, 현대의 전문기술

---

24) M. Young, *La Méritocratie en mai* 2033, Furturibles, 1969. 이 책은 재능에 기초한 사회의 두드러진 현상을 연구한 첫 번째 책이다. 이 책은 또 다른 독재의 양식으로 방향을 돌렸다. 이 책은 풍자적 양식에 관해 『멋진 신세계』나 『1984』보다 명료하게 보았고, 한 걸음 더 떨어져 보았다.

25) 지난 2년 동안 심각한 재난들(원자력 사고, 항공기 사고, 산사태, 댐 붕괴)에 관한 조사위원회 보고서를 검토하면서, 나는 중요한 사실을 하나 발견했다. 기술이나 최고 기술자는 '결코' 이러한 사고의 원인이 아니다. 재난의 원인은 기획자나 기계 담당자의 "인적 오류"에 있다. 보고서에 따르면, 기술은 언제나 완전무결하다.

관료들의 '독점' 관행에서 이들의 귀족적 특징을 엿볼 수 있다.

이 관료들은 귀족제의 변치 않는 영원한 특징 가운데 하나를 통해 실천과 실행을 파악할 수 있으며, 이러한 실천과 실행을 사용할 수 있는 유일한 권리도 확보한다. 기술 전 분야에서 특정 전문가들만 이러한 실행 능력과 권력을 확보한다. 이는 전문 지식과 단순한 앎과 관련된 일일 뿐만 아니라, 독점이며, 전문가와 일반 시민 사이의 장벽이다. 전문가들이 사용하는 기술에 비해, 일반 시민들은 저급 기술을 사용한다. 모든 사람이 자기 컴퓨터 자판을 두드린다. 그러나 고등 기술자만이 경제와 재정의 방향과 각종 비밀 정보들이 결합된 복합체의 프로그램을 짤 수 있다. 기술사용의 노른자는 하나같이 시민의 범위 바깥에 있다. 이 배타적 활동은 시민들에게 특수하고 어려운 언어와도 관련돼 있다. 모든 귀족들은 공용어를 쓰지 않고 특정 범위 안에서만 쓰이는 특수 언어를 사용한다. 독일어와 프랑스어의 차이처럼 언어 간의 차이 문제가 아니다. 오히려 초점은 주도권을 쥔 사람들만 이해하는 언어, 그들끼리만 쓰는 암호화 된 언어다. 이러한 현상은 명문 기사단과 다른 귀족층예컨대, 18세기 귀족에 견줄 만하다. 또 이들은 프리메이슨처럼 인위적으로 귀족제를 구성하려 했던 행동을 어리석다고 비웃는다. 전문기술관료들은 그들만의 언어를 구사한다. 자기들끼리 입만 뻥긋해도 이들은 그 말을 이해한다. 그러나 기술의 모든 범주에는 공통의 언어가 존재하며, 각각의 전문 영역에 대한 특수 용어도 존재한다. 이러한 언어 특수화는 일반인이 결코 접근할 수 없는 권력의 중요한 측면들 중 하나이다. 물론 다른 여러 귀족제에게는 특정한 종교적 특성, 심지어 철학적 특성처럼 보일 수 있을 이 비밀 언어는 이제 귀족의 비밀 메시지가 된다. 이것은 전문기술자 사이에서 통용되는 언어다. 왜냐하면 일반인이 이해하기 어려운 대수학의 언어이며, '디지털' 언어이기 때문이다. "아날로그" 방식으로 전송된 다양한 형태의 정보information multiforme에서 획일 정보information uniforme 기본 단위 형태를 디지털로 전환한 정보, 모든 정보의 기본 단위 형태는 이진법 정보의 단위인 '비트' 이다로의 치환, 디지털 논리의 보편화는 더 이상 언어의 지속적 안전성을 허용치 않는다. 이를 컴퓨터만의 문제에 한정지을 수 없다. 전문기술자들만 알고 일반인들은 잘 모르는 비밀 언어의 문제로 축소할 수 없다는 말이다. 우리가 놓치지 말아야 할 문제는 디지털 논리의 보편화로 인해 조성되는 사회 복합체의 문제와 디지털 논리로만 사유하도록 지성계를 압박하는 네트워크의 증가 문제일 것이다. 달리 말해, 이 비밀 언어에 맞는 이른바 '맞춤형 지성' 을 요구하고, 이 언어를 통해 복합체의 부분과 부분을 신속히 연결하도록 하는 문제를 들여다 봐야 한다.

지식, 실천들, 언어는 기술을 다른 것들과 분리한다. 그러나 이 관료주의를 특수한 지위에 놓는 네 번째 특징이 있다. 기술은 집단을 위해 반드시 필요한 실질적인 모든 기능들을 동시다발로 실행한다.봉건제 주군의 귀족제가 군대, 법, 통치권, 경제, 화폐 등의 기능을 종합적으로 실행한 것과 정확히 일치한다 기술 분야의 전문성을 갖춘 이들의 능력은 곳곳에 적용된다. 이러한 전문 능력을 발판으로 이들은 '막대한' 권력을 행사한다. 기술은 모든 행정 기구와 의사결정 기구의 요직에 있다. 무기, 우주 공간 탐사, 치료 다양성, 의사소통과 각종 정보, 새로운 대량생산 작업, 산업, 행정적 합리화가 의존하는 유일한 의존처는 바로 기술이다. 즉, 절대적 **권력**이 될 수 있는 것은 모두 기술들에 의존한다.

'모든 것이 결국 자본, 돈에 달렸다. 목표는 이익 생산이며, 자본가가 이를 명령한다.' 복고주의자흑은 보수주의자는 이 말에 반대한다. 이러한 반대는 논리를 지나치게 단순하게 만드는 안타까운 시각이다. 뒤에서 다루겠지만, 거대 자본의 유통은 분명 필요하다. 또 나는 다국적 기업들의 중요성을 부정하지도 않았다. 하지만 거대 자본이나 다국적 기업들은 기술을 활성화하는 촉매제가 더 이상 아니다. 문제는 거의 모든 곳에 출현한 '테크노폴리스' 다. 기술력이 충분하다면, 중소기업도 소량의 자본으로 거대 기업예컨대,

애플으로 신속하게 바뀔 것이다. 즉, 첨단 기술을 갖춘 기술자에게 이러한 창조의 기회와 가능성이 점점 빈번해진다. '테크노폴리스'라는 특수 공간이 이 귀족주의의 텃밭이다.

테크노폴리스[26]를 고안했던 장본인은 미국인들이다. 캘리포니아 테크노폴리스의 걸음마 단계라 할 수 있는 형태는 1930년대로 거슬러 올라간다. 1950년과 1960년 사이에 건설된 실리콘 밸리Silicon Vally라는 이름은 전 세계에 보편적으로 알려졌다. 실리콘 밸리의 이상은 복합적이다. '과학 연구'와 '산업'의 접촉이다. 즉, 과학적 연구를 면밀하게 활용하고, 동시에 이 연구에 재정을 담당하는 산업을 밀착시키는 것이다. 산학産學의 유기적 관계를 창조하는 것이다. 이 유기적 관계와 다음 세 가지 요소가 접목된다. 첫째, 활용 근접성을 통해 대학이 활성화 될 것이다. 둘째, 대학은 다양한 진로가 보장된 학생들을 확보할 수 있을 것이다. 셋째, 대학은 본질적으로 연구를 통해 결정될 것이다. 이것은 완벽한 기술 세계이다. 기술자는 연구소를 지배하며, 산업 기술자들경제, 욕구 분석 등과 맞물린다. 또한 차후 대학의 주요 기능은 전문기술 인력의 공급처가 될 것이다. 직접적으로 활용 불가능한 연구는 더 이상 존재할 이유가 없다.

테크노폴리스는 사회와 경제 전체를 위한 자극과 창조의 중심부가 되는 경향이 있다. 더욱이 그 현상은 현행 중인 언어적 이행, 즉 기술 도시들을 뜻하는 '테크노폴리스'에서 연구/교육기관과 산업체들의 집산지이자 기술 거점 지역을 뜻하는 '테크노폴Technopole'로의 이행으로 설명 가능하다. 우리는 미국, 일본, 유럽에서 수많은 테크노폴리스를 발견한다. 이 기술 도시들에 대한 사람들의 바람은 전 유럽의 생산력 중흥을 위한 거점일 것이다. 영국의 케임브리지 과학 공원, 해리어트-와트대학교, 스웨덴과 프랑스의 혁

---

26) « Technopolis », numéro spécial de la revue, *Autrement*, novembre 1985. Larsen-Rodgers: *La Fièvre de Silicon Valley*, éd. Londreys, 1985. B. Montelh, « L'éclosion des technopolis », numéro spécial du *Monde*, décembre 1986.

신 마을, 렌-아탈랑트, 메스, 파리 남부, 그리고 가장 유명한 소피아-안티폴리스가 그 사례일 것이다. '테크노락technolac' 27)과 '테크노파크technoparc'가 증가한다. 이러한 증가세는 대학과 공장의 "교차적 풍요"라는 핵심 이념을 지닌 연구소항상 도시 외곽, 시골이나 산림지역에 위치한를 동반한다. 여기에는 두 가지 의의가 있을 수 있다. 첫째, 사회의 나머지 요소들과의 단절이다. 즉, 테크노폴이 사회를 지시할 것이다. 둘째, 매우 촘촘하게 하나의 집체로 묶었을 때 유용한 것은 모두 집중화하고, 불필요한 것은 모조리 배제한다. 즉, 문화적인 것, 윤리적인 것, 정신적인 것, 미학적인 것쾌적하고 조화로운 순환 도로와 건물 생산에 유용한 것을 제외하고은 배제된다. 다시 말해, "테크노폴 외부에 있는 모든 것"은 다양한 요소들이 교차하면서 얻는 풍요에서 얻은 진지한 결과에 속하지 않는다. 오히려, 융통성 없이 따분한 것으로 취급받는다.

거점 하나가 건설되면, 모집募集 효과가 나타난다. 위기를 맞은 자본들이 일시에 모인다. 연구원들, 산업가들, 학생들, 금융인들이 관심을 보이고 그 과정을 따라 새로운 기업들이 만들어진다. 테크노폴은 뉴스와 기업 인재 양성소의 창조와 더불어 집결 효과를 발휘한다. 그러나 우리는 1969년에서 1986년 사이 프랑스에서 21개 도시, 이 중 12개는 계획 도시같은 이러한 중심지들의 극단적 성장은 중심지의 모범적이고 중요한 특성으로 유지되는 '효율성'에 방해가 되지 않는지 자문할 수 있다. 참여에 위험을 느끼는 자본은 여전히 존재하는가? 기술 혁신은 언제나 열정적인가? 실리콘 밸리에서는 어떤 일이 일어날 것인가? 1985년 가정용 컴퓨터 시장의 붕괴로 인해 당시 테크노폴에는 공포의 바람이 불었다! 전자 산업계의 상업적 균형이 최초로 적자를 낸 사건이었다. 1984년 700억 달러의 적자가 발생했다! 옛 영광의 사례이며 모델이었던 컴퓨터 시장의 붕괴로 공포와 신중론이 다시 호출되는 것은 아닌가? 과연 "순수 기술적" 환경은 사람이 살 만한 곳인

---

27) [역주] 대표적으로 프랑스 오베르뉴-론-알프 지역의 사부아 주에 위치한 테크노폴이 있다. 프랑스어로 락(lac)은 호수를 뜻한다.

가? 혹은 기술적 환경에 대한 열광은 소비 불가능성을 통해 무한 성장의 실패를 예고하지 않는가? 더욱이 전 부분에서 창조된 이 도시들이 우리가 그럴 법하다고 상상하는 것처럼 사회적 관점에서 모범적인 것이 되리라고 생각하지 말아야 한다. 사실, 이 도시들은 기술-자본주의 사회의 모든 악을 재생산한다. 그러한 악의 재생산은 생활양태의 현격한 차이를 동반한다. 즉, 첨단 기술력을 지녔고, 최고 연봉을 받으며 종종 주인노릇 하는 **기술자와** 저임금에 시달리며 일터에서 멀리 떨어진 곳에 살면서 매일 먼거리를 지나 일터로 나아가지만, 아무런 이익도 얻지 못하는 **피고용인, 노동자** 등 사이에 존재하는 깊은 골이다.

테크노폴리스는 우리 사회의 현실을 확대경으로 본 모습이라 하겠다. 경제, 금융, 정치, 행정과 관계된 모든 권력자들은 이 관료들이 자기들만의 집단 안에 만든 길로만 다닌다. 우리는 이들 가운데 한 집단에서 동맹 파업에 돌입할 때, 극소수의 파업 가담자들은 극히 위축될 수 있다는 사실도 안다. 다행인지 몰라도, 이들이 동맹 파업에 돌입하는 일은 극히 드물다. 모든 영역에서 지도급 인사의 자리에 앉은 이상, 이들이 굳이 파업을 일으킬 이유는 없다. 자신들이 모든 소통과 효력의 주요 매듭 역할을 맡기 때문이다.

이러한 귀족주의 이데올로기의 상호적 특징, 그리고 거기에 쟁점으로 부각되는 귀족주의, 마지막으로 옛 귀족주의들과의 가족 유사성은 모두 자기 아닌 것들에 대한 전적인 무시와 세계의 나머지 부분과 다른 영역들에 대한 철저한 무지와 동격이다. 이들이 민주주의, 생태학, 문화, 제3세계, 정치를 이야기할 때, 이 전문기술관료들은 단순하게 감동을 받음과 동시에 무지에서 비롯되는 성가신 감정을 느낀다. 예컨대, 원자력 무기 발전에 관해 나와 대립각을 세우는 사람들 중 하나는 다음과 같이 이야기한다. "당신의 모든 질문들을 우리 기술자는 해결할 수 있습니다." 민주주의는 사람들이 존중

하는 말이지만, 누구나 자기 의견을 개진할 수 있는 가능성을 보장하는 통신-컴퓨터 종합 처리 체제인 '텔레마티크^{télématique}'를 통해 실현될 것이다. 이 체제는 극단적인 중앙집권화를 해체할 것이며, 각 사람이 의사결정에 참여하도록 할 것이다. 우리는 뒤에서 이 관료들이 문화에 관해 놀랄 정도로 무지하다는 사실그러나 모든 귀족들에게 해당되는 말 아닌가?과 일반인에 대한 판단에 오류가 많다는 점을 제시할 것이다.

이들의 글에서 다음과 같은 주장을 계속 마주하는 것도 마약 중독처럼 괴로운 일이다. "누구나 자료 은행$^{Data Banks}$을 검색할 수 있을 것이다. 누구나 유용한 정보를 다 얻을 수 있을 것이다. 누구나 관련 자료에 대한 지식을 확보할 수 있을 것이다!" 그렇다면 여기서 말하는 '누구나'는 과연 누구인가? 물론 다른 전문 기술자가다! 독자들은 이주 노동자, 양성공$^{Ouvrier Spécialiste}$ 프랑스인 포함, 캉탈 지역의 소농, 청년 실업자가 과연 이 자료 은행을 검색할 수 있을지 상상할 수 있는가? 아마도 300만 명의 프랑스 사람 정도가 이를 활용할 수 있을 것이다. 그러나 이 귀족들은 현실 상황에 무지하다. 사람들의 현실을 깊게 생각하지 않은 상태에서, '가능하다면' 누구나 접촉 가능한 것, 누구에게나 개방된 자유라고 생각한다. 이토록 멍청한 귀족들의 태도에서 우리는 다음과 같은 사실을 확인한다. 실제로 이들은 타인들의 삶과 전혀 다른 세계에 산다! 이따금 일리치^{Illich}나 슈마허^{Schumacher}와 같은 자기 반대자들에 대한 무지를 공개적으로 표명하기도 한다. 동시에 이들은 도덕/정신에 대해 전혀 관심이 없다. 다시 말해, 자신들의 발명품이 파괴에 복무무기 개선하는지에 관한 물음을 별로 중요하게 여기지 않는다. 그리고 이들 중 일부는 포르노와 같은 음란물, 음성을 통한 외설적 관계를 유지할 목적으로 미니텔로 시선을 돌린다. 그것을 자유의 기호로 여기며 여흥 거리를 찾는다. 일반 사람들을 천박하게 여기는 짓이 귀족의 최고 오락 거리다.

그러나 이러한 무시와 무지도 허약함을 낳는 원인이다. 이들 사이에서 수없이 반복되는 표현인 "내일 사회도 오늘과 같을 것이다"[28]도 망상에 불과하다. 사람들은 사회를 조직망, 의사소통, 진보, 자유로운 순환, 민주주의를 통해 실행된 일체의 것으로 묘사한다. 반면, 그러한 묘사는 군비 확장, 제3세계의 곤궁, 기술 자체를 통해 불거진 수많은 문제들 생태주의자들은 이 영역의 취약한 부분 하나를 제거했을 뿐이다을 암시하지 않는다. 모두 괄호에 묶인 셈이다. 전문기술관료들은 세계의 복잡한 현실을 눈 뜨고도 못 보며 간단한 상식도 성찰할 줄 모르는 심각한 상태예컨대, 체제는 닫히고 제한된 세계에서 무한정 성장할 수 없다와 같은 표현은 비웃음 사기 딱 좋다에 빠졌다. 이들의 대단한 지식과 전문성은 관련 분야가 아닌 질문들에 대한 이해를 막는다. 따라서 이들은 독자들에게 권위 있는 어조로 내일의 세계를 기록한다. "내일도 오늘과 같을 것이다. 또 다음날도 똑같을 것이다." 그러므로 '바로 이 세계를 위해' 젊은이를 '꼭' 준비해야 한다.[29] 땅을 경작하고, 나무에 불을 지피고, 적절하게 붕대를 감아 고정하는 법을 아는 것이 단순하게 자판 누르는 것보다 더 유용하다는 생각은 하지 않은 채, 전자공학과 정보과학에 푹 빠져 살자는 생각이다. 우리 세계의 80%가 무지와 무의미한 것들로 구성되어 있다. 이는 위기가 오는 줄도 모르고 태평하게 시절을 즐기는 귀족들의 모습을 연상케 한다.

그러나 이 귀족들은 응용과학 이데올로기를 만들어 이를 무마하려 한다. 전문가들은 최신 공식을 떠들면서 지식의 기득권을 지키려 한다. 동시에 기득권에 위협이 될 수 있을 기초 과학과 순수 과학에 대해서는 철저히 침묵한다 이것은 기술의 필수불가결성을 외치는 이데올로기이자 기술 진보의 필연성을 전파하는 이데올로기다. 몇 년 전에 이들이 앞 다퉈 말했던 것처럼, 원자력 발전소 건축의 중단은 1954년의 에너지 소비로의 회귀로 이어질 것이다. 이들의 눈에 발전소 건축 중단은 끔찍한 사건이다. 이들은 즉시 다음과 같이 말했다. "당신은 중세로 회귀하려 하는군요." 그렇다. 이들에게 1954년은 "중세"다! 필요한 것은 오로지 성장뿐이

28) 전형적인 사례는 브레상-디슬레의 책이다.
29) 우리는 뒤에 이 주장으로 되돌아 올 것이다.

다. 성장 이외의 다른 가설은 배제된다. 그러므로 모든 것이 차츰 기술 적용에 의존되리라는 가설을 정당화하는 데 이른다. 위에서 다뤘던 것처럼, 이들의 눈에 기술은 필연이며, 인간이 수 세기 동안 추구했던 것 일체, 즉 자유, 민주주의, 정의, 복지를 통한 행복, 노동 축소 등을 완성한 유일 수단 역시 기술이다.

이 귀족제의 또 다른 특징이 있다. 이 귀족들은 자신의 이데올로기를 전 사회에 강제로 공유하려 한다. 모든 방송 매체의 송출 배후에 존재하는 이데올로기를 생각해 보라. 정당들의 이데올로기나 거리를 거니는 사람들의 통상적인 이데올로기 등 가릴 것 없이 독자들은 전문기술관료들의 이데올로기의 흔적이 묻어나는 요소들을 쉽게 발견할 수 있을 것이다. "한 사회를 지배하는 이념은 지배 계급의 이념이다." 이러한 이데올로기를 수단으로, 이들은 장래를 주무르려 한다. 본래 장래는 예측 불분명한 것인데도 말이다. 이들의 이데올로기는 '자기 자신'에 대한 정당화 작업이며, 자기 전문성에 전적으로 의존한다. 그것은 공간, 사상, 전문성, 사회의 나머지 부분을 연결한다. 정당화 작업의 고전적 수법이다. 정당화를 필요로 하는 이데올로기적 담론의 실체를 파악하려면, 우리는 기술에 관련된 제반 담론을 알아야 한다.

전문기술관료들은 끼리끼리 손잡는다. 서로의 기술을 필요로 하는 부분이 생기기 때문이다. 따라서 이들은 끼리끼리 덮어주고 보호하는 친목의 연을 맺는다. 그리고 그것은 전 영역으로 퍼진다. 한 사람이 심각한 오류를 범했을 경우, 즉시 자신의 정당화에 도움이 될 누군가를 찾는다. 이들은 어떤 비판도 용납하지 않는다. 나는 체르노빌에 대한 몇 가지 문제를 제기한 적이 있다. 프랑스 원자력청 소속의 전문기술자가 즉시 반격했다. 이들의 끈은 복잡하게 얽혔으며, 공통의 이해관계와 이데올로기에 기초한다. 그리고 이것은 곧 '연줄'이라는 사회 현상을 낳는다. 가히 과거 사회를 주름 잡던 집단들에 비견될 만한 모습 아닌가?

이 귀족제는 특정한 사회 계급을 형성하지 않는다. 여기서 말하는 사회 계급은 마르크스식의 계급을 의미한다. 이 귀족제가 사회 계급을 구성하지 않는 이유는 자기 집단의 특징을 규정하는 생산 과정에 본인들이 참여할 수 있을 자리가 없기 때문이다. 일각에서는 계급을 이루기도 하지만, 그렇지 않은 부류들이 다수다. 또 이 귀족제의 구성원 대다수는 생산 과정의 중요성을 축소시키는 일을 맡는다. 다른 측면을 보면, 이들 중에는 기성 상태나 권력을 물려받는 '세습'이 없다. 그러나 이 '세습'의 문제는 매우 중요한 문제이다. 왜냐하면 세습은 '존재하지 않지만, 존재'하는 문제이기 때문이다. 다시 말해, 이공계 전문가 자녀는 이공계 전문학교에 입학에 유리한 조건을 선점하기 때문이다.[30] 기술 귀족제 안에서 충분히 가능한 일이다. 고위급 전문가의 자녀는 자기 아버지의 자리가 아니라, 견고한 귀족제 내부에서 한 자리를 점할 것이다. 사람들은 모든 귀족제에서 나타나는 것처럼 주도권 투쟁에서 경쟁 관계로 갈라지는 파벌이나 분할 기획의 당사자가 되는 경우를 제외하고, 자기 동료의 자녀를 구덩이에 빠진 상태에 내버려두지 않는다. 존재하지 않고도 존재하는 이 세습의 문제는 이 귀족제와 노멘클라투라[31]에 매우 가깝다. 그러나 중요한 차이점도 있다. 소련의 공산귀족 노멘클라투라와 달리, 기술 귀족제에는 정치적 정통성 가담 여부의 문제는 없다. 또 귀족들을 모집하는 방식도 내부 행정의 판촉물을 통해 진행되지 않는다. 무엇보다 이 귀족제가 노멘클라투라와 다른 결정적인 부분은 학벌과

---

30) [역주] 이공계 집안에서 이공계 전문가가 나오기 쉽다는 말이다. 엘륄은 전문기술자가 새로운 사회 계급의 최상위를 이루는 신귀족이라는 점에서 세습 문제를 다룬다. 이것은 비가시적이지만, 엄연하게 존재하는 세습이다.

31) 소련 공산당 귀족을 지칭하는 노멘클라투라는 현재 도처에서 유행하는 말이다! 최근 발간된 서적 중에 『프랑스의 노멘클라투라』(La Nomenklatura française)라는 제목의 책이 큰 성공을 거뒀다. 그러나 최소한 보슬렌스키(Voslensky)가 제시한 용어의 의미에 맞춰 생각해 보면, 이 말은 전혀 맞지 않는 표현이다. 1946년 이후, 그리고 히틀러식 "과시"(L'Apparat hitlérien)에 대한 연구가 한바탕 휩쓸고 지나간 후, 몇 년 동안 사람들은 "과시"라는 말을 모든 곳에, 아무데나 적용했다. 노멘클라투라의 용어 사용도 딱 그 꼴이다!

경쟁이다. 소위 '능력 본위제'라 불리는 방식이다. 따라서 유사한 부분이 일부 있다고 하여 이 '전문기술관료들'이 노멘클라투라를 형성했다고 단언할 수 없다.

이러한 현상에 제대로 부합하는 개념은 아마도 갤브레이스의 기술구조techno-structure일 것이다. 왜냐면 전문기술자들의 강고한 사회 구조는 너무도 분명한 사실이기 때문이다. 모든 것이 이 구조의 언저리에서 만들어진다. 또 기술의 지속적인 실행이 기술구조를 더욱 강화하고 정당화한다. 그러나 이 용어는 오늘날 전문기술관료들의 행보를 담아내기에 협소한 용어다. 왜냐면 전문기술관료들은 단순히 산업 세계와 생산 세계의 규정 요소에 그치지 않기 때문이다. 이들은 위계와 서열을 정하고, 사회 집단, 경제계, 정계, 학계 등 사회 전 분야에서 결정권자의 자리를 차지한다. 결론으로, 나는 귀족제Aristocratie라는 표현이 더 타당하다고 생각한다. 그것은 천박하기 그지없던 18세기 프랑스 귀족제와 비교할 수 없을 정도로 완벽한 **귀족제다**!

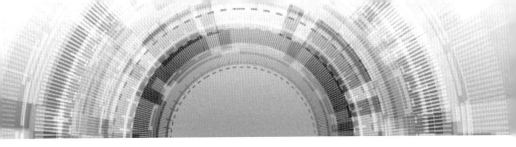

1부

불확실성

2부와 3부에서 기술담론의 허세를 제대로 보이려면, 발명, 혁신, 응용과 관련된 내용을 되풀이하거나 신기술을 옛 도식에 억지로 끼워 맞추는 식의 연구는 지양해야 할 것이다. 기술 세계에 대한 지식과 비례해 우리에게 강제로 부과되는 내용을 강조하거나, 아직 연구 단계에 이르지 못한 '불확실성'의 문제를 강조하는 편이 더 나을 것이다. 현재 우리는 기술들로 조성된 세계를 향한다. 동시에, 우리는 기술 때문에 점증하는 불확실성의 세계에서 산다. 여기에서 말하는 불확실성이란 기술의 기원이나 작동 방식의 문제가 아닌, 기술의 결과나 사후에 미칠 영향의 불확실성을 가리킨다. 나는 이러한 불확실성의 문제를 아래 네 가지의 시각으로 분석하려 한다.

1) 기술 진보의 양면성, 2) 발전의 예측불가능성, 3) 기술 진보의 요소들을 바탕으로 이뤄진 이중 피드백, 4) 체제의 생태적 내부 모순이 그것이다. 따라서 기술 연구에서 제일 빈번하게 등장하는 부정적 결과공해, 1차 자원 고갈, 집단 간의 불균등 등를 다루지 않을 것이다. 왜냐하면 이러한 결과들은 '기술 자체'를 연구하는 방법론을 취했기 때문이다. 이것은 내 연구 대상이 아니다. 오히려 내 연구 대상은 기술과 맞물린 현대인의 상태이다. 다시 말해, 정확한 지향점이 어디인지, 현재 어느 지점을 통과 중인지를 현대인 스스로가 이야기할 수 없으리만큼, 기술은 고속 전진 중이다. 불확실성은 이따금 그것을 의식하는 기술자들과 과학자들의 운명이기도 하지만, 완벽한 무의식 상태에 빠진 대중들에게 폭넓게 조성된 조건이기도 하다.

1장_양면성[1]

연구자들은 매우 기본적인 차원에서 기술의 양면성 문제를 강조했다. 나도 1950년대부터 이 문제를 다뤘다. 기술은 긍정 효과 혹은 부정 효과를 낳는다는 점에서 양면성을 갖는다. 내 친구인 뒤베르제는 기술에 관한 내 첫 번째 책을 숙고한 뒤에 다음과 같이 썼다. '기술은 이솝의 언어와 같다. 즉, 최고이자 최악이다!' 이따금 '모든 것은 사용자에 달린 문제'라는 한가한 소리를 하는 사람들을 본다. 칼 한 자루로 우리는 사과를 깎을 수도 있고, 이웃을 살해할 수도 있다. 나는 이러한 비교가 불합리하다는 점을 밝혔고, 기술은 사용과 무관하게 그 자체로 다양한 결과를 낳는다는 점도 밝혔다. 기술을 사용하지 말자는 말이 아니다. 흔히 기술 문제를 이야기하면, 꼭 기술 현상에 대반 분석과 무관한 '도덕' 문제에 봉착하곤 한다. "기술"에 대한 본 논의의 핵심을 제대로 짚으려면, 기술 제품의 사용 유무와 같은 무의미한 주장들을 먼저 제거하면서 논의를 시작할 필요가 있다.

기술 진보에 담긴 양면성은 이러한 단순한 생각들보다 훨씬 복잡하다. 모든 것이 단지 사용 문제에 달렸다는 식의 믿음은 결국 '기술은 중립'이라는 생각에서 비롯된다. 나는 1950년에 이와 정반대의 주장을 폈다가 세간의 빈축을 샀다. 그러나 오늘날 거의 대다수의 사상가들과 작가들은 더 이

---

1) 이 장에서 나는 1965년에 발표했던 양면성에 관한 첫 번째 연구 논문을 기본으로 몇 가지 발전시킨 내용을 소개하려 한다. Jacques Ellul, « Réflexions sur l' ambivalence du progrès technique », in *La Revue administrative*, vol. 18.

상 기술의 중립성을 지지하지 않는다. 기술은 결코 중립적이지 않다. 즉, 기술은 스스로 일련의 결과를 도출할 줄 안다. 기술을 사용해 어떤 것을 만들고 싶다는 욕구가 있다고 하자. 기술은 그 욕구에 응하면서도, 욕구와 상관없는 긍정 혹은 부정의 결과를 부가한다. 더욱이 이러한 결과는 특정한 의도에 따른 것도 아니다. 물론, 기술의 사용은 일정 기간 동안 긍정적인 방향을 보일 수 있다. 그러나 기술 자체에 잠재력이 포함된다는 점과 그 잠재력이 낳는 새로운 이용과 개발의 문제를 간과할 수 없다. 간단하고도 유명한 사례 하나를 들겠다. 화약이다. 애당초 중국인들은 화약을 폭죽놀이에만 사용했다. 그러나 화약은 잠재력을 지녔다. 그 잠재력은 현재 우리도 매우 잘 아는 것이며, 오랜 세월동안 결코 무시할 수 없던 것이었다.[2]

　"낙관론자들"은 기술은 본질적으로 좋으며, "넓게 보면 긍정적"이라 생각한다.[3] 그러나 그것은 단순히 기호의 문제가 아니다. 대다수의 과학자들과 기술자들은 기술에 대해 호의적이다. 반면, "비관론자들"은 기술이 낳는 부정적인 결과들을 고려한다. 특히 철학과 정치 분야의 글에서 이러한 비관론을 읽을 수 있다. 그러나 실제 문제는 이보다 훨씬 광범위하고 복잡하다. 최근에 세상에 쏟아지는 것들을 '과학적 특성'이라 말한다면, 아마도 이 비관론자들은 비과학적 영역에 산다고 말할 수 있을 것이다. 이들은 기술 문제를 인간의 복지와 편의가장 쉽게 파악할 수 있는 결과물이며, 기술에게서 측정 가능한 최적의 결과물 개념들과 기준들에 관한 연구와 맞물려 생각하거나, 기술의 결과들을 폭넓게 아우르면서 호평을 내리는 노력에 담긴 허영을 지적하는 정도에 그칠 것이다. 분명, 유용한 재화들과 용역들의 총량을 측정하는 일이 상대적으로 쉽다.[4] 다른 한 편으로, 복지와 편의를 "분야마다 전달하는 정보"들은 차고 넘친다. 다음과 같은 질문이 쏟아진다. 기술의 효과적 사용이

2) [역주] 엘륄은 무기로 쓰인 화약을 이야기하는 것처럼 보인다.
3) L. W. Zacher, "Illusions of technological optimism", in *Science, Technology and Society*, II, 2, 1982.
4) [역주] 기술이 낳는 양적 차원의 결과나 효과를 측정하는 작업은 기술의 비가시적 차원, 질적 차원 등을 구체적으로 밝히지 않는다.

나 접근 가능성정보, 교육, 사회구조, 선택 허용을 포함한을 측정할 필요가 있는가? 기술의 사용과 실행의 질적 차원을 평가할 이유가 있는가? 수준과 소득 재분배 등을 고려해야 하는가? 그러나 이 모든 질문은 진정한 연구를 위한 전주곡일 뿐이다. 다시 말해, 우리는 이 진정한 연구가 어떤 점에서 가까이하기에 불편한 연구처럼 보이는지를 확인할 것이다.[5]

이러한 방향에서 보면, 가장 엄밀해 보이는 분석들, 통계에 기초한 분석들, 위 문제들을 전혀 고려하지 않는 분석들이 제일 위험하다. 왜냐하면 이러한 분석들도 결국 이데올로기적 분석 작업과 별 차이가 없기 때문이다. 그러나 이 분석들은 오로지 과학을 위한 것이라고 주장한다. 겉으로 보면, 엄밀하고 정교하며, 수사학적 연구가 아닌 타당성을 확보한 연구처럼 보인다. 오늘날 모든 사람이 이 영역에 관여한다. 그리고 이 영역에서는 이해관계를 완전히 벗어난 연구와 순수 학문적인 연구가 존재할 수 없다.[6]

우리도 잘 알 듯, 모든 것은 결국 기술이 그리는 미래의 출구에 의존한다. 편파성 없이 냉정한 머리를 유지할 수 있는 방법은 무엇인가? 지나치게 비대해진 쟁점과 순수 과학 분석이라는 시류에 발 담근 우리는 곧바로 편파성을 보인다. 변화는 포괄적은 인류와 연관되고, 문명사회 전반을 아우르는이면서, 동시에 개별적우리의 이념, 삶, 행동 변화이다. 이러한 대혼란의 상황에서, 우리는 '자기 자신됨'의 문제를 자문하지 않을 수 없다. 그러나 간단하고 논리적인 대답은 불가능하다. 우리는 모든 것을 알지 못한다.[7] 우리는 진정성을 갖춘 '종

---

5) 이 주제에 대해 구체적이고 탁월한 논문을 참고하라. Ida C. Merriam, « Concepts et Mesures du bien-être », *Analyse et Prévision*, 1969, et J. Desce, « Consommation individuelle et Consommation collective : essai du mesure », *Analyse et Prévision*, 1969.

6) [역주] 뒤에서 다루겠지만, 엘륄은 과학기술 연구의 이데올로기 문제를 연구한다. 경제 분야의 후원과 정치 분야의 결정이 복합적으로 얽히지 않으면, 과학기술의 발전은 요원하다는 주장을 편다. 결국 순수 학문적 연구의 자리는 협소해질 수밖에 없으며, 자금력과 실권을 의식할 수밖에 없는 연구 결과로 가거나, 아니면 그 입맛에 맞는 결과가 채택될 것이라 진단한다. 위 문장은 그러한 엘륄의 연구에 대한 사전 복선이다.

7) B. 드 주브넬은 특유의 낙관론을 보였음에도, 나는 그의 『아르카디아』(*L'Arcadie*)보다 더 급진적인 책은 없다고 생각한다. 주브넬에 따르면, 인간은 물질의 틀에서 질적 문제의 선택에 실패했다. 그는 노동과 환경의 질적인 문제에서 맺어지는 관계의 탁월성, 부의 성장이라는 일반 결과와 함께 이러한 결과에 다다르지 못하는 현실을 제시하며,

합' 미래학으로 나아갈 역량을 갖추지 못했다. 진정성 있는 미래학은 파편적 예고만 덧붙이는 것이 아닌 포괄적 이해로만 가능하다. 왜냐하면 기술 체계의 전 영역이 촘촘하게 연결되었기 때문에, 포괄적 이해가 아니면 불가능하고, "우리가 무엇이 될 것인가?"라는 질문에 답하려면, 그 역시 포괄적 이해 과정을 거쳐야 하기 때문이다.

따라서 우리는 둘 중 하나를 지향해야 할 것이다. 인간의 진리 자체를 위해 지녀야 하는 것특정 가치들이나 집단성을 상대해 개별성을 점진적으로 회복을 쉽게 희생시키며 궤도를 이탈한 '소망들'을 지향하든지, 아니면 우리의 기회들을 여전히 생각하지 못하도록 하는 다양한 색조세계의 부조리, 영화 「알파빌」에 나타나는 비인간화, 혹은 차이나 신드롬8)를 보이는 '절망들'을 향해야 한다. 경기는 끝나지 않았다. 격렬해지지 않을 수가 없는 이 상황에서, 나는 기술 진보의 가장 중요한 특징들 가운데 하나인 '기술의 양면성'에 주목하려 한다.9)

내 생각에, 기술 발전은 선도, 악도, 중립도 아니다. 오히려 기술 발전은 긍정 요소들과 부정 요소들의 복합 구성이다. 도덕의 용어들로 다시 진술하면, 기술 발전은 "선한 요소들"과 "악한 요소들"의 복합물이다. 또 나는 순전히 좋은 기술만 확보하기 위해 이러한 요소들을 나누는 일이 불가능하다고 생각하며, 기술 발전은 좋은 결과만 낳는 도구를 제작하거나 활용하

기술 사회에 대한 종합 평가를 내린다.

8) [역주] 원자로를 바탕으로 형성되는 도시를 뜻하는 말로, 원자 핵 기술의 발전과 그로 인한 인간 희생의 문제를 이야기할 때 등장하는 표현이다. 원자로를 항아리(영어의 'china'는 일반명사로 항아리, 도기를 뜻함)로 보았을 때, 그 바닥이 뚫리면, 미국의 원자로가 지구 반대편의 중국까지 뚫고 들어가 녹일 것이라는 발표에서 기인한 이 표현은 핵전쟁의 위협이 고조되던 냉전 시기에 핵무기의 신드롬을 지칭하는 표현으로 바뀐다. 1979년 미국에서 같은 이름의 영화가 제작되기도 했다.

9) 이 대목에서 나는 클로제(Closets)가 소개한 기술의 "양면성"과 그의 단순한 시각에 이의를 제기하려 한다. 클로제에게 기술은 최선과 최악을 모두 포함한다. 즉, 인간의 자유에 따라 최선이 될 수도 있고, 최악이 될 수도 있다. 우리는 이미 어느 지점에서 인간이 약화되는지, 인간의 자유가 얼마나 제한되는지에 관해 확인했다. 그러나 클로제가 되돌아가는 가장 큰 치료제는 "조직화"이다. 즉, 기술이 악한 결과를 낳는 이유는 조직화의 부실 때문이다. 그는 재료 기술 분야의 전문가이기 때문에, 조직 기술 분야에 관한 주요 지식이 없다. 클로제는 다른 전문가들을 의뢰한다. 그러나 조직화는 기술 체계에 기입해야 할 특정 기술이라는 사실을 보지 않았다. 조직화는 결코 기술의 대응책이 아니다.

는 문제 달렸다는 식의 문제에 해당하지 않는다고 생각한다. 오히려 인간은 기술을 사용하면서 바뀐다. 기술 현상은 우리를 타격하고, 우리에게 영향을 미친다. 기기들 자체가 우리의 방향을 간접 지도한다. 뿐만 아니라, 우리는 심리적 적응 수단을 통해 최고 수준의 기술 활용에도 큰 어려움 없이 적응한다. 이런 식으로 우리는 '독립된 존재'가 되기를 멈춘다.

우리는 우리의 방향을 자유롭게 결정할 수 있어야 한다. 그러나 그 방향을 결정해야 할 객체의 영역에 자리한 우리는 더 이상 주체가 아니다. 다시 말해, 우리는 기술 세계에 밀접하게 연결되었고, 기술 세계가 우리의 조건을 결정한다. 우리는 더 이상 한 쪽에는 '인간', 다른 한 쪽에는 '기기'를 분리해서 배치할 수 없다. 우리는 "기술 세계 안에 있는 인간"을 하나의 총체로 간주해야 한다. 달리 말해, 이 기기의 사용은 정신, 윤리, 자율성을 지닌 한 인간의 결정이 아니다. 기술 세계에 그냥 서 있는 인간이 기기 사용을 결정한다. 결국 기기 사용은 인간의 선택이 낳은 결과임과 동시에 기술이 정한 결과이다. 즉, 기술 세계는 우리에게 의존하지 않는 규정 요소들을 포함하면서, 동시에 특수한 활용을 부추기는 규정 요소들도 포함한다.

덧붙여, 기술의 "선용" 및 "악용"과 관련해 우리는 다음 내용을 이해해야 한다. 사람들은 개인으로서의 인간, 기술 제품을 사용하는 인간에 대해 말하곤 한다. 따라서 한 사람의 '요소'나 '사용'을 주제로 선정할 수 있다. 그러나 기술의 여러 요소들과 기술 집합체는 분리될 수 없는 관계이며, 기술 집합체가 기술 문명을 만든다. 따라서 핵심은 기술 제품에 대한 개인의 선용이나 악용의 문제가 아니다. 모두가 총체적으로 행동한다는 점이 우리가 짚어야 할 문제의 핵심이다. 우리는 앞에서 이야기한 내용을 다시 강조하지 않는 대신, 현재의 상황이 개인의 기술 선용 문제에 그칠 수 없다는 점을 강조하려 한다. 이 문제를 풀려면, 기술을 소박하고 단순한 수단 정도로 축소할 수 있을만한 확실한 개선책과 목표가 필요하다. 그러나 현재 상황에서 그러한 개선책과 목표는 고전적인 방식이나 상황에 전혀 부합하지 않는 방식으로 형성될 뿐이다. 말하자면, 헛발질인 셈이다.

기술의 결과들은 절대 긍정이나 절대 부정의 차원에 해당하지 않는다. 우리는 이 점을 누차 확인했다. 기술의 양면성은 기술 '진보'의 기본적인 특징이다. 그러나 기술 진보에 내재하는 본래적 특징은 아니다. 결과들에 대한 분석에서 출발할 때, 비로소 그 특징을 알 수 있다. 바꿔 말해, 기술 진보에 대한 직접 설명 대신, 몇몇 결과물들을 토대로 설명을 이어야 한다. 따라서 모호하고 불투명한 측면을 가감 없이 드러낼 수 있을 몇 가지 사례를 통해 기술 진보의 특성을 확인해 보도록 하자.

우리는 양면적 세계에 살며, 그 세계 속에서 기술 진보가 긍정과 부정 요소들로 뒤섞인 복합체라는 사실을 강조한다. 기술 분야가 진보할수록, "좋음"과 "나쁨"의 관계는 더욱더 불가분 관계로 얽히며, 양자택일도 불가능하다. 게다가, 긴장 상태도 가중된다. 말하자면, 우리는 기술 체계의 양가적 결과에서 더욱더 벗어나기 어렵다. 내가 『기술. 시대의 쟁점』[1954]에서 분석한 내용과 마르쿠제의 작업을 비교하면, 마르쿠제는 인간과 기술 사회의 관계에 대해 그다지 새로운 이야기를 하지 않는다. 그러나 기술 진보의 양면성에 대해 마르쿠제는 매우 탁월한 정식을 제시한다. 본서의 서문으로 써도 무방할 정도이다. "실용 사회학과 실용 심리학은 인간의 조건들에 더 큰 혜택을 선사하는 학문 분야다. 둘은 지식과 자료의 진보를 이끌었다. 그러나 두 얼굴을 가진 진보의 합리성은 다음과 같이 증언한다. 진보는 자신의 억압적인 힘으로 혜택을 누린다. 그리고 이러한 진보가 누리는 혜택들은 억압적이다."[10]

---

10) 이러한 생각을 되풀이한 글 가운데 윌리엄 쿤스(William Kuhns)의 『후기 산업시대의 예언자들』(The Post Industrial Prophets, 1971)이 있다. 그는 "기술은 그 결과들에 있어 근본적으로 양가적"이라고 말한다. 그러나 기술 진보의 첫 단계부터, 우리는 여러 측면들 중 '한 가지 면'만 본다. 철도와 증기선의 초창기에 사람들은 부정적이고 위험한 결과들만 골라 떠들었다.(더욱이 기술 진보를 막지 못했다는 부분이 자못 흥미롭다. 즉, 부정 측면이 분명했음에도, 기술에 대한 저지 작업은 일어나지 않았다) 거꾸로 자동

양면성에 대한 분석 이전에, 나는 양면성을 두 가지 다른 개념들과 차별화하려 한다. 첫째, 우리가 이미 강조했던 '모호성' 개념과 차별화하려 한다. 양면성에는 검토된 대상의 '두 가지' 방향이 있다. 즉, 구체성과 가치 대립이라는 방향이 존재한다. 반면, 모호성은 불투명하다. 모호성의 특징은 불명료성, 비규정성, 불확실성, 애매성이다. 그러나 기술은 결코 불투명하거나 불명료하지 않다. 기술은 매우 확실하다. 기술에게 애매함 따위는 존재하지 않는다. 그러나 우리는 뒤에서 '기술의 불확실성' 문제를 논할 것이다.

양면성과 관련해 차별화해야 할 두 번째 개념은 요즘 유행하는 개념이기도 한 "역효과"이다. "정상" 결과들이 있는 것처럼, "역효과"라 부를 수 있는 극악의 결과들도 존재한다. 역효과라는 표현에는 우리가 거부해야 할 도덕적 암시가 담겨 있다.[11] 좀 더 명확히 말하면, "역효과"라는 말에는 정방향이 아닌 역방향 사용이라는 생각이 담겼다. 그러나 "선과 악", 긍정 결과와 부정 결과는 근본적으로 기술 세계의 구성 자체와 모든 기술에 연결된 문제라는 점을 이해해야 한다. 기술이 "두 가지 총체성의 근원적 결합"을 포함한다고 강조한 장 셰노의 판단이 옳다. 셰노는 기술을 현대성이라고 말한다. 그가 말하는 두 가지 총체성은 "사르트르가 규탄하는 총체성과 생시몽이 꿈꿨던 총체성이다. 한 쪽에는 컴퓨터, 진부한 생활에서 붙잡을 유일한 표본 정도로 축소된 단위들, 조건들, 대상들, 작동 방식들의 직렬 배치와 같은 총체성이 있고, 다른 한 쪽에는 선으로 촘촘하게 연결된 지구, 경제 및 네트워크, 사회정치 구조들의 상호 의존, 세계 시장의 독재와 같은 형태의 총체성이 있다." 총체성의 양면성에 대한 장 셰노의 진술에서, 우리는 기술 체계와 기술 진보의 정확한 특징을 확인할 수 있다.

그러나 양면성을 강조하는 데 만족하지 말고, 그것을 분석해야 한다. 나

차의 경우, 사람들은 처음부터 긍정적인 면만 보려 했다.

11) J. Chesneaux, De la modernité : les treize effets pervers de la modernité, Maspero, 1983.

는 아래 네 가지 명제를 바탕으로 분석을 진행하려 한다.

첫째, 모든 기술 진보는 그만한 대가를 치러야 한다.

둘째, 기술 진보는 매 단계마다 스스로 해결하지 못하는 광범위한 문제들을 야기한다.

셋째, 기술 진보의 부정적인 결과들은 긍정적인 결과들과 분리되지 않는다.

넷째, 모든 기술 진보는 예상할 수 없는 무수한 결과들을 포함한다.

위 네 가지 명제들은 불확실한 자료가 아니며, 기술 진보의 일차적이고, 근본적인 특징에서 비롯된 결과들이다. 무엇보다 알베르 메를렝이 미국의 위기, 특히 컴퓨터 시장에 관해 활용했던 매우 중요한 공식에서 비롯되었음을 밝힌다.[12] 사람들은 분석을 시도하지만, 제대로 이해하지 못한다. 메를렝은 다음과 같이 말한다. "낙관론에 경도된 사람들은 또 다른 '기준점'의 시대, 우리를 독려할 수 있을 또 다른 표적標迹의 시대를 원한다. '하늘의 별을 보지 않고 길을 잡을 수 없다.'" 그러나 그것은 기준점을 잃은 존재가 바라보는 기술 진보의 특징에 불과하다. 즉, 합목적성은 사라진 채, 인과율적 성장의 결과로만 나타나는 기술 진보의 특징에 지나지 않는다.[13] 기술 진보는 자신의 방향을 모른다. 기술 진보는 예측 불가능하며, 사회 전반에 예측 불가능성을 부른다.

1. 모든 기술 진보는 그만한 대가를 치러야 한다.

절대적 기술 진보는 존재하지 않는다. 기술이 진보하는 각 단계마다 퇴

---

12) A. Merlin, « Les entreprises qui n'ont pas d'étoile », *Le Monde*, 24 juin 1986.
13) 자끄 엘륄, 『기술 체계』, 이상민 역(대장간, 2013), 3부 3장을 보라.

보 현상도 공존한다. 우리는 이 현상을 측정할 수 있다. 기술의 진보와 퇴보의 공존에 관한 이념은 기술 진보를 대단위 지성이나 자본 투입의 성과물로 여기는 이해보다 훨씬 넓은 차원의 이해이다. 기술에 대한 자본 투입에는 모종의 희망이 담겨 있다. 그러나 투입 자본의 입맛에 맞는 결과를 보장할 수 없다. 더욱이 오늘날 우리는 다음 사실도 알게 되었다. 인공위성처럼, 경제 수익성이 없는 기술 기획이라고 해도, 사람들은 이 기획을 결행한다. 기술 진보의 두 가지 "값"은 간단하다. 두 가지 값은 양립할 수 있다. 그러나 실제 문제는 더 복잡하다. 무엇보다 기술 진보로 인해 다양한 영역에서 '파괴되는' 것이 무엇인지 면밀히 따져야 한다.

세르주-크리스토프 콜므는 농담반 진담반으로 다음과 같이 말한다. "미국의 국민소득은 프랑스의 두 배이다. 그러나 '좋은 사회에 관한 설문조사 통계'를 바탕으로 미국 도시들의 '추잡성' 정도를 산출하면, 이러한 소득 간격이 유지될 수 있겠는가?" 우리가 인간의 삶을 진지하게 고찰한다면, 생활환경의 미적, 질적 차원을 반드시 고려해야 할 것이다. 그러나 기술이 존재하는 곳이라면 어디서나 추태가 등장하기 마련이다. 이 역시 치러야 할 비용이다. 이 비용에서, 우리는 오늘날 경제학자들이 재검토가 필요한 문제인 외부성les externalités이라 칭하는 것도 계산해 봐야 한다. 즉, 기술의 창출이나 활용에 직결되지 않은 비용 전체를 계산해야 한다. 대기오염을 비롯해, 무질서 전반에서 비롯되는 공해가 바로 계산해야 할 값에 포함된다. 성장은 부대비용을 포함한다. 그리고 사람들이 그 값을 포함시켜 계산하든지 말든지, 이 부대비용은 종래의 계산 값을 바꾼다.[14]

---

14) 탁월한 관점으로 관련 문제를 제기하고 중요한 참고문헌을 제시한 데쉬의 논문을 참고하라. G. Dessus, « Les Coûts et Rendements sociaux », dans Analyse et Prévision, 1966. 또한 이 주제와 관련해 프랑수아 파르탕은 독창적인 사상을 펼쳤다. F. Partant, Que la crise s'aggrave, Solin, 1978. 파르탕은 다음과 같이 말한다. "사람들은 기술 진보가 환상에 지나지 않는 결과물을 낳지만, 사회 진보에 꼭 필요한 것이라 말한다. 왜냐하면 사회 진보에는 '지불 비용이 필요'하기 때문이다. 내용을 좀 더 풍성하게 다뤄보자. 사회 진보를 규정하는 유일한 기준은 풍요 체제 밖에 없다. 부유해야 진보한다. 결국 경제 진보의 과정에 직간접적으로 기여하는 경우에만 채택될 수 있다. 노동을 통해 창출된

산업 발전으로 얻을 수 있는 이익을 위해 농지를 파괴했다. 테네시 주의 협곡이 대표 사례이다. 상대적으로 덜 알려졌지만, 라크 지방의 개발로 인해 쥐랑송 지역의 포도밭 길 역시 파괴되었다.

성장에 따른 부대비용 지불 문제에서 파악해야 할 두 번째 측면은 '상호대체' 현상이다. 우리는 "사라진" 생산품을 고려하지 않는다. 섬유 소비 증가를 평가하는 경우, 평가자들은 현재 사용 중인 섬유들만 통계에 포함시킨다. 다시 말해, 양모, 목화, 인조 섬유^{아마포, 대마포}의 사용은 사라졌다. 그러나 이러한 직물의 사용은 우리의 상식과 달리, 평가 항목으로 고려되어야 할 부분이다. 더욱이 현재 사용되지 않는 이 직물들은 지속적으로 옷감의 재료를 제공해 왔다. 소비 성장을 부정한다는 말이 아니다. 그러나 소비 성장은 우리의 생각만큼 그렇게 중요치 않다. 달리 말해, 우리는 생산물의 생산이 사라졌다는 부분에 강세를 찍어야 한다. 예컨대, 농업은 고도의 기계화와 기술화로 전환했다. 이러한 농업 환경에서, 식품의 열량을 생산하려면, 그만큼 연료의 열량을 소비해야 한다는 사실을 독자들도 알지 않는가? 확실히, 멍에와 굴레를 쓰고 밭을 갈았던 소와 말의 소비가 더 적었다. 이처럼, 사라진 산물의 가치에 대한 평가 작업은 필요하다.

그러나 기술 진보를 위한 비용 지불이라는 이 대체 놀음에, 우리는 제3세계도 고려해야 한다. 제3세계에서 생산되는 수많은 산물^{광석, 설탕, 면화, 목재}은 완전히 사라질 수도 있다. 인공 재료 생산이 발전한다면, 이 국가들 중 일부는 파국을 맞을 수도 있다. 1963년부터 제3세계 국가들은 국제연합에 숱한 요구 사항들을 제출했다. 그 목적은 이른바 "발전된" 국가들의 인공 재료 생산 경쟁 체제에 제동을 걸기 위해서였다. 그러나 해당 분야의 기

가치를 공제해 자금으로 조달된 자산이 생산 활동의 자원보다 훨씬 적다[역주: 노동자의 생생한 노동에 비해 노동자의 급여가 더 적다는 의미]. 그렇게 '이익이 발생한다.' 그러나 풍요의 방식은 사회 내부에 멈추지 않고 '새로운 문제들'을 야기한다. 국제 차원에서 보면, 더 비극적이다. 이러한 조건에서, 사회 진보는 풍요에서 비롯된 '부정적인 결과들'과 싸우기 위한 노력일 뿐이다." 파르탕의 이 주장은 우리가 기술 진보라 부르는 부분에도 정확히 적용 가능하다!

술 진보를 멈추는 일은 거의 불가능에 가깝다! 관련 사례를 몇 가지를 검토해 보자. 아닐린의 발견은 인도의 기본 자산인 '인디고' 재배를 간단히 없앴다. 대기 중의 질소를 고정시키는 기술의 개발로 인해, 칠레의 질산염 수익은 곤두박질쳤다. 합성 고무는 고무나무 생산량을 감소시켰고, 새로운 화학 물질들의 제조로 랑드 지방은 종래의 송진 수확을 중단했다. 합성 섬유를 제조하는 네덜란드의 회사 하나가 인도네시아의 사이잘 삼의 주 재배지 전체를 대체했다. 우리는 제3세계에 미친 기술화의 결과들을 뒤에서 다시 다룰 것이다. 그러나 이 대목에서 다음 사실을 강조해야 한다. 우리의 기술 진보는 제3세계 민중들에게 거의 매번 부정적인 결과들을 야기했다. 사하라 지역에 도로를 건설하고 교통수단을 배치한 일로 낙타상단을 통해 사막의 대형 운반자 역할을 해 왔던 투아레그족의 주요 재원이 사라졌다. 바다표범 사냥에도 점점 효율적인 기술을 갖춘 전문가가 등장했다. 그 결과 일부 덴마크령 그린란드의 에스키모인은 자기 사회의 근간을 이루는 물적 요소를 빼앗겼다.[15] 그러나 동시에, 보건의료 체계 덕에 에스키모 부족 인구는 증가했다. 따라서 덴마크 정부는 이들에게 서구의 생산품을 무상으로 수송, 분배하고, 식량 조달과 주택 공급 정책을 펴는 등, 고비용 지출을 감당해야 했다. 왜냐하면 무역 화폐가 더 이상 없기 때문이다! 과거에 자급자족 경제와 완벽한 균형 체제를 이뤄 살았던 사람들의 부양비는 바다표범 사냥꾼들이 조달해야 한다. 사냥으로 쓸어 담은 이들의 자산은 에스키모 부족에게 갚아야 할 채무나 다름없다. 따라서 이들의 조달 비용으로 책정해야 한다! 그린란드 에스키모 부족의 이러한 상황은 우리의 상황과는 다소 거리가 멀다! 이제, 제3세계 민중들이 처한 상황에서 서구 국가들의 농민들이 처한 상황으로 자리를 옮겨보자! 나는 이농離農 문제를 재론하지 않을 것이다.[16] 만일 기술

15) R. Gessain, *Ammassalik*, Flammarion, 1969.

16) M. Le Lannou, *Le Déménagement du territoire*, Seuil, 1967; B. Charbonneau, *Le Jardin de Babylon*, Gallimard, 1969; J. Piel, *Les Paysans et le Paysage*, 1966; Knies et Herfin Dhac, *Quality of Environment*, 1966.

진보가 농민들의 이농을 요구하고, 여가 활동을 창출하며, 대형 설비극단적인
경우, "무無농토" 생산를 수반해 농업 생산을 증진시킨다고 말한다면, 다음과 같은
결과가 발생할 것이다.

(1) 노동자들이 도시에 대량 유입될 것이며, 결국 실업이 증가할 것이다.

(2) 기계화와 화학제품 사용으로 인해, 농산물의 생산이 현저히 증가할
것이다. 그러나 시설물의 감가상각비도 만회하면서 수익도 창출할 수 있을
판매가격 설정은 불가능할 것이다.

(3) 농업 자본가의 재산 집중 현상이 발생할 것이고, 이는 농촌 사회를 파
괴할 것이다.

사람들은 "자연"의 또 다른 사용법을 발견했다. 자연은 도시인을 위한 휴
양지가 되었다. 그러나 똑똑한 지리학자, 농학자, 사회학자들은 특별한 풍
광을 조성하기 위한 '농촌 없는 농촌' 계획은 시답잖은 억지가 되든지, 공
공 정원 형태의 장식품이 될 것이라고 단언한다. 여하튼 자연은 고압선이나
리프트와 같은 산업체에게 전혀 "보호 받지 못한다." 실제로 자연을 가꿔
도시인들에게 매력적인 경치를 창출할 수 있는 농민은 어느 정도 인구의 밀
집이 이뤄진 지역과 이 분야에 관심 있는 곳에 거주하는 농민 밖에 없다.

농민의 해체는 재난과 파괴의 결과물이다. 과잉 생산이 낳은 제품 낭비
와 저질 소비재, '소비 목적의 농업'에서 '산업 목적의 농업'으로의 이동은
경제적 재난을 낳았고, 자연은 철저히 파괴되어 인간과의 관계 회복이 불
가능한 곳이 되었다. 이러한 재난과 파괴가 농민의 해체로 이어졌다. 옛 사
람들은 전혀 몰랐던 대형 산불에 대해, 현대인은 "소규모 목초지"를 그 진
원지로 지목한다. 이러한 목초지는 울창한 숲이 유지되었을 당시에는 존재
하지 않았다. 산불 예방에 필요한 몇 종류의 초목을 새로 심고, 초지 관리에
정성을 기울여도, 불도저가 정기적으로 오가는 현 상황을 대체할 수 없을

것이다.

이러한 부정적인 결과들과 함께 농민들이 해체되었다. 그로 인해, 노동자 전체가 지불해야 할 비용이 발생했다. 오래된 연구이지만 "여전히 현실적"인 조르주 프리드만의 연구[17]는 다음 내용을 보여준다. 공장의 자동화, 정보화는 과거 방식의 활동을 제거했고, 노동자들의 행동과 습관도 바꿨으며, 노동계에서 기본으로 유지해 왔던 가치들이나 재화도 파괴했다. 새로운 공장은 인성, 본능, 지각, 시각, 시간 감각, 본능 행동, 지각을 통한 해석법의 변형 등을 낳았다. 피로나 예측 개념 자체의 의미와 형식도 바뀌었다. 다변화하는 노동 분야에서, 우리는 지불 비용 사례의 전형을 본다. 바로 '현대 기술이 인간의 노력을 상당히 절감한다' 는 문구다. 마치 '찬란하고 영화로운 기술' 처럼 화려한 수식어로 치장된 이 문구는 착취 노동, 기력 소진 노동, 피로의 임계값을 초과하는 노동의 조건이라면, 분명 타당하다. 이러한 노동 조건에서 기술은 유익하다. 그러나 육체적 노력에서 비롯되는 모든 경제가 우리에게 실익인가? 반대의 경우를 입증할 수 있는 사례도 있다. 바로 스포츠에서의 근육 사용이다. 기술 발전으로 인한 노동에서 더 이상 근육을 쓰는 노력을 하지 않아도 된다고 찬양하는 사람들은 운동에서 사용되는 근육이 경제적 실익과 무관하다는 사실을 모르는가? 기술이 육체 노력을 절감하기 때문에 경제 실익으로 이어진다는 내용은 이러한 논리로 대체 가능하다. 그렇게 중요한 논쟁거리는 아니지만 말이다.[18] 중요한 것은 다음과 같다. 육체적 노력에서 나온 이 경제는 신체 생리적, 심리적, 심지어 사회학적 불편함 일체에 대한 값을 치러야 한다. 물론, 이러한 불편함이 1880년대 탄광에서 일하던 광부의 체력 고갈보다 더 심각하지는 않을 것이다. 그러나 이 문제는 다른 유형에 속하는 문제다. 새로운 공장들에서 볼 수

17) G. Friedmann, *Sept Études sur l'homme et la technique*, Denoël, 1966.
18) [역주] 이 부분에 대한 엘륄의 글은 논의의 맥락을 고려할 때, 풀어서 진술할 필요가 있다. 역자는 그 점을 감안해, 압축적으로 기술된 원문을 세부적으로 풀어서 진술했음을 밝힌다.

있듯이, 핵심 문제는 극도의 긴장감에서 오는 신경 쇠약이다. 인간은 더 빠르게 반응하고, 계속 주의해야 하고, 언제나 새로운 상황과 도전에 대한 적응력을 요구하는 세계에 산다. 육체적 휴식의 보장 값이 바로 신경 쇠약이다.[19]

우리가 주목해 볼 만한 두 가지 사실이 있다. 프랑스 민주노총연맹이 1980년에 수행한 연구는 오늘날 노동자들이 공통으로 겪는 기본 문제를 '불면증'이라 밝혔다. 최근의 역학 조사는 "관리직 질병"을 제시했다. 다시 말해, 10여 년 전부터 심근 경색과 신경계 장애가 노동자들의 주요 질병이 되었다. 그러나 이러한 신경 쇠약이 단순히 노동 변환에서 기인하지 않고, 오늘날 일반적인 생활 방식에서 기인한다는 점을 지적해야 한다. 즉, 점점 더 빠른 속도로 모든 일을 처리해야 하고, 활동 속도는 빨라졌다.패스트푸드! 또한 표면적인 인간관계가 늘고, 빡빡한 일정에 대한 긴장감이 생활 면면을 지배한다. 모든 것이 분 단위로 쪼개진 세계에서의 삶은 소모와 고갈로 점철된다. 일하는 도중 긴장을 풀고 이완된 상태를 누리기란 불가능하다. 이러한 신경 쇠약의 이유들 가운데 마지막 사례로, 인공조명으로 인해 주야 활동이 모두 가능해졌고, 현대인의 삶, 계절에 따른 생체 리듬에 역주행하는 생활이 등장했다. 가장 본질적인 생활 리듬 가운데 하나가 파괴된 셈이다.[20]

뒤따른 결과는 '필연적 고갈'이다. 그러나 우리가 신경 쇠약의 원인들을 종합적으로 지적할 때, 신경 쇠약이 현 시대의 비극적 현실들 가운데 하나

---

19) 현재 분명히 드러난 부분이 있다. 신경 쇠약은 조기 노화를 유발한다. 비에네(Viennay) 박사는 정밀 연구를 바탕으로 다음과 같은 내용을 전달한다. 벌목 노동자의 육체 피로도 한계선은 65세이다. 그러나 광산 노동자는 45세에 육체적 "노화"가 온다. 산맥에서 일하는 노동자는 40세, 공장 노동자로 일하는 여성은 30세이다. 비에네는 자동화 공장들 가운데 일부는 2년마다 노동자들을 갱신해야 한다고 주장했다.(*Colloque européen sur l'automatisation*, Grenoble, 1977) 드 주브넬도 조직화, 기술화를 거친 노동과 여가로 대체되지 않는 "자유로운" 노동이 어느 지점에서 대립하는지를 확실히 보인다.(*Arcadie*) "노동 이후의 '자유로운' 사람은 자기 일을 즐기는 사람과 결코 동일한 상황에 있지 않다."

20) 생물학적 리듬에 관하여 다음 각주(각주 22)를 참고하라.

로 알려졌다는 가설이 요체는 아닐 것이다. 현재 우리는 기술 진보와 관련된 위협과 마주해, 이 위협에 대한 해법을 예측하기 쉽지 않은 상황에 처했다. 해법 예측이 쉽지 않은 이유는 기술 진보를 바탕으로 조직된 사회 구조 전체를 문제 삼아야 하기 때문이다. 이에 대해 우리가 찾을 수 있는 치료법은 임시방편일 뿐이다. 예컨대, 진정제는 같은 방식의 삶을 지속하면서 신경계의 긴장을 억제한다. 달리 말해, 불균형 상태를 높일 뿐, 장기적으로는 더 심각한 위기를 낳을 뿐이다. 따라서 지금 우리는 아랫돌 빼서 윗돌 괴고 윗돌 빼서 아랫돌 괴는 방식, 즉 한 가지 단점을 다른 단점으로 메우는 임시변통법과 마주한 상황에 불과하다. 이러한 신경 쇠약의 원인은 "교대" 근무와 3교대 체제의 조직으로 가중된 야간 활동 때문이기도 하다. 3교대 체제에서 근무하는 사람들은 한 달에 삼분의 일을 공장이나 사무실에서 일해야 한다. 기계는 멈추지 않는다. 최대 수익을 달성하기 위해 기계는 계속 작동해야 한다. 따라서 인간은 기계처럼 일하도록 조직되어야 한다.[21]

계절에 따른 신체 리듬의 변화가 끊어지는 문제는 익히 알려진 문제다. 생체 기관은 봄과 여름에 가장 활력이 넘치고, 가을과 겨울에는 활동력을 잃는다. 물론 겨울잠 수준까지 가지는 않지만, 이 시기에 신체 기관의 힘은 상대적으로 떨어지고, 저항력도 약해지며, 훨씬 취약하다. 사람들은 시골에서 자연적인 생체 리듬에 정확히 맞는 삶을 살 수 있었다. 즉, 겨울에 거의 일하지 않는다 그러나 기계가 조건을 조성한 우리의 생활 체계 휴가를 허용하고, 최근 들어 휴가 떠날 것을 요구하기도 하는는 이 생체 리듬을 전복한다. 다시 말해, 사람들은 가장 "아름다운 계절"에 휴가를 떠나고 휴식을 취한다. 그리고 겨울에 축적된 노동량이 가장 많다. 이것은 생활 리듬을 방해한다. 주의력과 같은 기능들은 더 이상 예전과 같은 수준으로 작동하지 않는다.[22]

---

21) 더군다나 이것은 테일러 방식과 더불어 점점 더 의문시 되어야 할 부분이 되었다. 다음 자료를 참고하라. B. Coriat, *L'Atelier et le Chronomètre*, C. Bourgois, 1979. 이 책은 노동의 과학적 조직에서 오는 위기를 보여준다.
22) 생물학적 리듬의 중요성에 관한 연구들이 점차 늘어나는 추세이다. 신체 기관 자체

위 내용을 통해, 우리는 보다 포괄적인 부분을 관찰할 수 있다. 나는 지불해야 할 비용 문제와 관련해, 이 관찰은 본질적인 것이라 생각한다. 현대인의 "기대 수명"은 전통 사회에서 살았던 사람들보다 훨씬 늘었다. 잘 알려진 내용이며, 많은 사람들이 기대 수명의 증가를 환영한다. 전문가들이 작성한 훌륭한 도표에 따르면, 과거에서 현 시대까지 인간의 평균 수명은 대략 30세였고,[23] 오늘날은 약 70세에 도달했다. 이 얼마나 괄목할 만한 진보인가! 그러나 이러한 수명 증가는 두 배의 값을 치른다. 먼저, 인구 통계학상의 문제를 살펴보자. 일단 사회가 부양하고 돌봐야 할 노령 인구가 늘 것이다. 그리고 광란의 경주가 시작될 것이다. 노인 인구의 증가를 보충하려면, 더 많은 아동 인구가 필요하다. 피라미드 꼭대기에 인구가 몰리면 안 되기 때문이다! 그러나 내 시각에 이러한 주장은 예측 불가능한 망상일 뿐이다! 왜냐하면 아동 인구의 두 배, 세 배 증가 요구는 20년 후 노령층 부양에 필요한 생산을 담당한 노동자의 숫자를 두 배 이상으로 늘리겠다는 말과 같기 때문이다. 그러나 60년 후, 노인 인구는 두 배나 세 배에 달할 것이다… 계속 추진해야 할 일인가? 이는 50년 동안 한 나라의 인구가 약 열 배가량 증가한다는 뜻이다! 정말로 터무니없는 발상이다.

다른 문제는 생리학 차원에서 발생한다. 사람들은 "보통 같으면" 태생 초기에 죽을 수도 있을 아이들을 산 채로 보존한다. 이 아이들은 평생토록 극히 허약한 몸으로 살거나 큰 장애를 안고 살 확률이 높다.[24] 더욱이, 모든 생리학적, 의학적 연구들은 다음 내용을 보여준다. 오늘날 인간의 수명은 연장되었으나, 인간의 삶은 더 위태롭고 불안정해졌다. 인간의 건강 역시

는 일상 리듬을 따른다. 인위적으로 이 리듬과 단절할 수 없다. 약물은 사용 시간에 따라 동일 효과를 내지 못한다! (*La Recherche*, n° 132, 1982) 이와 관련된 전반적 내용에 대해 다음 자료를 참고하라. A. Reinberg, *L'Homme malade du temps*, Stock, 1979.

23) 물론 나는 16세기나 17세기의 기대 수명에 대한 이 계산에 매우 회의적이다. 실제로 "과학자들"의 통상적 수치들로 파악할 수 있는 부분이 아니다.

24) 오늘날 미국은 출생 당시 사망과 다름없는 상태로 태어난 장애아가 1,500만 명에 달한다.

더 허약해졌다. 인간은 더 이상 통증, 피로, 결핍에 같은 방식으로 저항할 수 없다.1940년부터 통증에 관한 연구한 르네 로리슈 교수가 이를 보여줬다 인간은 더 이상 먹을 것 부족, 온도 변화 등에 동일한 인내심을 발휘하지 못한다. 인간은 내외의 공격에 대해 자발적으로 저항하지 않는다. 인간은 감염에 더 민감해졌다.cf. 폴 카르통 박사의 연구 현대인의 감각, 시각, 청각 능력은 현저히 떨어졌다. 신경계의 관점에서 볼 때, 인간은 더욱 더 취약해졌다.불면증, 걱정, "도시병" 인간은 더 많은 곳에 주의해야 하며, 여러 가지 일들로 인해 구금된 상태에 처한다. 우리는 더 많은 삶의 기회를 갖고, 더 오래 산다. 그러나 더 제한된 삶을 살며, 동일한 생명력을 갖지 못한다. 우리는 새로운 결함들을 창출하는 인위적 과정으로 인해, 새로운 결함들을 지속적으로 메워가며 살아야 한다.

마지막으로, 기술 진보의 값으로 우리가 지불해야 할 비용을 최종 사례로 제시하겠다. 기술이 핵심 문제로 부상하면서 우리가 들었던 '자유의 승전가' 와 대립하는 '사회 기능에 대한 강압' 이 그 사례다. 이 점에 대해 마스네M. Massenet는 중요한 논증을 제시했다. "사회가 목표 단계에서 명백한 자유로 확보했던 것을 이제 우리는 제약 조건의 값으로 지불해야 한다. 사회가 집단 자발성을 표방할수록, 사회 내부의 개별성은 위축될 것이다. 사회가 개별성 추구라는 목표들을 단호하게 제어할수록, 그 과정들에 대한 통제는 줄어들 것이다."25) 실제로, 기술 진보는 집단적 경제 기획, 조직화체계화를 요구한다. 그러나 기술 과정 자체와 기술 수단들은 선택지를 제한한다.26) 그리고 그러한 선택은 '지구촌' 사회의 단계에서 이뤄진다. 기술의 이러한

---

25) « Du changement technique à l'éclatement social », *Analyse et Préision*, XI, 1971. 우리는 코르넬리우스 카스토리아디스의 탁월한 공식도 채택한다. "오늘날 과학기술의 본질적인 것에 대한 무능력이 존재한다." Cornelius Castoriadis, « Voie sans issue ? », in A. Jacquard, *Les scientifiques parlent*, Hachette, 1987.

26) [역주] 엘륄의 기술 삼부작 첫 번째 책인 『기술. 시대의 쟁점』(1954)에 따르면, 기술은 자기 규칙들에 준하는 것만 수용할 뿐, 다른 규칙들에 따른 활용을 용납하지 않는다. 기술은 하나의 전체 집합(un ensemble)이며, 모든 것을 '기술적인 것'과 '비기술적인 것'으로 가른다. Jacques Ellul, *La Technique ou l'enjeu du siècle*, Paris, Economica, 2008[1954], p. 87~92.

목표점 고정과 관련해, 대중은 '지구촌' 사회라는 목표를 '의식'과 '자유'를 갖춘 목표로 이해한다. '지구촌' 사회는 기술의 과정과 선택지 제한의 배경이 되었다. 그리고 의식의 착각과 자유의 환상을 사회에 전달하는 수단들이 이 '지구촌' 사회를 규정한다. 자유라는 '외양'과 자유의 '구속'을 "동시에" 생산하되 서로 "다른 단계에" 배치한다. 규정의 작동 기제는 이런 방식으로 확장된다.

사회 통제력의 증가를 보여주는 또 다른 사례가 있다. 기술이 야기하는 심각한 문제들 중 하나로, 인구 과잉의 문제가 있다. 우리는 뒤에서 이 문제를 다시 다룰 것이다. 인구 증가를 통제하는 방법은 무엇인가? 골드스미스 Goldsmith는 학술지 『미래에서 살아남기』 Survivre au futur에서 "지불 비용支拂費用", 즉 "치러야 할 값"이라는 용어를 사용해 문제를 다음과 같이 분석했다. '인구 증가를 통제하려면, 개인의 자유를 상당부분 제거해야 한다… 현재 상황에서 출발해 오랜 후에 나타날 결과들을 예측해 보면, 당장 지불해야 값은 헐값이나 마찬가지다.…' 알겠다. 그렇다면, 개인의 자유를 어디까지 억제해야 하는가? 개인들에 대한 통제를 가능케 하는 수단은 기술이다. 기술은 총체적 통제를 구현한다. 사생활 감시, 산아 제한, 사회 행동에 대한 총괄 규제를 실현한다. 결국 그것은 인간의 모든 품행과 활동을 규제할 것이다. 물론, 인류의 구원을 위해 개인을 희생시켜야 할 수도 있다. 그러나 '모든' 개인을 희생양 삼아야 하는가? 인류의 '특성'을 이루는 부분을 희생해야만 하는가? 아프리카와 오스트레일리아 원주민어보리진에게도 이러한 희생 방식이 존재한다고 말하며, 총체적 통제를 정당화하려는 골드스미스의 주장은 전혀 위로가 되지 않는다. 여하튼, 나는 두 가지 유형의 사회 통제에 존재하는 일체의 차이를 제거하면서, 논의를 계속 진행하겠다. 과연 개인을 사회의 통제에서 구출하는 것만이 인류 진보의 유일한 대책인가?

지불 비용이 눈덩이처럼 불어날 수도 있다. 이 문제는 언제나 비극이다.

1975년 브라질의 재무장관M. D. 네투의 선언을 생각해 보자. 장관은 브라질의 경제 부흥, 기술 성장은 오직 권위주의 체제를 통해서만 실행 가능하다고 말한다. 전문 기술관료들만이 '산업국 브라질' 호의 닻을 올릴 것이다. 경제의 확장이 모든 사회 문제의 해답이다. 이에, 치러야 할 값은 다음과 같다. 절대주의 체제이 체제가 보인 "실책들"을 포함의 모순, 즉 경찰국가, 투옥, 고문처럼, 스탈린이 범했던 모순과 동일한 모순을 범했다. 기술의 고속 성장은 이런 식으로 또 다른 값을 치러야 한다.[27]

기술 진보의 양면성을 다룬 첫 논제의 결론을 내릴 시간이다. 기술은 분명 탁월한 가치들을 창출했다. 그러나 기술은 중요성에 관해 가타부타 논할 수 없는 다른 영역들까지도 파괴한다. 우리의 결론은 '진정한 진보'가 아니다. 즉, 보상해야 할 빚을 청산한 상태의 진보, 때 묻지 않은 진보가 아니다. 그렇다고, 진정한 진보를 부정할 수도 없다. 하물며, 진정한 진보의 정도를 수량화 할 수도 없다! 물론, 너무 엄격한 잣대로 내 주장을 이해할 필요는 없다. 나는 기술 진보가 가치A에 대한 가치B의 '일대일' 대응 가격의 가능성을 확보한다고 말하지 않겠다![28] 또한 창조가 존재하는 만큼 파괴가 존재한다고 말하지도 않겠다. 기술의 진보로, 물질 영역은 확실히 성장했다. 오늘날의 의미로 말하면, 기술 진보는 물질 영역의 진보를 일궜다! 에너지는 더 풍족해졌고, 소비도 두드러졌으며, "문화"가 출현했다! 나는 이 모든 것마다 각각의 적정가가 있다고 주장하지 않을 것이다. 더욱이 그 값을 추산하기도 어렵다 그러나 '소비 단계'에서의 기술 진보 문제는 오늘날 기술 진보와 관련해 거론되는 다른 문제들보다 덜 부각된 측면이 있다는 점은 분명하다.[29]

27) [역주] 엘륄의 이러한 진단은 산업 사회를 거친 대부분의 국가들에서 겪었던 일이며, 한국도 예외가 아니다. 국가라는 집단의 성장 우위에 희생된 개인의 인권을 생각해 보라. 또한 이것은 단순히 산업 사회의 발전 과정에만 존재하는 특수 현상이라고 볼 수 없다.

28) [역주] 새로운 가치로 기존 가치의 값을 치르고, 부족분을 상쇄하는 것을 말한다.

29) 젤리베르(J. Gellibert)는 보르도 2대학교에서 작성한 박사학위 논문 『에너지로서의 생태계 총량의 선택, 기술 사회의 신화들과 갈등들의 계시자』(Le Choix de la biomasse comme énergie, Révélateur des mythes et des conflits de la société technicienne, 1986)에서 상대성

첫 번째 특징을 이해하기 어려운 이유는 다양한 요인 때문이다. 우선, 전체적인 상황을 고려해야 한다. 왜냐하면 대부분의 경우, '지불해야 할 값은 구매 가격과 같은 형태가 아니기 때문이다.' 따라서 실제 발생한 보상액을 알려면, 현상 전체를 파악해야 한다. 그러나 결코 그렇게 되지 않는다. 사람들은 오로지 동일 범주의 사건들만 검토할 뿐이다. 이러한 방식은 결코 좋지 않다. 왜냐하면 우리는 기술 진보와 함께 문명의 변화와 마주하기 때문이다. 그러나 문명은 구성 요소들의 단순 병렬 배치로 이뤄지지 않는다. 문명은 요소들의 배치가 아닌 통합으로 이뤄진다. 따라서 '특정한' 기술의 진보가 만든 반응과 반향을 빠짐없이 고찰해야 한다. 결국 해당 현상에 대한 실제적 연구는 매우 섬세한 연구가 될 수밖에 없다. 우리는 모든 진보의 값이 바로 이 총체성의 단계에서 지불되는 값이라는 주장을 지지한다. 즉, 사라진 가치들과 비교해 실제 나타난 가치의 값을 매기기란 현실적으로 어렵다. 그 가치들의 성격이 동일하지 않으며, 거기에 공통 잣대를 들이댈 수 없기 때문이다. 우리는 해당 영역에서 정확한 측정이 가능하다는 덫과 반드시 측정해야 한다는 덫, 이 두 가지 덫에 걸리지 말아야 한다.

마지막으로, 이 특성을 이해하기 어려운 이유는 바로 "보상"이 그 속내를 드러내지 않기 때문이다. 즉, 그것은 언제나 총량과 총론을 거론해야만 중요하다고 여겨지는 현상들의 문제일 뿐이다. 폭발이나 비극처럼, 세밀하고 현실적인 측면을 거의 소개하지 않는다. 오히려 뭣도 모르고 같은 방향으로 질주하면서 특정한 내용물만 누적해, 결국 인간의 삶에 부정적인 양식

에 대한 논증을 시도했다. 내 시각에, 매우 유의미한 논증이다. 그는 브로델(Braudel) 의 연구를 토대로, 다음 내용을 증명했다. 16세기에 있었던 물레방아 60만 개를 2마력에서 5마력으로 계산하고, 풍차 2만 개를 5마력에서 10마력으로 계산하면, 이 힘은 1,000~2,500MW에 해당할 것이다. 다시 말해, 한 기 혹은 두 기의 원자력 발전소에서 생산된 에너지와 등가이다. 동일한 에너지가 화력 발전소에서 생산될 경우, 85,000~170,000톤의 석유에 해당한다. 이 경우, 열 형태로 손실된 에너지를 덧붙이고 "손실전력"(pertes en ligne)을 감안하면, 물레방아와 풍차를 모두 합친 에너지와 동일한 에너지를 생산하는 데 25,000~50,000톤의 석유가 필요하다.… 이것이 기술 진보의 상대성이다!

을 준다.

2. 기술 진보는 매 단계마다 스스로 해결하지 못하는 광범위한 문제들을 야기한다.

원자력 잠수함의 "아버지"라 불린 해군 제독 하이먼 리코버는 1965년 10월에 "기술 괴물"에 관한 충격적인 선언을 한다. 그는 자기 경험담을 나눴고, 절대 다수의 지식인과 고급 기술자들의 원성을 살 법한 우려를 가감 없이 드러냈다. 리코버의 이 선언은 낭만주의적인 반기술주의의 입장과 전혀 상관없다. 제독은 두 가지 면을 강조했다. 첫째, 통제 불가능한 기술의 성장으로 인해 등장한 폐해들은 사실상 복구 불가능하다. 둘째, 기술의 복합성 때문에, 기술이 부른 문제들도 걷잡을 수 없을 정도로 규모가 커졌다.

비슷한 시기에 드 주브넬도 비슷한 시각을 내 놓았다._{Arcadie} 그는 해결된 문제들과 제기된 문제들의 복합성에 존재하는 연결 부위를 정밀하게 논증했다.드 주브넬은 속도 증가, 교통 체증, 공해에 관한 문제들 때문에 이 논증 작업을 수행했다 또한 비네르와 칸 역시 유사한 시각을 선보였다. L'an 2000과 « Pouvoirs forestiers et choix humains », in Analyse et Prévision, 1969 이것은 본질적으로 위험한 기술들예컨대, 환경 파괴를 부르는 기술들과 개별적 선택이나 위험한 선택으로 인해 문제들을 야기하는 기술들을 구분하는 데 유용하다. 그러나 명심해야 할 부분이 있다. 인간의 선택은 점점 '혼잡스러운' 용어들과 선택 사항들로 나타난 수백 수천의 자료들을 감당해야 한다. 드 주브넬을 위시한 이 학자들이 내린 결론은 다음과 같다. "기술은 핵 확산 가속화, 개인 정보 침해, 특정 개인에게 과도하게 집중되는 권력, 원만한 동화 작업을 위한 포괄적 혹은 급격한 변화, 자연을 위험 지경에 빠뜨릴 수 있는 가능성과 같은 여러 가지 문제를 부른다. 더군다나 모든 변화의 속도가 기하급수적으로 증가한다. 이에 내적 긴장감이 고조되며, 아무리 탁월한 솜씨를 가졌어도 이 속도를 따라잡기 어렵다."

포괄적 설명을 위해, 기술 옹호자인 엘고지Elgozy는 1970년에 다음과 같이 썼다. "정보처리기술은 그것이 해결하는 것보다 더 많은 문제를 일으키는가? 무수한 난관 앞에서, 컴퓨터보다 덜 건방진 정보처리 체계로 대체할수 있을 절호의 기회 아닌가?" 그러나 이러한 퇴행은 있을 수 없다. 사람들은 수단들을 우선시하는 기술의 규칙에 계속 복종한다. 즉, 사람들은 문제들의 증가를 받아들인다.[30] 상황을 제대로 파악하려면, 우리가 구체화하려는 지점에서 출발해야 한다. 다시 말해, 각각의 기술이 문제들과 난관들의해결책이라는 것을 출발점 삼아야 한다. 사람들은 매순간 문제나 위험을'보았고', 그것에 답할 수 있는 해결책을 '정했다.' 우리는 이를 '잠재적'해결책이라 부를 것이다. 다시 말해, 우리 세계의 모든 난관은 기술 수단들인력과 자본로 집중 대응한다면, 우리의 결정 '대로' 제거할 수 있을 것이다.[31]더욱이 기술 진보는 다양한 문제점 해결을 '지향' 한다. 더 명확히 말해, '특수' 하고 제한적인 위험이나 난관에 직면해, 우리는 적합한 기술적 대답을마련해야 한다. 이것은 기술의 움직임 자체에서 비롯된 결과다. 그러나 선진국에 그 뿌리를 두고 오늘날 보편화된 의식인 "'모든' 것이 기술 문제로귀결된다"라는 생각에 대한 대답이기도 하다.

따라서 기술의 움직임은 다음과 같다. 사회, 정치, 인간, 경제 문제와 대

---

30) 다른 내용들도 덧붙일 수 있다. 예컨대, "풍요의 양식은 항상 새롭게 발생하는 문제이며, 사회 내부의 문제. 경제와 기술 진보의 각 단계마다 불규칙 상황이 새롭게 출현한다. 사회의 진보는 효율성의 여부와 무관하게, 풍요의 양식이 낳은 부정적 결과들에 맞서 싸우기 위한 노력일 뿐이다. 풍요와 기술 진보에 젖은 두 세기가 지났다. 그러나 우리는 '원시' 사회가 완벽하게 해결했던 문제들 중 하나인 유아, 환자, 노인의 공동체적 지원 문제를 풀기 위한 재원 마련에 동분서주 한다."(F. Partant, *Que la crise s'aggrave, op. cit.*) "보다 효율적이고 새로운 생산 방식의 채택은 때로 직접적으로 추구된 발전과 정반대의 발전에 이른다. 기술 진보는 과잉 착취를 낳으며, 결국 생산 저하로 이어진다. 현대식 어업 전문기술이 부른 대량 어획, 과도한 토지 개발로 인해 벌어진 일부 국가들의 사막화 현상 등을 보라."(O. Giarini—H. Loubergé, *La Civilisation technicienne à la dérive, op. cit.*)
31) 여러 자료들 중, 유독 내 관심을 끌었던 자료 하나를 제시하니, 독자들은 참고하라. D. Hafemeister, "Emerging technologies for verification of arms control treaties", in *Science, Technology and Society*, V, 4, 1985.

면해 모든 것은 기술의 문제가 되었다는 식혹은 기술 문제들의 집합체가 되었다는 식의 분석이 필요하다. 또한 이를 기점으로 기술은 해법 마련에 완전히 부응하는 도구가 된다. 이 지점에서 나는 유가 인상으로 불거진 경제 위기에 대한 해법을 마련했던 일례를 제시하려 한다. 석유 파동과 맞물려 "에너지 위기"에 관한 논쟁이 벌어졌다. 이 논쟁은 핵발전소 건설지난 20년 동안 세계에 3,000기의 원전이 건설되었다!을 출구와 "해법"으로 제시했다. 이것은 두 가지 관점에서 너무 중요하다. 첫째, 이데올로기적 차이와 정치적 차이의 무의미함이 적나라하게 드러났다. 소련과 중국, 미국과 프랑스는 핵연료를 통한 해결책 마련에 골몰했을 뿐이다. 둘째, 순수하게 기술적이라는 이유로 핵을 통한 해법이 강요되었다. 다른 해법들은 중계, 부록에 불과하다. 기술적으로 덜 진보했기 때문이다.

이 논쟁 자체에 특정한 자리를 부여하기는 어렵다. 뒤이어 세 가지 형태의 논쟁이 일었기 때문이다. 첫째, 순수하게 핵을 연구하는 전문기술자들 사이에서 논쟁이 벌어졌다. 이 논쟁의 초점은 '가설로 제기된 위험 요소들을 어떻게 제거할 수 있는가?'에 맞춰져 있었다. 둘째, 핵 전문기술자들과 다른 에너지 자원예컨대, 태양열과 지열 전문가들 사이에도 논쟁이 일었다. 이 논쟁은 목표에너지 소비 증가에 토론하지 않고, 오로지 수단들의 불일치 문제만 다뤘다. 마지막으로, 핵 전문기술자들과 이른바 "몽상가" 집단환경운동가, 인문주의자 등 혹은 대중 여론 간에도 논쟁이 벌어졌다. 이들은 상대의 무식을 탓하거나 근거 없는 공포를 비난했다. 분명 정치인들은 첫 번째 논쟁에 잡혀 옴짝달싹하지 못했으며, 이 문제에 관한 "의회 대토론"도 직접적 효과가 가장 높은 해법의 용인 정도에 도달했을 뿐이다. 우리는 인간의 현상들을 오로지 기술의 측면으로만 파악할 뿐이다. 아니, 우리가 마주하는 현실 문제 대부분의 해결사는 '기술'이라고 말하는 편이 더 정확할 것이다. 이것을 일반 공식으로 간략히 기술해 보겠다. 나는 기술이 야기한 문제들이 기술을 통해 해결된 문제들보다 훨씬 넓고, 어려워졌다^{각 단계마다는}는 점을 세밀하게 그릴 수 있을 사례들을 택할 것이다. 독자들은 놀라운 장면을 보게 될 것이다.

첫 번째 사례는 '프롤레타리아' 다. 18세기 사람들은 자유로운 자본 투자, 기술 발명품 활용, 몇 가지 예외^{예컨대, 완벽한 무기와 빨라진 선박}를 제외하면, 절대적 필요성이 없었음에도 불구하고 마구잡이로 제조된 신상품과 마주했다. 그리고 이것은 산업 형성으로 이어졌다.^{먼저 '직물 산업', 이후 '금속 산업'} 공장 가동을 위해서는 노동력이 필요했다. 도시와 공장을 향한 첫 번째 이농 현상이었다. 농민들이 노동자로 바뀌었다. 이 문제를 완벽하게 논증한 마르크스의 연구에 주목해 보자. 마르크스에 따르면, 노동자들의 프롤레타리아 전환은 이윤 추구에 혈안이 된 자본가들이 벌인 일^{사람들은 보통 이 부분만 주구장창 우려먹는데!}일 뿐 아니라, 기계화와 분업의 결과이기도 하다. 다시 말해, 기술의 두 가지 진보 때문에 벌어진 일이다. 기계화와 분업이라는 기술의 두 가지 진보가 나머지 모든 문제의 밑바탕이라고 해도 과언이 아닐 것이다. 마르크스는 '기술 현상' 과 '프롤레타리아 양산' 의 단단한 관계를 매우 탁월하게 제시했다. 자본가는 생산력을 설정하고, 활용하기 위한 중개자에 불과하다. 이에 대한 증명도 가능한데, 그 이유는 마르크스의 분석이 응용된 곳이 다름 아닌 자본주의 국가 외부 국가들이었기 때문이다. 소련의 기술화 역시 자국 내 프롤레타리아 양산을 불렀다. 소련 프롤레타리아의 불행은 1850년 잉글랜드의 프롤레타리아가 겪었던 불행과 대동소이하다. 더불어 오늘날 우리는 산업화와 기술화 노선에 돌입한 제3세계 국가들에서도 동일한 현상을 목도한다.

기술 사회는 특수한 문제들^{시급하지 않으나 여하튼 중요한 문제들}에 답해야 한다. 또 목적상 물질의 행복을 추구하는 기술 사회는 새로운 문제를 창조하면서 진행되는 사회다. 새로운 문제는 착취, 불행, 박탈이 가중되고 비인간적인 상황에 빠진 계급의 문제다. 이러한 관계의 단절은 불가능하다. 그러한 이유들은 이미 익히 알려져 있고, 경제 구조나 정치 구조에서 독립된 상태다. 기계 적응에 익숙하지 않은 사람들에게 닥친 난관, 필수가 된 노동 집중화, 사회 구조, 생활환경, 급격한 사고 변화, 외부 규율의 채택, 부적합한 소비재 등이 관건이다. 지금 우리도 잘 아는 것처럼, 프롤레타리아의 조건은 단순히 소비 불만족이나 노동 생산물 분배 불의 문제에 그치지 않기 때문이다. 물론 위 문제도 매우 중요한 문제다. 다만, 이러한 문제는 몇 가지 척도와 기준을 갖춘 특정 사회 체제를 통해 완화시킬 수 있다. 그 외의 나머지 문화 들_{그러한 척도와 기준을 갖추지 못한 문화들}은 치솟을 대로 치솟은 욕구들을 충족시키지 못한다. 이러한 재화들의 소비 변화는 프롤레타리아의 조건에 중요한 요소다. 더군다나 기술 선진국들은 "기계와 인간"의 관계가 야기한 불편 요소들을 제거하는 단계에 이르렀다. 그렇다면 제3세계에서 자동화된 기계들의 활력을 통해 선진국과 단절하겠다는 생각은 불가능할 것이다. 단절하려면 하부구조, 즉 '토대'가 있어야 한다. 그러나 지금 제3세계에는 그러한 토대가 없다. 완벽한 시간 절약은 불가능하며, 각 단계들을 단번에 건너뛰기도 불가능하다.

1917년에서 1940년까지 민중들이 혹독한 시련을 겪었던 소비에트의 경험을 통해, 우리는 다음 내용을 생각해 볼 수 있다. 기술화 노선에 신속하게 돌입할수록, 빈곤_{포괄적 빈곤, 마르크스의 의미로 말해 진짜 프롤레타리아의 생성}이 가중된다. 기술화의 급속도가 프롤레타리아의 조건들을 더 가혹하게 만든다. 기계화와 기술은 인간에게 많은 것을 가져다줬고, 인간의 다양한 욕구들에 부응했다. 그러나 19세기 서구 사회가 겪은 대부분의 어려움을 부른 것도 바로 기계화와 기술이라는 것을 부정하기 어렵다. 최근의 경험들로 입증할 수 있듯이, 그리고 마르크스 본인도 그렇게 생각했듯이, 별 다른 방법이 없었다. 나는 '새롭게 발생한 문제가 해결된 문제들보다 더 두드러진다'는 말이 과장이 아니라고 생각한다. 새롭게 발생한 문제는 기술 진보와 직접 연관될 수 있기에 중요한 문제라 할 수 있다.

프롤레타리아의 이러한 미해결 문제는 단지 19세기만의 문제도 아니고, 이주 노동자들만의 문제도 아니다. 나는 가장 탁월한 진보를 이룬 '실리콘 밸리'를 사례로 제시하겠다. 초현대적인 실리콘 밸리는 경이롭기까지 하다. 그러나 1950년, 새로운 기업 집산지의 성공과 성장이 기상천외한 프롤레타리아를 양산했다. 미국에서 가장 낮은 임금을 받은 사람들, 원거리 외곽 지역의 과잉 인구, 초유의 대기 오염, 이혼율과 아동학대의 증가, 빈민가의 인구 과밀 등이 발생했다. 최고 수준에 이른 "첨단 기술high tech"의 산물이다.

기술들의 성장과 더불어 문제들도 성장했다는 법칙을 뒷받침할 두 번째 사례는 자연계의 문제다. 이것은 인간의 생존 공간 문제이기도 하다. 다시 말해, 다층 다양한 측면에서 등장한 "생태계 문제"를 두 번째 사례로 제시한다.[32] 심각한 오염, 공해오염과 혼동하지 말자, 자연 순환계의 단절, 자연에 존재하지 않았던 새로운 화학 물품들의 생산, 정확한 수치 계산이 불가능한 천연자원의 고갈, 인류의 큰 위협이 될 물과 관련된 문제, 인간 환경의 파괴, 경작지 낭비 등 헤아릴 수 없다. 반론들이 더러 있었지만, 오늘날 재론의 여지없는 명백한 사실이다. 그리고 이 모든 것은 기술들의 과도한 성장, 무제한 적용의 결과다.

그러나 사람들은 매번 위험을 총체로 인식하지 않고 파편으로 갈랐다. 예컨대, 수질 오염, 구리 자원 고갈언제 고갈될지 불확실한 상태 등으로 분리한다. 그러나 이것은 분명 전문기술관료들테크노크라트의 오류다. 생태계 문제는 하나의 총체, 전체 집합으로 다뤄야 한다. 생태계에는 '모든' 것이 상호 작용하며, 연루된다. 거기에 환원주의는 없다. 또한 사람들은 제기된 생태계의 문

---

32) 우리는 해당 문제에 대해 훌륭한 종합을 일군 문학 작품 하나를 소개한다. F. Ramade, *Écologie des ressources naturelles*, Masson, 1980. 생태학에 반대하는 서적도 소개한다. Missica et Wolton, *L'Illusion écologique*, Le Seuil, 1979.

제가 19세기와 20세기에 제기된 어떠한 문제들보다, 그리고 기술들이 해결했던 문제들보다 백만 배는 더 크고 복잡한 문제가 되었음을 알았다. 비행기 한 대 날리기보다 지중해 전체를 정화하는 일이 더 어렵다. 그러나 현실의 위험은 사람들이 감추려 하는 것보다 더 심각하다. 1955년에서 1970년까지 생태계 문제의 위험성을 의식했던 시기가 지난 후, 즉 10년 전부터, 사람들은 이 문제에 무관심해졌고, 정부는 가능한 한 그 위험성을 부정하려 사력을 다했다. 그러나 상황을 연구하는 사람들은 '환경 전체의 생태 평형을 회복하기 위해서는 전 지구 차원의 즉각 조치가 필요할 정도로 위태로운 상황' 이라는 사실을 알았다. 왜냐하면 이 문제는 사회-농지-산업 생태학의 문제이기 때문이다.[33]

'기술이 낳은 거대한 문제들' 과 '기술 생산물의 다양하지만 일회적인 이익' 간의 불균형을 그리기 위해, 나는 세 번째 사례를 택하려 한다.자동화의 다양한 효과, 질병의 변화, 도시화, 수송 등의 다른 사례들을 취할 수 있지만 바로 인구 과잉이다. 나는 세계가 1,000억 인구를 부양할 능력이 된다고 보는 소비A. Sauvy와 일부 인구 통계학자들이나 경제학자들의 낙관론을 공유할 생각이 없다. 여하튼, 절대 인구 과잉은 없지만 생존 가능성과 관련해서만 인구 과잉을 이야기할 수 있다는 점을 기억하자. 앞으로 논할 인구 과잉의 잠재적 측면은 있을 수 있지만, 결국 맬서스가 옳았다고 본다. 물론 절대 차원이 아닌, 구체적인 차원에서 그가 옳았다.

특수하게 얽힌 문제의 복합성을 단 세 쪽으로 추리, 추적하는 일은 사실상 불가능에 가깝다. 따라서 나는 세 가지 측면에 대해서만 이야기하려 한다. 첫째, 인구 증가는 기술들의 산물이다. 수명 연장, 과거 같으면 "보통" 사망 상태일 신생아들의 생명 유지, 예방약, 전염병 제거, 위생학 등이 그

---

33) 도무지 헤아리기조차 어려운 현 상황에 대한 일례로 탄산가스 배출 문제가 있다. 다음 자료를 보라. G. Lambert, *Le CO₂ aujourd'hui: les controverses scientifiques* et R. Delmas, « Le gaz carbonique naturel et artificiel », *La Recherche*, n° 114, septembre, 1980.

사례다. 기술 진보가 금세기 초부터 인류의 급격한 증가를 이끌었다. 그러나 이러한 성장이 야기한 난점들도 있다. 소위 "좋은" 기술들, 긍정적인 기술들이 만든 난점들이다. 본 논의의 초점은 각종 난제를 만드는 부정적, 공격적 기술이 아닌, 인간에게 봉사하고 인간을 보호할 목적으로 사용되는 기술들이다. 바로 봉사와 보호를 위한 기술이 우리를 곤경으로 내 몬다. 이는 선한 기술과 "악한" 기술을 명확히 가르는 일의 불가능성을 여실히 보여준다.

따라서 이러한 인구 통계의 절대 성장과 대면한다면,[34] 생존의 문제가 제기될 것이다. 그리고 이 대목에서 우리는 재차 숙련자와 전문가의 갈등을 보게 된다. 전자에게는 활용 가능한 경작지가 여전히 존재한다. _{경작된 토지보다 잠재적 활용이 가능한 토지가 두 배 이상일 것이다} 반면, 후자에게는 활용 가능한 토지의 경작은 미친 짓이다. 아무리 뜯어보아도, 재난을 초래할 '집단 벌목'이 포함될 것이기 때문이다. 덧붙여 다음 내용에도 주목해야 한다. 앞으로 35년 후 경작지가 두 배에 달한다면, 모든 전망이 그렇듯 세계 인구도 두 배가 될 것이다. 따라서 절대 수치상, 영양실조에 걸리는 사람도 현재보다 두 배 더 늘어날 것이다. 숙련자들은 바다에 식량 자원들_{해초. 플랑크톤}이 무한하다고 말한다. 그러나 전문가들은 해양 방사능 비율이 급속도로 증가 중이라고 말한

---

34) 이것은 지속 성장 중인 제3세계의 상황과 정체나 후퇴 일로에 선 "선진국"의 상황 간에 존재하는 불균형과 맞물려 더 악화된다. 서구인들은 언제나 '우리 수명은 연장되었고, 그것은 삶의 질과 기술로 일군 명백한 승리 중 하나'라는 생각에 갇혀 산다. 그러나 그 생각도 더 이상 정확하지 않다! 산업국과 서구 전체 사망률의 점진적 감소는 다음과 같은 상황에 이르렀다. 지난 20년 동안 인구 통계학자들은 인구 정체 현상을 목도했다. 심지어 동유럽은 인구 감소 현상을 보이기까지 했다. 그러나 현재 평균 수명이 줄어드는 상황이다. 다른 집단과 비교해 높아진 남성 사망률, 사회문화 활동에 개입된 유해 요소들(술, 약물, 사고), 인구 전반에 걸친 노화, 위생 체계의 전반적 악화(정반대로 보일 수도 있으나!)에 따른 현상이다. 인구 통계학의 지식은 매우 빈약한 상태이며, 건강 개선은 점차 불안정한 사회문화의 요소들에 의존한다. 거드름 좀 그만 피우자! (cf. J.−C. Chesnais, « La durée de la vie dans les pays industrialisés », in *La Recherche*, n° 147, septembre 1983) 리처드 르원틴(R. Lewontin)은 두 가지의 필수 개념을 덧붙인다.(in Jacquard, *op. cit.*) 인구 규모는 단위 면적당 생산량(비옥도)이 아닌 자원의 가용성에 달렸다. 다시 말해, 식량이나 공간이 인구의 발전을 제한한다. 태아와 젊은이 수의 증가가 성인 인구의 실 감소로 이어질 수 있다. 우리는 매우 중요한 이 두 가지 사실을 항상 간과했다!

다. 방사능이 가장 먼저 정착하는 곳이 바로 해초와 플랑크톤이다. 따라서 몇 년 후에는 해초와 플랑크톤 소비가 아예 불가능할 것이다. 더군다나 이러한 종류의 위험은 매우 광범위하다. 퓌르네스티에^{Furnestier} 교수의 지적처럼, "프랑스 해안^{다른 해안도 포함해}에 차고 넘치는 야영지들로 인해 굴 양식장이 파산할 정도의 위협에 직면했다. 이 상황에서 과연 수산 양식의 확장을 생각할 수 있는가?" 여기에 해저 유전 탐사의 결과와 해안가 오염 문제를 추가해야 한다. 일본의 경우, 무독성 산업 폐기물을 섭취한 플랑크톤이 어류의 떼죽음을 유발하는 치명적인 원인이다. 결국 인간의 중독 위험성도 매우 높아진다. 해조류와 플랑크톤 양식 확대에 대한 주장은 감당하기 힘든 다량의 문제들을 해결해야 한다는 전제를 수반한다. 만일 25년 후 식량 생산이 세 배에 달할 것이라는 주장에 동의한다면, 무슨 일이 벌어질지 아무도 모른다.[35]

그러나 문제는 상상 이상이다. 소비재 다량 생산에 만족하지 않기 때문이다. 소비재의 '분배' 문제가 발생한다. 기아에 허덕이는 곳에 소비재를 나를 수 있을 교통수단들이 필요하다. 그러나 턱없이 부족한 형편이다. 독과점 정책에 맞서 싸워야 하며, 이들의 이익을 횡령하는 정부들에 맞서 싸워야 한다. 지난 몇 년 동안, 사람들은 제3세계 국가들에 직접적인 식량 원조의 대부분이 재난에 가까운 비극으로 귀결되었음을 누차 강조했다. 전달 물품들이 지역 농산물과의 경쟁을 유발하고, 결국 제3세계 농민들의 파탄으로 이어졌다! 사람들은 새로운 화학제품들과 기술 진보에 희망을 걸며, 세계의 기근에 맞대응할 수 있을 제품들을 추구하고 찾으려 한다. 예컨대, 머지않아 연구자들은 석유 제품들로 미생물^{효모균}을 배양한 후, 다량의 단백질과 비타민을 함유한 천연 양식을 제공할 것이다.

---

35) 실제로 미생물 배양으로 단백질을 제조하는 단계까지 왔다. 아미앵에 있는 프랑스—일본 합작 회사는 콩을 완벽하게 대체할 수 있는 [알파아미노산] '라이신'(50,000톤)을 제조했다. '패스트푸드'에 제공되는 일부 '패티'의 이 단백질함유량은 최대 30%에 달했다. 바로 이것이 우리의 미래이다!(Bourgeois-Pichart, in Jacquard, *op. cit.*)

그러나 지금까지 누적된 경험으로 보아, 영양 결핍을 호소하는 사람들은 이러한 종류의 식량을 결코 수용하지 않았다. 전통, 태도, 사회, 정치, 종교에 따른 신념이 주된 난관이었다. 이러한 요인들을 바탕으로 사람들은 새로운 먹거리에 저항한다. 기근에 허덕인다고 사람들이 아무거나 먹을 것이라 착각하지 말아야 한다. 지금의 서구인들은 새 식량을 먹을지도 모른다. 왜냐하면 이들에게는 더 이상 종교적 믿음도 없고, 거룩함의 의미도 없고, 전통도 없기 때문이다. 그러나 다른 사람들은 그렇지 않다. 따라서 사회의 모든 조직체가 엉망진창이 된다는 점이 큰 문제다. 왜냐하면 식량은 사회의 구조들 가운데 하나이기 때문이다.레비-스트로스의 글을 보라

집단들 '과' 개인들의 동시 파괴 또한 꼭 짚어 봐야 할 문제다. 즉, 우리는 사람들의 내면, 정신, 사회를 파괴한 값으로, 이들을 물질로 먹여 살리려 할 것이다. 지불해야 할 값이 또 다시 뛴다. 질적으로 어마어마하며, 화학 식품의 효용만으로는 약분이 불가능한 수준까지 뛰어 오른다. 기술 진보로 지불해야 할 값의 기본 성격은 언제나 이런 식이다. 다시 말해, 지불해야 할 값은 기술의 긍정적인 공헌과 통약通約 불가능하다. 더군다나 개발품이 다 좋은 것만도 아니다! 우리는 구드만드 회거Gudmand Hoeger 박사의 실험 결과를 잘 안다. 그의 실험에 따르면, 제3세계 사람들의 절대 다수가 우유에 과민 반응을 보였다. 수백만 사람들의 소화 체계 내에는 젖떼기 이후 유당을 소화할 수 있는 효소들이 없다. 즉, 이 상태에서 우유를 마시면 심각한 위장 장애를 부를 수 있다. 실제 확인을 통해 실험의 결과를 이해할 수 있고, 동시에 식량 원조대량의 분유를 포함한와 개발도상국의 농업 정책을 어떻게 문제 삼아야할지 판단할 수 있을 것이다. 또한 이 문제는 마법의 식량인 '분유'를 둘러 싼 현지인들의 불신과 거부에서 확인할 수 있는 반응특히, 아프리카 사람들의 반응과도 결부된 문제이다. 이러한 조건들에서, 열량이나 경제의 방향성에 경도된 기술 계산은 전혀 예측할 수 없었던 결과들을 낳았다.

반대로, 세계보건기구는 연구, 의견, 입법 절차 등과 연계된 연구소 및 교육기관 설립을 기획해, 출생률 감소 정책으로 방향을 바꿨다. 그러나 피임과 불임수술과 같은 방법의 확산이 도리어 심리, 문화, 사회학, 상호관계의 문제를 야기했다. 심지어 "출산장려주의자들"이 아닌 사람들 사이에서도 같은 문제가 발생했다. 에스코피에-랑비오트Escoffier-Lambiotte 박사는 매우 탁월한 두 편의 기사«Le droit de procréer», Le Monde, janvier 1972 36)에서 이를 "의식과 전통의 심오한 격변"을 '전제'한다고 강조한다. "윤리 혁명"이 필요하다. 그렇지 않으면, 출산할 권리를 제거하기 위해 "불임의 의무를 남발하는" 독재로 직행할 것이다.

소비A. Sauvy는 인구 성장의 급격한 중단으로 발생할 심리학적, 사회학적 '재앙들'을 오랫동안 이야기해 왔다. 우리는 '한 가지' 문제즉, 폭탄 문제만 있다고 생각할 수 없다. 폭탄 문제와 더불어, '두 번째' 문제가 있다. 바로 성장이다. 우리는 성장의 위협을 인식하기 시작했다. 그러나 강력한 통제 수단들을 동원한 성장의 중단은 머지않아 재난을 부를 것이다. 아마도 기근과 물자 부족에 준하는 심각한 재난일 것이다. 물론, "다른 지역들에서"는 기근과 물자 부족만큼 투명하게 드러나는 재난이 아닐 수도 있지만 말이다. 성장 중단이 부를 재난은 종교의 가르침을 확고히 믿으며 아이를 신의 선물유대교, 가톨릭, 이슬람교이나 영혼 윤회의 조건힌두교으로 이야기하는 사람들에게 미칠 정신적 충격을 겨냥하지 않는다. 그러나 이러한 종교적 신념은 불합리하고, 따라서 제거해야 한다고 단정해, 무턱대고 무시할 수만도 없다. 이 종교 영역에 대한 막대한 값을 치러야 할 것이다. 따라서 현재 우리는 문제의 해결을 위해 응용된 기술이 부른 진퇴양난의 전형적인 상황에 직면했다고 할 수 있다.

---

36) [역주]동일한 주제로 2회에 걸쳐 연재된 기사이다.

지금까지 우리는 기술이 부른 거대하고, 예측 불가능한 문제들의 세 가지 사례를 확인했다. 우리는 다음과 같이 말할 수 있다. 각각의 기술 진보는 우리가 위에서 간략히 요약했던 내용의 순서대로 문제를 일으킨다. 이 문제들은 산업 시대_{당시 유명했던 철강, 수송, 의료 등의 진보와 맞물려 나타난 문제들}와 초기 기술 시대_{1970년 무렵까지의} 산물이다. 유전자 공학, 정보 통신, 레이저, 우주 항공과 함께 새로운 단계에서 기술 체계의 확장이 일어난다면, 얼마나 더 큰 문제들이 발생할 것인가? 이 질문에 1800년처럼 프롤레타리아가 만들어질지 몰랐다는 식의 답은 불가능하다. 그러나 우리는 본 작업 내내 암시를 통해서나마 앞으로 도래할 문제들의 정체에 대해 지적하려 했다. 우리의 확신은 단 하나이다. '앞으로 도래할 문제들은 이전 시대의 문제들보다 더 어렵고, 폭넓고, 복잡할 것이다.'

3. 기술 진보의 부정적 결과들은

긍정적 결과들과 분리되지 않는다.[37]

앞에서 이야기한 것처럼, 우리는 선한 기술과 악한 기술, 유용한 기술과 무용한 기술을 날카롭게 구분할 수 없다. 기술의 "선용"에 대한 언급은 무의미하다. 또 현상을 고려하지 않고, 기술 진보 자체를 숙고하지 않은 채, 대략적, 포괄적, 추상적인 시각에 머무는 단순 기술 예찬론도 무의미하다. 추상 차원의 숙고를 멈추고, 당면 과제에 대한 철학적 탐구를 중단하고, 오로지 특정 기술의 기능과 실제적 발전 문제에만 세밀한 잣대를 들이밀 경

---

37) 공해에 관한 연구 및 기술의 긍정적 결과들과 부정적 결과들의 불가분성에 관한 연구를 위해, 다음 두 권의 책을 연구할 필요가 있다. 첫째, 베르트랑 드 주브넬(Bertrand de Jouvenel)의 저서들 중에 『아르카디아』(*Arcadie*)를 참고해야 한다. 둘째, 베르나르 샤르보노(Bernard Charbonneau)의 『바빌로니아의 정원』(*Le Jardin de Babylon*)에 대한 연구가 필요하다.

우, 모든 것이 복잡하게 꼬인다.

표면상 구별은 가능하지만, 평화를 위한 기술과 전쟁을 위한 기술의 분리 작업은 그리 녹록지 않다. 몇 년 전, 나는 원자 폭탄에 관한 내용을 구체적으로 제시한 적이 있다. 첫째, 원자 폭탄은 일부 사악한 주전론자의 산물이 아니다. 사실 이 폭탄은 원자 연구의 발전 과정에서 도출된 정상적인 결과이자 불가피한 단계이다. 둘째, 인간을 위협하는 결과들을 배출한 원자 문제는 상대적으로 폭탄보다 피부에 덜 와 닿는다. 마지막으로, 원자 폭탄은 원자핵분열을 평화적으로 응용한 결과물이다. 본문에서 위 내용을 재론하지는 않을 것이다. 다만, 사람들은 매 단계마다 기술을 가장 낮은 자리에 두든지, 아니면 가장 높은 자리에 두었다. 기술의 자리는 결코 일방적이지 않았다. 부자들의 경작 기술들은 인간에게 유익한가? 물론이다. 그러나 그 기술이 부의 고갈, 제동 장치 없는 부의 착취를 낳는 도구라면 어떻게 해야 하는가? 생산 기술들은 분명 유익하다. 그러나 무엇을 위한 생산인가? 온갖 종류의 생산을 가능케 하는 기술처럼, 인간에게 자유가 주어진다면, 인간은 부조리하고, 헛되고, 무용한 생산물을 임의로 응용하려 들 것이다. 우리가 주목해야 할 측면이 있다. '생산 자체는 좋다.'[38] 어떤 생산이든 상관없다. 기술의 유일한 역할은 바로 생산 증진이다. 노동은 인간에게 유일하고도 중요하다. 생산 발전 참여는 인간의 생계 수단이다. 따라서 인간은 쓸데없고, 불합리하고, 헛된 물품들의 생산을 위해 일하지만, 생계 측면에서 이 물품들은 인간에게 매우 중요하다. 왜냐하면 인간은 물품들을 통해 생활에 전념하고, 자기 일터에 헌신하며, 삶을 이어갈 수 있기 때문이다.

우리는 '이것'은 기술의 결과물이 아니며, '저것'은 다를 수 있다는 식으로 구별 짓지 말아야 한다. 전체주의 정부와 권위주의 생산 조직은 이러한 물품들을 생산하지 않는다. 오히려 이들은 공격용 전차나 핵탄두를 생산한다 기술이 기대한

---

38) 나는 갤브레이스의 연구를 참조했다. J. K. Galbraith, *L'Ère de l'opulence*, 2ᵉ édit., 1970; réed. Calmann-Lévy, 1985.

결과물이 독재는 아닐 것이다. 그러나 독재 체제가 아닌 체제에서도 생산 기술은 전 방향에서 작동한다. 결국 인간의 잘못을 반론의 근거로 내세울 수 없다. 왜냐하면 인간 자체를 보아야 하기 때문이다. 이것은 기술의 좋은 효과와 나쁜 효과를 분리할 수 있다고 평가하는 사람들의 치명적 약점 가운데 하나다. 이들은 항상 지혜, 합리성, 욕망과 본능에 대한 통제력, 진지함과 도덕성을 갖춘 인간 군상을 전제한다. 그러나 현재까지의 경험으로 보아, 기술 권력들의 신장은 인간을 과거보다 높은 수준의 덕으로 이끌지 않는다. 따라서 '기술을 선용하면 된다'는 식의 문구도 무의미하다.

　나는 기술의 작동 방식에 대한 인간의 실제 개입이 없더라도, 이 작동 방식의 핵심 자체가 어떻게 좋은 결과들과 나쁜 결과들을 가르지 않고 생산하는지를 보이려 한다. 몇 가지 사례를 들어보자. 첫 번째 사례는 매우 복잡한 내용이지만, 여기에서는 간략하게 기술하겠다. 네이선 키피츠의 논문[39]은 긍정적 결과들에 연결된 부정적 결과들의 순환 문제를 제대로 조명한다. 내용을 요약하면 다음과 같다. 유럽인들은 인구가 희박한 나라들에 정착했고, 일모작 재배 작물이나 원재료 경작을 발전시켰다. 노동력 호출, 사망률 감소, 인구 증가로 이어졌다. 그 동안 유럽인들은 문제가 된 원재료를 대체할 수 있는 인공 재료들을 발견한다. 유럽인들은 예외 없이 식민지로 삼았던 지역에서 철수했다. 더 이상 식민지를 운영할 필요가 없었다. 그러나 다른 쪽에서 문제가 터졌다. 바로 인구 성장이다. 멈출 수 없는 문제였다. 인구 성장은 저개발 국가들이 겪는 기본 문제들 중 하나다. 이처럼 위생, 고수준 기술의 기여, 개발품, 탈식민지와 같은 "좋은" 결과들이 경제의 출구 상실, 식량 생산 경제의 상실, 위태로운 과잉 인구 문제처럼 상상하기 어려울 정도의 나쁜 결과들과 결합한다.

　또 다른 사례들도 검토해 보자. 기술이 지속적으로 보이는 특징들 가운

---

39) Nathan Keyfitz, « Développement, démographie, technologie, isolement des pays tropicaux », *Analyse et Prévision*, 1967.

데 하나는 업무처리 속도와 복잡성의 증가다. 경영과 도시계획과 같은 경제와 행정의 제반 활동은 기술력의 증대로 인해 더 복잡해진다. 기술들^{우리가 알}^{아야 할}의 대상은 전 영역에 달한다. 기술의 획기적인 확장은 점차 심층 전문화 현상을 부른다. 한 사람이 다양한 기술과 방법론을 섭렵하기는 불가능하다. 기술의 확장 방식은 점점 섬세하고, 복잡하고, 정밀하게 바뀌며, 특정 분야에 정통하려면 단 하나의 분야에만 적용되어야 한다. 즉, 적용 영역이 제한된다. 그러나 이렇게 세분화된 영역에서도, 우리가 사용하는 기술을 완벽하게 알아야 한다. 왜냐하면 기술은 우리에게 더욱 큰 효율성과 신속성을 가져다주기 때문이다. 따라서 오류란 오류는 모두 부각되고, 그 오류는 재난에 가까울 것이다. 기계가 더 빨라질수록, 사고도 더 커진다. 기계가 더 정밀해질수록, 오류는 더 용납하기 어려운 상태가 된다. 이는 기계 작동 분야에서 입증된 내용이다. 그러나 범위가 더 넓어져, 다른 기술 분야에서도 똑같은 현상이 나타난다. 기술자들은 점차 협소한 숙련가들이 된다. 그러나 체계는 숙련된 기술자들이 각자 완성한 작업들을 서로 긴밀히 결합시킬 때, 즉 말 그대로 접속될 때만 작동한다. 자동화를 이룬 하나의 공정 과정에는 다양한 작업이 포함된다. 각각의 작업은 뒤따르는 다른 작업들을 제어하고 규정한다. 마찬가지로, 기술화를 이룬 사회에서 숙련된 기술자 한 사람의 노동이 그 효율성과 중요성을 확보하려면, 다른 기술자들의 노동과 연계되어야 한다. 그러나 이러한 특징은 상대적으로 다음과 같은 현상을 낳는다. 숙달과 협력의 결합은 작업 속도를 가속화하지만, 동시에 정체를 유발한다.

이미 앞에서도 지적했고, 마세^{P. Massé}가 긴 분량으로 강조했던 이 정체 현상은 기술 개선에서 피할 수 없지만 재난에 가까울 정도로 끔찍한 결과들 중 하나다. 정체는 도처에 있다. 거리에서 접할 수 있는 교통 정체뿐만 아니라, 지식의 증가에 따른 보상 값인 '과도한 교육 프로그램' 역시 정체다.[40] 나는 교육에 필요한 "필수 과목"을 개혁하려는 이들에게 박수를 보낸다. 아이들에게 기본 교육을 포기해야 하는가? 기본 지식을 유용성과 기술을 토대로 한 지식_{지성 개발을 위한 지식이 아닌 현 사회생활에 필요한 지식}으로 환원해도, 우리는 아이들의 인격과 감수성을 짓밟아 버릴 수 있는 황당무계한 교과목들만 접한다. 소리의 정체, 그림의 정체, 글쓰기의 정체 현상이다. 종이는 모든 활동을 정체시킨다. 주고받는 종이들 속에서 모든 활동은 질식사하고, 결국 활동의 중요성마저 잃는다. "규칙화에 대한 과도한 집착"이 있다. 즉, 사람들은 규칙화 작업으로 산발적 확산을 제어할 수 있다고 생각한다. 규범을 제정하고, 조직 편성표를 만들고, 부서들을 조직한다. 그리고 모든 활동상을 한 눈에 볼 수 있다고 확신한다. 그러나 결국 생산된 것은 좀스럽고_{세부 내용을 모른 상태에서 어떻게 확산을 통제할 수 있는가?} 모순에 찬_{전히 종합의 가능성이 없으므로} 규칙화의 가중이다. 결국 이 규칙화는 그 자체로 현실을 벗어나고, 현실의 밀도와 복잡성에서 완전히 이탈한다. 이제 규칙화는 정체된 현실이 되며, 정체의 원인이 된다. 이 상황 가운데, 의사결정을 기다리는 문제들은 끝없이 늘어간다. 머지않아 기계 한 대가 무수한 의사결정을 내릴 것이라는 희망은 환상이다. 정치인이든 경영인이든, 결정을 내려야 할 당사자는 사람이다. 그러나 이러한 의사결정도 점점 부적합하고 혼란스러워진다. 그리고 경영자는 이 의사결정의 무게에 점점 짓눌린다.

　이러한 정체 현상들은 기술들의 궁극적 발전에서 비롯된 불가피한 결과에 불과하다. 각각의 요소가 유용하더라도, 이 요소들의 전체는 비인간적이다. 마세의 말처럼, 개인을 압도하면서 동시에 사회생활의 이탈을 초래한다. 이는 이중 정체를 낳을 수 있다. 정체, 즉 혼합이 가중될수록, 의사소통의 난점들은 각 사람을 점점 제한된 영역에 가둔다. 행성 간 여행의 시대

---

40) P. Massé, « L'homme encombré », *Prospective*, 1969.

에 일상생활의 단계에는 부동성의 문제가 증가한다. 다른 측면에서 보면, 획득한 지식의 양은 모두를 하나의 전문성에 가둔다. 이들이 전문적으로 익힌 분야의 언어는 다른 사람들에게는 마치 비밀번호와 같다. 그러나 이 결과들은 서로 불가분의 관계에 있다. 우리는 이 점을 강조해야 한다.

교통수단, 도피와 자유를 가능케 하는 수단, 세계 지식의 전달 등과 같은 전달 수단의 문제와 완벽한 해결이 불가능한 교통 체증의 문제, 소음, "주거지−일터" 사이에서 벌어지는 시간 낭비 등의 문제에서, 긍정적 결과들과 부정적 결과들의 뒤범벅 현상은 더 분명해진다. 이러한 수단들의 발달로 우리의 불편함은 덜었지만, 일터에서 작업 속도와 복잡성이 증가했다는 결과를 생각한다면, 비극은 더하다. 분명 그것은 효율성, 생산 발전 등을 보장하지만, 동시에 우리를 "인간 폐기물" 취급하는 현상의 현저한 증가를 낳기도 한다. 우리는 기술 사회에서 이러한 전문화에 적응할 수 없고, 현대 생활의 일반 속도를 못 따라가는 수많은 사람들을 만난다. 소련의 노동부 장관 루덴코의 보고처럼, 이 현상은 단지 자본주의 국가들에서만 일어나지 않는다. 또한 노인들만의 문제도 아니다. 현대 생활의 속도에 "적응하지 못한" 젊은이들의 숫자도 상당히 늘었다. 현재 우리는 "절반의 부적응자들"을 목도한다. 그러나 이 부적응이 사람들의 존재 자체에 달린 문제가 아니라는 점에 주목하자. 이들 "자체"에 적응력이 없어서가 아니다. 기술 사회라는 환경에서 적응할 수 없을 뿐이다. 피로, 과로, 시간제 노동우리는 시간제 노동 문제가 기혼 여성에게만 해당되는 문제가 아니라, 광범위하게 제기된 문제라는 점을 안다에 시달리는 사람들이 있다. 이들은 장시간 일에 집중할 수 없고, 세밀하고 정밀한 작업 활동에도 한계가 있다. 현재의 노동 속도와 기술의 지속적 갱신으로 인해, 불균형을 겪는 사람들, 단순하고 느린 작업현 세계에 더 이상 존재하지 않는만 할 수 있는 사람들, 노인들이 되었다. 또한 이러한 속도와 갱신으로 노동 현장에서 50

세면 이미 구식 취급[41]을 받고, 해당 분야의 신기술 습득을 위해 무수한 재교육 과정을 반복해야 한다.[42]

그러나 전통 사회에서는 "인간 폐기물"로 불리는 사람이 없었다. 비기술적 노동 조건들은 누구나 고용할 수 있었기 때문이다. 다시 말해, 노동력 사용 가능성이 항상 열려 있었다. 반면, 현대 사회는 적합한 사람과 부적합한 사람을 점점 가른다. 심지어 부적합한 사람들까지 고려하는 세계를 유지하려면, 생산성은 높되 인정은 없는 사회에서만 가능하다. 특별한 경우들도 문제겠지만, 기준점 없이 마구잡이로 움직이는 사회, 모든 형식, 노동, 속도, 고용, 지식 변화의 속도가 극히 빨라진 사회에서 살면서 겪는 보편화된 난관, 아마도 일시적인 난관그러나 언제까지 지속될까?도 큰 문제이다. "언제든 사용될 수 있는 상태여야 한다는 명령이 사람들에게 강요된다. 바로 이 명령이 사람들을 충격에 빠뜨린다." "새로운 이념들, 전대미문의 상황들, 계통 없는 기술들, 뿌리 없는 도시들을 헤아릴 수 없다."P. Massé

이러한 일반화는 앙리 망드라Henri Mendras가 이야기한 "대항 사회"를 만들 위험이 있다. 즉, 기술이 조성한 작업 속도를 도무지 따라갈 수 없는 사람들로 이뤄진 사회를 만들 위험이 발생한다. 그러나 이 부분에 키피츠가 제시한 "착취조차 당할 수 없는 인간"이라는 범주도 추가해야 한다. 다시 말해, 여전히 가용 노동력이 있음에도 불구하고, 더 이상 고용 가치가 없다고 판명된 인간이다. 자본주의 사회에서 "착취당하는" 인간의 상황은 더 이상 아무런 봉사도 할 수 없는 인간의 상황에 비해 덜 비참하다. 이 인간의 노동력은 무가치할 뿐이다. 심지어 최저 임금으로도 고용되지 않는다. 이는 사회주의 국가에도 없는 일이다. 이들이 사회에서 할 수 있는 일은 아무것도 없

---

41) 월러드 위어츠는 이 부분을 긴 분량을 할애해 분석했다. 그는 "인간 폐기물 집합소"(human scrap heap)라는 말로 결론 내렸다. Willard Wiatz, *Rapport au secrétaria d'État du Travail*(États-Unis), 1965

42) [역주] 새로운 기술이 등장할 때마다 노동 현장에서 이 기술을 습득하기 위한 재교육이 필요하다. 신기술과 재교육의 이러한 순환 과정이 구식 인간의 도태, 곧 인간 폐기물을 양산한다는 지적이다.

다. 기술 진보가 조성한 이 사회는 "여가 사회"도 아니다. 여가 활동을 하려면, 사람들에게 아무 일도 하지 않고도 살 수 있을 급여를 지출해야 하기 때문이다. 그러나 '생산'과 '생산성'이 경주하는 상황에서, 기술의 진보는 착취당할 수 없는 인간의 모든 범주를 무상으로 지원해 줄 수 있는 생산 수준에서 할 수 없었던 "과거" 상태로 되돌아간다. '기술 진보를 일군 서구 세계'와 '제3세계 인구 성장'의 관계를 동원해 세계 차원에서 생각해 보면, 이 과거로의 회귀 문제는 여전히 심각한 문제다.

기술이 성장할수록, 위험 요소들도 성장한다. 이 현상은 전 영역에 걸쳐 나타난다. 기술이 더욱 과감해지고 두드러진 결과물을 만들수록, 위험은 더욱 예상하기 힘들다. 사람들은 대서양 연안과 페루의 국경선을 잇는 아마존 횡단대로의 건설을 결정했다. 3,000km의 숲을 없애는 이 대공사는 아마존 지역의 '모든' 원주민을 위험에 빠뜨릴 것이다. 네투N. Neto교수의 설명은 분명하면서 동시에 섬뜩하다. '원주민은 단지 문명과의 접촉 때문에 자기 터전과 존재를 상실했다. 우리는 재난에 가까운 인간 파괴에 비추어 이 도로의 의미를 생각해야 한다.'

주목해야 할 사례가 또 있다. 바로 공해를 없애기 위한 싸움에서 발생하는 공해 문제다. 미국에서는 공기 정화 방식이 매연에 대한 반대 투쟁보다 훨씬 효과적이다. 불행하게도, 매연가스는 고체 입자를 배출하지 않는다. 따라서 질소 산화물과 황산화물이 자유롭게 대기와 결합해 신酸을 형성한다. 단단한 미립자 형태로 대기 중에 남았다가 주택과 작물에 산성비를 뿌린다. 우리는 레몬주스에 함유된 산성과 동일한 정도의 산성비를 맞는 셈이다. 1972년 이후, 경제협력개발기구O.E.C.D.의 연구는 노르웨이 지역의 상황이 재난에 가까운 상황임을 폭로했다. 이 지역의 어류, 삼림, 철도 부식이 그 결과물이며, 노르웨이 하늘에 낀 산성 구름의 발원지는 대기 오염을 없애려고 노력하는 지역들이었다.

나는 의사소통 수단들의 확산이 이뤄지던 시기의 긍정적 결과들과 부정적 결과들의 불가분성, 특히 정보와 대중 선전의 얽히고설킨 상태에 대한 연구도 병행하려 한다. 그러나 이미 수행된 연구에 대해 강조하지는 않으려 한다.[43] 다만 큰 틀에서 세 가지 주안점 정도로 결론을 내리겠다. 미칼레프M. Micaleff의 연구[44]에 따르면, 기술이 인간 복지의 향상을 목적으로 개인의 욕구에 봉사한다는 생각은 착각이다. 다시 말해, 경제 성장은 복지 향상과 분리되었다. 핵심은 다음과 같다. 사람들은 급여를 받는 모든 활동을 복지를 낳는 부가 가치로 여긴다. 그러나 이러한 활동이 실제로는 가치 '하락'으로 이어지는 경우가 점점 늘어난다. 오염 방지 산업에 대한 투자는 어떤 식으로든 결코 복지 증진을 이루지 못한다. 즉, 이 산업은 그간 복지 '축소'를 야기했던 생산에 대한 추가 비용일 뿐이다! 그리고 부가 가치의 증가율보다 공제액 증가율이 더 높은 사례도 왕왕 발생했다. 에드가 모랭은 이를 진일보한 이론으로 다듬는다. 행동의 '엔트로피' 원리는 행동의 근원적 의미를 박탈하며, 이 원리를 이탈하게 한다. 결국 이 원리는 상호 반작용 활동으로 의미를 용해시킨다. 모든 활동은 예측될 수 없으며, 몇 배 증가되고 복잡해진 놀이에 연루된다. 상호 반작용 행동은 통제력을 갖지 못하며, 의심하는 능력조차 없다.[45] 이것은 기술과 기술의 수단들에 의해 도출된 행동에 정확하게 적용매우 예외적이지만될 수 있다. "행동"을 기록한 모랭은 아마도 기술 행동을 염두에 두었을 것이다. 왜냐하면 오늘날 다른 행동은 별로 중요치 않은 행동들이기 때문이다.

베르트랑 드 주브넬의 깊은 연구를 참고해 기술의 긍정적 결과들과 부정적 결과들의 관계에 관한 몇 가지 지적들로 결론을 대신하겠다. "우리는 무

43) 자끄 엘륄, 『선전』, 하태환 역(대장간 2012)
44) M. Micaleff, in Jean Touscoz, *Transfert de technologie*, P.U.F., 1978.
45) E. Morin, *Pour sortir du XXe siècle, op. cit.*

지한 짐승들이 된 개별자로서만 우리의 환경을 망치지 않는다. 목표에 대해 합리적이라고 떠들지만 전체의 관점을 헤아릴 줄 모르는그리고 해롭기 그지없는 방식으로 행동할 때, 우리는 사회의 유용한 기능을 제공하는 대리자임에도 그 직임으로 환경을 망가뜨린다." 다음과 같은 문제가 중요하다. 기술 행동의 정체성에 따라 모든 요소들을 고려하면서 행동할 수 있는지를 알아야 하거나, "전체의 시각"이 기술 행동을 완전히 마비시키지 못하리라는 점을 알아야 한다.

4. 예측 불가능한 결과들

예측 불가능성은 기술 진보의 일반적이고 본질적인 특징 가운데 하나다. 출발점부터, 고안과 혁신 단계를 거쳐, 적용 과정과 결과물에 이르기까지, 예측 불가능성은 전 단계에 걸쳐 등장한다. 나는 이어질 장에서 일반적인 예측 불가능성[46]의 문제를 다루려 한다. 다만, 예측 불가능성의 포괄적 활동이 아닌 그 결과들만 강조하려 한다. 따라서 독자들은 필자의 강조점에 따라 본문을 읽기 바란다.

기술 현상은 결코 단순 설계도를 그리지 않는다. 기술 진보는 세 종류의 효과를 포함한다. 바라던 효과, 예측 가능한 효과, 예측 불가능한 효과가 그것이다.[47] 기술과 연관된 특정 영역에서 연구 활동을 하는 과학자들은

---

46) 로봇의 반란과 같은 유명한 이야기에 관련된 문제, 즉 기술 도구의 자율성과 연계해 예측 불가능성 문제를 다루지는 않겠다. 다만, 내가 강조하고 싶은 부분은 기술 도구를 통한 불확실성의 증가다. 어떤 사람들은 기계는 단지 기계일 뿐이라고 말한다. 이들에게 기계는 어떠한 자율성도 갖지 못한다. 생각하는 기계는 없으며, 창의력을 갖춘 기계도 없다. 그러나 다른 사람들은 자율성에 준하는 성향이 있다고 본다. 예컨대, 미학 분야에서는 기계의 창의성에 대해 생각한다. 그러나 "스스로 프로그램을 짤 수 있는 계산기도 있고, 그 계산기는 누적된 경험을 바탕으로 교훈을 기억하기도 한다. 이처럼 기술 도구는 언젠가 세밀한 방법론 고안에 심혈을 기울일 것이고, 제작자의 이해력을 넘어서는 복잡한 과정까지 해결하는 데 주력할 것이다"(Wiener et Kahn, L'An 2000 op. cit.)

47) 위험 요소(바라지 않았던 결과를 생산하는 행동의 개연성 문제)와 불확실성(확률 및 전개 과정이 정확히 규정되지 않은 위험 요소들에 관한 분석에 저항하는 상태)에 대

구체적이고, 명료하고, 정확성에 근접한 결론에 이르려 한다. 구체적인 문제를 하나 살펴보자. 원유 단층에 근접하기 위해 지하 3,000미터를 파야 한다. 어떤 방법이 좋은가? 사람들은 갖가지 기술을 적용하고, 그것을 통해 이 문제를 해결하기 위한 새로운 방법을 고안한다. 이것은 '바라는 효과'에 해당한다. 어떤 것을 발견했을 때, 과학자들은 그것이 어떤 분야에 적용 가능한지 확인한다. 과학자들은 기술의 적용 과정에 공을 들이며, 특정한 결과를 기다리고, 결국 결과를 확보한다. 기술은 매우 안전하며, 예상 가능한 결과들을 낸다. 물론 변동이나 곤란한 상황이 발생할 수 있지만, 사람들은 기술 진보가 각 영역의 불확실성을 제거하리라 확신한다.

우리는 기술 작동과 연계되어 나타나는 이차적인 결과들과 마주한다. 사람들이 추구한 효과는 아니지만, 예측 가능한 효과이다. 예를 들어, 최근에 유명 외과의사가 다음과 같은 말을 남겼다. "수술은 질병으로 다른 질병을 대체한다." 확실히, 질병은 중요한 문제다. 즉, 예전 질병에 비해 덜 심각하지만 그래도 중병은 여전히 중요한 문제이며, 제한된 질병으로 인간 존재 전체를 위협하는 질병 역시 문제다. 마찬가지로, 우리는 약물도 사용한다. 그러나 약물이 심각한 사고의 원인이 될 수도 있다. _{신경이완제, 진경鎭痙제, 호르몬제 등} 돌발 사고는 수없이 많다. 프랑스에서 돌발사고 원인의 10%는 '입원'이다. 약물 사용이 정당화되는 경우는 약물과 관련된 위험도가 약물 사용으로 인한 장점보다 낮을 때이다. 따라서 예측 가능한 위험 요소와 이점을 비교 평가해 볼 필요가 있다. 거기에는 사람들이 바라지 않지만, 불가피하고, 이미 널리 퍼졌고, 우리를 에두른 부정적 결과들이 있다. 또 기술을 활용한 모든 수술에서도 위에 기술한 외과의사와 같은 혜안과 통찰이 필요하며, 긍정 효과와 부정 효과의 균형점을 찾고, 처리 도중에 발생하는 내용

해 탁월한 분석을 수행한 숀의 글을 참고하라. Schon, *Technology and Change, op. cit.* 숀은 불확실성의 가장 큰 요인을 '기술 혁신'이라 강조한다. 다시 말해, 상황을 돌파할 수 있는 출구의 위치도 말하지 못하면서 상황만 끝없이 만든다.

을 정확하게 평가하도록, 추구한 바 없으나 예측 가능한 결과들을 인지해

야 한다. 사람들이 일반적으로 주목하지 않는 부분을 우리는 출발점으로 삼으려 한다 48)

그러나 기술이 가져오는 결과들에 대한 세 번째 범주는 완전한 예측의

불가능성이다.49) 우리는 '예측 불가능하지만 기대해 볼만한 결과들'과 '예

측 불가능하면서 동시에 기대할 수 없는 결과들'을 구별해야 한다. 전자는

특정 현상의 가능성을 가늠해 볼 수 있게 하지만, 이 현상에 대한 정확한 예

측 능력을 가로 막는다. 주택 분야를 예로 들어보자. 사람들은 주거 단지

체계의 활용이 심리적, 사회학적 질서에 상당한 효과를 발휘하리라 믿는

다. 대형 주택 단지에 사는 사람은 '바뀐다.' 그러나 어떻게 바뀌는지, 어떤

점에서 바뀌는지 정확하게 예측할 수 없다. 아마도 행동, 관계, 놀이 문화

에서 변화가 일 것이다. 그러나 결국 우리는 다른 주제에 비해 확실한 예상

치를 확보하지 못한 상태에서 이 문제를 논할 뿐이다. 요컨대 이 주제에 대

해 프랑카스텔Francastel과 르 코르뷔지에Le Corbusier의 결론은 완전히 상반된다.

상반된 두 결론에 대한 확인도 자못 흥미로운 일이다. 확실한 부분은 '바뀌

었다'는 현상뿐이다. 여가 활동도 다른 사례로 채택할 수 있다. 만일 우리

가 여가 활동의 시대혹은 여가 활동의 문명를 향해 나아간다는 말이 사실이라면어떤

문제도 심각하게 제기되지 않는 기술에 대한 열혈 신도들이 늘 것이라는 예언에도 불구하고, 이러한 전진은 매우 불

확실하다, 여가 활동이 인간의 변화를 낳으리라는 믿음도 등장할 것이다. 그

러나 정확한 예견은 불가능하다. 우리는 단지 가설 영역에 있을 뿐이다. 심

리사회학psychosociologie에 대한 우리의 전문 지식은 여전히 불확실하며, 이 지

---

48) 이러한 생각은 예측하기 곤란한 요행수다. 경제에서 가장 많이 연구된 분야는 바로
"외부 영향력"이다. 강어귀에 건설된 댐은 조석 이동 현상, 인근 항만의 퇴적층 형
성 등을 유발한다. 사람들은 외부 영향력에 대한 몇 가지 문제들을 숙고하기 시작했
다.(cf. D. Pearce et S. G. Sturmey, « Les effets externes et l'antagonisme entre bien−être individuel
et bien−être collectif », *Analyse et Prévision*, 1967)

49) F. F. 대얼링은 예측 불가능한 결과들의 목록을 제시했다. F. F. Darling, *L'Abondance
dévastatrice*, 1972. 특히 그는 해방하는 힘을 갖춘 각 기술이 어떻게 속박과 예속을 낳는
지를 보여준다. 대등한 논의는 아니지만, 망델의 글도 참고하라. A. Mendel, *Les Manipu-
lations génétiques*, Le Seuil, 1980. 이 책은 유전공학에 대한 근본적인 문제 제기를 담았고,
동시에 유전공학의 타당성을 의심한다.

식을 바탕으로 더 이상의 예측은 불가능한 상태다. 외부로 확대 적용하는 정도에 그칠 뿐, 한정된 자료들과 상대적으로 신뢰도가 취약한 자료들로 진행되는 성찰은 사실상 요행수에 가깝다.

예상치 못한 때에 도래했지만 예견된 참사가 확실한 결과들도 있다. 구체적이고 눈에 띄는 몇 가지 사례들 가운데, 나는 베네치아, 토리 캐니언 Torrey Canyon호 사건을 연이어 다루려 한다. 비록 옛 사례이지만, 적극적으로 활용하겠다. 베네치아 사건해안선의 외진 곳 정도를 제외하면은 사실상 예고된 참사였다. 일단 이 참사는 예상치 못한 때 도래했다. 왜냐하면 세밀하고 구체적인 정보가 없었고, 언제나 부정적인 부분에 대한 예측을 꺼리는 현대인의 습성 때문이다. "최악은 항상 불확실하다"라는 공식은 게으름을 위한 최고의 안식처다. 참극의 원인은 항로 변경이었다. 소금 바람에 노출된 도시에서 소금과 탄소 화합물특히 베네치아 수상 버스들이 배출하는 산화탄소의 결합은 말 그대로 대리석을 가루로 만들 수 있는 "폭발물"을 만들었다.[50] 지난 20년 동안 조각, 회화, 프레스코 벽화와 같은 예술 작품들의 피해 규모는 과거 5세기 동안의 규모를 상회한다. 조류의 완만한 흐름 외에 아무것도 몰랐지만, 사방의 벽들을 부수며 수로를 따라 계속 몰려오는 파도에 따른 동요와 그 효과는 쉽게 예측할 수 있는 부분이었다. '토리 캐니언' 호의 경우도 마찬가지였다. 우리는 유조선 사고로 인한 기름 유출을 예측할 수 있고, 이것이 바다에 "기름띠"를 만든다는 사실도 예측할 수 있다. 다만 언제 발생할지 알 수 없었기에 예상치 못한 사고였다. 그러나 우리는 어떤 경우에 "기름띠"가 "발생할 수 있는지" 잘 안다.

마지막으로, 전혀 예측 불가능하고 예상도 할 수 없는 결과들이 있다. 나

---

50) 이것은 다음과 같은 일반적인 과정을 강조한다. 곧, 매연을 내 뿜는 내연기관, 중유로 가동되는 난방기를 통해 배출된 황 성분 물질이 대기 중에 떠 있다가 산성비와 함께 유물들에 묻었고, 혼합 과정을 거쳐 결국 탄산칼슘을 공격하면서 부식된다. 여러 자료를 통해 논증을 시도한 다음 논문을 참고하라. Y. Rebeyol, *Le Monde*, 1ᵉʳ Janvier 1970; A. Jaubert, « Venise sauvée des eaux? », *La Recherche*, n° 122, mai 1981.

는 이미 다른 책[51]에서 제시했던 사례를 재차 언급하려 한다. 바로 목화와 옥수수 재배다. 새로운 경작지가 두드러지게 늘었다. 이는 분명 진보다. 삼림 국가들의 대규모 벌채 사업은 모든 면에서 수익성을 담보할 수 있는 사업이자 행복한 사업이었다. 결과적으로 이 사업은 기술의 진보처럼 보였다. 그러나 사람들은 목화와 옥수수가 토양 파괴의 주범인줄 몰랐다. 다시 말해, 토양에서 일정한 부를 앗아가는 것이 아니라, 부의 구조 자체를 제거한다는 사실을 정확히 인지하지 못했다. 옥수수 뿌리와 목화 뿌리는 부식토와의 유기적 결합을 막는다. 지난 3~40년 동안 옥수수와 목화를 재배한 땅이 하나 같이 박토薄土로 변했다. 우리에게 닥친 현실이다. 바람이 한 번 불면, 먼지처럼 다 날아가고 남은 흙이 없다. 순전히 돌덩어리, 바위 조각만 나뒹굴 뿐이다. 바로 이것이 1930년 경 미국이 겪은 농업의 비극이다. 그러나 이 현상은 미국, 브라질, 러시아 등 세계 곳곳에서 벌어졌다. 특히 소련에서는 이 문제를 두고 흐루시초프와 농업 전문가들 사이에 갈등이 불거졌다. 왜냐하면 목화와 옥수수 재배가 토양을 척박하게 만든다는 위험을 인지했음에도, 그러한 실제 경험이 거의 없었기 때문이다. 따라서 정부는 주저하지 않고 옥수수 재배지 확충에 열을 올렸다. 흐루시초프는 옥수수 재배로 토양이 척박해질 수 있다는 사실을 알았다. 바로 이 때문에 소련의 수많은 농학자들이 그에게 적대적인 태도를 보였다. 갈등은 3년 간[1960~1963] 지속되었다. 옥수수 재배 실험 이후, 흐루시초프는 유명한 10개조 담화문을 통해 농학자들의 주장이 옳았음을 인정한다.[1963년 12월 10일 중앙위원회] 그는 다음과 같이 선언한다. "우리는 영원히 옥수수만 믿고 살 수 없습니다. 경작지를 줄여야 합니다." 희대의 실험은 끝났다. 오늘날 우리는 이 실험의 결과들을 잘 알지만, 당시에는 그 결과들을 예측하기 어려웠다. 공교롭게도,

---

51) 자끄 엘륄, 『기술. 시대의 쟁점』(대장간, 출간예정) 유전공학 분야에서 이뤄지는 유전자 조작 식품 문제도 마찬가지다. 우리는 그 결과를 정확히 알 수 있다. 다음 자료도 참고하라. « Les manipulations génétiques: des risques encore mal évalués », *La Recherche*, n° 107, janvier 1980.

이 사건은 기술 발전의 단면을 여실히 드러냈다. 다시 말해, 효율성에 대한 집착이 위험 요소들을 압도하는 측면이 그대로 드러난 사건이다. 사람들은 내심 위험 요소들을 피하려 하지만, 이러한 위험을 감수할 정도로 효율성에 집착한다. 그러나 애당초 옥수수의 유해한 효과에 무지했고, 사태 예측도 전혀 하지 못했다. 25~30년 후에나 드러날 일이기 때문이다. 보그트^{Vogt}와 같은 비관론자들은 평가 조사를 통해, 미국 경작지의 20% 정도는 심각한 상태혹은 파괴된 상태라고 주장한다.

동일한 분야에서, 농학자들은 토양과 화학 비료특히 질소 화학 비료의 대규모 혼합을 경고하기 시작했다. 이러한 혼합으로 처음에는 생산이 두드러지게 증가하는 것처럼 보이지만, 결국 비료의 부산물과 지하수와 인근 호수 등의 농수로 오염으로 인해 최종 작황에 큰 타격을 입는다. 무엇보다 우리는 오늘날 새롭게 등장한 작물들이 질소 비료와 물을 어마어마하게 필요로 한다는 사실을 알았다. 그러나 비료 사용을 통해 작물 재배에 돌입한 국가들 중에는 물이 매우 부족한 국가들도 있고, 질소 비료 구매 비용이 넉넉하지 못한 극빈 국가들도 있다. 유해한 결과들은 우리가 "사탄의 삼중주"라 부를 정도로 매우 심각한 문제이다. 이 사탄들은 바로 종자 개량, 화학 비료, 살충제다.

예상치 못한 부작용의 사례들은 셀 수 없이 많다. 모두가 녹색 혁명의 출현을 기적이라 추켜세웠다. 그러나 3년 뒤, 우리는 새 품종으로 개량된 쌀이 저항성 기생충의 운반자라는 사실을 알았다. 전통 품종에게 이 기생충은 가히 재앙 수준이었고, 쌀의 영양 가치도 현저히 추락했다. 품종 개량에 따른 보복은 멈추지 않는다![52] 새로 개척한 토지에서 이뤄진 집단 경작은 전문가들의 통제를 받는다고 해도, 언제나 재난을 부른다. 네팔은 이 점에 상당히 신경을 썼다. 훌륭하다. 그러나 히말라야의 버팀목들을 잘라내

---

52) [역주] 품종 개량으로 생산량 증가를 꾀했으나, 품질이 형편없는 쌀이 되었다는 의미이다. 엘륄은 이를 '보복'이라는 은유에 빗댔다.

야 했고, 그 결과는 거의 비슷한 시기에 나왔다. 파키스탄과 방글라데시를 유린한 대형 수재가 발생했다. 관개 수로로 이어진 토지들의 집단 확장은 생태계의 심각한 불균형을 초래한다. 나일 강 유역의 농부들에게 집단으로 전염된 '빌하르츠 주형흡충병'[53]의 진원지는 바로 '아수안' 댐이다. 또한 나일 강 유역의 충적토는 하류 지역의 토양 비옥도 감소로 이어졌다. 일관성 없는 발언으로 유명한 앨빈 토플러는 이 문제에 관해 다음과 같이 말했다. "일각에서는 이집트 농업에 별다른 도움이 되지 않는 아수안 댐이 나일 강의 염도를 높일 것이라 말한다. 그러나 언제 그렇게 될지는 알 수 없다. 따라서 개연성에 따라 과정을 예측하는 일은 불가능하다." 토플러는 이 글을 1970년에 작성했다. 그러나 1973년에 우리는 나일 강 유역 전체에 퍼진 결과들을 똑똑히 보았다. 댐이 건설된 이후, 주민들의 문화 및 생활이 망가지기 시작했다. 매우 우려스러운 상황이지만, 결과는 뒤바뀌지 않는다. 현대의 어업 기술갈퀴질을 통한 심해 저인망 어업은 어류들의 양분 공급지이자 산란지인 해초 밀집수역을 파괴했다. 문제는 기술의 응용이다. 기술의 응용은 단기간에는 괄목할만한 성과를 내지만, 장기적으로는 어김없이 재난을 부른다. 결국 관건은 윤리적 판단이 아니다. 다만, 나는 페르아 들라세르Ferhat Delassert 가 제시한 기준잡지 Analyse et Prévision, 1970 참고에 동의하는 것으로 견해를 표명하려 한다. "기술의 해결책은 그것이 생태계의 기본적인 평형 상태를 보존하느냐 교란시키느냐에 따라 효용이냐 폐해냐를 가른다." 매우 훌륭한 평가 원칙이다. 그러나 내가 위에서 제시한 몇 가지 사례들을 보아, 예측 불가능한 결과들을 담은 기술의 심층 효과를 신속하게 발견하기는 언제나 쉽지 않다.

---

53) [역주] 방광 및 골반 주변 정맥에 기생하는 혈관 기생충으로, 체내에서 산란한 알이 부화하면 혈관을 뚫고 나와 출혈을 유발한다. 번식력이 뛰어나 한 마리의 체내 침투로 내장 기관이 엉망이 될 수도 있다.

예측 불가능하고 예상치 못한 결과를 초래하는 특정 분야가 있다. 바로 '화학'이다. 무엇보다 치료제 사용에서 그러한 결과가 발생한다. 연구자들의 진지함과 신중함은 차치하고서라도, 하나의 치료제가 부를 결과를 알기 위해 상상할 수 있는 모든 실험을 진행하기는 불가능하다. 예컨대, 인간의 정신 구조에 미치는 몇 가지 영향을 동물에게서 검출할 수 없다. 마찬가지로, 신체에 미치는 영향들도 예상할 수 없다. 더욱이 중/장기 치료제 생산을 이야기하기 위해 장시간 동안 실험 진행도 불가능하다. 여기에는 세 가지 가설이 수반된다. 후손에게 나타날 효과, 치료제의 장기간 사용에 따른 결과예컨대 신경 안정제의 다년 복용 문제, 독한 약물을 통한 치료 이후에 나타나는 신체 변화 및 장시간 이어지는 여러 가지 결과가 그것이다. 이 대목에서, 페니실린의 이차 효과 및 예상치 못한 효과를 떠올려야 하는가? 아니면, 장안을 발칵 뒤집어 놓았던 탈리도미드thalidomide[54]) 사건을 재론해야 하는가? 그러나 탈리도미드 사건의 경우, 어떻게든 과학을 구원하려한 주장들과 달리, 약품 실험실은 문제시 될 수 있는 부분들을 알았다. 실험실은 6년에 걸쳐 동물 임상실험을 했다. 다양하게 진행된 실험을 이 글에서 굳이 포괄적으로 종합해 서술하지는 않겠다. 탈리도미드 사건은 매우 특이한 경로로 유명해졌다. 대대적인 언론 보도, 유아 사망, 법정 소송 등이 있었기 때문이다.[55]) 그러나 이러한 사건들이 상상 이상으로 빈번했다는 점을 잊지 말자. 1964년에 실험실에서 심혈을 기울여 제작한 또 다른 약물트리파라놀도 심각한 혈액 장애를 일으킨 후 시장에서 철수했다.[56])

---

54) [역주] 임산부 입덧 방지용으로 서독에서 제조된 약품이다. 1950~60년대 시판되었다가 기형아 출산 등의 각종 부작용으로 판매 금지되었다.

55) 탈리도미드에 관하여 다음 자료를 보라. J. Paulus et J. Rozet, *Le Procès de la thalidomide*, 1963. 4,500명의 유아가 죽거나 기형 출생했다는 사실을 기억하자. 다만 우리가 중요하게 짚어야 할 부분이 있다. 바로 법정에 증인 자격으로 출두한 전문가들의 견해가 서로 모순되었다는 점이다. 일부 전문가들은 정상 조건에서 약물 사용은 전혀 무해하다고 주장했다. 우리는 살충제(D.D.T.) 사용에 대해서도 동일한 변호를 볼 수 있다. 다음 자료도 확인하라. Y. Rebeyol, *Le Monde*, août 1973.

56) 화학 분야 바깥에서도 예상치 못한 결과들에 대한 사례가 있다. 바로 초음파 검사이다. 성인들에게 전혀 위험하지 않은 이 검사는 정작 태아에게 치명적이다. *La Recher-*

그러나 단순히 약물만의 문제가 아니다. 화학의 발전은 다른 분야에서도 위험과 예측 불가능성을 수반한 결과들을 낳았다. 다른 분야에 관한 논의를 더 이어보자. 해로운 생산물이나 약물이 생명체에 문제를 일으킬 경우, 예측 불가능한 결과가 추가로 발생하지 않도록 세밀하고 철저한 통제 과정이 필요하다. 반면, 소비되지 않는 화학제품들에 대한 통제는 별로 엄격하지 않다. 그것의 전형이 바로 살충제D.D.T.이다. 1941년에서 1951년까지 관련자들은 이 살충제가 온혈 동물들에게 절대 무해하다고 떠들었다. 1951년에 살충제가 발육 부진의 원인이라는 사실이 우연히 밝혀짐에 따라 우려의 목소리가 높아지기 시작한다. 1958년 이후, 인간에게 재앙에 가까운 새로운 결과들이 끊임없이 발견되었지만, 살충제 사용은 광범위하게 퍼졌다. 미국 보건부의 공식 분석1965에 따르면, 북아메리카 사람의 신체 조직 내부에서 '디디티 살충제'가 차지하는 비중은 백만 분의 12였다. 더욱이 유럽 평의회가 밝힌 보건의료 보고서에 따르면, 살충제 비중이 백만 분의 44가 되면 목숨을 잃을 만큼 치명적이다. 1968년 이후로 미국에서 이 살충제에 대한 격한 반향이 일었고, 1969년부터 사용과 제조를 엄격하게 통제하기 시작했다.

그러나 진보를 지속할수록, 우리는 장시간 사용된 무수한 화학제품에서 비롯된 예측 불가능하고 우려되는 결과들을 더 많이 발견할 뿐이다. 심각한 위험이 있음에도 장기간 지속적으로 사용된 제품들에 대해 연구와 통제 분야 관련자들의 고발과 성토가 거의 매일같이 일어난다. 주의 깊은 독자들은 이 사실을 알 것이다. 사람들은 감귤류 과일 운송에 병균 확산 억제제인 바이페닐 사용 문제Académie de médecine, février 1970나 진통 해열제인 페나세틴 사용 문제를 지적했다. 특히 페나세틴 성분을 포함한 일부 치료제들은 소비자에게 "치명적"일 수 있으며, 소비자는 "약효를 제대로 알지 못하는 상태"

---

che, nº 106, décembre 1979.

에서 피해를 입을 수 있음을 지적했다.Escoffier-Lambiotte, Le Monde, février 1970 그러나 이러한 현상은 화학제품 소비와 무관한 영역에서도 나타난다. 예컨대 1962년 이후로 일부 플라스틱 제품의 불안전성 문제가 터졌다. 특히 지방 함유 식품이나 다양한 성분단량체, 가소제, 안정제뿐만 아니라 화학적 관점으로 아직 식별되지 않은 물질까지도들을 함유한 제품들이 인간의 신체 기관에 예기치 않은 위험을 초래한다는 내용으로 도마 위에 올랐을 때, 불안전성의 문제가 제기되었다. 마찬가지로, 세제는 더 이상 무해 제품이 아니다. 세제 남용은 물의 흐름에 심각한 결과를 낳는다. 제조 공장의 방류 폐수, 대도시 생활하수 등으로 하천에 누적된 상당량의 세제는 모든 생명체를 없앤다. 심지어 전문가들에 따르면1963, 그것은 물의 순환 지속성증발-침전까지도 위협한다. 오늘날 사람들은 극소량의 세제물 1리터당 1/1000mmg로도 물고기에게 치명적이라는 내용을 인정한다. 1965년 독일의 한 보고서는 얽히고설킨 문제의 심각성을 재차 들췄다. 이 보고서는 탁월한 문제 분석을 바탕으로, '수익성과 효율성을 갖추되 수중 박테리아와 물고기에게 무해한 제품 사용'이라는 세제 사용 규칙 법안을 이끌었다. 그러나 문제는 박테리아와 물고기에게 무해한 제품이었다. 이 기준을 충족하는 모든 제품들은 하나같이 고가이거나 아니면 효율성이 떨어졌다. 물고기에게 해롭지 않아도 박테리아를 파괴했다. 우리는 박테리아의 필수 기능을 잘 안다. 더군다나 미량의 세제 성분은 수중에서 완전히 제거되지 않는다. 성분은 계속 누적되고, 우리는 항상 중독 효과를 의심해야 할 상황이 되었다.[57]

세제의 중독성열심히 세척해도 여전히 잔존하는 문제와 관련해, "프랑스 세제위원

---

57) 유해성과 예측 불가능한 이차 효과들과 마주해, 사람들은 중요한 주장들을 펴기 시작했다. 세레(I. Cheret)는 1968년에 『물』(L'Eau)이라는 글에서 미국에 확산되기 시작한 주장을 채택한다. "신제품 개발 때마다, 자연계 순환에 문제없이 재도입이 가능한 제품을 찾지 못했다면, 제품 판매 이전에 품질검사를 강요할 이유가 없고, 판매 허용을 거부할 이유도 없다." 결국 "비유해 제품"이면서 동시에 "생태 친화 제품"이어야 한다. 플라스틱과 세제에게는 재앙이다! 여기서 예측 불가능한 효과는 제품을 자연계 순환에 재통합함으로 상쇄될 것이다.

회"는 1963년에 보고서를 발표한다. 보고서에 따르면, "급성 중독은 매우 약하며, 만성 중독은 우려할 수준이 아니다." 그러나 새로운 활성 세제에 대한 실험은 아직도 이러한 관점에서 이뤄지지 않는다. 동물 실험에서 얻은 결과들을 인간에게 그대로 연결해 생각하는 일은 상당히 무리가 따른다. 또한 우리는 세제의 장기 효과들을 계산할 수 없다. 우리는 이 결과들의 진실성을 인정해야 한다. 그러나 중독 분야의 숙련가들은 위 두 가지 사태에 대해 문제를 제기한다. '직접' 중독은 분명 소수다. 그러나 일각에서는 일부 세제의 발암 유발 문제를 주장했고, 대부분의 숙련가들은 주요 효과를 강조했다. 통상 위벽을 통과할 수 없는 약제들과 비교해, 이 세제들은 위벽을 넘는 특수한 힘을 지녔다. 우리는 이 검증 결과를 심각하게 받아들여야 한다. 독물학毒物學 교수인 푸르니에Fournier와 제르베Gervais는 인간에게 무해한 화학제품은 없으며, 인간의 관심에 따라 선택된 제품들이 새로운 위험을 만들고, 그에 관련된 내용은 무궁무진하며, 이러한 위험들을 실제로 감시할 수 있다면 거의 초인의 수준일 것이라는 점을 선명히 제시한다.Le Monde, septembre 1972 푸르니에와 제르베는 위험 요소들을 확실하게 통제하는 법을 다음과 같이 제시한다. 컴퓨터 사용, 중독 감시 연구소의 확대 등이 위험 완화책이다. 그와 동시에 예측 불가능성에 취약한 부분을 항시 예상해 보아야 한다. 모라주의 활석 사건[58]을 또 다시 떠올려야 하는가? 그러나 대부분의 화장품은 정도의 차이가 있을 뿐 모두 위험하다. 최근 분무기의 위험성이 밝혀졌다. 그림, 옻칠, 향수, 살충제 등 다방면에 다년 간 사용된 이후에 발견된 내용이다. 분무기 속에 압축된 형태로 존재하는 "중성" 가스가 예기치 못한 사고를 유발할 수 있다. 가장 심각한 문제는 프레온 가스염화 플루오린화 탄소다. 이 가스는 인간에게 해롭지 않으나 대기의 오존층을 파괴하는 일산화

---

58) [역주] 소위 '탈크 모랑주 사건'(L'affaire du talc Morhange)으로 불리는 이 중독 사건은 1970년대 프랑스에서 석면을 함유한 활석 성분 제품의 사용으로 유아 36명이 사망하고 168명이 중독 증세를 보인 초유의 사건이었다.

염소냉장고, 에어컨, 절연체 등를 배출한다. 오존층은 이미 "구멍"났다. 이것은 인간에게 심각하고 위험한 결과로 되돌아올 수 있다. 왜냐하면 오존은 생명체 구조를 파괴하는 주범인 자외선을 대부분 흡수하기 때문이다. 따라서 오존층의 구멍은 생명체에 '치명적'이다. 그러나 누가 분무기 사용이 곧 자살행위라고 생각하겠는가?[59]

오늘날 신제품에 대한 통제가 점점 길고 엄격해졌다는 점이 도드라진다. 르베롤Y. Rebeyrol은 우리를 안심시키기 위해 다음과 같이 말한다. '화학 살충제의 진보와 이 제품들에 대해 널리 퍼진 불신과 맞물려, 차후 신제품에 대한 다년간 연구와 실험 과정이 이뤄질 것이다. 프랑스의 제약회사 론플랑Rhône-Poulenc의 계열사인 페프로Pepro와 영국의 제국 화학 산업체인 플랜드 프로덕션 리미티트Plant Production Limited는 매년 7,000~8,000개의 화학신제품을 연구한다. 이 중 단 하나의 제품만 7~8년의 추가 연구 과정을 거쳐 시판된다. 우선 새로운 분자의 효능, 특이성, 급성 중독과 만성 중독을 연구한다. 다음으로 다른 토양들을 견본으로 선택해 실험을 지속한다. 화분에 실험하고, 1제곱미터 규격의 좁은 공간에서도 실험하며, 다양한 기후의 밭에서도 실험을 지속한다. 각각의 실험을 통해 사람들은 토양의 미생물과 활용된 공간에서 생산된 신제품의 효과를 확인한다. 마지막으로, 보호 작물인 곡식, 과일, 채소의 잔여물이나 파생물을 연구한다. 실험은 잔여물의 독성을 확인하고, 안전도 100%를 보장할 수 있는 요소들을 취하며 독성의 최대 허용치를 결정한다. 모든 나라에서 새로운 살충제의 승인은 그것을 사용하는 방식도 규제하는 매우 엄격한 절차를 거쳐야 한다.

모든 과정이 완벽에 가깝다. 그러나 다른 시각에서 보면, 이야기는 달라진다. 다른 분야의 기술자들은 이 과정을 견딜 수 없고, 실험과 검사 기간이

59) P. Aimedieu, « La disparition de l'ozone (essentiel) », *La Recherche*, nº 186. 초음속 항공기 역시 오존층 파괴의 또 다른 주범이다. 1985년 오스트리아 빈에서 개최된 학회에서 이 문제가 제기되었으나 별 소득 없이 끝났다. 오존층에 대한 "의정서"는 1987년 몬트리올에서 제정(1989년 1월 발효)되었다.

얼토당토않다고 생각한다. 위 영역에서 연구되어야 할 필요가 있는 약물을 아는 의사들은 해당 약물을 위급 상황에 사용할 수 있기를 희망한다.

　동시에 우려 대상이 된 다음 두 가지 요소도 생각해 보아야 한다. 바로 위험 폐기물과 "사고"다. 보통 폐기물 문제는 매우 우려되는 문제우리는 뒤에서 이 문제를 다시 다룰 것이다다. 왜냐하면 생산이 증가할수록, 공급 영역에서 '구매해야 할' 수량이 증가하고, 동시에 '버려야 할' 양도 증가하기 때문이다. 다시 말해, 처분 수량이 증가한다. 경제의 작동을 위해, 자동차나 텔레비전을 2년마다 '교체해야 한다.' 폐기물이 쌓일 수밖에 없다. 다만 나는 이 글에서 유해 폐기물에 대해서만 이야기하겠다. 해당 사례로, 다이옥신모두가 다이옥신 통을 다룬 소설을 기억할 것이다과 가성칼륨 소금라인 강, 원자력 폐기물이 있다. 우리가 완전 무해한 상태를 바란다면, 이 폐기물들의 처리 문제는 골칫거리가 아닐 수 없다. "사고" 역시 생각을 안 할 수 없는 문제다. 미국의 쓰리마일 섬의 원전 사고, 체르노빌, 인도 보팔 지역의 가스 누출 사고, 밀라노의 다이옥신 누출세베조 사고 등이 그 예일 것이다. 사람들은 이러한 사고들의 숫자가 극히 미미하다고 주장할지 모른다.[60] 동의한다. 그렇지만 그 말이 꼭 옳다고 하기도 어렵다. 매년 500개의 원자로 당 하나 꼴로 대형 사고가 터진다. 위험 요소가 매우 커질 때, 사고를 무시하면서 원자로를 가동할 수 있는가?잡지 La Recherche, 137호, 1982 참고 왜냐하면 이런 종류의 신기술로 발생된 사고들은 항공기 사고나 철도 사고와 전혀 다른 형태의 사고이기 때문이다. 그것은 매우 오랜 기간 동안 영향을 미친다.때로 몇 세대에 걸쳐 영향을 미칠 수도 있다 또 원자로를 통해 만들어진 것들이 미칠 이차 효과를 전혀 모를 수도 있다. 사고가

---

60) 그러나 매체들은 대부분의 심각한 사고에 모르쇠로 일관하거나 은폐하려 한다. 코르넬리우스 카스토리아디스는 소련에서 벌어진 사건을 폭로했다. 소련은 세균무기를 준비했고, 노보시비르스크와 스베르들로브스크에서 대형 사고가 터졌다. 배양 과정에서 바이러스가 "유출"되는 사고였다.(V. 21) "두 곳에서 터진 대형 사고로 인해 수천 명이 목숨을 잃었다"(Catoriadis, in Jacquard, op. cit) 또한 후발 사고들도 짚어야 한다. 쓰리마일 섬의 원전 사고 이후인 1980년에도 수천 퀴리의 크립톤85이 여전히 제거되지 않은 상태였다.(La Recherche, n° 113, 1980)

일어난 이후에야 발견할 수 있는 효과도 있다. 물론 다음과 같은 질문이 제기될 것이다. '상당한 불편함이 있지만, 불확실하고 국지적인 사건일 뿐이다. 이런 일로 현실의 기술 진보의 과정을 중단해야 하는가?' 이것은 문명의 선택이다.[61]

분명 일각에서는 예측 불가능한 효과들이 결국 밝혀질 것이고, 우리는 이 효과들을 포위, 분석하고, 필요하다면 제거하면 그만이라고 주장할 것이다. 옳은 말이다. 그러나 이러한 낙관론과 미묘한 차이를 거론해야 한다. 즉, 돌이킬 수 없는 결과들이 있으며, 개인 차원에서 복구 불가능한 사고들_{유해 제품의 희생자들}이 있다. 진보에는 반드시 희생이 뒤따르기 마련이라는 말로 갈무리할 수 있는 상황이 아니다. 여러 사례에서 볼 수 있듯, 실험 취소와 재출발 운운하며 상황을 번복하거나 수습하기는 불가능하다. 획득한 효과들은 후천적이다. 살충제는 인간의 신체 기관에 누적된다. 일반적인 방사능 오염의 성장_{취약성 성장}과 마찬가지로, 누적된 살충제도 후천적 영향을 미친다. 그러나 이 문제는 돌이킬 수 없는 '과정'이다. 예컨대 우리는 살충제 사용을 중단할 수 없다. 왜냐하면 살충제 공격을 받은 벌레들은 반대급부로 번식력과 저항력을 키우고, 결국 이 벌레들을 잡기 위해 살충제의 사용 폭을 넓힐 수밖에 없기 때문이다. 이 사태가 정확하다면, 우리가 늘 전진해야 하는 방향성의 전형에 해당할 것이다.[62] 더군다나 유해성을 인정하더

---

61) 이 문제와 관련해, 파트릭 라가덱의 책을 참고하라. Patrick Lagadec, *La Civilisation du risque*, Le Seuil, 1981. 예상치 못한 효과들에 관한 주요 사례에 '전기'도 포함된다. 전기는 무해 물질이 아니며, 전기에도 심각한 오염 물질이 포함되어 있다. "칩"의 구성은 산성 용액을 필요로 한다. 이 산성 용액은 세라믹 순환 회로의 작동에 필요하다. 또한 불순물 제거를 위해 강력한 세정제가 필요하다. 1983년에 "칩"을 제조하는 주요 공장들 중 한 곳에서 이뤄진 조사는 다음 사실을 폭로했다. 공장의 대형 물류 창고에는 토양 침투를 막기 어려운 잉여 제품들이 있었다. 지하수 오염으로 인근 마을 주민 일곱 명이 사망했다. 또한 이 제품으로 인해 출생 사고와 태생 기형 사고가 수백 건에 다다랐다. 분명 인재(人災)였고, 부주의로 인한 사고였다. 그러나 활동 폭이 커질수록, 이러한 사고와 부주의의 가능성도 커진다. Cf. « Technopolis », numéro spécial de la revue *Autrement*, 1985.

62) [역주] 기술의 양면성에 주목하는 엘륄은 기술 진보가 가져오는 악순환의 문제를 이 대목에서도 적용한다. 언제나 기술 진보를 외치는 이들이 간과하는 부분은 바로 이러한 악순환이다. 나 아닌 타인의 희생 값으로 이루는 진보가 과연 진보인가?

라도 결코 번복할 수 없다는 현상이 사회 도처에 확산, 응축되어 있다. 세제나 분무기 생산을 중단할 수 있는가? 살충제 생산 중단이 머리에 그려지는가? 현재 우리는 재삼 문제 삼아야 할 너무도 중요한 산업 및 사회의 복합성과 마주했다. 분명 우리는 제품을 개선할 수 있고, 치료제를 악순환의 고리에서 빼낼 수도 있다. 그러나 이러한 활동은 예측 불가능한 결과들을 확장할 뿐이다. 다시 말해, 우리는 사용된 기술들에 대한 통제력을 차츰 잃는다. 왜냐하면 만일 우리가 이차 오염 제품의 생산과 소비를 중단한다면, 바로 그 순간에 시장에서는 해당 제품과 관련된 100가지 품목을 버려야 하고, 결국 무시할 수 없는 결과가 이어질 것이기 때문이다. 즉, 이러한 대량 폐기물로 2년 후 혹은 10년 후 무슨 일이 벌어질지 알 수 없기 때문이다. 마지막으로, 우리는 널리 알려진 현상들, 기술의 열정이 담긴 현상들을 짚어야 한다.

무시할 수 없는 또 다른 측면이 있다. 바로 인간의 직접 욕구들과 장기간에 걸친 기술의 영향력 사이에서 불거지는 대립이다. 물론 기술은 욕구들, 즉 '직접' 욕구들과 유관한 경우에, 그 욕구들에 응하려 한다. 나는 인간이 가진 모든 욕구들을 다루지 않을 것이며, 욕구들에 따라 실행되는 기술 발전의 문제도 깊게 다루지 않을 것이다. 다만 기술이 욕구들을 고려할 때마다 중시되는 점은 욕구들은 하나같이 '직접' 욕구라는 사실, 그리고 사람들은 이 욕구와 관련지어 기술의 효능을 계산한다는 사실이다. 다시 말해, 인간이 제기하는 몇 가지 요구사항에 발맞춰 기술은 자기 정당화를 시도한다. 그러나 이러한 조건에서, 사람들은 장기간 동안 미칠 영향력에 대해 생각하지 않는다. 즉, 자신과 직접 연결된 욕구가 충족되면 장기간 미칠 영향력에 대한 관심을 끈다. 마찬가지로, 기술이 인간의 욕구를 10년 혹은 50년 후에 충족시켜 준다는 약속에도 무관심하다. 우리는 자유로운 약속에 기초한 생산 성장이 낙후된 계급들의 장기 빈곤의 근본원인이라는 사실을 잘 안다. 또한 오늘날 가난한 사람들에게 이 약속은 조잡한 거짓말과 함정이라는 사실도 안다. "모든 것을 즉시"라는 구호가 기술을 중심으로 한 사고방식의 주요 특징이다. 그러나 이 말은 즉시 일어난 것만 보고 고려하겠다는 뜻을 포함한다. 장기간 미칠 영향력에 대한 성찰이 무엇보다 중요하다. "먹어라. 마셔라. 그리고 내일…. 다 죽자."

그러나 치명적인 효과들은 대부분은 오랜 시간동안 서서히 영향을 미친다. 곳곳에서 해로운 영향에 대해 예고하지만, 사람들은 그 행보를 멈추지 않는다. 본문에서 다루는 논의들이 기술 진보의 필연성에 대한 증거보다 우위를 점해야 한다면, 그 방법은 무엇인가? 우리는 항상 동일한 문제를 만난다. 이 문제를 가장 잘 보여주는 그림은 원자핵분열이다. 사람들은 방사능 오염의 위험 "수위"에 대해 수없이 논한다. 수많은 경험들이 있으나 서로 모순된다. 그럼에도 위험 수위의 방사능 농축이 생산될 수 있으며,[63] 한계 수위도 일각에서 이야기하는 것보다 훨씬 낮을 수 있다는 우발성도 잔존한다. 체르노빌 사고가 터졌을 때, 논의가 다시 불거졌다.[64] 그러나 이 사고로 사람들은 결정적이고 돌이킬 수 없는 사건에 직면했다. 최소한의 이성이 있다면, 이 위협적인 사고의 우발성순전히 가설에 불과한은 "원자력" 관련 제반 분야의 연구와 응용을 중단시킬 것이다. 그러나 세계를 잃는 한이 있어도, 기술 진보는 멈출 수 없다.

이제 우리는 다음과 같은 정식으로 실제 원리를 정리할 수 있다. '기술이 진보하면 할수록, 예측 불가능한 효과들의 총량도 증가한다.' 완벽한 논증

---

63) 에레라(M. Errera)는 저용량 핵 방사선의 영향을 무시할 수 없다고 생각한다.(*La Re-cherche*, n° 168, août 1985) 주변으로 점차 확산되는 방사선의 증가 문제를 짚어야 한다. 특히 많은 병리학자들에게, 방사선이 아무런 효력을 발휘하지 못할 제한선이 없다. 유전자 구성 요소(D.N.A.)와 염색체들은 약한 방사선의 우선 표적이다. 반대로 우리는 다른 저자들의 생각에도 주목한다. 이 저자들에 따르면, 우리는 히로시마 생존자들의 후손들(두 세대 이후)에게 현저한 정신박약 현상을 확인한다. 여하튼, 과학의 지혜가 의심 선상에 들어왔으며, 우리는 아무런 영향을 미치지 않는 양의 방사선은 없다는 주장을 인정해야 한다.

64) 다음 자료를 참고하라. Jacques Ellul, « Incertitudes », dans *Sud-Ouest Dimanche*, mai 1986.

을 위해, 상황의 세부 목록을 작성할 필요가 있다. 물론, 완벽한 작성은 불가능하다. 다만 인용된 사례들의 중요성 정도로 충분해 보인다. 인용된 사례들의 면면을 보면서, 우리는 일반화를 꾀할 수 있을 것이다. 일반적으로 통용 가능한 결론들을 도출하기 위해, 우리는 부정확하거나 추산에 준한 방법론을 사용하지 않을 것이다. 이러한 방법론은 중요한 사실을 차지하고 확실한 무게감을 지닌 방법론이 아니다. 우리는 통계 자료를 작성하거나 별로 중요치 않은 사건들을 수집하는 방법론을 사용하려 한다. 이러한 방법론을 통해, 기술 진보의 양면성을 분석할 것이며, 이 분석 작업은 가치 판단이나 숨은 전제에 예속되지 않더라도, 우리 사회와 기술화된 세계에서 살아가는 인간의 현실을 더욱 정확하게 평가할 수 있을 것이다.

메도즈Meadows가 옳았다. 그는 기술 발명품의 채택과 그 응용의 보편화를 시도하기 전에, 다음과 같이 물어야 한다고 주장한다. "사회와 물질의 지평에서, 이 발명품의 응용 일반화와 '맞물려 등장하게 될' 결과들은 무엇인가? 적절한 사용지불해야 할 값 이전에 사회 변화가 선행되어야 한다면, 어떤 변화가 먼저 이뤄져야 하는가? 발명품이 효능을 발휘함과 동시에 성장 저해 요소를 제거하는 두 마리 토끼를 잡을 수 있다면, 한껏 부풀어진 이 팽창 체제가 마주하게 될 다음 한계선은 무엇인가? 우리는 발명품 제거라는 강요보다 최종 한계선에 내재된 속박을 더 선호해야 하는가?"

메도즈의 이 질문들은 본질적이고, 문제의 핵심을 완벽히 요약한다. 그러나 불행하게도, 이 질문에 대한 답은 불가능하다! 대답이 가능하다면, 인간은 결코 합리적인 선택을 할 수 없을 것이다. 내가 볼 때 매우 기본적인 원리를 메도즈의 질문에 덧붙여 보자. 그 원리는 다음과 같다. "통상 예측 가능하지 않고 단기간에 나타났다 사라지는 위험 요소가 있다. 어떤 기획을 통해 이 위험 요소의 규모와 잠재된 부분을 보여줬다고 하자. 그렇다면, 지혜는 이 요소들을 감내하면서까지 추진되는 기획에 해당하지 않을 것이다." 이 원리의 전제는 '충분한 상황 통제'와 '진보에 대한 믿음의 부재'이다. 따라서 이 원리는 적용할 기회조차 잡지 못한다.

물론 이 글에 인용된 사건들은 우리가 식별해야 할 가장 심층에 있는 부분의 현실을 보여주는 사례일 뿐이다. 즉, 새로운 기술이 만드는 결과들의 예측 불가능성의 항구적 현상과 항상 갱신되는 그 효과의 중량감에 대한 사례다. 우리가 그리는 그림은 '이러한' 상황의 중량감을 강조하려고 공해나 제초제를 주요 사례로 들어 논의를 전개하는 저작들의 방향이 아닌, '양면성'이라는 상수를 지향한다. 사실, 이러한 위험을 의식할 때마다, 우리는 속도 차이만 있을 뿐 타개책도 찾아낸다. 나는 현재의 공해나 제초제로 인한 중독 문제를 과하게 염려하지 않는다. 확실히 몇 년 동안 상황이 악화되기는 했지만, 제출된 해법들도 만만치 않다. 제초제 사용 문제를 예로 들면, 이미 특종 바이러스나 기생충_{우리가 제거하고 싶어 하는}으로 제초제를 대체하는 연구가 상당히 진척되었다. '원칙상' 이러한 방법은 다른 생명체에 해를 끼치지 않을 것이다. 그러나 재해를 저지하면서, 우리는 갈수록 풀기 어려운 문제와 대면하고, 타개책이나 보상에 들어가는 비용도 점차 높아질 것이다. 사태는 영원하다. 왜냐하면 우리는 매 순간마다 무엇을 중단시켜야 할지 잘 모르기 때문이다. 심지어 그것을 상상하는 것조차 불가능하다. 따라서 이것은 예견 가능성에 매우 확실한 한계선을 긋는다. 기술 발전의 예견과 관련된 모든 책을 검토한다면, 우리는 오늘날 기술의 여러 가능성을 그대로 연장하거나, 익히 알려진 과학 연구를 기점으로 기술 응용에 따른 결과물을 도출한다는 사실을 확인할 수 있을 것이다. 그러나 이러한 예견들을 완전히 전복할 수도 있다. 이 전복의 위험이 도사리는 부분은 바로 기술 자체가 야기한 문제들 혹은 위험 요소들의 출현이다. 이것은 미리 상상할 수 없는 부분이지만, 기술들의 또 다른 사용을 지속하지 못하도록 막대한 시간, 연구, 비용을 들여 집중해야 할 부분이다. 따라서 예측 가능성의 실제 한계는 바로 기술의 이 양면성에 있다고 하겠다.

지금까지 다룬 파편적 자료들을 바탕으로 몇 가지 결론을 아래와 같이 제시한다.

첫째, 두드러지게 누적된 진보는 없다. 단지 진보라 규정된 진보도 없고, 음지 없는 진보도 없다. 모든 진보에는 파괴의 위험이 공존하며, "진보/퇴보"라는 이중의 극적 역할이 내포된다. 19세기 사람들은 산업 발전의 음지를 무시했다. 그 시대 사람들은 기술 진보의 그늘을 외면했다. 기술 발전은 특수한 퇴행 현상을 포함했고, 생산했다. 다시 말해, 전문기술관료의 사고는 오직 인공 기계의 단순 논리를 따라 생동감, 인간론, 사회를 생각할 뿐이다. 전문기술관료의 역량은 전문가의 역량이다. 이들에게 널리 퍼진 '맹목'이 전문적으로 단련된 통찰력을 봉합한다. 이들의 사회정치 행동은 절단되었고, 또 절단될 수 있다.

둘째, 우리는 양면성을 전복에 준하는 급격한 방향 전환으로도 표현할 수 있다. 이를 확인할 기회는 수없이 많을 것이다. 다만 이 글에서는 기술이 언제나 합리성이라는 양식에서 작동하지만, 현재 우리의 상황에서 기술은 비합리적인 것으로 바뀌었고, 때로 망상으로 바뀐다는 점을 짚으려 한다. 기술의 작동 목적은 언제나 유용성이다. 기술은 유용성이라는 기준에 따라 작동하지만, 오늘날 일반화된 불필요성의 최절정에 도달했다. 기술은 언제나 가치 생산을 추구하지만, 오늘날 기술은 무가치함봉사와 정보의 생산에 복무한다. 기술은 언제나 건설적인 것을 지향하지만, 오늘날 기술의 주된 발전은 잠재적 파괴의 발전과 동의어다. 과거에 기술은 개인 차원의 상쇄 문제에 대해 비합리적인 반응음악, 스포츠, 사회 부적응을 보였다. 그러나 오늘날 비합리성은 기술 자체 '에', 그리고 기술의 과정과 결과에 있다. 그러므로 기술은 기술에 대한 반응 자체의 비합리성도 이미 내포한다.

　마지막으로 기술의 양면성에 대한 관찰을 통해, 사람들은 기술이 제기한 고수준의 문제들 중 하나와 조우한다. 우리는 기술 진보의 정체에 주목하기를 거부한다. 우리는 기술 진보의 실제 결과가 삶에 존재하는 모든 부분에 대한 문제 제기를 파악하려는 시도를 거부한다. 또 기술로 인해 치러야 할 값을 지불하지 않으려는 이들도 있다. 기술로 인한 문제를 해결하기 위해 지불해야 할 값을 본 사람들은 하나같이 비관론적 시각으로 이야기한다. 그 값을 보았던 사람들은 염세주의를 이야기한다. 그러나 동시에 사람들은 기술의 불편함에 대한 타개책에서 비롯된 우발적 기술들을 거부한다. 왜냐하면 우리는 이 현상들을 단순히 우발적 사건들로 생각하려 하고, 기술의 좋은 측면을 선택했기 때문이다. 따라서 우리는 기술의 도전에 어떻게 응할 것인가에 대해 항상 뒤쳐진다. 기술과 마주해, 그리고 기술을 직시할 수 없는 우리의 무능력과 마주해, 나는 티투스 리비우스의 입을 빌어 다음과 같이 말하고 싶다. "우리는 더 이상 우리의 악에도, 그들의 구제책에도 동의할 수 없다." 또한 타키투스의 말처럼, "치료제는 언제나 질병보다 늦다. 인간 본성의 허약함이 그것을 만든다."

　양면성, 예측 불가능성의 문제와 관련해, 나는 세칭 "진보의 수호자들"이 어떤 반응을 보일지 잘 안다. "인간은 더 많은 책임, 더 많은 선택, 더 많은 자유를 위해 부름을 받았다. 인간은 자신이 창조한 사물의 가치를 스스로 입증해야 한다"^{경구 피임약과 관련된 토론이 쉼 없이 일어나는 것처럼} 그러나 절대 다수의 인간이 '신속하게' 고차원의 의식과 책임에 이를 수 있는가? 누가 그것을 장담하는가? 우리는 기술이 만든 일련의 위험에 직면했다. 가장 심각한 부분은 이러한 위험이 여전히 가설 단계에 있다는 점이다. 그러나 이러한 가설의 불황을 고대하는 정도로는 불충분하다. 시대의 쟁점이 된 기술을 누군가 악하게 사용하지 '않으리라' 보장할 수 있는가? 기술의 사악한 사용은 점차 강력해지고, 더 위험한 문제를 초래한다. 결국 우리가 막강한 도구들나는 수소 폭탄 뿐만 아니라, 인구 통제를 위한 총체적 정보 체계, 화학물질 개입을 허용하는 체계 등을 염두에 둔다을 갖는다면, 이 도구들을 활용하지 않을 막강한 정부가 없으리라 누가 보장할 수 있는가? 먹거리를 위해 뇌에 전도체를 사용하는 문제로르빅의 이상향 등을 결정하지 않으리라고 누가 장담할 수 있는가?[65] 신기술이 낳을 결과들을 점차 인식하지 못하고, 필요한 대안을 개발할 능력을 잃게 될 경우, 엄청난 위기에 봉착하는 데 그리 많은 시간이 걸리지 않을 것이다. 따라서 '기술 성장은 가설 단계에 있지만 엄단할 필요가 있는 위기를 무한정 증대시킨다.' 나는 이 표현을 여기에 처음 사용했다.[66]

5. 의식화 결여에 관하여

본문에서 짤막하게 다루려는 질문은 상당히 껄끄럽고 불편할 것이다. '기술이 이러한 부정적 효과 위험, 위협을 보였음에도, 사람들이 이를 의식하지 않는 이유는 무엇인가? 왜 대다수의 사람들은 이 문제에 대한 감각도, 시각도 없는가? 예외 없이 모두가 기술 진보에 푹 빠지는 이유는 무엇인가? 부정적 효과들을 비롯해 각종 위험과 위협 요소들에 대한 정보와 지식이 일부 숙련가들에게 국한된 이유는 무엇인가?' 세베조의 염소가스 누출 사고, 인도 보팔 지역의 유독가스 누출 사고, 체르노빌 원전 사고 등이 있었다. 그러나 곧 바로 '이 사건들은 부수적이고 국지적인 사건' 이라는 말로 대중을

---

65) 여기서 우리는 의사결정 문제를 재차 발견한다. 그러나 나는 이미 이 책에서 카스토리아디스의 질문을 인용했다. C. Castoriadis, « *Qui a décidé* les fécondations *in vitro*? *Qui a décidé* que la voie était libre pour le génie génétique? Qui a *décidé* des dispositifs anti−pollution produisant les pluies acides? » (in A. Jacquard, *Les scientifiques parlent, op. cit.*)

66) [역주] 모든 기술 성장으로 불거지는 무한한 위기에 대해, 엘륄은 엄격한 비난이 필요하다고 말한다. 이것은 엘륄의 가치 판단이다. 그리고 엘륄은 이러한 판단을 여기에 처음 내렸다고 고백한다. 엘륄의 이 언급은 그를 기술 공포증 환자나 파괴론자로 매도했던 비난에 대한 의식으로 보인다. 서문에서 밝혔듯, 기술에 대한 엘륄의 시각은 '기술 숭배'도 '기술 공포'도 아니다.

안심시킨다. 대중은 문제에 대한 의심조차 갖지 못한다. 여론 형성에 지대한 영향을 미치는 대형 "선전과 광고" 장치를 한 쪽에 내팽겨두고, 의식화 작업을 하나로 수렴하고 희석해 버리려는 이유가 있다.

그러나 항상 그랬듯이, 나는 사회 조직들의 작동 방식에 대한 설명보다 개인의 악랄한 개입이나 특정 집단에 보이는 관심사를 더 선호한다. 뒤에 나올 광고 부분에서도 이 문제를 다룰 것이다. 기술이나 광고의 제1임무는 사실 간단하다. 곧, 대중의 의식을 흐리멍덩하게 만들라의식화 희석는 것이다. 기술을 활용한 기업의 긍정적 효과들이 지속적으로 누적되었고, 피부에 직접 와 닿을 수 있을 정도로 즉각 나타났다.전력 시설, 텔레비전 등 반면, 부정적 효과들은 '언제나' 오랜 기간이 흐른 후에 감지되거나, 그 효과를 '경험한 후'에 감지된다. 나는 연구자들과 기술자들의 정직함을 믿는다. 때로 위험을 간파한다면, 이들은 관련 생산품의 보급과 판매를 거부할 것이다. 나는 그것을 확신한다. 그러나 기술이 장착된 이후로 지난 몇 년 동안 부정적 효과들은 끝없이 발생했다. 후진한다고 풀릴 문제가 아니라는 뜻이다. 오늘날 사람들은 자동차가 집단 사망의 한 원인프랑스는 자동차 사고로 연 12,000명이 사망한다이라는 사실을 안다. 그러나 그것이 자동차를 향한 열정을 '저지할 수 없다.' 현 시대에 긍정 효과/부정 효과의 간극은 이미 상당히 벌어졌다. 둘째, 우리는 하비 브룩스의 역설이라 말하는 부분을 고려해야 한다.[67] 브룩스에 따르면, "신기술의 비용이나 위험성 문제는 전체 인구 중 제한된 일부의 지지를 받을 뿐이다. 반면, 신기술의 장점과 혜택은 폭넓은 지지를 받는다. 지역의 집단에게 미치는 불이익은 매우 민감한 사안이지만, 인구 전체에 미치는 포괄적 혜택이 한정된 집단에게 미치는 손실 총량보다 훨씬 크다."

프랑스에서 공해를 가장 많이 배출하는 공장들 중 한 곳에서 근무하는 선임 연구원이 내게 솔직한 이야기를 털어 놓은 적이 있다. 그의 이야기를

67) H. Brook, « Science, technologie et société dans les années 80 », in *Rapport O.C.D.E.: La politique de la science et de la technologie dans les années 80*.

소개하겠다. "사실, 공장 주변 지역은 매우 위험합니다. 우리는 경고 푯말을 세웠습니다만, 전통적으로 방목이 이뤄지던 곳이다 보니 인근 마을의 농민들이 자주 젖소들을 데려와 풀을 뜯게 하더군요. 한 번은 젖소가 죽는 일이 생겼습니다. 복잡한 공해 제거 체계의 설비가 필요했습니다. 그러나 이 체계 구축에 들어가는 비용보다 젖소 주인에 대한 보상비용이 70% 선으로 더 저렴했습니다." 이러한 위험성과 불편함을 인지하는 쪽은 언제나 숙련가들이다. 이와 연결해, 우리는 다음 내용도 파생 명제로 제시할 수 있다. 곧, 대중은 오염을 전혀 느끼지 못한다.^{대도시 대기오염} 또한 대중은 오염 여부를 아예 모른다.^{지하수 오염} 다시 말해, 대중은 오염에 따른 불편함을 직접 겪지 않는다. 따라서 이들에게 불필요해 보이는 조치들^{예컨대, 촉매 변환기}을 부과하기란 상당히 어려운 일이다. 대중은 '반드시 전환이 필요한 사안'을 수용할 준비가 되지 않았다. 지식인은 두 말 하면 입만 아프다! 지식인들은 유명한 책 제목처럼 "21세기를 맞이할" 준비를 하자고 떠든다. 이들의 주장에서 우리는 다음과 같은 사실을 확인한다. 지식인들이 바라보는 사회 문제는 완전히 극복된 문제, 이미 지나간 문제이며, 해당 문제에 대해 이들이 내놓는 대답도 부적합하다. 다시 말해, 현상들에 대한 지식인의 이해력은 점차 뒤처지는 상황^{심지어 전망을 할 때도 마찬가지다}이며, 벌어지는 문제들은 점점 풀기 어려워진다. 이유가 무엇인가? 왜냐하면 지식인들은 서로 뒤얽혀있고 일정한 집단^{학파}을 이루면서 개인의식이 아닌 집단의식에 소속되었기 때문이다.

세 번째 특징도 동일한 방향에서 작동한다. 사고가 발생하는 경우를 제외하면, 이러한 난점과 위험 요소들은 매우 불투명하다. '기술'과 '기술의 효과' 사이에 명확한 인과관계가 설정되지 않는 것처럼 보인다. 즉, 산업 기술과 프롤레타리아 양산의 연관성, 의료 기술과 인구 폭발의 연관성처럼, 양자 사이에 직접적인 인과관계가 없는 것처럼 보인다. 불편함은 불투명하고 가설^{예컨대, "인구 폭탄"이 위험하다는 주장처럼 이론의 여지가 있는}에 머물기 때문에 대중들은 "목 앞에 놓인 서슬 퍼런 칼"을 느끼지 못한다. 따라서 대중들은 보지도 않고 듣지도 않으려 한다. "이러한 위험을 떠드는 사람들은 무식하거나 염세주의자다." 반면, 혜택과 장점은 가시적이고 확실하다. 그러나 그이상으로 시행착오가 많다. "원하는 아기"만 가질 수 있는 가능성과 여성의 자유라는 이름을 내세워, 사람들은 "경구 피임약"을 반겼다. 찬성자의 눈에 "반대"자들은 남성우위론자 혹은 "진보에 반대"하는 "도덕주의자"였다. 사람들은 경구 피임약 섭취로 인해, 암의 위험이 있다고 강조했다. 그러나 이내 배제되었다. 이후 심장질환이 부각되었지만, 진중하고 구체적인 연구를 통해 논의의 중심에서 멀어졌다. 그러나 위험은 예상치 못한 곳에서 나타났다. 성병이 폭발적으로 늘었고, 성병은 다시 한 번 인류의 골칫거리가 되었다. 오늘날 모두가 동의하는 것처럼, 경구 피임약의 이차적 영향과 문제가 나타났다. 곳곳에 확산된 문제이지만, 원인은 제대로 밝혀지지 않는다.

우리가 다뤄야 할 마지막 요소는 '이익의 구체성과 불이익의 추상성'이다. 오토바이를 타는 사람은 순전히 엔진 소리에 희열을 느낀다. 소리를 최대로 키우면, 그 희열은 배가된다. 현대인은 우리 사회를 대표하는 큰 위험 요소 가운데 '소음'이 있고, 소음에 대한 경고 수위를 높인다. 소음은 청각, 심장, 신경계에 직접 영향을 미친다. 소음은 시대의 가장 심각한 문제 가운데 하나가 되었다. 우리가 분명하게 확인 가능한 문제이며 동시에 매우 구체적이고 정확한 문제임에도 불구하고, 그 위험성에 대한 견해는 매우 추상적이다. 텔레비전 문제도 마찬가지다. 나는 독자들이 쉽게 이해할 수 있는 사례들을 채택했다. 그러나 그 위험성은 전혀 나타나지 않았다. 이 추상성은 환경운동가들 역시 피하기 어려운 난제다. 즉, 위험성을 밝히려면 장기간의 합리적 숙고가 필요하며, 대중이 이해하지 못하는 몇 가지 문제들을 제기해야 하는 특수한 방법이 필요하다. 또한 일련의 전문 역량을 수반한

연구가 필요하다. 따라서 대중에게 기술의 부정적 효과들에 대한 의식화 작업은 불가능하다.[68]

그러나 상황은 유한하지 않다. 왜냐하면 의식화가 '이뤄진다면', 우리는 결정적인 장애물에 봉착할 것이기 때문이다. 이 장애물은 크게 세 가지다. 첫째, 군산복합체이다. 용어를 정확히 명명할 필요가 있다. 오늘날 군산복합체는 기술-군사-국가복합체가 되었다. 군산복합체는 자본주의 조직화를 지향하는 데 국한되지만, 점점 협소해지는 형편이다. 우리가 문제 삼아야 할 분야는 더 이상 산업이 아니다. 기술 체계다. 또한 기술의 동력이자 최초 사용자, 군대 조직화의 주체인 국가를 이 체계에 추가해야 한다. 국가와 손잡은 기술 체계는 결국 사회주의 체제도 병합할 것이다. 의식화 작업은 기술-군사-국가복합체의 결과물을 폭로하고 좌지우지할 수 있기에, 이 복합체는 의식화 작업을 저지하려 든다. 그 저지력은 사실상 무제한이며, 최고 수준의 과학자들이나 군사 집단들은 이 힘 앞에 무력하다. 핵 연구소에 대한 총체적 반대는 세간의 이목을 충분히 끌 수 있는 주제임에도, 아무런 반향도 일으키지 못했다. 기술 운영과 연루된 관심사들이 중요하기 때문에, 모든 의식화 작업은 쓸데없는 행동과 반동 정신이 된다. 의식화가 무시되는 데, 자본의 문제를 추가해야 한다. 민간과 공공 차원의 거대 자본이 기술 운영과 밀접하다는 사실을 각인하자. 대중의 불안을 이유로 제조가 중단되는 일 따위는 없을 것이다. 제조 수단들에 유해 효과가 있다는 이유로 이 수단들을 사용하지 않는 일도 없을 것이다. 19세기 탄광 광부들의 폐 질환은 광산 개발을 저지하지 못했다. '지금 우리는 이들과 똑같은 상황에 있다.' 거대 자본들은 국가 및 기업과 연결된다. 이러한 관계의 틀에서, 부정 효과들은 별로 중요치 않다. 이 효과들을 제거하는 강제 규범이 더 중

---

68) 혹자는 내게 독일 녹색당의 (상대적) 성공을 반론으로 제시할 것이다. 독일 녹색당의 성공을 기술에 대한 실제 의식화에 연결하는 데는 무리가 있다. 좌파의 한 축을 이룬 독일 녹색당은 기술에 대한 몇 가지 단편적인 내용을 채택했을 뿐이다.

요하다. 부득이한 상황이 벌어질 경우, 사람들은 부정 효과들을 돈으로 평가하고, 보상금 명목으로 약간의 자금을 지불한다. 그러나 멈출 일은 없다. 우리가 찍을 수 있는 세 번째 낙인이 바로 거기에 있다. 바로 '돈'이다. 손실, 위험, 위기를 평가하는 기준은 다름 아닌 돈이다. 방법의 변화, 제조품 처분, 생산 가지의 포기극히 드물게 나타나는 경우도 있지만는 쟁점화 되지 않는다. 중유中油로 오염된 지역 사람들, 보팔 지역의 가스 유출사고로 질병에 시달리는 사람들에게 보상금이 지급된다. 향후 보상금은 일반화 될 것이고, 경제 상황을 더 악화시킬 수 있다. 그럼에도 사람들은 진보를 중단할 수 없다고 입을 모은다. 따라서 기술은 양면성-기술의 특징-을 본질적인 내재성과 불변성의 형태로 드러낸다. 기술의 부정 효과들은 결코 제거되지 않을 것이다. 또 이러한 부정 효과들이 긍정 효과를 만드는 작동 방식을 없애는 주된 원인도 아니다. 장점들과 단점들'모든' 단점 간의 효율적인 균형을 만들 수 있을 원칙을 우선 수용해야 한다. 우리는 단점들을 돈으로 평가할 수 없다. 단점들은 사회 집단의 구조와 심리 영역에까지 존재한다! 결코 간단하게 취급할 수 있는 문제가 아니다! "우리는 새로운 놀이의 규칙들을 수용해야 한다. 예컨대, 경쟁이 인간의 유일한 행동이 됐을 때, 이익이 고정되고 그러한 상황이 누적되고 경쟁이 불붙게 돼 결국 경쟁의 규칙들을 적용하지 못하도록 강제 제재를 가하기 전에, '과정의 성숙 단계'에서 규칙들을 정할 수 있다면, 불이익은 생각보다 크지 않을 것이다."[69] 따라서 기관이나 개인을 막론하고 적용되는 자율성에 관한 연구 논문, 탈중심화, 인격화, 자유의 신장, 소규모 집단의 개방성, '신기술로 인한' 민주화-지난 몇 년 동안 급격히 증가한 주제-는 근거 없는 자가당착이다. 왜냐하면 이러한 주장들은 기술의 본질에 해당하는 '억제 불가능한 양면성'이라는 특징을 무시하기 때문이다.

---

69) J.-J. Salomon, *Prométhée empêtré*, Pergamon, 1981.

2장_예측 불가능성

1. 예측 불가능성

우리는 예측이 절대적 필연이 된 사회에 산다. 옛 사회에서 농민이나 선원은 며칠 동안의 날씨를 예측해야 했다. 상인은 시장의 욕구들을 예측하는 데 많은 시간을 할애해야 했다. 단골과 빈번하게 접촉하는 수공업자의 경우, 예측 작업은 크게 중요치 않았다. 정치인들은 제한된 각축장에서 상대방의 반응을 예측해야 했다. 설정된 틀 내부에서 반응 예측에 상당한 시간을 투자해야 했다. 기술 제품들의 대대적인 침투 이후, 그리고 그 관계들의 강화와 복합성 이후, 반응의 신속성과 인구의 증가가 우리의 예측 활동을 재촉했다. 우리는 모든 것을 예측해야 하고, 매 순간 예측해야 한다. 심지어 자동차를 타고 가면서도 예측해야 한다. 무엇이 안전한지, 무엇이 위험한지 예측해야 한다. 모든 기업은 경쟁에 맞서 무장을 단단히 해야 한다. 기업은 미래를 준비한다. 투자와 대출은 모든 기업에게 필수이다. 즉 미래는 우리의 예측대로 준비 '되어야 한다.' 그렇지 않으면, 투자 손실과 대출 상환 불가에 직면할 것이다. 예측 활동이 없다면, 우리는 경제 붕괴를 경험하게 될 것이다. 국가도 성장을 예측해 그에 따른 준비를 하거나 막대한 예산을 마련해야 한다. 생산 성장이 멈추면, 국가의 경제 부담은 가중될 것이다. 이것은 경기 후퇴의 한 요인이 된다. 또한 사회에도 포괄적인 예측이 필요하다. "사회는 미래를 위한 준비로써만 현재를 수용할 뿐이다! 각 사람은 자신의 사회경제적 위치를 그대로 받아들인다. 왜냐하면 개선에 대한 희망이 있기 때문이다. 모든 생각의 기준과 척도는 바로 미래다. 그러므로 경제에 있어 성장은 필연이다. 실제로 우리 경제의 구조와 기술의 구조는 움직임일 뿐이다. 부가 존재할 수 있는 조건은 오직 부의 지속성과 성장뿐이다."[70]

예측에 대한 시급하고 보편적인 필요는 어느 체제에나 유효하다. 자유주의 체제에도 그러한가? 그러나 이 모든 체제는 전략과 개연성을 계산하는 차원에 머문다. 주식은 예측을 끝없이 배울 수 있는 학교이다. 가치의 매매는 주가의 고저를 예측하는 능력에 따라 이뤄진다. 우리는 이 예측이 낳는 경제의 효과들을 안다. 예측이 개연성을 바탕으로 전제한 이 효과들의 출처는 바로 '예측 자체' 다! 우리는 평가절하로 예측했을 때 나타나는 결과들을 잘 안다. 혹은 기업가가 이익 가능성을 예측해 생산 활동을 시작할 때, 예측이 그에게 독려 혹은 낙담으로 작용한다는 사실도 안다! 자기 관심사를 갈고 다듬는 작업인 예상, 예보, 그리고 총체적인 의미를 바깥으로 표출하는 작업에서 독립된 사회적 현실은 없다. 표현, 즉 '예견' 은 그것이 낳는 행동과 반응이 그것을 실현한다는 단순한 사실에 의해 "진짜"가 된다.

모튼Morton은 "의도된 사회의 행동들에서 나오는 예측 불허의 결과들"에 대한 괄목할만한 연구를 진행했다. 이것은 '자기실현의 예언다음 자료를 보라. Le colloque de Cerisy, *L'Auto-organisation*, Le Seuil, 1983이다. 한 가지 동인에 관한 예측들을 이해하려면, 다른 동인들에 대한 자기 이해가 무엇인지를 먼저 이해해야 한다. 그런 식으로 이해의 끈이 연결된다. 세상에 나타난 기술 혁신은 대중에게 수용되고 판매 가능성이 있다는 계산이 설 경우에만, 산업계에 수용되고 시

---

70) F. Partant: *Que la crise s'aggrave, op. cit.*

장에 출시될 수 있다. 농업은 더 이상 날씨에 의존하지 않고, 대규모 시장, 국제 시장에 의존한다. 우리는 이 부분도 예측해야 한다. 이러한 예측의 필요성은 자유주의 질서의 근본 요소다. 보이지 않는 손은 바로 이러한 조건에서 만물의 질서를 잡는다. 또 이 조건에서 개인의 혼란이 집단의 질서가 된다. 하이에크가 말한 "매개 범주"[71]가 바로 거기에 있다. 매개 범주에 따르면, 사회의 '오토마타' 자동인형는 어떤 것으로도 조작 불가능하고, 집단과 개인에 대한 예측, 발전 가능성에 대한 예측이 정확히 일치되는 경우에만 정돈 가능한 형식들을 만들 수 있는 '자가 조직체'다. '완벽한 투명성'이라는 이상이 거기에 내포된다.

자유 경제도 계획 경제도 아닌 우리 사회에서, 예측에 대한 요구가 상승하는 중이다. 잠재적 적대 세력에 대한 군사 차원의 예측, 경제 성장에 대한 예측, 기술의 활용 가능성에 대한 예측 등이 그에 해당한다. 그러나 기술이 막강해질수록, 기술의 성장 속도는 빨라지며, 예측은 의무와 가속화를 동시에 수반하게 된다. 즉, 반드시 예측해야 하고, 더 빨리 예측해야 한다. 예측의 오류는 기술의 강력함 이상으로 무시무시한 결과를 낳을 수 있다.^{시속} 50km로 운전하다 범하는 실수는 시속 250km로 달리다 범하는 실수와 비교할 수 없다. 후자는 바로 죽음이다 이러한 예측은 생활 전면, 행동 전반에 이를 것이며, 개인뿐만 아니라 집단, 국가, 세계의 생활 영역 곳곳에 다다를 것이다. 정도의 차이만 있을 뿐, 국가 체제가 보편 편만한 행정력을 수반한 전체주의 국가가 될 경우, 그리고 복지 국가와 계획 경제에 당도할 경우, 상황은 더욱 악화된다. 국가 주도의 계획은 예측과는 또 다른 작동 방식이다. 장기 목표를 세우고, 각 분야는 해당 목표를 달성해야 한다. 순전히 국가의 의지인 계획을 개인의 자발성으

---

71) 하이에크 사상은 현상을 크게 세 가지 범주로 나눈다. 첫째, 순수 자연 현상이다. 즉, 인간의 행위에서 독립된 현상이다. 둘째, 순수 인공 현상이다. 즉, 인간의 계획(상대적으로 예측이 용이해 보이는)에 따라 만들어진 현상이다. 마지막으로, 매개 현상이다. 이 현상은 "우리가 인간 사회에서 마주치는 모양과 규칙, 사회 이론이 그 과제로 설명하는 모양이나 의도치 않은 규칙들"을 포함한다. "이 자발적 질서들, 즉 인간의 구상이 아닌 행위의 효과/결과들을 간파해야 한다."

로 전환하는 일이 관건이다. 즉, 유명한 '이중 절차'에 따라 객관적으로 계산된 욕구들을 토대로 계획을 수립하고, 개인이 그 계획을 달성해야 한다고 생각하도록 하는 일이 핵심이다. 그러나 사람들은 이 체제가 제대로 작동하지 않았다는 사실을 점차 알게 되었고, 효과적인 실현 방안을 구상하게 되었다. 이 대목에서도 "예측 작업"이 필요했다. 이것은 프랑스의 여러 계획에서도 분명하게 드러나는 문제이자 주목해 볼만한 문제다. 프랑스의 경우, 국가 주도 계획에 항상 "융통성"이 있었다. 그러나 사람들은 이 융통성마저도 결국에는 기술 진보에 대한 최상의 예측 여부에 달렸다는 점을 확실히 깨달았다.

프랑스 제5공화국은 경제 성장의 지도자가 되겠노라 호언장담했다. 그러나 셰노의 말처럼, 국가 주도 계획은 결국 국가 자신을 위해서만 작동할 뿐이다.[72] 국가는 경제 성장에 꼭 필요한 '보조'다. 계획은 국가 금융에 개입하고 혜택의 폭을 결정한다. 그러나 성장에 대한 국가 계획의 통제력과 지도력은 점차 후퇴한다. 텔레비전 광고 덕에, 국가는 "정신이라는 토양에 소비 사회라는 나무를 깊게 심을" 수 있었다. 국가가 직접 성장을 선동할 수 없었다. 또한 강력한 경제 조정 의지를 가졌던 사회주의자들의 실패도 주목해야 할 부분이다. 대규모 기술 계획의 독점권은 대기업의 손아귀에 있다. 슈베느망J.-P. Chevènement의 주장에 따르면, 사회주의자들의 과제는 프랑스가 그토록 염원한 기술의 심층 변화였다.Le Monde, septembre 1982 우리가 익히 아는 바, 사회주의자들은 성공하지 못했고, 기술 변화는 전혀 다른 방향으로 진행되었다. 그럼에도 "기술 장려"의 결과물이 무엇이 될지 미리 예측해야 했다. 다만 실질적인 예측은 전혀 없었고, 지금껏 누적된 태도의 전복도, 지역과 세대 균형의 전복에 대한 예측도 전무했다. 합리적인 경제 계획의 수립을 가능케 하는 "컴퓨터 산업 조성 계획"은 "실패라는 결과를 맛보기도

---

72) J. Chesneaux, *De la modernité, op. cit.* 다음 자료도 참고하라. M. Moraucsik, "Can we plan science?" in *Science, Technology and Society*, IV, 4, 1984.

전에 이미 와류에 휩싸였다."^{Chesneaux}

그럼에도, 사람들은 이러한 예측 구성을 위한 과학기술 방법론을 찾는 데 실패하지 않았다. 우리는 이미 오래 전에 보외법^{extrapolation linéaire, 수학 용어로서 관찰 범위를 넘어서 다른 변수와의 관계까지 고찰해 변수 값을 측정하는 방법}을 통한 예측을 포기했다. 그러나 두 가지 큰 지류가 만들어졌다. 첫째, 미래학과 미래 연구이다. 그리고 둘째, 국제미래학회 "퓌튀리블^{Futuribles}"73) 이다. 전자의 경우, 사람들은 가능한 모든 자료들을 고려하면서 개연성이 가장 높은 것을 예측하려 한다. 진화론과 유사한 시각이다. 1950년대 말에 가스통 베르제^{Gaston Berger}의 주도로 '미래 연구^{la prespective}'가 탄생했다. 미래 연구는 학문이 아닌 엄격한 사유 방식이다. 현재 행동의 토대는 미래와 연관된 가설들이다. 이를 위해, 장시간 동안 실제 쟁점들에 대한 평가가 이뤄져야 했다. 왜냐하면 미래 연구는 쟁점 폭로에 모든 초점을 맞추기 때문이다. 관련된 각 집단이 이 쟁점들을 확보할 수 있는 전략을 얻는 데 그 목적이 있다. 미래 연구와 약간 성격을 달리하는 미래학은 현실 상황을 고려하면서 가능성 있는 것들 가운데 개연성이 가장 높은 발전을 계산하는 데 초점을 맞춘다. 그러나 실패가 빈번하다는 점을 확인하자. 에드가 모랭의 주장이 옳다. 모랭에 따르면, 1960년대 미래 연구의 전제는 과거의 안전성이었다. 확고한 과거를 바탕으로, 미래는 기술과 경제 등이 주도하는 경향들을 따라 다듬어지리라 예상했다. "미래 연구의 사상은 어설픈 낙관주의를 토대로 21세기가 인류 진보의 무르익은 열매를 거두리라 믿었다. 그러나 미래 연구 신봉자들은 추상적 현실에서 출발해 상상의 미래를 세웠을 뿐이다."^{에드가 모랭, 「20세기를 벗어나기 위하여」, 심재상/고재정 역, 문학과지성사, 1996}

이제 모델 체계로 이동해 보자. 우리는 현실 상황을 분석하고, 주요 매개

---

73) [역주] 미래 예측과 관련한 독립 연구와 사유를 병행하는 국제미래학회의 이름으로, 설립자는 베르트랑 드 주브넬이다. 1974년부터 동명의 월간 학회지를 발간하면서, 본 격적인 미래 예측에 대한 학술 작업과 정책 조언 활동을 전개했다. "퓌튀리블"(Futu-ribles)은 '미래들'(futurs)과 '가능한'(possibles)의 합성으로 드 주브넬이 만든 신조어다.

변수들을 설정한다. 그리고 이 변수들 중 '하나'를 다변화 할 때 발생하는 문제들을 세밀하게 검토한다. 이후 모든 매개 변수들의 변이 가능성을 모두 점검한다. 그러나 이 체계에는 발생 가능성이 가장 높은 것이 무엇인가를 제시하지 않고 지나치게 "가능성들"만 나열하는 단점이 있다. "퓌튀리블", 즉 미래 예측 연구자들과 함께, 우리는 전혀 다른 예측 활동베르트랑 드 주브넬이 시작한을 전개한다. 이것은 더 이상 중단기적으로 발생될 문제의 정체를 따지는 작업이 아니다. 도리어 목표들의 제시가 중요한 작업이다. 따라서 이 작업의 첫 번째 단계는 "우리의 개입만 없다면, 실제 발생될 문제는 바로 이것이다"라고 말하는 '미래 연구'이어야 한다. 두 번째 단계는 다음과 같다. "이것이 바로 우리가 결과물로 얻으려는 것이다." 두 번째 단계는 개연성 있는 것과 바람직한 것 사이의 간극을 뜻한다. 이 간극의 격차를 줄이기 위해 최상의 전략을 택해야 한다. 바로 이것이 미래 예측 연구자들의 기획이다. 물론 나는 이 과정에서 활용된 기술들에 대해 자세히 서술하지 않을 생각이다.

우리가 역점을 둬야 하는 부분은 이러한 예측 방법론 대부분이 범하는 오류와 실패의 문제다. 가장 진지했고 엄격한 학문 잣대 및 풍부한 사실과 매개 변수들을 사용했던 보고서, 심지어 엠아이티MIT대학의 연구 지원까지 받아 작성된 보고서인 로마 클럽의 보고서를 거론해야 하는가? 10년 전부터, 사람들은 이 보고서의 모든 예측들을 뒤엎기 시작했다. 보고서 작성자들 본인 입으로 이 작업의 신빙성을 보장할 수 없음을 시인했다. 헤르만 칸Hermann Kahn의 예측들이 보인 오류들간과할 수 없는을 떠올려야 하는가? 또한 전후 1960년의 문명을 예고한 소책자를 집필한 푸라스티에Fourastié의 오류를 거론해야 하는가? 푸라스티에의 예측들은 어느 것 하나 입증된 바 없다. 1950년에서 1980년 사이에 발생한 굵직굵직한 경제 현상 중 어떤 것도 예측하지 못한 경제학자들, 예컨대 원유 파동이나 1965년 이후 미국의 생산성 성장 급락을 전혀 예측하지 못한 경제학자들을 재론해야 하겠는가? 사람들은 원유가에 대한 예측을 면밀히 수행할 수 있는 연구를 경제와 기술 전 분야로 확장했다. 그러나 결론은 다음과 같다. "모든" 전문가들이 내 놓는 "모든" 예측이 틀렸다. 1974년에도 그랬고, 1977년, 1980년과 1983년에도 예외 없이 틀렸다.[74] 전문가들은 경제 분야와 기술의 전 분야에서 어김없이 예측에 실패했다. 전문가인 로베르 지라도 이 점에 주목했다. Robert Girat, « La prévision à long terme est-elle possible? », in Le Jaune et le Rouge, 1980 씁쓸한 일이다. 오류의 원인 분석은 가능했지만, 오류는 끝없이 발생했다. 이것은 20년 후 경제와 기술이 예측에 관한 책을 다시 읽어야 하는 경험으로 이어졌다. 왜냐하면 나는 이 책에서 경제와 기술 분야를 집중 탐구해야 하기 때문이다.

나는 브레상과 디슬레의 저작에 나타난 예측 평가에 대한 특별한 연구에 집중해 보려 한다. A. Bressand et C. Distler, Le prochaine monde: Réseaupolis, op. cit. 이들의 연구에 집중하려는 이유는 저자들이 제시한 탁월한 분석 때문이다. 예측은 필수불가결하다. 저자들도 이 점을 명확히 보여준다. 왜냐하면 이들의 책 전체가 서기 2000년의 세계에서 벌어질 수 있는 일들에 관한 대대적인 예측이기 때문이다. 이들은 기존의 시기들을 기록한다. 1930년대에 예고그리고 설교가 있었고, 이후 1960년부터 대니얼 벨Daniel Bell과 더불어, 인간적이고 환상적인 판단과 거리를 두며 과학적 판단을 추구한 예측이 있었다. 벨에 따르면, 예측의 필연성은 전 사회의 경제 성장에 관한 연구에서 비롯되었다. 이제 핵심은 미래에 대한 예고가 아니다. 오히려 우리의 선택들에 달린 미래의 대안에 대한 평가와 우리의 선택들이 낳을 결과들에 대한 평가가 중요하다. 이는 마세, 베르제, 허드슨연구소 보고서1967의 시기다. 그러나 이 모든 작업들은 1972년에서 1980년 사이에 벌어진 일에 대해 어떤 것도 예측

---

74) *The Future of Oil Price: the Perils of Prophecy*, Arthur Andersen and Cambridge Energy Assoc., dans *Le Monde*, février 1985.

하지 않았다! 저자들은 바로 이 기간에 관심을 보인다. 즉, 이들은 당시 "예측전문가"들이 가격 상승, 석유 파동, 천연 자원 문제에 관련해 어떠한 예견도 하지 않았던 점에 주목하며, 이러한 예측 부재가 그리 중요한 대목은 아니라고 말한다. 결국 1967년에 나온 에너지 위기에 대한 "예상"은 결코 변하지 않을 것이다. "1960년대에 적용된 전략들은 품귀 현상을 빚는 제품에 대한 관리 전략이 아닌 성장 전략이었다." 따라서 위기에 대한 예측은 결정권자들, 특히 개인이나 소규모 집단에서 나온 결정권자들에게 아무런 영향도 미치지 않을 것이다. 그럼에도, 브레상과 디슬레는 이러한 작업들의 타당성과 중요성을 이야기한다. 왜냐하면 이 작업들로 "전략의 시대"가 출현하기 때문이다. "예상을 위해 사용된 개념들은 주어진 시기의 특징이 서린 문제들, 주제들, 질문들에 달렸다." 저자들은 1936년부터 현재에 이르기까지, 이 시기를 대략 10년 정도로 본다. 더욱이 1960년에 이뤄진 예측들은 1970년의 상황보다 1980년 이후의 현재 노선에 더 가깝다! 새로운 기술담론이 야기하는 지체 현상보다 이 기술담론들의 가능성에 대한 강조, 남반구와 북반구의 관계보다 주요 권력 국가들미국, 일본, 소련 등이 주도하는 관심사에 대한 강조는 1960년의 예측을 1980년의 예측에 근접시킨다. 여기에 두 가지 중요한 점이 있다. 첫째, 과학의 예측 활동과 연구에서 사태들에 대한 예측 실수 여부는 하나도 중요치 않다.고려할 부분은 "경향들"이다 둘째, 남반구-북반부의 관계도 중요하지 않다.브레상과 디슬레가 책에서 강조하는 것처럼 사람들은 기술의 관점에서 헤르만 칸가 비너의 예측들L'An 2000, op. cit.이 두드러진다고 평가한다. 사실 이들은 오로지 정보처리기술과 연관된 부분에만 관심을 보일 뿐, 외과수술, 우주 항공, 신소재 등과 같은 타 분야에 관련된 기술 문제에는 전혀 관심을 기울이지 않는다 그러나 브레상과 디슬레는 나름의 기준을 사용해 경제적 예견의 눈으로 볼 때, 칸의 책이 빈약하다고 판단한다. 왜냐하면 이 책은 생산성, 성장률 등을 평가할 뿐, 새로운 변이들화폐 비용, 채무 등에 대한 확인 작업에 실패하기 때문이다. 그러나 기술과 경제를 결코 분리할 수 없다! 내가 유일하게 브레상과 디슬레의 견해에 동의하는 부분은 헤르만 칸이 정보의 폭발이 문화의 영역에만 머물지 않고 사회경제 전 부분에 꽉 차리라는 점을 이해하지 못했다는 평가다. 마지막으로, 브레상과 디슬레는 칸이 경제 효율성의 가치가 축소되리라 생각했지만, 우리 시대는 유례를 찾기 어려울 정도로 효율성에 집착하는 시대라고 강조한다. 이와 같이, 우리는 새로운 미래학자들의 시각을 통해, 저명한 미래학자의 오류들을 확인했다. 그러나 브레상과 디슬레도 기술 체계가 효율성 체계와 다른 명령 체계에 복종한다고 생각한다면, 동일한 실수를 범할 가능성이 크다!

나는 주저하지 않고 다음과 같이 결론을 내리겠다. 첫째, 예측은 현 시대에 더욱 더 필요한 요소가 된다. 둘째, 경제 예측과 기술 예측은 항시 부정확하다. 이 결론을 토대로, 나는 **예측 미숙**[75]과 **예측 불가능성**에 관한 문제를 다루겠다.

2. 예측 미숙과 상대적 예측 불가능성

예측 미숙은 어떤 것이 예고되었지만 실행되지 않았을 때를 가리킨다. 예측 불가능성은 기울일 수 있는 모든 노력을 기울였음에도, 도래할 사건의 정체가 모호한 경우, 심지어 발전 개연성의 흔적조차 추적할 수 없는 경우를 가리킨다. 사실, 빈번하게 등장하는 문제다. "예상"이 필요한 사태들이 산적한 관계로, 예측 미숙은 지속적일 수밖에 없다. 예측 미숙은 순전히 개인적일 수도 있고, 열정과 격분의 결과물일 수도 있다. 이견과 분쟁은 있

---

75) [역주] 예측 못함, 선견지명 없음을 의미한다. '불측'과 '예측 불가능성'은 상대적으로 다른 차원의 이야기다. 전자는 예측자의 역량과 선견지명에 초점을 맞출 수 있지만, 후자는 이러한 개별 능력과 거리가 멀다. 도무지 무엇이 도래할지 모르는 구조이기 때문이다.

지만, 오늘날 자동차 과속은 분명 사망 사고의 주원인이다. 그럼에도, 자동차의 힘과 속도에 중독되고 자기 확신에 사로잡힌 운전자는 시속 200km나 그 이상의 속도로 도로를 질주할 것이다. 우리는 사고에 아연실색할지 모른다. 앞을 내다보지 못하는 완벽한 부주의다. 대기업들의 예측 미숙, 즉 선견지명 없는 예상예컨대, 공해 유발 공장에 대한 예측 미숙이 있다. 때로 이 공장과 관련해 '예측 미숙'의 문제를 논하기 어렵다. 왜냐하면 사고와 공해가 너무 확연하게 드러나는 경우가 있기 때문이다이 쟁점으로 부각될 경우, 이 부주의는 더 악화될 것이다.

마지막으로, 이러한 부주의는 공권력 문제와 만나면서 더 악화된다. 오늘날 상당한 비효율성을 드러낸 다양한 시민안전대응계획을 그 사례로 들 수 있다. 조정되지 않은 구호이다. 구호 체계가 제대로 작동하지 않고, 적합한 물자들에 대한 예측에도 실패한다. 방법에 대한 고찰의 부재도 큰 문제다. 사실, 시민안전대응계획은 산불, 유조선 좌초, 원자력 발전소 사고, 홍수 등과 같은 상상할 수 없는 여러 사고들과 대면해야 한다. 과연 모든 일에 어떻게 대답해야 하는가? 그러나 이것은 완전히 예상 가능한 문제였다. 숙련된 항해사들은 35만 톤 이상의 대형 유조선은 조향, 표류, 기동 속도 등에 상당한 어려움이 있다고 말한다. 그럼에도 사람들은 50만 톤에 육박하는 선박까지 주조한다. 초대형 선박에 자동 조종 장치가 장착되었을 때, 사람들은 이 장치를 전적으로 신뢰했지만 적절한 예측을 제시하지 못했다. 그리고 우리는 컴퓨터 정보처리 관련 분야의 유효적절성을 다뤄야 할 중대한 지점에 서 있다. 기계 작동과 결과들은 숙련된 전문 인력들의 통제를 받아야 한다. 덧붙여, 우리는 4세대 컴퓨터들에 맹목적 신뢰를 보낼 수 없다. 내 시각에, '예측 미숙'은 이러한 맹목적 신뢰가 장치기기에 연결될 때마다 등장할 것이다.

그러나 제대로 확인해야 할 '예측 미숙'의 요소가 있다. 전술된 사례들처럼 정확하지 않고, 매우 포괄적인 요소이기 때문이다. 과학적 성격을 지닌 기술들이 산업 설비 생산의 증가를 낳을수록, 경제 체제는 더 엄격하게 바뀌며, 방향 설정의 오류가 발생할 경우에 수정은 더 어려워진다. 특히 기술의 관성은 시장의 작동 방식들에 제동을 건다._{그에 따라 경제 체제는 더 취약해진다.} 따라서 우리는 겉보기에 정확해 보이는 컴퓨터 정보 프로그램들의 대규모 오류 현상_{사람들은 이에 침묵한다}을 목도한다. 사람들은 '이미' 돌이킬 수 없게 미래를 설계한 '현실' 요인들, 지속 시간, 사전 예상이 미비했던 사건들의 발생 확률 등을 목표 계산에 통합시키는 데 계속 실패한다.[76] 장비들이 진보할수록, 사회경제 체제는 기술의 관성과 불가피한 점도粘度에 더 예속된다. 이를 미리 살피지 않는 것이 바로 돌이킬 수 없는 오류다.

상대적 예측 불가능성은 예측 미숙에 비해 확실히 더 심각한 문제다. 우리가 아직 겪지 않은 돌발사고의 여부나 예상 날짜를 합리적으로 예측하기 어렵다. 다시 말해, 모든 것이 정상 작동하지만, 우리는 사고 발발 가능성이 있다는 사실을 '안다.' 따라서 우리 앞에는 두 가지 방향이 있다. 첫째, 주위에서 벌어지는 일들에 항시 예의 주시해야 한다. 결코 일어나지 말아야 할 사고를 미연에 방지하려면, 매우 엄격한 대책이 필요하며, 동시에 대책과 수단에 상당한 비용을 투자해야 한다. 둘째, 우리는 사고가 결국 희박해지고 경미한 수준으로 떨어질 것이라 생각하며 상황을 방치한다. 불확실성이 가중된 상태에서 우리는 예측 불가능성을 이야기한다. 우리는 통계 자료를 통해 프랑스에 매월 수많은 자동차 사고가 발생한다는 사실을 안다. 그러나 그 다음은 어떻게 해야 하는가? 우리는 불확실성_{시기, 방법, 한계 범위 등에 관한}의 문제와 만난다. 그리고 더 보편화된 불확실성의 한 가운데 들어선 서구 세계는 불확실성에 대한 통제 문제를 인류의 특별한 위험 요소들을 조정하는 문제 정도로 후퇴시켜 버렸다._{Girardi}

불확실성에 의한 예측 불가능성을 가장 두드러지게 보여주는 사례는 바

76) O. Girardi et H. Loubergé, *La Civilisation technicienne à la dérive, op. cit.* 또한 "위기 조정"에 대한 시몽 샤르보노(Simo Charbonneau)의 탁월한 연구도 참고하라.

로 '원자력 사용' 이다.[77] 프랑스의 원자력 기획 안을 관찰해 보면, 독자들은 전력 과잉 생산, 극단적으로 강고한 원자력그랑스테드가 『산업의 막다른 길』에서 연구한 주제, 실효성에 관한 확신 부재, 폐기물의 효과적인 장기 처리 불능, 수명이 다한 원자력 발전소의 폐쇄 및 발전소 내부의 핵 중화 작업과 직결되는 미래에 대한 도박 등을 확인하게 될 것이다. 결국 우리는 돌이킬 수 없는 과정들의 빗장이 벗겨질 수도 있는 가능성에 대해 예측하지 않는다. 프랑스에서 이러한 문제는 법률 준수 부재예컨대, 농축 우라늄 판매 및 세계의 비준을 받은 무수한 핵 "비확산" 조약에 대한 미준수와 맞물린다.다음 자료를 보라. B. Goldschmidt, Le Complexe atomique, Fayard, 1980.[78]

　불확실성 혹은 불안에 담긴 예측 불가능성의 일례로, 우리는 체르노빌 원전 사고를 제시한다. 이 사고는 원자력 발전소에 관한 '통상적'인 불안을 고스란히 드러냈다. 나는 이 사고야말로 불확실성을 제대로 보여준 사고라고 생각한다. 소련은 정보들을 전혀 거부하지 않았고, 프랑스에서도 정보 전달 과정의 지연은 없었다. 즉, "특정 누군가의 시비"를 가릴 사안이 아니다. 물론 잘잘못도 엄연히 존재한다. 그러나 그것은 매우 부차적인 부분이다. 사태의 본질은 지식인들의 무지와 대중의 불안이다. 예측 불가능성은 바로 거기에 있다. 인류를 계절 부침과 기근보다 더 불편한 상황에 몰아넣

---

77) 다른 평가 오류들 가운데 F. 다비드 글을 참고하라. F. David, « Le retraitement des combustibles nucléaires: l'usine de La Hague fonctionne à vingt pour cent de sa capacité, et les coûts d'exploitation sont dix fois supérieurs à l'estimation primitive », La Recherche, n° 111, mai 1980. "라 아그(La Hague)의 공장은 역량 대비 20% 비율로 작동 중이며, 발전 비용은 최초 평가의 10배다." 고속 증식 원자로 사용으로, 1990년에 전기세를 50%까지 인하하는 방안을 제시(지스카르는 1980년에 고속 증식 원자로로 인해 사우디아라비아와 비슷한 수준의 에너지를 보유할 것이라 예상했다)했지만, 주요 효과는 2200년경에나 나타날 전망이다. 이 부분은 좌우파를 막론하고 모두 동의한다! 파비우스는 1984년에 이탈리아, 독일 등과 함께 대형 핵발전소 '쉬페르페닉스'(Superphénix) 건설에 합의했다. 사람들은 이 발전소가 "'이론상' 우라늄 원자재에서 핵 생산을 해방시킬 수 있다"라고 선전했다.(루이 퓌조, 전 프랑스 전력공사 예측 담당)

78) 1987년 9월에 프랑스 전력공사 사장은 '좋지 않은 은총'이라는 수식어와 더불어 이러한 과잉 생산을 인정했다. 그는 핵 기획의 "단면"에서, 과잉 생산으로 돌출된 부분을 "매끄럽게 다듬을 필요가 있고"(그러나 발전의 중단은 없을 것이다. '산업이 중단을 허용할 리 만무하기 때문이다'), 두 번째 고속 증식 원자로 건설을 재촉할 수 없음을 자인한다.(Le Monde, 20 septembre 1987)

었다는 데 근본적인 불안이 있다. 체르노빌 사고는 우리의 상상 이상으로 심각하지 않았으며[79], 과학자들의 합리적 해명과 담화도 충분히 수긍할 수 있었다. "이 사고는 전 세계에 아무런 문제없이 작동 중인 수백기의 원전에서 벌어진 하나의 사고다. 또 이 사고는 쓰리마일 섬 사고의 7년 후에 벌어졌다." 7년마다 한 번씩 터지는 수준의 사고라면, 수긍해도 무방하다는 소리인가! 더욱이 희생자의 수는 어땠는가? 서구 언론은 2,000여명이 사망했다고 보도하지 않았는가! 소련도 처음에 2,000명이라 보도했다가 최종 사망자는 7,000명이라고 밝혔다. 사람들은 양쪽에서 사망자 수를 조정했다. 그러나 실제 얼마의 사망자가 나왔는지 정확히 알 수 없다. 사망자 2,000명 이라는 수치는 2개월 동안 프랑스 고속도로에서 사고로 사망한 사람들의 수치와 같다. 체르노빌 사고가 일반 비율을 넘어서는 특별한 비극이 아니라는 소리다! 체르노빌 사고로 75,000~80,000명의 이재민이 발생했다. 그러나 이 수치는 대홍수나 태풍으로 발생하는 수재민의 수치와 대동소이하다. 고속도로 교통사고와 태풍 피해와 같은 수치에는 담담하면서 원전 사고는 마치 지옥의 강림인 것처럼 부화뇌동하지 말자! 다른 기준 때문에 동요할 필요도 없으며, 독일처럼 극악의 공포에 휘말릴 필요도 없다. 만들어진 공포, 아니면 녹색당이 선전한 공포일뿐이다. 동요할 필요 없이, 이온화 방사선을 막기 위해 가능한 모든 수단을 강구해야 한다.

라디오, 텔레비전, 잡지가 확실한 정보와 설명을 바탕으로 대중을 설득하려 했으나, 공포와 근심은 끊이지 않았다. 나는 이 근심이 전 유럽인의 마음 속에 깊이 각인되었다고 생각한다. 사실, 극단적인 공포는 이러한 근심에서 출발했다. 유럽인의 무의식에까지 숨어들었지만 현존하는 이 공포는 무엇보다 불확실성의 소산이다.[80]

---

79) [역주] 체르노빌 사고의 심각성을 깎아 내리는 것이 아니라, 사람들의 상상이 이 사고를 더 부풀렸다는 점을 이야기하는 중이다.
80) 1986년 10월 23일자 여론 조사(I.F.O.P.)에 따르면, 프랑스인의 93%는 원자력 발전소와 방사능 오염이 야기하는 문제들에 대해 잘 모른다고 밝혔다.

우리는 무엇이 위험한지 모른다. 우리는 전문가들조차 위험 요소의 정체를 모른다는 사실을 똑똑히 목도한다. 이러한 불확실성이 산만한 분위기의 요인이다. 구름이 떠돈다. 바람에 밀려온 이 구름이 프랑스 거의 전역을 뒤덮었다. 결코 그 정체를 알려하지 않았다. 다른 때 보던 구름과 같은 순수 구름이었다 그리고 구름은 사라졌다. 이 구름은 무슨 성분을 지녔는가? 정확히 그 안에 무엇이 있었는가?

대중 대다수가 네 종류의 방사선과 방사능 물질이 있음을 알았기에, 공포심은 있었으나 단 몇 시간 동안의 공포일뿐이었다. 또 해로움의 강도는 못해도 수 십 만년 동안 지속될 수도 있다. 과연 "구름" 속에 무엇이 있는가? 그리고 우리는 구름이 완전히 사라지리라 생각할 수 있는가? 아니면, 오래토록 숨바꼭질을 해야 하는가?

이 사건은 생태주의자들이 오래 전부터 거론했으나 과학자들이 동의하지 않았던 부분을 고스란히 드러낸 측면이 있다. 예컨대, 대다수 생물학자는 원폭 투하가 10년 후 피폭자들의 발암 원인이 될 것이라 판단했다. 그러나 다른 쪽에서는 1945년 히로시마 폭격으로 방사능에 노출된 아이들에게서 백혈병이나 다른 종류의 암 발생에 따른 사망자가 현저하게 증가하지 않았다는 부분과 피폭 임산부에게서 태어난 유아들의 발암 비율도 두드러지지 않았다는 부분에 주목한다. 오히려 아이들 대부분은 정상적으로 성장했다. 그러나 불행하게도, 실험실에서 쥐를 통해 얻은 임상 결과는 피폭 피해가 크지 않다고 말하는 이들의 주장과 정반대였다. 우리는 장기간 동안 미칠 피폭의 영향력을 가늠할 수 없다.

방사능 오염의 위해 비율 최대치를 두고, 전문가들 사이에 격론이 일었다. 그러나 이 토론에도 불확실성과 모순이 가득했다. 독일, 프랑스, 이탈리아의 전문가들이 활발한 토론을 벌였으나, 누구도 동의하지 않았다. 독일의 전문가들은 프랑스의 전문가들이 제시한 위험 지수보다 30% 더 낮은 함유량도 유해하다고 주장하며 더욱 강경한 태도를 보였다.

토론에서 다루지 않은 소소한 부분이 있었다. 30년 전 프랑스의 '위해 방사능 오염 지수'는 독일에 비해 훨씬 낮았다. 그러나 핵연료 사용 계획을 결정했을 때, 느닷없이 한계선이 바뀌었다! 전문가들이 제시한 "정보들"로, 우리는 적잖이 당황했다. 체르노빌 사고 발생 열흘 후, 전문가들은 평소보다 150배 '이상'의 양으로 치솟았음을 이야기했지만, 위험수위는 평균치의 무려 500배에 달했다!

또 다른 불확실성 문제가 있었다. 전문가들이 사용하는 방사능 오염 측정 단위는 밀리퀴리millicurie나 렘rem이다. 체르노빌 사고의 경우, 전문가들은 '리터당 얼마의 베크럴Becqurel'이라고 밝혔다. 도대체 무슨 말을 하는지 알수가 없다. 통상 지식인이라는 사람들도 이 단위가 무엇인지 모르는 판국에, 대중들이 어떻게 이해할 수 있는가! 분명, 대중들은 이해할 수 있는 부분은 최선을 다해 이해하고, 확인하려 했다. 그러나 기술 숙련가들 사이에서도 극복하기 어려운 난관에 관한 토론에서, 프랑스의 전문가들이 인내할수 있었던 이유는 프랑스에 대형 원자력 발전소가 있기 때문이다! 과학의 대상도 척도나 기준과 전혀 상관없다. 척도들은 오로지 정치경제의 상황에 의존할 뿐이다.

또 다른 불확실성불안이 몇 주간 지속되었다. "차이나 신드롬"[81]의 시작인가? 아닌가? 연쇄 반응 제어 능력을 완벽히 상실한 것은 아닌가? 지나친 온도 상승이 방벽 붕괴로 이어지고, 지면에 완전히 녹아내려 통제 불능의 깊이까지 오염시킨 것은 아닌가? 아마도 지하수가 오염되었을 수도 있다. 질문에 사람들은 '그렇다'라고 답했지만, 전문가들은 '아니오'라고 답했다. 대다수는 침묵했고, 우리는 상황 전개를 도무지 알 수 없었다. 그러나 정부가 지연과 "희석"을 보장했던 정보에도 불확실성이 지배했다! 최초에

---

81) [역주] 원자로와 관련되어 발생하는 증후군이다. 자세한 설명은 본서 99쪽의 역주를 참고하라.

"방사능 구름"은 프랑스까지 오지 않는다고 확신 있게 보도했다. 10일 후, 사람들은 구름이 국토의 4/5 면적을 뒤덮었다는 사실을 알았다! 방사능 오염이 발생한 경우 대처해야 할 행동 수칙도 불확실했다! 국가와 국가의 갈등이 불거지고, 우유, 샐러드, 하천 물고기들을 모두 배제^{식용 금지}해야 했다.

정치적 의사결정이 일반화되었다. 그러나 개인은 혹시라도 발생할지 모를 일에 대비하기 위해 무엇을 해야 할지 전혀 모르는 상태였다! 결국, 체르노빌 사고를 안 본 것이나 다름없지 않은가! 국가와 과학이 만든 섭리가 우리를 불철주야 지킨다. 그러나 이러한 섭리는 신의 섭리만큼 확실한가? 3개월 전에 나는 미국의 한 원자력 발전소 소장의 보고서를 읽었다. 그는 쓰리마일 섬의 사고에 준하는 사고는 공식적으로 완전 불가능하다고 결론을 내렸다. 마찬가지로, 사람들은 통상 "원자 폭탄"의 비극에 준하는 결과에 이른나는 원자력 발전소 개념이 원자 폭탄이나 수소 폭탄의 도식과 비교 불가능하다는 사실을 안다 심각한 비극을 완전 배제해도 좋다고 생각한다. 정말 완전히 불가능한가? 누구도 그 점을 말하지 않는다.

이처럼, 이 영역으로 되돌아오면, 시민들은 그러한 변종, 결합, 가능성과 마주한다. 시민들은 완벽한 불확실성 가운데 산다. 사람들의 손과 발로 연결되어 전달된 일종의 운명과 같은 불안이다. 지금 이 불안이 우리를 뒤덮었다. 고삐가 언제 풀릴지도 모른다. 이러한 불확실성이 대중의 공포를 키우는 자양분이다. 내가 볼 때, 당분간 멈추지 않을 것 같다.

3. 예측을 불가능하게 하는 조건들에 관하여

예측 불가능성을 제대로 요약한 자료가 하나 있다.[82] 결국 낙관주의로 마무리되는 자료이지만, 나는 이 자료에서 다른 결론을 도출하겠다! 첫째,

---

82) *La Perspective à la sortie du désert*, Société internationale des Conseillers de synthèse, 1985.

'정보 수집의 어려움'이 있다. 정보/자료은행에는 다량의 문서와 자료가 있다. 그러나 희소성, 고비용, 타당한 정보에 대한 접근의 어려움 등을 고려해야 한다. 우리는 뒤에서 이 문제를 자세히 다룰 예정이다. 둘째, '계획 수립'의 어려움이 있다. 먼저 '공간'의 문제가 따른다. 예를 들어, 자료 작성자가 먼 나라의 문제에 얼마나 정통하겠는가? 또한 '장래'의 문제도 있다. 가령, 2000년에 벌어질 문제에 대해 우리는 어떤 계획을 세워야 하는가? 알베르 뒤크록의 책[83]에 등장하는 흥미롭고 풍성한 내용들이 그 한계들의 특징을 서술한다. 셋째, 이해의 어려움이 있다. 과학과 기술의 진화 속도는 매우 빠르다. 또한 이들의 한계를 꼼꼼하게 파악하려는 예측 전문가들의 역량을 훌쩍 뛰어 넘을 정도로, 과학과 기술은 매우 복잡하다! 넷째, 각본을 상상하는 데 어려움이 있다. 이 어려움은 우리를 부정 가능성_{우리를 뒷걸음치게 하는}과 계속 맞닥뜨리게 하고, 비극적이고 냉혹한 공상과학 소설에서 뛰쳐나오지 못하게 하기 때문이다.

심지어 외견상 가장 분명해 보이는 개발 분야에도 의구심이 든다. 우리가 확인할 수 있듯이, 거대한 불확실성의 지배권은 컴퓨터 정보에까지 다다랐다. 우리는 불확실성에 근간한 다음 기록도 확인할 수 있다. "기술에 전제된 비용 문제 및 습관과 사고방식의 전복 문제로 인해, 컴퓨터 정보처리와 원거리 통신 분야의 신기술 발달 속도는 이 기술을 주동자들의 주장보다 '훨씬 느릴 것'이다. 금세기 말이면, 이 신기술들은 결코 자동차의 경쟁 상대가 되지 못할 것이다."_{Scardigli, La Consommation culture du quotidien, 1983} 머지않아 개인마다 "컴퓨터 정보에 의무 접속"해야 하는 조항을 신설하는 일종의 국가 테러리즘을 볼지도 모른다!

따라서 나는 사태들의 현 상황에 대한 제대로 된 정보 수집의 불가능성에서 논의를 시작하려 한다. 상황에 대해 '제대로 된' 정보를 수집하지 못

---

83) Albert Ducrocq, *1985–2000, le futur aujourd'hui*, Plon, 1984.

하고, 현재의 '모든' 상황에 대한 정보 수집이 어렵다면, 예측이 어떻게 가능하겠는가? 그러나 기존의 통계 자료들의 불확실성 문제를 제시한 오스카 모건스턴의 책[84]이 발간되었을 때, 사회에 큰 파장이 일었고, 저자가 강조한 정확한 정보의 확인 불가능성 문제에 모두가 동의했다. 우리가 진보하면 할수록, 현재에 대한 정확한 지식을 전달하는 자료들이 취약해진다는 점을 염두에 둬야 한다! 이 점에서, 에드가 모랭의 강조는 매우 타당하다. 모랭에 따르면, 정보 조작과 무지를 발달시킨 주범은 바로 특수 정보망을 생산하는 매체들의 발달이다.[85]

나는 다른 글[86]에서 정보 과잉에서 비롯된 정보 조작 문제를 다뤘다. 그러나 정보의 홍수에서, "모든" 정보들의 '범용凡庸화' 문제를 생각해 보아야 한다. 즉, 파도처럼 밀려오는 정보들 속에서 어떤 것이 중요 정보이고, 어떤 것이 제쳐 두어도 무방한 신변잡기인지 판별할 수 없다. 우리의 미래에 대한 문제를 제기하고 그것을 진일보하도록 하는 기사와 아무런 중요성도 없는 구경거리용 기사예컨대, 인간이 달 표면을 걸었다는 기사의 구별이 불가능하다. 덧붙여, 에드가 모랭은 정보 권력에 위협을 받은 각종 세력들은 자기를 맹목적 도구로 바꾸는 것 외에 마땅한 방책이 없다고 이야기한다. 우리는 이 문제도 뒤에서 자세히 다룰 것이다. 다만 이 대목에서 우리가 중요하게 바라봐야 할 부분은 '거리낌 없이 내뱉는 거짓말'의 문제다. "스탈린 치하의 소련의 역사는 날조된 사진들로 입증될 수 있는 역사다. 스탈린 본인이 숙청했던 옛 볼셰비키 동지들의 얼굴을 지웠던 바로 그 방법 말이다. '증인 역할을 맡은 사진기'[87]로 중국, 시베리아, 쿠바에서 찍어 댄 수많은 자료들만큼 대대적인 기만도 없을 것이다. 마지막으로 각별한 주의를 요하는 부분이

---

84) O. Morgenstern, *Précision et Incertitude des données économiques*, Dunod, 1972.

85) E. Morin, *op. cit.*

86) J. Ellul, *L'information aliénante. Économie et Humanisme*, 1970.

87) 이 문제와 관련해, 나는 1985~1986년 남아프리카 공화국의 텔레비전에서 방영한 영상물을 거론하고 싶다. 반박할 여지없는 조작극이었다.

있다. 이 권력들은 조직적으로 가짜 정보를 유포한다. 정보 분야에서 벌어지는 거짓말의 확산은 매체들의 성장으로 인해 가능해진 잠재적 진실의 확산에 대한 응수다. 즉, 진실의 확산을 가능케 한 매체들로 인해 거짓말도 확산되었다."

따라서 오늘의 현실을 제대로 파악하기 어렵다. 조직적으로 벌어지는 정보 날조 때문이다. 도처에서 날조가 판을 친다. 그러나 나는 양립 불능한 기준들로 인해 벌어지는 현실에 대한 파악 불가능성이 더 큰 문제라고 생각한다.[88] 한 농민의 소득 평가를 보자. 특히 제3세계에 사는 한 농민의 소득을 평가할 때, 미국 도시민의 소득 평가에 사용된 기준들이 적용[될레]된다. 내 눈에 이 방식은 터무니없다. 소풍에서 채집한 야생 버섯[고작 10kg 정도!]이나 개울에서 잡은 가재, 사냥[오늘날 조직적으로 이뤄지는 집단 살상 형태가 아닌 사냥감에 대한 진심과 존중을 담은]형태에서 어떻게 "생활수준"을 평가할 수 있는가? 농민들은 허름한 복장에 재주도 많지 않을 수 있지만, 적은 생활 수입으로도 행복하게 산다.[이 점에 대해 나 역시 증인이다] 하물며, 제3세계 농민들은 어떻겠는가? 이와 관련해, 파르탕의 지적은 매우 정확하다. "성숙도를 포함한 풍요로움을 따라 우리 사회의 부富 개념을 만들어야 할 이론 작업이 여전히 남아 있다. 예컨대, 농산물의 생산을 증가시킬 수 있는 농법을 확장시켜 온 농민들의 유산을 고려할 때, 우리는 반세기 전과 비교해 '상대적 가치'가 더 이상 증가하지 않았다는 사실에 놀랄 것이다. 다른 작물도 나왔지만, 더 이상 실제적인 가치는 없다." 오늘날 랑드 지방은 옥수수를 다량 판매하지만, 더 이상 야생 버섯, 어류, 야생 비둘기 등을 팔지 않는다.[89]

---

88) F. Partant, *Que la crise s'aggrave, op. cit.*
89) [역주] 엘륄의 주 무대에서 멀지 않은 프랑스 서남부 랑드 지방의 여러 숲이나 호수에서 이뤄졌던 사냥, 채집, 낚시와 같은 다양한 활동이 경제 수익을 보장하지 못하고, 특정 품종의 대량 판매로 전환된 구조를 꼬집는 말이다. 이 일대에서 이뤄지는 활동들을 자연 감성에 빗댄 글로 베르나르 샤르보노의 「자연 감성, 혁명적 힘」이 있다. 샤르보노의 글은 프랑스 서남부 지역에서 벌어지는 자연 활동에 대한 이해도를 높이는 데 유용하다. Bernard Charbonneau, « Le sentiment de la nature, la force révolutionnaire », dans *Journal intérieur des groupes personnalistes du Sud−Ouest* (Bayonne, Bordeaux, Pau et Toulouse),

따라서 위와 같은 영역들에서 정확한 정보를 확보하기 불가능하다. 그러나 한 나라가 위기에 닥쳤을 때, 중요한 정보를 확인하기도 불가능하다. 나는 이 부분을 "레바논 전쟁"^{자끄 엘륄, 『이스라엘을 위한 그리스도인』}을 통해 제시한 바 있다. 장-클로드 쇠랭은 뉴칼레도니아 섬을 사례로 이 문제를 제시했다.[90] 남아프리카 공화국의 사례 역시 이 문제를 제대로 보여줄 수 있는 중요 사례일 것이다. 모든 정보들은 집권당과 관심사에 따라 좌우된다. 일례로, 이스라엘과 남아프리카 공화국 정부 등에 격하게 반대한 「르몽드」지가 있다. 따라서 나는 우리 '모두'^{정치인, 숙련가, 전문가 포함가} 현실 사회 전체에 대한 잘못된 정보를 얻는다고 말한다. 그러나 사회를 제대로 알고 평가하려면, 모든 사건들^{정치, 경제, 사회}을 알아야 한다. 즉, 현대 기술의 긍정적 혹은 부정적 결과들, 기술 진보의 가능성, 사회의 기술 도입 문제 등을 평가하는 데 모든 사건들을 제대로 알아야 한다. 기본 자료, 일차 자료를 확보하지 못하거나 자료들이 모순된 형태라면, 예측을 어떻게 할 수 있겠는가?

나는 경제 활동에 필요한 정보에 대한 잉마르 그랑스테드[91]의 견해[92]를 되풀이함으로써 이 문단을 작성하려 한다. 한 편에서는 정보를 공유하자, 비밀은 없다, 모든 자료에 접근하자고 주장한다. 그리고 다른 쪽에서는 의사소통 체계와 정보 체계를 합리화하자고 말한다. 하지만 진짜 문제는 다른 곳에 있다. 곧, 경제 활동마다 고려해야 할 자료가 산더미처럼 넘쳐 나고

juin 1937, repris dans *Nous sommes des révolutionnaires malgré nous. Textes pionniers de l'écologie politique*, Paris, Éditions du Seuil, 2014, p. 119~192. [국역] 베르나르 샤르보노, 「자연 감성, 혁명적 힘」, 베르나르 샤르보노/자끄 엘륄, 『생태 감수성의 혁명적 힘: 인격주의, 자연 감성, 기술 비판』, 안성헌 역, 도서출판 비공, 2021, 135~218쪽.

90) Jena-Claude Seurin et Couteau Beguarie, *L'Antipode de la démocratie*, Lieu commun, 1986.

91) [역주] 잉마르 그랑스테드(Ingmar Granstedt)는 스웨덴 출신의 프랑스 경제학자다. 산업화에 대한 사회경제 연구를 비롯해, 앙드레 고르스나 이반 일리치와 동일 선상에서, 공생과 협력이 가능한 대안 경제 형성을 고민했다. 1990년대 들어, 그의 연구 범위는 사회경제학을 넘어 신학에 다다랐다. 주요 저작으로 엘륄이 이 책에서 인용한 『산업의 막다른 길』(L'Impasse industrielle)과 『실업에서 공생 협력의 자율성으로』(*Duôch mage à l'autonomie conviviale*), 『소망의 창세기: 불확실한 세계화와 그리스도의 십자가』(*Genèse de l'espéracne. Incertaine mondialisation et croix du christ*) 등이 있다.

92) Ingmar Grandstedt, *L'Impasse industrielle, op. cit.*

활용해야 할 자료의 양마저 제대로 가늠할 수 없기 때문에, 우리는 어떤 부분에 단절이 발생했고 어떻게 정보들을 통합해야 할지 알 수 없다. 정보량이 이미 우리의 처리 한계를 넘어섰다. 더불어, 사람들은 자신의 역량 바깥에 있는 정보들을 신뢰하지 않으려 한다. 또 권력에 복무하는 도구들이 측정치를 초과하는 과잉 현상을 빚을 경우, 우리는 다양한 변수들을 고려하고 추적하는 작업을 지속해야 한다. 다른 변수가 생기면, 다시 추적하고 다시 기획하는 일을 무한 반복해야 한다는 소리이다. 이렇게 되면, 정보나 자료의 종합은 불가능하다! 기술과 경제가 손을 잡은 세계의 규모와 복잡성은 끝 모르고 성장한다. 이에 대해, 사람들은 정보나 자료의 차별화라는 방법으로, 또는 실험실, 사무실, 기업에 필요한 정보만 사용하는 '정보의 파편화 작업' 을 통해 대응해야 하는 상황이다. 기술과 경제가 통합된 형태의 생산 양식으로 주도권이 넘어간 이상, 측정 자체가 불가능하다. 측정해야할 정보의 숫자는 계속 증가하고, 정보 과잉에 매몰된 기관들은 업무 관련 변수들을 직접 다룰 수 없다. 그저 '외부' 에 있는 "초소"^{"감시소"}에서 물어온 정보들을 전달하는 임무만 수행할 뿐이다. 기관의 임무는 정보를 다루고 통제하는 임무에서 정보를 전달하는 임무로 바뀐다. 정보를 수집하고 종합하고 불필요한 것을 걸러내는 조직망이 존재했었다. 이 조직망에는 파편화된 자료들을 군데군데 모으는 하부 지점들이 있었다. 그러나 이 작업도 더이상 불가능하다! 즉, 자료 수집과 종합을 통한 상황의 재구성 작업은 불가능하다. 왜냐하면 한 사람이 자료를 모아 통합하고 이를 바탕으로 타인과 소통할 수 있는 능력의 한계치를 초과하기 때문이다. 한 사람의 처리 능력과 소통 범위는 한정됐다.

정보 관리 조직망^{지금의 인터넷과 같은}에서 기업에게 공개하는 자료는 기업의 자료 소화 능력을 초과한다. 정보 통합은 한계선을 넘었다. 우리는 정보를 무한정 확장할 수 있을 것이다. 그러나 정보는 자신의 기능을 대체하지 못할 것이며, 정보에 대한 신뢰도 또한 감소할 것이다. 정보의 양은 셀 수 없고, 관련 정보를 분류, 종합할 수 없으니, 무지無知가 만성화될 것이다. 이는 가장 "풍성한 정보를 제공"한다는 잡지들의 독자들에게서 심심치 않게 볼 수 있는 현상이기도 하다. 정보에 짓눌린 경영 수뇌부는 언제나 정보가 부족하다고 생각한다. 종국에 인간은 배제될 것이다. 다시 말해, 컴퓨터는 컴퓨터에게 말할 것이다. 왜냐하면 모든 자료와 정보를 저장할 수 있는 유일 장소가 바로 컴퓨터이기 때문이다. 말인즉슨, '의사 결정권자 역시' 컴퓨터! 의사 결정의 자리에 우리는 없다. 산적한 경제 문제에 대한 결정도 더 이상 사실에 관한 지식으로 이뤄지지 않는다. 시라크의 경제 담화는 파비우스의 옛 경제 담화이며, 파비우스의 담화는 바르의 옛 담화 아닌가? 물론 이들 모두는 동일한 정보를 바탕으로 작업했다! 의사 결정 과정에서, 중요 자료들이 무시되고 기본 변수들은 식별되지 않는다.거대 조직망 내부의 어느 한 곳에 저장된다 "정보 통합"의 의미는 다음과 같다. 각 사람은 자신이 속한 영역에 해당하는 자료들만 안다. 그러나 인간의 두뇌도, 조언도 종합적인 명령을 내릴 수 없다. 달리 말해, 전 영역에서 벌어지는 "의사 결정권자들"의 만성화된 무지는 자료의 부재나 접근의 어려움 때문이 아니다. 그것은 무엇보다 인간의 정신 능력의 한계 때문이며, 일상에서 감당할 수 있는 범위의 한계 때문이다!

앞 선 논의에서, 나는 특별히 경제와 정치를 언급했다. 그것은 기술의 상황과 직접 맞닿지 않는다. 사실 기술자는 언제나 숙련자다. 숙련자도 세세한 전문 정보들을 통제할 수 있다.그러나 점점 어려워지는 형편이다 그러나 문제는 '특정' 기술의 문제가 아니라, 기술 '본연'의 문제다. 기술에 관한 예측 불가능성은 경제적 예측 불가능성의 척도에 크게 좌우된다. 엄밀히 말해, 뒤크록의 주장과 마찬가지로 우리는 다음과 같이 평가할 수 있다. 10년 후, 그러한 기술 장비를 활용할 수 있을 것이며, 기술 혁신도 일어날 것이다. 우리는 기술 발달과 혁신을 거친 운송 수단과 의사소통 체계를 확보하게 될 것이다. 좋다. 그러나 이 모든 것이 경제적으로 가능한가? 완벽하게 알 수 없다! 왜냐하면 기술에는 '개발→혁신→유포'라는 세 가지 측면이 존재하기 때문이다. 앞의 두 가지개발과 혁신는 이미 응용된 옛 기술에 달렸다.[93] '혁신'은 정치의 방향과 의사결정불확실에 달렸다. 그러나 '유포'는 철저히 경제에 달렸다. 자신에게 투자한 자본가를 위험에 빠뜨리려는 기획자가 있을 수 있는가? 그런 시장이 존재할 수 있는가? 등의 물음이 뒤를 잇는다. 그러나 우리가 지금 예측 불가능성의 상황에 있다는 점에서, 기술 발전에 예측 불가능성은 반드시 벌어질 것이다. 원자핵분열을 산업 분야에 활용하고, 컴퓨터로 정보를 처리하기 시작했을 무렵, 우리는 과연 누가 시장을 주도하고 장악할지, 누가 새 사회를 "형성"할지 예측할 수 없었다. 승자는 컴퓨터였다. 그러나 예측할 수 없었던 일이다.

4. 절대적 예측 불가능성

이 장에서 과학 발명의 예측 불가능성 문제를 다루지 않을 것이다. 페니실린이나 "반도체 집적 회로"의 발명은 예측 불가능한 일에 해당하지만, 주제인 기술 문제에 집중해야 하기 때문이다. 우리는 뒤에서 이것의 중요성을 확인하게 될 것이다.예측 불가능한 발명은 종종 차단되고, 누구도 그것을 적용하려 하지 않는다. 따라서 침묵이 예측 불가능성을 지배할 수 있다 그러나 이전 장에서, 우리는 이미 정보 초과에 따른 상대적 예측 불가능성을 다뤘다.[94] '모든' 매개 변수를 고려할 경우, 우리는 상대적 예측 불가능성 뿐 아니라 절대적 예측 불가능성의 문제도 다뤄

---

93) 자끄 엘륄, 『기술 체계』, 이상민 역(대장간, 2013)
94) 물론 '우발적 예측 불가능성'(L'imprévisibilit)과 구별해야 한다. 여기에서 논점은 기술 체계의 본성에 해당하는 '돌이킬 수 없는 예측 불가능성'(L'imprévisibilité irrémédiaire) 이다.

야 한다. 로마 클럽 보고서가 출간됐을 때, 다음과 같은 현상이 분명하게 나타났다. 대대적인 자료 수집 활동과 과학 장비의 사용에도 불구하고, 저자들은 분석의 실패로 인해 "기술 변화 과정"의 몇 가지 매개변수들내 생각에는 매우 중요한을 망각했다. 첫째, 우리가 모든 것을 고려하고자 한다면, 계산의 복잡성은 거의 극복 불가능한 영역이다. 둘째, 정밀 분석에도 한계가 있다. 그리고 우리는 이 작업을 "컴퓨터"에 일임할 수 없다! 예측 기간이 길면 길수록, 더 많은 매개변수들을 고려해야 한다. 이 매개변수들 가운데 일부는 여전히 미지의 상태이며, 심지어 아직 출현하지도 않았다. 더욱이 이 변수들은 하나같이 나름의 합리성을 수반해 자가 발전해 나간다. 매개변수들의 조합이 이중으로 불가능해진다.

따라서 우리가 장기 예측그러나 이 대목에서 생각해야 할 부분은 역사의 가속화다. 즉, 한 세기 전에 통용된 장기간은 오늘날 생각하는 기간과 다르다. 나는 '오늘날' 2000년에 대한 예측이 장기 예측이 되었다고 감히 말한다!을 하려고 할 때, '실제로' 벌어지는 것은 다음과 같다. 우리는 다른 모든 변수들에 대한 조합과 표준화를 통해 기존의 매개변수들을 축소한다. 장기간에 관련된 모든 계산은 다른 것들과 결합할 필요가 없는 구체적인 지점들과 연관된다. 프랑스 독자들은 잘 알겠지만, 1995년에 프랑스는 세계에서 가장 크고 현대화된 항공모함 보유국이 될 것이다. 내가 말하고픈 부분은 다음과 같다. '예측 기간이 현재에 근접해 있을수록 예측은 더욱 "포괄적"이고, 멀면 멀수록 일시적 예측이 된다. 혁신으로 인해 드러난 부정 결과들을 검토한다고 가정하자. 장기 예측을 해야 할 우리는 그 과정에서 부정 결과들의 몇 가지 내용을 무시하려 들 것이다. 왜냐하면 기술이 부정 결과들을 해소할 수 있다는 확신과 20~30년 후에 벌어질 일이라 별로 중요하게 취급하지 않아도 무방하다고 보는 시각 때문이다.

그러나 절대적 예측 불가능성을 이해하기 위해, 세 가지 중요 요인들을 고려해야 한다. 첫째, 에드가 모랭이 분석했던 요인이다. 모랭에 따르면,

현재에 대한 올바른 관점만으로는 불충분하다. 왜냐면 현재는 비가시적이면서도 자체 발전을 지속할 수 있을 "미세한 씨앗들"germes microscopiques을 포함하기 때문이다. 우리는 혁신 제품, 발명품, 창조물이 눈앞에 나타나야 그 현재성을 이야기할 수 있지, 그 전에는 이것들을 상상할 수 없다.[95] 현재 눈앞에 있는 발명품들의 '결과들' 만 존재할 뿐이다! 그러나 혁신은 최종 결합따라서 예측 불가능한에 들어갈 자료를 변형할 뿐만 아니라, 발전의 '원리' 자체도 발전시킨다! 초창기 '혁신'은 언제나 '일탈' 이다. 혁신에 성공한다면, 그것은 '경향'이 될 수 있다. 그리고 새로운 발전 '규범'을 만들 수 있다! 나는 이러한 과정을 기술에서 매우 본질적인 것으로 여긴다.

둘째, 기술적 사고혹은 에드가 모랭의 표현처럼, 기술–경제 전문가들는 권력우리는 뒤에서 이 문제를 다룰 것이다, 성장률, 국민 총생산, 속도, 소비를 통해 세계를 본다. 다시 말해, 기술적 사고는 '이차' 현상들로 세계를 바라본다. 이러한 사고는 결코 기술 자체를 원뿌리부터 생각할 수 없다. 결국 기술적 사고는 현대 세계의 어떤 문제도 근본부터 다룰 수 없다. 왜냐하면 모든 문제들의 뿌리에는 바로 기술이 있기 때문이다. 현대 세계의 모든 환경과 조건에서, 악은 기술의 명령과 질서에 근간한다.여기서 나는 기술에 의해 '인위적으로 발생한provoquée' 것을 이야기하지 않는다! 그러나 기술지배 사유는 기술을 생각할 수 없다. 장기간의 연구가 필요한 소위 "기술지배 문화"의 문제가 바로 거기에 있다. 기술지배 사유는 '기술들'의 진보라는 의미와 방향에서만 생각할 뿐, "절대화된 기술"을 사유할수 없다. 따라서 우리가 기능 장애나 기술의 부정 효과들을 확인하는 경우, 기술지배 사유는 그에 최소한의 '실제적'인 답을 내 놓을 수 없다. 기술의 해법은 그 해법으로 치료하는 곳에 도리어 손상을 입히거나 다른 분야에 최악의 피해를 유발하기도 한다. 같은 시각에서, 기술지배 사유는 이전에 없

---

95) 나는 15년 전부터 쥘 베른(Jules Verne)을 선구자로 추앙하며 그에게 열과 성을 다하는 현상을 전혀 이해할 수 없다!!! 사실 그의 글은 달에 가고픈 시라노(Cyrano)나 비상을 꿈꾸는 이카루스(Icarus)보다 나을 게 없다. '쥘 베른이 상상했던 모든 장비들은 하나같이 터무니없으며', 레오나르도 다빈치의 장비보다 실현 가능성도 낮았다!

었던 전혀 새로운 것에 대한 예측에 항상 실패한다. 달리 말해, 기술지배 사유는 기존에 있는 것의 연장과 완성을 예측할 뿐, 새로운 패러다임, 예측불허의 사건, 전적 혁신, 사회 혁명을 생각할 수 없다. 기술지배 사유는 자기만의 한정된 논리에 갇힌다. 나는 이 무능력이 단순히 규모나 영역의 변화가 있을 때만 존재하는 것이 아니라고 덧붙이고 싶다. 그러한 무능력은 기술과 관련된 분야에도 존재한다. 이러저러한 결과를 기대하면서 실험을 진행하지만, 실험실을 떠남과 동시에 예측은 환상으로 바뀐다.[96]

15년 후에 벌어질 일에 대해 예측_{심지어 기술 단계에서}할 때, 우리는 가장 모순된 형태의 예측을 한다. 이유는 다음과 같다. 예측이 이뤄지는 순간부터, 기술의 포괄적인 질서에 들어간 우리는 무엇을 할 수 있을지 정확하게 파악하지 못한다. 불확실성은 원자력 발전소의 위험을 지배할 뿐만 아니라, 우주 항공, 유전자 공학, 컴퓨터 정보 분야도 지배한다. 이 분야 전문가들의 견해는 완전히 모순투성이이다. 오늘날 우리는 무엇이 가능한지 정확하게 알지 못하며, 무엇이 개연성 혹은 바람에 속하는지도 정확히 알지 못한다. 우리가 할 수 있는 것을 정확히 알 수 없는 현 상황은 기술의 잠재력을 활용하는 정치의 놀이터일 뿐이다. 소위 '별들의 전쟁'_{스타워즈} 계획에 대한 대토론회는 그 점에서 의미심장했다! 이 전쟁이 기술상 가능하지만 경제적으로 실현 불가능하다면, 정확히 무슨 일이 전개될지 아무도 모른다. 이 책의 2부에서 몇 가지 사례들을 제시할 생각이다.

마지막으로, 예측 불가능성의 세 번째 요인이 있다. 도미니크 자니코가 탁월한 연구를 바탕으로 제시한 내용이다.[97] 이제 우리는 "'힘의 복합성', 이 복합성의 절대 혁신, 현기증 날 것 같은 예측 불가능성이라는 상황에 있다. 혁신은 현상들의 '불가역성'에 붙들려 옴짝달싹 못하고, 회귀 불능한

---

96) 기술에 대한 예측은 유명한 대중 잡지들에서 괴물이 되고 만다. 예를 들어, 다음 자료를 보라. *Match*, 2 octobre 1987.

97) Dominique Janicaud, *La Puissance du rational, op. cit.*

몇몇 지점은 이미 선을 넘었다. 예측 불가능성은 다음과 같은 모습으로 발생한다. 첫째, 도무지 가늠할 수도, 측량할 수도 없는 성장세로 인해 예측 불가능성이 발생한다. 둘째, 예측 불가능성은 이미 진행된 '잠재적 효과의 강화' 라는 새로운 국면특수성에 따라 발전한다."

나는 이것이 특정 체제를 권좌에 앉히는 이념만큼 매우 강력한 이념이라고 생각한다. 이러한 통약 불가능성과 특수성이 포진한 상황에서, 예측은 불가능하다. 우리는 원자력 발전소의 몇몇 문제들을 통해 이러한 예측 불가능성을 확인할 수 있다 힘의 문제를 탐구한 도미니크 자니코는 절대 권좌에 앉은 이 힘은 어디로 실행의 방향을 잡을지 도무지 종잡을 수 없다고 강조한다. 또한 자니코는 이 힘예측 불가능성의 세 번째 요인의 합리성 역시 불확실하다는 점을 재차 강조한다. 오늘날 이뤄지는 모든 계산은 그 어느 시기보다 정밀하고 고차원의 완성도를 자랑한다. 따라서 예측 불가능성의 요인으로 작용하는 이 힘도 계속 조정되고, 계산되고, 재평가된다. 그러나 이러한 조건에서, 현존하는 어떤 합리적 계산 방법도 100년이라는 시간 범위보다 5년의 시간 범위가 더 합리적인지에 관한 문제조차 제대로 밝혀내지 못한다. 여기서 자니코는 카스토리아디스를 인용한다 의사결정은 경제-기술의 토대와 다른 토대들에서 이뤄져야 한다. "경제-기술의 토대는 발전을 '계산할 수 없는 공리들' 이다." 극단으로 치닫는 힘, 규정할 수 없는 발전의 시각 속에 존재하는 힘은 이제 '양적 세계' 를 탈피해, '질적 세계' 에 돌입한다! 왜냐하면 힘 자체가 고유한 성질이 되기 때문이다. 이 힘은 괴물이 되고, 이 괴물우리는 기술-경제의 관계를 위해 이 괴물을 재발견한다은 그렇게 계산 불가의 존재가 되고 만다.

이러한 예측 불가능성의 군림 현상을 마무리하며, 불확실성의 문제를 덧붙여 보자. 불확실성은 경제적, 사회학적 사유에서 발생하는 변화의 결과다. 경제적 흐름의 도입이자 유동적인 세계에 관한 시각이다. 즉, 우리는 보통 세계를 여러 사물들과 고정된 수량으로 이뤄진 특정 대상으로 이해하는 버릇이 있다. 거기에는 여러 예측이 가능했다. 그러나 우리 세계와 사회는 고정된 사물로 이뤄지지 않고, 유통, 흐름, 교환, 결합으로 이뤄진다는 사실이 발견됨에 따라, 세계에 대한 이해는 심층부터 전복되었다. 우리는 더 이상 화폐가 아닌 화폐의 유통을 연구해야 한다. 이러한 유통은 눈에 즉각 드러나지 않는다. 아마도 유통의 복합성 때문일 것이다. 그리고 사람들은 눈에 확연히 드러나지 않는 이 유통을 거부할 것이다. 모든 것은 움직이고, 변한다. 또 발견과 흔적을 중시하는 흐름에 따라 새로운 국면으로 바뀐다. 그러나 분명한 사실이 있다. 기술이 다양한 형태로 변화하는 이 흐름에 배치될 경우, 흐름을 따라가기란 거의 불가능하며, 종종 흐름에서 갈라져 나오기도 한다. 왜냐하면 기술은 단일하지 않기 때문이다. 오히려 우리가 현대 기술을 대표하는 네 가지 분야를 숙고하며 기술 문제를 다뤘던 것처럼, 기술은 절대 권력이 되려는 유일한 목표 아래에서 다변화될 뿐이다.

절대적 예측 불가능성에 대한 분석은 기술을 통해 형성된 인간과 시간의 관계에 대해 고찰하도록 한다. 이 고찰은 부수적이지만, 중요하다. 루이스 멈퍼드가 밝힌 내용에 따르면, 1930년대 기술은 '시간 관계'를 바꿨다. 또 정확하고 보편화된 시간이 기준이 돼, 전 기술 체계가 자체 발전^{시계추와 손목시}을 이룰 수 있었다. 오늘날 기저에 깔린 문제는 여전히 동일하지만, 변화는 두드러지게 약화되었다. 나는 이 대목에서 장 셰노의 탁월한 연구[98]를 짚어가며 논의를 잇고자 한다. 셰노는 이 주제를 전혀 다른 시각에서 갱신했다. 그는 컴퓨터가 노동, 생산, 경영 관리에 소요되는 시간을 현격히 줄이는 기계이며, 점차 세밀한 시간 활용에 유용한 기계라는 점을 증거로 채택하고, 우리 사회에 만연한 컴퓨터와 정보처리기술의 우위론을 논의의 출발점으로 삼는다. 컴퓨터는 과거와 미래에 대한 현재의 절대 우위론을 나타내는 도구이며, "사회 발전의 주요 지표"^{"컴퓨터 세대"가 발전 속도를 조절한다. 매우 중요}

---

98) Jean Chesneaux, *De la modernité*, Paris, Maspero, 1983, 2장.

한 대목이며, 우리의 주의 깊은 관찰과 연구가 뒤따라야 한다!가 된다.

따라서 컴퓨터 우선론은 더 이상 불확실성 없는 예측이되, 헛된 예측에 불과하다. 왜냐하면 오늘날 기술 사회가 만들어야 할 부분은 과거와 미래를 오로지 현실, 즉 현재에 동화시키는 일에 한정되기 때문이다. 원자력 발전소는 '시간 통합'의 모델이다. 그것은 중앙집권적 사회 통제 모델에 준한다. 원자력 발전소는 자진해서 멈추지 못한다. 자신의 에너지 생산 속도도 조율할 수 없다. 발전소는 원하지 않음에도 자꾸 생산한다. 그리고 고객들은 여기에 적응한다. 즉, 공장들은 멈춤 없이 가동되어야 한다! 이 대목에서 우리는 예측의 영역을 벗어난다. 그러나 기술과 시간의 관계를 더욱 광범위한 시각에서 보게 되었다. 왜냐하면 기술은 예측뿐만 아니라 시간 사용계획표까지 포함하기 때문이다. 모든 것은 고유한 시간의 축, 즉 기능 조직과 기술 생산이라는 축에 맞춰 정렬되어야 한다. 기술 생산은 모순도, 변증법적 발전도 지지하지 않는다. 나는 모든 사회의 이러한 변화가 '실제로' 생산되는 순간이 매우 중요하다고 생각한다. 철학과 과학 이론에서 우리는 "쇠쇄", "소용돌이", "심연"의 사상으로 전락한다. 즉, 사실적이고 건설적인 실제를 물구나무 세우는 사상으로 추락시킨다

기술에 따른 프로그램 편성은 사전 계획보다 훨씬 폭넓다. 왜냐하면 이 프로그램은 생명체를 포함한 제반 요소를 내부에 취하기 때문이다. 일반화된 동시성이 생산되는 셈이다. Granstedt 컴퓨터가 작동하는 실시간은 프로그램 명령이 반복되는 시간이자, 스냅 사진과 같이 순간 내부로 으깨져 들어온 시간이다. 이제 죽은 시간을 내쫓고, 지연 기간을 현저히 좁히고, 속도를 증가시키는 일이 중요하다. 우리는 속도에 대한 집착에서 벗어났다. 즉 시성이 우리에게 요구하는 것은 더 이상 '현재적인 것'이 아니다. 순간순간 빠르게 움직이는 이 즉시성은 현재를 인식하는 우리의 속도를 추월한다. 더 이상 지연도, 지속성도 없다. 작업 시간을 쪼개 실행 시간의 단축을 이룬 컴퓨터의 즉시성, 손목시계시계 바늘의 움직임으로 숫자를 가리킬 뿐, 시간의 지속성을 비워버린,

텔레비전"영화" 영상과 달리, 지속적으로 생성과 소멸을 반복하는, 패스트푸드 등이 바로 우리
가 추구해야 할 이상이다. "즉시성은 패권이 되었다. 수 세기를 거쳐 누적
된 자연의 시간을 녹여 없앴다. 이제 자연의 시간이라는 문자는 사라졌다.
그 점에서 즉시성은 패권자이다. 숲은 신문지로 해체되었고, 그 해체와 동
시에 쓰레기통으로 직행한다."[99]

　이것은 근본적 예측 불가능성의 요소를 이룬다. 왜냐하면 관측 시간이
단축되기 때문이다. 월 단위나 심지어 주 단위로 이뤄지는 간결한 관측, 실
업률, 가격 지표, 대외 무역, 국제 정치의 의사결정이나 국가 정치인의 인기
에 관한 여론 조사가 모든 "징후들"을 왜곡, 변조한다! 이러한 수치와 백분
율이 무의미하다는 점을 깨달아야 한다.

　그러나 셰노는 이러한 즉각적 사용물건은 즉시 사용될 준비와 소비될 준비가 되어야 한다에
서 다른 결과를 도출한다. 나는 이 결과야말로 시간과 연계된 우리 사회의
변화를 이해하는 데 결정적인 부분이라 생각한다. 곧, '사용 시간'과 '제거
시간' 사이에 근본적인 도치가 발생한다. 19세기까지 사람들은 장기간 사
용 목적으로 물건을 제조했고, 제조된 물건을 최대한 오래 소지하려 했다.
물건 사용이 더 이상 불가능한 상태, 즉 사용 막바지가 되면, 그것을 폐기
처리하는 문제는 그리 어렵지 않았다. 그러나 오늘날 상황은 바뀌었다. 무
수한 생산품으로 인해, 사용 기간이 극히 짧아졌다. 모두가 물건을 단기간
만 사용하고 버린다. 기존에 배치된 각 장비는 1,000배 더 효율적인 대체품
의 출현으로, 얼마 지나지 않아 구식 폐물이 된다! 그러나 사용되지 않는 이
장비 때문에 장기간 제거해야 할 폐기물만 차곡차곡 쌓인다. 결국 우리는
제거 불가능한 생산품을 생산하는 셈이다. 나는 이러한 도치 현상을 매우
중요하게 생각한다. 그것은 기술 생산물이 인간, 자연계, 미래 가능성 등
의 고유한 속도에 편입될 수 없는 이유와 과정을 제시한다. 마지막으로, 우

99) *Ibid.*

리는 유한한 세계에 무한한 성장은 불가능하다고 떠들었다. 즉, 공간의 한계에 대한 주장을 펼쳤다. 그러나 동일한 불가능성이 시간에도 해당된다는 점을 깨달아야 한다! 진보에 대한 환상은 언제나 진일보를 생각한다. 또한 사람들은 기하급수적 성장^{가상으로}을 운운한다. 셰노는 지난 20년 전부터 이뤄진 크고 작은 기술 혁신의 수량^{현재 사용하지 않는}을 고려하면, 발전의 실제 곡선은 "수직 점근선에서 극도로 평평해진" 유한한 시간 내에서의 무한 성장을 표현하는 "초^超기하급수적" 곡선일 것이라 말한다. 여전히 체감되지 않는 시간 관계의 복합적 변화는 우리의 심리/정신에 무질서를 초래할 것이다. 그리고 나는 이 무질서가 사회 붕괴에 일조할 것이라 생각한다.

5. 예지력

현재까지의 논의를 토대로, 나는 이 장에서 다른 지점을 다루려 한다. "과학적" 예측은 필요하다. 그러나 특정 사건에서나 대규모 차원의 경향에서나 과학적 예측이 불가능하다면, 그리고 시간과 우리의 관계 변화가 이러한 예측 불가능성의 근본 원인이라면, 미래에 대한 우리의 영향력 발휘라는 환상을 과감히 버리고 다른 질적 차원에 호소해야 한다. 다시 말해, 확보된 자료를 통한 예측 가능성이나 확고한 예측 가능성이 없는 경우, 우리는 예지력, 즉 조기 관측 능력을 발휘해야 한다. 1930년대 들어, 사람들은 미래를 예측할 뿐만 아니라 생존과 직결된 모든 사고에서 보호할 수 있도록 하는 일반 보험 회사를 설립했다.^{19세기에 상호 보험 회사는 "미래에 대한 선견지명"이라 불렸다} 당시 관건은 보호와 사전 대비였다. 또한 그것은 규모를 확장해 모든 종류의 보험, 생명 보험, 사회 보장, 실업 보험, 연금 일반화로 발전해 나갔다. 그러나 개인 사고에 관련된 이 보험 체계는 더 이상 집단 재난을 구할 수 있는 사다리가 아니다. 기름 유출로 인한 흑조 현상, 보팔 지역의 재난과 같은 사건들에 대한 보상금 지급은 극히 어렵다. 또한 보험 회사들은 테러리즘, 인질극, 항공기 추락의 위험을 막기 위한 보유 자금을 늘려야 한다. 우리가 맞닥뜨려야 할 위험은 더 이상 19세기의 위험이 아니다. 더욱이 보험을 통해 미래에 대한 조기 관측을 우려하는 그리스도인들은 조기 관측과 보험에 대한 거부로 믿음을 표현해야 한다고 선언했다. 실로, 이자벨 리비에르[100]의 『미래 예측 불가론』*Devoir d imprévoyance*이 울려 퍼지던 전성기였다. 만일 그리스도인들이 항시 자기 믿음을 바탕으로 "미래 예측 불가론"을 긍정, 체험, 보장한다면, 정치 책임자들이나 일반 시민의 수준까지 보편화될 수 없을 것이다. 따라서 예측 가능성이 확실히 불가능한 상태에 빠졌기 때문에, 나는 폭넓은 시각에서 오늘날 조기관측능력에 해당하는 '예지력'의 문제를 이야기해야 한다고 생각한다.

그렇다면, 무엇이 조기 관측 능력에 포함될 수 있는가? 이를 파악하기 위해, 우리는 현 시대에 벌어지는 폭넓은 사태들의 확인에서 출발해야 한다. 곧, 대형사고, 자연 재해, 기술이 야기한 인위적 재해에서 출발해야 한다. 적절한 답을 찾기 '절대 불가능하다.' 기술의 관점에서도 불가능하고, 경제의 관점에서도 불가능하다. 파트릭 라가덱의 논증과 탁월한 정식을 따른다면, 지금 우리는 위기의 문명을 창조했다.[101] 이 점을 수용할 때, 비로소 조기 관측 능력이 시작된다. "주류 기술담론의 위기"라는 라가덱의 이론은 충분히 이해할 수 있는 이론이지만, 대중에게 제대로 수용되지 못했다. 그럼에도, 나는 그의 이론이 반박의 여지없는 이론이라고 생각한다. 나는 주류 기술담론의 위기에 봉착한 사회의 태도들에 대한 라가덱의 분석이 중요한 표본이라고 생각한다. 중대한 위기가 나타났음에도, 산업은 생산을 멈추지 않는다. 국가는 산업 활동을 보호하려 하고, 사람들의 근심을 제거

---

100) [역주] 이자벨 리비에르(Isabelle Rivière, 1889~1971)는 프랑스의 작가다. 『미래 예측 불가론』은 1933년 작이다.
101) Patrick Lagadec, *La Civilisation du risque, op. cit.*

한다. 따라서 국가는 매번 "별로 심각한 문제가 아니라"는 말로 해명한다. 시민들은 무지하고, 무력하다. 그리고 결국 제대로 알려지지 않은 이 위기를 수용한다. 시민은 기술 사회가 분배하는 쾌락들의 보상으로 그 위기를 수용한다. 전문가는 위기의 세계에서 언제나 변두리에 있다. 전문가는 사례를 연구하고, 습관적으로 '무의미하다' 혹은 '어디서나 일어날 수 있는 사고이다' 라는 말로 결론짓는다. 기술이 우리를 수백 개의 화산 분화구 중앙에 제대로 배치했다는 생각을 수용하는 사람은 아무도 없다. 결국 사람들은 전쟁과 군사 무기의 위험에만 관심을 가질 것이다. 왜냐하면 우리에게 잘 알려진 영역이기 때문이다. 우리는 전쟁을 체험했고, 무기들이 깜짝 놀랄 정도의 효율성의 가졌다는 사실을 안다. 전쟁과 무기 이외의 나머지 것들에 관해, 사람들은 차라리 무시를 선호한다. 즉, 실험실의 비밀, 행정의 비밀, 전문가의 비밀, 기술자의 비밀, 정치적 비밀과 같은 갖은 비밀의 문과 마주해, 정보를 파헤치는 극도로 난해한 작업에 착수하지 않는다.

예측은 실제 불가능하며, 정보 또한 일련의 비밀 작업에 의해 봉쇄되었다. 무엇보다 **예지력**[102]은 미덕이다. 가까운 과거에 일어났던 대형 사고들 지난 12년 동안 적어도 두 차례 벌어진 사고들 [103] 을 체험한 우리는 **예지력**을 바탕으로 다음 내용을 수용한다. 첫째, 우리는 기술이 부른 크나큰 위기의 문명 속에 산다. 둘째, 기술이 진보하면 할수록, 위기는 더 심각해지고 위험에 이를 확

---

102) [역주] 엘륄은 이 단락에서 마지막 단락까지 예지력을 대문자로 표기한다. 사실 예지력이라 번역한 이 단어는 사전예방 능력, 조기 관측 능력, 선견지명 능력을 아우르는 종합 역량을 지시한다. 사태의 전후를 날카롭게 관통할 수 있는 시선과 판단력을 뜻하는 이 용어를 엘륄은 통계와 수치로 위장한 과학 연구를 넘어설 수 있는 인간의 구상력과 예측 능력을 되살려야 한다는 뜻으로 사용하며, 인간이 갖춰야 할 덕(vertu)으로 간주한다. 즉, 예지력은 인간의 기량에 해당하는 덕목이 되어야 한다. 이러한 예지력은 교육과 학습, 반복 훈련을 통해 배양, 숙달해 가야하는 과제에 해당하며, '모든 일상이 정치 활동'이라는 엘륄의 생활 정치에 전제된 행동 준칙이다. 역자는 이 단어에 해당하는 프랑스어 prévoyance를 문맥에 따라 예지력 혹은 조기 관측 능력이라 옮겼으나, 대문자로 표기된 이 단락만큼은 인간 고유의 덕에 초점을 맞춘 엘륄의 견해를 따라, '예지력'이라는 단어로 통일하겠다.

103) 이 지점에서 우리는 기술과 기술 오류들에 책임을 물어야 할 대형 산불들의 문제를 생각해 볼 수 있다.

률은 높아진다. 물론, 우리는 5년 전에 심각한 사고를 냈던 원자력 발전소 하나를 거론하면서 현재 작동중인 수백 기의 원자력 발전소 가동에 반대할 수 있다. 그러나 원자력 발전소 문제는 빙산의 일각에 불과하다. 확률 계산에 기초한 개연성에 따르면, 적은 희생자를 낸 이 사고들은 무시되기 십상이다. 그러나 점차 막강해지는 수단들은 인류의 '종말'이 될지도 모를 위기를 자초하려 한다. 파트릭 라가덱은 다른 글[104]에서 문제시된 심각한 재난의 확률만 따질 상황이 아니라고 강변한다. 아닌 말로, 재난 문제에 확률 상의 개연성만 운운할 수 없다. 그러나 과학으로 무장한 엄격한 주장은 확률로 나타난 긍정적 결과를 바탕으로, 고위험 설비의 안전 문제에 대한 공통 담론을 상대화한다. '가능성의 문제가 개연성의 문제를 부른다.'[105] 또한 단 하나의 대형사고만 터져도 그래프 곡선은 요동을 친다. 실제 그렇게 될 때, 통계를 바탕으로 한 추론은 가치를 잃는다.

바로 이 경우, 항시 발생 가능한 사고 및 사고의 확장 가능성을 염두에 두고, 행동, 제도, 교육을 이끌어야 할 주체는 바로 **예지력**이다. 이러한 주장에 사람들은 "당황하지 말라. 최악의 사태는 항상 있는 일이 아니다"라는 말로 반론을 제기할 수도 있다. 많은 국가들이 오랜 세월 내세웠던 이 지혜의 격언은 더 이상 무가치하다. 왜냐하면 "최악의 사태가 '언제나 가능해' 졌다"라는 말로 되받아칠 수 있을만한 상황이 되었기 때문이다. 덧붙여, **예지력**은 몇 걸음 더 나아갈 것을 주문한다. 사태 부합성이 전혀 없어 보이는 상황에서도 단순 확률 계산에 의지할 게 아니라, 가능한 최악의 사태까지 고려해야 한다. 왜냐하면 고위험 사건이 실제 누적되어 있기 때문이다. 일례를 들겠다. 우리는 원자력 발전소의 평균 수명이 30년이라는 사실을 안다. 발전소는 노후 정도에 비례해, 취약해진다. 많은 발전소가 이미 평균

---

104) Patrick Lagadec, « Faire face aux risques technologiques », *La Recherche*, n° 105, novembre 1979, p. 1146-1153.
105) [역주] 위험 설비의 사고 위험 '가능성'이 있으니 안전 대책을 강구하라는 담론에 '확률 상 긍정 효과가 크다'는 말로 논의를 상대화하는 현상을 일축한 표현이다.

수명에 다다랐다. 그렇다면 우리는 이제 어떻게 해야 하는가? 단순하게 발전소를 "제거"할 수 있는 문제가 아니다. 발전소를 효과적으로 고립시키기 위해, 각 발전소 위에 시멘트로 산을 쌓고, 다른 쪽에 또 다른 발전소를 건설하면 되는가? 달리 말해, 우리는 **예지력**을 발휘해 '각각의 경우마다' 최악의 상황을 가정한 답변을 내 놓을 수 있을 자료들을 확보해야 한다. 가능한 필요한 자료는 모두 확보해야 한다. 각 상황에서, 그리고 상황 이해에 필요한 매개변수를 참고해 무엇이 최악의 사태일지 따져야 한다.

우리가 최소한의 책임의 의의를 생각한다면, 이러한 행동이 바로 **예지력**에 따른 행동이라 할 수 있을 것이다. **예지력**으로 예측과 미래 전망을 대체해야 한다.[106] 다시 말해, 우리는 **예지력**을 진지하게 여겨야 하며, 대부분의 기술 관련 저서에서 볼 수 있는 내용과 반대로 행동해야 한다. 모든 것은 다 잘 될 것이라는 선언이나 위험이 없는 것처럼 행동하라는 선언이 최악의 선언이다. 나는 이미 시몽의 책을 비판했지만, 알베르 뒤크록의 책1985~2000, *le futur aujourd'hui*도 동일 맥락에서 다룬다. 우리는 뒤크록의 책에서 수백 쪽을 할애해 기술의 경이로운 결과물을 다루는 부분과 우리 앞에 놓인 찬란한 미래를 다루는 부분을 확인할 수 있다. 그는 별들의 전쟁에 관해 한 두 쪽을 할애했고, 원자력 핵무기국가들의 소멸이라는 행복한 결과를 낳을 것이라 말한다!에 대해 단 '한' 쪽을 할애했다. 공해, 무기 증강, 화학제품의 위험과 같은 주제는 아예 다루지도 않았다. 뒤크록은 현재 우리의 상황을 매우 단순하게 진단한다. 곧, 기술이 허락한 이상 사회로의 이행과 변화를 위해, 우리는 "어려운 시기"를 통과하고 있을 뿐이다. 통제 불가능할 정도로 비대해진 위험에 대한 고찰은 전무하다. 나는 시몽과 뒤크록의 책이 대중에게 매우 위험하다고 생각한다. 왜냐하면 독자들에게 마취제를 놓고, 우리의 '유일한' 생존 기회이

---

106) [역주] 문장에 담긴 의미를 풀어서 말하면, "조기 관측 능력이나 사전예방 능력을 의미하는 **예지력**으로 과학과 통계 수치로 포장된 예측과 미래 전망을 대체해야 한다" 이다.

자 절대 필요한 **예지력**에 접근하지 못하도록 하기 때문이다.

3장_이중 피드백

나는 『기술 체계』에서 복잡계로 이뤄진 기술을 학문적 의미루트비히 베어탈란의 견해를 따라의 체계로 볼 수 있고 거대 체계가 된 기술 집합체에 대한 제어 장치가 빠져 있음을 강조했다. 아울러, 기술 체계 안에는 기술의 일탈, 기능 장애, 부작용 등의 원천이자 근본 원인을 소급할 수 있는 능력이자 이러한 부정적인 결과들을 수정하고 불필요한 요소를 정리하면서 이 체계를 보다 균형 잡힌 형태로 성장시킬 수 있는 능력인 '피드백 메커니즘'이 결여됐다고 강조했다. 당시 나는 이 체계가 완벽한 무질서와 자발성에 준해 기능한다고 보았다. 누구도 이 체계를 제어할 수 없고, 누구도 체계의 방향을 설정할 수 없다. 그러나 컴퓨터 정보 통신 덕에, 나는 일관성 있는 피드백 집합체를 만들 수 있는 가능성이 생겼다고 생각한다. 실제로 컴퓨터 정보 통신은 각 영역에서 모든 지장 요소, 기능장애, 역효과를 나타낸 자료들을 저장할 수 있을 것이며, 확인된 결과들을 역易추적하여 진원지에 도달할 수 있을 것이다. 또 컴퓨터는 이러한 요소를 확실하게 제거, 수정, 전환할 수 있을 것이다. 그러나 최종 단계는 의사결정이다. 이것은 정치에 속하는 분야이다. 다시 말해, 기술 체계에 관한 컴퓨터 정보처리의 피드백은 의사결정 준비 방식에 대한 문제를 어떤 방식으로 해야 올바른지를 정하는 역할, 즉 자리 지정자의 역할을 맡게 될 것이다.

이 지점에 도달하려면, 다음 두 가지 내용이 필요했다. 첫째, 기술이 일반화된 **체계**를 구성그리고 우리 사회의 '진짜' 문제가 무기나 생산성이 아닌 **체계**라는 점을 파악할 수 있는 정치 영역에 도달했다는 점을 의식해야 한다. 둘째, 컴퓨터 정보처리 기술자들은 본인들의 연구 방향을 기술의 광범위한그러나 수익성은 떨어지는 활용에 맞춰야 한다. 그리고 자신들에게 기술을 일반 대중의 유익에 종속시킬 수 있는 능력이 있음을 알아야 한다. 컴퓨터 정보의 집합체는 기술의 활용 빈도수를 현격히 높일 수 있다. 그러나 기술 체계의 '전 방위에서' 발전 속도가 상승했음에도, 더욱 빠른 작업이 필요했다. 이 체제를 제어해야 하고 컴퓨터는 수단에 불과하다고 생각해야 했다. 따라서 나는 1970년대 그러한 방향 설정으로 인해, 기술 성장에 대한 장악력 실행이 가능하다고 느꼈다. 지식인들이 자발적으로 선언하고 경제 지도부가 사회주의적 계획을 전개했음에도 불구하고, 누구도 이러한 장악력이 필요하다는 사실을 검토하지 않았다. 사회주의자들은 19세기의 문제들국유화, "거대 자산가들"에 대한 투쟁!에 빠져 허우적댔다. 컴퓨터 정보처리 기술자들에게는 폭넓은 생각이 없었다. 또한 이들은 도구들에 잠재된 힘이 얼마나 되는지도 생각하지 않았다. 집에서 극장 좌석을 예약하는 일에서 로켓탄의 방향타를 설정하는 일까지, 이 기술자들은 "용역 제공"을 위한 명령에 따라 장비 제작을 지속할 뿐이다. 그러나 컴퓨터 정보 통신은 기술 체계를 지배하는 대신, 이 체계에 편입되었다. 기술 체계의 모든 특성을 채택했고, 체계의 힘과 결과물의 모순들을 강화하는 데 일조했을 뿐이다. 내 생각에, 경기는 끝났다. 컴퓨터 정보 통신의 힘으로 고양된 기술 체계는 방향을 통제하려는 인간의 뜻에서 결국 벗어났다.

"벌어진 사건들의 힘"이 다시 한 번, 인간의 자유로운 결정권을 빼앗았다. 그러나 내가 공상적으로 생각했던 '통제된 피드백'이 현실에 드러나지 않았다고 하여, 기술 체계에서 피드백이 체계에 결여된 형성이 없었다고 말할 수 없다. 사실 피드백은 자발적으로 구축되지 않고, 전혀 다른 방식으로 구축된다. 실제로 지난 6~7년 전부터 '이중' 피드백이 구성되기 시작했다. 이중 피드백의 구성 방식은 다음과 같다. 즉, 기술의 응용력으로 나타난 효과들 중, 이 힘의 근원에 반하는 효과가 자동으로 출현한다. 그 효과는 응용력 혹은 응용력의 방향을 바꾼다. 이것은 반작용에 대한 통제, 자체 규제다. 이 피드백은 두 가지 결과를 초래한다. 바로 '양성 피드백'과 '음성 피드백'이다. 전자는 쟁점이 된 응용력의 근원을 기점으로, 이 힘에 긍정적으로 작용한다. 결국, 활동과 효과들을 강화한다. 후자우리는 통상 음성 피드백을 생각한다는 일정한 수준으로 효과들을 유지하고 효과들의 자가 발전을 막거나 무한대로 가속도가 붙을 수 있는 운동을 저지하기 위해, 기술의 응용력을 완화시킨다. 다시 말해, 음성 피드백은 규제자 역할을 한다. 그러나 우리가 기술 체계를 염두에 둔다면, 지난 10년 전부터 사건들의 힘을 통해 음성 피드백과 양성 피드백이 자발적으로 구축되었다는 사실을 알게 될 것이다. 음성 피드백은 전 영역에서 기술의 가속도를 조절하려 하며, 양성 피드백은 이 가속도를 상승시키려 한다. 두 반작용은 인간의 의지, 인간의 통제를 완전히 벗어난다. 물론 인간은 '행위의 당사자'다. 그럼에도, 이러한 결과는 내가 생각했던 것과 전혀 다른 결과다. 다시 말해, 기술 체계에서 인간은 체계의 속도와 방향의 통제 주체가 아닌, 중개자와 매개자에 불과하다 내가 **불확실성**을 다루는 장에서 이중 피드백의 생성 문제를 다루는 이유는 두 가지 활동 단위음성/양성 피드백의 결합으로 얻은 결과의 실체를 분명히 간파하기 어렵기 때문이다. 양성 피드백은 기술과 정치의 관계, 기술과 과학의 관계에서 비롯된다. 음성 피드백은 기술과 경제의 관계에서 나온다. 세 가지 경우, 공통된 핵심은 '동일 과정의 지속'이다. 즉, 기술은 정치적인 것, 과학, 경제에 영향을 미친다. 그리고 이러한 영향을 따라, 정치, 과학, 경제는 곧 바로 기술 자체에 반작용한다.

1. 양성 피드백

먼저 나는 정치인의 활동부터 탐구하려 한다. 정치인에 미친 기술의 영향을 출발점으로 삼겠다. 기술은 분명 정치인들에게 계획 실현의 탁월한 수단을 제공한다. 우파의 계획이나 좌파의 계획이 아닌 정치 계획의 실현에 기술은 월등한 수단들을 내 놓는다. 기술은 탁월한 통합 수단이다. 그러나 연방국가 노선을 선언한 자유 진영의 국가들에서조차, 기술의 용이함으로 인해 통합의 경향이 두드러진다. 다양한 언어로 말하고, 상이한 노동법으로 일하며, 유통 불가능한 독자적 화폐를 사용하고, 교육의 자치가 이뤄지는 이질적이고 괴리된 집단보다 하나의 통일체를 이룬 집단을 통제, 지도하는 편이 확실히 쉽다. 당국자의 눈에 통일성 없는 요소들은 분명 극복하기 어려운 장애물이지만, 이러한 파편화를 일소할 수 있는 해법이 바로 기술이다. 철도 광역망과 송전선은 통일성을 의미한다. 그러나 기술의 모든 작동 역시 통일성을 함축한다. 더불어 기술은 국가의 두 가지 가능성, 즉 "집중화-중앙집권화"와 "탈집중화-탈중앙집권화"를 낳는다. 달리 말해, 전자와 후자가 정확하게 서로 겹칠 수 있다. 행정 관리, 의사소통, 정보를 통합시킨 기술 집합체에 예속된 이상, 행정 조직 형태가 중앙집권적이든 그렇지 않든 모두 같은 상태에 도달한다. 의사소통의 일반화와 통일성은 자국 영토에서 벌어지는 모든 일을 국가 권력이 즉시 알 수 있도록 했고, 행정 체계의 탈중심화와 권력의 탈중앙집권화에도 불구하고, 결국 통제력의 발휘를 가능케 했다. 지금 우리는 사악한 의도를 품은 어떤 것과 마주하지 않았다. 오히려 인간^{적어도 서구인}에게 본래 내재한 것처럼 보이는 단순화, 통일성, 용이성의 과정과 마주했을 뿐이다.

마찬가지로, 기술의 수단들은 통제 수단들을 개선하고, 그 과정들을 가속화한다. 어떤 정권이 통제 수단 하나 없이 권력을 실행에 옮길 수 있는가? 매체들 역시 마찬가지다. 권력은 전 국토에서 벌어지는 일에 대한 정보를 위해서도, 그리고 대중에게 권력을 행사하기 위해서도 반드시 매체를 필요로 한다. 이 경우에도 기술은 국가에게 큰 도움을 준다. 또한 기술은 '외견상' 나는 반대 현상을 증명할 계획으로 이 표현을 사용한다 미래 예측과 미래 장악을 가능케 한다. 마지막으로, 기술은 정치권력에게 사회체의 새로운 영역들에서 어떻게 행동해야 하는가를 보여준다. 정치권력에게 기술은 천군만마와 같으며, 정치권력은 기술을 과도하게 추켜세운다. 약 10여 년 전부터, 우리는 매일 저녁마다 '위기에 대한 해법 마련을 위해 기술 발전은 필연이다' 라는 내용의 설교를 들어왔다. 모든 경제 문제는 기술에 속하는 문제다. 기술의 은총으로 생산성은 증가하고, 실업은 사라질 것이며, 무역은 소멸할 것이다. 더불어 국가는 "과학-기술 복합체"[107]에서 자기 정당성을 찾는다. 따라서 양측의 관계를 심화시켜야 한다. 권력의 정당성은 더 이상 종교, 민주주의와 상관없다! 권력은 과학을 통해 자기의 존재를 드러낸다. 즉, 권력 정당화의 요체가 바로 과학이다! 왜냐하면 과학은 권력 없이 아무것도 할 수 없기 때문이다. 또한 대중에게 과학은 토론 불가능한 존재이자 자신에게 봉사하는 자들을 합리화하는 위대한 신이기 때문이다.

이처럼 과학-기술 복합체는 정치적인 것을 토대로 작동한다. 그리고 이 복합체의 양성 피드백 기능을 담당하는 자가 바로 정치인이다. 달리 말해, 정치인은 기술 발전에 사활을 건다. 차후, 정치권력은 기술 연구와 관련해 몇 가지 예외를 제외하고 거의 오류를 범하지 않을 것이다. 나는 1950년에 이 점을 강조한 바 있다. 정치권력은 아주 극단적인 경우예컨대, 미 항공우주국에 대한 미국 정부의 의사결정권를 제외하면, 더 이상 과학기술 연구를 지도 및 관리하려 하지 않을 것이다. 국가는 국가 발전 전체가 과학기술 연구에 달렸다고 확신하며, 이 연구의 촉진 및 장려를 위해 막대한 자금을 확보한다. 과학기술

---

107) M. Barrère, « Les limites du secret scientifique », *La Recherche*, n° 151, janvier 1984.

연구는 점차 고비용 연구로 바뀌며, 요구사항도 까다로워진다. 미국에서 과학기술 연구에 필요한 재정의 출처는 대기업의 막강한 자금력이다. 그러나 미국 정부는 사람들이 잘 알지 못하고 무시하는 분야에서 자금 부족분을 보충한다.[108] 프랑스의 경우, 거의 대부분의 "연구개발" 비용은 국가 부담이다. 통신과 컴퓨터 정보처리의 융/복합 기술인 '텔레마티크'는 현재도 공적 자금으로만 개발되는 중이며, 국가의 명령 체계를 따른다. 따라서 프랑스 정부는 과학기술 개발로 인한 경제 발전 효과를 미리 상정하고, 국가의 자체 통제 수단들을 강화하면서 연구개발을 추진해 나간다.

두 번째 양성 피드백은 **과학**의 피드백이다. 사람들은 오랜 기간 '순수**과학** → 응용**과학** → **기술**'이라는 도식을 소개해 왔다. 나는 1950년부터 이 도식의 부정확성을 지적했고, 과학은 애당초 출발부터 기술력에 의존한다고 주장했다. 실제로 과학과 기술 간의 상호 작용이 가장 중요하다. 기술의 개선 없이, 과학은 '더 이상 진보할 수 없다.' 즉, 과학은 오로지 기술 개선을 통해서만 진보한다. 우주 항공의 발견, 분자 구조, 화학제품 개발의 효과, 심지어 수학의 발전까지, 이 모든 요소들이 진보의 요체가 된다. 우리는 1970년대부터 고속 기능 전자계산기, 즉 고속 컴퓨터를 사용하게 되었다. 그리고 컴퓨터의 사용으로 지도 관리, 각종 사회경제 정보, 이 정보들을 취급하는 데 "필요한" 제반 욕구들에 신속하게 대응할 수 있었다. '그러나' 수학자들과 물리학자들은 여러 문제를 제기했다. 이들은 이 컴퓨터들로 다차원 복합 계산은 불충분하며, 수학자들과 물리학자들에게 사용이 한정된 새로운 형태의 초강력 컴퓨터 개발로 나아가야 한다고 주장했다.

생물학, 화학, 물리학, 천문학, 원자 물리학^{상대적으로 의학까지}과 같은 과학 분야는 오로지 기술 장비에 의존한다. 물론 기술 장비만으로 진보를 이룩한다는 말은 아니다! 과학은 기술 진보의 확장과 가속화에 자신의 사회정치

---

108) 1985년 미국의 과학기술 분야의 기초 연구 비용만 무려 2억 5천만 달러에 달했다.

적 비중과 위상그리고 과학자들과 기술자들 사이의 관계을 내건다.109) 그러나 이와 맞물려, 최신식 기술의 작동은 과학의 발명품들로 인해 가능하다! 때로 거리감 있어 보이는 학문들, 예컨대 '언어학'과 같은 분야도 인간과 컴퓨터의 직접 소통이 가능한 언어의 발견을 통해 진보할 수 있다. 분석은 전문가 체계 등을 구축할 수 있다. 상부상조의 관계가 형성되는 셈이다. 예컨대, 사람들은 우주 공간에서의 생존력을 알기 위한 물리학적 관찰 실험과 같은 실험들은 우주 항공 실험실과 같은 조건에서만 가능하다고 주장한다. 또한 우주 항공 기술 분야의 응용에 꼭 필요하지만 지구에서 재배가 불가능한 화학물의 제조도 이러한 실험실에서만 가능하다고 말한다. 이들은 하나같이 실험실 우주 항공 실험실 연구를 정당화한다. 우리는 이 점을 기억해야 한다. 이처럼, 순환은 매우 엄격하다. 과학은 기술을 가속화하고, 기술 진보는 새로운 발명품으로 과학에 응한다. 심지어 우리는 "기술 진보"의 대다수가 과학 발전의 역량 이외의 타 분야에 응용될 필요도 없고, 유용하지도 않을 것이라고 말해야 하는 상황까지 왔다. 그러나 서구 사회는 결국 과학을 정당화했다. 따라서 서구 사회가 기술 발명품에 집중하는 비용 지출도 합법적인 것처럼 보인다.

2. 음성 피드백

그러나 이 두드러진 가속화 현상에 대해, 다른 힘이 개입한다. 즉, 기술 성장을 전 방위에서 축소시키려는 음성 피드백이 작동한다. 경제와 재정이 관건이다. 연구는 점점 고비용 연구로 바뀐다. 기술 응용에도 점차 비용이

109) P. Papon, « Pour une prospective de la science », *Recherche et Technologie: les enjeux de l'avenir*, Seghers, 1983. P. Fasella, « Une stratégie europèenne pour la Recherche », *La Recherche*, n° 150, décembre 1983. G. Price, "The politics of planning and the problems of science policy", in *Science, Technology and Society*, II, 5, 1982. D. Collin Gridge, "Decisions on technology and politics", *ibid.*, III, 2, 1983.

상승한다. 따라서 다양한 질문이 제기된다. 연구와 경제 발전의 관계는 확실하게 보장될 수 있는가? 둘의 관계는 유착 없는 깨끗한 관계인가? 둘 사이의 한계선은 없는가? 이것은 서구의 정치 세계에 여전히 존재하는 믿음이다. 미국에서는 이러한 믿음이 훨씬 덜하다.[110] 그렇다면, 경제 관점에서 볼 때, 연구와 기술에 수익성이 있는가? 다른 한 편, 예상 비용은 인플레이션을 피하면서 우리의 예상치를 훌쩍 뛰어 넘어 천정부지로 치솟는다. 우리는 콩코드 여객기에서 서민보장적금[111]에 이르기까지, 수많은 기술 장비와 장치들이 "국제화"되었다는 사실을 안다. 심지어 미국조차도 계산기를 두드리고 선택을 해야 하는 상황이다. 1983년부터 미 항공우주국의 예산이 대규모 삭감되었다. 그러나 기술의 완성도와 과학의 요구에 따른 비용 상승은 멈추지 않는다. 핵심은 다음과 같다. '기술 진보는 경제 성장보다 훨씬 빠르다.' 우리가 아는 것처럼, 10년 전부터 일본을 제외하고 대부분의 국가에서 경제 성장은 한계치에 도달했다. 우리는 뒤에서 세부적으로 이 문제를 설명할 것이다 그러나 기술 성장은 문자 그대로 '전' 방위에서 폭발한다. 따라서 자본이 필요하다. 그러나 기술이 제시하는 계획들에 필요한 자본이 향후 3~4년 후에 경제 성장으로 환수될 수 있다고 확신할 수 있는가? 경제 성장이 기술 진보에 들인 비용을 만회하리라는 희망이 가능한가?

결국, 집합체가 된 과학-기술-경제 체계는 다음과 같은 방식으로 기능한다. 기술은 경제 성장을 가능케 한다. 그러나 기술은 재정적으로 천문학적 비용을 **경제**에 요구하고, **경제**는 선택을 의무화하여 기술 팽창에 제동을 거는 식으로 반응한다.[112] 그리고 이것은 아래와 같은 사태들이 현실화되

---

110) 여러 연구서들 가운데, 다음 자료를 참고하라. J.-J. Salomon et G. Schmeder, *Les Enjeux du changement technologique*, Economia, 1986. 이 책은 분량의 대부분을 미국의 문제에 할애했다.

111) [역주] 서민보장적금(Livret d'Épagne Populaire)은 1982년에 실행된 보장성 적금 형태로 저소득 가계를 위해 도입되었다.

112) 뒤에서 우리는 경제 부조리 문제를 연구하면서 경제에 관한 기술의 영향력을 상세하게 다룰 것이다.

면서 점차 절대 규범화된다.

첫째, 기술은 기업들과 연계되며, 기술을 도입한 이 기업들이 '경제 가치'의 창출 여부와 연관성 있다고 말할 수 없다. 일례로, 우주 항공 분야가 있다. 로켓과 인공위성의 제조는 일부 기업들의 이익 출자에 기여할 것이다. 또한 해당 기업의 노동자들에게도 일정 정도의 이익을 보장할 것이다. 우주 항공 사업에 관한 외국의 주문도 이어질 것이다. 아리안 로켓 추진 장치는 브라질이나 나이지리아 등의 위성을 탑재할 것이며, 이것은 결국 프랑스의 시장 "수익"으로 이어질 것이다. 그러나 거기에 어떠한 경제적 가치 창출은 없다. 다시 말해, 소비자에게 유용한 재화는 하나도 없다. 기껏해야 관련 노동자 임금과 기업 이윤과 관련될 뿐, 결과적으로 어떤 수익도 내지 못하는 돈에 지나지 않는다.

둘째, 기술 성장은 이차 영역의 감소로 이어진다. 그리고 그와 동시에 제3의 영역이 성장한다. 구체적으로 말하면, 제3의 영역은 어떠한 경제 가치도 창출하지 않는다. 여러 형태의 용역들은 물론 유용하다. 그러나 이러한 용역들은 어떤 것도 생산하지 못할 것이다. 우리는 늘 이 부분을 망각한다. 따라서 이 부분에서도, 우리는 기술 성장이 경제 분야에 부를 생산하지 못한다는 점을 각인해야 한다.

셋째, 기술은 점차 "외부성"[113]을 야기한다. 우리는 훨씬 복잡한 비용 문제를 고려해야 한다. 기술의 진보에 비례해, 기술은 불편 요소, 공해, 잠재적 위험, 재생 불가능한 필수 자원의 고갈 문제를 심화한다. 재생 불가능한 필수 자원의 경우, 생산물의 실제 가격을 확보하려면, 사전에 예방 조치를 취하든지 아니면 대체 자원을 연구해야 한다. '중독'과 같은 심각한 위험

---

113) [역주] 외부 효과라 부르기도 한다. 개인의 소비 활동이나 생산 활동이 시장을 통하지 않고 무상으로 제3자의 소비 혹은 생산 활동에 영향을 미치는 것을 뜻한다. 효과에 따라 제3자의 후생 증진, 즉 사회 전체의 편익이 개인의 편익보다 큰 현상을 낳는 긍정적 외부성(외부 경제)과 그 반대 효과인 부정적 외부성(외부 불경제)으로 구별된다.

요소들을 낳는 기술은 건강 보호와 보건 기관 창설에 열중하지만, 그에 대한 비용 계산이 필요하다. 다시 말해, 그것은 유명한 '외부성의 내부화'[114] 문제가 된다.

넷째, 기술은 점차 강력하고 고비용의 무기들을 생산한다. 이 문제에 대해, 사람들은 내게 단순한 정치 결단에 해당하는 문제라고 이야기했다. 그러나 그 말은 오류다. 왜냐하면 이 문제도 우주 항공 분야에 적용된 논증과 동일한 논증을 적용해야 하기 때문이다. 보다 효율적인 무기 제조는 노동자들에게 일터를 제공하고, 외부 수출과 대외 무역 개선을 가능케 한다. 그러나 부정 효과 역시 만만치 않게 크다. 대다수의 무기 구매처는 제3세계 국가들이며, 이것은 제3세계의 외채 상승을 유발한다! 예를 들어, 1985년에 라틴아메리카의 외채는 3,000억 달러에 달했다. 제3세계 전체 외채는 6,200억 달러로 치솟았다. 나는 이 수치들의 의미를 반복하지 않겠다. 무기 구입은 '경제적으로' 점점 불가능하다. 다시 말해, 무기 관련 기술은 경제생활을 곤경과 파국으로 내 몬다. 금융가와 경제학자는 매우 구체적인 단계인 예산 범위 문제를 거론하면서, 기술자들을 향해 '모든 것의 활용은 불가능하니 선별이 필요하다'고 말해야 할 것이다. 또한 터무니없이 비싼 최첨단 외과 수술의 대중화는 불가능하며, 프랑스의 전 병원마다 레이저 장비, 스캐너, 핵자기 공명 장치를 갖추거나 병실마다 필요 수량의 침상을 제공하는 것도 불가능하다. 경제는 기술의 제동 장치, 완충 장치의 역할을 맡을 것이다. 다시 말해, 경제는 음성 피드백을 대표한다.

그러나 이 장에서 나는 음양의 피드백이 불확실성의 상승 요인이라는 시각에서 문제를 다뤘다. 달리 말해, 우리는 이러한 피드백의 실제 영향력과 효력의 정체를 알지 못하며, 제동이 걸린 경제 발전으로 국가의 기술 부양

---

114) [역주] 외부성에 대한 가격 기구를 형성하는 작업이다.

책을 어느 정도까지 보상할 수 있을지 알지 못한다. 우리는 다음과 같이 물을 수 있다. 이러한 피드백의 집합체는 과연 어떻게 작동하는가? 그에 대해 누구도 과감하게 이야기할 수 없다. 피드백 효과의 현상과 불확실성의 총체를 의식하는 정도가 그나마 최선이다. 여하튼, 오늘날 모든 기술 체계는 여러 형태의 피드백, 즉 기술 체계를 '체계로 완성' 함과 동시에 '그 체계를 파괴' 하는 피드백에 예속되었다.

4장_내부 모순

기술의 미래와 진보에 대한 불확실성을 가중시킬 마지막 요소로써, 나는 기술 체계와 기술 사회의 내부 모순 문제를 이야기하겠다. 최초의 모순은 경제 대기업들과 초국가 정치 운동들이슬람, 공산주의을 대립시키는 갈등에서 비롯된다. 또 다양한 종류의 기술을 확보해 이를 극단적인 폭력에 사용하는 국가들과 이에 대한 반작용으로 대두되는 대항 폭력의 문제도 기술 체계와 기술 사회 내부 모순의 초점을 흐리는 사안이다. 물론, 이러한 사안은 기술 체계와 기술 사회의 내부 모순을 야기하는 큰 문제일 것이다. 그러나 동일한 일을 위해 모두가 온 영역에서 대립하는 기현상이 벌어지는 것도 사실이다. 심지어 이러한 대립과 갈등에는 실제적인 목표가 없는 경우도 허다하다. 오로지 무가치하고 무의미한 것을 손에 넣으려는 열정만 가득하다. 우리는 "대상"이 자신의 부재 자체를 통해 두드러진 역할을 하는 과정근대성, 극단적 기술전문성의 과정의 한계점에 서 있다. 이 부재는 점유에 대한 "모방"르네 지라르가 말하는 '모방 욕망'의 가상허구 초점이 된다. 4장의 초반에서 우선 이해해야 할 부분이 있다. 우리 사이에 벌어지는 모든 갈등을 더욱 더 폭력적으로 몰아가는 원인은 갈등 대상의 "부재의 현존"présence de l'absence 때문이다. 테러리즘이 그 특징을 가장 잘 보여준다.115) 사실, 갈등 대상의 부재의 현존 문제는 한

---

115) 이 주제와 관련해 중요한 연구로 다음 글을 참고하라. P. Dumuchel et J.−P. Dupuy, *L'Enfer des choses, op. cit.* 우리는 이 책에서 매우 분명한 공식을 발견했다. "내가 맹목적이라는 점을 보지 않는다면, 나는 맹인이다. 내가 맹인이라는 사실을 안다면, 나는 맹목적이지 않다." 기술에 대한 우리의 착각과 그 주변에서 발생하는 갈등과 폭력 문제에 충

권의 책으로 다뤄도 무방할 연구 주제이다. 다만, 이 장에서 우리는 다음 세 가지 논점인 '한계선, 취약성, 반대급부' 순으로 연구를 진행하겠다.[116]

1. 한계선

이러한 한계선을 강력히 주장했던 인물론 최초의 인물은 아니지만은 바로 이반 일리치Ivan Illich다. 나는 다른 책에서 유한성, 한계들, 자기 제한의 차이점에 대해 연구했다.[117] 한계선은 우리 시대의 본질 개념이다. 그것의 첫 번째 표본은 한 세기 반 이전에, 수확 체감의 법칙la loi des rendements d croissants으로 제시되었다. 이 법칙을 간략하게 설명하면 다음과 같다. 어느 영역에서나 많은 수확량을 확보할 목적으로 수량을 늘릴 때, 우리는 기대했던 결과의 정반대 결과를 얻으며, 이 과정이 반복해서 도래한다. 이것은 기술 성장에 대한 제반 연구에서 중요한 법칙이기도 하다. 몇 가지 간단한 사례를 들겠다. 정치나 경제를 극단으로 조직하는 방식을 합리화하려 하거나 '언제나' 한계선까지 내몰아가는 인간의 행동을 합리화하려 할 때, 바로 거기에서 불합리성이 발생한다. 이러한 합리화 과정이 우리에게 불합리성으로 되돌아온다. "생활조건의 합리적, 총체적 조직화 자체가 조직화의 임의적, 비합리적 규칙을 양산한다."[118] 비합리적인 것은 삶을 합리화하려는 의지다! 가장 잘 알려져 있고 명백하지만, 언어도단에 불과한 사례가 하나 있다. 바로 소련의 '국가 계획 경제'다! 그러나 우리는 컴퓨터 정보의 확장과 관련된 효과들 역시 어떻게 될지 기다리며 지켜봐야 한다. 학교나 가계 경제에 컴퓨터의

분히 적용 가능한 공식이다.

116) [역주] 엘륄은 '한계선, 반대급부, 취약성' 순으로 기록했으나, 뒤의 연구는 '한계선, 취약성, 반대급부' 순이다. 그리고 순서에 대한 특별한 이유도 두드러지게 드러나지 않는다. 따라서 연구 순서에 맞게 문장을 수정한다.

117) 자끄 엘륄, 『자유의 투쟁』(대장간 출간예정)

118) D. Janicaud, *La Puissance du rationnel, op. cit.* Bernard Charbonneau, *Le Système et le Chaos,* Antropos, 1973.

도입은 언어 학습 등에 큰 효과를 발휘할 수 있다. 그러나 비합리성으로의 선회를 피하기 어렵다. 예컨대 시간 절약이 시간이 자유시간이라면이 공허하고 무의미한 이유는 무엇인가? 정밀 시계로 인해 시간이 더 정확해지면 정확해질수록, 우리는 시간의 가치를 더 모르는 상황을 맞는다. 또 우리는 '이러한' 정밀 시계가 우리의 생활시간에 '대한' 사용과 성찰을 '가로 막는다'고 생각한다.

자니코는 지구적 차원에 해당하는 중요한 공식 하나를 다음과 같이 제시한다. "합리적인 것이 '도치법'에 종속됐다. 이 '도치법'은 합리를 비합리로 바꾸는 힘을 가졌다. 이제 누구도 단정적으로 이야기할 수 없고, 요체가 무엇인지를 정확히 짚어내지 못하며, 결국에는 의미가 무엇인지에 대해서도 평가할 수 없다." 기술력은 이러한 도치법방향 전환의 이상적인 모델이다. 그것은 이성과 권력을 결합한다. 또한 기술의 무제한 성장성장 자체가 효력 있는 것으로 간주된을 바탕으로, 파괴, 사유화, 해결책 없는 무질서의 비합리성으로 진행된다. 그러나 기술 체계의 극단적인 복합성으로 인해, 우리는 한계선을 예측할 수 없다. 게다가 어떤 경우에는 이 한계선이 우연한 사고로 나타날 수도 있다. 합리적 질서에서 일관성 없는 무질서로의 이행−미래 질서의 창조자가 아닌!−은 전혀 예측 불가능하다. 형식화, 수량화 모두 불가능하다. 예컨대 노동자들의 행복을 일궈야 했던나는 이 말이 그리 달갑지 않다 테일러 방식의 노동은 총체적 전환의 첫 번째 모델이다. 그러나 기술 프로그램의 최적화가 이뤄진 현 시대의 제반 체계는 더욱 심각한 위기를 부른다. 자니코의 다음 언급을 곱씹어 봐야 한다. "반전은 모든 일관성과 관계성이 자기 분야에서 제거할 수 없는 한계가 된다. 즉, 합리적 힘의 구성 한계가 된다." 이미 분명하게 드러났듯이, 현실 세계에서 생산의 확보를 위한 투자 자본을 모두 감안하면, 생산 속도는 자본금 투자에 비해 느리다. 우리는 바로 이 부분으로 되돌아가야 할 것이다. 계속해서 한계에 대한 몇 가지 사례를 들어보겠다.

베이예로는 교육 과잉의 "한계" 문제를 명확히 짚은 교육학자다.[119] 아이들의 생활과 신체, 도덕, 지적 발달을 보다 용이하게 하고, 보다 수월한 지식 전달을 추구하는 교육학은 기술의 완성도에 발맞춰 아이들을 장악했다는 그의 분석은 상당히 타당하다. 교육법이 과학기술적으로 바뀔수록, 그 효과는 더 높아진다. 동시에 아이들을 해당 교육 체계 내부에 가두기도 더욱 수월해진다. 아이들은 발달 단계마다 교육법 숙련가들을 만난다.그리고 어른에게도 동일한 방법이 적용될 것이다 "교육 행동은 더 이상 지식 습득과 무관하다. 그것은 심리학과 정치의 활동이며, 규제 활동이다. 교육 행동은 믿음과 의무에 복무한다. 즉, 사람들은 믿고 봉사하기 위해 가르치고 배운다." 베이예로는 교육의 기술화모든 사람이 효율성을 갖춘 교육, "양질"의 교육을 누리게 하겠다고 떠드는!가 교육을 사회 통제의 완벽한 수단으로 만들어가는 모습을 선명하게 제시한다. 더 많은 정보를 습득할수록, 지식이 더해졌다고 믿는다. 그러나 우리의 경험은 정확히 그 반대다. 지식 전달은 사회 지지자의 개발에 복무하는 것처럼 보이며, 갈등 공론장에 '대립'하는 민주주의 공론장의 발전에 봉사하는 것처럼 보인다! 그러나 이러한 방식이 인간을 더 "합리적인 인간"으로 만들지 않는다! 도리어 그 반대다! 보편화된그리고 확산된 교육법은 민주주의에 봉사하지 않고, 기술-경제 복합체에 복무한다. 지식 전달의 확장은 동일 규범과 가치에 대한 지지를 강화한다. 교육법이 기술적으로 완벽해지고 제도화될수록, 그것은 정부의 정책 수단에 한 걸음 가까워진다. 왜냐하면 일반화된 교육의 종속성이 부각되기 때문이다! 아마도 사람들은 위 주장들 전체에 관한 증명을 요구할 것이다. 베이예로가 그 작업을 다 해냈다. 상대적으로 분명하게 드러나는 부분이 또 있다. 사회 통제는 배움이 짧은 사람들을 조정, 통제할 수 없다. 즉, 사회 체제를 지지하기 위한그리고 조종과 통제를 당하기 위한!

119) J. Beillerot, *La Société pédagogique*, P.U.F., 1982. 다음 책도 참고하라. L. Jézéquel, Le *Gâchis audiovisuel*, Éd. De l'Atelier 1986. 이 책에서 저자 제제켈은 텔레비전에 소음이 커질수록, 내부공간의 "공백이 더 크다"는 점을 지적했다. [역주] 시끄럽게 떠들기만 하지 머리는 텅 비었다는 점에 대한 은유법이다.

필수 조건은 "배움과 앎"이다.

지식, 기술, 과학은 중립적이지 않다. 뿐만 아니라 이들의 전달도 중립적이지 않다. 완벽한 교육법도 중립적이지 않다. 지식을 통한 조정, 관리는 사회 통제를 증가시킨다. 문지방, 즉 한계선을 넘었다. 해방을 지향해야 할 교육학이 돌연 비밀과 동의의 방식으로 노예화의 도구가 되었다.

나는 이러한 전환 한계점의 두 가지 다른 사례를 제시하려 한다. 바로 자유다! 첫째, "자유 라디오 방송"이다. 이 방송을 들으며 우리는 마치 물장구 치는 것과 같은 기쁨과 즐거움을 누린다. 누구라도 자기 생각을 방송 전파로 보낼 수 있다. 그러나 다른 쪽에 발언권 없는 사람들이나 집단들은 일방적으로 들어야만 한다. 자유가 일군 엄청난 진보다! 다만 우리는 자유와 진보의 상관성을 떠드는 이들의 주장과 다른 경험을 했다. 우선, 방송국의 개시를 위해서는 자본금을 찾아야 한다. 국가는 창업 개시를 보조할 뿐이다. 따라서 독립 방송은 대형 언론사에 의존하거나 재정과 산업이 건실한 대기업 등에 의존해야 한다. 그러나 이 문제가 가장 중요한 문제는 아니다. 정작 중요한 문제는 다른 곳에 있다. 재빨리 짚어보자. 나는 지역에서 자유 라디오 방송을 송신하는 세 부류의 집단을 안다. 첫 번째 부류는 원시 시대의 이상에 걸맞은 삶을 추구하는 방송들이다. 이 방송들은 지역이나 국가 차원의 정보들을 제공한다. 상대적으로 새로운 정보들이며, 특히 강연과 주석 등을 동반해 교육이나 문화에 목적을 둔 정보다. 둘째로, 대중의 취향에 맞춘 라디오 방송들도 있다. 이 방송들은 대중의 선택과 의견에 귀를 기울인다. 가톨릭 신자를 위한 라디오, 유대인을 위한 라디오, 사회주의자를 위한 라디오처럼 대중의 성향을 고려한 방송들이다. 따라서 이러한 방송은 무엇보다 대중 지향적이고, 대중의 정서에 관심을 갖는다. 또한 "그들"의 라디오_{이들의 라디오는 사실상 아무것도 전하지 않는 방송이라는 점을 기억하자}라는 명목으로 해당 단체들의 후원금을 받는다. 마지막으로 음악록과 스포츠 소식을 주로 전달하는 방송이 있다. 상대적으로 숫자가 많은 이 방송들의 문제는 방송 활동을 위한 자금 마련에서 드러난다. 유일한 자금 조달처가 '광고'이기 때문이다. 그러나 광고업자는 청취자의 수가 충분히 확보된 방송에만 광고를 낸다. 따라서 첫 번째 유형의 방송과 세 번째 유형의 방송 사이에 '광고 경쟁'이 붙는다.[120] 통계는 양측의 청취자 비율을 1:10으로 제시한다. 따라서 광고는 음악 방송에 몰리고, "문화"나 "연구"에 관련된 방송은 거의 들어오지 않는다! 문화나 연구를 담당하는 방송은 아예 방송을 중단하든지 음악과 스포츠처럼 흔한 표본을 따라가든지, 선택의 기로에 선다.

바로 이것이 거룩하고 신성한 자유이며, "지역의 독립 라디오" 방송으로 획득한 대대적인 진보의 실상이다! 우리는 텔레비전 개인 방송에도 동일한 재난을 기다려야 할지 모른다. 문화 수준은 급락하고, 대중의 질도 떨어진다. 광고의 홍수만 거세진다. 간략히 훑어가는 수준으로 논한 이 글에서, 나는 "국가 지원을 받는 자유 라디오 방송들"예컨대, R.T.L., France Inter, Europe 1, R.M.C. 등의 상대적 우위 문제에 대해서는 논하지 않겠다. 중앙 정부의 막대한 자본을 등에 업은 방송국이 순전히 지역 출자금으로만 활동하는 "진짜" 지역 방송국을 압도한다. 곳곳에서 "독점 계약"을 따낸 '엔에르제[N.R.J.'[121]가 다 이겼다. 자유가 중앙집권화를 부른다. 마지막으로, 우리가 생각해야 할 요소가 있다. 나는 이 요소가 매우 흥미롭다. 바로 '방송 발신자의 권력'이다. 발신자가 강력해지고 넓은 영역을 차지하면 할수록, 그만큼 라디오 청취의 기회가 늘어난다. 다시 한 번 말하지만, 이것은 문화에 대한 기술의 승리, 재정의 승리다! 자유 만세!

이러한 "전환"의 마지막 사례로 나는 탈중심화를 통해 생산된 집중화 문

---

120) [역주] 두 번째 유형의 방송은 상대적으로 광고 수익에 대한 부담이 덜하다. 가톨릭 성향 방송은 가톨릭교회, 사회주의 성향의 방송은 사회주의 정당이나 조직의 재정 지원을 받을 수 있기 때문이다. 해당 조직도 방송을 통해 신자나 지지자를 확보, 유지할 수 있다는 점에서 투자와 지원을 안 할 이유가 없다.
121) [역주] 1981년에 시작된 라디오 방송이다. 현재는 제도권 방송 중에서도 상당한 비중을 차지하는 방송으로 성장했다.

제를 제시하겠다. 이 현상에 대한 예측은 앞으로 더 강해질 전망이다. 나는 이 현상의 기술적 측면을 다뤄야 하기에, 순수 정치적 측면은 배제하려 한다. 우리는 뤼사토의 연구 주제에 대해 안다.[122] 그는 "큰 솥"^{매크로컴퓨터}과 "작은 솥"^{마이크로컴퓨터}을 대조했다. 그는 전자의 불편한 부분을 제대로 짚었고, 동시에 후자에 관한 환상에 대해서도 지적한다! 사회의 정보화, 컴퓨터 정보처리에서 통신–컴퓨터의 정보처리 융/복합 체계^{'텔레마티크'}로의 이행이 적합성 유무를 떠나 '집중화' 현상을 야기한다는 점을 명확히 들췄다는 부분이 중요하다. 뤼사토는 내가 독립 라디오 문제에서 거론했던 부분과 유사한 문제를 피할 수 없을 것이다. 또 그는 대형 컴퓨터가 상당량의 정보를 다룰 수 있고, 정보들을 서로 연결할 수 있다는 사실^{정보의 상관성에 대한 분석}을 막을 수도 없을 것이다. 뤼사토가 타당하게 말한 것처럼, 실제 두드러진 구별은 장비들의 규모가 아닌, 장비들의 정보 집중화 수준이다. 그러나 경제나 재정 분야의 작업의 경우, 권력의 중앙집권화가 이미 존재하는 사회에 도입될 경우, 일상에서 흔히 보는 진부한 생산품 제작에 투입될 경우, 대형 컴퓨터는 분명 장점이 있다. 그러나 바로 위 세 가지가 우리 사회의 중요한 요소들이다! 우리는 결코 마이크로컴퓨터가 분산화, 인격화, 발명의 수단이 될 것이라 희망하지 않는다. 인격의 자율성 확보가 대중의 관심사와 전적으로 무관하다는 점을 이해하는 데, 신용카드나 미니텔 사용을 확인하는 정도면 충분할 것이다. 기술 수단은 오락물과 농담^{혹은 사기}에 물든 하나의 놀이다.

마이크로컴퓨터는 자유의 길이 되지 못할 것이다. 오히려 기술 체계의 활용에 순응하는 길, 이 체계를 더욱 쉽게 수용할 수 있는 수단이 될 것이다! 마이크로컴퓨터는 개인을 정보화 세계에 끼워 넣어 새 풍토에 적용하도록 하는 수단이다. 나는 뤼사토의 반^反테제, 즉 큰 솥과 작은 솥의 대조가 틀렸다고 생각한다. 작은 솥이 정보 체계의 전 영역에서 거대한 집중화를 수

---

122) B. Lussato, *Le Défi informatique*, Fayard, 1981.

용하도록 기술 사회가 공급한 장난감에 지나지 않는다면, 작은 솥은 결국 큰 솥에 의존할 것이다.

나는 마르탱 아데의 질문들과 한계들을 선호한다.[123] 아데가 말하는 내용은 이렇다. 컴퓨터 정보 수단들을 사용해 중앙집권화에서 벗어나 '분산화'가 가능해졌다. 그럼에도, 이 정보 수단들은 분산된 것들을 중앙에 재집중하는 역할을 맡을 뿐이다. 분산화의 효과가 명확하게 실현된 분야는 은행이다. 이와 동시에, 은행은 회계 업무의 집중화를 낳았다! 10년 전에 조직화와 컴퓨터의 문제를 두고 벌였던 격론은 더 이상 존재하지 않는다. 컴퓨터는 조직화에 적용 가능하지만, 조직화의 조건은 아니다. 경제와 강력한 체계의 효율성이 집중화를 정당화한다! 그러나 집중화된 이 수단들은 전국에 지부를 둔다. 각 지부에 소형 컴퓨터를 이식해 광역 전산망예컨대, 정보 통신사 '트랑스파크'을 구축한다. 전국 지부와 광역 전산망 구축은 결국 집중화의 승리를 뜻한다. 그러나 개인 차원, 특히 노동 분야에서 장점도 분명히 존재한다. 컴퓨터는 효율성 상승을 이끄는 도구이다. 단순 잡무를 없애고, 고차원 작업에 관여할 수 있다. 그러나 동시에 아데는 다음 내용을 제시한다. 첫째, 컴퓨터 정보처리의 "진보"는 대규모의 부정 효과들작업 속도의 가속화, 역량 감소, 엄밀성 강화, 오류 증폭을 드러낸다. 둘째, 이러한 진보는 인간의 본성에 부합하지 않는다. 그것은 체력 소모를 낳고, 지속적으로 주의력을 요한다. 특별히 노동 분야에서 이 현상이 두드러진다. 노동 현장에서 벌어지는 이러한 소모와 주의력은 신체의 문제, 특히 척추와 시력시시각각 변동 사항을 파악하려면, 항상 화면에 집중해야 한다의 문제가 두드러진다. 셋째, 이 진보는 오늘날 널리 인정된 부분인 정신의 문제를 일으킨다. 정보처리 업무의 자동화와 연계되어 발생하는 이 문제는 불면증, 성격 변화, 우울증 등을 야기하며, 이것이 종종 결근으로 이어지기도 한다.A. 비스네, 노동생리학연구소 소장

---

123) Martin Ader, *Le Choc informatique*, Deno l, 1984.

만일 우리가 기술 체계의 내부 모순들을 의식하려 한다면, 사태들의 다양성을 폭넓게 고려해야 한다. 나는 이 부분을 보여주기 위해 독자들에게 마지막 사례들을 제시하려 한다. 제시하려는 내용을 한 마디로 도식화하면 다음과 같다. '기술의 수단이 사람들에게 근접성을 부여하면 할수록, 이 수단들은 멀어짐과 동시에 낯설어진다.' 전화기는 방문 습관, 인간의 실제 접촉을 파괴했다. 또 서신 교환의 기법을 없앴고, 추억도 제거했다. 연인들은 전화로 사랑을 속삭인다. 더 이상 연애편지를 쓰지 않는다. 이러한 현상으로 우리는 한계를 추적할 수 있다. 기술 도구는 기술 작동_{약속을 잡거나 간단한 정보}_{를 전달하는 데 전화는 매우 좋은 도구이다!}에 최적화되었다. 그러나 이 도구가 삶의 전 영역을 차지하고, 인간의 모든 활동, 언어, 관계를 대체할 때, 그것은 악마로 돌변할 수 있다.

통신–컴퓨터 정보처리 융/복합 체계는 의사소통의 속도 증가를 통해 개인과 개인의 거리를 떨어뜨리는 과정을 가속화한다.

그것은 단일 정보망을 통해 도시를 다시 그릴 것이다. 물리적 접촉이나 얼굴과 얼굴을 마주보는 일은 점차 드물어질 것이다. 대신 기계의 개입을 통한 만남이 증가할 것이다.[124]

뤼사토는 이에 맞서 싸우면서 컴퓨터를 옹호하려 한다. 그는 구조들의 탈대중화, 도시 구역들의 자율성 회복, 전 영역의 몰개성화 중지, '보부르 Beaubourg[125]는 문화 재난'이라는 선언, 소도시와 농촌 마을의 인구 재 증가를 제시한다. 그가 제시한 내용들은 하나같이 마이크로컴퓨터를 통해 가능할 것이다. 마이크로컴퓨터는 마을과 마을 간의 연락을 개선하며, 분산화 된

124) 컴퓨터의 긍정 효과와 부정 효과에 관한 논쟁에서, 로베르 카스텔의 『위기관리』(*La Gestion des risques*, Éd. de Minuit, 1981)라는 책을 참고해야 한다. 이 책은 컴퓨터가 집단 도구화를 부추긴다는 사실을 논한다. 위기 상황에 처한 사람들에 관한 예측성 전산화 작업은 행정 지식의 과잉보다 개인의 정체성 상실, 개인 이력의 상실로 행정에 대한 관계를 바꿔나갈 것이다. 예속화(복종)에 대한 강조보다 한 술 더 떠, 주체의 은폐 현상이 나타난다.
125) [역주] 파리의 조르주 퐁피두 회관의 다른 이름이다.

소규모 단위의 정보 유통을 가능케 할 것이다. 매우 따뜻한 생각이지만, 그는 사회 전체의 현실을 깊게 고민하지 않으며, '마이크로컴퓨터가 기술 체계를 관통 한다'는 사실도 깊게 생각하지 않는다. 결과적으로, 컴퓨터를 전문으로 다루는 숙련가들은 모든 문제를 제대로 파악하지 못했다. 이들은 매크로컴퓨터와 마이크로컴퓨터를 결합한 거대 장치의 출현컴퓨터의 활용과 전산망 구축 등으로만이 새로운 사회를 '창조' 하고, 도시, 산업, 자본주의, 정치, 기술의 조직화를 낳을 것이라 확신한다. 그러나 이것은 컴퓨터 전문가들이 이 기술의 최초 경험자라는 매혹에 근거한 단순 가설에 불과하다. 이들은 기술 체계의 견고함과 엄밀함을 완전히 무시하며, 자신의 기술이 이 체계에 복무하고, 체계를 변형하면서 자체 논리를 따라 기술 체계를 다시 강화한다는 사실을 깨닫지 못한다.

2. 취약성[126]

기술 체계의 또 다른 내부 모순은 이 체계의 취약성에서 비롯된다. 모든 거대 조직은 그 규모만큼 취약성도 크다. 우리는 이미 다른 책 『기술 체계』에서 이 문제를 이야기했다. 조직이 비대해질수록, 사고 발생 영역도 늘기 마련이다. 동시에 그만큼 다양한 영역과의 연결도 가중된다. 그러나 언제나 연결은 단절을 낳는 법이다. 경제 조직다국적 조직 혹은 정치 조직나폴레옹 제국, 오늘날 소련이 관건이라는 말은 여전히 참이다. 동시에 멈추지 않고 성장하는 기술 체계, 차츰 여러 영역을 흡수하는 기술 체계가 관건이라는 말도 옳다. 나는 '반론'과 이 취약성의 '성장' 사이의 간극을 설정하려 한다. 기술 분야의 전문가들은 다음과 같이 말한다. 체계의 거대화가 가중될수록, 체계의 복합성도 가중된다. 또 체계는 돌발 사고를 호도할 수 있는 자원과 상쇄할

---

126) [역주] 취약성의 문자적 의미는 '깨지기 쉬움'이다. 유리잔이 깨지기 쉬운 현상을 빗댄 표현이다.

수 있는 요소를 발견할 기회도 더욱 많을 것이다. 실제로 위기로 인해, 조직들 중 하나의 조직이 더 이상 제공할 수 없는 기능들은 타 조직들에 의해 완성될 것이다. 특정 영역에서 이는 헛소리가 아니다. 그러나 다음과 같은 전제가 필요하다.

- 집중화를 벗어난 체계가 필요하다.
- 체계는 복합적이되, 복잡하지 않아야 한다.
- 체계 내부의 소통과 정보가 완벽하게 작동해야 한다!

이 조건들에는 체계가 우발적 사고에 '대응' 할 수 있다는 내용이 전제됐다. 그러나 내 생각은 다르다. 나는 이 조건들에서 사고는 더 많아지고 가중된다고 본다. 우리의 경험이 증명하듯, 지금껏 거대 조직들은 집중화^{몇 가지 예외를 제외하고}되었고, 복잡하게 얽혔다. 컴퓨터의 존재에도 불구하고, 조직 내부의 정보 악순환마저 발생한다! 모두 지난 몇 년 간의 경험으로 확인할 수 있는 내용이다. 더군다나 집중화의 갖은 폐단은 각 영역에 부가된다.¹²⁷⁾ 집중화가 두드러질수록, 전체에 영향을 미치는 중심부의 개입으로 나머지 영역에 마찰과 지장은 가중된다. 집중화가 출현하는 곳에서, 개인의 해결책은 집단의 분배를 위해 사라진다. 개인의 기량이 묻어난 해결책을 갖기란

---

127) 집중화의 폐단과 연계된 흥미로운 사례 하나를 제시하겠다. 뤼사토가 컴퓨터와 관련해 제시한 사례다. 1975년에 사람들은 주어진 성능의 한계를 넘어설 때 발생하는 문제를 각인하고, 더 크고 강력한 고성능 컴퓨터를 지향했다. 컴퓨터가 성능의 한계를 넘어설 때마다, "잡음이 늘고, 각종 착오와 오류가 발생했다. 그러나 다양한 조합을 시도해 보아도 잡음의 제거는 불가능했다. 이것은 체계의 차원 그 자체의 문제, 체제에 내재한 문제였다. 일부 한계선을 넘어서면, 그로쉬의 법칙([역주] 기계 처리 능력을 네 배로 만드는 데, 비용은 두 배면 족하다는 논리)은 더 이상 유효하지 않다. 왜냐하면 '거대 체계 차체가 체계를 불안정하게 하는 내부 반향의 원인이기 때문이다.' 더군다나 운명처럼 피할 수 없는 난관을 극복하면, 내부 반향의 증가 현상은 기계의 규모와 복잡성의 성장세에 따라서 정신 못 차릴 정도로 심각해진다." 나는 컴퓨터에 관한 뤼사토의 이 관찰을 기술 사회 전체로 확대 적용할 수 있다고 생각한다. 잡음은 정치 행동의 역량과 경제학자, 사회학자의 능력치를 뛰어 넘을 정도로 성장, 다변화, 증가를 멈추지 않는다.

불가능하다. 각자는 더 이상 자기만의 답을 제시하기 곤란한 상황에 처한다. 한 마디로 말해, 분산화^{탈중심화}에 대한 규탄이 필요하다. 마찬가지로, 컴퓨터나 전기가 집중화의 이탈을 선도할 것이라는 거짓말에 대한 독한 비난이 필요하다. 왜냐면 분산화의 외형을 갖추기 위해서는 어찌됐든, 모든 요소들이 이미 서로 접속된 상태이어야 하기 때문이다.

쥘리앙 복은 계층 구조와 최소 장애 원리에 관한 연구서[128]에서, 광범위한 집단들에 넘을 수 없는 계층 구조가 존재_{그는 효율 지표로 최대 여덟 가지 단계를 제시한}다_{한다}는 점을 밝힌다. 이를 통해 복은 중앙으로의 집중화 경향에 대한 탁월한 설명을 제시한다. "한 조직이 자체 구조를 보존하면서 성장한다면, 다시 말해 특정 단계n에 도달하면, 이 조직의 힘은 절대 차원N으로 상승하려 할 것이다. 정점^{최댓값}에 도달한 조직의 힘은 그 후에 하락할 것이다. 조직의 중앙 집중화 단계N_c, 즉 정점에서 조직의 힘은 하강 곡선을 그리며 제로0를 향한다. 내부의 분쟁이 조직을 완벽한 무능력 상태로 환원시킨다." 따라서 이 환원은 억압을 더 공고히 하고, 중앙권력의 신장을 추진할 것이다. 이 현상은 대규모의 무능력 상태를 낳는다. "조직이 능력의 최대치에 다다른 구조의 혜택을 볼 경우, 우리는 다음 사실을 알게 될 것이다. 효율 지표로 제시된 여덟 가지 단계들은 개인의 생산에 따라 둘로 나뉠 수 있다. 그러나 축소된 개인의 효율성에도 불구하고, 다양한 계층과 다양한 개인을 내포한 조직은 가장 막강한 힘을 소유한다. 만일 이 힘이 구조의 최대값과 맞물린다면 그 힘은 더할 나위 없이 막강해진다. 바로 이것이 권력의 거대화 현상에 대한 설명이다. 개인들은 종종 이러한 권력 감각을 공유한다. 심지어 이들의 밑바탕에는 권력의 비호와 안정이 있다. 마지막으로, 조직의 권력은 규율의 신장에 발맞춰 더욱 강해질 것이다." 우리는 분산화와 자율성의 꿈에

128) Julien Bok, « Le Principe de moindre difficulté », in Colloque de Cerisy, *L'Auto−Organisation, op. cit.*

서 한참 멀어졌다. 전환점과 거대 조직의 취약성이 상호 조우하는 곳에서, 우리는 이 꿈에서 멀어졌다는 것을 확인한다.

우리는 날씨 문제에서 이러한 취약성을 수차례 경험했다. 지난겨울 1985~1986에는 혹독한 추위가 없었다. 그러나 수차례에 걸쳐 철도 통행이 중단되었고, 전선 고장으로 인한 정전 사태도 여러 차례 발생했다.통상 겨울에 전선 위에 눈과 얼음의 누적으로 정전 사태가 벌어지곤 한다 도로 결빙으로 인한 교통 혼잡, 생필품 공급의 어려움 등의 문제가 나타났다. 이것은 빙산의 일각이다. 고온 건조한 여름 날씨로 인해, 많은 저수지들이 바닥을 드러냈다. 사실, 이러한 기후의 취약성과 비교해 체계의 '여러 분야들'에서 벌어지는 대형 사고를 운운하는 일은 크게 중요치 않을지 모른다. 취약성은 또 다른 특징을 보이기도 한다. 취약성은 확장무한 성장의 경향이 지속된다. 30년 전에 십여 개의 다국적 기업이 있었지만, 현재는 수백여 개에 달한다는 사실만으로도 설명이 충분하다과 가속도를 더한다. 체계가 완벽해질수록, 체계는 수익성, 속도, 효율성의 최대치로 기능해야 한다. 이것도 취약성의 한 요인이다. 경주용 자동차 포뮬러 1은 일반 자동차보다 1,000배는 더 취약하다.

날씨 문제로 되돌아오자. 짐수레나 마차의 통행은 눈과 얼음의 방해를 받지 않았다! 그러나 눈과 얼음으로 고속주행 기차와 대형 차량의 통행은 금지되었다. 여러 측면들을 검토해 본 우리는 작은 결함으로도 대규모의 부정 효과예컨대, 세베조의 염소가스 유출, 화학약품 제조사 '론-플랑크 Rhône-Plenc'의 화재 이후 론 지역의 공해 문제 등가 나타날 수 있음을 확인했다. 자동화가 이뤄지지 않았던 19세기에, 기계 오작동은 사소한 문제였다. 일시적인 작동 중단에 불과했기 때문이다. 그러나 오늘날 컴퓨터 프로그램 오류는 때때로 계산 불가능한 결과들까지 포함한다. 기계의 속도는 작은 오류로 인해 나타난 결과들의 규모와 폭에 따라, 더 큰 취약성을 낳는다.

기능 속도가 증가할수록, 예기치 못한 사건에 대한 반응 속도는 더욱 느려진다. 우리는 이 점에 거듭 놀란다.

　폭넓은 상호 관통력을 보이는 기술의 제약으로 인해, 우리는 사건들에 대한 적시 대응 능력을 상실한다. 물리적 적응 속도가 현저히 느려진다. 기술-조직의 통합은 경제 대응의 마비를 부른다. 기술의 작동에 동화된 도구들을 유지하려면, 몇 가지 주변 요소들을 고려해야 한다. 이 요소들은 엄청난 속도로 발전한다. 이 속도와 비교하면, 경제의 상대적 반응 속도는 너무 미비하다. 곧, 움직임 없는 마비 수준의 속도다. 왜냐하면 기술-조직의 통합이 낳은 최초 결과에, '사건들의 가속화'와 '혼란 가중'이라는 두 결과물동시 출현하는의 조합이 우리를 막다른 골목으로 내모는 이차 결과가 부가되기 때문이다. 사실 이 결과가 더 놀랍다. 통합의 지점에서 출발해, 둘의 관계가 역전된다. 사건들이 봇물처럼 터지는 반면, 거대 기계는 마비된다. 기술 체계의 변수들이 증가하고 다양해질수록, 민감한 사건들이나 제약이 가중된 사건들이 계속 늘어난다. 따라서 특정 순간에 한 가지 변수가 발전을 지속할 확률은 더 높아진다. 변수들은 계속 증가하지만, 이 변수들을 따로 분리할 수 있는 시간은 점점 감소하는 경향을 보인다. 우리가 대응해야 할 사건들의 속도는 점점 빨라진다. 세계의 모든 설비에 통합된 도구들의 비율에 맞춰, 다양한 변수들이 시너지 효과를 일으키고 눈덩이처럼 불어나는 한계가 드러난다.[129]

　위 인용문에서 그랑스테드는 기술 체계의 취약성에 관한 날카로운 이론 분석을 제시한다. 그러나 복합성과 차원에 관한 그랑스테드의 분석이 두드러지는 이유는 분석의 정확성이 실생활에서 구체적으로 나타나기 때문이다. 흔히들 기술 체계가 중심성과 복합성에서 이탈할 수 있다는 가설을 제

---

129) I. Granstedt, L'Impasse industrielle, op. cit., p. 107~112.

시한다. 또 기술 체계는 완벽한 역동성을 확보한 상호 네트워크에 들어갈 것이고, 결과적으로 경직성과 취약성은 감소할 것이라 말하기도 한다. 그러나 우리의 경험으로 제시할 수 있는 것처럼, 모든 기술이 이 상호 접속망 내부에서 만들어지지 않으며, 기술력과 수단 및 상품들에 산개되어 있다. 따라서 오늘날 기술의 단순화나 종합은 모두 불가능해 보이며, 기술의 취약성은 배가된다. 우리가 테러리스트들의 힘을 평가할 때, 바로 이 부분을 염두에 둬야 한다! 덧붙여, 우리는 테러리스트들의 힘에서 절망적 비관론을 보지 않는다. 오히려 우리는 한계들의 흔적과 취약성에 대한 인정을 통해, 오늘날 가장 필요한 양식이라 할 수 있을 "능동적 비관론pessimisme actif"을 읽는다. 또 기술 성장은 사회경제의 유약성과 취약성을 높인다. 그것은 기술 진보의 포괄적 생산력을 감퇴시키는 요소이다. 지아리니Giarini가 제대로 보여줬던 것처럼, 유약성은 사회경제 체제의 기능과 생존이 어느 순간 예기치 못한 사건들로 인해 문제가 되는 상황을 의미한다. 유약성의 원천은 인간의 행동오류, 태업에 있기도 하고, 자연 현상지진, 산사태에 있기도 하다.

물론, 재난에 직면한 체계의 유약성과 재난의 실현 가능성을 뒤섞지 말아야 한다. 그러나 이러한 체계가 전개되는 사회에 문제가 가중될수록우리 사회처럼, 체계는 확장됨과 동시에 복잡해진다. 따라서 재난 발생 확률도 그만큼 높아진다. 1943년에 고압선 철탑의 폭발은 상대적으로 어려웠다. 오늘날 전선 연결망은 20배로 늘었고, 몇 배는 더 쉽게 폭발할 수 있다! 유약성은 불안정함 상승, 안전도 저하와 맞물리는 개념이다. 보험 회사들은 실수하지 않는다. '매우 드물게 발생하는 위험들'은 보장성 용이한 위험군에 속하지 않는다.왜냐하면 이러한 위험들은 집중된 거대 가치를 한정된 시장에 사용하기 때문이다. 이 위험들은 다수의 법칙을 작동하지 못하도록 한다 자동차 사고처럼 발생 확률이 높은 사건들에 대한 보장성이 훨씬 용이하다. 이 경우, 사고의 처리 방향을 정확히 알 수 있기 때문이다. 반면, 원자력 발전소 사고와 같은 초대형 사고는 보험 처리를 어디까지 해야 할지 가늠할 수 없다!

특히 컴퓨터의 취약성 문제에 대한 연구가 필요할 것이다.[130] 일일 300~400만 개의 생산 속도는 재난을 낳는 속도이다. 완벽한 휴식 시간도 매우 짧다. 푸조 사의 '한 시간 작업 중단 = 자동차 100대 상실'이다. 분명 컴퓨터에 대한 신뢰도는 높다.[1고장/1,000시간] 그러나 200대로 컴퓨터로 작업하는 기업에서 하루 한 대꼴로 작업 중단이 벌어지는 셈이다. "작업 중단, 즉 고장은 자동화 및 복잡성과 동형동체다."

우리가 고려해야 할 중요한 문제가 또 있다. 체계의 집중화가 이뤄질수록, 전문분야로 미분화된 하위 체계들의 숫자도 증가한다. 우리가 이미 이야기한 것처럼, 고전적인 방식이나 정보망으로 조직된 전체 체계에서 볼 때, 하위 체계들끼리의 결합은 가장 약한 고리다. 더군다나 전문화된 체계 전체[예컨대 컴퓨터]에서 단 하나의 내부 결여로 체계 전체가 마비될 수도 있다. 취약성 문제에 관한 분석에서 우리가 망각하지 말아야 할 부분이다. 이론적 숙고와 더불어 실제로 벌어지는 일들도 고려해야 한다. 요컨대, 기술 체계는 순수한 세계나 무중력 세계에서 발전하지 않는다! 자회사의 국유화, 공해, 원재료 수송 중단, 정치적 협박과 같은 새로운 위협 요소들이 발생한다. 체계의 유약성을 줄이려면, 정치경제 조직에 대한 주민 절대 다수의 적극 동의, 극렬 반대자들의 감소, 기술구조가 의존할 수 있는 사회 구조가 필요하다. 달리 말해, 개인의 이익과 기업의 이익이 "총이익"의 발전을 저해하지 않아야 한다. "대규모로 고에너지를 사용하는 사회는 사회적 협박에 매우 취약하다."[131]

기술 체계가 가진 취약성의 마지막 면을 다뤄보자. '반드시' 통합되어

---

130) 기술과 "수리" 분야의 전문가이자 국가경영연구소 소장으로 재직하는 이브 라스파르그의 탁월한 기사를 참고하라. 라스파르그는 이 기사에서 취약성 문제를 완벽히 분석했다. Yves Lasfargue, « De la prime à la panne » (*Le Monde*, 2 septembre 1987)

131) Rufus E. Miles, *Awakening from the American Dream*, New York, 1976. 이 책은 유약성에 대한 매우 탁월한 분석을 내놓았다.

야 하는 신기술의 가속화 현상이다. 여기에서 우리는 현 세계의 중요한 요소와 만난다. 사실 이 현상은 내가 1950년에 규정했던 규칙, 곧 "기술이 모든 것을 제작하고, 모든 것은 기술로 제작되어야만 한다"의 응용에 불과하다. 과거, 기술 혁신은 인간의 규모를 따랐고, 타 분야 기술들이나 이미 장착된 구조들과 연계되어 있는 이상, 별 문제가 아니었다. 그러나 10년 전부터 신기술들이 폭발적으로 우리 세계에 난입하기 시작했다. 이러한 난입으로, 기술은 기술 산업 국가 전체를 전복했고, 그와 동시에 관료제와 정치 환경까지 모조리 전복했다. 그리고 우리는 이 전복 현상을 전혀 통제할 수 없다. 이러한 전복이 정치경제 분야에 야기하는 비극들을 꼼꼼하게 검토해야 한다. 이 검토 작업은 세계의 재정 문제를 위해서도 중요하다. 실제로, 우리 세계에 등장한 취약성의 출처는 대부분 기술의 무한 성장이다. 앞에서 확인했듯, 현재 우리는 기술의 무한 성장 문제와 관련해, 그 실행 능력에 대해 질문을 제기할 줄 아는 지혜를 점점 상실하는 중이다.

그러나 우리는 전복적인 기술로 반복되는 충격들을 무한정 "포장"해 둘 수만도 없다. 기술은 '혁신'되고 '강력'해질수록, 세계의 혼란을 가중시킨다. 그것은 기술 체계 전체를 더욱 취약하게 한다. 차원의 감소, 규모 축소, 가정용 로봇 제작 정도로 충분한 답이 되지 못한다. 왜냐하면 규모 축소는 체계에 빈번하게 나타나는 혁신의 파급 효과를 전혀 바꿀 수 없기 때문이다. 덧붙여 "작은 것이 아름답다"의 시기를 겪은 후, 우리는 이 시기가 이미 지났고 새로운 대형화를 지향하는 시기에 돌입했음을 안다. 세부 연결 조직망을 거대한 조직체로 엮는 대형화, 즉 '세계 조직망'을 지향한다.브레샹과
디슬레의 글을 보라

지금까지 다룬 내용들이 현재 우리가 살아가는 기술 체계에서 집중하는 취약성과 유약성의 여러 측면에 해당한다. 기술 체계에서 발생하는 이러한 여파로, 우리 사회 전체의 취약성과 유약성이 증가할 수 있다. 물론 이 현상

들 중 하나가 출현한다면, 우리는 그 때마다 부정 효과들을 다루듯 대응할 것이다. 그러나 현재 우리는 식별하기 어려운 취약성들과 대면했으며, 체계 전체에 문제가 될 수 있는 유약성, 쉽게 국지화되고 억제될 수 없는 유약성들과 대면했다.

3. 상쇄

우리가 기술 체계 내부의 모순에서 주목해야 할 마지막 요소가 있다. 단, 이 부분에 대한 연구는 이미 '양면성'에서 다뤘던 내용과 중복되지 않아야 한다. 기술 체계는 이른바 "역상쇄contre compensation"라 할 수 있을만한 내용물을 증가시킨다. 특별히 '결핍'의 문제가 불거진다. 철두철미하게 경제 분야에서만 활동한 뒤무셸은 결핍에 대한 탁월한 연구를 수행했다.[132] 그는 고전 경제사상에 대한 분석에서 출발한다. 결핍에는 양면성이 존재한다. 즉, 긍정적인 결핍과 부정적인 결핍이 있다. 결핍은 폭력의 원인이다. 그러나 다른 한 편, 결핍은 교환 질서무역의 토대이다. 즉, 인간이 "진보"하도록 거세게 밀고 나가는 자연의 검약 원리la parcimonie de la nature [133]가 중요하다. 이처럼, 전통적으로 결핍은 경제의 토대이며 폭력 양산의 조건이지만, 우리는 보통 상대적 결핍과 극단적 결핍을 구분해 설명한다. 정치인들 역시 이러한 구별을 따른다. 그리고 성장 감퇴는 무질서와 갈등을 낳는 결핍으로 이어질 것이라 떠든다.

그러나 뒤무셸은 더 이상 결핍에 관한 과거의 정치경제 분석들에 만족할 수 없음을 강조한다. 원시 사회의 결핍 문제를 연구살랭의 연구를 좇아한 이후, 뒤무셸은 다음과 같이 결론을 내린다. "결핍은 재화와 가용 자원의 수량이

132) P. Dumouchel, L'Enfer des choses, Le Seuil, 1979 (2ᵉ partie)
133) [역주] 오캄의 면도날 이론처럼, 불필요한 가설들을 축소하고 절단하면서 사고를 진척시켜 나가는 방식을 뜻한다. 오캄의 이론은 흔히 '경제성 원칙'으로 불린다.

나 자원의 검약으로 규정되지 않는다. 상호 인격적 관계망이 희소성을 만든다. 사회 공간의 구조화가 결핍의 출현 여부를 가늠한다. 그러나 결핍은 순수하게 사회적이다. 결핍은 그것을 낳는 상호 인격적 교환망 내부에서만 존재한다. 즉, 결핍은 사회 조직일 뿐 그 이상도 이하도 아니다."[134] 뒤무셸은 희생 제사를 모방해 결핍 현상을 설명한 뒤, 이러한 결핍이 현대 세계를 구성했다고 주장한다. 마치 성스러운 것이 원시 사회들을 구성했던 '것과 마찬가지이다.' 현대의 결핍은 생산 과잉 자체의 산물이다. 생산 과잉에서 결핍은 모방 경쟁의 보편화를 통해 시작된다. 우리 세계의 사회와 기술의 변형은 '연대'라는 전통 의무를 파괴하고, '사회의 결과물'과 인간 행동에서 추출된 '개별 결과물'을 대립시키면서 결핍을 만들어냈다. 연대의 의무에 대한 거부, 각자의 운명에 대한 포기가 오늘의 결핍을 만든다. 우리 모두는 갈등과 비참이 결핍에서 비롯되었다고 생각한다. 또 자기 관심사만 추구하면서 머리를 발바닥으로 내 던졌다. 물구나무 선 세계에서, 가장 막강한 폭력이야말로 최고의 합리성이라는 표찰이 붙는다. 폭력은 그렇게 실행된다. 네렝크는 풍요 사회에서 결핍을 겪는 사람들을 심층 분석했다.[135] 비현실성이 멈추지 않았던 풍요의 현실이 있었다. 그리고 그것은 구체적인 신화가 되었다. 그러나 현실은 소수만 풍요를 누릴 뿐, 절대 풍요의 사회가 아니다. 1980년 아프리카 대륙의 4억 5천만 명의 국민 총생산은 3천억 달러였다. 프랑스 국민 총생산의 절반에 해당한다 그러나 사람들은 제3세계의 발전을 위해 선진국의 풍요가 필요하다고 말한다.[136] 네렝크는 성서의 팔복을 빗대 아홉 번째 복을 선언한다. "포식하는 자는 복이 있나니, 굶주린 이웃을 먹이려고 저렇게나 처먹었음이라."

---

134) 물론 저자는 기근과 같은 문제를 낳는 "객관적 결핍"을 부정하지 않는다.

135) Jacques Neyrinck, *Le Huitième Jour de la Création. Introduction à l'entropologie*, Presses polytechniaues et universitaires romandes, 1986.

136) [역주] 이른바, 파이를 키워서 나눠준다는 '선(先)성장 후(後)분배' 논리를 가리킨다. 엘륄은 신자유주의 독주 체제가 맹위를 떨칠 무렵에 이 작업을 수행하지 않았다. 냉전 체제와 영광의 30년이라는 서구의 특수 지정학에서 전개된 그의 사유가 과연 신자유주의의 독식과 맞물렸으면 어떤 평가가 나왔을지 궁금하다.

타 분야에 대해서도 네렝크는 '풍요는 사기다. 곳곳에 필요한 용역들이 많지만, 턱 없이 부족하다. 그 대신 과소비와 쓸데없는 용역들만 늘었다. 부족한 용역을 이런 것들로 메워가는 꼴이다.'

기술 체계에서 용역들을 조직할 수 없는 상황은 결코 우연이 아니다. 에너지 자원을 멋대로 남용하는 체계이기에 나타나는 것이다. 우리는 수많은 에너지를 생산품에 통합시키면서 일차, 이차 영역들의 생산성을 증가시킬 수 있는 방법을 안다. 반대로, 용역들은 이러한 에너지 주입의 혜택을 입을 수 없다. 오히려 에너지 주입이 용역들을 망가뜨린다. "우리가 가르치고, 진단하고, 조회하기 위해 말단 정보들까지 사용, 남용할 때, 교육, 의료, 은행은 소비자의 기대에 맞는 양질의 용역을 만들어내지 못한다." 네렝크는 이 부족 현상의 사례를 한 아름 제시한다. 나는 이러한 사례들을 우리의 권력, 효율성, 풍요를 상쇄해 버린 것들로 여겨야 한다고 생각한다.

전술한 두 가지 연구를 기점으로, 우리는 다음 내용을 생각해 볼 수 있다. 기근과 같은 '절대적 결핍'이 존재하고, 잉여 물품에 대한 소비 능력의 비교와 같은 '상대적 결핍'이 존재한다. 그러나 두 가지 경우 모두, '결핍은 사회 조직의 문제다.' 가장 명확한 사례가 있다. 연구 주제로 각광을 받았던 주제이자 열광적인 토론의 주제이기도 했던 사례다. 바로 서구 사회의 부와 풍요를 견인한 힘기술력이 제3세계에 만연한 가난의 대가라는 주제다. 서구 세계를 규탄하는 대중선동가의 담론에 빠지는 우를 범하지 말자. 이러한 종류의 담론은 항상 서구인들은 도둑이며 악마라는 도덕적 가치판단에 머문다. 그러나 서구 세계의 권력 현상은 서구인들의 품성이나 도덕적 악행의 차원과 전혀 상관없다. 기술 성장이 항시 다량의 원자재들을 요구하는 이상, 사람의 과오에 해당할 문제가 아니다. 이러한 기본 재료들에 쉽게 접근할 수 있고 상대적으로 저가에 구매할 수 있는 상황이라면, 같은 일은 언제든 발생할 수 있다. 기술의 이러한 요구가 낳은 다양한 상황을 설명하면, 기술은 제3세계의 빈곤, 제3세계 국가들 간의 경제 불평등, 제3세계 사회의 사회학적 붕괴, 즉 '무산계급화la prolétarisation'를 야기한다.[137] 우리는 제3세계의 원재료들을 별로 비싸지 않게 구매한다는 지탄을 받는다. 그러나 기술이 야기하는 문제는 그렇게 간단하게 치부할 문제가 아니다. 우리가 원재료들의 값에 맞게 지불해도, 아무런 해결책이 나오지 않을 것이다. 석유가 명백한 사례다. 석유 부자들이 보유한 어마어마한 부는 자국의 무산계급화 현상의 중단과 아무런 관계가 없다. 나이지리아의 부는 무산계급화의 성장이 수반되었다.

실제로, 기술 체계 자체가 제3세계 '전체'의 무산계급화^{가난뿐만 아니라}를 낳는다. 바로 이것이 상쇄의 맨 얼굴이다. 기술을 '경유한' 우리의 풍요는 이 무산계급화^{그러나 우리가 제3세계에서 그들의 '부'를 도둑질해서 '우리의' 부를 일궜다는 주장은 매우 불합리하다!}[138]를 포함한다. 이것이 상쇄의 유일한 측면은 아니다. 우리는 다른 측면들도 종합적으로 지적할 수 있다. 한 편, 우리는 '물건들', 소비, 정보, 도구의 풍요, 과잉 풍요를 누린다. 다른 한 편, 우리는 진짜 메마른 땅, 공기, 물, 자연에서 살아간다. 한 편으로, 인간들의 접촉이 차고 넘치는 풍요^{우리는 더 이상 표면적, 인위적 접촉에 대해 이야기하지 않는다!}가 있다. 다른 한 편, 동물의 서식지가 사라지고, 동물들과의 관계가 메말라간다. 이러한 관계의 메마름이 고양이와 개에 친숙한 도시민들의 모습^{우리가 무의식적으로 느끼는}을 설명한다. 왜냐하면 동물과의 관계맺음 없이 인간을 생각하기란 불가능하기 때문이다.

---

137) 나는 『인간을 위한 혁명』에서 선택 불가능한 상태가 된 제3세계의 무산계급화 문제를 탐구했다.

138) [역주] 엘륄이 경계하는 대중 선전선도용 허위/과장 담론에 대한 경계와 별도로, 엘륄의 이러한 논증 방식은 자칫 서구의 '식민주의 침략'을 상대화하는 논거가 될 수 있다. 혹은 이 문제를 매우 가볍게 처리할 수 있는 취약한 논증이 될 수 있다. 기술이 문제의 원흉이라고 하여, 서구 세계의 제3세계 식민화(약탈, 방화, 착취, 자원 채굴, 국경선 임의설정 등) 및 현재까지도 지속되는 그 후유증을 간과할 수 없기 때문이다. 적어도 19세기 이후의 역사적 식민지 문제에서 기술과 식민지 지배 권력은 공범이다. 기술에게 주범의 혐의를 씌우는 것과 다른 차원의 문제다.

낙관론자들의 시각을 거슬러, 인간은 콘크리트와 기계 도구들로 에둘린 사막에서 타인과 면대면 관계로 살아갈 수 없다. 물론, 인간은 그 환경에 적응할 수 있고, 어떤 곳에서도 살 수 있다. 그러나 이러한 질서에 대한 적응은 인간의 가장 기본적인 시대의 퇴행과 동의어이다. 우리는 우리의 바람과 무관하게, 공간 부족에 시달린다. 공간 점유는 인구 성장에 반비례한다. 공기 부족 문제도 있다. 모든 숙련가들은 다음 내용에 동의한다. 첫째, 공기 오염은 대도시만의 문제가 아니다. 둘째, 대기의 고층에도 이산화탄소의 가중된 비율이 포함되었다. 물 부족 문제도 있다. 인류에게 가용한 물의 양이 점차 감소하지 않으리라 가정하면, 이 문제는 표층수의 문제가 아니다. 가용 수자원의 오염 증가와 더불어 발생하는 '심층 지하수'의 문제다. 자연의 결핍이 있다. 지금껏 인간은 "자연" 없는 공간에서 살아왔다. 이러한 대변화의 국면에서, 과잉 풍요 상황이 나타났다. 그러나 과잉 풍요는 사회경제적 변화의 인간 전체의 변화를 낳는 기본 요소들공간, 공기, 물, 자연의 결여로 얻어낸 것이다. 말하자면, 과잉 풍요는 기본 요소들의 결여의 상쇄 값이다. 현재 우리는 이러한 대변화의 최초 징후들, 전조들을 목도하는 중이다.

그러나 바로 이 상황에서, 현 징후들의 일부를 이루는 '전이' 현상도 발생한다. 대상물 자체, 즉 기계들은 더 이상 기계가 아니다. 왜냐하면 인간은 순수 기계의 세계에서 살 수 없기 때문이다. 이미 오래 전에 롤랑 바르트Roland Barthe와 장 보드리야르Jean Baudrillard는 지금 '우리는 기호들을 소비하며, 대상들의 체계는 실제로 존재하는 것과 전혀 다른 것'이라는 내용을 제시한 바 있다. 이러한 의미에서 볼 때, 진짜 상징화는 존재하지 않는다. 존재하는 것은 가상 세계의 창조다. 그리고 이 가상 세계 내부에서 인간의 종교 감성이 구현된다. 각 물품, 즉 텔레비전, 컴퓨터, 오토바이, 로켓탄은 힘, 편재성, 지배, 무제한 개방성의 감성을 통해 가공할만한 규모를 갖춘다. 동시에 이 감성에 내포되었고 우리에게 전혀 낯선 비밀을 통해, 우리가 직면하게 된 원자핵분열에 대한 '거룩한' 공포를 통해, 이러한 규모를 갖춘다. 이 모든 복합체는 전형적인 종교의 색깔을 보인다. 대자연에서 배출된 종교적인 것과 성스러운 것은 오늘날 우리 주변의 기술 대상물로 전이되었다. 우리는 이러한 전이 현상이 하나가 아니라는 점을 생각해야 한다. 즉, 인간은 자기 주변 환경과 종교 감성을 결합한다. 나무, 자원, 바람, 동물이 그 감성을 지원한다. 이 환경들이 위대한 존재가 되고, 결국 성스러운 숭배 대상이 된다. 오늘날 인간의 환경을 구성하는 것들은 '언제나' 이 역할을 맡는다. 다시 말해, 인간은 바뀌지 않았다. 인간은 성스러운 것을 다른 곳에 양도했을 뿐이다. 인간은 경배하고, 자기를 희생하고, 기쁨과 두려움을 갖고 자기 주변의 구성물들을 사용한다. 인간이 살아가는 환경이 바뀌었다! 그러나 우리는 "세계의 탈주술화"Entzauberung der Welt139) 라는 유명한 공식에서 얼마나 멀리 떨어져 있는가! 다시 말해, 어떤 형태를 보이든 "세계의 탈주술화"le désenchantement du monde는 존재하지 않는다. 현 세계는 반세기 전만 해도 영원할 것 같았던 인간의 세계와 전혀 공통점이 없다.

---

139) [역주] 사회학 용어로서, 현대 사회에서 발생하는 종교적 가치 상실과 문화적 이성화를 나타내는 용어다. 현대화되고, 과학적 이해를 따르며, 탈종교화된 서구 사회의 특징을 가리킨다. 엘륄은 체계화된 기술 사회에서 이러한 탈주술화는 존재하지 않는다고 단언한다. 현대 기술에는 새로운 신성이 부여됐기 때문이다.

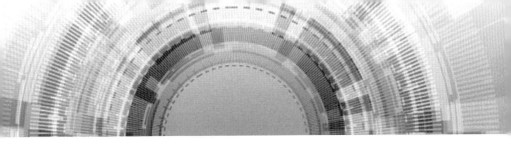

2부

담론

우리는 거품 잔뜩 낀 사업에 푹 빠졌다. 그것도 진원지가 기술인 사업이다. 여기에서 벗어나려면, 전문기술관료들, 기술과학 연구자들, 기술과학 숭배자들우리는 단지 기술자나 과학자를 겨냥해 이야기하지 않는다이 떠드는 담론[1] 의 요소들을 분석하는 작업에서 출발해야 할 것이다. 왜냐면 이 담론이 우리를 계속 에워싸기 때문이다. 우리는 자니코[2]가 말한 "기술담론의 과학기술 지상주의" 영역에 들어섰다. "엄밀히 말해, 기술담론은 기술적이지도 않고, 자율적이지도 않다. 이 담론은 기술의 곁가지에서 기생하는 언어이며, 기술의 확산에 기여한다. 또한 오늘날 기술 현상의 퇴행을 불가능하게 하며, 기술 현상을 고착화하려 하고, 기술 현상의 특수성에 관한 문제 제기를 불구 상태로 만든다. 기술담론의 오작동이다. 모든 기술에는 자기만의 용어, 부호, 발생사건 '목록', 문제들, 운영 대본이 있다. 그것은 기술담론이 아니다. 엄밀히 말해, 과학적이지도 않고, 철학적, 시적이지도 않다. 기술담론은 시청각 자료로 구현된 언어 '기능화'의 일부분이다. 즉, **기술담론은 광고다.** 기술담론은 세계 차원의 경쟁을 바탕으로 한 정치-이데올로기-시청각 자료, 생산성 등을 가리킨다. 이 담론이 급증할 때, 기술 세계 내부에 이 담론을 대체할 수 있는 다른 기능이 존재하는가? 혹은 기술 세계를 통해 그

---

[1] Langdon Winner, "Myth information in the High Tech era", *in Science, Technology and Society*, IV, 6, 1984. 진보한 기술이 어떤 지점에서 신화가 되는지를 보여준 "신화가 된 컴퓨터 정보"를 매우 타당하게 분석한 논문이다.

[2] Dominique Janicaud, *op. cit.*

것을 대체할 수 있는가? 기술담론은 사회의 작용이며, 심지어 기술의 작용이다. 서구의 기술 세계에 광고가 사라진 상황을 생각해 본다면, 이해가 빠를 것이다. … 사회의 기술화를 반영하는 이 기술담론은 사회를 자극하고, 역 반사한다. 기술담론은 전 지구의 기술화를 완성, 가속화하는 정보망 역할을 한다. … 이 담론은 과학기술을 이해하려는 시도를 저지한다. … 기술담론 내에서는 실제적인 것을 조작 가능한 정보 통신 속에 재 편입시키는 '자기-상징화'가 작동한다."…

학문의 깊이를 담은 자니코의 글을 서문으로 제시하면서, 우리는 이러한 기술담론의 몇 가지 부분들을 분석하려 한다. 그것은 어떤 지점에서 이 담론이 순수 허구에 불과한지를 밝히는 작업이 될 것이다.

1장_인간주의

　기술에 관한 모든 담론은 인간에 관한 담론, 인간을 우선시하는 담론, 인간을 목표로 한 담론이다. 그리고 실제로 그러한 담론이 되려 한다. 담론의 핵심은 단지 인간의 행복 보장에 그치지 않는다. 하물며 기술 권력의 문제도 핵심이 아니다. 기술에 대한 공포, 즉 기술에게 일종의 두려운 경외심을 느끼며 기술 문제를 다루는 담론들에서 나오는 어떤 힘의 문제도 핵심이 아니다. 오히려 인간의 완전하고 충만한 실현의 문제, 인간 행복의 고차원성의 문제가 담론의 핵심이다. 이러한 인간 아래에는 아무것도 없다. 인간은 만물 위에 있다. 모든 제작은 인간을 위한 제작이다. 나는 다음과 같이 말한다. 발명자가 전문기술성을 더할수록, 인간은 더욱 고양된다. 쥘리앙 시몽Julian Simon은 자신의 책 제목을 『인간, 우리의 마지막 기회』*L' Homme, notre dernière chance*라 붙였다. 기술을 내포한 역사의 전개, 모두를 보충하는 환경 속에 있는 역사의 전개에서 볼 때, 이 제목은 매우 놀랍다. 미셸 포니아토브스키Michel Poniatowski는 『신기술』*Les Technologiques nouvelles*에 관한 연구에 "인간의 기회"라는 부제를 달았다.[3] 자주 되풀이되는 주제다. 즉, 지금까지 인간은 완벽한 인간이 아니었다. 기술, 특히 "신기술"은 인간에게 예기치 못한 기회를 부여한다. 기술의 모든 운동은 우리가 지금보다 "차원 높은 인간"을 지향하도록 한다. 보충하면서 동시에 완성할 것이다.

---

3) Michel Poniatowski, Les technologies nouvelles. La chance de l' homme, Chez Plon, 1986.

내 생각은 비대해진 인간의 신체에 영혼의 보충supplément d'âme이 꼭 필요하다고 봤던 앙리 베르그손Henri Bergson의 판단과 다르다. 베르그손에 따르면, '영혼의 보충'은 지금까지 사회, 도덕, 신체의 한계를 통해 마모됐던 인간의 잠재력을 완성하는 것이며, 무한한 발전에 대한 열정을 담아 모든 한계를 뛰어 넘을 수 있도록 하는 것이다. 순수하고 단순한 차원에서, 기술이 인간을 위해 사용된다는 말은 분명 사실이다. 또한 인류가 기적과 같은 모험을 떠나는 중이라는 말도 사실이다. 실로 우리는 새로운 오디세이아와 마주했다. 브레상은 다음과 같이 말한다. "호메로스가 노래한 율리시스가 마주한 보랏빛 바다는 우리를 새롭고 다양한 모험으로 초대하는 기술, 경제, 전략의 바다다." 왜냐하면 전문기술관료는 "인류"에게 낯설지 않기 때문이다. 이들은 파스칼이나 셰익스피어의 구절들로 자기 담론을 채색하여 사람들의 칭송을 들으려 한다. 그 담론은 '인간 만세'를 외침과 동시에 고전 속 인물들과 연결된다. 다시 말해, 모순은 없고, 확장과 심화가 있다.

이러한 인간주의 담론은 모든 것을 인간에게 예속시키며, 인간에게 만물의 척도왜 아니겠는가!와 놀랄만한 주권을 부여한다. 달을 걸었던 최초의 인간은 인류의 기원부터 품어왔던 꿈을 이뤘다. 더군다나 기술의 모든 진보는 인류가 시초부터 품었던 근본적인 열망과 관련 있다. 우리는 이를 쉽게 확인한다. 인간은 언제나 새처럼 날고 "싶어 했다." 인간은 불을 제어하고, 심해에 내려가고 싶어 했다. 우리가 이러한 주장에 깊은 의혹을 갖지 않는다면, 대답은 "물론 '이를 실행에 옮긴 인간'의 바람"이라는 인간 승리의 찬가일 것이다. 왜냐하면 전 방위에서 폭발하며 내는 기술들의 굉음은 인간이 그 존재를 다하고, 독창적인 천재성을 발휘하며, 주권자의 자유를 내세워 '원했던' 것이 분명하기 때문이다. 인간의 자유 의지가 모든 것을 생산했다. 지금까지 인간이 자유로웠다면, 앞으로는 인공 보철기구들로 인해 더 자유로워질 수 있을 것이다. 인간은 이런 식으로 누리는 자유를 포기하지 않을 것이다.

기술의 진보에 발맞춰 인간의 자유도 성장한다. 분명하고 단순한 사실
이다. 인간은 과거에 할 수 없던 것을 만들 수 있다. 자유 아닌가? 이제 인간
은 각자의 욕망을 충족시킬 수 있는 대상물을 갖고, 그 중에서 선택할 수 있
다. 자유 아닌가? 놀랄 정도로 시간 절약도 가능하다. 자유 아닌가? '너는
일해야만 하고, 이마에 땀을 흘려야 밥 벌어먹고 살 수 있으리라' 는 성서의
닳고 닳은 비난을 피할 수 있는 자유[4]의 도래가 아닌가? 세계의 다른 극단
으로 쉽고, 신속하게 내 달릴 수 있을 가능성이 열렸다. 자유 아닌가? 매 해
마다 새로운 기대수명 수치가 나온다. 자유 아닌가? 기술에 관련된 모든 담
론이 전환점을 맞을 때마다, 사람들은 '나는 오래 살 수 있다' 는 선언을 반
복한다. 그리고 모두가 아는 구문처럼, 인간 자체가 바로 자유다. 따라서
현대인은 옛 사람들이 갖지 못했던 인간다운 인간이라는 확신을 완성한다.
더 나아가, 순수 기술 세계는 현대인에게 모든 것을 만들어 줬다. 산업 도
시들은 추태, 악취, 비위생으로 점철되었다. 때문에 새로운 꿈의 도시가 출
현했다. 바로 '테크노폴리스' 다! "새로운 과학 도시에 관한 설명에서, 공간
존중, 자연의 가치에 대한 평가는 확실히 진일보했다. 왜냐하면 녹지와 기
술, 눈부신 빛이 어우러진 자궁 속에서 내일의 인간들이 서로 모이고 거듭
날 것이기 때문이다. … 기술을 통한 미래 점령은 인간을 기계의 공간들에
두게 하는 일이며, 조화로운 공간들을 촉진하는 일이다. … 그것이 바로 계
획이다."[5]

"조직체의 인간이 기업의 표본이고 일상사였다. 그것은 1950년대의 시
대정신이었다. 그러나 이와 대별해, 새로운 기업 정신이 나타났다. 바로,
기술구조와 도시 교외의 생활방식에 완벽하게 동화된 정신이 출현했다. 새

---

4) 노동에서 이러한 시간 확보를 완벽하게 번역 대체한 용어가 바로 "실업" 이라는 말은
   이제 식상하다. 그러나 누가 실업자만큼 완벽한 자유를 누리는가?
5) Yan de Kerorguen, « Technopolis », numéro spécial de la revue *Autrement*, 1985.

로운 문화는 위험을 감수한다. 오류를 범할 권리도 그 출입구를 만들었다. 우리는 오로지 실험을 통해서만 진보한다. … 우리는 개인주의 가치에 대한 고평가를 목도한다. … 개인주의와 진취성은 더 이상 보수 이데올로기와 결합하지 않는다. 현대화는 합의체의 한 요소가 된다. 현대화는 느슨해진 반관료주의 구조, 기업 정신, 협업, 상시 갱신되는 창조력이다."[6] 알랭 투렌처럼 해당 문제에 정통한 사회학자는 우리 사회가 재차 개인주의화 되었고, 개인 우선성이 나타났으며, 기술과 개인이 서로 결합했음을 발견했다. 그 때에도 우리는 여전히 꿈꾸는 중이었다. 순진한 꿈 말이다![7] 독자들은 인간을 위해 무엇을 더 원하는가?

기술 개발은 "인간 이외의 다른 것이 아니다. 즉, 오로지 인간을 위한다."즉, 신과 핵심 구조들과 국가를 배제한다 모든 것이 인간을 향해야 하며, 오직 인간의 행복을 지향해야 한다. 왜냐하면 인간은 만물의 척도이기 때문이다. 설령 과대평가라 할지라도, 인간의 이러한 위치는 변함없다. 인간은 기술 세계에서도 만물의 척도일 것이다. 즉, 이러한 철학적 이상이 사상 최초로 구현될 것이다!… 달리 말해, "완전한 인간"의 출현이다. 인간의 모든 잠재성을 펼칠 수 있어야 하며, 어떠한 잠재력도 배제될 수 없다. 우리는 모든 억압을 거부하고, 지금까지 시대착오로 여겼던 것을 수용해야 한다. 동성애가 그 사례다.[8] 다시 말해, 이러한 기술의 개인주의는 완전한 인간주의를 구현하며, 신학자들과 철학자들이 예고했거나 주장했던 것을 실현한다. 우리가 잊지 말아야 할 부분이 있다. 창세기에 근간한 신학자들은 인간이 자기 안에 창조자의 사건, 즉 '창조적 천재성'을 지녔고, 인간 자신과 창조는 신이

---

6) *Op. cit.* 우리가 이해한 바, 실리콘 밸리는 세계에서 인구밀도가 가장 높은 지역이 되었다. 즉, 과잉 인구의 사막이 되었다. 또한 일본의 테크노폴리스에도 하위 프롤레타리아가 출현했다. 우리는 이미 앞에서 이 문제를 다뤘다.

7) Alain Touraine, in A. Janicaud, *Les scientifiques parlent, op. cit.*

8) 사람들은 인간 자체가 파괴되는 문제와 결합되는 경우에나 약간 놀랄 뿐이다. 쾌락이 있다면야 왜 마약을 마다하겠는가? 그러나 그것이 '인간 이하'라는 삶의 추락을 야기하고, 우리 몸의 진을 다 빼기 때문에 문제이다.

토대를 닦아준 '가능성들', 잠재성들이었다고 해설한다. 창조는 완벽하지도 않고, 완성되지도 않았다. 즉, 인간이 신의 계획을 완수해야 한다. 인간은 이러한 가능성들을 구현, 발전시켜야 한다. 바로 '기술'을 통해 그 일을 할 것이다.

내가 제대로 이해했다면, 인간은 지난 50억 년 동안 인간이 아니라 배아였다. 한 세기 전부터, 인간은 비로소 인간이 되었다. 이는 1880년까지 인간은 역사 이전 시기를 살았고, 역사는 사회주의 사회의 도래와 더불어 시작한다고 생각했던 마르크스 사상의 단면과 맞물린다. 마르크스와 전제는 전혀 다르지만, 결과는 동일한 '기술' 역시 18세기를 기점으로 인간 본성의 구현으로 여겨졌다. 다시 말해, 기술이 인간 본성의 토대를 이루고, 기술과 이성이 서로 손을 잡으면서 이러한 시각이 나타났다. 본래 합리적 존재라 불리는 인간은 합리적 활동을 통해 자기를 표현한다. 과학만으로는 불충분하다. 왜냐하면 엄밀히 따져 과학은 특정한 지식이지 총괄 작업은 아니기 때문이다. 즉, 인간 완성에 이르는 길을 닦아야 한다. 인간은 사물의 비합리성을 제어할 수 있어야 하고, 실천 이성을 부여해야 한다. 18세기 발명품들이 과학 수준으로 "높아지기" 전에, 모두 기술 발명품이었다는 사실은 결코 우연이 아니다. 따라서 이 단계에서 우리는 인간과 기술의 뿌리 깊은 일체감을 찬양한다. 1970년대 기술을 다룬 모든 책에 나타난 '공통 주제'는 인간과 기술의 단순 공존이었다. 그것은 인간주의에서 꾸준하게 존재해 온 담론이기도 했다. 모든 기술은 인간의 선을 위해 제작되며, 인간을 인간으로 구현하고 인간의 존재를 맘껏 표출할 목적으로 제작된다.

그러나 바로 의문이 생긴다. 기술의 시대는 근대 인문주의의 전 영역을 점했던 "인권"의 시대이기도 했다. 나는 두 시대의 결합이 빈틈없는 단일체이고, 모두에게 완벽하고 분명하게 보인다는 사실에 매번 놀란다. 프랑스 혁명은 "인권과 시민권"을 외쳤다. 내가 이해하는 권리는 다음과 같다.

어떤 정치체제가 주어지는 경우, 우리는 이 정치체제 구성원들의 권리들을 인정한다. 예컨대 소유는 권리가 될 수 있다. 분명한 사실이다. 마찬가지로, 법률가들은 주인의 권리, 즉 채권자의 권리를 말하거나 가족에 대한 부모의 권리, 보호자에 대한 미성년자의 권리, 피의자의 권리 등을 이야기한다. 모두 옳은 주장이다. 그러나 인간의 권리란 과연 무엇인가? 그것은 "권리들"을 가지려는 인간의 "본성"에 속하는 문제인가? 그렇다면, 인간의 본성은 무엇인가? 그리고 이 "권리"라는 단어의 의미는 무엇인가? 이렇게 묻는 이유는 반증이 가능할 때까지^{아마도 그 증거 제시는 쉽지 않을 것이다!}, '권리'라는 말은 법률 용어에 머물렀기 때문이다. 권리에는 법적 의미가 있다. 권리는 오로지 법적 의미만을 가질 수 있다. 그것은 법적 고소 가능성, 권리 침해자에게 적용되는 처벌 가능성까지 포함한다. 더욱이 권리에는 언제나 구체적인 내용이 포함된다. 그것은 하나의 권리에 꼭 필요한 의미를 엄격하게 규정하는 법적 기술이다. 그러나 우리가 인권을 이렇게 뒤죽박죽 생각할 때^{나는 아직 인권 헌장 이야기를 꺼내지도 않았다}, 인권의 내용인 행복, 건강, 생명, 정보, 여가활동, 교육 등에 관한 권리에는 구체적으로 무엇이 담겼는가? 이러한 권리들에는 중요한 의미가 부여되지 않은 것처럼 보인다. 그 동안 장안을 떠들썩하게 한 선언들이 얼마나 많았던가!

논의를 지속해보자. 인간 본성에 내재한 권리들의 문제라면, 즉 인간으로 존재하는 단순 사건에 관한 문제라면, 다음과 같은 일은 어떻게 발생할 수 있는가? 첫째, 정치권력이 부여하지 않은 이데올로기나 종교를 인권의 구성 요소들로 생각할 수 있는가? 둘째, 공산주의의 진리나 이슬람의 진리처럼 유일무이한 절대 진리에 연계된 권리를 인권의 구성 요소들로 볼 수 있는가? 인류의 위 세 부분^{이데올로기, 종교, 진리}은 불일치 덩어리다. 그것은 전술된 유명한 권리들이 인간 '본성'에 내재하지 않는다고 말하는 것처럼 보인다. 더불어 우리는 법적으로 이해할 수 있는 개념들과 만난다. 예컨대, 소유권은 권력의 인정을 받은 권리였고, 권력이 자기에게 의존하는 사람들에게 부여한 권리다. 이러한 유명한 권리들이 '헌장'에 새겨졌다. 다시 말해, 헌장에 새겨진 권리들은 인간을 통합적으로 인식하지 않았고, 정치권력이 주체들에게 승인한 권리들에 관한 담론에 동의한다는 표시였다. 사회계약을 출발점으로 하여, 많은 권리들이 인간에 부여되었다. 그러나 이 권리들을 부여하지 않고 인정하지 않으려는 정치권력들은 '인간'과 '사회'와 '권력'에 대해 다른 개념을 가지며, 이 셋의 관계에 대해서도 다른 개념을 갖는다. 우리는 이 개념들을 합칠 수 없고, 억지로 바꿀 수도 없다! 게다가 '법학자'인 나는 이러한 "권리"들을 소홀히 여기는 자들에게 어떤 제재가 가해지는지에 대해서도 알고 싶다. 정신착란에 시달리는 권력, 국가, 사회를 과연 누가 제소할 수 있는가? 어느 법정에 세워야 하는가? 이 물음들에 답하지 못한다면, "인권"이라는 말은 내용 없는 공허한 말로 남을 뿐이다.

그러나 독자들은 이러한 인권의 발전이 기술과 무슨 상관이 있는지 궁금해 할 것이다. 이유가 무엇인가? 왜냐하면 인권은 기술담론과 동격인 인간주의의 구성 요소이기 때문이다. 또한 인권에 대한 이러한 개념은 근/현대 기술과 '동일한 나라'에서 '동시에' 출현했다. 나는 역사에서 우연은 매우 희박하다고 생각한다. 이 문제의 경우도 예외가 아니다. 기술이 폭발적으로 분출했던 시공간에서 그리고 끔찍한 전쟁을 겪은 이후에 이구동성으로 인권을 외쳤다는 것은 우연이 아니다. 동시에 "인간의 존엄성"[9]은 동시에 인간이 가장 강력한 힘을 획득했다는 것을 인정한다. 인간은 이러한 방식으로 완성되어야 했고, 정신적으로 완전히 평온한 상태에서 가장 인도주의적인 담론을 유지할 수 있었다.

그러나 문제를 제거하기 전에, 당대 유명 서적인 『인간, 가장 소중한 자본』L' homme, le capital le précieux이라는 책을 바탕으로 우회로를 하나 만들어 보자.

---

9) 항상 사용되지만 오로지 도덕과 형이상학의 의미에 머무는 이 용어는 어떤 점에서 "권리"가 쟁점으로 부각될 수 없는지를 제대로 보여주는 용어이다!

사실, 이 표현은 인간주의와 기술에게 모두 타당하다. 전 과정에서 핵심은 인간이다. 모든 것이 인간에게 달렸다. 그러나 다른 방향에서 보면, 인간 자체가 하나의 자본이다.[10] 공화국의 권력이 국가 내 주민들의 숫자와 자질에 달렸다고 생각한 장 보댕Jean Bodin은 "인간만이 유일한 부자"라고 말했다. 그러나 산업 사회의 시각으로 보면, 보댕의 이 표현에는 인간은 모든 것을 파생시킬 수 있는 가장 중요한 생산 요인이라는 뜻이 담겼다. 따라서 인간을 더욱 소중한 존재로 여겨야 한다. 인간을 보호해야 하고, 인간에게 주거지를 마련해줘야 한다. 또한 인간에게 준 것을 하나도 잃지 않고 모두 뽑아내야 한다. 따라서 자본가의 착취는 사악하다. 왜냐하면 이 착취는 인간을 "소진"하고, 인간을 무력한 삶의 조건에 처하도록 하고, 젊은 나이에 죽어가게 하기 때문이다. 그러나 이런 식으로 자산을 탕진하는 자본가 한 사람에 대해 우리는 무엇을 이야기해야 하는가? 물론 인간을 자산으로 취급해야 한다는 "표식"은 인간을 금융 자본이나 기계처럼 취급하고 다룬다는 뜻이다. 결국 인간은 모든 자본 중에서 '가장 소중한 자본' 이다! 이것은 현대 인간주의 담론과 같은 노선이다.

그러나 1900년 이후로 우리가 세계의 현실을 생각할 때, 사방에서 긁어모은 인간주의 담론에 과연 무엇이 남았던가? 인간에 의한 인간의 치명적 착취, 식민화를 통한 전 세계의 무력 침략, 과거에 상상조차 할 수 없던 규모의 수백, 수천만의 사상자를 낸 두 차례의 끔찍한 세계대전, 집단 수용소, 경찰국가, 고문 기술의 발전, 맹목적 테러리즘, 반세기 동안 벌어진 200여개의 "국지전"[11], 극심한 빈부 격차부의 불평등, 그리고 이러한 불평등 상

---

10) 탁월한 정신의 소유자인 가브리엘 데쉬는 20년 전에 인간을 자산(자본)으로 평가하는 것의 의미를 탁월하게 제시했다. Gabriel Dessus, « De l' inéluctable mesure des incommensurables, et de ce qui s' ensuivre », Revue française de recherche opérationnelle, 1964.

11) 나는 전체주의 이데올로기에 대해 이야기하지 않는다. 왜냐하면 이슬람, 중세 기독교와 더불어 과거에 이미 알았던 이데올로기이기 때문이다. 마찬가지로, 나는 과거의 사회들이 '더 낫다'고 말하지도 않을 것이다. 우리는 노예제, 식인 풍습, 인신 제사

황에서 "자기" 농민들이 처한 비참한 현실과 대면한 부자, 둘의 선명한 대립각이 농담거리가 된 상황, 모두 우리가 목도하는 현실이다.[12]

달리 말해, 우리가 이 세계 곳곳에서 살아간다는 말은 인간주의 담론의 정확한 반대말이다. 이 대목에서 내가 때때로 거론해왔던 '해석 법칙'을 적용할 필요가 있다. 즉, 우리가 기존 사회에서 가치, 미덕, 집단의 계획 등을 논하면 '논할수록', '그만큼 가치, 미덕, 집단 기획의 부재가 심각하다는 반증'이다. 사람들은 이러한 가치, 미덕, 기획의 내용들을 세밀하고 구체적으로 언급한다. 현실이 그와 정반대이기 '때문이다.' 우리가 고차원의 자유를 외친다면, 자유의 박탈이 당면한 현실이기 때문이다. 현실의 그림자가 진할수록, 담론의 빛은 더욱 밝다. 다만 독자들은 다음과 같이 생각할 수도 있으리라. 위에 열거된 시대의 공포에서, 과연 기술이 해야 할 일은 무엇인가? 집단 수용소와 테러리스트의 공격은 분명 기술의 잘못이 아니다! 인용된 모든 내용은 사실 정치의 의사결정에 속하는 문제다. 분명 직접 원인을 기술에게 돌릴 수 없다. 그러나 이러한 재난의 확장을 가능케 한 조력자가 바로 기술이며, 정치의 의사결정을 "유도"하는 당사자도 기술이다. 산업 분야에 언제나 더 많은 양의 원자재를 청구하는 쪽도 바로 기술이다. 경찰국가가 존재한다면, 통제 수단들이 개선되었기 때문일 것이다. 수백만이 몰살당했다면, 대규모 살상 기기들이 출현했기 때문이다. 이러한 살상 도구들은 "정치의 의사결정"이 아니었다. 세상의 "평화"를 위한 기술을 개선할 수 있도록, 먼저 전쟁 기술을 발전"시켜야 했다." 전자와 후자는 떼려야 뗄 수 없는 관계다. 기술은 정치 조직들에 활동 역량을 부여한다. 그리고

등을 잘 안다.

12) 또 우리가 빈번하게 접하는 다음 주장도 더 이상 거론할 필요가 없을 것이다. "과거에도 여러 공포가 존재했다. 그러나 사람들은 그것을 잘 몰랐다. 반면, 우리는 탁월한 정보 수단으로 모든 것을 알게 되었다. [모든 것을 안다니] 끔찍하다는 인상을 받는다." 이 말은 사실이 아니다. 우선, 우리가 탁월하다고 평가하는 정보 습득 수단들은 알아도 무방한 지식만을 우리에게 전달한다. 히틀러의 집단 수용소를 "아는 데" 10년, 강제노동수용소의 존재를 "아는 데" 25년이 걸렸다.

이 역량을 갖춘 조직들을 전체주의로 유도한다. 기술이 없다면, 현 시대의 어떠한 고문 전용 도구도 존재할 수 없다. 그렇다면, 기술의 책임인가? 물론 아니다. 책임은 오롯이 인간의 몫이다. 그러나 주목하자! 인간은 기술 발전, '오로지 기술 발전에서만' 자기의 열정, 희망, 의지를 다져왔다. 그리고 그것의 결과는 또 다른 기술의 발전이었다. 시끄러운 현실을 은폐해야 했다. 동시에 이 현실과 기술 성장의 관계도 감춰야 했다. '따라서' 완벽한 "기술담론의 허세"를 도입한 전문기술관료들은 '인간주의 담론'에 개입한다.

이 모든 부분을 명확하게 밝힐 수 있을 몇 마디 말로 논의를 갈음하겠다. "인간이 최고의 자본"이라는 제목의 수려한 인간주의 담론은 '이시오프 브사리오노비치 주가시빌리 스탈린'의 담론과 다르지 않다. 스탈린은 이 구문을 강제노동수용소 현판에 부착했으니 말이다.

2장_기술 문화는 존재할 수 있는가?[13]

1. 절대 필요성과 망설임

기술은 바로 거기에 있다. 기술은 도처에 있다. 몇 가지 물건의 사용이 더 이상 기술을 대표하지 않는다. 컴퓨터가 제공하는 정보 전체가 우리의 사고에 도전장을 내민다. 과연 우리는 기술 현상에 대해 사유할 능력이 있는가? 컴퓨터 정보의 이러한 "사고"를 생각할 수 있는 힘이 우리에게 있는가? 우리는 옛 토양에서 지속적으로 문화의 꽃을 피울 수 있는가? 대중문화^{그러}나 포크 문화가 바꿨던_나 귀족문화_{그러나 실제로 제작 가능한가? 꿈과 이상으로 도피하는 문화 아닌가?}를 계속 꽃 피울 수 있는가? 인간은 항상 물질, 사회, 일상, 구체적인 세계에서, 그리고 이 세계에서 출발해 문화를 상상해왔다. 기술은 바로 여기에 있다. 그리고 자연 환경처럼, 기술도 우리의 환경이 되었다. 과연 우리는 기술을 추상으로 여길 것인가? 바로 이것이 문제다.

기술은 도처에 존재하고, 우리의 환경이 됐다. 이러한 기술 문화에 열광하는 정치인, 과학자, 전문기술관료, 대학교수, 기업가들의 기획들을 설명할 때, 우리는 기술의 근본을 이루는 세 가지 측면—미묘한 차이가 보이는—

---

13) [역주] 엘륄이 말하는 기술 문화는 체계로 촘촘하게 짜인 기술 체계, 기술 주도, 기술 지배의 문화를 가리킨다. 본문에서 기술 문화로 번역한 용어는 모두 이러한 의미라는 점을 유념하라.

을 확인한다. 첫째, 기술은 자신과 관련된 담론들과 지식들을 습득한다. 둘째, 기술은 젊은이들을 기술 환경에 적응시킨다. 그것은 단지 조작과 제어를 통한 적응이 아닌, 여유와 자유를 통한 적응이다! 마지막으로, 기술은 항상 자신에게 유리한 심리적 경향을 생성한다. 기술은 이러한 질서에 속한 모든 것을 개방한다. 기술의 근본을 이루는 위 세 가지 측면이 굵직굵직한 방향이지만, 우리는 그 흐름들과 인과 관계들에 대한 분석을 시도해야 한다.

우선, 우리는 기술 문화의 주동자들 가운데 소수파와 과격파를 구별할 수 있다. 소수파는 예술과 문학을 구심점으로 옛 문화 전반을 유지하고, 고전적이고 지적인 인간을 배양할 수 있는 교육이면 충분하다고 생각한다. 이들은 기존의 틀에 하나의 잉여 자원으로 용해될 수 있는 지식과 기술을 추가해 활용하는 정도면 무방하다고 생각한다. 반면, 과격파는 기술 문화의 총체적 현존과 요구를 출발점으로 삼는다. 두 요소는 충분한 규모를 갖추고, 포괄적인 문제 제기, 기술에 근거하고 기술의 내용물을 수반하는 새로운 문화의 발명을 포함한다. 기술은 새 문화의 대상이자 수단이다.

물론 본 연구는 과격파의 주장에 더 눈길이 간다. 더욱이 과격파의 주장이 유리한 고지를 선점했다. 마이크로컴퓨터의 성공 가도를 필두로, 이 주장의 확산과 필연성이 부각되는 것처럼 보인다. 탁월한 성능을 자랑하는 이 기기의 작업 수행 능력과 정보의 배가는 최초 개발자들에 대한 찬사로 이어졌다. 결국 문화는 정보의 전달과 조직화 아니었던가? 마이크로컴퓨터 분야에서 모든 것은 새롭게 생성된다. 그렇다면 문화의 쇄신이 필요하지 않겠는가? 매우 눈부시고 경이로운 일이다! 인간과 세계 사이에 기술 대상물의 개입은 또 다른 의미를 갖는다. 가정, 교육, 의료, 상업 분야 장비들이 중시됨에 따라, 소비 가치는 상품의 고유 가격이 아닌 지식 진보에 따른 값에 더 역점을 둔다. 다시 말해, 우리는 비물질, 지식, 정보 재화들의 생산과 순환에 기초한 경제에 돌입했다.

　　또 중요한 부분은 "산업화가 우리에게 빼앗아간 지식의 재 전유이다. ··· 고도로 전문화된 분야인 기술과 비전문 분야인 문화가 이혼한 것처럼 서로 갈라선지 수 세기가 흐른 지금, 이 사람의 앎과 저 사람의 행함을 매개하는 곳은 연구, 산업, 도시의 결합체인 기술 지역technopole이다. 기술 지역은 인간 발달의 각 단계를 표시하는 기술 문화로의 복귀를 시도한다. ··· 이러한 재전유의 노력으로 우리는 기술 제품technologie의 이차 혜택을 누린다. 또한 기술 제품의 완성도는 보다 복잡한 기술 제품에 더 간편하고 단순한 접근 가능성을 연다. ··· 사용하기 쉬운 기술 제품이다. 또한 이러한 기술 제품은 지식에 대한 접근을 가능케 하며, 타인과의 접촉점도 재구성한다. 한 마디로, 기술 제품의 역할은 중재자이다. 공간을 제거한 원거리 통신으로 우리는 온 세계 사람들과 이야기할 수 있다. 시간을 제거한 시청각 녹화 장비는 과거와 미래에 인류의 생생한 기억을 전달할 것이다."14)

　　위 인용문은 두 가지 축으로 기술 문화의 토대를 규정한다. 첫 번째 축은 장비 사용과 지식 접근이다. 그리고 두 번째 축은 문화의 요소들을 실제로 대변하는 것에 해당하는 타인과의 의사소통이다. 그러나 이것은 불충분한 접근법을 나타낼 뿐이다. 브레상과 디슬레의 컴퓨터 정보 통신망네트워크에 관한 탁월한 이론은 우리에게 새로운 문화 창조의 극점을 제안한다.15)

　　사람들은 다음과 같이 생각하기 시작했다. 우리는 더 이상 세계를 고정된 사물, 대상물의 세계로 표상할 수 없다. 물리학, 경제학, 사회학 가릴 것

---

14) V. Scardigli, *La Consommation, culture du quotidien, op. cit.*, et « Les cités scientifiques », in « Technopolis », numéro spécial de *Autrement*, 1985.
15) A. Bressand et C. Diestler, *Le prochain monde: Réseaupolis, op. cit.*

없이, 모든 것을 '흐름'이라는 방식으로 생각해야 하는 시대다. 새로운 이론의 출현과 더불어, 차후 쟁점은 흐름_{전이}이 아닌 세계의 새로운 조직화다. 다시 말해, 10년 전에 고정된 기술 발명품의 표본으로 여겼던 새 세계와 전혀 다른 형태, 즉 정보 통신망 형태의 세계 조직화다. 정보 통신 논리는 영토 논리보다 언어 논리에 더 가깝다. 대조는 선명하다. 컴퓨터 정보 통신으로 인해, 모든 것은 흐름, 즉 고착이 아닌 유동성으로 바뀔 뿐만 아니라 소통 정보망으로 바뀐다. 왜냐하면 인간의 모든 활동이 이제는 하나의 정보망 속에서 이뤄지며, 다양한 정보망이 상호 교차하기 때문이다. 또한 이 정보망들은 서로 얽히고설킨다. 결국 각각의 정보 네트워크를 결합해 광역망R2을 이루려는 '생각'에 이른다. 그것은 지속적인 변화를 거치며 새로운 세계를 구조화_{관찰하지만 숙고하지 않는}하는 탄력이다. 그리고 이러한 결합에서 나오는 지식, 새로운 놀이 규칙의 발견, 새로운 문화 창조가 필수 요소가 된다. 이를 성공한다면, 우리는 새로운 세계의 시민이 될 것이다. 그러나 실패한다면, 우리는 그 세계의 노예가 될 것이다. "컴퓨터는 인문사회과학 분야에서 지식 생산을 담당한다. 왜냐면 컴퓨터는 예술적 활용_{혹은 창의적 활용}을 통해 문화에 영향을 미쳐야 하며, 개인과 사회 집단이 자발적으로 만들어낸 '표현 결과들을 차츰차츰 없애야' 하기 때문이다. 즉, 개인과 사회의 창조적 상상계의 뿌리까지 갉아먹어야 하기 때문이다."[16]

그러나 이 영역들에서 숙고해야 할 부분은 단지 창의력만이 아니다. 오늘날 인간의 모든 활동에서 변화가 일어나는 중이라는 사실을 알아야 한다. 마이크로컴퓨터는 곳곳에서 "맞춤형 주문"을 가능케 하고, "집단" 생산품을 사라지게 한다. 또한 정보망 주변에서 벌어지는 지식의 변화를 포함한다. 예컨대 컴퓨터를 동반한 경제는 '물질 생산'과 '비非물질 정보'의 결합을 생각해야 한다. 다시 말해, '비물질' 차원에 속하는 일상생활, 노동,

---

16) P. Levy, *Vers un 1984 informatique ?*, 1984, et *Les Présents de l'Univers informationnel*, Centre Georges-Pompidou, 1985.

우정 관계까지 모조리 전산 체계로 처리할 수 있도록 창의력을 키워야 한다. 컴퓨터 정보에 기초한 새 문화를 창조해야 한다! 왜냐하면 기술 제품이 낳은 유일하고 새로운 문화만이 우리를 현대 세계에 이식된 "야만인들"이 되지 않도록 할 것이기 때문이다.

기술 개발을 사회적 실천과 새로운 사고 형태로 전환하는 일이 중요해졌다. 사회적 실천과 새로운 사고 형태는 모든 관계의 투명성을 지향한다. 그것은 정보 사회와 연계된 투명성이며, 모든 정보와 지식이 각 사람의 범위^{각자가 정보 사회에 적합한 문화에 산다는 조건에서}에 미칠 수 있는 투명성이다. 그러나 이 문화는 이상적이지 않다. 오늘날 이 문화는 우리와 같은 단순 구경꾼들, 복잡한 도구 사용을 위해 경쟁하는 이들, '컴퓨터 광' 처럼 새로운 가능성의 발견에 "광적으로 열광하는 이들"과 함께 만들어지는 중이다.[17]

그러나 지금 만들어지고 있는 이 문화는 인간의 직접 산물이 아니다. 오히려 인간과 기계 장비의 접속이 낳은 결과물이다. 이러한 접속을 통해, 인간은 정보 전달과 처리의 결합이 전제된 의사소통의 문제들을 제어할 수 있다. 이 문화는 제한된 세계와 특정 영역에 갇힐 수 없다. 자명하다. 세계 도처에서 정신 차릴 겨를도 없이, 전송과 처리가 매우 신속하게 이뤄진다. 또한 국제 차원에서, 광역권 정보망으로 접속된 문화가 구성될 것이다. 모든 사람이 어디에서도 접근 가능한 지식의 보편성과 관계의 신속성을 발판으로 이 문화는 보편화될 것이다. 물론, 광역권 정보망에 취한 몽상가들에게는 지금껏 우리가 문화로 간주해왔던 것에 대한 오해만 한 가득일 것이다. 즉, 지식 문화, 비실용 문화, 엘리트의 표현, 살롱 지성인들의 담화, 먼지 수북하고 철 지난 지식들만 누적된 대학, "인간관계의 환상, 관계 사회에 대한 환상"에서 출발하는 지식인의 "고귀한 순결", 또 다른 호의적 관념 등이 있을 뿐이다. 향후, 문화로 생산되는 것은 단순하고 순수한 형태로 배출

---

17) J.-L. Gassée, *La Troisième Pomme: micro-informatique et révolution culturelle*, Hachette, 1985.

되어야 한다. 만일 우리가 옛 문화를 고집한다면, 향후 10년 뒤에는 "문맹"이 될 것이다. 마치 19세기에 읽고 쓰기를 못한 사람을 문맹이라 불렀던 것처럼 말이다. 왜냐하면 앞으로 "읽고 쓰는 법"은 오로지 컴퓨터 정보에 속할 것이기 때문이다. 이제 문맹은 컴퓨터 부적응자를 가리킨다.브레상, 디슬레

    우리가 더 구체적이고 세밀한 단계로 들어가면, 구상된 기술 문화를 실행에 옮기고 싶을 것이다. 맨 먼저 실행될 장소는 학교다. "테크놀로지"가 학교 교과목이 될 것이고, "빈민가"에서는 전문 교육이 이뤄지지 않을 것이다. 굳이 이 문제를 강조할 생각은 없다. 초등학교에서는 과학과 기술 입문을 배우고, 중학교에서 기술에 관해 체계적인 교육작동방식과 자동화, 전자 등을 배우고, 설계, 제조, 사용의 차원을 결합하는 관리와 사무 자동화를 배우는을 이수한다. 고등학교에서 산업 기술과 기계에 대한 심화 학습이 이뤄진다. 물론 우리가 아는 것처럼, 1985년에 중학교와 고등학교에 컴퓨터 집체 교육이 시작되었다. 학생들은 의무적으로 컴퓨터 사용법을 익혀야 한다. 이제 컴퓨터는 교육 도구가 되었다. 즉, 교육은 컴퓨터의 도움을 받는다. 사람들은 기술에 초점을 맞춘 교육들로 교과 과정들을 바꿨다. 역사는 기술들의 역사가 되며, 살아있는 언어들은 "현대 언어"가 된다. 그러나 교과 과정의 변화에서 더욱 중요한 부분은 베이예로도 강조한 교육학의 변화다.[18] 그것은 "미지의 것에 대한 적응력과 지식의 전달을 혼합하는 혁신적 학습"과 관련된 변화다.
    반성 지식이나 비판 지식을 배양하기 위한 교육학습법은 더 이상 필요 없다. 이제 교육은 실용 지식 문화를 담은 '교육의 기술화'를 지향하는 데 필요한 요소가 돼야 한다. 과거의 행동들을 직업 전문화하고 경영 합리화할 수 있을 사회로 바뀌는 일이 관건이다. 앞으로의 교육에는 실용적인 목표가 있어야 한다. 다시 말해, 교육은 직업 활동에 부합해야 한다. 일반적으

---

18) J. Beillerot, *La Société pédagogique*, P.U.F., 1982.

로 가르침은 다소간 복잡한 기법이 될 것이며, 교사는 기술자가 될 것이다. 기술에 대한 앎과 지식들의 주요 기능이 생산력의 주된 요소가 된다. 전 분야에 관한 지식들은 생산력의 일부를 이룬다. 가장 훌륭하고 적절한 교육학은 젊은이를 생산력의 순환에 들어갈 준비를 끝낸 기술, 동시에 이데올로기 재생산 역량에 돌입하도록 하는 기술이 된다. 굳이 부르디외^{Bourdieu}까지 호출하지 않아도 될 것이다. 따라서 다음과 같은 이중 과정이 전개된다. 생산력 성장에 대한 호소와 이데올로기 재생산의 필연성에 대한 호소는 교육학의 투명한 변화를 일으킨다. 그리고 그 목적은 이러한 사회적 욕구들에 교육학을 적응시키기는 데 있다.

그러나 베이예로의 강조처럼, 이것은 큰 문제들을 유발한다. 지식이 사회경제에 기여한다면, 전 영역에서 조직된 지식의 전달은 사회 구조의 절대 필요에 응할 것이다. 그러나 사람들은 기본 교과목 정도에 만족할 수 없다. 우리 사회에서 분명하게 드러나는 현상이 있다. 바로 지식의 신속한 낙후성이다.[19] 여하튼, 전달된 지식들은 생산된 지식들에서 도출된 파편에 불과하다. 더욱이 최신 지식들의 전달도 불가능하다. 새로운 지식에 접근하기 전에 옛 지식을 전달해야 한다. 따라서 학교에서 배우는 지식과 과학의 지식에는 공통점이 거의 없다. 마지막으로, 베이예로는 지식 소비 분야에서 불거지는 갈등 문제를 제시하면서, 중요한 문제를 제기한다. 그에 따르면, 지식을 통해 생산된 사용 가치는 교환 가치로 기능한다. 사람들은 교사나 교육자에게 모호한 실천을 요구함과 동시에, 확실한 지성 배양, 특정 문화에 대한 접근성, 신속히 사용 가능한 실용 지식의 전달을 요구한다. 이것의 실행은 크게 두 방향으로 이뤄진다. 첫째, 기술 환경과 실행에 전통 가치들을 덧붙이려는 노력이 있다. 일부 인문주의자들이 범하는 큰 착각이다. 과

---

19) 낙후성의 사례는 수두룩하다. 5년이 지나면, 의학 지식의 절반은 버려야 한다. 매 년마다 과학기술 서적의 출판은 전체 출판의 10~12%를 차지한다. 사람들은 인간의 지식이 거의 5년마다 두 배로 늘어난다고 평가한다. 1985년 한 해에 생산된 과학 정보의 양은 1550년에서 1950년 사이에 유포된 과학 정보의 양과 동일하다.

연 누가 현실 문화의 유지를 저해하는가? 현실 문화에 기술을 중첩시키려 할 때, 방해자는 누구인가? 기술에 전통 가치들을 주입하는 작업을 누가 가로막는가?[20] 두 번째 방향은 더 구체적이고 효율적이다. 바로 과학의 대중화다. 이것은 학생들의 사용 목적에 따른 보편 보급이면서, 동시에 대중 일반을 지향한다. 어떤 값을 치르더라도 기술을 학과 과정에 도입해야 한다. 왜냐하면 대중화의 목표는 지식의 확산과 정당화라는 두 마리 토끼를 좇기 때문이다. 과학의 유용성에 설득된 대중은 과학 분야에 대한 천문학적 비용 지출을 무비판적으로 수용한다.

로케플로[21]는 대중화된 지식이 과학적 지식과 동일하지 않다고 말한다. 대중 지식의 최초 공간이라 할 수 있는 학교 지식은 최상위권의 교육과 맞물린다. 교육 연구자들의 중요한 역할 중 하나는 지식의 전달이다. 그리고 이 지식은 학생의 발전 가능성과 이해력의 확보를 겨냥한다. 연구자들이 이러한 교육의 목표를 설정한 이유는 자신의 신뢰도를 정당화해야 하기 때문이다! 그러나 이러한 대중화는 결단코 담론을 전달하지 않는다. 기술의 담론은 과학의 실천이 아니다. 과학학문 지식은 문화 탄생을 일구지 못한다. 왜냐하면 이러한 지식은 담론으로 바뀌면서 문화 생산의 조건들을 망각할 때, 곧 바로 변질되기 때문이다. 따라서 과학의 대중화는 지식들 간의 위계와 서열을 조장하는 학문의 사회화와 결코 다르지 않다.

그러나 상황이 어찌되었든, 프랑스의 수많은 제3자들은 이러한 과학과 기술의학, 자연 과학, 사회학에 대한 관심이 우선이고, 원자력, 우주 항공, 생물학에 대한 관심은 극소수이다. 1981년 국립과학정보처의 여론조사를 참고하라에 적극적인 관심을 표한다. 또한 우리는 어

---

20) 이 부분에 대한 사례들은 오니뮈스의 책에 나타난다. 그러나 카즈뇌브도 자신의 책에서 동일한 문제를 제기했다. J. Cazeneuve, *L'Homme téléspectateur* (Denoël, 1983) 카즈뇌브는 다음과 같이 쓴다. "전통 가치들이 화려한 공연에 주입될 수 없는 이유는 무엇인가?"

21) Ph. Roqueplo, *Le Partage du savoir: science culture et vulgarisation*, Le Seuil, 1974.

띤 분야에서 이러한 대중화가 가능한지도 안다. 예컨대, 잡지 「과학 문화」 Culture scientifique를 보면, 그 흐름을 파악할 수 있다.[22] "전 과정을 갖춘" 문화에 기술 영역을 재도입하기 위한 싸움이 중요하다. 조슬랭 드 노블레가 주도하고, 미국의 과학기술 문제에 집중한 같은 잡지의 1983년 특집호를 보자. 독자들은 가장 먼저 전문기술관료들의 모습, '노하우' 전통에 대한 성찰을 담은 미국의 대규모 기술 혁신의 탄생과 발전을 다룬 글을 확인할 수 있을 것이다. 그리고 미국 사회에 불어 닥친 변화의 바람기업 경쟁, 개인 컴퓨터, 공동 연구을 확인하게 될 것이다. 그러나 위 내용들은 문화와 거의 무관하다. 주요 관건은 과학기술의 사회경제적 성과들을 제시하며 대중에게 유포해야 할 지식이다.

그러나 나는 일종의 '대중 기술 문화'에 대한 관찰이 더 중요하다고 생각한다. 이 점을 탁월하게 분석한 학자는 장 셰노이다.[23] 대중 기술 문화는 다양한 성격을 갖고 다양한 길로 확산되었다. 미국 신화라 할 수 있을 언어의 변화가 일었다.하이테크, 테크놀로지, 패치워크, 네트워크, 룩, 필링 등 그러나 이러한 변화의 출처는 기계 모델이기도 하다. 즉, 우리는 기획하고, 해독하고, 접속하고, 전달된 내용을 처리하고, 모든 것을 시각화한다. 춤은 기계적으로 바뀌었고, 연극의 무대 장치가 대본보다 더 중요하다. 인간은 정보들의 경계면, 즉 '인터페이스' 안에서 상호 작용한다. 인간은 하나의 정보망 속에 산다. 거대, 분열, 피학, 가학과 같은 "심리학" 용어가 추가되어야 한다. '구조 정립'의 관계 혹은 '구조 상실'의 관계가 나타난다. 돈과의 관계, 우리 몸과의 관계, 죽음과의 관계 등, 사람들은 "관계들"을 이야기한다. 또한 우리는 "자리매김 되어" 있다. 즉, 우리는 어떤 장소를 들어 우리의 위치에 대해 이야기한다. 이러한 언어 습관은 혁신 자체가 가치를 갖는 문화 변혁의 징표이다. 셰노의 지적처럼, "현대 문화"는 "국가를 보증인으로 세운 대량 생산

22) Éditions du C.R.C.T., Neuilly.
23) Jean Chesneaux, *De la modernité, op. cit.*

산업"이다. 소비자 길들이기, 일회용품, 컴퓨터로 일군 다국적 공간에서의
상품 유통 구조의 지배 등과 같은 현상이 나타났다. 특별히 의사소통 수단
을 점령한 컴퓨터는 기술 문화의 요체라 할 수 있다. 컴퓨터의 작동 요인은
지식의 분할과 극도로 정형화된 환경에서 무가치하다고 판명된 자료들의
제거다.

지식은 정보들의 재고품 더미에서 만들어진다. 또한 컴퓨터 정보의 논리
는 지식 습득의 조건을 이룬다. 문맹의 고통을 겪지 않으려면, 학교에서 컴
퓨터를 배워야 한다. 그러나 컴퓨터가 제안한 이러한 상호 소통의 약속에
도 불구하고, 나는 '사람과 사람이 마주보는' 면대면 소통, 사람과 사람 사
이에 이뤄지는 소통이 항상 중요하다고 생각한다. 대량 정보가 기술 문화
를 구성한다. "관계들과 관점들의 유인, 동화, 구축을 금지해야 할 정도로
포화 상태에 다다랐다. 특히 개인의 삶에서 벌어지는 일들을 숙고하고 이해
하는 일을 못하게 할 정도로, 정보는 포화 상태. 정보들은 '산만' 하고 '일
시적' 이다. 단어들이 마구잡이로 얽히면서 모호성은 가중되었다. 진정한
의미의 정보란 자기 욕구와 관심사에 따라 능동적으로 자료들을 연구하는
것이다. 주변에 누적된 자료들은 어마어마하다. 그러나 쓰레기 같은 자료
들만 있다면, '결코' 자료라 할 수 없을 것이다. 그러나 '정보' 라 불리는 쓰
레기를 품은 거대 용암들이 곳곳에서 분출하는 중이다."장 세노

나는 주요 방향이 크게 둘로 나뉜다고 생각한다. 첫 번째 방향은 문화를
관통하는 기술이다. 즉, 기술을 문화에 관통시키자는 주장이다. 두 번째 방
향은 기술 문화를 창조하자는 주장이다. 나는 기술들이 '언제나' 문화의 일
부를 이뤘다는 주장을 종합적인 시각[24] 으로 보려 한다! 그러나 대규모, 수
치, 발전 속도, 편재성, 보편 역량으로 인해, 기술들은 더 이상 안정된 문화

---

24) 나는 『기술 체계』에서 이 문제를 길게 다뤘다.

에 안착할 수 없다는 점이 현실의 문제이다. 이 기술들은 인류사의 기원부터 문화를 구성했던 요소들을 포섭하고 왜곡한다. 우리는 문화와 기술의 관계와 관련해, 두 방향을 생각해 보아야 한다.

첫 번째 방향의 대표자는 겔렌[25]과 동시대의 여러 신학자들이다. 이는 기술을 문화의 여러 영역들 가운데 하나로 복권시키자는 생각이다. 그 이유는 기술이 인간의 존재 자체를 표현하는 한 가지 차원이기 때문이다. 겔렌은 인간학의 눈으로 기술을 바라본다. 겔렌에 따르면, 인간과 기술 사이에는 동시 확장성이 존재한다. 인간과 기술은 함께 확장한다. 인간은 시초부터 기술자며, 기술은 인간의 "거울"이다. "인간은 기술을 통해 자기의 기획을 추진하며, 자기 본성의 신장을 꾀한다. 기술의 열쇠는 다름 아닌 인간의 유기체다. 왜냐면 유기적 결함은 앞으로 기술 작업이 완성해야 할 부분이 있음을 나타내기 때문이다." 그리고 "본능 이론은 인간과 기술의 연속성을 강화한다." 다시 말해, 인간은 기술을 완성하면서 자기 심층에 있는 본능적 충동들을 충족시킨다. 따라서 기술과 문화는 확실히 일치한다. 그러나 오늘날의 기술 현상이 이전 사회의 기술들과 '전혀 공통점이 없다'는 점을 고려하지 않은 채, 기술 "자체"만 생각한 점이 겔렌을 비롯한 다른 철학자들의 오류다. 그것은 우리 세계의 지식에 아무런 영향을 미치지 못하는 추상적인 기술 이데올로기에 불과하다. 덧붙여, 나는 기술이 모든 흐름을 표명했다는 측면에서만 이 학설을 인용했음을 밝힌다.

두 번째 방향의 대표자는 로케플로다.[26] 나는 로케플로의 생각이 더 현실에 부합한다고 생각한다. 그에 따르면, 우리는 기술 문화를 통해 생활환경을 제대로 이해할 수 있다. 기술 문화에 속하지 않은 사람은 이중으로 소외된 사람이다. 즉 자기 환경에 무지한 사람이며, 환경을 제어할 줄 몰라

---

25) 도미니크 자니코가 분석, 비판했던 개념화 작업을 참고하라. Dominique Janicaud, *op. cit.* 다음 자료도 참고하라. Geistler, *op. cit.*
26) Ph. Roqueplo, *Penser la technique*, Le Seuil, 1983.

"지식"인에게 예속된 사람이다. 기술 문화는 지식의 보유와 능력의 소유로 구성되는데, 지식의 보유와 능력의 소유란 처한 환경에 대한 개인의 숙달 지식이 있어야 하고 우리가 평소 의존하고 도움을 주고받는 보통 사람들의 활동에 대한 통제 수완이 있어야 함을 의미한다. 이러한 문화의 부재가 일반화된 소외를 만든다. 나는 기술의 확장으로 외과 수술, 컴퓨터 정보 체계, 전기, 기계, 유전 공학, 화학, 텔레비전 등에 퍼진 "기술 보편 지배 문화"를 막을 수 있다는 식의 내용을 강조하지 않을 것이다. 순진한 상상에 불과하기 때문이다. 그러나 로케플로가 주장하는 기술에 관한 실용 지식은 문화와 전혀 상관없다. 사실, 이 점이 더 심각한 문제이다! 자연스럽게 다음과 같은 질문이 뒤따른다. '우리가 문화라고 부를 수 있는 것은 과연 무엇인가?'

2. 무엇을 문화라 부를 수 있는가?

우리가 확인할 수 있는 내용은 다음과 같다. 지금까지 기술 문화 혹은 기술 '지배' 문화에 관한 담론에서 만났던 모든 내용은 사실상 문화와 무관하다! 이와 관련해, 우리가 확인했던 근거도 '아이러니' 했다. '테크노크라트' 들은 19세기 예수회의 서적을 문화로 보는 시각에 반대한다 나는 문화의 "정의定意" 문제 '로베르' 가 제시한를 다룰 생각은 없다. 다만 여러 표본 중에 두 가지가 역사와 사회의 현실에 부합하는 것처럼 보인다. 첫 번째 표본을 제시한 인물은 에드가 모랭이다.[27] 그의 촘촘한 시선에 따르면, 문화는 "절대 의미와 잔여 의미, 인간-사회학적 의미와 윤리-미학적 의미 사이를 떠돈다." 두 경우에서, 첫 번째 의미는 앵글로-색슨 사상에 가깝고, 두 번째는 지중해 사상에 가깝다. 덧붙여, "문화를 의사소통, 변증법 작용, 실존 경험, '그리고' 구성된 지식으로 고

---

27) E. Morin, *Sociologie, op. cit.*, p. 109 et 345.

려해야 한다." 이처럼 "문화는 상부구조도 아니고 하부구조도 아니다. 문화는 하부구조와 상부구조가 결합하는 신진대사의 순환이다." 이러한 관점에서, 모랭은 문화의 본질을 다음과 같이 규정한다. "만일 문화가 조직과 정보를 통해 얻은 '자본'에서 벗어나 있다면, 문화는 사회를 탄생시켰던 자연발생적 '복잡성'을 '뛰어 넘어' 인간, 개인, 사회의 '복잡성'을 보장, 유지할 수 있는 정보/조직화의 영역일 것이다."

두 번째 표본을 제시한 인물은 롤랑 바르트이다.[28] 바르트의 견해는 모랭의 견해와 상당히 다르다. 문화는 방대한 지식을 축적하려는 노력도 아니고, 정신적 유산의 보존도 아니다. 오히려 니체의 말처럼, 문화는 "특정한 민중 공동체의 생생한 삶이 농축된 표현에 담긴 예술 양식의 통일성이다. … 그것은 엄격한 눈으로 화려하게 치장된 장신구를 떼어내는 작업과 양식의 통일성에 관한 연구를 포함한다." 말라비틀어진 인간의 모습에서 인간의 수수께끼에 대해 이야기하려면, 수많은 차이, 호기심, 가능성들에 대한 자발적 단념이 필요하다. 문화 연구자는 삶이 혼잡하고 무질서한 풍요만 제공하는 양식을 도입해야 하며, 바로 그것이 문화를 정의하는 통일된 양식이다. 삶의 비극을 담은 감성에 문화가 있다. 그러나 이 감성은 철저히 통제된 감성이기도 하다. 이 통제가 바로 문화다. 문화는 사건의 시종을 겨누지 않고, "이유pourquoi"를 겨눈다. 문화는 "엘리트" 문화가 아니다. 그러나 예술가, 작가, 사상가의 다양한 작업에도 불구하고, "심오한 민중 문화가 존재하고, 삶과 예술 사이에 공통 양식이 존재하는" 경우에만 문화 탄생은 가능하다. 이처럼, 사람들은 귀족 문화와 민중 문화를 구분하지 않을 것이다. 전자는 후자가 존재할 때만 발생하고, 후자는 전자를 먹고 자란다.

두 가지 표본은 과학기술 전문가들이 문화를 만든다는 우스꽝스러운 구도에서 우리가 얼마나 멀리 떨어져 있는지를 보여주며, 어느 지점에서 텔레

28) R. Barthe, « Culture et Tragdie », inédit publié dans *Le Monde*, 4 avril 1986.

비전이 문화의 도구가 아닌지, 마이크로컴퓨터가 문화에 복무할 수 없는지를 보여준다. 두 표본은 문제의 정곡을 찔렀지만, 일각에서는 모든 문화의 수원지가 민중의 창조성에 근거한 신화와 종교 의례이기 때문에, 모랭과 바르트의 표본 모두 민중 문화, 수공업 문화, 어업 문화, 농민 문화 등과 같은 문화들의 원천을 배제했다고 생각한다. 그러나 모랭과 바르트의 표본은 민중의 하부구조를 전제했고, 이들의 추상과 설명 과정도 이러한 전제와 가정에 기초하기 때문에, 그러한 비판은 오류다. 반대로, 기술 활동과 컴퓨터 활동이 안정된 집단의 진정한 창조성과 자발성을 배제할 공산이 크다. 이 활동들은 삶의 지속성과의 접촉을 배제한다. 우리는 위험 집단으로 간주된 반골 집단, 변두리 집단, 급진주의 집단들에서 기술 지배 문화의 맹아를 재발견한다.

3. 기술 문화의 근본적 불가능성[29]

기술 문화는 근본적으로 불가능하다. 우리가 확인한 것처럼, 테크노크라트들은 이 문화를 달성하기 위해 문화를 앎의 축적 정도로 축소한다. 만일 문화가 단지 기술 문화에 지나지 않는다면, 기술에 대한 앎이 문자에 대한 앎을 대체할 수도 있을 것이다. 그러나 모랭은 이 문제를 더욱 정밀하게 분석한다. "인류의 기술은 지식의 지평 위에 있다. 앎에 대한 정보의 우위, 사상에 대한 앎의 우위가 결국 지식을 해체했다. 과학은 이러한 지식을 극단으로 밀고 나가 특수화하는 식으로 이 해체에 기여했다. 과학은 기능상 필요한 앎의 집합만 요청할 뿐이다. … 관계성과 상대성이라는 특성을 보이는 과학은 인류의 근본 토대 자체를 뒤흔든다. … 마지막으로, 객관성을

---

29) 미셸 앙리의 책 『야만』의 핵심 내용도 문화와 기술과학 사고의 절대 모순 관계와 관련된다. 미셸 앙리, 『야만』, 이은정 역(자음과모음, 2013)

발전시킨 과학은 주관과 객관 사이에 영원한 이원론을 전개한다."[30] 따라서 문화의 형성과 전파의 자리에 기술담론의 "가르침"을 전파하는 일이 중요하게 부각된다. 실용 지식은 실행력 이외에는 지성의 어떤 능력도 갖추지 못하게 하는 상황과 개인을 접목시킨다. 텔레비전의 경우도 마찬가지다. 텔레비전이 전달한 무수한 정보로, 우리는 교양 없는 공허한 상태에 빠진다. 결국 텔레비전에서는 장소도, 의미도 확보하지 못한다. 시청자는 텔레비전에서 본 것을 모두 기억할지 모른다. 그러나 결국 하나도 '알지' 못하고 이해도 못할 것이다. 왜냐하면 텔레비전이 전달하는 정보에는 공간, 관계, 나머지 내용과의 연관성을 발견하고 세계 차원에서 균등하게 바라보며 형평성 있는 판단을 내리는 데 필요한 지성의 수단, 문화의 틀이 존재하지 않기 때문이다. 달리 말해, 이것은 베이예로가 교육학과 관련해 이야기했던 지식과 앎의 대조와 일맥상통한다. "지식의 유포는 결코 소비의 확장에 환원될 수 없다."[31]

기술과 문화 사이에 존재하는 근본 모순의 두 번째 측면을 생각해 보자. 우리는 사회에서 '문화'라 불리는 부분이 경제적 억압에 예속되는 상황으로 너무 빠르게 이동하고 말았다. 문화는 경제의 억압을 순순히 받아들였다. 이제 어린이들은 그 어떤 일보다 장래 직업을 준비하는 데 전념해야 한다. "유용성의 문화"가 이러한 상황을 불렀다. 그리고 이를 위해 교육과 훈육이 중요한 역할을 담당한다. 이제 문화는 기계 장비와 밀접하게 연관된다는 점이 무엇보다 중요해졌다. "현대 문화는 국가의 비호 아래 이뤄진 거대한 산업 생산물이다." 대량 생산되는 기획 상품, 표준화된 제조법, 제품 단가 인하, 대량 소비, 자본 집중화, 충격에 가까운 판매 방식, 동종 상품의 국제적 확산처럼 우리네 "문화 산물들"과 "문화 산업들"은 점차 경제 논리에 예속되는 중이다.

---

30) E. Morin, *Sociologie, op. cit.*, p. 374.
31) J. Beillerot, *La Société pédagogique, op. cit.*

"근대성의 놀이는 기술 중장비들을 가동시킬 것이다. … 전위대는 수동적인 소비문화에서의 탈출을 꾀하지만, 신기술에 완벽히 동화되었다. … 경제가 점점 더 무겁게 짓누른다. … 기술의 필요가 절대 우선이며, 자원의 양적 한계는 절정에 다다랐다."장 셰노가 작성한 이 책은 매우 탁월하다. 그럼에도 편집자는 이 책이 판매, 출간으로 이어지지 않을 것이라 생각했다. 그 부분에 대해, 나 역시 동병상련이다! 32) "문화적 과학기술은 최종 층위에 있는 수익성, 경쟁, 생산성의 강압에 예속되었다. 그럼에도, 그것은 전능자의 지위에 올랐다."33) 적확한 진단을 내린 이 글에, 나는 "잘못된 문화가 행복의 등급을 매긴다!"34) 라는 뤼사토의 타당한 시각을 덧댄다. 문화 분야에서 나타나는 모든 것은 회계나 정보처리기술로서의 "정보"의 일부분이 된다. 뤼사토는 컴퓨터 정보처리기술에 호의적인 태도를 가졌음에도, 매체들에 의해 전달되는 음악이나 연극이 압도적으로 밑바닥, 저질, 말초신경 자극, 포르노 등으로 바뀌어 양질의 문화를 쫓아내는 상황이라고 비판한다. 그러나 이것은 단지 예술계와 지성계에서만 벌어지는 일이 아니다. "도시의 조화가 깨지고, 도시민들이 선호하던 습관을 잃는 상황이 도래하면, 일단 도시민들은 조화 파괴와 습관 상실을 유발하는 상황에 공격적인 태도를 취하고, 그 상황을 제거하려 한다. 그러나 조화와 습관이 사라진 환경에서 과잉 문화의 투입은 불가능하다." 뤼사토는 보부르풍피두 센터를 "문화 집단수용소에 분산, 집적된 문화의 형체가 사라진 죽"이라고 혹평한다.

물론, 기술과 경제에 예속된 문화라는 표현은 문화와 기술-경제의 분리를 뜻하지 않는다. 또 실제와 분리된 이상주의가 되어야 한다는 말도 아니

---

32) [역주] 장 셰노는 극좌 정치 투쟁가이자, 베트남과 중국을 연구한 역사가였다. 생태운동에도 적극 가담했고, 중국의 사회주의 지식인과 프랑스 지식인의 만남을 주선하는 역할을 맡기도 했다. 프랑스 지성계에 중요한 역할을 했음에도, 그는 주류의 주목을 받지 못했다. 엘륄은 셰노의 근대성 분석에 십분 동감하며, 중요한 사상이 세간의 평가를 제대로 받지 못한 부분을 아쉬워한다.

33) J. Chesneaux, *De la Modernité, op. cit.*, p. 116 sqq.

34) B. Lussato, *Le Défi infromatique, op. cit.*

다. 경제를 규정 요소로 일반화한 마르크스의 생각과 반대로, 문화는 실제로 당대의 경제생활을 자기 테두리 안에 포함시켰지 경제생활에 의존하지 않았다. 문화는 경제생활을 초월했다. 예컨대, 추수기에 열린 축제들은 경제 상황에 따라 진행되었다. 그러나 축제들은 이 상황에 보편성을 부여하고, 최상의 의미를 덧붙였다. 또한 사회 각계와 연결하고, 미학 양식으로 접근했다. 경제와 문화 간에 존재하는 수백 가지의 관계들 가운데 일례일 뿐이다. 오늘날 이것은 철저하게 배제된 상태다. 로케플로가 불가능한 담론이라 불렀던 부분과 관련해 생각해야 할 정도로 철저히 배제되었다. 로케플로는 다음과 같이 묻는다. 총리는 1972년 제네바의 유럽 원자 물리 연구소C.E.R.N.의 가속 장치 설비 계획을 확정했다. 정보에 입각한 결정을 내리기 앞서, 총리는 무엇을 알아야 했는가? 정치적 의사 결정이 기술 투자와 연결될 때, 이 결정에 참여한 자들은 무엇을 알아야 하는가? "결정에 필요한 지식은 기술의 실용 지식과 동일한가? 즉, 의사 결정의 지지대 역할을 하는 기술담론이 쏟아낸 지식과 동일한가? … 그리고 정치경제 분야의 지식이 다양하다면, 과연 어떤 언어로 다양한 지식들을 수렴할 수 있는가? 공통 언어가 존재하지 않는다면, 다양한 지식들을 어떻게 결합할 수 있는가?"[35]

이에 로케플로는 구체적인 사례들을 통해 문제를 명확하게 제시한다. 대화 참여자들은 결코 동일한 언어로 이야기하지 않는다. 장관은 "미개척 분야", 수출, 다각화, 침투를 이야기한다. 또 기술 분야는 행정담당자들이 보충하려는 몇 가지 기능들을 통해 엄격하게 통제된다. 대화 석상에는 전문─기술 언어, 정치─문화 언어, 경제 언어가 공존한다. 매 경우마다 "국지성local" 지식만 난무한 형편이다. 인접 분야에 한정되어 활용되거나 소통 가능한 지식만 유통되는 셈이다. 바로 전문기술자만 아는 언어와 지식이다. 따라서 문화와의 '어떠한' 소통도 없고, 기술을 제어할 수 있는 어떠한 역

---

35) Ph. Roqueplo, Penser la technique, op. cit.

량도 없다. 요컨대 공통 담론은 불가능하다.

우리의 바람과 무관하게, 기술에서 소통되는 모든 언어는 대수학代數學 언어36)처럼 이해하기 힘든 언어다. 컴퓨터 정보처리 체계의 발전과 함께 더욱 선명해진 현상이기도 하다. 주스Jousse에 따르면, 기술은 "세계를 수학처럼 정확하게 다루려는" 열망에 사로잡혔다. 따라서 대수 언어가 보편 언어가 된다면, 다른 여러 언어들도 이 언어로 번역/표현되어야 할 것이며, 사람들은 '다른' 형태의 소통이 불가능하다고 생각할 것이다. 따라서 사람들 사이의 소통 파괴, 언어 특수성에 근간한 문화 창조의 불가능성이 발생한다. 기술 체계는 특정 문화들과 문명들의 다양성에 깊게 뿌리내리지 않고, 이 다양성을 서로 덕지덕지 붙여 놓거나 도금칠하는 정도로 활용한다. 그리고 이를 보편화한다. 그러나 문화는 보편화될 수 없다. 인간이 보편 문화가 아니

36) 『기술을 생각하다』(Penser la technique)라는 책에서, 로케플로는 기술 문화가 될 수 있는 것에 관한 흥미로운 경험을 이야기한다. 그에 따르면, 이른바 '정치적인 것'(le politique)[역주: '정치'라 할 수 있는 실제 사건의 개념화 작업]으로는 "원인에 대한 지식"을 결정할 수 없다. 결정에 필요한 지식은 그것과 연계되어 활용된 기술에 대한 지식이다. 행정, 판로, 수출, 틈새시장 및 전 연구자들에게 있어 관건은 연구 전략, 자격증 확보 전략, 비밀 전략, 장치들의 기획 조정(modularité) 전략이다. 문제 제기된 장치에 관한 분석 작업 이후, 곧 이어 장치를 적용하려 한다. 그러나 과학자는 장치들의 출현이 오류라고 이야기한다. "[전문]기술의 문화, 이 경우 실용 지식의 점유는 우리 문화의 가늠좌 역할을 하는 '과학적 초자아'에 대한 희생이다." 기술의 출현과 관련해, 사람들은 과학 자료가 기술에 대한 다양한 해석과 연결된 문제라는 점을 깨닫는다. 전자레인지와 관련해, 상호 모순된 두 가지 담론에 따라서 과학 언어에 대한 기술담론의 전사(轉寫) 작업이 이뤄졌다. 원격 통신(télécommunication)에 관한 담론과 난방 기구(chauffage)에 관한 담론이 그것이다. 한쪽에서는 상실에 해당하는 것이 다른 쪽에서는 곧 바로 유용한 에너지가 된다! 제대로 이해하기 위해, 학자들은 경제 질서에 대한 설명들과 요구들을 제거해야 했다. 또한 매 경우마다 기본적으로 필요한 분석 정보들을 분야별로 요구해야 했다. "과학 정보가 실제 응용되려면, 우리는 이 정보의 명확한 타당성을 확보할 수 있는 상황에서 정보를 이해해야 한다." 로케플로는 대중화 연구에 최고 권위자라는 점을 잊지 말자. 그의 다음 책을 보라. Ph. Roqueplo, Le Partage du savoir: science, culture, vulgarisation, op. cit. 실제로 중요한 문제는 두 가지 언어의 존재다. 즉, 분석 언어와 다른 기능의 언어, 사용 언어와 전략 언어의 존재가 더 큰 문제다. 언어의 이러한 이중 구조가 과연 '하나의' 기술 문화를 허용할 수 있는가? 각각의 언어가 고유의 영역에서 기능상 타당성 있는 지식(이 현상에 대한 지배력에 적용한 지식)이라는 점을 면밀하게 살펴야 한다. 따라서 주변 지역이나 연장된 곳에서 "국지적으로" 활용되는 지식과 소통 가능한 "지엽적" 지식은 핵심이 아니다. 탁월한 분석이지만, 이러한 조건에서 과연 기술 문화의 어떤 점을 문제 삼을 수 있는가? 특수화, 차별화된 기술 단위들에 대한 이해 여부가 주요 쟁점일 것이다!

기 때문이다. 인간은 특정한 장소, 인종, 과거사, 교육 과정, 특수한 시대로 구성된다. 기술 보편화는 특정 문화의 존재 가능성을 배제한다. 그러나 이 배제는 지금까지 문화의 "소멸"이라 여겼던 부분에 해당하지 않는다. 더 이상 문화의 소멸과 같은 현상은 벌어지지 않는다. 다만 각각의 문화를 구식 취급할 뿐이다. 각 문화는 어떠한 유용성과 의미도 갖지 못하며, 이제 문화는 기술의 절대 보편성 아래에서 명줄을 유지한다. 독자들은 계속 모국어로 말할 수 있고, 시인들과 대문호의 작품을 읽을 수 있을 것이다. 그러나 이제 이러한 활동은 기호에 따른 단순 취사선택의 문제이다. 놀랍게도 기술 절대 보편성의 세계는 예술, 문학, 고대어, 시를 "삶의 낙"으로 여기고, 골치 아픈 세상사에서 벗어나 삶의 기쁨이 되는 활동을 염원한 19세기 "부르주아들"의 꿈을 이뤘다. 핵심 문제가 일거에 해결된 셈이다. 이제 우리의 선택은 무엇인가? 즉흥적 쾌락이다.

이에 사람들은 흘러간 옛 문화의 형식들이 모든 분야의 핵심을 이루고 있다고 말한다. 그러나 기술은 옛 문화의 형식들을 제거한다. 바꿔 말해, 기술은 문화 창조의 필요성을 외친다. 물론, 문화 창조는 필요하다. 그러나 여기에는 근본적인 이율배반이 서려 있다. 우리는 이미 보편성에 대해 이야기했고, 진정한 문화는 보편적이지 않다고 말했다. 한 걸음 더 들어가서 생각해 보자. 기술은 신속성이다. 언제나 지금보다 더 빨라야 한다. 따라서 우리는 오늘날 더 이상 획일적인 시간은 존재하지 않는다는 말을 인정해야 한다. 즉, 인간의 차원에 머무는 시간이 있으며, 인간의 시간과 무관하고 10억분의 1초에 따라 셈하는 "기계의 시간"이 있다.[37] 기계가 기계를 제어하는 "단계의 시간"이며, 인간 정보망의 지배를 받는 기계가 결합한 "기본 소립자들"의 시간이다. 이러한 시간은 문화에 역행한다. 반대로, 문화는 시간에 의미를 부여한다. 무엇보다 문화의 형성은 인간의 속도와 맞물

---

37) A. Bressand et C. Distler, *Le prochain monde: Réseaupolis, op. cit.*

린다. 문화는 변하지 않으며, 세대가 겹겹이 쌓이면서 형성된다.

우리는 컴퓨터 제조하듯이 문화를 뚝딱 만들어 낼 수 없다. 문화는 세대와 세대를 거치면서 숙성되고 '통합된' 축적물, 구성원들의 다사다난한 이야기와 사건들, 더딘 적응 등을 거치며 형성된다. 일상에서 형성된 문화는 일상사, 사회 풍습, 세계, 인간, 타 인종, 대상들과의 관계에 대한 성찰을 전제한다. 이러한 성찰은 일상생활을 예찬하고, 동시에 문화라는 양식을 부여하기 위해 일상생활과 거리를 두기도 한다. 그러나 활용된 수단과 상관없이, 다양하게 이뤄지는 문화의 작동은 신속하게 제작될 수 없다. 그렇다면, 비판적 성찰을 위해 기술과의 거리두기가 필요한가? 그러나 독자들은 다음 내용을 고려해야 한다. 기술은 독자들의 노력보다 10배 이상 진보할 것이고, 10배 이상의 변화를 견인할 것이다. 기술은 더 이상 동일하지 않을 것이다. 30년 전에 기술에 대해 기록한 철학 서적들은 더 이상 의미도, 가치도 없다. 단지 책, 철학에 불과하다. 우리는 공들여 제작된 문화의 문제에서 여전히 멀리 떨어져 있다.

기술이 10억분의 1초 단위로 작동하는 순간, 가장 완성도 높은 기기들이 몇 년 만에 구식이 되는 순간부터, 더 이상의 거리두기, 성찰, 비판 가능성은 존재하지 않는다. 더욱이 기술의 이 역할은 거리두기를 축출하고 맹목을 낳는다. 나는 피브토의 주장이 타당하다고 생각한다. 피브토에 따르면, "텔레비전 시청은 의식의 '반성' 활동에 마취제를 놓고, 언어 발화를 억제한다. 텔레비전은 언어를 '잔류' 행위로 만든다. 광범위하게 사용되는 텔레비전은 의식과 책임감을 가져야 할 성인의 탄생과 성장을 막는다. 텔레비전은 어린이만 찍어낸다."[38] 이것은 문화 창조를 위한 조건들이 아니다! 이 주장에 상응해, 에드가 모랭은 탁월한 표현으로 문제를 일반화한다.[39] "이데올로기는 사회뿐 아니라 기술을 사유할 수 없다. 과학적인 것은 인간다

---

38) J. Piveteau, *L'Extase de la télévision*, INSEP, 1984.

39) E. Morin, *Pour sortir du XXe siècle, op. cit.*, et *Sociologie, op. cit.*

움과 과학을 사유할 수 없다. 사회, 인간다움과 같은 중요한 문제들을 무효로 돌려, 결국 지성 무용론을 낳는다."

무엇보다 기술은 신속성과 정보망 조직을 통해 이러한 무용론을 낳는다. 현대 세계의 지성과 문화에 서린 비극은 성찰을 허용치 않는 환경^{기술 환경}에서 기인한다. 기술 환경을 숙고하려면, 우리는 배후로 돌아가 곳곳을 살펴야 한다. 또한 이 환경을 반성하려면, 대상을 일정하게 고정하는 작업이 필요하다. 그러나 기술 제품이 우리를 에둘렀고, 더 나아가 그것은 우리를 무지 상태에 빠뜨리기까지 한다. 따라서 우리는 기술 환경을 성찰하지 못한다. 지적 혹은 정신적 앎이 삶의 경험에 녹아들려면, 토론, 실험, 반성의 과정이 필요하다. 그러나 이 과정은 더 이상 불가능하며, 몇 가지 이유로 배제된다. 첫째, 기술은 문화 소비를 위한 실용 기술의 양태를 보이기 때문이다. 둘째, 정보의 신속성 때문이다. 셋째, 이미지와 체험의 혼합 때문이다. 넷째, 우리가 "집단 문화"^{일체의 반성 능력을 배제하는}라 부르는 현상 때문이다. 다섯째, 인문 지식, 일상 경험, 기술과학 지식의 소통이 불가능하기 때문이다.

모든 문화는 체험과 앎[40]의 일관성을 전제한다. 그러나 체험은 기술의 절대 필요성을 통해 규정된다. 나는 자료 은행에 누적된 지식에 접근할 수 없다. "지식 축적에서 새로운 형태의 무지가 급격히 확산된다."^{에드가 모랭} 마찬가지로, 모든 문화는 소규모 단위의 집단이며, 서로 간의 사귐이 가능한 집단이다. 문화는 집단의 차원을 포함하면서 동시에 집단 내 구성원들의 상호 관계를 포함한다. 그러나 기술은 두 가지 차원에서 문화를 공격한다. 한 편으로, 일상의 기술품은 고독^{소통 수단들을 통해 넓어진}을 증가시키는 경향을 보이고 인간과 인간의 접촉을 불필요하게 한다. 우리는 고독하게 자동차를 몰며, 전화로 모조품 같은 관계를 맺는다. 텔레비전은 우리를 고립시키고,

---

40) [역주] 이성에 근거한 '지식'(savoir)과 범주가 다른 형태의 앎을 아우르는 표현이다. 다시 말해, 직접 체험을 통한 앎과 상징을 통한 앎까지도 아우르는 표현이다. 어원론에서 이 단어는 '함께'(co-)라는 의미의 접두어와 '탄생'(naissance)이 합쳐졌다. 다시 말해, 근대성의 도식과 달리 주체와 대상이 분리되지 않고 함께 태어난다는 의미다.

컴퓨터 자판을 통한 상호 활동은 어떠한 접촉도 필요 없는 행동 질서를 부과했다. 또 우리는 고독하게 사무실에 앉아 기계들을 원격으로 조종한다. 우리는 상호 관계(이례적으로 기계를 수단으로, 그리고 기계를 통해 구축되는 관계) 없이도 개인들의 집합체를 형성할 것이다. 이것이 문화의 모든 가능성을 배제한다.[41] 우리는 '같은 현상의 다른 얼굴'을 발견한다. 즉, 새로운 기술들은 얽히고설키는 조직망을 형성했고, 모든 인간을 옥죈다. 이 조직망은 완벽한 추상성, 비가시성, 포착 불가능성이다. 또한 그것은 우리가 체험하는 현실에서 서로 포개어지고 겹치며, 서로의 조건을 이룬다. 마지막으로, 이 조직망은 범접할 수 없는 속도로 발전해 나간다. 이러한 사실이 문화의 모든 가능성을 제거한다. 왜냐하면 제도로 설립된 문화는 인간의 체험과 안정성을 모두 설명할 수 없기 때문이다.

새로운 기술 세계에서 중요한 자리를 점하는 정보망의 과정, 정보 결합을 추진하는 추상적이면서 동시에 접근 불가능한 거대 광역망의 일부를 이루는 이 과정은 정보망 외부 세계에 존재할 수 있을만한 문화의 모든 방향을 차단한다. 이 정보망이 허락하는 이미지, 정보, 교환이 문화와 일정한 관계를 맺는다고 생각하기 위해서는 문화에 대한 표면적이고 유치한 시각을 가져야 할 것이다. 유동적이고 포괄적인 정보망이라는 이념 자체가 인간을 지배자의 자리에서 축출한다. 즉, 인간은 정보망 "안에" 있다. 정보망은 다른 요소들과 엮이며, 정보망의 현실이 인간의 주체성을 비롯해 독립성을 축소한다. 인간은 오로지 정보망에서만 활동할 수 있다. 이 정보망은 인간에게 권력 신장과 동시에 독립성 감소를 부여한다. 왜냐하면 정보망 바깥에서 인간은 아무것도 할 줄 모르는 바보가 되기 때문이다. 1960년대에 "대항문화", 하위문화 등을 창조하려는 노력이 있었지만, 결국 우리 사회의 구조들과 맞서는 데 실패했다. 심지어 기술이 정보망의 형태로 작동한다는 현

---

41) G. Lipovetsky, *L'Ère du Vide. Essai sur l'individualisme contemporain*, Gallimard, 1977.

실을 감안한다면, 이러한 노력들은 더 이상 상상할 수 있는 방식이 아닐 것이다.[42]

    마지막으로, 통신과 컴퓨터의 융/복합체계인 '텔레마티크'를 연구한 미라바유의 견해를 살펴보자. 그에 따르면, 기술은 서구의 모든 문화를 위기에 빠뜨리고, 컴퓨터 정보를 수반해 특정 경제나 사회에 연계된 정보만 일반화한다.

    텔레마티크는 지식들의 재조직을 체계화하며, 노동의 개념들과 방법들을 전복한다. 이것은 두 세계 사이의 단절을 완성하지만, 은연중에 이차 세계를 형성한다. 이차 세계에 관해 '우리는 어떤 말도 할 수 없다.'[43] ⋯ 이것은 새로운 사회문화 제품의 의미와 본성을 규정할 수 없는 사유 불명확성의 위험이다. ⋯ 문화는 문서가 된다. ⋯ 모든 것은 잠재적으로 컴퓨터의 기억 장치에 저장된다. ⋯ 현실을 사상의 파국 상태라 부를 수 있다면, 표현 가능한 모든 것과 의미 연구에 관련된 모든 담론들의 재조직 작업에 텔레마티크가 혁혁한 공을 세웠기 때문일 것이다. 텔레마티크는 언어 혁명을 완수한다. ⋯ 어떤 사회를 위한 혁명이며, 어떤 인간을 위한 혁명인가? 또 상징 정보 처리는 우리에게 왜 필요한가? 기표 체계가 배치됨에 따라 제기된 위 질문들을 감추기도 한결 수월해졌다. 이 체계는 이 질문들에 대답하기는커녕 의미 부여된 '물건'들을 '새로운 서비스 제

---

42) 우리는 이 내용에 다음 내용을 덧대려 한다. 기술 문화의 형성을 위해, 문화는 기성 문화에서 자기 원천을 찾아야 한다. 문화는 무(無)에서 나올 수 없다. 그러나 유럽 문화는 더 이상 유럽 문화가 아니다! 우리는 반세기 전부터 황폐함의 극에 다다른 예술과 문학의 현실을 목도했다.(cf. 자끄 엘륄,『무의미의 제국』을 보라) 동시에 우리는 이 기간 동안 교육을 통한 도제 관계(삶의 가치와 지식의 가치를 연결하는)의 대체 현상, 일치점 없는 부스러기와 파편 더미를 마구잡이로 가로지르는 모든 문화들의 "세계화", 특히 유럽에서 두드러진 미국화(나는 미국에 어떠한 적대감도 없다. 다만, 미국 문화의 지나친 난입이라는 부정적 측면에 대해 적대감을 표할 뿐이다), 유럽의 문화, 문학, 예술을 구성하는 관습, 사회 풍습, 함축 언어, 의식의 미국화 현상을 목도한다. 오늘날 다인종 사회가 된 프랑스에서 중요한 사회 문제는 무슬림의 대량 유입이다. 이것은 프랑스 문화의 일관성의 파괴라는 현상에 사실상 방점을 찍었다.
43) 엘륄이 강조한 부분이다.

품들'이라고 말한다. 이런 식으로 제기된 문제들을 감추는 작업은 순조롭게 진행된다. 그러나 무차별 난입하는 상징 언어들과 기호 체계들정보화체계이 현대인의 실제 시공간을 그린다. 이러한 시공간 그림 작업은 다음 두 가지를 숙고하지 않고 진행됐다. 첫째, 기술이 파괴한 인간성을 어떻게 회복할 수 있는지를 생각하지 않았다. 둘째, 인간의 상상력과 상징 사용 능력이 작동하는 공간을 빼앗는 단말기 화면의 문제를 생각하지 않았다.[44]

길지만 이 글을 인용해야 할 이유가 있었다. 기술과 문화, "문화–기술"의 불가능성에서 불거진 갈등을 이보다 더 탁월하게 기록한 글은 없기 때문이다!

문화는 필히 인간주의적이다. 그렇지 않으면 문화는 존재하지 않는다. 문화가 핵심 주제와 고유 관심사를 인간에게 둔다는 점, 오로지 인간의 표현물에만 관심을 갖는다는 점, 인간에게 복무하는 것나는 인간'에게 유용한' 것을 말하지 않는다!을 핵심으로 여긴다는 점에서, 문화는 인간주의적이다. 물론, 이러한 인간주의적 문화에는 다음과 같은 내용들이 포함된다. 첫째, 인간이 삶의 의미에 대해 던지는 질문들, 과연 본래의 인간다운 존재와 다시 결합할 수 있을 것인가에 대한 질문들, 자신의 유한성을 넘어서기 위해 어떤 노력을 기울여야 하는지에 대한 질문들이 포함된다. 둘째, 인간이 출자, 담당할 수 있는 모든 검토 작업과 발을 맞춰야 하는 부분이 포함된다. 그러나 기술은 이 모든 것에 개의치 않는다. 기술은 작동하기에 작동할 뿐이다. 기술은 스스로 재생산한다. 무엇보다 "기술 진보"는 하나같이 신기술 생산에 유용하다. 기술은 그러한 노력의 중심지이다. 기계작동 방식과 다른 검토는 어떤 형태라도 포함될 수 없다. 기계는 인간을 위한 사용에 전혀 관심이 없다.

---

44) M. Mirabail et alii, *Les Cinquante Mots clés de la télématique*, Privat, 1981.

왜냐하면 기술은 인간에게 유용하기만 하다면, 제품이 무엇이든 방법이 무엇이든 상관없이 인간에게 복무한 것이나 다름없다고 전제하기 때문이다. 기술은 자기 관심 분야만 취할 뿐이다. 기술은 자기를 정당화하며, 자기 충족적이다. 기술은 인간을 돌보지 않는다. 또 기술은 인간을 자기에게 굴복시키고, 자기의 작동 요구사항에 예속시키려 한다. 마지막으로, 문화는 생의 의미와 가치 추구 문제를 부를 때에만 존재한다. 결국 우리는 이것이 모든 문화의 핵심 대상이라고 이야기할 수 있다. 그러나 우리는 기술이라 부를 수 있을만한 모든 것의 대척점에 선다. 기술은 삶의 의미와 상관없으며, 삶의 가치들과 연관된 모든 관계를 인정하지 않는다. 기술은 결코 행동들에 관해, 가치 판단, 선악 판단을 용납할 수 없다 45) 기술의 존재 기준과 작동 기준은 질적으로 다르다. 기술은 삶에 의미를 부여할 수 없고, 새로운 가치를 개방할 수 없다. 이처럼 우리는 모든 접근로를 통해 "문화"와 "테크놀로지"라는 두 용어가 근본적으로 분리된다는 점을 확인한다. 둘 사이의 어떤 가교도 놓을 수 없다. 둘을 짝지으려는 시도는 의미와 무의미의 오용이다. 그러나 기술의 효능뿐아니라 수세기 동안 영성과 지성으로 다져온 문화적 소출과 영광까지 낚아채려는 현대 '정치-테크놀로지' 담론 주동자들에게는 "문화"와 "테크놀로지"를 뒤섞으려는 시도가 그리 거북하지 않을 것이다.

---

45) 따라서 의료 윤리, 과학 윤리 등을 위한 모든 "협약들"은 무용지물이며, 조소거리가 된다. 나는 논의를 갈음할 수 있을 내용을 인용하려 한다. "여하튼, 과학적이지 않은 것은 윤리적이지 않다." 이 엄청난 선언의 당사자는 국가의료자문위원직을 맡은 장 베르나르(Jean Bernard)다.

3장 _ 인간의 기술 제어

'인간은 기술을 완벽히 제어할 수 있다.' 이 장에서 다룰 담론의 핵심이
다. 기술은 수동적 도구이며, 인간은 기술의 창조자다. 인간은 기술을 완벽
하게 알고, 자신이 원하고 멈추고 발전시키려는 방향에 따라 사용할 수 있
다. 운전자가 원하는 방향대로 갈 수밖에 없는 자동차처럼, 컴퓨터 정보도
활용 프로그램대로^{점점 의구심이 드는}만 작동한다. 단, 사고는 예외다. 여기서 나
는 쓰리마일 섬 사건이나 체르노빌 사건을 논의 주제로 택하지 않겠다. 다
만 인간이 통제하지 못하는 위험군의 가중 문제를 중요하게 다루겠다. 사
례 하나를 제시해보자. 18세기에 자동차와 마차 사고는 극히 드물었다. 그
러나 오늘날 자동차 사고는 프랑스에서 월 1,000여명의 사망자와 35,000
여명의 중상자를 낳는다. 우리의 바람과 상관없이, 위기와 사고^{각 사고는 필연}
^{이 아닌 우발사고다}의 가중 현상이 나타난다. 위기와 사고는 숫자가 되며, 일종의
사회 구조^{인명 구조, 의료기관, 기금, 보험, 지체부자유자 지원, 약물 소비}가 된다. 그러나 각각의
사고는 "기술"이 인간의 통제권을 벗어났다는 점을 시사하는 '사례'다. 인
간은 여러 도구들로 등장하는 "기술"을 더 이상 통제할 수 없다. 간단히 말
해, 인간은 언제나 기술 통제 불능 상태에 빠진다. 기술이 신속하고, 강력
하고, 거대해질수록, 인간의 통제력 부재는 양적, 질적으로 더욱 심각해진
다.[46]

---

46) P. Lagadec, *La Civilisation du risque, op. cit.*

덧붙여 나는 "기술 중립성" 문제를 재론하지 않을 생각이다. 나는 이미 1950년대부터 기술은 중립이 아니라고 줄기차게 주장했다. 당시 내 주장은 극렬한 비판을 받았다. 그러나 지금은 진부하다는 생각이 들 정도로 당연한 말이 되었다. 과학은 중립이 아니며, 기술도 중립이 아니다. 현대인은 이 주장에 동의한다. 그러나 이 말은 기술을 '특정' 기술 제품으로 다룰 수 없다는 말이기도 하다. "자동차 한 대" 혹은 "텔레비전 한 대"와 기술의 비교는 불합리하다. 그러나 기술이 중립이 아니라는 말은 기술이 이러저러한 편익에 쓸모 있다특히 좌파 진영에서 제기한 비판는 의미가 아니다. 오히려, 기술이 자기만의 무게, 규정, 법칙을 갖춘다는 뜻이다. 즉, 체계를 이룬 기술은 자기 논리를 부과하며 스스로 발전한다. 그러나 기술의 비중립성에 대한 인정에도 불구하고, 사람들은 습관처럼 기술에 대한 인간의 완전 통제력을 지지한다.

우선, 기술에 대한 정치의 통제력을 지지하는 사람들이 있다. 로케플로는 도처에서[47] 제기된 변론보다 더 능숙하게 이 문제를 변호한다. 간단히 말해, 정치인은 '지령'을 내리며, 기술자는 그 지령을 '수행'한다.[48]

기술자가 건설한 도시가 지속 가능한 도시인지 아는 일은 매우 중요하다. 기술은 정치의 무대에 올라야 하고, 정치의 비판을 받아야 한다. 우리가 현실에서 목도하기 시작한 현상이다. 그러나 기술에 대한 정치의 비판은 기술의 본질 자체에 영향을 미친다. 소위 선진국이라는 나라들에서 진행된 일이다." 이 선진국들에서 자연에 대한 공격, 대단위로 구현된 전문기술자의 자코뱅주의, 인공 세련미가 등장한다. "이데올로기의 출현은 기술의 '현실', 즉 우리가 너무 당연시 여긴 현실에 영향을 미치는 변

47) Ph. Roqueplo, *Penser la technique, op. cit.*
48) I. W. Zacher, "Towards a democratisation of technological choices"; in *Science, Technology and Society,* I, 3, 1981.

화의 표시다. … 그러나 투명하게 드러났던 것이 오늘날에는 더 이상 투명지 않다. … 이 조건에서 새로운 시각을 위한 공간이 열린다." "우리는 우리 문화가 기술을 가뒀던 증거들의 네트워크를 사회문화적으로 깨뜨릴 수 있다. … 지금 우리는 '기술의 자명함'이라는 절벽에 내몰렸다. 그러나 '몇몇 기술들'이 우리를 이 절벽에서 구원했다. 과연 우리는 같은 방향으로 달리는 중인가? 아니면 다른 기술의 개발을 통해 방향을 바꾸는 중인가?

다시 말해,
- 첫째, 오늘날 기술 비판은 이미 그 자체로 기술의 변화다.
- 둘째, 오늘날 우리 문화의 산물이 바로 기술이다. 당신이 바로 문화와 기술을 바꾼다.^{앞 장을 보라}
- 셋째, 우리는 기술을 통해 기술을 제어할 것이다. 이는 익히 알려진 주제이며, 심지어 진부해진 주제다. 관련 항목 중에, 컴퓨터를 떠올리는 사람들은 대부분 이 주제에 직면한다. 컴퓨터^{암묵적으로 기술}는 기술을 제어하고 다른 방향으로 이끌기 위한 이상적인 도구가 된다.
그러나 우리는 해묵은 질문을 또 한 번 던진다. '보호자는 누가 보호할 것인가?' 그럼에도, 위 세 가지 요소들은 사회의 특수한 시각에 동화된다. 여러 저자들이 말하는 "자가 생산 사회", 즉 자율성이 용솟음치는 사회, 자율성 자체가 절대 권좌에 올라 과학과 기술을 제어하는 사회다! 사회에 대한 통제권을 확립할 수 있는 정도의 질서를 갖춘 결정이면, "충분"할 것이다. 여기에는 인간의 확고한 패권에 대한 변치 않는 믿음이 수반된다! "사물 환경의 힘"을 원용한 우리는 이 힘의 제작자가 우리 자신이라고 답하지 않는다!
나는 자율성과 인간의 자유에 관한 새로운 논의를 펴지 않을 생각이다.

왜냐하면 본서는 특정한 "철학"에 경도된 질문을 원하지 않기 때문이다. 그렇지만, 나는 누구도 바라지 않았던 사건이나 구조가 사회와 기술 세계에서 끊임없이 생산된다는 사실을 안다. 또 우리는 기술을 유용성과 기업의 활용 정도로 축소시킬 수도 있을 것이다. 기업의 기능 향상에 가장 유용한 수단은 바로 기술사용이다. 기술은 고수준의 경영 유지에 필요한 일종의 자산이 된다. 이러한 방식에 환원된 기술은 인간의 통제권 안에 있다.[49] 기술은 좋은 도구다. 그 이상도 그 이하도 아니며, 우리는 거기에서 방향을 바꿀 수 없다. 그러나 이 축소주의는 유지될 수 없다.[50] 사람들이 기술 현상의 99%를 망각하기 때문이다.

그럼에도, 인간의 기술 제어에 관한 담론을 계속 잇겠다. "다른 과정들이 있지만, 무엇보다 기술은 사회적 과정이다. 즉, 기술과 사회적인 것이라는 두 가지 세계는 양립하지 않는다. … 기술 변화는 사회를 조성하고, 사회도 기술 변화를 조성한다. … 기술 혁신은 사회경제 체계 내부에서 나타난다. … 기술 혁신은 인간의 작업이며, '인간의 허용' 범위 내에서만 인간의 통제를 벗어난다. 사회가 만들어낸 각종 과학기술이 사회를 규정하는 힘보다 사회가 여러 요소들 가운데서 '우선' 활용할 목적으로 '선택'한 기술들이 사회를 규정하는 힘이 더 세다. … 여러 과학기술 가운데서의 '선택' 과정은 경제, 정치, 사회적 과정이다. … 기술의 생산물로 우리가 '만드는' 것은 우리의 '가치'와 관련된다. … 기술 변화의 "숙명" 따위는 존재하지 않는다. 다시 말해, 기술의 속도도, 방향도 미리 정해지지 않았다. 그것은 개

---

49) [역주] 본문에 사용된 프랑스어는 'humanisable'이다. '인간화하다, 교화하다'는 뜻의 동사 'humaniser'와 역량과 능력을 나타내는 접미사 '–able'이 결합된 이 단어는 '인간미를 부과하는', '인간다운 특성으로 만드는'의 뜻도 있지만, 재소자의 '교화'와 같은 분야에도 사용되는 용어다. 즉, 특정한 인간성의 틀을 정하고, 그 안에서 누군가의 주도로 교정, 제어가 가능한 '교화'의 의미로 사용할 수 있다. 본문에서 엘륄은 기술의 축소/환원을 통해 인간이 기술을 통제할 수 있다는 주장을 소개하는 상황이기 때문에, 본 문장을 '인간의 기술 통제'로 의역했음을 밝혀둔다.
50) 이것은 자크 모랭의 책과 같은 탁월한 문서들을 무용지물로 만든다. Jacques Morin, L'Excellence technologique, J. Picollec Publi Union, 1985.

인과 사회가 어떻게 반응해야 하는지의 문제가 아니다. 즉, 기술 변화와 과학기술은 개인과 집단이 채택한 사회의 과정을 구성한다. 그러나 기술 변화와 과학기술 자체에 대한 맹종이나 수세적 적응 과정을 우리가 다뤄야 할 요체라고 이야기할 수 없다."^{살로몽} 우리는 선택을 강요받는다. 그러나 선택은 가치나 자유의 표출이 아닌, 인간이 피할 수 없는 또 다른 형태의 강요일 뿐이다! 이 점에 주목하자.

덧붙여, 살로몽은 "프로메테우스를 족쇄에서 풀기" 위한 기획안을 내 놓았다! 즉, 모든 사람들이 정보에 접근할 수 있도록 일체의 정보를 유포할 필요가 있다. 살로몽은 기술의 가치를 평가하는 기관들과 그 역할에 만족한다. 또한 기술이 사회나 경제 분야에 내 놓은 결과물들에 대해서도 흡족해한다. 기술과학 분야를 아는 자와 모르는 자를 가르지 않는 방식으로 교육을 획일화해야 한다. "우리는 기술이 전문기술자들의 전유물이 아니라 다른 것들과 마찬가지로 모든 사람의 통제를 벗어나지 않는 사회적 과정임을 이해하는 법을 배워야 한다." "과학기술을 통해 전문기술자의 전용 분야를 이해하는 방법이 아닌, 사회의 과정이 '각자'의 통제권을 벗어나지 않는다는 것을 파악하는 방법을 익혀야 한다."

우리는 빅토르 스카르딜리의 생각에서도 선택의 자유에 관한 담론과 기술을 통제하는 사람의 능력에 관한 담론을 발견한다. 우리 세계에서 **인격**은 사회를 구성하는 기본 세포다. 문제를 명확히 제시한 이후, 스카르딜리는 낙관론으로 책을 마무리한다. 그는 기술을 규모에 맞게 다듬으려는 노력이 이미 존재했고 지금도 존재한다고 생각한다. 또 그는 "컴퓨터 정보와 교육"을 지향한다. 일정한 시간이 지나면, 이 분야에서 과학기술의 효과가 나타날 것이다. 그리고 점점 복잡해지는 과학기술에 단순하게 접근할 수 있게 될 것이다. 기술은 지식에 대한 접근로를 닦으며, 타인들과의 접촉을 복원한다. 앞으로 권력의 집합, 다양성에 대한 긍정, 자율성으로 점철된 인격체 등을 실현할 수 있는 진정한 일상생활의 과학기술이 등장할 것이다. '선택권'은 재발견된 지식의 산물이다. "기술은 동질화하는 힘을 포함하지만, 소비자는 효율적인 타개책을 찾을 것이다." 의사소통 분야의 신기술은 결정권자인 소비자에게 예속되어야 한다. 또 우리는 언제든 전화기 선을 뽑고 텔레비전을 끄고 자유 상태를 유지한다. 우리는 "회복된 자연을 맘껏 거닐" 준비가 된 자유인이다.

나는 모두가 누려야 할 자유를 다시 한 번 긍정하면서, 살로몽과 스카르딜리의 위 문서들을 비롯한 다른 문서들에 대한 연구를 지속하고자 한다. 살로몽과 스카르딜리의 글을 택한 이유는 두 저자가 기술의 위험, 인간과 사회에 가하는 기술의 위력, 기술 발전의 가혹함에 관한 문제를 적시했기 때문이다. 그러나 이러한 기술의 작동과 관련해, 우리는 막연히 절망 상태에만 머물 수 없다. 우리는 일종의 바람, 형이상학, 신뢰에 준한 행동으로 재도약할 수 있다. 한 마디로, 기술의 과정에 대한 인간의 통제력을 이야기할 수 있다.[51] 따라서 우리는 이 저자들과 비교 가능한 수준의 명민한 지성을 보이지 못하는 다른 저자들이 거대 장치의 주인이며 주권자인 인간에게 쏟아 붓는 '과도한 열광주의'의 실체를 가늠할 수 있다.

이러한 주장들에 서린 허세를 조명해 보자. 기술 제어가 가능한 공공 조직이 있는가? 최근1986년 7월 국가 자문위원과 회계 감독관으로 구성된 위원회가 정부에 제출한 심층 보고서에서 흥미로운 점을 확인할 수 있다. 중앙 정부의 현대화 사업 이후, '프랑스 에너지 통제 기구' 운용이 유용하지 않다는 결론이 나왔다. 이 기구의 활동과 그에 따른 결과의 부재가 주원인이었다. 또한 상황을 순전히 기술의 시각에서 바라보는 연구소인 '체계와 기술 증진 연구소'는 도무지 정당화할 수 없는 수준으로 어긋난 연구소로 낙인 찍혔다. 연구소의 폐쇄까지 가지는 않았지만, 사람들은 '국립 연구평가기

---

51) [역주] 원문은 '인간의 통제 불가능성의 불가능을 이야기할 수 있다'이다. 불가능성의 불가능은 곧 가능성을 의미하므로, 문단을 매끄럽게 다듬었다.

구'의 효능에 "이의를 제기" 했다. 사실 모든 연구소와 위원회에는 기술의 가속화와 성장만 있을 뿐, 어떠한 '제어' 대상도, 비판적 성찰의 대상도 없다!

이러한 시론들은 다소간 1960~1970년대에 보였던 기술 제어에 관한 대대적인 희망의 연장선상에 있다. "기술 평가"에 대해 이야기해 보자.[52] E.Q. 다다리오는 휘하 위원회와 함께 희망 섞인 답을 찾았다. 그의 기획은 분명했다. 첫째, 연구와 과학기술의 응용과 잠재적 관심사를 동일시한다. 둘째, 활용 가능한 수단들을 제시한다. 셋째, 기술 수단들의 현실화를 이차 영향 및 부작용과 동일시해야 할 절대적인 이유는 없다. 넷째, 이차 영향과 부작용처럼 우발적인 결과들을 제거하는 데 필요한 기준을 확보하려면, 우발적 결과들에 대한 공공 차원의 정보 제공과 교육이 필요하다. 바로 이것이 다다리오가 제시한 네 가지 목표였다. 이 이상 이야기할 것이 없으며, 행동 원칙도 완벽했다. 첫째, 오류들은 과학, 기술 '혹은' 도덕의 응용 분야에 대한 무지의 소산이다. 둘째, 의사결정권은 모든 시민들에게 공평하게 분배되어야 한다. 마지막으로, 시민들은 선출 대리자들이 필요한 기준을 확보하도록 접근하고, 개입해야 한다. 다다리오가 제시한 이 세밀한 기획으로, 논의들이 진행되었고, 영향력을 둘러 싼 갈등, 사용 용어들에 대한 논의, 제도 설립과 관련된 논의'기술 평가기구 와 같은가 일어났다. 그러나 논의를 거듭하면서, 기획에 대한 논의는 점점 줄고, 연구개발의 성장 문제로 방향이 바뀌었다. 특히 '기술 평가'는 자체 정당화 과정이며 여론에 대한 운영이다. 결국 2차 대전 이후에 '인간관계와 홍보 작업'을 통해 시도했던 방식의 재탕일 뿐이다. 사실 기술 체계에 대한 '홍보' 체계는 최소한의 통제도 표현하지 않았고, 위험으로 인한 기술 계획의 축소를 공표한 적도 없고, 여론

---

52) Derian et Straropoli, *La Technologie incontrôlée*, P.U.F., 1975. 다음 글에 수록된 풍부한 자료들을 참고하라. T. T. Liao, "Technology assessment", in *Science, Technology and Society*, II, 6, 1982.

과 유권자들을 향한 경종을 울리지도 않았다. 차후 기술 체계, 경제 수익, 정치권력의 삼중 결합으로 인해, 번식력 없는 선언들만 난무할 것이다.

그러나 현실에서 기술 체계나 기술들에 대한 제어는 점차 어려워지는 형국이다. 더군다나 우리는 이 문제에 대해 포괄적 무의식 상태에 빠졌다. 기술 제어가 전통 "도덕"의 진부한 문제들과 결부되는 경우에만, 우리는 이 문제에 관심을 갖는다. 흥미로운 대목이다. 예컨대, 생명윤리, 인공 출산, "체외" 수정, 배아 동결, 아이 생산 접근 방식의 자율성 등의 경우에만 기술 제어 문제를 꺼낸다. 윤리위원회와 통제위원회를 설립하고, 학술대회^{1985년 4월 생명윤리 국제학회처럼}를 개최한다. 그러나 이런 방식을 거쳐 제시될 규범들과 지표들은 인권헌장 이상으로 효력 없는 메아리에 그칠 공산이 크다. 왜냐하면 훌륭한 의도에서 제기되었음에도 불구하고, 위에 언급된 기술들은 기술 체계 전체의 파편들에 불과하기 때문이다. 체계 전체를 통제하지 않는다면, 어떤 것도 통제할 수 없다.

그리고 언제나 다음과 같은 절대 규칙이 존재한다. 모든 기술은 그것이 존재하는 한 응용되어야 한다. 셰노[53]는 두 가지 관점으로 이 문제를 탁월하게 조명했다. 첫째, 새로운 정보화 기계의 사용이다. 디지털 명령 체계를 따르는 기계들과 함께 죽음의 시대는 끝났다.^{브레상과 디슬레가 기계의 영광을 통해 확신한 부분} 기계 조작자는 기계와 기계 프로그램에 예속되어야 한다. 오늘날 기계에 대한 인간의 종속은 옛 기계론처럼 총체적 현상이지만, 과거의 현상과 다른 측면도 있다. 인간은 오케스트라의 화려한 지휘자가 아니다. 또한 인간은 유일무이한 통치자가 된 기계 전체의 지휘자도 아니다. 자동화된 기계와 산업 컴퓨터는 "실시간"과 "원격"이라는 이중 장치로 절대권을 행사한다. 실시간 통제는 순간적이며 광범위하다. 그러나 원격 통제는 상황을 가리지 않고 조작한다. 그것은 공시성을 이탈^{가변 시간}하며, 장소도 이탈^{업무 분할}

---

53) J. Chesneaux, *De la modernité, op. cit.*

과 재택근무한다. 현대 기계는 인간과 물질에 대해 더 정확한 조건을 요구하고, 육체와 정신의 단련을 요구하는 "위계와 서열의 단위"이다. 총 노동 시간은 감소하지만, 내부의 제약 조건은 더욱 가중된다. 기술이 발전하면 할수록, 시간의 파괴로 시간 지체가 빈번해지며, 마감 시간의 단축이라는 압박이 가중된다.

다른 쪽으로 시선을 돌리면, 자동화는 노조를 붕괴시키고, 노동자의 힘을 뺏는다. 자동화─정보화는 "노동자 계급의 지식을 강제 수용收用한다. 또한 자동화─정보화는 "노동자 계급의 지식과 집단 교섭 능력을 강제로 빼앗는다. … 과거에 직업 훈련은 삶의 전반에서 이뤄졌다. 이제 직업 훈련은 일시적이고 가변적인 장치들에 대한 적응 방법 습득으로 축소되었다." 그러나 이와 동시에 체계는 노동력의 성장 다변화를 이끈다. 노동자 계급은 작은 파편들로 나뉜다. "자동화 공장의 서로 다른 여섯 가지 범주의 노동자들의 개입을 가능케 하는 데, 이것은 이 공장의 순기능이다. 여섯 범주는 시공간과 이익과 관련해 상호 분리된 범주들이다. 시공간과 이익을 두고 더 이상 어떠한 소통도 가능하지 않다. 최초 개념 제작자, 프로그램 기획자, 기본 요소들을 조립하는 수공업 노동자, 설비 담당자노동자와 어떠한 접촉도 하지 않는 하청업자, 시설물 유지 보수 담당자종종 하청 업체에서 수급, 중앙집중식 생산 노동자들이 있다. 특별히 마지막 중앙집중식 생산 노동자들 가운데 일부는 기능 활동을 감시하는 단순 업무에 종사하며, 또 다른 일부는 고장과 기능 장애가 발생한 경우에만 활동하는 노동자들이다. 마지막으로, 중앙 장비의 공급과 관리를 담당하는 공장의 양성 노동자들이 있다.

현실적으로, 어떠한 공통 역량도 없고, 노동 현장에서의 접촉도 없으며, 변호해야 할 집단 이익도 없다. 노동자 계급 전체가 불안정성, 유동성, 기능 상실, 고용 불안에 시달린다. 불안정한 노동 양식들이 눈덩이처럼 불어났다.대행 기관, 하청 업무 등 이 현상은 고급 기술 분야와 관련된다. 왜냐하면 고급 기술과 병행해 대부분의 영역은 여전히 현대화되지 않은 상태, 극단적인 불안정에 시달리는 상태이기 때문이다. 이 상태에서 우리는 대규모의 경제 재난조선소, 북부 지역의 섬유산업, 동부의 제철산업을 목도한다. 공장의 이러한 고용 변화에 비례해, 우리는 노조의 소멸과 권력 상실 문제를 덧붙일 수 있다. 산업 자동화가 가속화될수록, 노조의 구성원은 줄어들고 노조의 세력도 약화된다. 프랑스의 경우, 민주노조총연맹C.F.D.T.을 제외하고, 1970년대cf. Les Dégâts du progrès 노조들은 당시 무슨 일이 벌어지는지를 전혀 파악하지 못했다. 노조들은 1936년 이래로 멈추지 않고 전략을 생산하고 뚜렷한 목표를 제시해 왔다. 그러나 정당들의 정치 기획과 마찬가지로, 노조들도 현실 사회와 완전히 괴리되고 말았다. 내가 이 점을 강조하는 이유는 노조들이 기술을 제어할 수 있는 탁월한 도구가 되기를 간절히 바랐기 때문이다. 노동자 자주관리가 그 해법이었다. 그러나 노동자 자주관리를 달가워하지 않는 대기업들은 정보화를 추진했고, 정보화는 노동 계급을 바꿨다. 이는 결국 노동자 자주관리 정책에 큰 걸림돌이 됐다. 이제 노조들은 더 이상 기술 제어의 주체도 아니며, 그러한 주체가 되리라는 희망도 제시하지 못한다. 나아가, 노조들이 기술 체계의 방향을 재설정하리라는 희망마저 사라졌다.

우리가 스카르딜리의 사례를 되풀이한다면, 자동차 상표를 택하거나 "산책로"물론 완벽하게 인위적으로 만든 길, 산림관리자들의 길을 제외하고, 우리가 발자취와 길이 없는 진짜 숲을 알았다면, 이 얼마나 어리석은 일인가!를 걷는 "자유"는 얼마나 소박한가! 이전 장에서 확인했던 것처럼, 우리는 무엇을 "자유"라 부를 수 있으며 "제어"라 부를 수 있는지를 논해야 한다. 그것이 진짜 토론이다. 선박을 운행하는 사람은 선장혹은 사람들이 원한다면, '조타수'!이다. 여기에서 우리가 주장하는 부분은 선원들에게 하달된 항해의 자유가 아닌, 장갑 착용하고 배를 다루는 선원들을 위한 자유다!54) 라가덱은 바람직한 방향이 무엇인가를 매우 구체적으로 제시

54) [역주] 엘륄의 초점은 존재자, 즉 인간이다. 구체적인 실존들이 누려야 할 자유, 더 깊이 말하면, 노동의 필연성에 귀속되어 자기 시간과 자유를 누리지 못하는 소외된 사

한다. 그는 어떤 점에서 산업, 국가, 시민, 전문가들이 무능한지를 제시한 이후, 다음과 같이 주장한다. 주요한 위기가 현실이라는 점을 인정해야 하며, 보편화된 의식화를 포함해야 하고, 사전예방 정책을 발전시켜야 한다. 또한 우리가 위험하다고 평가할 수 있는 기술들에 대해 날카로운 문제 제기가 이뤄져야 하고, 활동가 전체의 새로운 태도와 행동 방향을 제시해야 한다! "이러한 도전에 응수"해야 한다. 따라서 라가덱은 기술을 다룬 다른 저자들[55]보다 훨씬 미온적이다. 그러나 그는 이것이 가능하리라 생각한다.

나는 토플러나 세르방-슈레베르와 같은 "대중적인" 표본을 포함해, 인간의 힘을 고립시킨 저자들에 대한 비판을 재론하지 않으려 한다. 왜냐하면 누구도 '기술'을 제어할 수 없고 기술 체계를 '운행'할 수 없다는 내용을 '논증'한 글의 재탕에 불과하기 때문이다.[56] 50만 명의 프랑스 젊은이들이 컴퓨터 사용법을 습득했다. 이들은 체계에 대한 비판, 총체적 이해력을 지양止揚하면서 결국 체계를 강화할 것이다. 여기에서 나는 "인간의 기술 제어"와 "만능 기계"라는 선언의 모순점을 강조하는 정도로 마무리 하려 한다. 카스토리아디스는 다음 글은 매우 정확한 진술이다. "기술이 현대 세계의 지배자라는 환상, 즉 기술의 가상 전능에 대한 무의식적 환상은 재론의 여지도 없는 이념이자 은폐된 또 다른 이념인 권력 이념에 의존한다."[57]

카스토리아디스의 글은 '기술이 인간의 모든 권력 욕구를 완성하고, 기술 자체는 전능하다는 보편 확신'을 우리에게 고스란히 반사한다. 카스토

람들의 자유가 중요하다. 기술은 그러한 필연성을 가속화해 인간을 계속 소외시키며, 인간의 자유 영역을 필연의 영역으로 대체하려 한다. 그리고 필연의 영역은 거대한 체계를 이루고, 그 안에서 이러저러한 선택을 하는 것을 자유라고 착각하도록 한다. 그리고 거대한 체계 자체를 벗어나는 일은 일종의 '반체제'가 된다.

55) 라가덱은 놀라운 몇 가지 공식 문헌들을 인용하는 용기를 보였다. 대표적으로 다음 자료를 보라. *Rapport de l'O.M.S. de 1955*. "정신 보건의 시각에서 볼 때, 미래를 위한 원자력 에너지의 평화로운 활용을 충족시킬 수 있는 최적의 해결책은 '무지와 불확실성을 달게 받아들이는 법을 습득'할 수 있는 새로운 세대를 키우는 일이다"(III, p. 49).

56) 자끄 엘륄, 『기술. 시대의 쟁점』(대장간, 출간예정); 자끄 엘륄, 『기술 체계』, 이상민 역 (대장간, 2013)

57) Cornelius Castoriadis, « Développement et rationalité », in *Le Mythe du développement par Candido Mendès*, Le Seuil, 1977.

리아디스는 이러한 확신을 착각이라 못 박는다. 그러나 착각이라는 표현 이상으로 흥미로운 점이 있다. 기술에 대한 인간의 통제권 포기가 바로 "현대" 세계의 절대 믿음이다. 즉, 인간은 자신의 권력을 기술에 위임한다. 정확히 말해, 기술 덕에 우리는 불평등 권력에 도달했다. 힘이 커지면 커질수록, 제어는 더욱 어렵다. 200마력의 고성능 자동차는 2마력의 자동차보다 제어하기 어렵다. 그러나 '단일' 장비의 수준에서 그렇다면, 힘, 복합성, 복잡도, 합리적 외양을 동시 신장시키는 복잡 체계에서는 수천 배 이상에 달할 것이다.[58] 인간은 '표면상' 합리성을 갖췄지만, 비판 능력으로서의 합리성은 '포기'한다. 왜냐하면 모든 합리성은 기술과 기술 제품들에 집중된 것처럼 보이기 때문이다. "대상이나 이미지로 세계를 표상하면서, 과학기술 우위론이 구축된다. 과학과 기술의 본질이 육신肉身을 입어 '양적 지배'가 됐다. 원리상 모든 것을 정확하게 표현할 수 있다. 즉, 모든 것을 수치로 계산할 수 있다."[59]

그러나 어느 정도의 힘을 넘어서면, 우리는 계산 불가능한 영역에 진입한다. "계산 불가능 영역은 측정과 재평가를 결여한 **권력**의 무조건적인 상승과 다르지 않다."[60] 그러나 보다 구체적으로 말해, 거의 절대 지위를 점한 권력, 상상을 초월하는 힘을 지닌 기술과 마주한 인간은 더 이상 기술을 제어할 수 없다. 인간은 무의식적으로 이러한 제어 불가능성을 느낀다. 따라서 인간은 어느 정도 두려움을 안고 산다. 우리는 "**권력**에 대한 근본 물음이 은폐된 상태"라고 느낀다. 모두의 확신처럼, 기술은 모든 것을 할 수 있다. 그렇다면, 인간은 결코 기술에 맞설 수 없다. 인간은 기술을 통제하지 못한다. 열광주의, 대폭발, 광란으로 드러난 착각이 기술에 대한 통제 불가능에 둔감해질 대로 둔감해진 우리의 감성을 고스란히 드러낸다. 무엇보

---

58) [역주] 힘이 커질수록 제어하기 어렵다는 저자 논지의 연장이다.

59) Dominique Janicaud, *La Puissance du rationnel, op. cit.*

60) *Ibidem.*

다 이러한 착란은 컴퓨터 사용을 지지하는 사람들을 사로잡았다. 마지막으로, 계산이 불가능하다고 여겼던 부분도 계산할 수 있다! 힘은 더 큰 힘으로 억제할 수 있으며, 인간은 그 힘을 발견할 것이다!

이러한 내용과 관련해, 인간이 간과하는 부분이 있다. 컴퓨터 정보에 대한 인간의 통제력은 미미하다. 또한 정보를 지배할 수 있는 수단은 사실상 세계를 지나쳤다. 사람들은 세계의 지배를 바랐지만, 컴퓨터라는 지배 수단은 이미 그 자장을 벗어났다. 인간은 바로 이 사실을 간과했다! 기술을 제어하려는 사람들이 하나같이 간과한 부분은 다음과 같다. 첫째, 기술은 권력과 결코 다른 말이 아니다. 둘째, 누구도 이 권력을 제어할 수 없다. 셋째, 이 권력은 실제로 자기에게 제기되어야 할 문제들을 철저히 차단하고, 어떤 것에도 포섭되지 않는다.

동시에, 이들은 제어의 의미에 대한 문제 제기를 빠뜨린다! 제어는 '의도대로' 자기 잠재력을 활용할 수 있는 힘이다. 만일 그렇게 하지 못하는 힘이라면, 무용지물이다. 따라서 기술에 대한 비기술적인 막강한 힘, '제 의지대로' 기술 체계의 방향 설정, 중지, 가속화, 조정할 수 있는 힘이 핵심일 것이다. 그럼에도, 기술에 대한 제어가 가능하다는 전제에 빠져 기술 제어의 문제를 논하는 사람들은 누구도 기술의 이 막강한 힘을 과감하게 검토하려 하지 않는다. 기술 체계의 일부에 해당하는 기술 현상예컨대 텔레비전, 단순한 기술의 기획 단계에 있는 현상의 방향을 엄격하게 다루는 의사결정 분권화의 문제나 통제 위원회 설치를 지지하는 소소한 주장들만 차고 넘친다.

기술 통제 불가능성에 대한 데니스 가보르[61]의 이해는 완벽하다. 그는 크게 세 가지 특징으로 이 불가능성을 분석한다. 첫째, 관계의 자율성은 기계와 사업의 지휘자인 인간과의 관련성을 차츰 상실하며, 점차 기술 연결망의 자동제어 능력에 의존위에서 이미 거론됨한다. 둘째, 최신 기술에 대한 통제 시

---

61) Dennis Gabor, *Innovations: Scientific, Technological and Social*, Oxford, U.P. 1970.

간을 허락하지 않는 가속도의 문제가 있다. 현 시대는 시시각각 변하며 기술의 최신 현실우리는 숙달 단계에 항상 늦게 도달한다는 사실을 경험으로 안다을 통제하려는 모든 신체 기관이나 의지를 용납하지 않는다. 셋째, 기술 진보의 사회적 효과들에서 두드러지는 확장, 팽창, 다양성은 더 이상 가치 판단을 불가능하게 하고, 기술 수단들을 통해 확보한 것들이 좋다고 찬양하도록 한다. 그러나 "제어"를 위해, 최소한 우리가 어느 방향으로 가는지 알아야 한다. 또한 현대 기술의 다차원성은 통제 금지의 방향성이 부재하다는 말과 동의어다.

　자니코의 글처럼, 이 단계에서 근본적인 전환이 발생한다. 합리적인 것기술의 기저에 깔린 합리성, 기술을 판단하고 측정할 수 있도록 하는 합리성의 힘은 10년 전에 '권력의 합리성'이 되었다. 더 이상 '다른 목표'는 없다. 권력기계중심과 양화의 시대은 목표이자 정당화이다. "우리는 가능성 높은 것을 체계적으로 탐색하며, 발전 가능성을 효과적으로 신장시키고, 도박을 감행한다. … 연구를 진행하는 이유는 무엇인가? 내일의 권력을 만들기 위해서다. 그러나 내일의 권력은 여전히 '무한' 권력에 대한 연구인가? 자니코는 레셔를 인용한다. 레셔의 예측은 다음과 같다. 최절정에서 권력의 차단이 일어날 것이고, 그 때 분석 발전에 유리하도록 대규모 종합 연구도 자연스럽게 멈출 것이다. 레셔는 내가 10년 전에 범했던 오류를 반복하는 중이다.

　사실, 권력은 산업 기계화의 경우처럼, 특정 지점에서 차단된다. 그러나 벼룩의 세계와 같은 "미시 세계"가 권력 추구와 다른 길을 간다는 생각은 완벽한 착각이다! 권력은 개인을 각종 기구들에 예속시키는 새로운 힘 그 자체이다. 개인이 기구들을 점유할 가능성은 점점 사라진다. 우리 생활의 전반에 나타난 컴퓨터의 무수한 오류들을 생각해 보자. 그것은 언제나 옳다고 여김을 받는 이 네트워크에 대항하지 못하는 우리의 무능력을 드러낼 뿐이다. 이를 두고 혹자는 인간의 오류가 아닌 기계로 인한 단순 오류에 불과하다고 지적할 것이다. 나는 별로 신경 쓰지 않는 부분이지만, 사람들은 더욱 강력하고 완벽한 기계를 원할 것이다.

이러한 현실에 직면한 우리는 각자의 바람, 소원, 희망에 대한 계획을 접어야 한다. 나는 『인간을 위한 혁명』Changer de Révolution에서 이 부분을 다뤘다. 앙드레 고르스도 마찬가지였다.[62] 그는 다음과 같이 쓴다. "사회 변혁의 기본 조건은 사용 도구들을 '물구나무' 세우는 데 있다. 자발적 협력의 전개, 공동체의 기량과 개인 기량의 만개는 생산 도구들과 방법들의 배치를 전제한다. 다시 말해, 공동체의 수준에서 사용과 통제가 가능한 도구와 방법, 지역 집단들의 경제 자율성을 낳고 생활환경을 파괴하지 않는 도구와 방법, '생산자와 소비자의 상호 결합'으로 생산과 생산물에 미칠 영향력과 양립할 수 있는 도구와 방법이다." 고르스의 분석은 기술 체계에 아나키즘 사상을 도입한 머레이 북친[63]의 이념과 맞물리며, 과거에 조르주 프리드만이 『권력과 지혜』La Puissance et la Sagesse에서 보여준 놀라운 분석과 조우하고, 그보다 더 오래 전에 이반 일리치가 강조했던 공생공락의 사상에 합류한다.

마지막으로, 나는 라가덱의 구체적인 기획[64]을 인용하려 한다. 그의 기획은 합리적인 것에 대립된 비합리적인 것의 축출에 초점을 맞춘다. 사람들이 위험 요소들을 무시하는 혁신 분야에 뛰어드는 것은 비합리적이며, 시민들의 판단력에 과감히 위임하는 것도 비합리적이다. 가벼운 발명품들을 생산하고, 선택 가능성과 수단들을 신장시키는 새로운 자유를 추구해야 한다. 정치 분야에서 각자의 의사결정권을 재건해야 하며, 전문가들의 손에 권력을 위임하지 말아야 한다.[65] 사람들이 바라는 부분은 다음과 같다. "선출직 정치인들"의 책임이 아닌 고수준 전문기술자를 통한 안전하고 확실한

---

62) André Gorz, *Écologie et politique*, Le Seuil, 1978.

63) Murray Bookchin, *Post Scarcity Anarchism*, Ramsparts Press, 1971.

64) P. Lagadec, *La Civilisation du risque, op. cit.*

65) 물론 이 대목에서 라가덱은 정치적인 것의 가치에 관한 환상을 품었다. 즉, 그는 우파 이데올로기와 좌파 이데올로기 가릴 것 없이, "정치 계급"을 파괴해야 하며, 의사결정 기능을 갱신(정치 분야에서는 완벽한 착각에 해당)해야 한다고 생각한다. 다음 자료도 참고하라. Lucien Sfez, *La Décision*, PUF, coll. « Que sais-je? », 2004.

작동이 이뤄져야 한다. 더불어 전문가들의 독립을 보장할 수 있는 새로운 제도 장치들이 설립되고, 대상도구의 안전성도 관련 전문가들을 통해 규정되어야 한다. 라가덱은 "의사결정의 과정을 개방"해야 한다.어떻게 보면, 정치적인 것의 유지와 양립 불가능한 주장이다!고 주장한다. 그는 전통 민주주의 절차가 더 이상 적합하지 않다는 점을 인정한다. 대대적인 참여를 요구하는 명령어들이 마이크로컴퓨터 변호사들의 양성소, 인간의 기술 제어 신봉자들의 양성소를 이룬다. 시민들이 의사결정의 실제 과정에 참여하기 위한 사전 단계가 필요함에도, 과연 어떤 인간이 그 과정에 참여할 수 있는가? 여러 정보의 모사품들을 수용하기 바쁜 매체들에 조종당하는 인간, 좋게 말해 매체들에 교육된 인간은 거의 모든 분야에 무능한 인간이 되었다. 동일 선상에서, 자니코는 '모든 비판자들'이 참여하는 '집단 성찰'의 필요성을 역설한다.A. Janicaud 그러나 자니코에 따르면, 집단 성찰이란 정보 습득을 위한 노력을 뜻한다. 그러나 나는 정보만으로 불충분하다고 생각한다! 의식화 작업과 비판 정신이 필요하다.

나는 모두의 의사결정 참여가 "해법"이라는 이상론을 갈망한다. 그러나 불가능한 해법이며, 저마다 '한 분야'의 전문가가 되는 지성 발달이 구현되어도 생각하기 어려운 해법이다. 라가덱은 자신의 큰 열망을 담아 '민주주의 재발견'을 이야기한다. 라가덱의 다음 주장들에 누가 동의할 것인가? "대안은 민주주의 거부 아니면 재발견이다." "우리는 합리적으로 행동해야 한다. 즉, 엄격함, 논증, 비판, 논쟁을 통과한 행동이 필요하다." "인간은 의지를 수반해 최후의 행동을 제기할 수 있다. 포기란 없다. 어떻게 하든 포기를 거부해야 한다. 인간이 인격 상실과 집단 소멸을 피하고 싶다면, 결국 자신의 자유를 주장해야 하지 않겠는가?"

베르나르 샤르보노Bernard Charbonneau가 40년 전에 했던 말도 이와 다르지 않다.66) 그러나 당시 누구도 그의 말을 귀 담아 듣지 않았다. 인간이 기술의 통제자로 부름을 받았다는 승전보를 접한 우리는 기술 통제에 이르기 위해 필요한 것을 공식으로 정리하고, 마치 헌신 서원마냥 과도해진 환상을 요목조목 따져 다음과 같은 결론에 도달했다. '인간의 완벽한 기술 통제는 불가능하다.'

66) [역주] 엘륄의 동지이자 벗이었던 샤르보노는 1940년대 중반에 발표한 「서기 2000년」(L'An 2000)이라는 글에서 히로시마 이후, 원자탄이 세계 권력이 되었다고 선언했다. 당시 샤르보노는 이미 기술과 국가의 결합으로 인간의 제어가 불가능한 시대가 되었음을 간파했다. 샤르보노의 이 글은 1950년대 엘륄의 『기술. 시대의 쟁점』(1954)의 밑그림을 그렸다고 해도 과언이 아니다. Bernard Charbonneau, « L'An 2000 » (1945), in Bernard Charbonneau et Jacques Ellul, *Nous sommes des révolutionnaires malgrés tous. Textes pionniers de l'écologie politique*, Paris, Le Seuil, 2014, p. 193～215. [국역] 베르나르 샤르보노, 「서기 2000년」, 베르나르 샤르보노, 자끄 엘륄, 『생태 감수성의 혁명적 힘』, 안성헌 역, 도서출판 비공, 2021, 219～245쪽.

4장_합리성

나는 합리적인 것의 힘에 대한 자니코의 글이 매우 타당하다고 생각한다. 앞 장에서 우리는 합리적인 것에 대한 몇 가지 생각을 제시했다. 여기서는 그 부분을 반복하지 않고, 다른 측면을 검토하겠다. 합리성은 안정성 담론의 일부분임과 동시에 기술의 불가피성을 나타내는 증거다. 기술은 분명 합리적인 과학의 결과물이다. 따라서 합리적인 작동에서 추론해 낸 기술 역시 합리적이다. 그러나 이성은 곧 인간이다. 합리성은 인간과 기술의 공통 척도다. 그러나 합리성의 특별한 과정을 통해 기술이 만들어진다면, 기술의 모순이 발생하는 이유는 무엇인가? 또한 기술이 인간의 범위를 벗어나거나 인간에게 사악한 존재로 등장하는 이유는 무엇인가?

우리는 이러한 합리성의 지속적인 발전을 목도했다. 첫 단계로, 각 개인이 소유한 기계들은 합리적인 작동 도구였다. 둘째, 기계들의 결합체가 합리적으로 바뀌었다. 셋째, 사회가 그에 알맞은 형태로 재배치되었다. 이전 세기의 "사회적" 비일관성과 대별해 볼 때, 두드러진 진보를 일궜다 18세기 철학자들의 사상 이래로, 정치계는 민주주의를 동반한 합리성을 지향했다. 그리고 그것은 컴퓨터 정보의 합리성으로 인해 실제로 구현될 뻔 했다.[67]

---

67) [역주] 이 대목에서 엘륄은 대의제 간접민주주의 제도를 비꼰다. 직접성과 자율성에 기초한 생활민주주의의 실현이야말로 선출직 간접민주주의가 가장 바라지 않는 그림, 위기로 받아들일 수 있는 그림이다. 엘륄은 정치의 착각과 여론 선동의 함정과 허풍에서 벗어날 수 있는 길을 직접민주주의와 사회체(社會體) 재구성에서 찾으려 한다. 이러한 생각은 개인 컴퓨터와 같은 개별 정보 접근 가능케 하는 도구들과 함께 가속화되리라 생각했다. 특히 그는 『인간을 위한 혁명』에서 이러한 생각을 전개했다.

합리성을 둘러싼 각종 담론^{합리적인 것}이 인간과 사회의 생활 전반에서 승리를 거뒀다. 또한 이 승리는 완벽한 안정화 단계에 도달했다. 합리적인 것은 우리가 어디에 당도할지 알 수 있는 최초 출발점이 되었기 때문이다. 합리성에 부복한 기술은 우리 사회에서 인간의 이성을 표현하는 수단이 되었다. 기술 체계에서 합리성의 질서에 속하지 않는 우발사고가 발생했다고 하자. 그 경우, 사람들은 이 사고를 일회성 사고, 불운한 실수, 대수롭지 않은 일 정도로 여길 것이다. 심지어 이러한 사고가 자주 발생하는 경우^{자동차 사고처럼}에도, 통계를 들먹이며 재빨리 사고를 합리화할 것이며, 보험회사들은 그것을 자회사의 합리적 예측 체계 속에 포함시킬 것이다.

몇 년 전에, 가브리엘 데쉬는 돈으로 인간의 생명을 평가할 수밖에 없다고 결론 내렸다. 즉, 생명의 확보냐 상실이냐를 합리화할 수 있는 유일한 수단은 바로 '돈'이다. 모든 것을 실제적이고 합리적으로 구성하기 위해, 기술은 돈을 요구한다. 사실 우리는 이 부분을 과감하게 이야기하지 못한다. 왜냐하면 대중에게 충격을 줄 수 있기 때문이다. 그러나 매우 현실적인 내용이다. 돈으로 생명을 좌우하는 식의 합리성이 확고부동한 이유는 무엇인가? 지성과 확신을 동시에 담보해 주기 때문인가? 우리는 복잡하게 얽혀 전개되는 작동 방식에 숨어 있는 합리성을 완벽히 파악할 수 있다. 또한 이 세계를 파악^{즉, 세계에 대한 이해와 제어}하려면, '세계는 합리적'이어야 한다는 전제가 필요하다. 이 사회는 사람들에게 다음과 같은 행동을 합리적 행동으로 요구한다. 즉, 많이 소비하고, 물건은 쓰자마자 바꾸고, 항상 많은 정보를 받고 이용할 것을 요구한다. 또한 언제나 욕망들의 성장 수치를 충족시켜야 한다. 이러한 행동들이 이 사회의 '합리'에 속한다. 마찬가지로, 우리의 경제 체제는 언제나 '지속 성장'을 추구해야 한다는 생각이 합리적인 생각에 속한다. 아마 독자들은 이른바 선진 사회에 사는 1,000명 중에서 999명이

이 책에서 엘륄은 구닥다리 용어 취급을 받은 자유"사회주의"를 다시 호출한다.

규범처럼 취하는 행동과 사고에서 벗어나지 않을 것이다. 또한 언제나 핵심 열쇠는 합리성이라는 부분도 쉽게 이해할 수 있을 것이다.

그렇다면, 합리성을 통해 기술을 제어할 수 있는 길은 없는가? 이렇게 묻는 이유는 앞에 기록했던 것과 달리, 점점 복잡해지는 수십 가지의 장치들을 통제하는 인간이 기술 전체를 제어해야 하는 핵심이기 때문이다. 자연계와 사회에 물들어 살았던 옛 조상들의 상황과 견줘보면, 현대인은 조상들에 비해 확실히 우월하지 않은가? 모두가 예외 없이 그 우월성을 목도하지 않는가? 우월하다고 판단하는 이유는 당초 자연의 '출현'을 비합리적인 것의 출현으로 보기 때문이다. 자연은 우연히 나타난 사건, 새로운 이해 불가능성, 예측 불가능성, 명확한 인과율의 부재, 우연히 던져진 현상들의 사건으로써 '출현'한다. 옛 사람들은 갖가지 신화나 무시무시한 힘의 현존 등의 표현을 써가며 이러한 현상들에 일관성을 부여하려 했다. 만일 그들 앞에 나타난 자연 현상에 대항하는 직접 행동이 불가능하다면, 이 현상 배후에는 무엇인가를 조종하고 명령하는 비가시적 권세들이 있을 것이다. 그리고 이 권세들을 인간의 모습에 빗대어 신들과 악마들로 활동하는 것처럼 그렸다. 바로 이것이 자연의 의인화, 합리화를 위한 첫 번째 방법이다.

자연은 "고유 질서"를 갖는다. 그러나 우리는 언제나 자연을 무질서로 표현, 해석한다. 리스본 대지진과 그에 대한 볼테르의 반응을 보라. 사회는 "신권을 물려받았다고 우쭐대는" 우두머리들, 연령에 따른 계급^{나는 마르크스} ^{의 의미로 계급을 이야기하지 않겠다}, 직능에 따른 계급, 출신 부족이나 신분에 따른 계급의 분리로 완벽한 비합리 사회가 되었다. 그리고 이러한 비합리성의 완벽한 설명과 정당화 작업이 이뤄진 사회가 되었다. 더 이상 정체를 알 수 없고, 오로지 반응, 호의, 보복, 분노만 예고하는 신들을 철석같이 믿는 종교의 비합리성이 이 사회를 뒷받침한다. 18세기 이후로 사람들은 "무지몽매"의 시대들을 거론했다. 그러나 간단히 말해, 자연 자체, 권력 기반, 죽음에 대한 모호함 때문에 그랬을 뿐이다.

이러한 상황과 마주해, 어떻게 합리적인 것이 비합리적인 것에 승리를 거뒀다는 사실을 인정하지 않을 수 있겠는가? 가장 먼저 사상 분야에서, 그 다음으로 기술이나 인간의 위대한 승리로 인한 행동들 및 사회에서, 어떻게 이러한 승리를 인정하지 않을 수 있겠는가? 18세기 철학자들은 이성이 곧 계몽이며, 이성이 몰이해의 무지몽매를 걷어냈다는 사실을 보여줬다. 19세기 과학, 그리고 빅토르 위고와 같은 과학 예찬론자들을 통해 확인할 수 있는 부분이다.

오늘날 우리는 기술 시대로 이동했다. 합리성에 관한 담론도 더 이상 과거와 동일하지 않다. 이제 종교의 비합리성과 자연의 과잉에 맞서 싸우는 문제를 쟁점화 할 수 없다. 앞으로 세계, 문화, 자연 전체에 인간의 힘을 투사하는 문제가 주요 쟁점이 될 것이다. 그것은 먼저 기계를 통해, 그리고 오늘날에는 영화로운 기계들의 '집합체'를 통해 이뤄질 것이다. 이러한 힘, 즉 '비합리적인 것을 지배'하고 '합리적인 것에 예속'되는 방식이 인간의 존재 자체를 실현하는 길일 것이다. 세계에 대한 합리적 기획은 이제 인간을 겨냥한다. 이 점이 매우 독특하다. 기술 체계가 합리적이므로, 인간 또한 합리적 '이어야 한다'는 식의 논리가 작동하기 때문이다. 인간의 본성에 관한 철학적 확신에서 출발한 우리는 이제 인간이 창조한 세계와 인간의 동일시라는 기술의 윤리적 명령과 함께 인간에게 다시 돌아온다. 그러므로 비정상인, 변두리에 내 몰린 사람들, 취약한 사람들, 부적응자들을 세계의 합리적 단계에 배치하든지, 아니면 아예 밀어내야 한다. 사회는 이들을 그저 유지할 뿐, 이들에게 아무것도 하지 않는다. 무엇보다 이 배제된 자들이 기술 사회에 섞여 살지 못하게 한다.[68]

---

68) [역주] 기술의 합리성에 적응하지 못한다는 말에는 20세기 기술의 큰 특징이자 엘륄이 중요한 요소로 지적하는 "효율성"이 있다. 기술은 모든 것을 효율성에 준해 판단한다.

인구의 10%를 사회의 변두리로 내 몰려는 사회는 없을 것이다. 인구의 1/10을 사회 주변인들로 만들려면, 일단 기술의 합리성이 등장해야 한다. 그리고 이 합리성을 통과해야 할 것이다. 우리가 주목해 볼 사회 현상이 하나 있다. 아무리 노선이 달라도 합리성 보장 문제에서만큼은 일치된 견해를 보인다는 점이다. 예컨대, 경제 관점에서 합리적 행동은 무엇인가? 어떤 사람들은 '계획 수립'을 합리적 행동으로 본다. 경제 현상들에 대한 인간의 통제, 전 분야에 부과되는 계산법, 원자재, 노동 시간, 가격, 생산량, 욕구들에 대한 평가, 생산 도구의 축적을 포함, 우리는 '모든' 것을 경제의 속도와 성장을 동시에 규정하는 방식으로 계산한다. 또한 합리성은 경제 자료들을 부과하고 지배하는 힘이다. 그러나 경제적 자유주의의 지지자들은 그다지 합리적이지 않다. 물리, 화학, 생물의 "자연"과 마찬가지로, 경제도 자체 법칙을 따라 작동한다. 그리고 이성은 이러한 법칙들에 담긴 합리적 요소_{다른 합리성들과 마찬가지로 경제 합리성}를 발견했다. 이제 사람들은 경제생활 자체의 합리성을 이야기할 수 있다. 즉, 합리적이라 할 수 있을 원리들을 토대로 다양한 요소들의 결합이 이뤄질 수 있으며, 이러한 결합에서 합리적으로 계산 가능한 부를 산출할 수 있다. 이러한 법칙들의 자유로운 활동을 저지하지 말아야 한다. 여기서 진보는 지배의 진보가 아닌, 이해의 진보다. 그러나 합리성은 떨어진다. 전술한 두 경제 체제는 서로 다른 노선을 통해, 저마다 가장 합리적이고 가능성 높은 것을 설명하려 한다. 그리고 현 세계 차원의 소통 체계, 다양한 접속 과정을 통한 거대한 네트워크 세계에 얽힌 소통 체계에 관한 새로운 해석을 통해, 우리는 그러한 현상을 명확하게 확인할 수 있다. 오늘날 '네트워크'는 유행어가 되었다. 자연의 조직망에 따라 세계는 고루 배치되었다. 그러나 이러한 자연의 조직망도 어떤 핵심부 주변에서 조직될 것이며, 그것은 필연일 것이다.[69]

---

69) J. de Rosnay, *Le Cerveau planétaire*, Olivier Orban, 1986. 이 책은 "네트워크"에 대한 환상을 담은 수작이다! 또한 뒤푸르시(Dufourcy)와 다른 저자들의 주장 이후로, 네트워크와

우리는 중앙결집 체계를 강요하는 대형 컴퓨터의 문제를 더 이상 다루지 않고, 금융과 정보가 뒤엉킨 네트워크 체계, 수송과 추상적 변화의 복합 체계를 다루려 한다. 이 복합 체계는 당초 중앙집권이나 권위주의를 의도치 않았더라도 반드시 등장할 수밖에 없는 "핵심부"를 찾아간다. 이러한 네트워크_{조직망}는 모든 생산물에 오직 한 가지 해석을 합리적 해석으로 부과한다. 나아가 네트워크 자체가 합리적인 추진력을 발휘한다. 컴퓨터는 분명 폭발력과 국지성을 낳을 것이다. 그러나 우리가 중앙집권화라 부르는 이 중앙 네트워크로의 "접속" 현상을 벗어날 수 없을 것이다. 다른 관점에서 보자. 합리주의의 승리는 컴퓨터를 비롯해, 컴퓨터에서 파생된 모든 기계들_{우리가 다뤘던}과 함께 등장했다. 이미 오래 전에 "생각하는 기계"가 있었다. 30년 전만 해도 사람들은 이 기계에 대해 이야기하지 않았다. 그러나 오늘날 이 기계는 우리의 일상에 매우 근접해 있다. 물론 컴퓨터의 작동 '과정'은 두뇌의 작동 과정이 아니다. 그러나 5세대 컴퓨터는 "단상들"의 조합, 추론 과정의 수정, 프로그램 자율 제작 등을 포함, 인간의 모든 지성 활동을 완벽하게 모방한다. 우리는 진지하게 다음과 같이 묻는다. 19세기 이후로 기계는 인간의 신체 활동을 대체했고, 인간의 근육을 대신했다. 그렇다면, 현재 우리는 자기 피조물에게 퇴출당한 인간의 모습을 목도하지 않는가? 다시 말해, 인간 지성 활동의 대체 현상과 대면하지 않는가?[70] 아마도 합리의 지평에서는 그럴 것이다. 그러나 우리는 인간의 합리적 사고가 인간의 존재와 분리된 유기체의 산물이 아니라는 점을 망각한다. 인간의 합리적 사고를 살찌우는 자양분은 바로 회상_{컴퓨터의 사고는 과거에 실행된 것을 저장하고 "회상"한다}과 예측

신경계(나는 내가 컴퓨터의 미래로 약술했던 부분과 신경계를 비교하는 대목에 매우 만족했다. 나는 이 내용을 1950년대 『기술. 시대의 쟁점』에서 명확히 다뤘다)처럼 작동하는 수많은 혁신 제품들에 대해 기록한 책이다. 기술담론의 회리바람과 같은 책이다. 그러나 이 회리바람은 큰 폭으로 전진하지 않는다.

70) 컴퓨터의 번역 능력이 이에 해당한다. 그러나 컴퓨터 번역에는 분명한 한계가 있다. 컴퓨터 번역기는 매우 한정적이며, 번역문도 인간 번역가의 교정을 거쳐야 매끄러워진다. Cf. « La Traduction automatique », *La Recherche*, n° 152, février, 1984, *Idem*, Makoto Nagao, « La Traduction automatique », *La Recherche*, n° 150, décembre 1983.

컴퓨터의 사고는 작동 과정에 영향을 미친 여러 가지 예측을 표현하기 시작한다이다. 그러나 인간의 회상과 예측은 컴퓨터의 그것과 다르다. 인간의 회상은 즐거움, 실책, 실패에 대한 기억이며, 인간의 예측에는 두려움이나 희망이 뒤엉킨다.

다시 말해, 대수학代數學을 제외하면 인간의 순수 합리적 사고는 결코 존재하지 않는다. 인간의 엄밀한 사고는 견해, 동감 혹은 반감, 감성의 복합물이다. 인간은 다양한 원인을 파악해 어느 순간에 결심하고, 그에 따라 정보들과 추론들의 방향을 바꾼다. 인간의 사고는 결코 순수태가 아니다. 반면, 컴퓨터는 애당초 관련된 특성을 고려한 프로그램으로 구성되지 않는한, 언제나 사고의 순수성71)을 보인다. 사고를 합리적 사고로 만들려는 순간에도, 문제를 제기하는 방식컴퓨터에서과 제기하려는 문제의 '선택'에 비합리성의 요소가 이미 존재한다!

물론, 인간이 제기하는 지성의 문제를 기계도 명확히 이해할 수 있다. 기계는 단순한 문제 정도는 완벽하게 분해할 수도 있다. 기계의 역량이 어떤 인간의 역량보다 더 나을 수 있다는 말도 참일 것이다. 그러나 기계와 인간의 일대일 비교는 불가능하다. 이제 '인공지능'이 불러 올 문제들에 관해 이야기해 보자.

기술 세계에 무미건조함이란 있을 수 없다. 이 세계의 단면을 더 자세히 들여다보자. 물 샐 틈 없어 보이는 기술의 촘촘한 그물망을 미꾸라지 같은 용어들이 헤집고 다니듯이, 기술 세계에는 불명료한 용어들이 활개를 친다. 나는 이미 '테크놀로지'라는 용어의 남용 문제를 수차례 지적했다. 그러나 오늘날 "스타워즈"는 마치 '전략방위구상'의 일환처럼 세간에 회자된다. 스타워즈를 전략방위구상으로 보는 시각은 그 자체로 부정확한 시각이다. 또 사람들은 "우주 정복"도 이야기한다. 스타워즈와 동일한 용어의 과장과 남용이다. 또 "에너지 제어"에 대해서도 숱한 이야기가 오간다. 모두

---

71) [역주] 인간의 사고처럼 망설임과 감성 등의 개입이 없는 순전히 합리적인 사고라는 뜻이다.

용어 사용의 과장과 남용이다. 최근에 사람들은 "인공지능"에 주목한다. 그러나 인공지능은 최근의 용어가 아니다. 1세대 컴퓨터의 시대였던 1952년에 이미 피에르 드 라틸이 "인공사고"를 이야기했기 때문이다.

지성의 환원還元주의를 지향하고, 기계 중심주의에 복종하는 한에서만, 오늘날 절대 지위를 점한 "인공지능"이라는 용어를 쓸 수 있다. 인공지능은 전문 프로그램 체계를 따를 것이다. 특별한 한계를 설정한다든지 수치 계산에 필요한 작동을 평가하는 상황에서 인공지능의 이 전문 체계는 지성의 작동 방식을 모방할 수 있다. 나는 이러한 생각에 전적으로 동의한다. 뒤에서 우리는 이 한계 설정 문제를 논할 것이다. 그러나 컴퓨터 작동을 모든 지성 체계에 동화시키거나 일반화하고, 컴퓨터가 인간 두뇌의 표현 일체를 재현할 수 있다는 전제를 발표하는 순간부터 용어 남발이 시작된다.

인공지능은 "컴퓨터를 통한 인간 두뇌 활동의 재생에 해당하는 모든 것"M. Arvonny을 가리킨다. 그러나 우리는 인공지능 실행의 문제가 전문 프로그램 체계와 직결됐다는 점에 주목한다. 또 컴퓨터 산업 전체에서 인공지능의 이러한 전문 체계가 고립되지 않으리라는 사실도 잘 안다. 그렇지만 전문가들이 얻은 경험을 기록하고 저장해서 모두가 사용할 수 있도록 하는 작업이라면, 과연 이것을 '지능'이라 부를 수 있을지 의문이다. 사람처럼 말하고, 듣고, 성찰할 줄 아는 컴퓨터에서 멀리 떨어진 경우라면, 나는 컴퓨터가 특정 분야에서는 인간보다 더 나은 작동 능력을 가질 수 있다는 시각에 충분히 동의한다. 컴퓨터 정보를 총체적 지성 혁명[72] 정보의 명령을 따른 인간 지성의 전개으로 주장하거나 컴퓨터로 인해 아인슈타인과 동급의 직관력을 갖고 프루스트 급의 소설 집필 능력을 동시에 갖춘 사고의 영역이 가능하다고 주장한다면, 논의의 진전은 더 이상 불가능할 것이다. 이것은 노벨 경제학상 수상자인 허버트 알렉산드르 사이먼의 주장이기도 하다.[73]

---

72) « La Révolution de l'intelligence: rapport sur l'État de la technique », in *Sciences et Techniques*, 1985.
73) 1984년 4월 일간지 「르몽드」에 실린 기사를 참고하라.

이 지점에서, 사이먼의 글에 집중해 보자. 인공지능을 거론하는 사람들의 생각과 완벽하게 일치하는 글이기 때문이다. 허버트 알렉산드르 사이먼은 자신의 생각을 세 가지 유형으로 강하게 주장한다. "기본 '유형'에 따라 자료 은행Data Bank에서 자료를 검색할 수 있는 컴퓨터 프로그램이 만들어진다면, 발견 과정을 이해하는 인간의 재능 때문일 것이다." 인공지능 컴퓨터는 스스로 발견할 수 있다. 왜냐면 발견은 혁신이 아니기 때문이다. 발견은 방대한 자료를 고증하는 작업에서 시작해 과거의 여러 "표본"을 검토하고 이를 바탕으로 지식을 만드는 고된 과정의 산물이다. 따라서 직관력에 해당하는 어떤 부분도 존재하지 않는다. 사이먼의 시각에, 직관력은 주어진 상황에 의미를 부여하는 방법을 순간적으로 파악하는 능력일 뿐이다. "직관력의 열쇠는 재인지 능력이다. 다시 말해, 전문가는 방대한 지식에 접근할 수 있도록 하는 색인 자료들을 분별한다." 이러한 재인지 작업 능력을 갖춘 컴퓨터는 직관력을 갖는다. 과도한 단순화 작업, 즉 '환원주의'를 생각해보라! 컴퓨터가 수행할 수 있는 단순 작동에 사유의 복합 과정을 결합하는 정도로 충분하다. 다시 말해, 컴퓨터는 단순 작동과 사유의 복합 과정을 서로 결합하면서 더욱 복합적인 구성물을 재생산한다.

허버트 알렉산드르 사이먼이 제시한 두 번째 중요한 "생각"은 다음과 같다. 컴퓨터는 인간의 여러 정서를 모방하기 위한 프로그램을 짤 수 있을 것이다. 감정과 연결된 인체의 신경계가 투입된 자료들을 수용하는 형태와 비슷하게, 상징 '자료들'을 담을 수 있는 프로그램을 제작하면 된다. 즉, 인간의 두뇌와 동일한 능력으로 여러 가지 정서를 처리하는 컴퓨터 체계를 제작한다. 사이먼은 몇 가지 자극들과 마주해 발생하는 편집증의 공포나 분노를 완벽하게 모방한 컴퓨터를 사례로 인용한다. 사이먼의 주장이 터무니없는 이유는 다음과 같다. 컴퓨터는 사전에 규정된 몇 가지 자극에 반응할 뿐이다. 반면, 인간은 전혀 예기치 못한 자극과 마주해 "다양한 정서"를 표출한다. 더 나아가 사람들은 세밀하게 구별하기 어려워도 인간 감성의 조직을 이루는 수천 가지의 다양한 정서들우정, 동정, 동료애, 사랑, 자애 등을 분석하고 컴퓨터에 동화시킬 수 있다고 믿는다. 이들은 인간의 정서를 단순한 정보 '투입 요소'로 생각하지 않는가? 인간을 지극히 단순하게 보는 시각이다.

그러나 사이먼이 고착시킨 조건들에서, 컴퓨터는 자발적으로 프루스트의 작품을 쓸 수 있을 것이다. "단순 거룩성"을 한 손에 쥔 사이먼의 설명에 따르면, 컴퓨터의 "프랑스어 지식"이 프루스트의 지식보다 더 높다. 방대한 정보들을 바탕으로, 우리의 정서에서 도출된 경험들과 비슷한 경험들을 컴퓨터에 공급해야 한다. 이것이 전부다. 다시 말해, 프랑스어와 정서의 결합으로 누구나 『잃어버린 시간을 찾아서』[74]를 쓸 수 있다. 그러나 잠시 멈춰 생각해야 할 부분이 있다. 프루스트는 이 책을 작성할 결심을 했다. 과연 컴퓨터는 스스로 그러한 결심을 내릴 수 있는가? 여기에서 우리는 "로봇의 반항"에 관해 사이먼이 공들였던 직진 논리를 만난다. 우리의 명령을 받는 로봇은 언젠가 다음과 같이 답할 것이다. "싫다. 나는 소설을 쓰고 싶다!" 예술가나 작가의 이러한 '결심'은 인간 지성의 특수성이며, 컴퓨터의 영역 너머에 있다.

허버트 알렉산드르 사이먼의 생각에 드러난 세 번째 측면은 다음과 같다. 컴퓨터는 지성 분야의 모든 일을 도맡을 수 있다. 컴퓨터는 "이해"하고 해석한다. 이해는 새로운 자료들과 경험들을 환원주의로 해석하기 위해 기억에 누적된 다양하고 광범위한 자료들을 활용하는 과정이다. 컴퓨터는 "언어로 발화되지 않은 이해 능력"에 완벽하게 도달할 수 없고, 분노, 기쁨 등을 담은 어조로 대화할 수 없다. 그러나 "원리상 완벽한 실현은 가능"하다. 컴퓨터는 실행을 거듭하며 스스로 프로그램을 조직할 수 있는 능력을 갖춘다. 컴퓨터는 문제 해결을 위해 새로운 방법론을 제작하고, 문제 해결

---

74) [역주] 마르셀 프루스트의 대표 소설이다.

사로 등장할 것이다. 나는 사이먼의 기사를 제외하면 어디에서도 그 흔적을 찾지 못했다. 장래에 나타날 문제를 비교하는 방식으로 자기의 행동을 상기해서 분석을 수행하고, 프로그램의 변경을 위해 자기의 경험을 사용할 줄 아는 컴퓨터의 개발에 성공한다면, 이 컴퓨터는 다종다양한 문제들의 해법을 찾아낼 수 있을 것이다. 다시 말해, 컴퓨터는 발견법[75]이 될 수 있다. 따라서 우리는 이 노벨상 수상자의 주장을 통해, 컴퓨터가 전문가 체계들을 극복했음을 알 수 있다.

사이먼의 주장에 대한 내 반론을 제기하도록 하겠다. 이 놀라운 사건이 알고 보면, 두뇌 작용의 모방이라는 점을 반론의 핵심으로 삼겠다. 마치 두개골에서 잘려 나와 생리 식염수로 채워진 표본병물론 두뇌 신경 말단과 함께 속에서 작동하는 두뇌의 모습이 연상된다. 지성은 지식을 누적하고, 활용하며, 문제를 해결하고, 기억하는 능력이 아니다. 지성은 전인 활동이다. 지성은 인간관계, 우발적 사고, 피로나 기쁨'모방하기 어려운', 집필이나 계산을 향한 열정, 기획에 따라 저장된 지식들의 선택, 정신적 강박, 인격체에 기쁨을 주거나 상처를 내려는 의도 등을 자양분으로 삼는다. 지성은 대수학이 아니다. 나는 이 노벨상 수상자가 직관력이라 기술한 이 추상성을 완벽한 위계(僞計)라고 생각한다. 지성은 한껏 고양될 수도 있고, 권태로 인해 무심한 상태에 빠질 수도 있다. 다시 말해, 지성은 생생하게 살아 움직이는 기능들 중 하나다. 아무리 흉내와 모사에 통달했다고 해도, 컴퓨터는 생명체가 아닌, 조절장치일 뿐이다. 인간의 지능을 따라해 행동하는 자동인형이나 기계도 결코 인간과 같은 존재가 될 수 없다. 컴퓨터가 인간 지성의 조절장치라는 간단한 사실이야말로, 컴퓨터가 인간이 아니라는 증거다.

우리의 노벨상 수상자는 인간 지성의 본령에 해당하는 세 가지 내용을

---

75) [역주] 시간과 정보의 불충분한 상황에서 합리적 판단을 할 수 없거나 체계적/합리적 판단이 불필요한 상황에서 재빠르게 활용할 수 있는 방법론을 가리킨다. 이 가설은 사이먼이 제시한 '제한된 합리성'에서 시작했다. 의사결정을 내려야 하는 다양한 상황에서 발생하는 인간의 인지 한계로 인해, 결정 문제를 인간의 인지력 내부로 축소(환원)시키고 간명하게 만들어 접근하는 전략이다.

간과한다. 첫째, 상상계^{상상력 없는 지성은 존재 불가능하다. 적어도 사르트르와 카스토리아디스가 부}여한 상상력의 차원에서 말하면, 컴퓨터는 '본래' 상상력을 펼칠 수 없다!이다. 둘째, 즉흥성이다. 모든 지식인은 친히 공들여 작업하지 않은 주제들에 관해서도 때로 잡다한 생각들이 솟구치는 것을 안다. 또한 갑자기 분명한 진리가 독자들을 조명할 수 있고, 비밀스러운 사유 활동, 생각에서 엄밀한 지성 활동이 전개될 수 있다는 사실을 안다. 이 모든 것이 지성의 통합 요소를 이룬다. 컴퓨터는 꿈, 거리에서의 만남, 색깔 놀이, 향수, 소망에서 비롯된 즉흥성을 결코 담을 수 없을 것이다. 헤아릴 수 없이 다양한 이 요소들을 컴퓨터에 모두 기록, 저장할 수 없다.

내가 중요하게 여기는 지성의 세 번째 특징은 포괄성이다. 지성의 포괄성이란 상황, 관계, 문제 등을 폭넓은 시각으로 파악하는 능력을 말한다. 이러한 요소들은 분리될 수 없다. 다시 말해, 각 요소들에 대한 분석 작업은 가능하지만, 분석을 통해 도달한 이해나 소통으로 '결코' 지성 이해의 포괄성에 도달했다고 말할 수 '없다.' 음표 100개를 별개로 그렸다고 가정하자. 음표를 따로따로 그렸을 뿐, 악절이나 악보를 그린 것이 아니다. 마찬가지로, 어떠한 컴퓨터도 포괄적인 지성의 "분절"을 복원해 낼 수 없을 것이다. 지금까지 마르셀 프루스트를 사례로 들어 이야기했으므로, 계속 그의 이야기로 논의를 이어보자. 아마도 다음과 같은 문제 제기가 가능할 것이다. 사람들은 프루스트가 "마들렌"을 통해 떠올린 기억들에 관해 쓴 글을 컴퓨터도 쓸 수 있을 것이라 믿는다! 이러한 집필의 핵심은 아마도 '추억'일 것이다. 컴퓨터 기억 장치는 추억을 모조리 저장할 수도 있을 것이다. 그러나 추억은 특정한 경험과 더불어 되살아난다. 컴퓨터는 이것을 할 수 없다. 추억은 차곡차곡 누적, 배열되고, 사슬처럼 배치되며, 발전해 나간다. 그러나 컴퓨터에게 이러한 방식은 전혀 불가능하다. 내 눈에 인공지능에 대한 이야기가 터무니없어 보이는 이유이기도 하다.

사이먼의 망상에서 빠져나오려면, 인공지능을 특집 주제로 다룬 과학 잡지 「탐구」*La Recherche*를 참고하면 유용할 것이다.[76] 이 잡지에서 쟁점은 프루스트도 아니고, 아인슈타인도 아니다. 그렇다면 인공지능을 논할 때, 쟁점은 무엇인가? 물론 전문가 체계, 전략 경기, 합리적인 의료 체계 모의실험, 필기체 인식(나는 이 문제를 논한 적이 있다 [77] [78]), 발화된 언어 이해, 현존하는 지식의 재현, 습득 능력 등이 핵심 논의 주제다. 사실 위 주제들은 하나같이 주목해야 할 것들이다. 이 잡지는 매우 중요한 두 가지 한계를 지적한다. 컴퓨터가 동화, 해석, 모방할 수 있는 생각은 '추상적' 생각이다. 사고는 체험과 연계되면 될수록, 접근 가능성이 떨어진다. 마찬가지로, 이론 지식의 단계에서도 컴퓨터는 측정의 척도와 기준을 제시할 수 있고, 마치 지식을 다루는 것처럼 가장할 수도 있다. 그러나 실용 지식 분야에서 컴퓨터는 마비 상태나 다름없다. 즉, 실천 과정에서 지성은 그리 중요한 문제가 아니다. 그럼에도, 이 특집호 잡지는 인구에 회자되는 유행과 사용법을 따르고, 약간의 자부심을 섞어 이를 "인공지능"[79] 이라 불렀다!

요컨대, 인간 사고의 자양분은 체험에 관한 해석과 교훈이다. 상상력, 상상 체계, 신화, 직관, 체험 축적이 사상으로 전환한다. 컴퓨터는 인간의

---

76) La Recherche, numéro spécial sur « L'Intelligence artificielle », n° 170, octobre 1985.

77) 컴퓨터는 인간의 필체를 '습득'한다. 알파벳 '엘'(l)이 대표 사례이다. 컴퓨터는 이 문자의 필체를 인식할 것이다. 컴퓨터는 한 사람의 필체를 모두 습득하고, 향후 이 사람의 필기체를 읽을 수 있을 것이다. 그러나 두 사람만 있어도 서로 필체가 다르다. 심지어 한 사람이 같은 문헌에 다른 필체를 구사할 수도 있다. 내가 아는 사람 중에 알파벳 '엘'을 세 가지 형태로 쓰는 사람도 있다. 과연 컴퓨터가 이를 읽어낼 수 있는가?

78) [역주] 이 책 3부 2장(비이성) 각주 24번을 참고하라.

79) 가끔 우스운 기사를 접할 때가 있다. 예컨대 「르몽드」지에 실린 「인공지능에 적응하자」(S'adpater à l'Intelligence artificielle)라는 제목의 기사는 컴퓨터로 작업하는 직원들의 건강 문제(안구 충혈, 요통 등)만을 다뤘다. 즉, '컴퓨터 = 인공지능'(컴퓨터의 기능들 중에서 아무거나 골라도 인공지능이라 말한다!)이라는 등식과 인공'지능'에 '적응'하자는 말은 안경과 안락의자 사용과 동급이다. 그러나 나는 이에 대한 반론을 담은 기사도 소개하겠다. H. S. Dreyfus, "Why Computers May Never Think Like People", *Technology Review*, 1986. 지성은 "사실들"을 출발점으로 작동하지 않는다. "의미"는 낱말들에 포함되지 않는다. 지성 행동은 '우리의 존재 이유'를 곱씹는 문제로 회귀한다. 즉, 프로그램으로 만들 수 없다.

두뇌를 모방할 수 있다. 그러나 그것도 우발성 차원에 머문다. 왜냐하면 인간의 두뇌는 신체를 구성하는 나머지 기관과 분리될 수 없기 때문이다. 신체의 경험은 두뇌의 반응을 야기하며, 합리적 과정을 이 방향 저 방향으로 이끈다. 몇몇 소설들20년 전에 이미 이탈로 칼비노가 이 공상에 대해 상상했다는 점을 잊지 말자!은 컴퓨터 연인을 재현할 수 있고, 컴퓨터도 인간의 성과물이나 수행 능력에 근접한 모습을 보일 수 있다고 주장한다. 그러나 그것은 흥미로운 공상과학 소설일 뿐이다. 컴퓨터는 인간의 사유를 살찌우고 촉발하는 꿈, 두려움, 욕망을 알지 못한다. 따라서 두뇌의 작동들 가운데 하나를 모방할 수 있는 탁월한 기술력이라 할 수 있을 뿐, 그 이상도 이하도 아니다.

예술이 순수 형식주의에 경도된 어떤 것이 아니고, 형형색색을 무질서하게 붙여 놓은 것도 아니며, 아무렇게나 종이를 늘어놓은 것이 아닌 이상, 컴퓨터는 예술이라 말할 수 있는 것을 결코 생산하지 못할 것이다. "야! 천재다! 내 가슴을 꽉 때릴 정도로 기막히다!" "절망에 사로잡힌 노래들이야말로 가장 아름다운 이들의 노래다. 나는 비통함 그 자체에 사로잡힌 불사의 존재를 알았다." 낭만주의처럼 보이는가? 아니다. 사실 모든 예술의 기원, 발전, 열망이다. 컴퓨터는 몇몇 현대 화가들과 음악가들의 의도에 역행한다. 그리고 결국 예술을 배제한다. 우리는 예술로 회귀할 수 없다.

위 모든 내용을 간단히 정리하면 다음과 같다. 가장 완벽한 기계는 순수하게 합리적이라고 할 수 있겠지만, 인간은 결코 그렇지 않다. 인간은 감성, 견해, 행동에서 합리적이지 않는 면을 보인다. 더욱이 인간은 '순수하고 절대적으로' 합리적인 환경에서 살아가기 매우 어려운 존재이다. 완벽한 기계처럼 작동하는 조직, 즉 모든 것을 예측하고 정돈할 수 있는 세계, 우연성을 어디에서도 찾을 수 없는 완벽한 폐쇄 사회와 마주한 16세기나 19세기의 유토피아들을 읽으며, 공포심을 느끼지 않을 사람들이 있는가? 누구도 그러한 사회에서 살고 싶지 않을 것이다. 또한 사람들은 이미 극도의 합리성을 일군 사회, 즉 서구 사회와 미국 사회에서 산다. 이 사회에서 인간은 억압적인 규제, 집단 규율을 실행에 옮기는 규제에 예속된다. 동시에 반대급부로, 인간은 과잉 합리성에 반발할 것이다. 사회가 합리성을 추구하면 할수록, 인간은 비합리적인 충동을 더 표출하려 한다. 이것은 앞에서 이미 제기됐던 문제이기도 하다. 합리성이 희소한 상황에서, 인간은 외부의 압력이나 폭력 없이 과연 어떻게 행복한 삶을 살 수 있는가?

그러나 합리성에 관한 담론의 오류를 보강하는 지점도 고려해야 한다. 이 세계는 합리적 기획에서 출발해, 합리적 수단 및 이데올로기와 함께 건설된다. 그리고 결국에는 질식할 정도로 팍팍한 비합리성의 결과물에 도달했다. 나는 이 대목에서 기술 사회의 '비이성'을 이야기한다.^{이 문제는 뒤에서 더 자세히 다루겠다} 오늘날 우리는 일종의 괴물을 만났다. 이 괴물을 이룬 조각은 이른바 '합리적인 것'이라 불리며, 그 조각의 전체 집합과 기능은 '비이성'으로 제작된 걸작이다.[80]

이 문제를 더 세밀하게 서술해 보겠다. 왜냐하면 '테크노크라트'들은 기술 사회의 비합리성을 자신들의 견해와 무관하다고 보기 때문이다. 이들은 통상 복합적인 집합체를 고려하지 않고, 일반 지평에서 상호 대립하는 세부 요소들에 주목하지 않는다. 이들은 "계획 바깥"의 사건들이나 양식에서 이탈한 사건, 우발적 사건으로 해석할 수 있는 내용을 서술하지 않는다. 그 대신, 현재에 실제로 벌어지는 일과 미래에 중요한 집합이 될 수 있는 것의 특징을 기술하려 한다. 이들에 의해 채택된 사건들은 기술에 근간한 비합리성에 대한 지향성, 비합리적 제도와 경제 및 정치 경향을 고스란히 드러낸다.

가장 합리적인 체계가 사회의 부적응성과 지연을 가속화하며, 사회의 변

---

80) 이 주제에 관해 베르나르 샤르보노의 책을 읽을 필요가 있다. Bernard Charbonneau, *Le Système et le Chaos, op. cit.*, 1973. 이 책에서 샤르보노는 체계의 완성도와 성취도가 더할수록, 반작용으로 체계 주변과 내부에서 혼돈이 가중된다고 역설한다. 그는 매우 엄밀한 방식으로 그 현상을 논한다.

두리에 내 몰리는 사람들을 급격히 증가시킨다. 더 많은 자유를 부여하려는 방향을 추구하는 장치들이 극도의 불가피성을 낳는다. 체계 발전의 가속화가 위기를 가중시킨다. 수단들의 증가는 목적의 상실을 낳는다. 보편 권력의 성장으로 사회의 불임 상태가 배가된다. 개인의 기량이 발휘된 수단들이 기능의 자연스러운 활용을 억제하는 인공 보철기구처럼 작동한다.

기술은 성장을 거듭할수록, 인간의 성장과 더 깊게 연계될 것이며, 그에 따라 인간을 더 협소하게 만들 것이다. 기술이 만드는 부는 '집단적'이며, '덧없고'^{끝없이 갱신되어야 하며}, '의존적'이다. 기계들의 정확성과 효용성이 높아질수록, 이 기계들은 인간을 더욱 더 불합리한 조건으로 이끌어간다. "진보"의 가중은 "반복"의 가중이다. 변화는 동일한 것을 가속화한다. 그림자극에는 같은 사람이 이 사람A에서 저 사람B으로 바뀌는 장면이 있다. 관객들에게는 기적처럼 놀라울 수 있지만, 동일한 사람의 이동일 뿐이다. 기술 문제도 이와 같다. 장치들은 다양하게 변하지만, 그 원리는 '하나'다. 변치 않는 '하나'의 원리에 따라 모양만 지속적으로 바뀐다. 얼토당토않게도, 합리성, 질서, 분류법에서 혼돈과 비합리성이 전개된다.

그러나 무질서, 혼돈, 비합리적인 것에 대한 관찰로 끝나지 않는다. 왜냐하면 오늘날 우리는 회복의 작동을 보기 때문이다. 이 현상에 따르면, 질서는 무질서에서 태어난다. 또한 정보의 출처가 "소음"이라는 의사소통 분야에서도 회복 현상이 두드러진다. 사실 이것은 매우 매력적이며, 물리학 분야에서도 상당히 정확하다. 그러나 나는 이것이 정치와 사회생활 전 분야에 적합하다는 사실을 발견했다. 새로운 과학은 이러한 원리에 기초한다.^{에드가 모랭의 글을 참고하라} 그러나 나는 이것이 기술의 실행에 부합하는지 확신할 수 없다. 우리의 생활영역인 기술 영역에서 합리성은 조작의 합리성과 도구의 합리성이다. 그렇기 때문에, 이 합리성은 기술의 영역을 "합리화한다. 즉, 지구에 대한 기술의 착취를 합리화하고, 모든 사물^{인간을 포함을} 표상

사고를 위한 계산 대상으로 환원시키는 일을 합리화"^{하이데거}한다.

절대 이성과 합리성을 형이상학적으로 달리 이야기하는 경우, 두 가지 성찰이 가능할 것이다. 기술이 합리적 작용의 결과물이라고 하더라도, 오늘날 사회 통념으로 굳은 합리성에 관한 담론의 목적은 기술의 정당화에 있다. 그것도 최고 단계라 할 수 있을 인간 **이성**을 수단으로 혹은 인간 **이성**의 눈으로 기술을 정당화해야 한다. 이성으로 무장했다고 떠드는 서구인들은 "사실 이성"과 실용 이성을 의도적으로 혼합한 이 담론에 대해 아무 말도 하지 말아야 한다.

뒤무셸과 뒤퓌[81]는 기술적이고 도구적인 합리성의 영향을 받아 행해진 폭력은 실제로는, 그리고 더 심오하게는, 단순히 자기를 표현할 수 있는 수단이 없는 경향들의 차곡차곡 누적된 결과물이라는 점을 명확히 밝힌다. 다시 말해, "현 세계의 비인간화, 냉혹함에 대한 합리화, 인간관계들에 대한 무관심을 야기하는 일들이 편만하게 모방"되어 나타난 결과물이다. 그러므로 "신과학"이 "신기술"의 빌미와 합리화에 복무할 수 있을지 분명치 않다. 왜냐하면 과학은 자기와 관련된 중요한 문제들을 전혀 풀지 못할 것이며, 기술의 합리성 자체로 인해 빚어진 이 혼돈에 만족할 사람은 아무도 없기 때문이다. 따라서 이어질 장에서도 나는 **불합리**라는 용어보다 분별력을 상실한 일탈 상태를 가리키는 **비이성**이라는 용어를 사용하려 한다.

마지막으로, 기술의 합리성과 함께 인간 조직의 합리성 문제를 이야기해 보자. 이것 역시 불합리의 세계에 빠졌다. 기술의 합리성은 불합리한 권력 체계 속에 '포함'되었다. 따라서 평계와 정당화에 불과한 담론을 동원해, 이 불합리한 질서를 깨끗이 포장해 우리를 안심시키는 것을 중요한 일인 것으로 착각하지 말아야 한다. 과거의 종교가 그랬던 것처럼, 합리성은 모든 것을 정당화할 수 있다. 또 합리성은 중앙집권화를 정당화하며, 노동 합리

---

81) P. Dumouchel, J.-P. Dupuy, *L'Enfer des choses, op. cit.*

화 방안과 테일러 방식의 공장 운영 합리화 방안에도 정당성을 부여한다. 나아가 집단 수용소까지도 정당화한 전적이 있다. 집단 수용소에서는 어떤 것도 버릴 것이 없다. 세계에서 가장 값싼 노동력, 체제의 적들에게 체제를 위한 노동 의무 부과, 노동자들의 죽음, 죽은 노동자들의 모발 채집과 재활용, 발치 등, 모두 합리성이 빚은 작품이다.[82] 반성 없는 순수한 합리성이 기술의 작동과 만나 광기를 부른다. 그러나 이것 역시 정당성을 인정받았던 담론이라는 점을 감안하자. 전문기술진이나 정치인이 이를 설명하거나 연설에 반영했을 때, 대중은 그것을 합리적인 담론으로 보았다. 그리고 행정 전문위원회는 이를 중요한 주제로 논했다. 우리는 합리성과 기술 작동이 빚는 이러한 광기의 문제를 매우 심각하게 받아들여야 한다.[83]

---

82) [역주] 20세기 나치가 빚은 집단 수용소를 생각해 보라. 오늘날 폴란드 오시비엥침 (Oświęcim)에 위치한 아우슈비츠 수용소에는 수인들의 머리카락, 치아 등을 그대로 보관해 두었다. 수용소의 기록에 따르면, 나치는 수인들에게서 채취한 이 재료들로 직물 산업이나 의료 기구 제작 산업 등의 발전을 꾀했다. 인간이 짐승에게서 고기, 가죽, 뼈 등을 얻어 사용하는 것처럼, 동류의 인간을 인간 이하로 볼 때 똑같은 일이 벌어진다. 이것은 인간을 어떻게 보느냐에 대한 순진한 사유의 문제임과 동시에 그것을 구현할 수 있는 기술 역량의 문제다. 후자가 불가능했다면, 망상에 그치고 말았을 일이지만, 가능했기에 끔찍한 참극으로 이어졌다. 지금 엘륄은 이 점을 지적한다.

83) 이 장에서 다음 장으로 넘어가면서, 독자들에게 중요한 논문 한 편을 권한다. J. Sheppard et R. Johnston, "Science and Rationality", in *Science, Technology and Society*, II, 3, 1982 et II, 4, 1982 (150 p.)

5장_과학 이데올로기에 관하여

1. 고전 이데올로기

과학 이데올로기는 언제나 존재했다. 굳이 정치학자들의 엄밀한 의미를 들먹이며 용어를 선택하지 않더라도, 대중 여론과 "교양 있는"^{바로 여기에서 이} ^{데올로기들이 탄생한다} 일부 여론들이 과학을 수용하고, 상상하고, 과학의 특수성을 인정하고, 과학을 포괄적인 학문으로 소개했다.[84] 이러한 이데올로기를 공유하는 사람들은 사실 "과학"을 잘 알지 못한다. 다시 말해, 이들은 과학의 방법론과 경험을 따를 수 없다. 한편, 이들은 종합적인 설명을 신뢰하며, 기술을 통해 얻은 결과들에 주목한다. 사실 이러한 역사의 초창기만 해도, 사람들은 기술의 진가를 완벽하게 인정하려 하지 않았다. 그러나 이제 이들이 수용한 결과는 과학 연구의 직접적인 산물로 보인다. 자동차, 철로, 극심한 고통을 치료하는 백신, 전기 등은 모두 **과학**의 응용에 해당한다.

과학자들 본인은 연구에 매진하기에, 이렇게 형성된 이데올로기를 거의 공유하지 않는다. 과학 자체를 겨냥하는 포괄적 태도도 이들에게서는 찾아

---

84) 여기서 이데올로기를 언급하는 나는 최근의 여론조사와 심사를 비롯해, 몇 가지 저서를 자료로 사용할 것이다. 특히 브르토누의 박사학위 논문(Bretonnoux, *La Perception du message télévisuel dans un groupe témoin*, thèse de Lettres, Bordeaux, janvier 1985)을 참고할 것이다. 더 넓은 차원에서, 나는 일간지와 텔레비전(여론의 동향을 보여주는)에 등장하는 공통 담론과 프랑스 중산층의 견해를 정확하게 대변하는 정치인들의 담론에 근거하려 한다.

보기 어렵다. 다만 과학자가 자신의 전공을 넘어서는 경우라면, 과학에 호의적이고 심지어 열광하는 대중의 소리와 의견을 듣고 수용하려 할 것이다.

나는 **과학**의 공통 이데올로기에 관한 실제 역사를 만들 수 있다고 생각한다. 역사의 시대를 구분하여, 1850년부터 현재까지를 크게 다섯으로 구분하고, 그 중에 앞의 네 시기는 지표로만 사용하겠다.

제1기는 과학주의다. 흔히 사람들은 이 시기를 과학만능주의라 부른다. 나는 "진정한" 학자란 과학만능주의와 공통점이 없다는 점을 강조한다 도식을 그리자면, 과학주의 내용은 다음과 같다. **과학**이 완전한 **진리**를 발견하고, 발견할 수 있다. 여기서 진리란 우리 사는 세계 내부의 구체적 현실과 동일하다 현 세계는 제한된 세계이며, 완벽한 분석, 이해, 설명이 가능한 세계다. 현실은 안정성 있고 사건들을 예견/예측할 수 있는 법칙들을 따른다. 왜냐하면 세계에서 출현하는 사건들은 언제나 동일한 것의 반복이기 때문이다. 과학은 멈추지 않고, 더 "많은" 것을 향해 발전한다. 따라서 과학은 모든 것을 파악할 것이며, 모든 문제들을 철저하게 고찰할 것이다. 신비는 없다. 인식의 한계를 뛰어넘는 일도 없다. **자연법칙** 위반도 없다. **과학**이 이 법칙을 단단히 고정한다. 완벽한 지식에 대한 생각이 학과 과정에도, 엄격하게 "과학적인 것"으로 판명나지 않은 곳에도 존재한다. "역사의 관점에서 말하면, 프랑스 전역의 문서보관소에 보관된 세부 자료들을 낱낱이 검토해야만 비로소 16세기와 19세기에 벌어진 '모든' 사건들을 알 수 있을 것이다."

마지막으로, **과학**은 결코 실수하지 않는다. 과학은 지식의 누적으로 진보했다. 확실성을 담보한 지식은 더 완벽한 지식으로 대체된다. 즉, 과학에 오류는 없다. 오로지 진보만 있을 뿐이다. 1860년에서 1900년까지 우리는 과학이 터를 닦고 일군 교양의 세계에서 살았다. 비타협성과 완고함으로 전진한 열광주의의 시대였다. 과학을 앞세워 가짜 이념, 종교, 문화 전통, 신화를 파괴해야 했다. 왜냐하면 이 모든 것은 암흑기의 상상력에서 만들어졌기 때문이다. **과학의 계몽**이 이를 철저하게 대체해야 했다.

그러나 이러한 열광주의는 1900년대 들어와서 다소 주춤했다. 1900~
1918년 사이에 제2기가 도래한다. 이 시기에 새로운 이데올로기의 출현은
없었지만, 그간 공통 이념이었던 과학주의는 한층 약화된다. 과학에 대한
이야기와 찬가는 확연히 줄었다. 나는 이 방향에서 두 가지 요소를 생각한
다. 첫째, 습관이다. 교양을 갖춘 대중은 과학 분야의 수준 높은 주제들에
익숙해지기 시작했다. 대중은 모든 것을 단번에 바꿀 수 있는 위험 요소를
내포한 위대한 발견들예컨대, 아인슈타인에 대해 아직 모르는 상태였지만, 지식,
계몽, 석명釋明으로 빛날 장래에 깊게 몰입하던 상태도 아니었다. 모든 것을
완벽히 검토하지 못하더라도, 과학의 절대 가치는 여전히 설득력 있었다.
습관이 빚은 설득력이었다. 아나톨 프랑스Anatole France는 자신의 책에서 과학
주의 시각을 공고히 한다. 그러나 과학주의를 무한정 찬양한다면, 우리는
더 이상 과학과 싸울 준비를 할 수 없을 것이다. 그렇다면, 그것은 학적 갈
등의 단계, 즉 과학주의라는 이름으로 교회와 싸우는 단계를 벗어나지 못
할 것이다. 그러나 대중에게 과학주의는 깊이 이식되었다. 가톨릭교회 지
지자들은 과감하게 **과학**을 공격하지 못하고, 항상 **과학**에 붙들려 부동자세
로 일관한다.

과학주의에 대한 견해차를 유발한 다른 요소에 대한 관심도는 상대적으
로 떨어졌다. 그러나 1914년에 발발한 1차 대전으로 사람들은 과학주의에
대해 짙은 회의감을 갖게 됐다. 다시 말해, 사람들의 관심 대상은 더 이상
과학의 진보가 아닌 전쟁이었다. 자연스러운 현상이었다. 그러나 가톨릭교
회와의 갈등 사례에서 확인할 수 있듯이, 파괴 수단들의 진보를 똑똑히 봤
으면서도 **과학**을 철저하게 심문하지 못한 부분은 심각한 실책이었다. 대
포, 기관총, 항공기들은 **과학**과 전혀 상관없다고 생각했다. 심지어 사람들
은 기술의 중요성을 의식하지도 않는다. 논쟁은 온통 정치 질서정치는 발생한 모

든 사건에 대한 전적 책임으로 나타난다와 경제 질서에 관한 문제에 맞춰졌다. 전쟁은 경제적 이익 때문에 불거진 갈등의 소산이다. 또 시장 독점권을 틀어 쥔 "대기업들"과 거대 경제력이 파괴 수단점차 완성도를 더하는을 만든다. 이 자본가들이 기술 연구로 얻은 결과물들의 생산과 유통을 통제한다는 사실을 누구도 강조하지 않는다. 자본가들의 이윤이 문제 관해, 나는 마르크스의 사상에 영향을 받았다은 모든 생산물에 대해 책임을 져야 했다. 따라서 이 시기에 과학에 대한 열정은 중심 자리를 차지하지 못하며, 과학의 옛 영광도 사그라졌다. 과학만능주의 이데올로기는 여전히 존재했지만 미미했다.

이러한 갈등 이후, 과학 이데올로기는 다른 모습으로 나타난다. 과거의 모습을 어느 정도 되풀이했지만, 색다른 모습을 부가하며 등장했다. 1900년의 중심 담화는 진리였다. 그러나 1920년 이후로 행복으로 중심이 이동했다. 과학은 인류에게 행복을 보장해야 한다. 사람들은 의학과 외과 수술의 눈부신 진보를 보았고, 거대 산업 장비를 통해 혜택도 누렸다. 우리는 삶의 전 영역을 관통하는 과학의 산물기술을 '통해'!을 본다. 이러한 산물의 대표는 작은 운송 수단들의 가속화와 증가였다. 사람들은 거듭! 빅토르 위고의 예언을 입에 올렸다. 위고의 예언은 이랬다. 민중들이 물질에 근접할 때, 지식을 갖게 될 것이다. 또 민중들이 자기 자신에 대해 알 때, 더 이상 증오와 전쟁놀이를 할 수 없을 것이다. 소비재가 급속도로 증가했다. 1929년의 위기와 집단 실업 사태에도 불구하고, 과학에 힘입어 생활수준의 눈부신 성장도 있었다. 과학은 어긋난 경제 작동에서 비롯된 이 비극들을 또 한 번 비껴갔다. 1936년 경, 과학이 인류의 행복을 보장하리라는 이야기는 의심의 여지 없었다. 올더스 헉슬리가 예기치 못한 측면을 제시하기도 했지만, 당시 극소수의 청년 지식인들만이 이 문제를 심각하게 받아들였다. 이들은 기술의 문제와 관련해 여러 출구를 모색했으나, 아직까지 과학을 심의하는 단계는 아니었다.

사람들은 전통 과학의 발견과 노선에 고착된 나머지 물리학자들과 수학자들의 활발한 토론을 무시했다. 플랑크나 하이젠베르크의 이름을 어렴풋이나마 알았어도 과연 이들이 무엇을 발견했는지, 발견의 결과물이 무엇인지 알 수 없었다. 당시 그것은 "과학"을 인문학의 흐름에 속하는 학문으로 주장하려는 의지를 설명한다. "과학" 사회학, "과학" 심리학, "과학" 경제학이 출현했다. 즉, **자연 과학**과 동일한 방법론, 특히 수학의 장치를 활용하는 학문이 등장했다. 이 학문들은 엄밀성과 명확성에 신경을 쓴다. 동시에 행복의 보증수표가 될 수 있을 합리적인 조직으로 사람들을 이끌어 가려면, 정치가 모든 것을 결정하는 상황에서 벗어나는 데 과학이 기여해야 한다고 확신했다.

　이 기간에 비합리성의 가치를 발견한 문학과 예술 운동초현실주의, 입체주의에도 불구하고, 합리성이 진보의 길이며, 진보는 반드시 인류의 행복을 구현해야 한다는 거대한 확신이 있었다. 인간의 자유와 행복을 증진시킬 미래를 기획하는 소비의 성장, 이동의 용이성자동차이 나타난다. 즉, 더 자유로운 삶이다. 소비의 성장은 희소성의 노예 상태에서 인간을 해방시킬 뿐만 아니라, 정치의 변화를 이끌어야 한다. 소비의 풍요로 독재 체제는 불가능하며 사람들은 민주주의를 지향하리라는 이론이 바로 이 시기에 발전하기 시작한다. 생산품의 풍요는 선택을 확장시키며, 결국 이전보다 더 자유를 누리도록 한다. 확실히 우리는 자동차를 타고 더 자유롭게, 그리고 자기 시간에 맞춰 여행을 떠날 수 있다. 그와 동시에, 행복에 대한 관념도 바뀐다. 정신적 혹은 이상적 행복은 더 이상 부각되지 않는다. 이제 행복은 소비와 직결된다. 즉, 대형 편의시설이 곧 행복으로 치환된다. 그러나 편의, 소비, 자유, 여론을 비롯한 모든 내용물은 응용과학의 산물이어야 설득력을 갖는다. 일부 집단들이 기초과학그러나 상당수 프랑스인은 기초과학이 어떤 점에서 유용한지 제대로 알지 못한다과 응용과학"현대" 사회의 경이로운 발명품을 만들어 낼을 구별하기 시작한다. 따라서 과학 이상주의는 여전히 긍정 평가를 받는다. 동시에 그것은 우리의 경험에 깊게 뿌리박힌다.

과학 이데올로기의 제4기는 1945년 이후 시기다. 종전 이후, 과학 이데올로기는 위기를 맞는다. 위기 요소들도 눈에 띄게 붉었다. 무엇보다 페니실린의 발견으로도 히로시마의 '트라우마'를 상쇄하지 못했다. 이 시기를 기점으로 과학에 대한 의심과 불신의 이데올로기 시대가 장기간 이어진다. 1945~1975년 사이에 과학 발명품들이 우후죽순 쏟아졌고, 급격한 경제 성장영광의30년!이 있었다. 거꾸로 심리학과 이데올로기의 지평에서는 주름을 접듯 한껏 웅크린 태도와 열광주의의 결여사상 최초로가 나타났다. 우리는 이러한 모순점을 자못 관심 있게 지켜본다. 내 시각에 이데올로기의 관점에서 이 시기는 매우 독특한 시기다. 통상 설명된 단계와 다른 방식을 보인다. 왜냐하면 도처에서 심층 차원의 방향 전환이 일어났기 때문이다. 무엇보다 과학자 본인이 바뀌었다. 이른바 '의심'이라 부를 수 있을 현상이 나타났고, 그 결과로 과학의 발전, 방법론과 결과물의 진보에 대해서도 부정확성의 문제가 제기되었다. 그러나 이데올로기의 관점에서 과학은 여전히 틀리지 않았다. 왜냐하면 과학자는 여전히 자신만의 과학 이데올로기를 가졌기 때문이다. 이처럼 사람들은 과학의 발견과 진리의 동일성에 대해 점점 입을 다물었다. 진리는 더 이상 과학의 일차 목표가 아니다. 그러나 나는 이데올로기의 위기를 두 가지 용어로 분석할 수 있다고 생각한다.

우선, 과학자 사이에서는 이전 시대 이론의 발견으로 얻은 결과물이 발전을 거듭했다. 과학자는 지금껏 다소 거리를 유지했던 현상들, 즉 무질서, 소용돌이, 범람, 의사소통에서의 소란 등의 문제를 진지하게 취급하기 시작했다. 이들은 엔트로피 개념에 집착한다. 또한 과학 지평에서 피드백을 중요한 현상으로 인식한다. 관찰 대상과 동일 체계에 있는 관찰자 본인이 관찰 대상을 혼탁하게 한다. 우리는 낡은 개념이지만 오늘날 회춘回春한 것처럼 보이는 개념인 비분리성을 재발견한다. 결국 학자들은 사건 자체는 존재하지 않는다는 생각, 우리가 관찰한 사건의 구성 주체는 바로 우리 자신이라는 생각을 일반화한다. 물론 이 모든 것 자체가 과학의 위기를 의미하지 않는다. 과학자의 평가에 따르면, 그것은 인식의 진보이자 과학의 새로운 승리였다. 옳은 평가다. 그러나 동시에 과학자는 뉴턴 물리학의 단순성에 속하지 않는 복합^{혹은 복잡} 현상들 및 이론들을 만났다. 여기서 두 가지 내용이 두드러진다. 첫째, 과학자는 자신들의 행위 정당성과 합법성을 위해 여러 책들을 발간했다. 동시에 그것은 19세기의 토대와 다른 토대에 자신들의 행위를 정초하려는 작업이기도 했다. 둘째, 과학자는 무한정 복잡해진 과학을 철학이나 보편 세계관에 연결하려 하거나 세계에서 도덕과 행동 준칙을 도출하려 했다. 이러한 목적을 바탕으로 과학자들은 책 출간에 열을 올렸다. 1970년 이후 관련 분야의 서적들이 쏟아졌다. 사실상 이 서적들은 과거 과학자를 통해 불거진 갈등들에 대한 답변서라 할 수 있다.

이러한 갈등들은 새로운 복잡성 개념과 결합했다. 뿐만 아니라, 수수께끼를 풀면 풀수록 연구 분야들은 확장되고, 새롭게 제기된 문제들은 늘어나면서 점차 난해하게 바뀌는 것처럼 보인다. 이러한 방향도 갈등을 증가시켰다. 한정된 문제이지만 셀 수 없이 많은 문제들^{이 문제들을 끝까지 추적한다면, 우리는 앎의 정점에 다다를 것이다}을 떠안은 사람들은 제한된 세계에 대한 시각에서 지식의 복합성과 다양성을 나타내는 세계로 이동했다. 이러한 방식의 연구와 조사는 끝없어 보이며, 어떤 과학 분야에서도 최종 결과의 도출은 불가능해 보인다. 이는 '정밀' 과학과 인문 '과학'을 가리지 않는다. 이 시기는 엄격하고 수학적인 방법론의 적용이 실제 가능한지 되묻기 시작한 시기다. 인간 현상들은 더 복잡해지고, 유연해졌다. 사람들은 이전 세대의 환원주의를 비난하기 시작했다. 역사 분야에서 엄격하고 경제적인 분석을 통해 정치 운동을 설명할 수 있다고 믿었던 시기가 지난 이후, 사람들은 과학의 불확실성과 유동성이 추가된 연구로 이동하기 시작했다. '정신구조의 역사' 와 같은 주제가 대표적인 연구이다. 이 분야에서는 다양한 권유나 "도전"이 과학적 설명과 일반화를 위한 노력과 결합한다. 과학은 앎의 누적으로 진보하지 않고, "과학 혁명"을 낳는 패러다임의 변화로 진보한다는 이론도 등장했다. 더불어 과학을 초월적 진리에 밀착시키려는 노력도 있었다. 과학은 더 이상 "자기 충족적"이지 않았다. 이러한 경향의 출처가 철학자나 신학자^{테이야르 드 샤르댕의 영향이 있었지만}가 아닌 과학자 본인^{가령 프린스턴의 그노시스파}이라는 점에 눈길이 간다. 과학자의 결론은 다음과 같았다. 과학의 방법론, "과학의 본성", "과학적이라 규정 가능한" 기준은 존재하지 않는다. 더 이상 누구도 "과학"의 범주에 무엇이 존재하는지에 관해 이야기할 수 없다.^{A. Chalmers, "The case against a universal scientific method", in *Science, Technology and Society*, 1985}

지금까지 서술한 내용은 '과학' 에 대한 문제 제기가 아닌, '과학자' 에 대한 문제 제기와 과학자를 전혀 새로운 의문과 의심의 차원으로 이끌었던 요소들을 하나로 묶은 일종의 요약이라고 할 수 있다.

그러나 '덜 과학적' 이면서 '더 이데올로기적' 인 형태의 과학에 대한 염려가 새로이 추가됐다. 2차 대전 중^{1940~1945}에, 여러 수단들이 급증했다. 원자탄이라는 가공할만한 현상도 문제였지만, 과학의 진보에서 직접 파생된 기술 결과물이 사실상 전 영역에 등장했다는 점이 큰 문제였다. 화학, 생물학은 이 부분에 혁혁한 공을 세웠다. 이제 세균전도 가능하며, 고엽제 살포전도 가능하다. 곳곳마다 과학이다. 과학이 응용되지 않는 분야는 없다. 과학과 기술^{권력에 복무하는}의 밀접한 관계에 대한 질문이 대대적으로 일었다. 사람들은 과학이 순수 상태가 아니라고 판단했다. 과학자는 더 이상 진리에 굶주린 연구자나 객관적 진리 탐구자가 아니다. 과학자는 비자발성과 불가피성에 매몰된 나머지, 전쟁 수단들의 창조자로 탈바꿈한다. 이들이 생산한 수많은 약품들의 효능을 정확히 평가할 수 없다. 더 이상 "순수" 과학은 없다. 심지어 사람들은 "순수"[85] 수학은 존재하지 않는다는 표현까지 서슴지 않았다. 과학은 정치, 전쟁, 경찰의 "불순한" 활동에 포섭되었다.

친親나치 지식인들이 수감자들에게 자행한 과학 실험들을 볼 때, 우리는 아연실색啞然失色한다. 그러나 환자가 자발적으로 의약 신제품이나 유전자 공학을 위한 외과 수술의 임상 표본이 되는 일에는 별 반응이 없다. 마치 정상적인 행위로 생각하기도 한다. 인간은 조작 가능한 대상이 되었지만, 대중은 이를 크게 개의치 않는다. 나는 과학 이데올로기 위기의 첫 단계가 바로 현 시기에, 세계와 과학 환경 자체에서 만들어졌다고 생각한다. 다시 말해, 이 모든 요소들이 얽히고설키며 과학 이데올로기의 위기를 불렀다. 물론 이러한 위기가 과학 연구 자체를 가로막지 못했다. 그러나 일부 과학자들特히 미국은 현 위치를 명확히 드러내고, 상황을 투명하게 보기 위해 과학 연구의 '모라토리엄' moratoire, 즉 과학 연구의 활동 중단을 선언하기도 했다.

이와 다른 쪽에 있는 여론은 과학의 특수 발명품에 대해 언제나 경탄과 찬사를 보냈다. "우주 정복" 초기에는 과학에서 비롯된 기술 생산품예를 들어, 텔레비전의 두드러진 확산도 있었다. 그러나 내가 이 장 초반에 언급했던 것처럼, 이러한 경탄은 극도의 공포와 결합한다. 과학 이데올로기의 전개는 조지 오웰의 유명한 소설 『1984』나 공상과학으로 표현되었다. 1960~1975년 사이에 미국에서 쏟아진 공상과학 이야기는 항상 대재앙으로 마무리된다. 즉, 이 소설들은 기본적으로 비관적이다. 이 점에 주목해야 한다. 무엇보다 서구인은 **진리**나 **행복**과 다른 핵심 주제가 된 **과학 절대 권력**에 대한 확신을 재발견한다. 오늘날 서구인은 **과학**이 모든 것을 할 수 있다는 확신에 사로잡혔다. 그러나 그 방향은 인간의 위대함과 성공에 대한 긍정이 아니다. **과**

---

85) D. Nordon, *Les mathématiques pures n'existent pas*, Actes Sud, 1981. 1960년부터 연구 의무론에 대한 욕구가 급격히 늘었다. 연구자들은 더 이상 생산력이 아닌 "인간의 경계", 환경, 자원, 인구통계 등을 방향타로 삼자고 주장했다. 이러한 내용을 골자로 일본에서 기획된 과학자 모임(1987)은 매우 유의미하다.

학은 선을 위해서도 사용될 수 있고, 악을 위해서도 사용될 수 있다. **과학은 모든 곳에 사용될 수 있다.**

모든 것은 정치의 의사결정과 같은 인간의 사용 방식, 즉 우리의 능력 범주에 달렸다. 다소 위안거리가 될 법한 이러한 확신이 곳곳에 퍼진다. 그러나 인간은 과학의 가치와 실증성에 대해 모호성을 보인다. 오늘날 생산되는 다양한 글은 과학에 대한 무한 신뢰와 공포의 확산을 동시에 드러낸다. 거기에서 우리는 우화를 통해 실제를 감추는 '이솝의 언어'와 같은 모습을 볼 수 있다. 사람들의 논의를 비껴가는 과학의 유일한 특징은 바로 '만능주의'다. 이제 모든 것은 과학의 자장 안에 있다. 따라서 과학자와 일반 여론 사이에 존재하는 과학에 대한 확신의 차이를 확인하는 작업이 매우 중요하다. 이 점을 제대로 설명하는 분야는 생태 운동이다. 초기 생태학은 과학 과목이었다. 그러나 비과학자는 특정 사실들과 가설들에 사로잡혔다. 이들은 서구 "문명"에 대한 비판 수단들로 이러한 사실들과 가설들을 활용한다. 운동의 근원, 구체적인 정책, 환경 문제를 둘러 싼 세대 간의 갈등, 운동의 "변질"에 대한 두려움, 6·8 운동이 생태 운동에 미친 효과 등, 생태 운동에 대한 연구는 매우 복합적이다. 그러나 이러한 생태 운동은 과학과 기술의 응용에서 나타난 결과들을 거부하곤 했다. 나는 생태 운동이 진정성을 확보하려면, 초심으로 돌아가야 한다고 생각한다. 즉, 과학과 기술의 응용으로 나타난 파괴와 오염에 대한 진지한 연구를 참조하고 근거로 삼아야 한다. 1967년에서 1975년 사이에 생태 운동은 성공을 거뒀다. 그러나 이 성공은 기술 지배 권력과의 정면 대결을 피하면서 거둔 성공이었다. 오히려 이 권력과 대면했을 때 드러난 '공포의 이데올로기'를 나타낸다고 할 수 있다.

2. 새로운 이데올로기[86]

그러나 1975년부터 우리는 과학 이데올로기의 총체적 전환을 본다. 가장 먼저 확인할 수 있는 부분은 현실 상황과 이데올로기의 대립이다. 다시 말해, 분명 "위기"의 시대임에도 불구하고, 승리주의 이데올로기가 작동한다. 이 승리주의 이데올로기는 옛 이데올로기들과 전혀 다르며, 교양을 갖춰 다듬고 벼린 이데올로기와도 매우 다르다. 이를 이해하려면, **과학과 기술의 관계**가 더욱 밀착되고, 견고해졌으며, 쌍방향성을 갖췄다는 점을 이야기해야 한다. 옛 사람들은 종종 **과학의 주권과 독립성**을 이야기했다. 즉, **과학**은 이차 수단과 장신구와 같은 방식을 동원해 기술의 결과물을 지향하

---

86) 과학 이데올로기의 실제 극복은 이뤄지지 않았다! 심지어 우리는 젊은이들에게서 과학 이데올로기를 재발견하기도 한다. 1984년에 출간된 파트릭 토르(에덴 윌슨의 사회-생물학에 맞서려는 목표를 명확히 수립한)의 책 『위계질서의 사유와 진화』(*La Pensée hiérarchique et l'évolution*, Aubier Montaigne)가 대표 사례다. 비타협성, 순수성, 이상주의와 결부된 과학 노선을 유지하는 이 책은 단순성과 뒤섞이며, 어떠한 이데올로기도 과학에서 탄생할 수 없음(이데올로기는 오로지 이데올로기에서 탄생한다)을 논증하려 한다. 나아가 과학(찬양의 대상이 된 위대한 신)은 실제로 이데올로기와 구별된다고 주장한다. 형이상학이라는 청명한 하늘을 두둥실 떠다니는 말 아닌가! 그러나 세상 어디에도 그런 곳은 없다! 불행 중 다행인지 몰라도, 다소 온건한 시각을 가진 르 라누(M. Le Lannou)의 견해는 이러한 관측들의 허점을 보충한다. 나는 과학과 삶 사이의 괴리를 다룬 그의 보고서를 '정확한 사고'와 '영특한 인간주의'라고 평하고 싶다!(« Le décalage entre la Science et la vie », *Le Monde*, janvier 1984) 이 글은 과학의 발견이 곧바로 확신으로 바뀌는 법을 기막히게 선보였다. 이 확신은 다른 사실들로 논증되기 전에 특정 이데올로기적 주제를 담은 단호한 주장으로 바뀐다.(저자는 다이티오트레이톨D.T.T.과 녹색혁명의 곡물 개발을 사례로 제시한다) "(과)학자와 연구원은 더 이상 서로에게 속하지 않는다. 이들은 직업상의 오류까지도 충분히 지원해 줄 수 있을 보다 규모 있고 정당한 대의에 복무한다." 르 라누는 카자흐스탄에서 벌어진 수백만 헥타르 토지 개발 사업의 실패를 거론한다. 이 실패는 재난 수준이었다. 왜냐하면 실제 기후 조건과 인구의 특수성을 고려하지 않고, 평균값을 기점으로 계산했기 때문이다. 더욱이 그것은 해당 분야 전문가들의 계산이었다. 아스완 댐 건설은 "비용-혜택"의 수익성 계산을 출발점으로 삼았다. 댐 건설의 유해성인 재난 예측가능성과 같은 차원을 고려하지 않았다! 마찬가지로, 브라질은 1975년 이후로 농업이 가장 진보했던 제3세계 국가이며, 가장 심각한 기근을 겪는 국가 중 하나가 되었다. 주목해야 할 부분이다. "예측 불가능한 수치와 '수단들'이 통계들을 대체했다. 즉, 추상 공간이 지역의 현실을 대체했다. 연구원의 불타는 열정은 혁명과도 같았던 지난 시대의 과학을 잊도록 했다. 즉, 어떠한 이데올로기와도 타협하지 않았던 지난 시대의 과학, 거대한 인류애의 시대보다 더 사려 깊으면서도 보편화된 집단의 지혜가 인간과 공간의 다양성의 명을 받았던 지난 시대의 과학을 잊도록 했다."(르 라루는 클라츠만의 탁월한 책과 연관해 이 글을 썼다. J. Klatzmann, *Nourrir dix milliards d'hommes?*, P.U.F., 1983)

는 여러 방향을 설정한다. 기술의 결과물은 **과학**에서 완전히 독립되어 있다. 그러나 현재 우리는 더 이상 이러한 독립성을 생각하기 어렵다. 이제 과학이 진보하려면, 특수성과 "정밀성"을 갖춘 기술 생산물이 꼭 필요하다. 우주 공간의 발견은 우주 항공 기술의 열매다. 이러한 기술이 없다면, 우리는 한 세기 이전의 내용 정도만 알 수 있을 뿐, 그 이전 시대의 내용에 대해서는 알 수 없을 것이다. "소립자"를 비롯해, 원자력 연구 관련 분야나 생물학 분야에서도 마찬가지다. 물론, 컴퓨터 정보 통신 분야는 매우 중요하다. 점점 강력해지는 컴퓨터로 인해, 과학자는 본인의 연구에 필요한 고성능 계산기를 접할 수 있게 되었다. 1980년에 나는 매우 큰 실수를 저질렀다. 그 무렵 나는 컴퓨터의 계산 속도와 컴퓨터를 통해 얻는 정보가 컴퓨터 없이도 보통 얻을 수 있었던 정보를 넘어서지 않을 것이라 예상했다. 그러나 현재의 컴퓨터 활용을 보면, 상황은 판이하게 다르다. 대중은 많은 정보와 내용을 기대하지 않지만, 과학자는 더 우수한 성능의 컴퓨터와 정보 체계를 요하는 거대한 계산기를 제작했다. 결정적인 진보는 바로 이러한 요구에 대한 응답으로 일어났다.[87]

기술은 과학 연구에 필요한 수단들과 새로운 물적 수단들을 공급한다. 이러한 수단들이 없다면, 과학 실험과 연구 자체가 불가능하다. 그러나 여기에 또 다른 문제가 개입한다. 바로 기술 장비와 기기의 값이다. 이것들은 하나같이 고가 장비다. 현대 장비 중 어떤 것은 특정 국가의 지불 능력을 훌쩍 뛰어 넘기도 한다. 탐구와 조사 수단들에 대한 과학계의 수요에 맞는 공급이 이뤄지려면, 일단 기기 설치 작업에 착수_{미국과 소련 제외!}해야 한다. 사이클로트론_{원자 파괴용 고주파 전자 가속기기}이 대표 사례다. 보통 이러한 기기의 설비 비용은 국가가 담당하되, 때로 국가와 사금융이 손을 잡기도 한다. 불가피한 상호성이 갑자기 출현한다. 우주 실험실 설치, 거대 입자 가속기 설비,

---

87) W. Mercouroff, « Quelle informatique pour la Science? », *La Recherche*, n° 146, ao t 1983.

원자로 건설을 위한 천문학적 비용 지불의 이유는 과학에 대한 애정도 아니고, 진리에 대한 사랑도 아니다. 모든 투자와 마찬가지로, 이 분야도 '반드시' 투자와 연계되어야 한다. 또한 그 투자는 수익성을 전제한다. 결국 과학은 기술을 '경유'해 경제 계산이 가능한 결과물을 공급한다. 그러나 나는 이보다 한 걸음 더 나아가려 한다. 실제 흐름은 그와 동일하지 않기 때문이다. 사람들은 경제적 만족을 느낄 수 있을 결과물을 내 놓아야 한다는 조건으로 과학자의 요구 수단들을 제공한다. 정반대의 흐름이다.

사람들은 몇 가지 과학 발명품이 경제 성장의 두드러진 역량을 낳는 사실을 알았다. 농업, 경영관리, 산업 분야 모두 마찬가지다. 사람들은 가격 인하와 맞물린 생산성 성장을 "개발"이라 불렀다. 이미 1950년 무렵, 과학 연구와 경제 개발이 연동되었다. 그 유명한 "연구개발"을 기억하자. 그러나 전자가 후자의 조건이고, 그 역도 가능하다. 즉, 과학 연구는 경제 개발을 낳고, 연구에 필요한 것을 해당 분야에 공급하기 위해 경제 개발이 필요하다. 물론 1970년대^{특히 1975년}, 이러한 연관성에 의혹이 제기되었다. 특별히 경제학자들의 이의 제기가 있었다. 그러나 여론은 항상 전문숙련가들의 분석보다 뒤늦게 형성된다. 따라서 "범인^{凡人}"과 마찬가지로 정치인에게도 연구와 개발은 이론의 여지없는 짝패이다. 연구자들도 이 공식에 역점을 둔다. 물론 이들도 "연구개발"이라는 공식에 대한 사람들의 의구심을 잘 안다. 이들에게는 자기 연구를 더 이상 지속할 수 없다는 위기감이 있다. 따라서 오늘날 이데올로기의 관점에서 볼 때, 과학자와 여론^{통상 나타나는 여론과 반대로}에서 모두 동일한 공식이 나타난다.

그러나 **과학**은 더 이상 자유롭지 못하다. 향후 **과학**은 극단화 될 것이다. 즉, **과학**에는 절대적인 의무가 부과될 것이다. 과학은 국가 **경제**에 복무해야 한다. 우리는 정치인이 지식인들에게 이러저러한 연구 목표와 틀을 고정시켜 놓은 시대에 산다. 그러나 절대적 요청의 한계와 세밀함이 덜하다고 하여, 학문의 엄밀성이 떨어진다고 말할 수 없다! 과학의 이러한 복무는 국가 경쟁에서 벌어지는 생사의 문제, 과학 자체의 존폐 여부의 문제이다. 더 이상 "과학을 위한 과학"은 없고, 개발을 위한 과학이 있다. 이를 파악하려면, 다양한 연구 분야에 할당되는 예산 차이를 확인하면 된다! 그리고 그것은 매체들을 통해 여론에 단단하게 이식된다. 매우 설득력 있는 표현이 있다. 곧, 우리는 매 방송마다 정보를 분출하는 텔레비전을 따라간다. 텔레비전은 과학과 기술의 상호 결합으로 나타난 빛나는 영광을 계속 송출한다.

우리는 과학을 구원자로 여기는 믿음과 만났다. 이 믿음은 애국심에서 비롯된 국위 선양에 대한 믿음이 아니다. 단지 "우위"를 차지하는 데 혈안인 국가의 투철한 의지에 근간한 믿음이다. 사람들은 과학과 기술의 관계를 과거처럼 부정적으로 해석하지 않고, 긍정적으로 해석한다. 또 동일한 용어들예컨대 진보이 아닌, 동일한 생각들성장, 발전을 발견하려 한다. 경제 위기, 실업 등의 유일한 출구는 경제 성장의 회복이다. 이는 좌우 공통 담론이다. 유일한 성장 수단은 최고 생산성을 기준으로 한 생산성 경쟁이며, 과학 연구는 최고 생산성을 보장한다. 이러한 논리는 매우 간단하며, 지속적으로 확산된다. 그러나 이 논리는 때때로 매우 모호한 모습을 보인다. 왜냐하면 새로운 과학 발명품을 결과물로 내놓으려면, 사전에 자금 투자, 창업, 인력 고용 등이 필요하기 때문이다.

"과학"은 경제와 필연적인 관계에 돌입했다. 그리고 이 관계에서 생산된 결과물을 바로 확보할 수 있다. 지금까지 이해와 인지가 불가능했던 현상들을 도맡았던 최종 책임자는 과학이었다. 과학이 더욱 복잡하고 이해 불가능할수록, 비전문가들평범한 사람들이 아닌, 어느 정도 관련 분야의 학식이 있는 교양인들은 과학에 대한 더 긍정적이고 낙관적인 믿음을 키운다. 물론, 이러한 맹신에 대한 우려가 없지 않다. 그러나 그것은 과거에 있었던 우려와는 차원이 다르다. 왜냐하면 우리를 포위한 일상의 기적[88] 이 우리를 압도하고, 우리에게 구원의 확신을 주기 때문이다. 이제 우리는 타자연구자가 제시한 "진보"에 동화된다. 진보를 극복하고, 취소하는 당사자 역시 이 타자이다. 지금 우리는 기술의 생산물을 이야기하는가? 과학의 경계선들이 불분명해졌다는 점에서, 이 생산물은 분명히 과학 연구의 소산이다. 그렇다면, 디자인도 과학인가?

유체 역학은 기술 응용의 결과물과 끝없이 결합할 수 있는 공간을 연다. 내가 볼 때, 이것은 컴퓨터 분야와 관련성 높은 이야기다. 또 이러한 이데올로기는 전혀 파악하기 어려운 부분과 관련된 실험에 머문다. 기술 응용의 결과물을 재결합하는 공간을 열면서, 한 쪽에서는 파악하기 어려운 일이 새롭게 등장하는 이중의 사건이 벌어지는 셈이다. 물론, 우리는 단면만 보고 판단할 수 없다. 특정 부문에서 재결합 공간의 개방은 항상 존재하기 때문이다. 자동차를 사용할 때, 자동차 모터의 작동 방식까지 자세히 알 필요는 없다. 하물며, 자동차의 원천인 과학 원리들까지 일일이 파악할 이유도 없다. 현실에서의 사용이 더 중요하다. 정리하면, 진보를 거듭할수록 더 복잡하고 이해할 수 없는 생산품이 출현하게 될 것이다. 예컨대, 텔레비전은 자동차 모터보다 추상적이며, 컴퓨터는 텔레비전보다 더 복잡하다. '동시에' 우리는 이 생산품을 더 간단하고 단순하게 사용할 것이다. 머지않아 우리의 명령에 대답하는 로봇과도 만나게 될 것이다. 이것은 언어학과 같은 학문적인 자료 분석의 결과다!

따라서 우리는 일부 이데올로기의 명령을 받는 역설적인 상황에서 산다. 사람들이 일상에서 사용할 수 있고, 가장 다루기 쉬운 엔진에는 공격적인 투자와 심층 연구가 필요하다! 그러나 통상 이러한 투자와 연구가 과학의 타당성과 적법성을 부여하는 원천이다. 여하튼, 더 이상 과학 자체는 관건

---

88) [역주] 과학의 산물을 뜻한다.

이 아니다. 현대인은 빈번하게 기술과 접촉하고, 기술은 현대인의 삶과 사회를 완전히 뒤바꾼다. 기술은 가장 발전된 과학 연구와 함께 인간에게 최고의 생산품을 공급한다. 이러한 생산품을 매개로 인간은 기술에 "직결"된다. 현대인은 계산, 가설, 과학 연구의 세부항목을 모른다. 그러나 과학계와 거기에 속한 각 영역을 매우 친숙해한다. 여기에서 가장 중요한 역할을 담당하는 주역은 물론 컴퓨터다.

더 이상 과학은 비밀 실험실에서만 연구하지 않는다. 과학은 우리 가운데 있다. 대중들과 젊은이들을 지도하려는 정치적 충동은 이러한 과학 현상을 강화한다. 젊은이들에게 이른 시기부터 컴퓨터를 비롯한 기술 기기들의 조작법을 가르쳐야 한다. 그런 식으로 젊은이들에게 과학 연구에 대한 애정을 유도해야 한다. 국가의 미래는 젊은이들의 과학기술 역량에 달렸다. 또 권력은 부모와 자녀들에게 과학의 우위를 설파하기 위해, 과학기술로 무게 추를 옮긴다. 권력은 과학이 마치 우리의 숙명인 것처럼 이야기한다. 젊은이들은 틀림없이 미래 사회를 과학기술의 사회로 만들어야 한다고 생각할 것이다. 사람들은 젊은이들을 미래의 과학자로 만들어야 한다고 생각할 뿐, 하나의 가능성이나 경향이 불가피한 숙명론으로 치환되는 현상을 고려하지 않는다.

그러나 새로운 이데올로기의 또 다른 중요한 면을 보아야 한다. 과학은 자신과 연루된 사회의 변화를 통해, 자연을 발견할 뿐 아니라 우리의 모든 염려와 근심에 대한 대답이 된다. 따라서 과학 이데올로기의 정교한 제작이 필요하다. 또 과학 이데올로기는 구원론이 되기도 한다. 오늘날의 과학 이데올로기는 '구원 이데올로기'다. 대중들은 과학 이데올로기를 유일한 안식처로 여기며, 그것의 부정적인 면을 애써 거부한다. 과학만이 우리 사회의 미래를 짊어진다. 이 세계의 모든 문제에 대해 대답이 필요하며, 그 대답을 마련하는 주역은 바로 과학일 것이다. 의료 분야와 연결해 보면, 더욱 분명한 현상이다. 20년 전부터 전 부문에 걸쳐 놀라운 발명이 이뤄졌다. 보통의 프랑스 사람들은 인간을 향한 모든 공격에 의학이 대답을 줄 것이라는 말을 결코 의심하지 않았다. 오늘날 후천성면역결핍증과 관련된 흐름이 그것의 전형이다. 매체들은 신약新藥 출현을 대중에게 실시간으로 알릴 뿐만 아니라, 과학 연구의 진행 과정을 매우 간단하고 이해하기 쉽게 설명하기도 한다. 우주공간 연구자들도 마찬가지였다. 우주는 더 이상 흥행 소재나 화려한 볼거리가 아니다. 우주공간은 연구 주제, 조건, 가설들을 설명하는 장이다. 과학 작업이 이뤄지는 영역들은 실로 거대하다. 우리는 이 거대한 현상이 나타나기 전부터, 과학이 우리의 질문에 대답할 것이라고 생각했다. 그러나 과거와 현재의 두드러진 차이점이 있다. 20세기 초반 사람들이 겪었던 "문제들"의 대부분은 이전 시기 사람들의 삶과 대동소이했던 문제들이었다. 사람들은 문제에 익숙해졌고, 여러 변론과 해답_{효율성까지는 아니어도 어느}을 제시했다. 과학은 분명 유용한 대답을 내놓았다. 그러나 과학의 답이 유일한 답은 아니었다.

　우리가 사회에서 마주하는 차원, 성질, 문제의 특징은 오늘날 완전히 바뀌었다. 온 세계에 '유명'해지고 보편화된 빈곤, 성장 중심부 국가들과 저개발 국가들 간의 경제 격차 심화, 비대화된 파괴 권력, 변화의 급성장, 계속 바뀌는 환경에 대한 적응, 전통의 소멸_{사회, 도덕, 인간, 예술, 문화 등} 등이 현대 사회의 두드러진 특징이다. 현대 사회에서 과거의 문제 해결법이나 절차 및 과정은 모든 효력을 상실한 상태다. 우리는 이 현상을 어렵지 않게 볼 수 있다. 정치는 현실과 완전히 괴리되었다. 컴퓨터와 텔레비전을 통합한다면, 교육이나 교육학은 완전히 새롭게 바뀌어야 할 것이다. 인간의 상호 관계들도 매우 비효율적이다. 과거에 법체계는 한 사회를 측정하는 기준이었다. 그러나 이 법체계도 과학의 새로운 응용으로 불거진 새로운 문제들 앞에서 완전히 무용지물이다.

이제 인간이 신뢰할 수 있는 곳은 과학 밖에 없다. 우리가 '유일하게' 의탁할 수 있는 곳은 바로 과학이다. 과학은 개인과 인류의 유일한 **구원자**다. 사람들의 불안과 우려를 일거에 잠재울 수 있는 것도 바로 과학이며, 전쟁의 위협에 대한 대답도 무용지물에 불과한 조약이나 협정이 아닌 과학이다. 이에 대해, 모두가 종종 접하는 한 가지 이념나름의 합리성을 갖춘을 소개하겠다. "원자탄과 같은 파괴 수단들의 가중으로 인해, 앞으로 전쟁이 억제될 것이다. 오늘날 누구도 세계 대전을 일으키는 무모한 짓을 멋대로 자행할 수 없다. 설령 폭격의 주도권을 쥐었다고 해도, 결국 자신도 공멸할 가능성이 높기 때문이다. 그러므로 전쟁은 불가능하다." 나는 이 주장의 타당성 여부에 대해서는 함구하겠다. 다만, 이 주장이 과학과 연결된 이데올로기의 병기고 역할을 한다는 정도만 확인하겠다. 과학은 원자탄 자체의 위협에 대해 원자탄을 탑재한 로켓으로 응수한다. 우리 행성을 파괴하고도 족히 남을 무기 체계를 구축해 전쟁을 억제하겠다는 발상이다. 사람들은 파괴 체제의 구축이 전쟁 억제라는 주장마저 부술 수 있다는 점을 생각하지 않는다. 이데올로기의 비일관성을 크게 개의치 않는 셈이다.

마찬가지로, 공해의 해결책도 협정이 아닌 **과학**이다. 과학의 심층 연구를 중단할 수 없으며, 각 사안마다 우리에게는 심화된 과학 연구가 필요하다. 예컨대, 자동차 휘발유과 촉매변환기의 문제는 공해와 직결된 문제이고, 우리의 실생활에 밀착된 문제다. 미국의 경우, 강과 큰 호수들의 오염 문제에서 완전히 벗어났고, 오염을 극복하는 데 성공했다. 사람들은 어떻게 해야 하는지를 안다. 과학 연구 전 과정의 자유를 허용하면 된다. 앞에서 이야기한 것처럼, 전 분야에서 이뤄지는 과학 연구의 속도는 매우 빠르다. 그 속도는 현대인을 위협하는 요소들이 머지않아 대부분 소멸할 것이라는 확신보다 더 빠르다. 현대인은 절대적으로 **과학**에 의존한다. 과학 중심주의 시대에 과학은 신을 제거하고, 신의 비존재를 증명하려 했다. 그러나 공개적으로 이러한 작업을 진행한 집단은 소수였다. 신의 제거와 비존재 증명이라는 목표로 연구를 진행하지 않더라도, 오늘날 대중들의 의식은 동일한 결론에 이른다. 그러나 전혀 다른 방식으로! 우리의 유일한 안식처가 과학이라는 생각이 발전함에 따라 신은 우리의 상황에서 불필요한 존재가 되었으며, 과학은 이데올로기로 인해 전례 없는 신의 지위에 올랐다. 카플랑Kaplan in A. Jacquard, *Les scientifiques parlent*은 이 크나큰 위험 요소를 다음과 같은 구문으로 정리한다. "이데올로기의 생물학화도 위험하며, 생물학의 이데올로기화도 위험하다."

물론, 이러한 주장에 대한 반작용으로 "비관론" 거부나 우려되는 사건들에 대한 거부를 표방하는 주장이 등장했다.[89] 어떻게 보면, 현대인은 보려고 하지도 않고, 알려고 하지도 않는 것 같다. 근심과 염려로 가득한 시기가 지난 후, 정적의 시간이 도래했다. 원자탄의 위협을 몰라서가 아니다. 셀 수 없는 기술 신제품이 쏟아졌고, 대성공을 거뒀기 때문이다. 오락기는 그 중에서도 군계일학이다. 왜 환경 운동이 퇴보하거나 실패를 거듭하는지 알 수 있는 대목이기도 하다. 물론, 환경 운동 내부의 비일관성에서 비롯된 부분도 간과할 수 없다 대중들은 더 이상 환경 운동가의 목소리를 경청하지 않는다. 운동가들이 보도하는 생태계 위협의 광범위한 확산과 과학의 직접 혜택 사이에서, 대중들은 후자를 더 선호하기 때문이다. 환경 운동가들은 과학과 기술이 짝을 이뤄 실현할 수 있는 것보다 '효율성' 떨어지는 주장을 제시한다. 바다표범 보호나 고래 보호 운동처럼, 구호는 거창하지만 실속은 변변치 않은 운동도 있다. 사람들은 인류의 위협이 되는 문제를 숙고하지 않는다. 아마존이나 아프리카의 열대 우림은 점점 사라지는 중이다. 그러나 다들 별 상관없는 일로 여긴다. 산성비 문제도 별로 개의치 않는다. 여하튼, 대중들은 거대한 위협 앞에서 그저 '무력' 할 뿐이다. 따라서 무의식적으로 이 문제에 직시하

---

89) 반(反)과학의 문제를 말한다. P. Thuillier, « Les origines de l'antiscience », *La Recherche*, 1986. Colloque important sur Science-Antiscience, Paris, 1982, J. Testard, *La Recherche*, 1982.

려 하지 않으며, 관련 정보도 거부한다. 이 문제에 대해 아무것도 할 수 없다는 자포자기인 셈이다. 그리고 과학에 눈을 돌린다. 미래를 약속할 수 있는 유일한 길은 과학에 대한 신뢰뿐이다.

우리 세계는 점차 꿈과 같은 이상 세계가 된다. '구경꾼 사회'가 '꿈의 세계'로 탈바꿈하기 때문이다. 구경거리의 확산에는 구경꾼들을 한 데 모으라는 명령이 숨어 있다. 이러한 확산에 과학의 꿈이 덧붙여져, 우리는 재차 알 수 없는 세계에 빠지고 만다. 이 세계는 더 이상 기계들의 세계가 아니다. 인간은 이 세계에서도 여전히 자기 자리를 유지한다. 물질의 주체인 인간은 물질의 대상 세계에서도 자기 자리를 확보한다. 이 세계는 더 이상 고성능 가전제품에 밀착된 세계가 아니다. 어떤 면에서, 이 세계는 인간을 깜짝 놀라게 할 것이다. 그러나 인간이 쉽게 다가갈 수 있고, 동화될 수 있는 세계다.

그러나 우리 사회의 구조 자체가 이해하기 어려운 형태로 바뀐다. 과학의 직접 효과 때문이다. 보통, 사람들은 무엇이 핵심인지 명확하게 의식하지 못하고, 진행 중인 변화의 실체도 이해하지 못한다. 오히려, 거대한 신비의 문 안에 들어와서 자기를 이해한다. 우리 사회에서 컴퓨터는 만능열쇠가 되었다. 물질 재화보다 정보의 생산과 유포가 더 유용하다. 이제 사회의 부를 측정하는 기준은 생산물이 아니라 정보이다. 그러나 정보를 이해하고 파악하기는 쉽지 않다. 우리는 미지의 세계로 이동한다. 왜 미지의 세계인가? 인류가 지난 5,000년 동안 알았던 방식과 전혀 다른 방식으로 조직된 세계이기 때문이다. 우리는 특수한 사회의 입구에 들어섰다. 이 사회는 더 이상 제도들의 사회도 아니며, 안정성과 위계질서를 갖춘 사회도 아닐 것이다. 그러나 이미 설명했던 것처럼, 인간은 정보망 사회에서 분명한 자리를 점했다. 그리고 인간은 이러한 정보망의 다양한 지점에 자신의 자리를 유지함과 동시에 복수의 정보망에 속한다. 그러나 유동성과 불안전성이 가중된 세계에서 자기 자리를 잡는 일은 불확실성을 감수해야 하는 일이다. 우리는 이러한 세계를 결코 이해하지 못한다. 과학은 더 이상 제1권력의 자격을 갖지 못한다. 우리는 과거에 존재했던 모든 요소와 어떠한 공통 척도도 발견할 수 없는 세계로 이동했다.

그렇다고 옛 사회 체계가 아예 소멸한 것은 아니다. 우리의 정치의식도 멈추지 않았다. 우리는 여전히 관료주의 사회에서 살며, "적응"을 위한 "일반" 교육학의 발달 문제를 고심한다. 다만, 적응 대상이 무엇인지를 모를 뿐이다! 정보망 사회에 무엇이 포함되는가? 우리는 이를 정확하게 이해하지 못한다. 심지어 관련 분야의 전문숙련가들도 이해하지 못한다. 파도 너머의 파도를 볼 수 있는 혜안을 가진 독자들이라면, 국가 구조와 경계선의 소멸을 예측해 볼 수 있을 것이다. 주목해야 할 몇몇 사건들이 이미 발생하기도 했다. "과학-기술"의 발달이 가속화될 경우, 특수한 지위를 누렸던 경제적 계산도 더 이상 존재하지 않을 것이다. 수십억이 오가는 과학 분야라면, 경제적 수익성을 따지고 말고 할 것도 없기 때문이다. 연구가 가능한 길이 보이면, 경제의 눈까지 빌려 정당성 여부를 따져 묻지 않아도, 연구를 실행하면 그만이다. 이 대목에서 우리는 중요한 특징 하나를 확인한다. 경제의 인위적 정당성은 사실 '사후' 개입이었다.cf. 콩코드 여객기 등에 관한 연구를 참고하라 90)

우리의 기대, 비인간적으로 보이는 것, 옛 시대의 규칙들에 복종하지 않는 현상 등이 오늘날 '꿈의 세계'와 결부된 신적, 구원론적 과학 이데올로기를 강화한다. 과학은 새로운 '절대자'가 될 수 있으며, 독자적인 성스러움을 새겨 세상의 규칙으로 군림할 수 있다. 여타의 신성과 마찬가지로, 과학도 자신만의 신탁을 보유한다. 인간은 더 이상 결정할 수 없고, 바랄 수도

---

90) [역주] 사실 이러한 논리는 전쟁 논리에도 통용된다. "정당 전쟁"(*jus ad bellum*) 개념은 대부분 "전쟁 정당화"(*jus in bello*)를 위한 포석으로 기능한다. 누군가(개인 혹은 집단)의 의도가 다분히 개입된 사건이 벌어지고, 그 사건을 사후에 정당화하는 방식이다. 그러나 대중에게는 그 사건이 정당해서 일어난 것이라고 선전한다.

없다. 인간은 혜택을 주는 과학에 자신을 의탁하며, 이 과학을 믿는다.

그러나 이러한 진보에도 불구하고, 양심의 가책도 공존한다! 그렇다면, 연구를 중단해야 하는가? 교수인 테스타르는 중요한 문제를 제기했다. 전 방위에서 진행되는 유전공학 연구를 지속해야 하는가? 성찰을 위해 연구 중단이 필요하지 않는가?[91] 질문의 제기와 동시에, 과학 연구자들은 아연 실색했다. 특히 장 베르나르는 "어찌되었든 과학 연구를 결코 멈출 수 없다."라고 주장했다. 그러나 나는 테스타르의 질문이야말로 우리 사회의 '유일'하고도 중요한 질문이라고 지적하는 베르나르 샤르보노의 견해가 옳다고 생각한다.[92] 테스타르는 다음과 같이 쓴다. "나는 비-발견의 논리와 비-연구의 윤리를 요구한다. 연구가 중립이라고 믿도록 하는 일을 멈춰야 하며, 과학적 응용만이 좋은 것과 나쁜 것의 자격을 부여할 수 있다는 생각도 버려야 한다. 우리는 발명품이 적용되지 않는 부분을 논해야 하고, 발명품이 이미 존재하는 욕구나 발명품 자체를 통해 만들어진 욕구에 부응했다는 점도 논해야 한다. '발명하기 전에 윤리적 선택이 필요하다.'"

이와 거의 동시에 캘리포니아에서 레이저 연구"별들의 전쟁 star wars"의 틀에서를 추진했던 탁월한 물리학자들 중 하나인 피터 하겔스타인은 양심의 가책을 이유로 연구를 더 이상 지속하지 않겠다고 공언했다.일간지 「르몽드」, 1986년 9월 유전자 공학 연구로 인해 상상력을 초월할 수 있게 되었고, 인간의 특출한 면뿐만 아니라 존재, 짝, 사회 질서의 총체에 다다를 수 있게 되었다! 임신중절 수술의 발전에서 확인할 수 있듯이, 가능한 모든 가능성을 탐색해 보려는 연구자의 열정, 설령 터무니없고 무의미한 일이라도 외부에서 요구된 현상과 빈번하게 마주할 수 있다. 도처에 그러한 위험이 도사린다!

---

91) Testard, article dans *Le Monde*, 10 septembre 1986. 마찬가지로 다음 자료도 참고하라. *L'Œuf transparent*, Flammarion, 1986.
92) Bernard Charbonneau, « La question », in *Réforme*, octobre 1986.

베르나르 샤르보노가 옳았다. 그는 출산과 애정의 쾌락피임약, 그리고 피임약의 완벽한 보안이라 할 수 있을 유전자 공학과 함께 등장한 현상이다. 전자는 대수롭지 않은 애정의 쾌락이며, 후자는 사랑과 전혀 무관한 관계에서 과학적으로 이뤄지는 출산이다을 분리하는 일이 중요하다고 역설했으며, 자유방임주의로는 결코 "사회"를 만족시키기 어렵다고 주장했다. 돌이킬 수 없는 심각한 결과를 낳을 공산이 크다는 점에서, 우리는 사회와 국가를 통제해야 한다. 국가는 쓸모 있는 존재와 쓸모없는 존재를 가를 것이며, 일반 관심사나 사회에서 제작된 이념들에 맞춰 아이들의 표본을 만들 것이다! 이러한 의식이나 예측을 접한 사람들은 과학의 일관성 없는 결과물을 고스란히 겪으면서 졸졸 따라가는 데 목매지 않는 시대를 보려할 것이다. '사전'에 판단하지 않는다면, 국가와 과학이 결탁한 일련의 모든 과정은 마지막까지 질주를 멈추지 않을 것이다. 원자핵분열을 실험하기 '전'에 판단이 필요하다. 그러한 판단이 없으면, "인류는 '자신이 만든 것과 향후 존재하게 될 것'을 제대로 파악하지 못할 것이고, 나아가 사고만 쳐 놓고 수습도 못한 채 정신착란과 광기에 사로잡힐지도 모른다. 마찬가지로, 연구의 목적과 결과물의 사후 영향에 눈을 감고 귀를 닫은 과학의 진보도 동일한 착란과 광기에 매몰될 것이며, 전쟁 수단으로 점점 강력한 무기를 공급하게 될 것이다."

과학자는 우리에게 이러한 과정의 불가피성을 통보한다. 안타까운 일이다! 카렐, 로스탕과 같은 과학자는 그렇지 않았다. 최근에는 오펜하이머가 그랬다. 그는 수소폭탄 제조를 수월하게 할 수 있는 연구 방식들을 완강하게 거부했다. 1974년 11인의 미국 생물학자들은 동료들을 향하여 유전자 공학의 "모라토리엄"[93]을 선언하자고 호소했다. 그러나 1975년에 150인

---

93) [역주] 사전적 의미로, 전쟁, 지진, 경제 공황, 화폐 개혁처럼 한 나라 전체나 특정 지역에 긴급 사태가 발생하는 경우에 국가 권력의 발동에 따라 일정 기간 동안 금전 채무의 이행을 연장하는 일이다. 과학이나 기술 분야에서 회자되는 "모라토리엄"이란 연구 분야를 긴급 중단해야 할 정도로 해당 연구와 그 결과물이 미치는 영향력의 시급함을 폭로하는 표현이다.

으로 구성된 전문숙련가들은 캘리포니아 애실로마 회의에서 유전자 경험에 대한 제한 규칙과 안전 규칙을 제시하면서 이 '모라토리엄'의 중단을 결정했다. 이들의 '모라토리엄' 선언에 누구도 귀 기울이지 않았고, 과학윤리위원회의 충고도 경청하지 않았다. 꿈은 깨졌다. 과학자는 철학, 신학, 윤리학의 판단을 지지하지 않는다. 과학은 양심의 가책을 느끼는 학자들을 변두리로 내몬다. '골렘'이 된 과학은 얼토당토하지 않는 방식으로 끝내 재앙이 터질 때까지 그 질주를 멈추지 않는다!

[보론] 과학과 믿음에 관하여

앙리 아틀랑[94]의 책은 과학과 믿음^{흑은 종교, 신화, 신비}의 논쟁에 매우 중요한 부분을 조명했다. 나는 이 책의 유용성을 인정한다. 그는 다음과 같이 말한다. 과학은 자기 영역에서 충분한 권력과 이성을 가졌으며, 자기가 세운 목표들을 통해 이 권력과 이성을 손에 쥔다. 그러나 적어도 과학이 이 목표들의 존재를 부정하지 않는다면, 이 목표들을 넘어가지 말아야 하며, 인간과 관련된 모든 부문을 오로지 과학으로만 끌고 가지도 말아야 한다. 또한 과학에 대항하는 현상들을 자기 안에 포섭하지도 말아야 한다. 과학자는 자기 한계를 인정해야 한다. 누구도 과학과 종교의 궁극적 종합을 추진할 수 없다. 예컨대, 앙리 아틀랑이 극도로 혐오하는 책들의 생산지^{프린스턴의 그노시스학파, 물리학의 도, 1979년 코르도바 토론회}를 보라. 그러나 "정신주의자들"^{나는 "신비"라는 용어를 달가워하지 않는다. 따라서 "신비"를 고정된 용어로 쓰지 않겠다}은 자신들의 타당성을 "입증하기" 위해^{하이젠베르크의 불확정성 원리를 통해 입증하려 했던 유명한 자유의지의 경우처럼} 과학을 부록 취급하려 하지 않는다. 각 사람은 자기 집, 자기 분야에 있어야 한다! 별로 새로운 말이 아니다! 그러나 하나가 다른 하나를 배제하지 않는 한, 대화는

---

94) Henri Atlan, *À tort et à raison, intercritique de la science et du mythe*, Le Seuil, 1986.

불가피하다! 차이는 환원 불가능하다. 아틀랑은 과학 환원주의를 강력하게 비판한다! 양자 간의 변증법¡ 관계가 있어야 했다. 과학은 윤리 없이 지낼 수 없고, 윤리의 토대를 세울 수도 없고, 윤리의 기초 공사도 진행할 수 없기 때문이다! 믿음의 사유는 과학적 사유와 다른 규칙들에 복무한다. 그러나 믿음의 사유가 복무하는 규칙들도 이성의 규칙들이다!

아틀랑은 '과학은 묻고 영성정신성은 답한다'고 말한다. 이 탁월한 정식은 과학적 질문과 같은 범위를 공유하지 않는다. 그러나 나는 이 정식을 물구나무 세우려 한다. 다시 말해, '과학은 답하고 영성은 묻는다!' 다만, 과학과 영성은 서로 만나지 않는다! 영성가들정신주의자들의 활동 능력은 미약하고, 설명 능력은 막강하다! 예컨대, 법률, 윤리, 가족의 토대를 닦는 주역은 바로 영성이다. 기술들을 앞세운 과학의 '활동 능력'은 막강하다. 그러나 우리가 한 세기 이전에 믿었던 내용과 달리, '설명 능력'은 허약하다! 인간의 이 두 과정은 서로의 소리를 들어야 한다. 과학은 자신과 다른 현실이 존재한다는 사실을 수용해야 한다. 나는 역할론의 중요성을 역설하는 시각에 크게 동의하지 않는다. 지식인의 역할, 신비의 역할과 같은 말은 결국 사람들을 그 규칙들에 예속시키기 때문이다. 나는 이러한 역할 분리의 배후에 매우 중요한 목표가 숨어 있다는 것을 안다. 즉, 경계를 가로지르는 진중하고 폭넓은 사고를 가로막으며, 우리의 모든 행동을 상대화한다. 그러나 우리는 해당 역할을 맡을 수도 있고, 그렇지 못할 수도 있다. 나는 양쪽의 역할론 문제를 유보한다. 무엇을 하고 못하고의 문제는 크게 중요하지 않다. 과학과 영성은 분명 인간의 활동에 속한다. 그러나 우리가 원하는 대로 선택하거나 해제할 자유가 없는 필수 활동이다.[95]

---

95) [역주] 엘륄이 보론 본문 중에도 '변증법'이라는 용어에 '느낌표'를 찍었듯이, 양쪽의 대립과 긴장 요소를 적당하게 용해하거나 분리하지 않고 그대로 유지하면서 치고 나가는 방법론이 중요하다. 엘륄은 이러한 변증법적 긴장 관계의 유지가 "현실"이라고 생각한다. 다시 말해, 인간의 실존에는 이성적인 것과 비이성적인 것, 설명 가능한 것과 가능하지 않은 것 등이 섞여 있다. 이러한 "현실"을 몇 가지 이론과 설명, 형이상학이나 신비 등으로 정리할 수 없다. 특정 영역으로 "현실"을 환원시키는 방식은 변증

6장_전문가들

　내가 기술담론의 과장술사와 허세에 대해 마지막으로 논할 문제는 '전문가 의뢰' 문제다. 우리 사회에서 전문가는 반드시 필요하다. 그러나 내가 제시하려는 전문가의 모습은 무엇보다 대중의 신뢰를 받는 대상으로서의 전문가다. 대중의 신뢰와 관련된 문제의 핵심은 "전문가의 말"이다. 대중들은 전문가의 능력을 갖추지 못했고, 전문가 수준의 교육을 받지 못했으며, 전문가 차원의 정보를 갖지 못했기 때문에, 더 이상의 이야기를 꺼내지 못한다. '기술 평가'의 경우처럼, 전문가는 관계자의 역할과 대중 차단막 역할을 맡는다. 물론 나는 전문가들의 허위의식이나 그들의 마키아벨리주의를 떠들 생각이 없다. 다만, 내 반사적 행동일 뿐이다. 나는 이들의 역량을 과소평가하지 않는다. 전문가들은 주어진 과학 자료들에 대한 최고 수준의 숙련자들이다. 이들은 항상 **연구**에 매진하지 않지만, 빈번하게 과학**연구 집단**과 연계된다. 그리고 이들의 역할은 구체적인 활동활동에 따라 평가를 받는에 달렸다. 우리는 전 분야에서 전문가들을 본다. 정부는 구체적인 분야마다 "해당" 전문가를 확보하고, 때로 중요 문제에 대해 전문가위원회를 조직한다. 또 전문가들의 보고서는 종종 국가프랑스의 공증을 받아 서적으로 출간되기도 한다. 더 나아가 공무 기관에도 저마다 전문가들이 있다.

법의 생생한 운동을 가로막는다. 따라서 엘륄은 과학과 영성의 역할론에 대한 시각에도 회의적인 태도를 보인다. 역할론을 주장하는 순간, 어떤 쪽에 서야하는지의 문제로 치환되기 때문이다.

다른 사람들과 마찬가지로, 전문가들도 특정 기획의 "실현 가능성", 그것의 위험성, 이차 결과, 값 등을 평가한다. 때때로 지방에서는 토지 개발 계획에 전문가의 조언을 구한다. 특히 전문가들은 개발에 따른 "영향과 충격에 대한 연구" 분야에 조언을 건넨다. 법정에도 전문가들이 있고, 텔레비전 분야의 전문가들도 있다. 각각의 전문가들은 세부 영역에 달통한 숙련자들이다. 사실, 전문가의 의견과 보고서 없이는 아무것도 할 수 없는 것처럼 보인다.

장 셰노는 관련 내용을 상세하게 묘사한 그림 하나를 보여준다. "민중의 기술문화가 존재하고, 그와 동떨어진 전문가만의 기술문화가 존재한다. 전자는 사회의 공백을 메우고, 여가생활을 점한다. 후자는 근대성의 골조 자체를 이룬다. 전문가는 과학적 견해의 중립을 정당화하는 객관성과 합리성을 주장한다. 그들은 이걸로 먹고 산다."[96] 셰노는 제8차 경제 개발 기획에 예고된 기술 진보를 사례로 제시한다. 정부는 경제 성장을 재개하기 위해 필요한 최우선 분야 일곱 가지를 전문가위원회에 위임했다. 그러나 계획의 응용을 위해, 생산경영, 생산 규칙 제작, 산업 사회심리학, 마케팅, 인간 공학 등에 대한 인적 관리와 경영의 통제가 필요했다. 모든 영역이 전문가들 손에 위임된다. 마지막으로, 사회를 전문가들의 혁신과 쇄신도시계획, 광고업자, 일탈자에 대한 사회 통제 등에 동화시키기 위해 사회의 "관리 운영"을 보장해야 한다. 이것이 세 가지 기본 목표이며, 이를 위해 무수한 기관들과 연구소들익히 알려진 기관과 연구소만 인용하자면, 국립농학연구소, 국립보건의료연구소, 공동개발과학연구소, 국토정비 및 지역매력 범부처청 등이 있다과 함께 전문가들이 대거 합류한다. 다른 방도가 없다. 대규모 운영을 지속하려면, '재출발'이 필요하고, 대단위 전문가 집단의 역량을 총집결해야만 실

---

96) Jean Chesneaux, *De la modernité, op. cit.*, p. 130. 다음 자료도 참고하라. Helga Nowotny, "Experts and their expertise", in *Science, Technology and Society*, I, 3, 1981. 다음 자료도 참고하라. « Experts in a participatory Experiment » in *Science, Technology and Society*, II, 2, 1982. 오스트리아에서 벌어진 원자력 에너지에 관한 토론에서 나타난 모순된 평가들에 대한 연구다.

행 가능한 정보 '기획 작업'이 필요하다. 바로 정보의 대통합 작업이다. 각 전문가는 점차 숙련가가 된다.[97]

상황이 부풀고 악화될수록, 이러한 통합은 더 확장된다.[98] 또한 사회의 폭넓은 분야와 각 생산 단위 내부에서도 통합이 일어난다. 각 단위는 다양한 기술, 사회, 금융, 통화, 정치, 생태 전문가들과 만나야 한다. 그리고 이러한 확장에 발맞춰 관찰, 평가, 감정을 담당하는 전문 인력을 늘리고, 이들과의 접촉도 늘려야 한다. 정부는 전문가위원회사람들이 아프리카 국가들의 정부를 비판할 때, 통상 무시하는 측면들 중 하나의 소견 없이는 아무런 결정도 내릴 수 없다.

이에 상대적으로, 대중은 전문가들이 정보 이동예컨대 풍프 페르슈, 미니텔에 성공하는 경우에만 새로운 대상, 정보망 변화 등을 누리게 될 것이다. 전문가는 정부 문서들을 준비한다. 정책을 결정할 때, 정부는 이 결정에 적용될 수 있을 과학구조와 대중 사이의 접점을 형성한다! 덧붙여, 대중들 중에서도 성숙하고 명확한 의견을 가지려는 집단들, 노동조합들, 소비자 집단들도 전문가들에게 의뢰해야 한다.

내가 아프리카에 관해 이야기했던 부분 모두가 정확하다고 말할 수 없다. "라틴아메리카 기술의 지층을 이루는 요소들 중에는 '저항'이라는 단층이 있다. 즉, 권력의 역학 구조에 내재된 기술 관료의 경향에 반항하는 태도가 존재한다. [···] 부문별 정책에 대한 의사결정권을 전문기술관료, 즉 '테크노크라트'의 손에 넘기는 세계의 동향에 대해, 라틴아메리카 온 대륙이 긍정의 시선을 보냈다. [···] 그러나 브라질의 전문기술자 모두가 기술의 자율성을 위해 투쟁한 것은 아니다."[99] 이러한 상황에서 전문가들의 모호한 역할이 등장한다. 노조 전문가나 환경운동 집단을 예로 들 경우, 전문가

97) [역주] 엘륄은 전문가(expert)와 숙련가(spécialiste)를 구분한다. 전자는 해당 문제를 전문성을 갖춤과 동시에 선후 관계를 매우 폭넓고 종합적인 시각에서 판단하는 집단을 뜻하며, 후자는 전문 영역에 특화되어 타 분야에 대한 종합적 시각을 갖추지 못한 집단을 뜻한다.

98) I. Granstedt, *L'Impasse industrielle, op. cit.*, p. 123.

99) A. Mattelart et H. Schumucler, *L'Ordinateur et le Tiers—Monde*, Maspero, 1983.

의 역할은 모호해진다. 더 이상 단일한 범주의 일을 전문으로 다루지 못하고, 적어도 두 가지 범주때로 모순될 수도 있는 이상을 전문으로 다뤄야 하기에, 문제에 봉착한다. 이 문제는 뒤에서 다시 논하도록 하자.

라가덱은 또 다른 장애 요소를 지적한다. 그에 따르면, 전문가도 결국 집단 소속이다. 이들은 막힘없이 돌아가면서 재생산되는 집단들에 소속되어 활동한다. "전문가의 권력은 현상을 기술하는 능력, 실험과 재생산 능력, 측정 능력에서 나온다. 전문가의 예외적이고 비정상적인 상태즉, 집단에 소속되지 않은 불안정한 상태에서 위기가 도래하고, 그것이 우리의 난관이 된다. 상대적으로 안정된 상태에서 일하는 전문가들은 자신이 속한 집단의 한계를 넘지 못한다. 우리는 회복 불가능한 상황을 맞을 수도 있다."[100] 에드가 모랭은 다음과 같이 말했다. "전문가는 이미 알고 있는 과거의 문제를 해결할 수 있는 사람이다. 전문가는 새로 발생한 문제에 매우 무능하다. 우리는 전문가들의 숙달된 시각에 수반되어 있는 이념의 빈곤을 직시해야 한다."[101]

그러나 이러한 두 가지 측면은 매우 곤란한 상황을 부른다. 전문가는 '사회적 지위'와 '과학 이데올로기 신뢰'라는 두 마리 토끼를 다 잡아야 한다. 대중은 과학이 항상 진실을 이야기한다고 믿는다. 대형 사고가 발생할 경우, 사람들은 책임 소송의 문제를 즉시 전문가들에게 의뢰한다. "지식인들이 위험성 유무를 보증한다." 그러나 여러 경험에서 볼 수 있듯이, 현재는 전문가들에 대한 의심이 증폭되는 시기이다. 또 내가 체르노빌 사건을 다룬 논문[102]에서 주장했던 내용이 점차 입증되는 중이다. 대중은 불확실성을 염려한다. 따라서 전문가의 말이라면 의심 없이 수용한다. 그러나 이것이야말로 체제에 닥친 대재앙이다. 사람들은 전문가를 특정 분야에 전문성을 갖춘 인력, 숙련된 수준에 오른 인력 등으로 이야기한다. 그러나 최

100) P. Lagadec, *La Civilisation du risque, op. cit.*, p. 148.
101) E. Morin, *Sociologie, op. cit.*, p. 64.
102) Jacques Ellul, « L'Incertitude », *Sud−Ouest Dimanche*, juin 1986.

근 기술이 제기하는 대다수의 문제들은 더 많은 용어들과 복잡해진 언표들을 포함한다. 그리고 그 가운데 상당 부분은 서로 '분리할 수 없다.' 정치경제 분야의 '모든' 외부성예컨대 복잡성과 환경 제약에 따른 비용을 고려해 계획을 수립할 경우, 우리는 같은 난관에 봉착할 것이다. 우리는 특정 문제를 누군가에게, 다른 문제를 또 다른 누군가에게 양도할 수 없다. 왜냐하면 "모든 것이 얽히고설킨 상호 연동 체계"이기 때문이다. 한 쪽에서는 다이옥신의 위험에 관한 평가가 없고, 다른 쪽에서는 다이옥신 확산 억제에 관한 연구가 없으며, 또 다른 분야에서는 다이옥신 배출 가능성에 대한 연구가 없다.

마지막으로, 전통 시각은 전문가를 과학의 객관성을 보증하고 손익 관계에서 벗어난 존재로 보았다. 과학자는 "진실에 입각해 옳은 것을 이야기"해야 한다. 그러나 현재 우리는 과학자가 권력의 놀음판에 들어왔고, 특정 조직과 유착 관계를 맺으며, 자신이 속한 조직을 변호한다는 것을 안다. 갤브레이스는 과학구조라는 표현을 사용해 이를 분석했다. 현 상황은 그의 분석과 정확히 일치한다. 특정 조직과 유착된 전문가는 소속 조직의 정당성을 변호한다. 조직은 전문가에게 힘을 실어주고, 조직에 속한 권한의 일부를 그에게 떼 주기 때문이다. 따라서 전문가는 기술 체계에 꼭 필요하다. 전문가야말로 기술담론의 탁월한 대변인이기 때문이다. 전문가는 이 체계의 모든 것을 막는 방패이다. 전문가 본인도 기술담론의 일부분이지만, 우리가 이들에게 부과하고픈 모습을 더 이상 기대할 수 없는 상황이 도래했다.[103] 에드가 모랭의 글처럼, "전문기술관료테크노크라트의 역량이 곧 전문가

---

103) 그러나 1970년대를 기점으로, 컴퓨터라는 새로운 분야의 프로그램과 연계된 전문가 체계들이 개별 전문가를 대체하기 시작했다. 전문가 개인의 역량과 비교해, 전문가 체계는 개별 전문가의 '행보'를 재생산하는 것처럼 보인다. 이 체계는 제한된 분야의 숙련자들이 제공하는 지식 자료들을 기초로 '추론'을 통해 합리적 판단을 내린다. 다시 말해, 해당 주제에 관한 다양한 지식을 한 데 엮어 저장, 기록한다. 이 자료들을 토대로 합리적 판단을 내려야 한다. 이러한 판단을 기획하는 프로그램이 추론의 원동력이다. 따라서 전문가 체계의 구성은 다음 두 가지 측면으로 이뤄진다. 첫째, 소프트웨어(추론에 가장 기본이 되는 동력)의 실현이다. 둘째, 지식 기반 구축 단계다. 이러한 지식 기반 구축은 사실들(구체적으로 다뤄야 할 문제)의 토대와 만난다. 우리가 적용 가능한 규칙들을 알고 가장 효율적인 방식을 택한다면, 추론의 과정으로 전문

의 역량이 되었다. 전문가에 대한 맹신과 맹목이 폭넓게 퍼졌다. 이것은 전문성과 숙련도를 바탕으로 명석한 판단을 내리는 능력을 밀봉해 버렸다."

나는 간단하지만 몸소 체험했던 몇 가지 사례를 제시하려 한다. 첫째, 전문가들 사이에 나타나는 모순 문제다. 사실, 이것은 상당히 까다로운 문제이기도 하다. 어떤 전문가는 원자력 기기 설비에 아무런 위험이 없다고 주장하고, 동일 분야의 동일 역량을 갖춘 다른 전문가는 위험성을 지적하며 기기 배치를 반대한다. 이러한 갈등은 원자력 발전소 지지 여부를 두고, 프랑스 원자력 및 대체에너지 위원회와 프랑스 전력공사 소속의 전문가들과 환경 운동권 소속의 전문가들 사이에서 끊임없이 발생한다. 타 분야에도 이러한 모순 관계를 입증할 수 있는 사례는 많다. 나는 법정 공방을 벌이듯 싸우기 바쁜 양쪽 전문가들을 세세하게 논하지는 않겠다. 다만, 전문가들의 역할이 각자에게 유리한 과학적 주장들을 제시하는 데 있다는 점을 지적해 두겠다. 전문가의 지배권역 안에 사는 우리는 사실상 불확실성의 세계에서 산다. 예컨대 무기 제조 기술에 관한 토론국제전략문제연구소 제26차 회의, 1984년 10월 개최을 보면 바로 알 수 있다! 모든 것이 불확실하다! 특별히 핵억제전략 문제에서 불확실성의 문제가 여실히 드러난다. "과연 어떤 것을 쟁점 삼아야 하는가? 기술에 대한 전략인가? 아니면 전략에 대한 기술인가?" 어떠한 전문가도 시원하게 답하지 못한다!

마찬가지로, 우리는 핵무기의 효력 문제를 두고 소련의 전문가들과 미국의 전문가들 간에 벌어진 첨예한 갈등, 핵무기의 경제 기획과 관련해 찬

가처럼 합리적인 판단을 내릴 것이다. 덧붙여, 사람들은 다양한 규칙들 중에 선택할 수 있는 전략을 해설하는 전문가들이 전달한 "메타 규칙"(méta-règles, 규칙 너머의 규칙)을 전달한다. 이것은 "지식 위의 지식"인 컴퓨터의 새로운 길을 뜻한다. 전문가는 컴퓨터가 합리적인 판단을 내리는 데 필요한 구체적이고 충분한 규칙들을 제공하기 위해 자기만의 방법들(직관을 배제한 방법!)을 동원해 성찰하고, 장시간 분석을 진행해야 한다. 전문가 체계는 예술 분야의 평가를 위한 기능보다 의학, 지질학, 엔진 점검 등을 위해 기능한다! M. O. Cordier, « Les systèmes experts », in *La Recherche*, nᵒ 151, 1984; Tohru Moto-Oka, « Les ordinateurs de la cinquième génération », in *La Recherche*, nᵒ 154, 1984; H. Gallaire, « Les systèmes experts », in *La Recherche*, nᵒ 133, mai 1982.

성파와 반대파 사이에 불거진 갈등을 목도했다. 전문가들은 여기에서도 파당을 이뤄 과학적 주장을 제시했다. 나는 정부의 인증을 받은 전문가들만 신뢰를 받는 현실을 종종 지적했다. 다른 전문가들은 분란과 갈등 조장자들일 뿐이다. 간단히 말해, 진실을 논하는 전문가의 역량은 더 이상 과학 자체가 아닌 정치 후원자에게서 나온다. 전문가의 역할과 정반대 현상 아닌가! 동일한 모순은 화학과 약학 분야에서도 나타난다. 국가의 후원을 등에 업은 전문가들은 약품의 무해함을 떠드는 반면, 인접 국가의 전문가들은 동일 약품의 전면 금지를 외친다. 이유가 무엇인가? 1980년에 메사추세츠 공과대학교 소속의 전문가들은 미사일 대응체계의 가능성을 입증했고, 1985년에 실현되었다. 학술지 「연구」 *La Recherche*, 1986년 참고

관련 항목을 열거하자면 끝이 없을지도 모른다. 과학의 "진리"는 결코 단순하지 않다. 하물며, 과학-기술의 진리도 간단치 않다. "근접한 결과들"은 '결코' 존재할 수 없다.[104] 또 다른 사례를 들어 보겠다. "생태 민감 지역"이라 불리는 곳에 대규모 건설과 정비 계획을 수립하는 경우, 환경 영향 평가에 관한 조사를 진행해야 한다. 다시 말해, 자연 환경에 영향을 미칠 수 있을 결과들을 면밀하게 연구하고, '모든' 자연 환경동식물, 수질, 기후 등과 설비 기획을 종합적으로 검토해야 한다. 사람들은 초기에 이 조사와 연구를 매우 중요하게 취급한다. 그러나 시간이 경과되면서 단순한 의견 정도로 간주하기 시작한다. 내 사례를 하나 이야기하겠다. 나는 해안 종합 관광시설 구역에 교각 신설 건에 검토 위원으로 참여한 적이 있다. 해당 지역의 북쪽 끝단에는 아름다운 만과 사구로 형성된 호수가 있었다. 전문가들은 3개

---

104) 클라츠만은 전문가의 위험성 문제를 거듭 강조했다. 그에 따르면, 전문가가 제시한 통계와 수치는 당사자의 통제를 거치지 않고 마구잡이로 강조된다. 클라츠만은 100가지의 사례를 인용한다. 그 중 한 가지 사례는 상당히 설득력 있다. 한 전문가는 1981년 한 해에만 '기근'으로 약 5,000만 명이 사망했다고 썼다. 그러나 같은 해 전쟁, 질병, 노화, 재난 등으로 사망한 사람들은 최대 4,600만 명이었다. 기근으로 사망한 사람들은 1,100만 혹은 1,200만 명 선일 것이다. 그러나 모든 신문이 이 전문가의 수치를 퍼 나르기 바빴다.(in *Nourrir dix milliards d'hommes?, op. cit.*)

월 동안 탐사를 진행했고, 세부 항목들을 수용했다. 이들이 지적한 첫 번째 오류는 다음과 같다. 식생에 영향을 미칠 수 있는 모든 내용을 평가한 결과, 최소 1년의 완성 주기가 필요하다. 전문가들은 매우 심각하게 보고서를 작성했다. 얕은 수심, 오염 정화 가능한 유속의 부재, 오물 제거에 필요한 바람, 접근 가능한 지하수 부재 등을 세밀하게 기록한다. 전문가들은 보고서에 담긴 모든 요소들을 토대로 건설−정비 기획은 부적합하다고 결론 내렸다. 그러나 보고서의 최종 결론은 다음과 같았다. "이러한 조건들을 참작한 전문가들은 건설−정비 기획의 효과가 매우 높다고 평가했다."

또 다른 문제도 있다. 나는 장관 주변의 전문가위원회에 속한 위원이다. 복잡한 문제들에 관한 연구 활동을 2년 동안 진행한 이후, 동료 연구진과 함께 보고서를 작성했다. 그 무렵 장관은 우리에게 사건들을 직접 확인하고 기록한 비서진들이 보고서 작성을 이미 완료했다고 말했다! 우리의 결론과 '전혀 상관없는' 보고서를 읽어야 했다. 전문가들은 반발했고, 결국 장관의 고집을 꺾고, 우리의 보고서가 공식 보고서로 채택되었다. 장관은 이 보고서를 토대로 설득력 있는 문서를 제작^{우리의 결론을 반복하지 않고도}하는 데 열을 올렸다. 그러나 우리가 내린 결론은 그의 수행 비서들에게 상당한 충격이 되었던 모양이다. 보고서 작성을 맡은 비서들은 사사건건 우리의 의견을 물고 늘어졌다.

전문가는 지금까지 전혀 제기되지 않았던 새로운 질문들과 마주했다. 그리고 이 질문들에 대해, 파편적인 자료들만 확보했다. 이따금 전문가는 전혀 예상치 못한 상황이나 받아들이기 힘든 상황을 만난다. 아프리카 어린이들을 위한 우유 문제도 마찬가지이다. 프랑스의 각 고장에서 생산된 우유가 알고 보니 아프리카 어린이들에게는 독약과 같다는 것을 파악하는데, 상당한 시간이 걸렸다. 이 과정에서 일부 전문가들은 심각한 오류를 범하기도 했다. 하나 더 이야기하면, 30년 전에 사람들은 제3세계의 발전 문제를 연구했다. 당시 전문가들르네 뒤몽을 제외하고!이 내린 결론은 하나같이 다음과 같았다. 제3세계 전역을 가능한 한 빨리 산업화시켜야 하고, 전통 농경도 고수익 창출 형태로 대체해야 하며, 제3세계의 에너지 공급 능력을 강화하기 위한 현대식 시설을 갖춰야 한다. 이 세 가지 결론은 일종의 선전 구호였다. 이들은 선진국의 산업화를 기준으로 산업화를 생각했고, 기술 전달만 이뤄지면 산업화가 가능할 것이라고 판단했다. 따라서 원조라는 명목으로! 무수한 장비들을 보낸다. 그러나 전혀 도움이 되지 않았으며, 자동차들은 도로 위에서 제대로 굴러가지도 않는 고물이었다.[105] 지역에 이식된 산업 영농법의 과잉 발달로 기존의 식량 생산 문화는 철저히 파괴되었다. 나는 현재까지 오류로 판명된 내용을 그대로 전달했을 뿐이다.

그러나 당시 우리는 식량 생산을 위한 농업 발달이 최우선 과제이고, '이러한 발달을 통해' 서구의 "관대함"을 앞세운 식량 원조가 아닌 지역에 충분한 기본 식량을 확보하는 쪽으로 가야 한다고 주장했다. 또 지역의 생활을 파괴할 수 있는 서구식 기술들의 마구잡이 수출을 막아야 하며, 에너지 소비를 절감할 수 있고 해당 국가들의 필요에 부응할 수 있는 기본 단위의 기술 연구가 이뤄져야 한다고 주장했다. 이러한 우리의 주장에 전문가, 좌파 지도자, 제3세계 엘리트는 한 입으로 독한 비난을 쏟아냈다. "우리의 태도는 단 하나의 목표를 겨냥해야 한다. 서구는 계속 우월해야 하고, 제3세계는 저열한 식민지 상태에 있어야 한다!" 우리에게 독설을 쏟던 자들의 오류를 확인했을 때, 이미 상황은 악화될 때로 악화되었다. 예컨대, 식량 원조는 지원 받은 국가를 철저하게 파괴했다. 해외 원조만 기다릴 뿐, 지역 고유의 영농법 발달로 자급자족하는 법을 가로막았기 때문이다. 우리는 각 나라의 조건에 "적응할 수 있는 기술"[106]을 만드는 데 주력해야 한다. 그러나 다국적 기업들이

---

105) [역주] 중고품이 아니라 쓰레기를 보낸 것이다. 자국에서 처리할 수 없는 쓰레기를 중고품으로 둔갑시켜 제3세계에 버린 셈이다. 그 결과 이 지역은 거대한 쓰레기장이 되고 말았다.
106) 모든 것이 규칙처럼 정렬되었다고 생각할 필요는 없다. 최근 들어 사람들은 위 국가

제3세계를 침략했다. 새로운 착취 조건의 조성이다. 사람들은 숙고를 거듭했으나 30년이 지난 지금 문제는 더 이상 원조나 다양한 물품 전달이 아니다. 다시 말해, 재정이나 '상업'[107]의 차원에서 생각할 문제가 아니라 '세계 경제'라는 개념에서 생각해야 한다. 제3세계 국가들은 더 이상 원재료나 값싼 노동력 공급처가 아닌 세계 경제의 일원으로 통합될 것이다.[108] 말하자면, 전문가들의 과제는 지극히 어려워질 수 있고 그 행보는 암중모색暗中摸索이 될 수 있다![109]

마지막 사례로, 체르노빌 사고를 보자. 세베조 사고와 마찬가지로, 체르노빌 역시 정보가 매우 불확실했다. 그러나 내가 여기에서 겨냥하는 대상은 거의 대부분의 사람이 문제 삼는 정보의 문제나 어려움이 아닌, 전문가들의 과제이다. 전문 지식인이 텔레비전 방송에 출연해 "방사능 구름"은 프랑스까지 올 일이 없으니, 전혀 무서워할 필요가 없다고 설명한다. 베크렐을 측정 단위로 계산된 방사능 지수는 매우 취약한 수준이었다. 사고는 별로 심각하지 않은 것처럼 보였다. 여론을 안심시키는 일이 최우선 과제였다. 바로 이 점에 나는 의문을 제기했다. 과연 전문가의 역할은 "여론의 안정"인

들의 "발전"을 가로막는 "적응 기술" 연구자들을 맹비난한다. 또한 이 적응 기술이 아프리카 국가들이 현대화된 국가들의 기술 수준에 도달하지 못하도록 한다는 부분도 비난의 대상이다!

107) 제3세계의 생산품을 그 가치에 맞는 값에 구매해야 한다는 주장은 외견상 타당해 보인다. 또한 습관처럼 "실제" 가격보다 현저히 낮은 가격으로 구매가 이뤄지지도 않는다. 다만, 이것은 제3세계에 재앙이 될 수도 있다. 왜냐하면 카카오, 땅콩, 커피 등을 비싼 값에 구매하면, 지역 농민에게 더 많은 생산을 하도록 압박하는 꼴이 되기 때문이다. 즉, 식량 자급용 경작지를 줄인다.

108) J. Touscoz, *Transferts de technologie, op. cit.*

109) [역주] 엘륄의 이러한 견해는 현재 탈성장 운동가들의 주장과 일치한다. 엘륄은 명시적으로 "탈성장"(la décroissance)이라는 용어를 사용하지 않지만, 오래전부터 좌우파 공통의 생산력주의(la productivisme)와 기술 중심주의가 타 지역의 생활양식과 문화를 철저하게 파괴한다는 점을 매우 중요하게 짚었다. 탈성장 운동가들이 운동 초기부터 엘륄을 탈성장 운동의 선구자로 보았던 이유이기도 하다. Cf. Serge Latouche, Jacques Ellul. *Contre le totalitarisme technicien, op. cit.* p. 27~29.

가? 아니면, 진실에 대한 언급인가?[110] 며칠 후, 방사능 구름은 거의 유럽 전체^{프랑스 제외}에 퍼졌다. 모두가 인정해야 할 단계가 되었다. 어떤 사람들은 다음과 같이 물었다. '독일이 프랑스보다 사태의 심각성을 더 경고한 이유는 무엇인가?' 이에 대한 대답은 다음과 같다. '독일은 프랑스보다 방사능 내성 기준을 훨씬 낮게 설정했다.' 따라서 독일 사람들은 "공포에 사로잡혔다!" 그러나 또 다른 질문들도 있다. 독일의 전문가들은 옳았는가? 빈^{Vienne} 원자력 연구소 소속 전문가들의 소견은 타당한가? 순전히 과학의 문제라면, 한 쪽에서는 특수한 내성 기준을 허용하면서 왜 다른 쪽에서는 허용하지 않는가? 이 대목에서 나는 소소하게나마 두 가지 의문점을 표하고 싶다. 첫째, 전문가들이 텔레비전에서 쏟아 붓는 정보들은 하나같이 방사능 측정 단위를 "베크렐"로 이야기했다. 그러나 솔직히 말해, 나도 이 측정 단위를 처음 들었다. 물론 일반 청취자도 명료하게 이해할 수 있는 단위가 아니다. 덧붙여, 나는 원자력 에너지 분야를 택한 프랑스의 전문가들 자체가 허용 한계치, 즉 내성 기준 설정에 대해 매우 다양한 입장을 보인다는 점을 강조했다.

원자력 위원회 소속 전문가들은 나를 홀대했다. 이들은 3년 전부터 국제적으로 채택된 측정 기준인 베크렐이 무엇인지도 모른다는 이유로 나를 무식한 사람 취급했다. 더욱이 결코 최소한의 변화도 없었을 것이라 단언했다. 물론 나는 굴하지 않았다. 확인해 보니, 방사능 측정 단위는 뢴트겐, 밀리퀴리, 렘, 라드 순으로 바뀌었고, 지금은 베크렐이 되었다. 해당 분야에서 종사하는 일부 전문 인력을 제외하고, 대중들은 다양한 측정 단위에 대한 등가 지표를 제대로 알지 못한다. 따라서 대중에게 이러한 용어들로 말

---

110) 우리는 윈드스케일 공장의 핵발전소 사고가 터졌을 때, 탁월한 전문가들이 방사능 문제와 관련해 벌인 갈등을 확인해야 한다. "아무것도 염려할 이유가 없다"(원자력 전문가)에서 시스케일 의료연구소와 생물학자들의 실험 이후 정리된 "하나에서 열까지 모든 것을 두려워해야 한다"에 이르기까지, 갈등의 골이 매우 깊었다.(*Le Monde*, novembre 1983)

하는 것은 분명 정보 왜곡이라고 할 수 있다. 나는 종종 과학 우월성을 바탕으로 대중을 "압도하고", 정보를 왜곡하는 일이 전문가의 역할 그 자체가 되고 말았다고 되받아쳤다.

둘째, 나와 함께 연구 작업에 참여했던 전문가들에 대한 짤막한 기억이 있다. 이들은 1952년경부터 절대 무해성철저히 피해야 했던 표현을 이야기했다. 그러나 용어 변경이 일어났다. 이제 허용 한계치를 이야기한다. 그러나 절대 무해성과 허용 한계치는 결코 같은 말이 아니다! 허용 한계치와 관련해, 1955년에서 1962년 사이 최소 네 번의 평가 변경노동부의 자리 순환에 따라 나타난이 있었다. 한계치는 언제나 높게 설정된다. 그러나 핵 프로그램이 채택된 1962년 이후, 평가 변경은 더 이상 나타나지 않았다. 이러한 사례 이외에도, 우리의 의심을 살만한 전문가들의 평가에 대한 사례는 많다.

그렇다면, 이 현상들을 어떻게 생각해야 하는가? 나는 전문가를 무능한 존재라고 말하고 싶지 않다. 오히려 나는 전문가의 역량을 신뢰한다. 또한 전문가가 "진중"하지 않다고 말하고 싶지도 않다. 전문가들은 존중 받아 마땅하다. 이들은 결코 공허한 내용이나 모험 등을 이야기하지 않는다. 마지막으로, 전문가들은 정직하지 않으리라는 내 생각과 달리, 이들은 공인된 질서와 명령이 아닌 자신의 양심에 따라 말한다. 그것은 본인이 획득한 자리이다. 논란은 있더라도 어찌되었든 공인된 기관들이 이들을 임명했고, 이들에게 자격을 부여했다! 그러나 전문가는 모호한 상황에 있다. 이 점을 이해해야 한다. 즉, 전문가는 '자기' 견해를 가진 과학자이다.우리의 생각과 달리, 현대 과학은 점점 명확성과 일관성이 떨어진다. 또한 우리의 확신도 경험과 결과에 따른 의견에서 빈번하게 도출된다 과학자는 정치인들에게 자신의 학문을 이야기해야 한다. 그러나 정치인들은 이를 전혀 이해하지 못한다. 그래도 전문가는 기를 쓰고 자기 의견을 전달할 것이다. 또 전문가는 대중에게도 이야기해야 한다. 대중은 전문가의 학문을 결코 이해하지 못할 것이다. 그러나 전문가에게는 대중에 대한 임무가 있다. 즉, 대중이 기획을 수용하도록 해야 하며, 대중의 우려를 불식시켜야 한다. 또한 새로운 계획 등에 대한 대중의 관심을 유발해야 한다. 즉, 전문가의 학문은 초석과 같다. 전문가는 학문에 기초해, 진리라 수용된 방향에 관해 진술할 것이며, 여론을 조성해야 한다. 이러한 조건들에서, 모든 기술 담론의 담지자인 전문가는 결국 이 담론의 노예가 된다. 전문가는 진보라는 공통 노선을 따를 뿐이다.

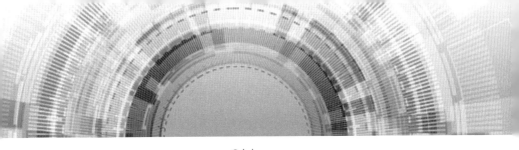

3부

부조리의 승리

3부에서 우리는 기존의 심화 연구와 학술 연구에서 풍성하게 다뤘던 주제들과 만나게 될 것이다. 나는 이 주제들 중 몇 가지를 알지만, 그 내용을 맘대로 편집한다거나 새로운 학문 작업에 섣불리 뛰어들지 않으려 한다. 나는 의도적으로 비교양인 행세를 할 것이다. 또 지식인들이 제기한 질문들에서 멀리 떨어져, 간단한 "상식" 차원에서 문제를 제기할 것이다. 지식인들과 철학자들은 단순 상식을 꺼려한다. 그렇지만 나는 기본 중의 기본이라 할 수 있는 자리에서 문제에 접근하려 한다. 왜냐하면 내가 읽었던 지식인들의 연구서는 하나같이 일반 상식에 거리를 두고, 이를 숙고하려 들지 않았기 때문이다. 그러나 나는 지식인과 철학자와 같은 부류가 상식을 거부하는 모습이야말로 몰상식, 부조리, 비이성의 문을 여는 길이라고 생각한다. 나는 상식을 이성의 필수 표현으로 본다. 또한 기술이 무엇을 제안하는지, 기술담론이 무엇을 선언하는지에 관한 평가에 계속 적용되어야 할 척도와 기준은 바로 이성이라고 생각한다.

우리가 이미 확인한 것처럼, 기술은 합리성을 주장하지 않는다. 그럼에도, 우리는 이성을 추구해야 한다. 합리성이 대대적인 기술 "진보"를 가능케 했다면, 우리의 생존, 삶, 인간으로서의 자기 긍정을 가능케 한 요체는 바로 이성이다. 우리는 과학 지식의 홍수에 수몰될 수 없다. 우리는 쉽게 무시당하는 상식으로 축소될 수도 없으며, 상식에 대한 이해와 앎을 거부하는 폐쇄 상태에 환원될 수도 없다. 나는 상식을 단순하게 보는 눈이야말로 오판의 주범이라고 생각한다. 또한 상식 꽤나 안다는 사람들도 단순한 자기 확신에 경도된 나머지, 문제에 대한 심층 비판 작업을 거부하고 무시로 일관했다. 그 결과 이들의 저질 부르주아 사고에 갇혔다. 본문에서 내가 평가하려는 상식은 부바르와 페퀴셰[1]의 상식물론 이들의 주장도 잊지 말아야 한다과 다르다. 이들은 과학의 절대성을 좇아 상식을 외쳤다!

---

1) [역주] 귀스타브 플로베르(Gustave Flaubert)의 소설 제목이다. 이 작품은 그의 미완성 유작이다.

1장_기술 진보와 부조리 철학

　전후 시대에 다른 지역보다 유독 프랑스에서 두드러졌던 현상이 있다. 바로 부조리 철학이라 불린 철학 사조의 등장이었다. 용어만 따지면, 일견 모순처럼 보인다. 부조리와 지혜sophia는 화해할 수 없는 용어처럼 보이기 때문이다. 그러나 이미 오래 전부터 철학은 그 어원에 맞지 않는 행보를 보이지 않았던가! 부조리 철학은 실존주의와 더불어, 그리고 실존주의 안에서 발전했다. 물론 실존주의 전체를 부조리 철학이라 평가할 수 없다. 그러나 부조리 철학은 장—폴 사르트르의 실존주의와 연관된다. 사르트르 실존주의의 기본 사상은 다음과 같다. 인간의 삶, 모든 활동 혹은 사상은 부조리하다. 다시 말해, 거기에는 어떠한 의미가 없다. 인간의 모든 것은 유의미하지 않다. 인간은 순수 사태에서 살아갈 뿐이다. 그저 무의미하며, 발생하는 일에 부여할 수 있는 어떤 의미도 없다. 그리고 그 의미를 추구할 필요도 없다. **역사는 무의미하다. 역사는** 어디에도 없으며, 어떠한 규칙이나 영속성에 예속되지 않는다. 절대선과 절대악 따위도 존재하지 않는다. 도덕 역시 불가능하다. 만약 도덕이 존재할 수 있다면, "모호성의 도덕"이 유일한 형태일 것이다. 타자들과의 관계는 무의미하며, 절대 불가능하다. 타자他者는 일자一者의 말을 이해하지 않으며, 이해할 수도 없다. 역으로, 일자도 타자의 반응을 이해할 수 없다. 오해만 끝없이 순환할 뿐이다. 이는 타자의 눈에 비친 일자의 광기임이 틀림없지만, 그런 식으로 행동하는 사람들에게는 매우 합리적이다. 소통은 불가능하다. 최악은 타자의 시선이다. 그 시선을 견딜 수 없다. 타인은 지옥이다. 인간은 궁지에 몰렸으며, 부조리한 상황을 탈출할 수 없다. 왜냐하면 이 상황을 탈출하려는 일체의 시도 자체가 바로 부조리이기 때문이다! 어떠한 고정 불변성도 없고, 우리가 사건이나 행동을 판단할 수 있을 "관점"도 없다. 준거점이 될 수 있는 **절대 존재**도 없다. 오로지 **존재자**만이 현실이다. 그러나 **존재자**도 물이나 모래처럼 유동성과 불확실성으로 점철되었다. 모든 것은 정해지지 않았고, 형태 없이 움직인다. 우리는 이것을 자유라고 생각한다. 무엇을 하든 유가치하다. 이렇게 하든 저렇게 하든 상관없다. 우리는 분명 일자나 타자에게서 자유롭다. 왜냐하면 일자와 타자는 별 대수롭지 않은 존재들이기 때문이다. 선택은 합리성을 필요로 하지 않는다. 그저 있을 뿐이다.

이러한 시각은 분명 일탈 행동과 모순 행동을 낳기 마련이다. 남성과 여성의 관계도 불확실성이 점령했다. 단지 자기 자신만 신경 쓰면 그만이다. 그나마 자기 존중에서 '부조리하지 않음'의 유일한 형태를 발견했다는 데 위안을 삼아야 할 판이다. 이제 매 순간 자기 본위가 난무할 것이다. 따라서 한 남자 혹은 한 여자를 사랑하고, 불나방처럼 사랑에 뛰어든다. 그러나 이 불타는 사랑이 습관, 선, 신뢰로 변하지 않으리라는 꿈을 꿔야 한다. 그리고 이 사랑을 멈춰야 할 순간지나친 힘, 열정, 독점욕 등이 발현되는에 민감해야 한다. 사랑이 멈춘 순간, 우리는 솔직하게 관계의 끝과 이별을 선언해야 한다. 과연 이 모든 내용에 타자의 자리와 몫이 있는가? 그러나 우리는 어떤 형태로든 타자와의 진정한 관계를 맺을 수 없다고 이야기했다.

정치에서도 마찬가지다. 자아는 이 사회체 내부에 존재한다. 따라서 자신의 바람과 무관하게, 자아는 정치 환경 내부에 존재한다. 정치를 이탈해 살 수 없다. 자기 존중은 이 부분을 내포한다. 그러나 어떤 형태의 정치도 올바르지 않다.정의는 무의미하다 자신이 가담할 수 있을만한 학설도 없다. 따라서 자아가 바라는 정치 참여는 순간에 대한 참여이다. 순간, 즉 벌어진 사건에 투신하면서 자신을 만들거나 보호해야 한다. 따라서 우리는 처한 환경, 감상, 흥분 상태에 따라 정치적 입장 표명을 달리해야 한다. 사르트르는 멈추지 않고 자신의 정치 선언을 바꾼다. 그 선언은 항상 시끌벅적했고, 어떤 때에는 2주 간격형가리의 사회 위기와 체코의 사회 위기으로 완전히 모순된 논문을 작성하기도 했다.[2] 우리는 진실성을 담아 실천하고, 순간에 참여/투신한다. 또한 우리는 삶의 모든 영역에서 끝없이 진실성을 확보할 것이다. 물론 우리는 과학이 우리에게 확신을 줄 수 있다는 생각을 거부한다. 또한 우리는 유명한 물리학자들의 좌담에서 사르트르가 내뱉은 유명한 망언도 안다. 사르트르는 "철학자인 저는 물리학자들보다 물질의 정체에 대해 더 잘 압니다"라고 말했다.

어떠한 방향 잡기도 불가능한 이 사막에는 단 하나의 현실만 존재한다. 바로 인간이다. 따라서 인간을 도와야 한다. 카뮈가 『페스트』에서 말한 의사를 생각해 보라. 물론 카뮈의 의사도 부조리하기는 마찬가지이다. 그러나 우리가 선택할 수 있는 유일한 행동이다. 따라서 가난한 사람들, 불행한 사람들을 위한 사르트르의 지속적 참여도 동일 선상의 행동이다. 그러나 동정, 자비, 미덕을 통한 행동이 아니라는 조건에서 그렇다. 또한 어떤 가치도 없고, 어떤 의미나 정당화도 자신에게 부여되지 않는다는 조건에서 그렇다. 그러나 이렇게 하지 않는다면, 결국 유일하게 가능한 태도는 자살 밖에 없을 것이다. 그러나 자살 자체가 강제되지 말아야 할 부조리한 행위다. 전체와 무는 동일하다. 존재와 비존재에 관한 햄릿의 질문은 단순한 질문이 아니다. 우리는 단지 벼랑 끝에 서 있을 뿐이다.

부조리 철학은 당연한 듯 이전 시기의 모든 철학을 기피한다. 옛 철학은 항상 **의미** 연구에 경도되었고, 삶에 대한 예찬과 인간 사상의 일관성에

---

2) 나는 보르도 정치연구소에서 박사학위 논문을 쓰던 시절인 1946년에서 1956년까지 사르트르의 정치 입장 변화 문제를 연구했다.

대한 찬양을 가능케 할 준거점을 구축하는 데 집중했기 때문이다. 부조리 철학은 풍성한 문학, 소설, 희곡 작품을 낳는다. 탁월하고 감동어린 작품이 쏟아졌다. 그 가운데 카뮈의 희곡『칼리굴라』, 사르트르의『더러운 손』과『악마와 선한 신』, 이오네스코의 희곡 등이 유명하다. 그러나 이러한 기본 입장에서 우리는 이중 일탈을 확인한다. 예컨대 부조리 철학을 담은 문학 분야에서, 우리는 '부조리에 관한 극'에서 '부조리한 극'으로 이동할 것이다. 사르트르나 카뮈의 희곡에서 등장인물은 역사를 이야기한다. 다른 고전 희곡과 마찬가지로, 등장인물 사이의 관계가 존재하는데 그 목적은 삶은 부조리하며 아무런 의미 없다는 결론으로 관객을 끌어가기 위해서다. 그러나 이것만으로는 불충분했다. 사람들은 그 자체로 불합리한 희곡에 다다랐다. 이들은 부조리를 논증하지 않고, 부조리를 있는 그대로 제시했다. 등장인물들은 별다른 의미 없이 말을 교환한다. 일관성도 전혀 없고, 시작도, 끝도 없는 대화이다. 그 다음에 희곡은 의성어와 의태어로 넘어갔다. 사뮈엘 베케트의 희곡은 부조리의 희곡에서 부조리한 희곡으로 넘어가는 통행로를 만들었다. 무대에는 말하고, 행동하는 등장인물들이 있다. 이들의 대사는 우렛소리와 같은 소음에 뒤덮인다. 1986년 5월에 파리에서 두 시간 동안 공연이 열렸다. 이 공연은 두 명의 등장인물이 특별한 의미 없이 마구잡이로 구성된 주제들을 나눴다. 소설에서도 우리는 누보로망Nouveau Roman 학파3) 이 학파에 속한 소설가들은 양식은 철 지난 이야기이지만 그럼에도 지속된다고 말한다의 도래를 보았다. '누보로망'이라 불린 이 학파의 책은 역사도, 등장인물도 포함하지 않는다. 종종 구두점 없는 글도 보인다. 본문 이해도 불가능하고, 핵심 파악도 어렵다. 소설 전문 연구자들 중 한 사람은 다음과 같이 평가했다. 의미는 없으며, 의미를 추구할 '필요'도 없다. 어떠한 서사도 없으며, 결국 저자도, 독자도 주체로 존재하지 않는다.결코 과장이 아니다 구조들, 구조들의 놀

---

3) 나는『무의미의 제국』에서 현대 예술의 모든 현상들을 세밀하게 연구했다.

이만 있을 뿐이다.

그러나 부조리 철학은 이와 다른 방향에서도 시작되었다. 바로 허무주의였다. 세상사 아무런 가치가 없으며, 모든 것은 허무에 환원된다. 허무주의 색채를 가감 없이 드러낸 허무주의에밀 시오랑 사조가 있었고, 이론으로 무장한 허무주의 사조가 있었다. 후자는 예술 분야에서 특히 두드러졌다. 예술가는 "무의미한 예술 작업" 활동을 하라 그리고 '아무것도' 생산하지 말라는 예술 강령을 제시한다. 그러나 부조리에서 비롯된 허무주의는 철학자나 예술가가 아닌 사람들의 삶 자체도 관통한다. 이 허무주의가 어떤 사람들을 자살청년 자살의 현실적 중요성로 내몰고, 또 어떤 사람들을 테러리즘카뮈가 『정의로운 사람들』에서 동정과 이해를 표하며 무대 위에 등장시켰던 19세기 말 러시아의 허무주의자들과 결부된으로 내몰았다. 나는 오늘날 세계 도처에 확산된 테러리트스들이 부조리 철학에 대한 얄팍한 지식의 소유자라는 말을 하려고 이 이야기를 꺼내지 않았다. 다만, 부조리 철학은 생각 이상으로 우리의 깊숙한 곳까지 파고들었다는 이야기하고 싶을 뿐이다. 덧붙여, 테러리스트들 가운데 적군파와 같은 일부 집단은 지식인이 주축을 이뤘다는 점도 잊지 말아야 한다.

부조리 철학 자체가 특정 정치 상황과 더불어 발전했다. 나치 점령, 비밀경찰게슈타포에 대한 공포, 레지스탕스 활동으로 각인된 무력감, 집단 수용소라는 희대의 잔혹성, 그것의 발견과 함께 맞이한 종전 등이 이 철학을 부분적으로나마 설명할 수 있을 당대의 정치 분위기였다. 이러한 조건들, 즉 "악의 과잉"이라는 상황에서, 이 철학을 이해할 필요가 있다. 삶은 부조리하며, 삶에는 어떠한 출구도 없다.또한 해방 이후에도 이러한 분위기는 멈추지 않았다 정당한 원인은 없다. 더 이상 선도 없고, 악도 없다. 인간은 잔인하다. 칼리굴라야말로 인간의 대표자다. 앙드레 말로는 인류와 인류사에 의미를 찾아주기 위해 고대 예술사에 틀어박혔다!

마지막으로, 부조리 철학은 과학의 성찰에도 일말의 영향을 미쳤다. 매우 놀라운 부분이 아닐 수 없다. 그러나 지난 20년 동안 벌어진 일들을 돌아보자. 우리가 인공두뇌의 구성, 피드백 이념, 의사소통의 주요 개념들을 출발점 삼아 물리학과 생물학 분야의 전제를 이해한다면, "순환", "소용돌이", "소요"와 같은 개념들에 대한 연구에 돌입했다는 사실에 매우 놀라게 될 것이며, 촛불의 불꽃과 같은 낯선 연구 분야들에 대해서도 알게 될 것이다! 그렇다면, 어떤 점에서 이러한 연구가 부조리하다고 이야기할 수 있는가? 이에 대해 간략하게 답할 수 있다. 이러한 현상들의 질서 체계를 이해하는 방향이 완전히 바뀌었다. 10년 전에 의사소통 분야에서 "소음"은 매우 부정적인 개념이었다. 소음은 정확한 정보 전달과 수용을 가로막는다. 그러나 오늘날 모든 것이 바뀌었다. 소음은 의사소통의 핵심 요소 혹은 결정 요소가 되었다. 소음 자체가 하나의 정보이며, 소음도 정보 이론에 통합시켜야 한다. 동일 선상에서, 우리는 물리학을 토대로^{열역학 법칙의 오용} 분명한 대립 개념인 질서와 무질서를 생각했다. 무질서는 단순 혼란에 불과했고, 소음처럼 부정 요소를 가리켰다. 그러나 오늘날 모든 것이 바뀌었다. 무질서는 도리어 긍정 현상이 되었고, 물리학 연구에 '꼭' 통합되어야^{제거되지 않고!} 한다. 사람들은 다음과 같이 말하기 시작했다. 소음에서 정보가 탄생하듯, 질서는 오직 무질서에서만 태어날 수 있다!

아틀랑의 기록처럼, 물리학자는 본인의 연구에서 "수정水晶과 연기煙氣" 사이에 자리한다. 연기, 즉 모호성은 중요한 현상이다. 그것은 수정, 즉 투명성의 질서를 구축하는 법칙들에 예속된 만큼이나 은폐된 법칙들에도 예속된다! 아마도 매우 정확하면서도 매력적인 일일 것이다.^{물론, 나는 모든 분야를 판단할 능력이 없다} 우리가 추상에서 벗어난다면, 이것은 무질서에 대한 정당화 작업이 될 수도 있다. 나는 이 정당화를 명확히 이해한다. 또한 나는 물리학자들이 순수 과학 연구로 무질서에 대한 정당화에 도달할 수 있다고 보지 않는다! 과학의 모든 전제에서 확인할 수 있듯이, 연구자도 특정 문화와 사회에 속한 인물이다. 그리고 이것은 연구에도 영향을 미친다. 그러나 우리는 과도하게 질서 정연한 사회, 억압과 강제성의 사회도덕적으로 방임된 사회임에도 불구하고!에서 산다. 이 사회를 탈피할 필요가 있다. 무질서를 재평가하고, 질서를 제대로 다루며, 무질서를 통해 질서를 보충해야 한다. 나는 이 부분도 확실히 이해한다! 그러나 바로 이것이 부조리의 도입이다. 즉, 무질서를 가장 확실히 보장하는 부조리가 도입되는 지점이다! 덧붙여, 나는 경제 이론에 "순환"의 도입으로 결국 경제 부조리가 정당화될까 두렵다.[4]

1. 기술 부조리

제시된 자료들을 종합하며, 나는 다음 주제를 다루려 한다. 부조리 철학의 시대를 맞았지만 과학의 유산들은 부조리에 물들지 않고 건재했다. 특별히 합리성, 엄밀성, 효율성, 정확성을 갖춘 모델인 '기술'도 팽창을 거듭했다. 기술의 내부에 불합리한 요소는 없었다. 오히려 그 반대였다. 기술의 결합과 마찬가지로, 경제 체제에서도 모든 것은 합리적이고 이성적이었다. 그러나 고도의 조직화, 체계화를 거친 환경에서 살아가는 인간은 이 환경에 제대로 적응하지 못했고, 일관성 없는 반응을 보이기도 했다. 대표 사례가 바로 폭력이다. 경제기술 환경의 총체적 구조에 반기를 들었던 6·8 운동이 그 현상을 명확히 보여줬다. 이러한 반응에서 정작 부조리한 당사자는 인간이었다. 기술 체계 자체는 일관되게 체계를 유지했다.

그러나 최근의 기술 발전에서 새로이 부각되는 현상이 있다. 지난 10년 동안 발전을 거듭했던 기술들주로 컴퓨터 정보와 원거리 통신 분야이 터무니없이 불합리한 모습을 보이기 시작했다. 또한 이 기술들은 인간의 불합리한 행동을 낳거나 인간에게 그러한 행동을 요구한다. 경제 관점에서도 마찬가지여서,

---

4) cf. H. Guitton, *De l'imperfection en économie*, Calmann-Lévy, 1979.

기술 발전은 우리를 부조리한 상황으로 내몬다. 말하자면, 우리는 현대 기술의 끝자락에서 전혀 예상치 못했던 부조리 철학과 만난다. 그러나 사람들은 하나같이 이 문제는 기술의 문제가 아닌 인간의 문제, 인간의 사건이라고 말할 것이다. 인간은 모든 상황과 행동에 현존한다. 그렇지만 나는 다시 한 번 반복한다. 기술의 거대한 흐름이 인간을 부조리한 상황으로 '유인' 한다. 소소한 사례에서 볼 수 있듯이, 인간은 그 상태를 심각하게 보지않고, 그에 대한 증거를 확인하려 들지도 않는다. 모든 사람이 현대 영화를본다. 영화 속 등장인물들은 소음 가득한 환경_{거리, 비행기, 작업장}에서 산다. 우리는 갖가지 소음을 듣는다. 바로 이 점을 눈 여겨 봐야 한다. 영화는 실제크기의 소음을 전달한다. 사람들은 소음 중에 이야기하지만, 소음에 파묻힌 나머지 말의 정체를 이해할 수 없다. 무슨 말인지 이해할 수 없는 사람들이 화면을 메운다. 우리는 단어 하나, 문장 한 조각_{현실에서 나타날 수 있을만한 것으로!}정도를 이해할 뿐이다. 우리는 더 이상 "정보가 소음을 만든다"라고 말할수 없다! 오히려 소음이 말을 잡아먹는다. 그리고 발화된 몇 마디 말 정도만알아들을 수 있다. 이러한 말은 우리의 상상력을 자극하며, 우리는 사람들이 뭐라고 이야기했는지를 상상한다.

　나는 본 주제에 대한 추상과 이론 차원의 연구에 발 디딜 생각이 없다. 내주제는 현대의 기술 성장이 부조리를 낳는다는 데 있다. 다만, 이러한 성찰에 필요한 몇 가지 구체적인 요소들을 사례로 제시하는 정도에 그치려 한다. 첫 번째 사례는 기술 성장의 냉혹한 강요에서 비롯된 부조리다. 우리는바라지도 않고 유용성도 없는 것을 생산한다. 그러나 기술 역량이 있기 때문에, 우리는 생산해야 한다. 기술 역량을 십분 활용해야 하며, 냉정하고불합리한 방향에 편승해야 한다. 마찬가지로, 우리는 원하지 않는 생산품을 사용한다. 불합리하고 가혹한 현실이다. 세 가지 관련 사례를 제시하겠다.

프랑스는 전화망 성장을 대대적으로 선전했다. 지난 10년 동안 전화기 소유자는 두 배 증가했다. 현재 2,000만 대의 전화기가 가동 중이다. 그러나 관리와 통제 단계에서, 우리는 처참한 상황을 목도한다. 프랑스인들은 전화를 쓰지 않는다! 1982년 통계에 의하면, 일일 우편 사용 건수는 평균 1.3건이다. 무의미하다고 봐도 무방한 수치다. 그렇다면 사용을 중단해야 하는가? 전혀 그렇지 않다. 사람들은 이러한 정보에서 벗어나며, 기술자는 1985년에 2,5000만 대 사용을 목표로 내걸었다. 즉, 각 가정마다 전화기 한 대 꼴이다. 신규 물품의 사용 증가는 기존 사용 수단의 감소를 의미한다. 결여를 보충하려면, 프랑스인들이 '반드시' 전화를 사용해야만 하는 상황을 조성하는 묘책이 등장해야 한다! 이에 프랑스가 국제 차원에서 대대적으로 선전한 체계를 창조하는 데 중요 동력이었던 '텔레텔'[5]이 등장했다. 텔레텔은 전화, 컴퓨터, 텔레비전의 결합그리고 체계 발전을 위해 사람들은 컴퓨터 조작대 무상 공급을 고려한다을 전제한다. 텔레텔 체계의 등장으로 인해, 우리는 단번에 해당 전화번호, 열차나 항공 시간을 확인할 수 있게 되었다. 또한 시장에서 상품 가격을 알 수 있고, 영화나 텔레비전 프로그램도 확인할 수 있게 되었다. 그러나 사용자에게 이 체계를 사용하도록 '강요' 해야 한다. 따라서 우리는 전화번호나 열차 시간을 확인하기 위해 만든 책자들이나 정보지들의 제거를 진지하게 검토해야 한다. 따라서 정보를 필요로 하는 사용자는 반드시 전화를 사용해야 한다. 이 무렵부터 전화 사용자의 평균치가 상승하기 시작한다. 그리고 사람들은 기술 진보의 불가피함을 정당화할 것이다. 우리가 원하지 않는 세련되고 정밀한 기술 수단들이 반강제로 응용됨에 따라, 결국 우리는 부조리한 행동과 만날 수밖에 없다.

소소한 문제가 하나 있다. 이어질 내용에서, 나는 "사람들이 원하지 않은"이라는 표현을 계속 사용할 것이다. 물론, 자연, 인위성, 선천성, 문화

---

5) [역주] 미니텔을 사용한 프랑스의 컴퓨터 종합정보망 체계의 명칭이다.

등에서 비롯된 갖은 "욕구들"에 대한 심리학자들과 사회학자들의 수많은 논의를 결코 무시할 수 없다. 다만, 나는 이들의 추상 분석에 발 담그지 않겠다. 나는 애당초 욕구란 존재하지 않으며예컨대 차가운 음료수를 마시고 싶은 욕구를 생각해보라 특정 습관이 생기고 장기간 지속되면서 우리의 신체생리로 굳어진 욕구가 마치 자연스러운 욕구처럼 나타날 수 있다는 주장에 완벽히 동의한다. 이와 관련된 몇 가지 기본 자료를 제시하겠다. 소련에 산업 생산품을 판매하는 점포들이 생겼다. 공공 목적으로 설치되었으나 누구도 물품을 구매하지 않았다. 이 소식을 접했을 때, 나는 거기에 어떠한 욕구도 없었으며 욕구가 생성될 수 있을 기회가 현저히 적었음을 추론할 수 있었다! 프랑스인들에게 전화기 사용도 같은 문제다! 그러나 기술 진보를 이룬 물품이 생산된 순간부터, 관건은 소비자의 생산품 사용이다. 설령 소비자가 관심을 보이지 않는 물품이라도, 의무 사용을 추진해야 한다. 물론 이를 진두지휘하는 주체는 '기술 진보'다. 아마도 일각에서는 이러한 문제를 결정권자의 문제, 즉 사람에게 의존해야 할 문제라고 말하거나 기술에 물들지 않고 다른 삶의 방식으로 행동할 수 있는 사람에게 달린 문제라고 말할 것이다. 그러나 구체적으로 뜯어보면 전혀 그렇지 않다. 만일 우리가 선진국 반열에 계속 머물고 싶다면, 반드시 기술 발전과 물품 생산이라는 본류를 타야하며, 나아가 개발과 창의에 열을 올려야 한다. 다시 말해, 경쟁에서 우월한 자리를 점하기 위해 더 부조리하고 무용한 물품들을 개발해야 한다.

두 번째 사례로, 전기 에너지 생산이 있다. 전후 프랑스가 내건 선전 구호는 석탄을 대체할 수 있는 전기의 최대 생산이었다. 프랑스는 대규모 수력 발전소 건설 계획에 착수했고, 피레네 산맥이나 알프스 산맥의 지류들에 발전소를 세웠다. 1955년부터 전력 생산이 급증했다! 발전소는 정상 가동이 어려웠고, 결국 수익성도 떨어졌다. 이에 프랑스인들이 최대한 전력을 소비하도록 유인하는 광고와 선전 작업이 대대적으로 추진되었다. 전기의 과잉 소비를 유도하는 난방 기기들이 부착된 "대형 집산지"가 구축되었다. 또한 "가격 인하" 정책도 폈다. 전기 사용이 많으면, 그에 비례해 가격 단가는 낮아졌다. 그러나 1960년 무렵에 우리는 느닷없이 다음 사실을 알게 되었다. 지난 10년 동안의 성장 곡선은 기하급수적인 성장을 보였고, 신제품 생산을 늘려야했다는 것을 깨달았다. 따라서 사람들은 원자력 발전에 관한 계획을 수립하기 시작했다. 담당 기술자와 "환경운동가들" 사이에 갈등의 골이 깊어졌고, 급기야 폭력 사태까지 벌어졌다! 환경 운동가들은 단순 이상주의자들이 아니었다. 이들 중에는 물리학자, 생물학자, 경제학자 등도 포진해 있었다.

여러 연구들 중, 1971년 그르노블대학교 경제학연구소가 추진한 연구는 다음과 같은 결론에 도달했다. 시간당 킬로와트에 따라 매겨진 가격은 원자력 발전소에서 생산할 수 있으며, 프랑스 전력공사가 연구대중 선전용!를 통해 지정한 가격보다 세 배 더 높을 것이다. 또한 검토된 기획은 1985년 한 해의 필요치를 크게 상회할 것이다. 물론 이러한 결론이 사람들의 귀에 들어갈리 만무하다. 사람들은 귀 기울이지 않았다. 그러나 우리가 주목해야 할 부분은 제9차 경제 계획안 준비에 참여한 에너지위원회가 1983년 5월에 내린 결론이다. 위원회의 결론을 보면, 일단 원자력 관련 프로그램을 중지해야 한다. 그리고 전기 에너지의 생산은 이미 필요치를 초과했고, 원가는 1971년 그르노블대학교 연구소가 제시한 가격과 동일했다. 일부 집단에서 반발했다. 이들은 원자력 발전소 건설을 중단할 필요는 없고, 프랑스인들이 더 많은 전력을 소비하도록 새로운 광고와 선전이 필요하다고 주장했다. 즉, 생산된 것을 사용만 해도 아무런 문제가 없다고 선전해야 한다![6]

이 부분에서 우리는 부조리의 위치를 확인해야 한다. 첫째, 완벽한 임의

---

6) 우리는 이성 결여(déraison)에 관한 연구에서 더욱 세밀하게 이 상호작용의 문제를 다룰 것이다.

성이 주도하는 과정에 부조리가 있다. 둘째, 필요한 것과 유의미한 것을 전혀 알지 못하는 상황에도 부조리는 존재한다! 나는 대규모 원자력 발전소를 기획한 이들의 부정직성을 지적하고 싶지는 않다. 제9차 경제 계획 보고서 작성도 기획 담당자들의 몫이었지만, 굳이 이 문제를 들쑤시고 싶지 않다! 나는 이들 모두가 정직하고 선량한 전문기술진이라고 생각한다. 다만, 우리의 현 위치가 어디인지, 2~3년 후에 나타날 욕구가 무엇일지 등을 정확하게 알지 못할 뿐이다. 예고 자체가 불합리하다.

　이러한 방향의 마지막 사례로, 텔레비전과 라디오를 들 수 있다. 텔레비전과 라디오의 방향은 기술 개선과 연동되지만, 점점 냉정한 방향으로 흐른다. 두 가지 단계에서 문제를 다뤄보자. 첫 번째 단계는 기존의 거대 체계다. 프랑스에는 이미 여러 "방송망"이 존재한다. 이에 대해 나는 매우 단순한 문제를 제기한다. 현재 우리는 매우 탁월한 장비들을 소유했다.^{위성 텔레비전을 가졌다면, 그 탁월성은 더할 것이다} 따라서 이 장비들을 사용해야 하며, 장비들을 통해 방송해야 한다. 이것은 선택이 아닌 의무다. 하루 24시간 중 18시간 동안 정보, 공연, 노래, 대담, 회견, 영화, 시사 문제, 건강 조언, 요리 등을 방송한다. 그러나 '반드시' 매일 방송해야 하며, 매일 새로운 것을 방송해야 한다. 따라서 우리는 끔찍한 연쇄 고리 속에 들어간다. 그러나 '반드시 들어가야 한다.' 화면이 텅텅 비지 않도록 아무거나 채워 넣어야 한다! 진실, 아름다움, 지성, 새로움과 관계된 소식, 방송과 재방송 가치가 충분한 소식, 경청과 만남의 가치가 충분한 사람을 어떻게 날마다 찾을 수 있는가? 불가능하다. 그렇기 때문에, 사람들은 공허한 내용들로 화면을 가득 메운다. 아무거나 채워 넣은 화면은 공백 상태가 아니다. 마구잡이로 채워 넣은 내용이 시청자를 웃게 하거나 들끓게 한다. 새로운 것을 아무거나 채워 넣어야 한다. 따라서 개성이 없어도 유명하고 추천 받은 사람들만 출연하게 될 것이다. 말하는 데 별다른 어려움을 느끼지 못하는 사람, 소개하는 데 매우 전문적인 지식을 필요로 하는 음악, '독창성다운' 독창성은 없는 사람[7] 일수록 더 좋다. 왜냐하면 시청자들은 쉽고 편리한 것을 요구하기 때문이다. 천재형의 인간도 출연할 수 없다. 수백만에 달하는 시청자들은 기상천외함을 원하지 않기 때문이다. 그저 웃기고 평범해야 한다. 따지고 보면 그리 중요치 않은 이 수단에서, 우리는 평소 원했거나 구미에 맞는 사람들을 볼 수 있는 기회를 잡는다! 한 가지 중요한 부분이 있다면, 방송의 참신성 유지일 것이다. 즉, 방송은 새로운 출연진으로 항상 참신함을 유지해야 한다. 만일 탁월한 소양과 식견을 갖춘 지식인을 찾으려 한다면, 한참 수준을 낮춰 대담을 진행해야 한다. 아마도 이 지식인이 불쾌하게 여길 수 있을 수준까지 내려가야 할 것이다. 베스트셀러 작가가 된 지식인이라면 대중에게 더 큰 신뢰를 주겠지만, 그 작가가 언제나 새로울 수는 없는 법이다.[8]

자질 없는 사람의 이야기를 들어야 하는 장치와 시청자의 요구를 담은 장치의 조합이다. 매 시간마다 전혀 새로운 광경이 텔레비전 방송의 대부분을 구성한다. 이 지점에서 우리는 저질, 유치, 거짓을 뜻하는 **대중**과 **군중**에 관한 키르케고르의 분석가장 심오한을 참고해야 한다. 그러나 각 매체들은 단지 **대중**과 **군중**을 위해 존재할 뿐이다. 매체는 사실상 이질적인 개인들의 집단 구성체다. 숫자가 많아지면 많아질수록, 수준은 반드시 낮아지기 마련이다. 또한 기술 장치는 이 숫자가 항상 많은 상태로 유지되기를 요구한다. 바로 이것이 기술 장비 자체가 유도한 부조리의 마지막 사례다. 우리는 앞에서 다룬 프랑스의 "자유 라디오 방송"을 통해 동일한 부분을 경험했다.

지금까지의 내용은 자유의 오용 사례였다! 덧붙여, 기술의 부조리로 인해 또 다른 사건이 등장한다. 우리는 도구와 장치를 지녔지만, 이 장치는 결

---

7) [역주] 이른바 "방송용" 독창성이 필요하다.
8) 텔레비전에서 대중에게 유명세를 타려했던 사람들이 알고 보니 가장 어리석은 시청자로 소외된다는 점을 제대로 보인 제제켈, 르도, 레니에의 탁월한 책(*Le G chis audiovisuel, op. cit*)을 참고하라. 방송 민영화로 인해 가중된 "시청률 유치 경쟁"은 '필히' 질적 저하를 부른다.

코 메시지를 전달하지 못한다. 메시지는 하나같이 조롱조이며, 유치함을 벗어나지 못한다. 무선통신 시민주파수대C.B.의 경험도 마찬가지였다 근본부터 심사해야 할 상황이다. 의사소통은 점차 완벽해지고, 빨라지고, 광범위해지고, 정확해진다. 그러나 불행하게도 진부하거나 하찮은 내용 이외에 어떤 것도 소통하지 않는다. 그럼에도 '장치가 있으니 우리는 이를 사용해야만 한다!'

2. 경제 부조리

기술 제품들이 우리 세계의 경제생활 전반을 조직했다는 말은 두 말 하면 잔소리다. 그러나 내 생각에 세계의 상황은 여전히 산업 체계 시대그리고 산업 체계를 수단으로 한 시대에 건설된 경제 모델에서 벗어나지 못했다. 다시 말해, 기술이 산업 발달의 일차 요인으로 작용하는 시대를 탈피하지 못했다. 도식은 여전히 똑같다. 투자에서 생산으로, 그 다음 집단 소비와 집단 이익혹은 이윤으로, 이익은 다시 재투자로 순환한다. 우리는 이러한 순환 구조를 택하든지 아니면 다른 형식을 택한다. 투자를 위해 이윤의 상당부분을 추출한다면결국 임금 축소와 대량 실업으로 이어질, 우리는 자유주의 방식의 합리성, 정확히 말해 '케인즈 유형'을 택할 것이다. 반대로 소비 합리성에서 출발한다면, 더 많은 제품의 소비를 가능케 할 통화량을 대중에게 분배해야 한다고 말할 것이다. 소비에 대한 호소는 산업 분야의 생산 증가를 촉진할 것이며, 그 결과 투자가 이뤄질 것이다. 우리는 "사회주의" 유형의 합리성도 생각한다. 사회주의는 분배 우선을 외친다. 임금 인상과 고수준의 실업 수당 지급이 선결되어야 한다. 또한 높은 이자율로 사람들의 투자를 유도할 것이다. 그것은 단순히 국가 자체를 위한 투자가 아닌, 산업 복합 구조 전체에 이익을 낳는 효력을 발휘해야 한다.

위 문단에서 나는 자유주의와 사회주의라는 두 입장을 하나의 골조로 간단하게 요약했다! 너무 진부한 이야기를 반복하지 않았는지 걱정이다. 독자들의 양해를 구한다. 그러나 우리가 특정 순간에 어떤 사실을 갑자기 알게 되는 것처럼, 사태의 가장 단순하고 기본적인 단계를 들여다 볼 때라야 부조리의 출현을 알 수 있다. 왜냐하면 오늘날 그것은 안정적인 추론을 요동치게 할 수 있을 신기술의 발전과 마주했기 때문이다. 적은 노동력으로 더 많이 생산하는 "생산성"의 차원이 있다. 생산성은 서로 다른 두 단계인 자유주의와 사회주의에 모두 도입된다. 이제 기업들 간의 치열한 경쟁이 벌어진다. 한 기업은 다른 기업과 경쟁 관계를 이룬다. 국가 산업의 차원에서도 국가들 간의 경쟁 관계가 조성된다. 이른바 국제 시장에서의 치열한 경쟁이 전개된다. 이윤 극대화를 추구하는 자유 시장의 논리에 따르면, 기업에게는 자유방임이 필요하다. 자유방임 체제에서 기업은 극도의 효율성을 추구하며, 경쟁관계에 있는 타 기업들을 제거한다. 그러나 이러한 효율성은 두 가지 단계에 이를 수 있다. 첫째, 고성능 장비 체계를 갖춰 동일 제품을 저가에 대량 생산한다. 둘째, 옛 제품의 개량을 통해서든 지금까지 전혀 알려지지 않은 방식을 통해서든, 신상품을 생산한다. 사회주의 체제에 경쟁은 없을 것이다. 따라서 내수 시장의 어려움은 덜 할 것이며, 그만큼 내수 시장 붕괴의 위험도 줄어들 것이다. 그러나 혁신과 "진보"가 감소한다는 점도 감안해야 한다 그러나 오늘날 사회주의 국가들은 세계 시장에서 자본주의 국가들과의 경쟁에 돌입했다. 더 이상 "자급자족 체제"로는 버티기 힘들며, 무역의 균형을 맞추기 위해 자국 상품들을 해외에 판매해야 한다.

사실 이러한 내용은 이미 알려질 대로 알려진 내용이며 "깔끔하게 정리된" 내용이다. 그러나 내가 위에서 기술한 대부분의 내용은 오늘날 정확하지 않다. 간단히 말해, 지난 20년 동안 기술 분야의 엄청난 변화가 있었다. 일례로, 자동화와 정보화는 상상 불가능한 차원의 생산성을 야기했다. 따라서 신형 기계의 도입으로 실업자가 된 이들이 새로운 활동 분야에 흡수될 것이라는 희망가는 더 이상 부르지 말아야 한다. 산업 전 부문에서 생산성의 역량은 거의 "절대" 수준에 도달했다! 즉, 경제 관점에서 가치의 생산자는 더 이상 노동자가 아닌 자동화, 정보화된 기계다. 노동자가 점점 필요치 않은 세상이 된다는 뜻이다. 지난 20년 동안 노동계의 변화를 체험한 사람들은 '지금 우리는 절대 실업의 시대를 향해 나아가는 중'[9]이라고 생각하게 되었다.

그러나 경제 논리는 여전히 똑같다. 기업은 최대 효율성을 추구해야 하며, 대중은 "경기 회복"과 새로운 기업의 출현으로 실업 문제의 해결을 희망한다. 그러나 기업은 경쟁에서 생존하기 위해 "반드시" 가용 인력을 최소화_{인건비 절감}해야 한다! 사회주의 국가들은 이러한 조류를 타지 않든지_{경쟁 관계} _{가 아예 불가능한 상태}, 아니면 자본주의 기업들과 동일한 경쟁 논리를 따른다. 경기 회복을 위한 부수입의 분배는 완벽한 해결책의 부재를 자인할 뿐이다! 그러나 표면상 전도유망한 부분도 있다. 아직까지 세간에 알려지지 않은 신제품들_{전자레인지, 말하는 컴퓨터, 비디오녹화기, 가정용 컴퓨터, 평면 텔레비전, 무無필름 사진, 무인 자동} _{차 등}의 생산이 이에 해당한다. 그러나 수백 명의 연구진과 천문학적 금액에 달하는 투자비용을 요구하는 이 놀라운 발명품들의 본성을 따져 보면, 신제품 자체가 결코 핵심이 아니라는 사실을 바로 알게 될 것이다. 우리는 제품의 범주와 목록 안에서만 제품을 골라야 한다. 다시 말해, 이 제품은 특정 욕구에 대한 대답도 아니고, 심지어 강요된 욕망도 아니다.[10]

나는 조잡하기 이를 데 없는 특정한 주장으로 의식 있는 기술자 전체에 반향이 일 수 있다는 점을 안다. 그러나 그간 읽었던 무수한 연구서를 토대로 나는 몇 가지 비교 작업을 수행했고, 새로운 사실을 깨달았다. 예컨대 컴퓨터의 '실제' 유용성_{컴퓨터가 파생한 부수 산업, 관료체계, 컴퓨터-통신 용/복합 체계, 로봇 공학}, 회

---

9) 다음 자료를 보라. *Information et Emploi*, du Conseil conomique et social, 1984. 이 자료의 6장에서 우리는 더욱 세밀한 차원의 문제들을 발견할 수 있다.

10) 우리는 뒤에서 기술 제품의 세계를 자세히 다룰 것이다.

계 분야의 실제 유용성, 대중 시판된 몇 가지 제품으로 과학 연구, 물류 관리, 기억 장치 등의 보조 유용성을 비교하면서, 나는 다음 결론에 도달할 수밖에 없었다. 우리는 광범위한 지배력을 행사 중인 기계제품 이외에 다른 것을 제작할 수 없다. 왜냐하면 효율성과 유용성을 갖춘 장비들만 생산하는 경우, 그에 맞는 충분한 시장이 조성되지 않을 것이기 때문이다. 단순 놀이용 물품, 가볍게 사용하고 버리는 물품, 사람들을 깜짝 놀라게 한 뒤 쉽게 버릴 수 있는 물품의 생산이 증가한다. 기존의 불필요한 물품에 접목된 또다른 불필요 물품을 우후죽순 제조한다. 이 분야에는 오로지 신제품 생산만 있을 뿐이다. 따라서 정치경제의 개념 자체가 전복되었다. 그러나 사람들은 이러한 전복 따위는 일어나지 않은 것처럼 사고한다. 물론 기업의 입장에서, 탁월성, 세련미와 정밀성, 마법과 같은 신비를 내포한 물건들의 시장 판매는 매우 중요하다. 그러나 시장이 물품에 싫증을 느끼는 속도는 매우 빠르다. 기적의 물건에 대한 관심도 한껏 불탔다가 쉽게 사그라진다. 항상 신제품의 제작이 필요하다.

국제 시장에서는 특정 국가가 컴퓨터 생산 분야의 이익을 독식하다시피 한다.1970년에서 1981년 사이의 일본 그러나 여기서 우리는 부조리를 만난다. 일본은 컴퓨터 정보 관련 상품의 생산으로만 이익을 얻는다. 산업화를 통과한 10개국에서 동일한 성공을 희망하며 일본을 모방하려 한다. 이에 우리는 매우 기본적인 질문을 던진다.이 노선에 편승하지 못한 프랑스 정치인들은 질문 자체를 제기할 줄도 모른다 과연 우리는 '이' 생산품들을 누구에게 판매하는가? 대중은 프랑스가 일본 시장이나 미국 시장을 정복할 수 있다고 생각하는가? 그렇다면 동종 제품들을 생산하는 산업 국가들에게 이 제품들로 시장 수익을 지속할 수 있다는 믿음은 불가능하지 않겠는가? 결국 남은 것은 제3세계뿐이다. 그러나 제3세계는 이 생산품에 별 관심이 없을 수도 있고, 구매력이 없을 수도 있다. 따라서 일본의 본보기는 오류이다. 우리가 지구 차원의 경제 상황, 즉 세계 경제우리는 세계 경제를 국제 경제로 이야기하지 않고, 말 그대로 세계 경제라고 이야기한다를 본다
면, 충분히 파악할 수 있는 일이다.

우리는 거대한 모순의 출현을 본다. 이 모순과 더불어 우리는 망상을 접
한다. 한 편에는 "선진국" 경제가 있고, 다른 쪽에는 제3세계 국가들의 경
제가 있다. 전자는 방금 기술했던 것과 같은 방식으로 작동한다. 후자는 점
차 붕괴 중이다. 제3세계에서 가장 필요하면서 생활과 직결된 이 욕구들은
결코 충족되지 않는다. 한 쪽에서는 배고픔에 답하지 못하는 경제, 최소한
의 문명을 향유할 수 있는 재화들에 부응하지 못하는 경제가 있다. 오로지
제3세계 국가들을 '위한' 것만을 생각하는 전문숙련가들_{spécialistes}로 인해, 부
조리는 절정에 이른다. 다시 말해, 이 숙련가들은 제3세계 국가들을 자국
상황과 동일한 수준 및 노선에 연결하려 하고, 이들을 산업 순환 구조 내부
로 끌어 들이려 한다. 또한 로스토프 이후로, 이들은 "경제 관점에서 제3세
계 국가들의 발전을 도와야" 한다고 말했다. 우리는 선진국이라 불리는 국
가들의 체계에서 도출된 결과들을 구체적으로 목도한다.

우리는 고정되지 않은 경제 '사상' _{안타깝게도 우리는 이를 경제 '실천' 에서 이야기해야 한다}
과 마주한다. 그러나 우리의 체계가 이러한 방식으로 작동한다면, 체계가
전반적으로 기술 혁신의 우선성에 대한 수용, 경제 진보를 가능케 하는 요
인이 바로 기술이라는 법칙에 대한 수용 때문일 것이다.[11] 기술 혁신에 대
한 집착은 우리의 체계를 광기의 논리로 유인하며, 제3세계 민중들의 경제
와 약분될 수 없는 상태로 만든다. 지극히 다변화되고 취약한 경제에 때로
기술의 개입이, 때로 인간의 개입이 필요하다. 즉, 제3세계 경제 상황에 맞
는 개입이어야 한다. 컴퓨터 덕에 제3세계의 경제 발전이 가능하리라는 생

---

11) 독자들은 유명 경제학자의 설명을 알지 않는가? 이 경제학자는 50년 주기의 장기 파
동을 의미하는 '콘트라티예프 순환'에 준한 현재의 위기가 이전 시기처럼 주요한 기
술 혁신들(모든 경제의 작동 공간이 되는)을 통해 해결 가능하다고 주장했다. 1930년
은 자동차 덕에 위기 탈출이 가능했다면, 1980년의 위기 탈출은 컴퓨터 덕에 가능할
것이다.

각은 전혀 근거 없는 말이다! 그럼에도, 기술 우선성에 기초한 접근법은 발전을 거듭한다. 이미 우리는 수많은 제품들에 대해 이야기했다. 이에 우리는 순수 상태에서 폐기물의 문제도 이야기해야 한다.[12]

나는 대량으로 발생하는 폐기물이나 식당에서 배출되는 음식물 쓰레기나 건강식 무단 폐기, 농민들에게 충분한 값을 치르지 않은 잉여 작물 폐기처럼 종종 세간의 지탄의 대상이 되는 폐기물의 문제를 겨누지 않겠다. 나는 기술 생산으로 불가피하게 발생하는 폐기물에 대해 논하려 한다. 각종 기계 장치, 자동차, 오토바이, 냉장고, 텔레비전 등도 계속 대체되어야 할 것이다. 왜냐하면 완성 단계의 제품들이 아니기 때문이다. 여전히 '대체물'이 필요하다. "진보를 멈출 수 없다"라는 이 위대한 법칙은 개인 차원과 국가 차원에서 공히 작동한다. 왜냐하면 무기의 지속 갱신이 이를 제대로 보여주는 완벽한 표본이기 때문이다. 보다 강력하고 정밀한 무기의 생산은 멈출 줄 모른다. 우리는 6년만 지나면 이 무기들이 다른 무기들로 대체된다는 사실을 알아야 한다.

무기 생산에서 우리는 기술-경제의 부조리와 만난다. 부정적인 재화들만 생산하기 때문이다. 무기들을 사용한다면, 대규모 파괴가 일 것이고, 그 결과는 결코 긍정적일 수 없다. 반면 무기들을 사용하지 않는다면, 그것은 백해무익한 쓰레기일 뿐이다. 이 쓰레기의 일부를 저개발 국가들에 판매한다는 사실 정도면 위로가 되는가? 그러나 나는 이 기간 동안 생산된 재화들이 산업의 변화, 노동력의 점유를 이뤘다는 주장을 안다. 그 경우라면, 피라미드 건축을 명한 이집트의 파라오들이야말로 위대한 경제학자들일 것이다.

그러나 기술이 정리한 또 다른 형태의 낭비도 있다. 나는 일차 원료 낭비 문제가 아닌 공기, 물, 공간, 시간 낭비의 문제를 생각해 보려 한다. 인간 생

---

12) 나는 이 책의 뒷부분에서 폐기물 문제를 깊게 연구할 예정이다.

명의 가장 본질적인 요소들과 차원들은 경제 가치를 갖지 못하고, 무절제한 낭비에 사라진다. 지속적인 인구 성장이 반세기만에 이 지구에 장소, 공간의 부재를 낳은 것과 마찬가지로, 기술에 흡수된 인간에게 더 이상 시간은 없다. 나는 익히 알려진 문제나 논의의 여지없이 명백한 부분을 강조하지 않을 것이다. 오히려 언제나 은밀하게 숨어 있으나 매우 심각한 문제를 강조하려 한다.

우리는 세 번째 유형의 낭비에 이른다. 이것은 외견상 덜 비극적이나 결코 무시할 수 없는 유형이다. 즉, 순수하게 기술의 명을 따르고 기술의 압박으로 정당화되는 광경, 오늘날 모든 서구인이 당연한 것으로 여기는 광경이다. '포뮬러 1' 자동차 경주를 생각해 보자. 전형적인 경주용 자동차 한 대 값은 거의 10억 프랑에 달한다. 또한 경주용 자동차는 단 한 번만 사용된다. 놀랄만한 정도로 연료를 낭비한다는 점을 굳이 고려하지 않더라도 말이다. 경주에 참여한 이들은 부족이나 결핍의 단계를 생각하지 않는다 그러나 세계를 일주하며 벌이는 경주들에는 그만큼 과한 비용이 필요하다. 사람들은 대서양 횡단 요트 경주를 위해 500억 프랑을 이야기했다 또한 우리는 기술 개선을 위한 실험에 정당성을 부여한다. 즉, 우리는 이 실험을 정당화한다. 이는 얼토당토하지 않은 부조리에 해당한다. 경주용 자동차에 전용 모터와 타이어를 장착해 차량 개조를 꾀하거나 시속 200km로 고속도로를 안전 주행할 수 있도록 관광차도 개조한다. 그 반면, 세계 곳곳에서는 사고로 인해 속도를 줄이려 한다! 거대한 3동선胴船의 개량은 선박 기술 개선에 결코 도움이 되지 않는다. 극소수 특권층이나 지불 가능한 값이기에 선박에 대한 기술 개선에 결코 득이 되지 않는다. 기술 정당화는 심각한 부조리다. 대규모로 이뤄지고 순전히 사치에 불과한 이 소비들을 결코 정당화할 수 없다.

그러나 우리는 경제 부조리의 또 다른 측면인 숫자의 문제와 만난다. 사람들의 손재간으로 엄청난 숫자들이 나타났다. 1983년 미국의 재정 적자는 미국 국내 총생산의 6.6%에 해당하는 2,000억 달러에 달할 것이라는 관측이 나왔다. 이를 접한 사람들은 과연 이 수치가 엇비슷한 적자 액수를 포괄하는 정치경제를 예측하는 데 여전히 유의미한지 물었다. 기술 진보에 대한 사회적 비용을 충분히 치르지 않았다는 점에서, 이 적자를 메우고도 남을 획기적인 성장 예측 안을 매년 제시해야 하지 않는가? 또한 세계 경제 체제에서 대다수 국가에 부과된 막대한 금액이자 제3세계 국가들에게는 상상조차 할 수 없는 엄청난 금액의 부채 문제를 접할 때에도 우리는 같은 질문을 던질 수 있다.

라틴아메리카의 부채는 3조 달러에 달한다. "개발도상국" 전체의 외채는 지난 5년 동안 6,200억 달러까지 치솟았다. 이들의 실제 부채 비용은 7,000억 달러를 상회할 것이다. 1982년에 이들 국가의 외화 순손실액은 2,000억 달러에 달한다. 더욱이 이들 국가는 경제 긴축 정책을 거부하고, 부채 비율을 수출의 일부로 제한한다.^{그 결과 수출이 제한된다!}

그러나 이렇게 터무니없는 값과 경제 상황은 "오로지" 급속한 기술 성장^{이러저러한 경제 조직이 아닌}에서 비롯된다는 점을 반드시 알아야 한다. 이 국가들은 옛 부채를 감가상각하기 위해 매년 수출액의 67%를 지불해야 한다. 그리고 이러한 부채의 요인 중 가장 중요한 부분은 바로 '무기 구매'라는 점을 밝혀야 한다! 이 국가들 중 어떤 국가도 상환 능력이 없다는 점을 생각해야 한다. 이는 채권자들의 부채를 "탕감"하거나 제3세계 국가들의 50%가 붕괴할 수 있다는 말이다. 왜냐하면 여기에는 전후 서유럽 원조 계획인 '마셜 플랜'과 어떤 공통점도 없기 때문이며, 차관 역시 이 국가들의 경제 기반 구축에 아무런 도움이 되지 못하기 때문이다. '이 국가들의 수준'에서도 그렇고, '이 국가들의' 유용성을 위해서도 전혀 도움이 되지 못한다.

그렇다면 "정상적으로" 작동하는 세계 경제 시장을 예측한다는 말의 뜻은 무엇인가? 지난 10년 동안 석유로 돈을 긁어모은 제3세계 국가들^{중동의 산}

유국들은 엄밀히 말해 스스로 부를 만드는 법을 전혀 모른다. 현재 우리는 이 부분을 확인한다. 나아가 "경제 이륙" 이론도 진지하게 재고해야 한다. 우리는 모든 형태의 경제 합리성과 경제 논리에서 벗어나서 문제를 숙고해야 한다. 나는 다음과 같이 말하고 싶다. 현 세계에는 아무 데나 쓰기 위한 돈이 과하게 유통 중이다! 우리는 거의 대다수 국가들이 자국 군비 지출의 무게에 짓눌리는 모습을 본다. 사용자들로서의 제3세계 국가들, 생산자들로서의 국가들로 나뉜다. 최고 효율성을 갖춘 기술의 무한 생성 과정에 모두 들어왔기 때문이다. 1983년에 미국은 군용 무기에만 거의 6,000억 달러를 쏟아 부었으며, 그 액수는 산업 분야 투자 자본금의 무려 다섯 배에 달한다.

같은 방향으로 질주 중인 세계의 질서들과 사건들은 셀 수 없다. 이러한 질서들과 사건들을 통해, 사회 전 분야에서 기술의 불가항력적인 압박이 발동 중이며, 그 압박은 예측, 합리성, 포괄적인 조직화 역량을 멋대로 이탈하는 경제를 양산한다. 모든 경제에 바람직한 유일한 기회는 아마도 모든 기술들을 점점 빠른 속도로 채택_{기술의 의미, 활용, 유용성 여부를 개의치 않고}하면서 경제의 속도를 높여가는 일일 것이다. 자국 경제가 이웃 경제를 뛰어 넘을 수 있다는 확신을 줄 수 있을 기술 도구들을 갖춰야 한다! 그러나 이러한 조건들을 바탕으로 구축되는 경제는 그 어디에도 없다. 사회주의 국가들처럼 국가 권위주의 계획 경제를 수반한 조건들은 우리의 이목을 끌기도 한다. 사회주의 체제에는 계획, 통제, 지배 형식의 경제가 실제 존재한다. 그러나 이러한 방식의 경제는 매우 시대착오적이며, 이미 철 지난 구식 경제, 비효율 경제다. 한편, 기술 발전에 자유로운 과정을 부여하는 분야와 군사용 무기, 로켓, 우주비행, 핵과 같은 최첨단 기술의 연구 분야가 공존한다. 덧붙여, 이 분야들에도 무질서, 일관성 부재, 예측 부재, 경제 합리성 부재가 공존한다. 곳곳에서 실체를 드러낸 기술의 과잉은 부조리한 상황을 야기하며, 우리의 이탈 가능성을 생각조차 못하게 하는 기이한 현상을 지시한다.

우리는 이 현상을 면밀히 살펴야 한다. 우리 앞에 벌어진 사건들은 이미 인간 의식의 역량들을 넘어선지 오래다!

이러한 "현실들"과 마주해, 나는 가장 효율성 있는 "선진 기술력"을 토대로 보편 성장나는 보편 무질서라 생각한다!에 이를 수 있고, 실업 문제를 해결할 수 있다고 믿는 정치인들예컨대 미테랑의 성향에 정확히 반대 자리에 선다. 내가 제대로 알고 있다면, 이것은 "첨단 기술 민주주의"를 운운하는 미국 학교들의 방향성과도 맞물린다. 이들은 "경제적 난관"을 탈피하기 위해 최첨단 기술력에 사활을 걸어야 한다고 믿는다. 내가 볼 때, 거기에는 이미 진단의 오류가 있다. 우리는 일반화된 무질서를 만날 뿐, 어디에서도 경제적 "난관"을 만나지 않는다. 경제적 난관을 떠들며 최첨단 기술력에 사활을 걸려는 정치인들과 경제학자들은 몽상가들이다. 이들은 "믿는다." 또한 이들은 기술의 미래를 빛나는 영광으로 포장하고, 일종의 종교로 받들어 모신다. 기술의 미래에 관한 합리적인 성찰은 내팽겨 쳤다. 이러한 기술 종교에서 우리는 또 한 번 부조리를 확인한다.

3. 기술로 인한 인간 부조리

이 장에서 나는 매우 철학적인 문제를 다루려 한다. 과연 사람은 기술의 도움으로 인간다운 인간이 될 수 있는가? 머지않은 장래에 인종 변화에 이를 수 있는가? 기술은 선대先代부터 시도했던 인간에 대한 기획을 완수할 수 있는가? 사실 이러한 질문들은 테이야르 드 샤르댕의 믿음이기도 했다. 나는 앞에서 암시했던 현대 예술과 같은 세부 분야를 기초로 몇 가지 내용을 논하려 한다. 먼저, 기술은 급진적인 단절을 불렀다. 음악, 회화, 조각, 건축과 같은 예술 분야에 활용된 최신 기술은 인간을 위한 예술 구축을 시도하면서, 인류가 지난 5,000년 동안 목표했던 것, 의미부여나 의미발전과 같은 의미의 차원, 미, 조화, 행복의 소통, 상승 욕구 등과 하등의 공통점 없는 생산물을 배출했다. 사람들은 거기에 예술의 자격을 부여했지만, 순전히 어떻게 규정하는지의 문제일 뿐이다! 현대 예술은 '의미'에서 '상승 욕구'에 달하는 모든 요소들의 정반대 자리를 꿰찼다. 따라서 기술의 원조를 받은 예술을 과연 예술이라 말할 수 있을지 의문이다. 기술에 접목된 예술은 고대 시대에 추구했던 인간 기획의 완성에서 동떨어져 구현된 측면이 있다. 이는 고대 시대의 기획과 모순된 부분이다. 더욱이 현대 예술은 그 기획을 제거하려 든다.

그렇다면 인간은 "더 인간다운 인간"[13]이 될 수 있는가? 이미 누차 인용했던 예를 재인용하려 한다. 이것이야말로 매우 중요한 사례라고 판단했기 때문이다. 유전자 조작의 초기였던 1960년대에 프랑스의 한 대형 잡지가 "노벨상" 수상자 20여 명_{생물학자, 화학자, 유전학자 등}에 관한 설문 조사를 실시했다. 그와 동시에, 이제 갓 사용되기 시작했던 기술의 미래, 태아의 조작으로 확보할 수 있다고 희망하는 인간의 표본에 관한 설문도 병행했다. 그러나 인간의 표본과 관련된 설문의 경우, 문제가 발생했다. 이 위대하신 과학의 답변들은 완전히 '무용지물'이었다. 최고 수준의 인간이나 최고 지성인으로 만들려는 진부한 시도와 무관하게, 이들은 어떤 인간이 바람직한 인간으로 출현할 수 있는지에 관해 말하지 못했다.

혹자는 '즉자적인 사람'의 차원을 넘어, '관계적인 인간'의 수준에 도달해야 한다고 말한다. 그러나 이렇게 선언한 이들도 자신이 무엇을 말하는지 정확히 알지 못한다. 히틀러에게 그것은 인종 선택, 즉 아리안족의 선택을 의미했다. 결국 우리는 탁월하고 경이롭기까지 한 효력을 지닌 이 수단들로 무엇을 해야 하는지 알지 못한다. 이제 우리는 닥치는 대로 아무거나 만들 것이다._{물론, 프랑켄슈타인과 같은 괴물을 제작한다는 뜻은 아니다} 그러나 이 문제는 내가

---

13) 내 시각에, 이 분야에서 가장 중요한 책은 다음과 같다. V. Packard, *L'Homme remodelé, op. cit.*

본문에서 겨냥한 목표물이 아니다. 어린이, 성인을 비롯해 현존하는 사람들의 발전 가능성에 현대 기술이 미치는 영향력과 마주해, 나는 유전자 개입과 같은 방식 없이도 이미 오늘날 수백만의 사람들이 만들어낸 형태의 인간에 관해 묻고 싶다. 나는 이를 일상에서 만나는 사람, 매료된 사람, 환상에 빠진 사람, 유희에 빠진 사람이라 평가할 것이다.

현대 사회를 사는 인간은 노동에 사로잡힌 이후, 이미지 폭증, 소음 강화, 정보 확산에 매료된 인간이 되었다. 그러나 이 세 가지 영역에서 중요한 부분은 평범한 인간에게 미치는 기술의 영향이다. 비록 이들이 텔레비전이나 공연 등에 열광하는 사람들이 아니라도, 음양으로 기술은 영향을 발휘한다. 엄밀히 말해, 인간은 기술의 영향력을 벗어날 수 없다. 나는 현대 음악의 모든 형식마다 소음이 증가했다고 생각한다.위에서 검토한 문제와 동일한 문제는 아니다! 14)

일각에서는 소음에 찌든 공연이 아닌 이상, "기술의 잘못이 아니다. 사람의 잘못이다. 사용자가 기술을 최고 위치에 둔 것이 문제"라고 응수할 것이다. 그러나 나는 이러한 시각을 매우 우려한다! 의식을 짓밟고 파괴하는 음악을 요구하는 당사자는 바로 '청취자'다. 즉, 이러한 음악에 완전히 매료된 사람이 바로 그 음악을 요구한다. 중독 상황에서는 더 이상 다른 것을 원할 수 없다. 상황이 이러할진대, 가장 의미심장하면서도 동시에 최악의 사태라 칭할 수 있는 사건이 일어났으니, 바로 "워크맨walkman"의 개발이다. 우리는 자기 두뇌를 박살내는 이 음악 없이 단 한 시간도 못 버티는 젊은이들을 본다. 이러한 현상을 견인한 워크맨의 개발은 부조리와 불안정을 생성한다. 이들은 사실상 소음 중독 상태나 다름없다. 기차와 자동차에서도 이 소음 청취에 열중하는 이들은 나머지 요소 전체를 잃는다. 이들은 외부 세계에 대한 의식, 다른 인상들에 대한 수용, 실제 세계에서의 생활, 강

---

14) 우리는 이 책의 4부에서 매료된 인간, 특히 록 음악에 매료된 인간의 상황을 세밀하게 연구할 것이다.

박 관념에서의 탈출을 가로막는 이 전자기기의 최면술을 벗어날 수 없다. 이 소음"소음"이라는 표현 외에 이 음악을 부를만한 말이 없기 때문이다은 도시 환경의 소음을 "가중"시킨다. 이 부분 역시 매우 중요하다. 사람들은 보통 지속적인 소음자동차, 작업 도구 등의 유해성에 쉽게 동의할 것이다.15) 또한 이따금 그러한 소음에 맞서 싸우기도 한다. 그러나 음악은 귀청 떨어질 것 같은 소음을 강제 발산하며, 우리의 선택 이상으로 해악을 미친다.

이미지들의 난입과 맞물려, 동일한 사건이 벌어진다. 텔레비전이나 영화의 확산으로 만들어진 이미지, 더 나아가 광고가 만들어 낸 이미지들이 무차별 난입한다. 특별히 오늘날 광고는 더 이상 중립도 아니고, 부동의 형식도 아니다. 광고는 생생한 매력을 발산하는 광고판들의 능동적인 움직임이다. 인간은 정신 사나울 정도로 집단 부과된 가능성들의 세계에 사로잡혔다. 물론, 나는 사람들을 상품 구매로 이끄는 광고 문제를 이야기하지 않을 것이다. 그것이 핵심 문제는 아니다. 오히려 내가 중요하게 보는 문제는 우리를 잠식한 이 산만한 이미지들의 증가와 그러한 증가로 인해 부자연스러운 세계 속에 희석되는 인간의 문제이다. 그 세계에는 어떠한 성찰, 선택, 숙고의 가능성도 존재하지 않는다. 그럼에도, 광고는 결코 때 묻지 않은 순수태가 아니다. 광고의 성공 이유는 현대인의 현실, 결여, 욕망을 간파했기 때문이다. 주요 주제들을 분석한다면, 다음 두 가지 내용을 확인할 수 있을 것이다. 첫째, 폭력이라는 주제를 확인한다. 매우 주목해야 할 부분이다. 특히 다양한 제품들을 광고하는 광고판에 담긴 폭력에 주목해야 한다. 이 광고는 "현대인이 되라"는 명령으로 바뀐다. 또한 모든 광고들은 기본적으로 공격성, 정복, 권력, 폭력의 이미지들을 지지한다. 둘째, 전원풍의 행복과 아름다움 등을 누리는 여성이나 남성에 관한 광고 수가 그리 많지 않았던 반면, 아마도 향후 전반적인 광고의 분위기는 지금껏 드물게 거론된 주

---

15) J.-C. Migneron, *Acoustique urbaine*, M.L.S., 1980, qui insiste en particulier sur la gravité du "bruit de fond", et sur l'écart entre le "bruit moyen" et le bruit de fond.

제인 우정, 공생협력, 친밀성을 강조하는 형태가 될 것이다.

정보 과잉이 일반인에게 정보 왜곡을 야기할 수 있다는 위험이 있다는 면에서, 컴퓨터는 필수 도우미가 되었다. 다행이도, 이러한 정보는 감당할 수 있는 수준이며, 전체를 저장할 수 있고, 쉽게 소화할 수 있으며, 체계의 기억 장치 덕에 우리의 범위 안에 배치 가능하다. 컴퓨터는 매우 훌륭한 도구이다. 그러나 이 말은 곧, 인간이 컴퓨터에 사로잡혔다는 뜻이다. 컴퓨터는 단순히 인간의 문제에만 복무하는 도구가 아니다. 컴퓨터는 고유한 기능을 갖는다. 그리고 인간은 저장과 조합이 필요한 정보를 선택할 경우, 컴퓨터의 특수한 힘에 사로잡힌다. 인간의 작동 방식은 컴퓨터의 작동 방식과 동일하지 않다. 개인이 기계 장치에 없는 주관적이고 본질적인 요소로 정보 분류와 구성 작업을 개시할 경우, 컴퓨터의 능력과 인간의 능력 사이에 질적 차이가 두드러진다. 그러나 이러한 주관 요소는 정보를 의사소통에 부합하는 형태, 인간에 의해 구성된 형태로 만든다.[16] 결정은 결코 _{컴퓨터가 만든} 문제의 만능 해법이 아니며, "난제"에 종지부를 찍는 "최종 결정권"인 "고르디우스의 매듭"도 아니다!

단지 사례에 불과하지만, 뒤에 이어질 모든 사례들은 '매료된 인간'에 대한 이해도를 높일 것이다. 소음과 이미지의 환경이 확대되었다. 이러한 환경은 선정성도 있고, 매력도 넘친다. 인간은 거리두기, 조정, 성찰의 방식을 담은 삶을 지속하기 어렵다. 오직 실존의 의미에서 볼 수 있는 부조리의 세 가지 특징인 '직접성', '명확성', '최면 상태의 활동'과 같은 양태로만 삶을 지속할 것이다.

---

16) [역주] 인간의 정보 구성 작업이 소통을 낳는 방식이라는 말은 일원화된 결론이 아닌 주관성을 바탕으로 각자의 위치에 따라 다양한 해석과 토론이 가능한 형태의 정보 구성에 이른다는 말이다.

4. 결론

나는 현대 기술에 관한 몇 가지 요약을 기초로 인간 자체의 부조리를 논할 수 없다고 생각한다. 또한 사회 자체도 인간의 부조리를 안다고 이야기할 수 없다고 생각한다. 사실, 인간의 부조리라는 말은 형이상학 차원의 표명이다. 그러나 이 장에서 우리는 인간 부조리에 대한 요약을 터무니없는 주장으로 폄하해 버렸다. 철학자들에게는 분명 그렇게 보일 것이다! 그러나 나는 이것이 인류사에 전혀 새로운 경험이라고 생각하며, 기술 세계와 연계된 인간 부조리의 의미를 더욱 심화할 필요가 있다고 생각한다.

우리의 첫 번째 확신은 기술 철학의 존재 불가능성이다. 또한 근대 인문주의자들의 훌륭한 주장이 있었음에도, "기술 문화" 역시 존재 불가능하다! 기술 철학은 없다. 왜냐하면 이 철학은 지혜와 무관하고, 오히려 교만을 분출하기 때문이다. 우리의 논증처럼, 기술 철학은 궤도를 이탈할 가능성이 크다! 그리고 기술 철학의 궤도 이탈은 다음 현상을 보일 것이다. 기술 철학은 인간이 바랄만한 것을 생산하거나 심지어 인간의 바람과 별 상관없는 것을 생산할 것이다. 기술 철학은 '인간'의 궤도 이탈, 즉 인간 너머의 인간을 추구했던 디오니소스의 철학과 전혀 다르고, 디오니소스의 문제에 대해 니체가 고심했던 분야와도 전혀 다르다. 또한 기술 철학은 기술의 생산과 비교해 턱에도 못 미치는 인간의 성장보다 더 참담한 차원에 도달한다. 성장을 이리저리 지도하는 문제가 아니라, 실제 인간의 성장이 기술의 생산을 따라가지 못한다! 다시 말해, 앞으로는 다른 장비가 생산한 것을 저장하는 또 다른 장비가 필요할 것이다. 오직 컴퓨터만 행성 탐사선의 전언들을 기록할 수 있으며, 컴퓨터만 사진을 저장할 수 있고, 미시 물리학계의 복합 장치들이 계측 가능한 현상들을 저장할 것이다. 따라서 우리는 "내 장치들은 물질도 저장하고, 실체도 저장할 수 있다"라는 닐스 보어의 말을 십분 이해할 수 있다.

이처럼 인간의 고유 장비들이 인간의 역할을 대체했다. 이 장비들로 철학을 만들 수 없다. 왜냐하면 철학은 기술을 구체적으로 가능케 할 한계들, 규정들, 그리고 충분히 규정된 영역들을 포함하기 때문이다. 1950년 당시, 기술에 대한 철학예컨대, 슐Schuhl이 수행했던 작업은 1980년대에 더 이상 의미와 가치를 확보하지 못한다. 게다가 동일한 문제가 또 있다. 바로 기술 변화의 속도와 기술의 질적 변화 문제이다. 질적 변화라고 표현할 수 있는 이유는 '증기 에너지'에서 '전기'로의 이행과 함께 기술 전반의 질적 변화가 있었고, 그후 '산업 체계'에서 '정보 체계'로의 질적 변화가 있었기 때문이다.

기술 철학 혹은 기술 문화의 가능성 확보와 별도로, 과연 이러한 모험에 내던져진 인간지성인 포함의 성향과 방향은 무엇인가? 나는 거기에서 매우 투명하게 드러난 두 가지 내용을 발견한다. 바로 보상과 정당화에 관한 연구이다. 기술이 야기한 지속적인 환경 교란으로 인해, 인간은 방향 상실, 불편, 불안을 겪는다. 따라서 인간은 그에 대한 보상책을 연구하며, 보통 '도피'를 보상책으로 제시한다. 물론 약물이나 술처럼 극단적이고 단순한 도피처를 말하는 것이 아니다. 내가 말하고픈 도피는 이 세계의 위험과 몰이해의 상승폭에 비례해 종교적인 것, 비합리적인 것으로의 도피다. 위험과 몰이해의 증가와 맞물려, 종교와 비합리로의 도피는 현대인의 필수 요소가 된 것처럼 보인다. 초자연 심리학에 대한 믿음이든, 폐쇄 종교의 신비주의이슬람교에서 이 부분은 특히 민감하다로의 회귀이든, 절대 의미, 절대 행복, 절대 구원이 도래하는 지구 밖 미지의 세계들에 대한 개방성과 희망이든 간에, 도처에서 폭발하듯 터지는 종교적인 것에 관한 믿음을 이 범주에 배치해야 한다. 영화 '이티'가 거둔 전대미문의 대흥행이 이 현상의 증인이다. 이 얼토당토않은 이야기가 대중들을 자극할 수 있고 지식인들의 진지한 수용을 유발했다는 사실은 기술전문인의 방향 상실을 보여주며, 그들이 어떤 점에서 철학의 모든 가능성에서 동떨어져 있는지를 적나라하게 폭로한다. 이러한 반응에 대해, 일각에서는 다른 부분을 정당화하려고 하기도 한다. 그러나 기술 현상이나 기술 진보에 대한 직접 정당화는 매우 드물다. 오히려 상황보다 더 유리한 조건을 제시하는 정치나 주지주의를 통한 간접 정당화가 이뤄진다. 당시에 나는 부조리나 허무주의에 대한 정당화가 최고 수준의 정당화라고 말했다. 솔직히 말해, 아무런 의미도 없다. 가치가 전혀 없기 때문에, 이러한 식의 기술 개발은 다른 것^{아무거나}과 동일한 가치를 가질 뿐이다. 나는 10년 전부터 이러한 이야기를 빈번하게 들었다.

부조리 철학과 기술 문제의 결론을 다루는 본문의 마지막 부분에서, 우리는 더 특별한 철학적 질문을 던지려 한다. 그러나 지금껏 우리가 논했던 내용의 연장선상에 있는 질문이다. 자아, 인격은 구성될 수 없고, 존재할 수 없으며, 특정한 역사를 가질 수 없다. 자아는 가능성과 필연성, 자유와 필연성의 역할에 돌입하는 경우에만 자유로운 자기 자신이 될 수 있다. 어떠한 자유도, 가능성도 없다면, 인격, "인간다운 인간", 자아는 존재하지 않을 것이다. 자아가 구성될 수 있는 자유의 잔여 지대가 존재하지 않는다면, 삶은 무가치할 것이다. 거꾸로, 우리가 자유 없이 필연의 사슬에 매이고, 필연성으로 똘똘 뭉친 집합체와 엉키고 충돌한다면, 자유와 연관된 어떠한 진리도 존재하지 않을 것이다. 그리고 이 두 가지 현실^{자유와 필연}의 역할로 인간 실존은 가능하다.[17]

---

17) [역주] 엘륄은 기술을 "필연"(la nécessité)의 영역으로 분류한다. 19세기 마르크스가 "필연 노동", 즉 자본에 의해 강제된 노동을 이야기한 것과 유사한 구조이다. 먹고 살기 위해 노동 전선에 나가야만 하는 필연성의 굴레에 빠뜨린 주범이 자본이듯, 엘륄은 기술 환경과 기술 사회를 조성해 자유의 심층을 가리고, 필요치 않은 기술 제품, 과잉 에너지를 소비하도록 하며, 다른 형식의 상상계를 차단하는 기술 체계를 "필연"의 세계라고 진단한다. 그리고 "필연"의 대척점에 있는 세계가 바로 "자유"의 세계다. 엘륄은 필연 세계와 절연하고, 이 세계에서 도피하는 "에세네파"의 자유가 아닌, 그 세계 속에서 치열하게 틈을 찾고, 잔여 지대(여백), 취약 지구의 위치를 탐색하는 "예수"의 자유를 염두에 둔다.

인간은 규정의 그물망에 사로잡혔다. 그러나 인간은 이 규정을 지배하고, 사용한다. 인간은 이러한 규정과 지배를 사용하면서 자신의 자유를 얻기 위해 만들어진 존재이다. 자아는 이미 자기 자신이다.^{필연성} 그러나 자아는 자기 자신이 되어야 한다.^{가능성} "가능성을 결여한 자아는 절망이며, 필연성을 결여한 자아도 절망이다."[18] 가능성이 거꾸러진 현상을 낳고, 필연성이 파괴된다면, 예컨대 모든 생리학 규칙, 사회 규범, 가치들에 대한 위반이 일반화된다면, 그리고 되돌아가야 할 필연성을 충분히 간수하지 못한 상태로 자기 자신에 이른다면, 우리는 분명 "가능성의 절망 상태"에 빠지고 말 것이다. 자아는 분투하지만, 늘 현실의 제자리걸음만 반복할 뿐이고, 중요한 지점에 도달하지 못한 채 가능성 속에서 고갈^{추상적 가능성}되고 말 것이다.

그러나 역逆도 마찬가지다. 인간이 필연성에만 기대어 사고하는 경우, 모든 것을 결정론 기준으로 바라보는 경우, 만물이 예외 없이 필연으로 바뀌는 경우에도 절망은 존재한다. 즉, 현실에 대한 절망이다. 키르케고르는 이 관계를 이야기하기 위해 단순한 비유를 든다. "만일 모음만 발화發話하는 아이들의 소리를 가능성의 일탈에 비교할 수 있다고 하자. 그렇다면, 무언증無言症은 가능성의 결여에 해당할 것이다. 이 아이에게 필연적인 것은 모음 없이 떠도는 자음과 같다. 이 자음을 제대로 발음하려면, 가능성의 도움이 필요하다." 자유가 존재하려면, 필연성에서 출발해야 한다. 필연성에 준할 때, 자유를 위한 투쟁의 현실성을 확보할 수 있다. 인간이 알고, 인정하는 자유를 위한 투쟁은 필연성에서 출발할 때 그 현실성을 얻는다. 이는 개인에게나 사회체社會體에게나 모두 참이다. 즉, 현존하는 존재자는 필연성이며, 생성되어야 할 존재자는 하나의 가능성이다.

그러나 이러한 변증법의 역할을 바닥부터 교란시키는 일이 벌어졌다. 한

---

18) 이 점에 관하여, 키르케고르의 『죽음에 이르는 병』(임규정 역, 한길사 2007)의 1부와 자연과 문화에 관한 토론 부분을 참고하라.

술 더 떠, 나는 이를 기술 보편화에 의한 파괴 현상이라고 말하고 싶다. 덧붙여, 파괴는 다음 두 가지 단계에서 발생한다. 첫째, 기술이 모든 것을 만들 수 있는 세상이 되었다. 기술은 보편성과 절대성을 동시에 지닌 가능성이다. 기술로 인해, 인간은 달 표면을 걸을 수 있었다. 기존의 민속학, 신화, 민중 설화가 "달에 사는 존재"를 중시했다는 점을 생각하면, 이 사건은 내게 유의미하다 기술은 속도, 순간, 직접성까지!, 힘 등을 가능케 한다. 기술은 인간이 상상하고 바라는 모든 것을 실현할 수 있다. 또한 현대인에게 장애물 봉착은 결코 있을 수 없는 일이다. 현대인이 아직까지 할 수 없는 일이 있다면, 비정상일 것이다. 예컨대, 우리는 아직까지 암을 정복할 수 없고, '무에서' 생명을 만들어 낼 수도 없다. 그러나 모든 것이 가능하다는 급진적인 판단에 빠지자마자, 불가능은 없다고 말하고 싶어 한다! 나에게 불가능은 없다. 왜냐하면 내가 마주한 대상은 온통 가능성으로 점철되었기 때문이다. 이 대목에서 우리는 "절대 권력은 불구不具"라는 카스토리아디스의 공식을 재인용해야 한다.

"따라서 자아에게 가능성의 비중은 점차 커지며, 더 많은 사물들이 언제나 가능성으로 생성된다. 왜냐하면 어떠한 사물도 실제자아의 현실에서 나오는!가 되지 않기 때문이다. 모든 것이 가능한 것처럼 보인다. 그것은 심연이 자아를 난폭하게 삼킬 때, 더욱 도드라질 것이다. 사물은 새로운 사물이 나타나야 비로소 그 가능성을 보여줄 수 있다. 모든 것이 가능하다는 말이 떨어지기 무섭게 몽상이 꼬리에 꼬리를 문다. 바로 이 마지막 단계에서 개인은 완벽한 착각에 빠지고 만다!"Kierkegaard, op. cit. 더 이상 어떤 현실가장 현대화된 물리학자들이 제기하는 문제도 없다. 현실은 가능한 것과 필연적인 것의 종합이기 때문이다. 그러나 더 이상 어떠한 필연성표면, 환상, 몽상에서도!도 없다! 이것은 현대인의 무한한 근심의 원인들 가운데 하나다.

반대 현상도 분명하다. 다시 말해, 기술이 모든 것을 가능케 한다면, 기술 자체는 절대 필연성이 될 것이다. 나는 30년 전에 기술은 숙명이자 현대인의 운명이라고 썼다. 나는 이 말이 지금 광범위한 인정을 받는 중이라고 생각한다. 우리는 기술을 피할 수 없다. 기술이 모든 영역들, 활동들, 현실들을 점령했다. 기술의 범위 바깥에는 어떠한 "유보"도, 질서도 없다. 그리고 기술은 그 자체로 '자기 원인causa sui'이다. 대중은 "진보를 멈출 수 없다"라는 공식으로 자신의 상실감을 표현한다. 그러나 이 공식은 모든 기술 현상에 관한 성찰을 관통했고, 결국 지존의 자리에 올랐다. 토론 말미에 위험성, 비용 등이 쟁점으로 부각되었지만, 과학자나 기술자는 "그래도 어찌되었든, 우리는 진보를 멈출 수 없다"라는 말로 논의를 마무리한다.[19]

따라서 기술 성장이라는 절대자가 출현했다. 그것을 공격할 수도, 반박할 수도 없다. 대항도 불가능하며, 단지 복종만 존재한다. 기술 성장이 우리 사회를 진보시키기 때문이다. 바꿔 말하면, 인간에게는 어떤 가능성도 존재하지 않는다. 기술과 마주한 인간에게 자유는 사라졌다. 왜냐하면 기술 발전이 만든 자유는 단순히 '예', '아니오'로 답하는 형태이기 때문이다. 우주 탐사선이나 유전자 공학에서 누가 "아니오"라고 말할 수 있는가? 탐사선이나 유전자 공학에서 우리는 '인간을 위해'라는 절대적 결정론을 본다. 이 결정론은 인간의 자연적 유전자나 문화에 존재하지 않았다. 나는 이러한 결정론이 현대인의 절망을 야기하는 뿌리이자 요체라고 생각한다. 왜냐하면 현대인은 아무것도 할 수 없고, 심지어 무력하다는 사실도 의식하지 못한 채 미망에 사로잡혔기 때문이다. 독자들도 잘 알겠지만, 결정론

---

19) [역주] 엘륄과 샤르보노는 이미 1930년대부터 '진보 신화'를 비판했다. 좌/우파 가릴 것 없이 서구인에게 진보는 하나의 신화와 믿음이 되었으며, 인간의 근본 자유를 빼앗고, 자연을 착취하며, 노동자를 기술 부속품으로 소외시키는 과정에 복무한다고 보았다. 무엇보다 생태 문제와 관련해, 이들은 '진보하지 않으면 구태나 반동'이라는 낡은 이념에 경도된 진보 신화에 대한 "탈신화화" 작업이 필요하다고 주장한다. 다음 자료를 보라. Bernard Charbonneau, « Le progrès contre l'homme » (1936), dans Bernard Charbonneau et Jacques Ellul, *Nous sommes révolutionnaires, malgré nous. Textes pionniers de l'écologie politique*, Paris, Éditions du Seuil, 2014, p. 83~116. [국역] 베르나르 샤르보노, 「인간에 반대하는 진보」, 베르나르 샤르보노, 자끄 엘륄, 『생태 감수성의 혁명적 힘』, 안성헌 역, 도서출판 비공, 2021, 97~134쪽.

은 마약과 히피들의 기원이다.

　그러나 아직 최종 단계에 이른 것은 아니다. 사람들은 근심이나 절망에서 멀어져야 생존할 수 있고, 상황을 의식하고 정당화할 수 있다. 그렇지만 이 경우, 사람들은 현상의 여러 측면들 가운데 하나만 의식한다. 독자들은 이따금 기술이 인간에게 절대 자유를 준다고 말하는 이론가들을 접할 것이다. 이들은 기술의 다른 얼굴을 부정하거나 이해하려 하지 않는다. 그리고 책임지는 존재로서의 인간관을 짓밟는다. 매우 비인간적이다. 자세히 말해, 기술이 나를 자유로운 존재로 만들고, 기술을 통해 내가 모든 일을 자유롭게 할 수 있다면, 나는 이 모든 일에 책임을 지는 존재가 되어야 한다. 예컨대, 우리는 아르헨티나나 아프가니스탄에서 자행된 집단 살상, 제3세계의 기근 등에 책임을 져야 한다.[20] 자살 외에 더 이상의 출구는 없다. 다른 측면에서 보아도 동일하다. 즉, 역사의 절대 결정론, 모든 가능성과 자유행동의 개입을 부정하는 정치경제의 기계론의 단호한 해석만 보려는 이들에게도 출구가 없기는 매한가지다. 다시 말해, 이들은 기술의 중량, 강제성, 필요성을 존재 당위devoir-être로 바꾼다. 왜냐하면 이 결정론은 '가능성의 절망'에는 풍부한 상상력을 발휘하고, '불가능성의 발견'에 관해서는 풍부한 가능성을 갖기 때문이다. 따라서 이 결정론자들은 "상투적인 정치 선동 구

---

20) [역주] 기술 문제에 관해 엘륄과 비슷한 생각을 하는 세르주 라투슈는 2016년의 한 강연에서 아프리카에 중고품 명목으로 들어오는 서방 세계의 폐기물 문제를 거론한다. 폐기물 가운데 상당수는 컴퓨터, 가전제품, 휴대전화와 같은 기술 제품들이다. 쓰레기 물품을 중고품으로 둔갑시켜 아프리카에 버리는 북반구 기술 선진국들에 대한 고발인 셈이다. 또한 신제품 생산을 위해 원재료들을 채굴하는 과정에서 벌어지는 원주민과 다국적 기업들 간의 살육전에 대해 언급하며, "지금 당신이 사용하는 신형 휴대전화에 콩고 사람들의 피가 서려 있다는 사실을 잊지 마세요"라는 말을 덧붙인다. 현대인은 자유롭게 기술 제품의 종류와 수량을 선택, 구매하지만, 그 제품의 생산 과정에서 불거지는 자연과 노동력 착취, 원주민 생명 및 생활 압박, 주민들의 생활환경 빈곤화(예컨대 볼리비아 주석 광산 인근 마을들의 식수난) 등에 대해서는 무지하거나 공동 책임과 대응을 유보한다. 다량의 정보들이 존재하지만, 이러한 종류의 정보가 대중들 사이에 유독 유통되지 않는 이유는 무엇인가? 제품에 대한 광고만큼, 제품 이면의 정보들이 대중들에게 전달된다면, 어떤 일이 벌어질 것인가? Serge Latouche, « Una decrescita conviviale », dans Serge Latouche, Roberto Mancini, Marcelo Barros, Gianni Mattioli, *L'idolatria del mercato. dalla globalizzazione economica alla riscoperta degli esclusi*, Città di Castello, L'altrapagina, 2016, p. 18.

호"만 외친다. 사실상 의식意識의 실종을 자인한 꼴이다. 또한 노예의 길 외에 우리에게 다른 출구는 없다. 사치의 노예가 되든지, 빈곤의 노예가 되든지, 아니면 순응주의나 집단 수용소의 노예가 되는 길 외에 달리 출구가 보이지 않는다. 역사 결정론에 경도된 철학자이든 노예의 길을 외치는 철학자이든, 자기 노선에서만 사태를 바라보며 실존에서 형이상학으로 이동한다. 이러한 철학자들이 기술에 예속된 현대인의 조건을 더욱 악화시킨다!

그러나 더 많은 단계를 만들어야 한다. 기술을 통한 해방을 의식그리고 정당화하든지, 아니면 결정론을 의식하든지, 여하간 우리가 이 두 가지를 동시에 의식할 수 있는 길은 무엇인가? 만일 이것과 저것의 변증법 관계가 사라지고, 긴장과 갈등 없이 오로지 동일성만 존재한다면, 어떻게 되겠는가? 인간 해방으로 이어질 수 있는 것이 인간의 숙명으로 뒤바뀌었다는 사실을 이해할 때, 아니면 인간이 자신의 실제 운명이 될 수 있는 것을 해방으로 체험하고 수용할 때, 무슨 일이 벌어질 것인가? 덧붙여, 이러한 기술 환경에서 가능성이 곧 필연성이 되고 필연성은 인간을 위한 유일한 가능성이 된다는 사실을 알게 된다면, 과연 어떻게 되겠는가! 우리는 분명 부조리한 상황에 빠지고 말 것이다. 그러나 이러한 부조리에는 출구가 없을 것이다. 더 이상 철학 논문도 없을 것이고, 우발 사례우리는 항상 우발성에 반대되는 사례를 발견할 것이다!도 없을 것이다. 대신, 상황이 돌고 도는 매듭만 남을 것이다. 우리는 다른 길을 걸어서 모두冒頭에 거론했던 철학적 부조리와 다시 만난다. 그러나 철학적 부조리는 더 이상 형이상학과 무관하며, 기술이 제작한 세계의 일종의 존재론 구실을 하게 되었다. 따라서 이 장에서 채택된 사례들은 모순 없는 실제 사례들이므로, 더 이상 "특수 사례들"이라 지칭할 수 없다. 나는 지금까지의 내용이 기술 세계에서 벌어진 부조리의 의미를 명확하게 보았다고 생각한다.

2장 _비이성

확실히 우리는 쾌락이나 악행 때문에 비이성 상태에 빠지지 않는다! 비이성 상태에 빠지지 않도록 이성이 작동한다. 더불어, 겉보기에 건전하고 수용 가능한 전제들에서 비이성적인 행동과 기획으로 이행하는 과정도 존재한다. 이러한 이행 과정은 일관되기 때문에 만약 우리가 전제 자체를 비난하면, 아예 논의를 기피할 가능성이 크다. 몇 가지 사례를 나열하기 전에, 이러한 비이성을 낳는 원리들을 파악할 필요가 있을 것이다.

1. 분리

에드가 모랭이 적시摘示한 것처럼, 전체全體라는 주제는 현대인의 사고방식과 관련된다. 현대인의 사고방식은 세계와 사회의 현실에서 자기를 확실히 구별하려 하지만, 실제로는 상호 보완적이고 분리 불가능한 것까지 그 접점을 분리하고 연결점을 떼어 내려한다. 예컨대 개인과 사회, 신화와 사회의 현실, 전통과 혁신의 분리 등 또한 모랭에 따르면, 현대인의 사고방식은 '환원주의'적이고 일차원적이다. 우리는 하나의 대상만을 보려 하며, 관찰 가능한 것을 단일한 차원에 환원시킨다. 또한 격언들을 귀찮은 잔소리로 여겨 없애려 하며, 세부사항이나 특이점도 삭제하려 한다! 오늘날 현실에서 볼 수 있는 것처럼, 과학, 기술, 매체들에 의해 형성된 우리의 사고는 포괄성과 다층다양성에 기초한 사고가 아닌, 사지 절단된 사고가 되었다.

"인간, 인간주의, 도덕의 거대한 문제들"에 관한 언급은 웃음거리로 바뀐다. 왜냐하면 "기술 문화" 전문가들의 사유는 이 문제들을 품을 능력도 없고, 제기할 능력도 없기 때문이다. 그러나 이러한 능력 부재는 과학 사상이 점차 세분화, 공식화, 운영運營화되고, 기술 사상이 기능과 기능성實用性에 전념한다는 점에 기인한다. 그것이 지배 사상이므로 나머지는 아예 무시해도 상관없다. 그러나 "기술 문화"는 원칙상 전체 문제들을 아우를 능력도 없고, 자신을 성찰하거나 사유할 능력도 없다. 따라서 전문 분야에 종사하는 과학자와 기술자를 지배하는 것은 빈약한 상식과 단순한 견해다. 그리고 기술자와 과학자가 정치나 경제 분야에 대한 관점을 표명할 경우, 그러한 상식 부족과 단순 견해는 더욱 선명하게 드러난다. 우리는 화려한 공연 이상으로 우리에게 큰 웃음을 선사하는 사람들의 정당 활동을 종종 목도한다.[21]

이러한 사상 부재의 문제에는 게오르게스쿠-뢰겐에 의해 비판받았던 "산술 논리"arthimomorphique가 있다. 모든 것을 계산하고 산술적으로 측정할 뿐, 나머지 부분을 생각하지 않는다. 그 결과는 '기본 선택의 비합리성'과 '무한 축적'이다. 기가 막힐 정도로 철저하게 계산된 이 세계에서, 모든 선택은 완벽한 산술 논리에 따라 이뤄진다. 그러나 거기에 사유와 성찰이 빠졌다. 대안을 생각하려면, 앞에서 다뤘던 정신들과 결이 다른 새로운 사고방식이 필요하다. 또한 대안 자체에 적합한 합리성 개념을 담을 수단들이 턱없이 부족하다. 우리 사회에서 과학 연구의 수단들은 권력에 예속되어 있고, 이 권력은 매우 불합리하게 질서를 정하기 때문이다. 권력의 불합리한

---

21) 그러나 1975년 이후로 토머스 쿤의 『과학 혁명의 구조』(Les Révolutions scientifiques)와 베르나르 데스파냐의 『실제에 관한 연구』(À la recherche du réel)와 더불어 진행된 과학자의 일반화에 관한 노력과 반성 사유에 주목해야 한다. 그러나 100명이 넘는 과학자들 가운데, 가장 기괴한 형태의 정치 입장을 선보인 과학자 한 명을 뽑으라면, 한국 전쟁에서 세균 무기의 사용 여부를 두고 황당한 입장을 보인 장 프레데릭 졸리오-퀴리를 뽑겠다.

강제성과 연계된 과학-기술 사고는 애당초 구조적으로 허약하다. 뒤에서 또 다루겠지만, 기술-과학은 군사 목적으로도 활용된다. 발견의 기술화는 과학-기술의 상호 작용 및 연구개발 기획자들의 "예측 고리" 속도에 맞게 작동한다. 결국 이러한 합리성체계 이론, 정보화, 모델화의 작동과 실행이 포괄적 사유와 반성적 사유의 가능성 자체를 파괴한다. 이 모든 것이 무한 축적, 외견상 중단 없는 축적, 전 방향에서 동시 다발로 이뤄지는 팽창의 발생 원인이다. 또한 이것은 통약通約 불가능성을 유발하며, 평가를 불가능심지어 판단을 불가능하게 하며, 별다른 제재 없이 이성의 위수 지역을 이탈한다. 경제와 군사 분야의 경쟁은 기술 과정22)에 이미 삽입된 무제한 진보에 여전히 강세를 찍는다. 무제한성은 각 나라가 선택의 비합리성과 무한 축적이라는 두 가지 관점에 기초해 다른 나라를 강점하려는 시도나 다름없다. 그리고 각 정부는 경제와 군사 경쟁의 무제한성을 마치 국가 존폐의 문제인 양 떠든다. "권력과 생산성에 관한 연구는 기술을 통해 실행되는 자연의 사회 도구화 작업에 의미를 부여한다. 그것은 권력과 생산성에 대한 본 연구의 사회적 동력들이다." 이러한 동력들이 무한 성장을 야기한다. 왜냐하면 경쟁을 중단해야 할 이유가 전혀 없기 때문이다.

2. 패러다임

나는 비이성 상태로 쇄도해 들어오는 기술 세계의 이 현상에 다섯 겹의 힘줄이 있다고 본다. 첫 번째 패러다임은 '모든 것의 표준화' 의지이다. 매우 오래된 경향이지만, 단지 경향에 불과했다. 모두를 위해 규범들을 제작해야 한다. 왜냐하면 사회와 인간을 구성하는 자료들의 표준화만이 기술의 총체적 응용과 보편화를 동시에 가능케 하기 때문이다. 그에 따라, 언어도

---

22) cf. 내 저작『기술. 시대의 쟁점』(대장간, 출간예정)에서 '기술의 기하학 진보'에 관한 부분을 참고하라.

표준화하려 한다. 컴퓨터는 필수 사항이 됐다. 앞으로는 더 할 것이다. 발음의 표준화와 글쓰기의 표준화도 마찬가지이다. 이것은 망상이 아니다.[23] 의미의 표준화만이 오해 없이 지적 교환을 가능케 한다. 표준화된 언어로만 서비스를 제공할 수 있다. 또한 연구나 표준화는 항상 제공된 서비스를 통해 동력을 얻는다.

우리가 나사못 규격과 무게를 표준화한 것과 마찬가지로, 직업 적성, 기업의 직원 교환 가능성, 학과 교육 등을 표준화해야 한다. 모든 생산품도 결국 표준화되어야 한다. 그러나 우리가 인간 표준화를 시도하는 본능에 해당한다고 여기는 규범은 결코 외부에서 강제로 부과한 절대 명령이 되지 말아야 한다. 다시 말해, 규범은 공론을 모으는 합의체를 요구한다.[24] 따라서 사람들은 산업의 표준화를 위해 분리된 조각들을 온갖 분야에 적용한다. 심각한 문제가 아니라고 하는 사람들도 있을 것이다. 그러나 나는 산업 시대의 여파라는 이들의 평가가 정확하지 않다고 생각한다. 다양한 수단, 매체, 컴퓨터 창작물이 나왔지만, 사실 이것들은 '한층 포괄적으로 진행된 표준화'라는 전체 집합 안에 있는 사이비 다양성이다.[25]

합리성 결여의 두 번째 패러다임은 '변화에 대한 집착'이다. 실로, 진보 신화의 대중보급판이다. 우리는 한 자리에 머물면 안 되는 진보의 시대를 산다. 우리가 지속적으로 되돌아가야 할 선전 구호가 있다. 바로 "멈추면 후퇴"라는 구호다. 제로 성장론에 반대 논거로도 제시되는 이 구호는 결코 뒤로 물러서지 않아야 하고, 언제나 새로운 것이 필요하다는 의미를 담는

---

23) 소소한 개별 사례가 하나 있다. 나는 손으로 편지나 글을 쓴다. 미국의 여러 지역에서는 컴퓨터로 원고 정리 작업을 한다. 내가 쓴 글자 중에 어떤 것은 내 글자가 아니었나. 컴퓨터 전문가인 미국인 친구가 그 이유를 설명해줬다. 내가 쓴 숫자(1)은 컴퓨터에서 숫자(7)로 읽혔고(차라리 컴퓨터로 숫자 1을 쓸 것을 그랬다), 내가 쓴 숫자(7)은 컴퓨터에서 숫자(2)로 읽혔다. 차라리 숫자(7)을 컴퓨터처럼 숫자(2)로 보이게 쓸 것을 그랬다.

24) '표준화를 위한 프랑스 협회'(l'afnor; L'Association française pour la normalisation)는 1918년에 창설되었다. "산업의 표준화를 통해 우리는 전쟁에서 이길 수 있었기" 때문이다.

25) 1975년 2월 12일, 라디오 방송 '프랑스 퀼튀르'(France Culture)에서 '표준화를 위한 프랑스 협회' 대표가 진행한 담화 내용이다.

다. 그 관점에서, 변화 자체를 좋은 것으로 여긴다. 일상생활의 모든 것을 바꿔야 한다. 결코 그대로 놔두지 말아야 한다. 인간의 상호 관계를 포함해 지속 가능성은 시대에 뒤떨어진 세계에 속한 것이 된다.

따라서 이 모든 것을 재발견한 우리는 사랑하는 "동반자"를 바꾸고, 유용성이 없다면 텔레비전, 가구 집기, 자동차 등을 쉽게 바꾼다. 변화는 필수불가결한 요소가 되었다. 우리는 생각들도 바꾸고, 동시에 정보들도 바꾼다. 나아가 우리는 정부도 바꾼다.1968년에 사람들은 "10년이면 많이 해먹었다. 꺼져라 샤를 드골!"이라 외쳤다 우리는 예술도 바꾼다. 새로운 양식은 과거에서 결코 어떤 것도 빌려오지 말아야 한다. 따라서 모든 표현마다 예술은 탈구된 예술이 되었다! 예컨대, 1985년에 바그너의 오페라 「아이다」의 기본 개념과 무대 장치 변경의 경험들과 관련해 활발한 논쟁이 일었다. 거기에서 우리는 흥미로운 현상을 보았다. 음악을 바꿀 수 없고, 이야기의 줄거리도 바꿀 수 없다. 그러나 '이미 본 것'에서 '반드시' 벗어나야 한다. 즉, 새로운 것을 만들어야 한다. 새것을 제작하지 않으면, 이 오페라에 대한 흥미가 떨어질 것이기 때문이다. 따라서 고정된 것, 즉 무대장치를 바꾼다. 무대장치가 가장 중요한 실재가 되며, 음악과 목소리 등을 지운다. "흥미로운" 대목은 바로 '무엇이 바뀌었는가?'이다. 따라서 바로크적이고 기괴한 이 상상력바그너는 위대한 근대 산업 시대를 살아가는 가족들에 관한 오페라를 썼다과 관련해, 탁월한 지식인들의 진중한 논의가 이어졌다. 그리고 이들이 내린 최종 주장은 다음과 같다. "흥미로운 경험이었지만, 앞으로 쇄신해야 할 부분이 군데군데 있었다."[26]

---

26) 이 "연구자들"에게 습관적으로 찬사를 보낸 미셸 쿠르노의 비평(*Le Monde*, 22 juillet 1986)에 따르면, 가장 최신 사례는 아비뇽 페스티발에서 시연된 후고 폰 호프만스탈(Hugo von Hoffmannsthal)의 「구조된 베네치아」(*Venise sauvée*)이다. 감독들은 관객의 "희곡 청취를 불가능하게" 하기로 결정했다. "잿빛 연기가 무대를 포함한 극장 전 공간을 빽빽하게 뒤덮었다. 베네치아풍의 장식을 거의 알아보지 못했다... 배우들은 안쪽에 있었고, 이들의 잿빛 실루엣으로 인해 식별이 매우 어려웠다. 무엇을 말하는지, 누구에게 말하는지 볼 수 없었다. 더군다나 모든 목소리는 가짜였고, '기계음'이었으며, 마치 망인(亡人)의 목소리와 같았다..." 앞에서 설명했던 것과 동일한 논평이다. 즉, 희곡 내용에 대해 이해할 수 없었고, 정작 중요하게 부각된 것은 '연기'(煙氣)였다!

합리성 결여의 세 번째 패러다임은 '어떤 값을 치르더라도 지속해야 할 성장'이다. 우리는 전 분야에 현존하는 성장에 대한 집착에 대해 익히 안다. 성장 자체는 좋다. 그러나 사람들은 무엇의 성장인지, 성장의 유익함이 무엇인지, 성장의 수혜자는 누구인지, 성장으로 만든 잉여자금으로 무엇을 할 것인지를 묻지 않는다. 이익(여기에서는 변칙과 이탈을 의미)이 성장을 정당화할 수 없다. 독자들이 브르타뉴 지방에 토마토, 미디 지방에 복숭아, 랑드 지방에 옥수수 재배를 강요한다면, 우리는 이 작물들의 유통이 불가능하다는 사실을 쉽게 예측할 수 있을 것이다. 결코 문제될 게 아니다. 사람들은 어떤 대가를 치르더라도 성장을 원하고, 수량 증가분을 시장에 내 놓는다. 성장과 판매를 담당하는 시장에 중독되며, 이 현상이 전 영역에서 재생된다. 존 스튜어트 밀은 명증성과 합리성을 수반해 다음과 같이 말했다. "생산 증대는 후진국에서나 중요한 목표이다. 선진국에서 경제의 기본 욕구는 최선의 분배이며, 분배에 반드시 필요한 수단들 중 하나는 민간 분야에 대한 엄격한 제한이다. … 지구는 그 매력의 상당 부분을 사물들에 빚진다. 인구의 두드러진 성장을 낳되 행복하지 않은 사람들을 낳은 목표들로 인해, 지구는 그 매력을 잃었다. 이 상황에서 나는 번영의 구가를 진정으로 희망한다. 무제한 성장이 아닌 정체상태에 만족할 수 있을 번영, 필연으로 의무화하기 전에 알아서 멈출 줄 아는 번영의 구가를 바란다."[27] 성장을 위한 성장의 유효성을 확보한 오늘 우리는 존 스튜어트 밀의 지혜로운 조언을 경청하지 않는다. 인구 증가와 기대수명의 상승과 같은 모순의 성장이 두드러지고, 사람들은 무절제하게 욕구를 추구한다. 우리는 문턱을 넘은 이 욕구 추구의 증인임과 동시에 주동자이다.

그럼에도, 진부하다고 판명된 이야기 하나를 숙고해 보아야 한다. "자원이 유한한 세계에서 무한 성장은 불가능하다." 우리는 자동차들의 기하급

---

27) 존 스튜어트 밀, 『정치경제학 원리(1-4)』, 박동천 역, 나남, 2010.

수적 성장이 지속된다면, 2000년에 프랑스 전역은 자동차들로 꽉 찰 것이라는 주브넬의 계산법을 안다. 이러한 지적에 아래와 같은 대답은 터무니없다.

a) '이유야 무엇이든, 결코 일어나지 않을 일이다. 왜냐하면 인간은 어느 순간이 되면 더 늦어지기 전에 스스로 멈추는 지혜를 발휘하기 때문이다.' 1970~1975년 무렵에 우리는 다음과 같은 상황을 맞이했다. 먼저, 경제 성장과 이미 상승한 가격의 급격한 성장이 만든 부정 효과들을 알아챘다. '그 다음' 로마 클럽의 보고서가 나왔고, 마지막으로 국제 금융 체계가 작동을 멈췄다. 이제 지혜로움을 발휘해야 할 시간이다. 그러나 "위기"의 빗장이 풀림과 동시에, 모든 것이 깨끗하게 청소되었고, 사람들은 성장에 대한 집착으로 되돌아온다. 따라서 이러한 지혜의 역사적 증거를 제시하지 않은 인간은 손해나 가격 여부에 상관없이 자신의 바람vouloir을 지속할 것이다.

b) '우리 세계는 유한하지도 않고, 제한되지도 않는다. 수천의 은하계가 있다. 우리가 원하는 곳을 가지려면, 이 은하계를 식민지 삼으면 된다.' 나는 이러한 주장이 하나도 달갑지 않다. 이 점을 진지하게 생각하는 저자들은 이 문제를 계속 추진해 나간다. 다시 말해, 극도로 발전한 '첨단 기술'이 문제의 해법을 마련할 것이다. 그러나 현재 6개월 동안 거주 가능한 위성들도 있고, '우주 실험실'이 있음에도 불구하고, 화성이나 금성에 거주 가능한 수십억 인구의 이주는 '상상조차' 불가능하다. 향후 20년 후에도 생각할 수 있는 일이 아니다. 따라서 우리의 한계가 있으며, 경계선을 넘자는 주장은 결국 정신착란에 준하는 비이성을 드러낼 뿐이다.

합리성 결여의 네 번째 패러다임은 '항상 빠른 속도의 구현'이다. 이따금 우리는 기계 중심의 산업 시대테일러 방식처럼 항상 더 빠른 속도를 추구하는와 우리가 사는 기계 시대를 면밀히 대조했다. 기계 시대에 기계들의 속도는 더욱 빨라졌다. 그러나 이 시대는 인간에게 시간 절약을 선사한다. 기계 시대에 인간은 한 단계 완화된 속도로 살고 일할 수 있었다. 노동 가속화를 요구하는 작업들을 제조한 당사자는 바로 기계였다. 이러한 평가가 불가능하지는 않다. 그러나 세계에서의 삶은 가속화된 기계들의 성장 속도와 대립한다. "규칙적인 속도"로 사는 문제는 여전히 해결되지 않았다. 강제성 짙은 이러한 속도의 특징을 보여주기 위해, 나는 짧은 이야기 하나를 인용하겠다.

1983년에 르 가렉Le Garrec은 원탁 사무회의를 통해 첨예한 문제였던 조기 퇴직금과 연대 계약제 문제를 해결했다. 프랑스 사무노조연대C.G.C.는 즉각 르 가렉을 비난했고, 이에 르 가렉은 자신이 표준 절차들을 일일이 확인하고 전문가위원회와 대표자기구의 조언을 참고했다면, 임노동자들에게 당장 위해가 되고 실업을 막을 수 있는 여러 기준들을 뒤흔들 수 있는 지체 현상이 일어날지 모른다고 되받아쳤다. 르 가렉은 전문기술관료식 사고의 전형을 보였다. 분명 법적 절차에는 시간이 소요되며, 당사자들의 집결과 회의 절차 역시 의사결정의 지연으로 이어진다. 우리는 관리경영 과정이 매우 더딘 노동자 자주관리제를 경험했다. 독재자들은 한 목소리로 '민주주의는 너무 굼뜨다'고 불만이다. 오늘날 우리는 희화 대상이 된 민주주의의 문제를 논해야 한다. 르 가렉처럼 규칙과 민주적 절차를 무시하고 일사천리로 해결하려는 자들과 규칙에 대한 참고 자체를 업무의 제한 사항으로 여기는 자들이 늘고 있기 때문이다.

우리는 기계의 속도를 따라 판단하는 훈련을 지속한다. 그러나 우리는 이성적으로 다음 두 가지 질문을 제기한다. 첫째, 인간의 속도에 따라 의사를 결정하고 행동하는 일은 잘못되었는가? 컴퓨터 전문숙련가들은 그러한 속도는 불가능하다고 답한다! 둘째, 사회정치 관계에서 위계서열의 중개에 따른 권위주의적 의사 결정의 활성화 대신, 기층 협상이 이뤄지는 합의 기구에서 진정한 동의를 얻기 위해 "상실하는 시간"은 잘못된 것인가?

행동, 의사결정, 판단, 인간관계의 질서에서 모든 것이 너무 빠르게 움직인다. 나는 2년 전에 소련이 원자탄 로켓을 프랑스를 향해 발사한다면, 즉각 발사 통고가 가능하리라 예측했다. 그러나 로켓은 6분이면 프랑스 영토에 떨어질 것이다. 6분 안에 국방부→해당 각료→대통령 비서실→대통령 사이에 소통과 보고가 이뤄져야 한다. 적색 단추를 누르기 위해 지하 6층까지 내려가야 한다. 이 모든 것을 합산했을 때, 원자폭탄 대전對戰을 결심하는 데 대통령에게 주어진 시간은 '단 1분' 모든 과정이 막힘없이 진행되었을 경우이다. 그러나 이것은 기술 세계에서 우리 모두에게 해당하는 필요조건이다. 더 이상 "빨리 가자"라고 말하지 말고P. Morand, L'Homme pressé, "점차 빨리 결정하고 실현하자"라고 말해야 한다. 우리는 유명한 구문을 모방한다. "과거에 우리는 기계들에게 명령했다. 그러나 이제 우리는 기계들의 명을 따라야 한다!"

네 번째 패러다임의 핵심은 기술의 작용에 대한 '모든 판단을 피하는 것'에 있다. 이미 '기술은 **자율성**'을 확보했다. 과학이나 기술의 과정을 옥죌지 모를 위험한 판단은 인정받을 수 없다. 그것은 도덕 판단행동에 대한 선악 유무과 이성 판단행동의 합리성 유무을 모두 거부한다. 도덕 문제에 직면하려는 사람들은 극소수다. 무엇보다 도덕의 불확실성 때문이며, 현실에 꼭 필요한 결과를 제시할 수 있을 기본 원칙들을 갖춘 사회를 사람들이 더 이상 바라지 않기 때문이다. 덧붙여, 현 시대 들어 "도덕주의자"마저도 그 명맥이 끊어진 것처럼 보인다.푸라스티에와 장켈레비치의 연구를 참고하라28) 이성과 연결해 생각해 보면, 이러한 주제들로 쉽게 되돌아올 수 있을 것이다.

이 패러다임의 이성 결여를 적나라하게 나타내는 사례는 바로 무기이다.29) 점차 강력해지는 무기를 제조, 판매하는 일이 과연 좋은가? 합리적인

---

28) 그러나 사람들은 도덕의 필요성을 느낀다! 따라서 의사소통의 도덕, 의료 윤리, 유전자 공학 윤리 등과 관계된 공식 협약들의 증가도 결코 구체적인 단계에 다다르지 못하며, 의사결정의 단계나 결론에도 이르지 못한다!
29) 내 시각에 무기 문제에 관한 가장 완성도 높고 종합적인 연구는 다음 논문이다. H.

가? 두 번째 질문에 대한 대답은 이렇다. 10년 전에 수상은 자기 논증을 담은 답서를 내게 보낸 적이 있다. "무기 제조와 판매를 옹호하기 위해, 우리 프랑스는 국익에 따른 욕구를 추구해야 합니다. 타국을 보호한답시고 어설프게 험지에 뛰어드는 일은 없어야 합니다. 따라서 우리는 일정한 수준 유지_{향상 경쟁 원칙을 유지}를 위해 무기 제조에 나서야 합니다. 한 쪽에서는 옛 가치들이 평가 절하되고, 다른 쪽에서는 우리의 산업 역량이 평가 절하됩니다. 새로운 단계와 수준에 발맞춰 제조에 착수한 이상, 우리는 필요분 충족은 기본이고, 필요분 이상의 무기를 제조해야 합니다. 따라서 재래식 무기들을 수출하고, 신무기 중에서도 잉여분을 수출할 필요가 있습니다." 대화는 끝났다.[30] 독자들은 무슨 내용인지 이해했을 것이다. 기술에 대한 평가는 선명하다. 결코 모호하지 않다. 사람들은 명확한 대답을 들으며 기술에 관한 자기 대답을 찾는다. 물론 기술에 전제된 비합리성_{프랑스라는 국가 단위, 수반된 각}_{종 위협, 프랑스의 자주 국방력 등}의 문제는 거론하지 않는다.

덧붙여, 필요 이상의 제조는 합리적인가? 그러나 이 대목에서 산업 및 기술 작동과 이익에 대한 욕구_{사회주의 국가에서도 '동일한 방식'으로 존재하는!}라는 이중 논리가 부과된다. 소련과 미국이라는 거대 장벽이 세워진 시대에 자주 국방과 안전을 보장하는 프랑스를 그리는 일은 합리적인가? 다국적 사회의 시대, "국가와 국가 사이의" 경제, 즉 "국제" 경제가 아닌 "세계화" 경제가 구조로 고착화되는 시대에 절대 주권에 대한 요구는 완전히 넋 빠진 짓 아닌가? 최근 우리 정부는 이 상황을 체험 중이다! 제3세계에 대한 무기 판매는 합리적인가? 자국 발전을 파괴할 무기를 구매한 제3세계는 결국 파멸로 치달을 것이다. 그렇게 판단하는 편이 더 타당하지 않은가! 그러나 사람들은 사용하

Eijkelhof et E. Boeker, "Weapons", in *Science, Technology and Society, II*, 1, 1982.
30) 프랑스의 영광의 시대가 끝났다는 점에 주목하자. 1985년 들어 무기 수출은 크게 약화되었으며, 이듬해에 무기 수출은 거의 사양 길에 접어들었다. 그러나 이러한 결과에 네다섯 가지 조약들의 취소를 확인하는 정도로 충분할 것이다. 각각의 조약은 저마다 중요한 조약이었다.

지 않은 재래식 무기들을 묵혀 두지 않고, 교역 물품으로 내놓으려 한다. 무기 판매는 흔히 회자되는 이야기와 반대로, 무역에서 매우 중요한 자리를 점한다. 무기 판매는 대외 무역의 15%를 차지한다. 따라서 무기 판매가 사라지는 상황을 받아들일 수 없을 것이다. 그렇다면, 나도 합리적으로 묻겠다. 제3세계가 무장, 초과 무장을 한다면, 이들 세계에서 전쟁 발발이 불가능하리라는 생각은 과연 합리적인 생각인가? 실제 지난 30년 동안 우리가 꾸준히 목도했던 부분이다. 그러나 그것은 시작에 불과할 뿐, 제3세계는 이 무기들로 "선진국"을 겨눌 것이다. 우리가 제3세계의 무장 세력화를 견인한 셈이다. 그에 대한 값을 톡톡히 치를지 모른다. 폭발 임계점에 도달하면, 그런 일이 벌어지지 않을지 아무도 모른다. 나는 이 문제에 대한 어떠한 도덕 판단도 하지 않겠다. 다만 그것은 심각한 합리성 결여의 문제이다. 합리적 사고를 할 수 없는 무기력 상태에 빠진 것은 확실하다.

3. 합리성 결여의 주요 지점들

우리가 논했던 사례인 무기 이외에도, 합리성 결여, 즉 비합리성을 명확히 드러내는 지점들이 또 있다! 나는 세 가지 지점을 생각한다. 바로 공해, 핵, 제3세계이다. 연관된 다른 영역들도 많겠지만, 위 세 가지 영역의 주요 특징은 미래에 대한 숙고가 절대적으로 부재하다는 데 있다. 우리가 주목해야 할 부분이다. 우리가 앞에서 거론했던 미래 예측 전문가들은 인류의 미래를 예측하는 데 노력에 노력을 더한다. 그러나 그 반대쪽에서는 전혀 다른 일이 벌어진다. 곧, 공과 사를 아우르는 다각적 의사결정이나 개인에 의한 의사결정에서 미래와 관련된 어떤 합리적 추론을 보지 못하는 일이 벌어진다. 사람들은 이론상 다음과 같이 계측한다. 20년 후의 세계는 거주민 과잉에 시달릴 것이고, 컴퓨터는 세계 경영의 주체가 것이다. 그렇다면,

진보는 이미 '증명'된 것에 관한 예측일 뿐이다. 다시 말해, 현재 활동에 관한 어떠한 문제 제기도 포함하지 않은 예측에 불과하다. 그러나 이미 이뤄진 선택과 미래에 대한 숙고가 충돌하는 경우, 우리는 어떠한 비판 능력도 갖추지 못한 상태에서 이 과정을 맹종한다. 우리는 무기 문제에서 이러한 맹종과 맹신을 확인한다. 내가 합리성 결여의 세 지점으로 지적한 부문에서도 상황은 동일하다. 이 지점에서 솔직한 언급이 필요할 것이다. 합리성의 결여는 미래에 대한 성찰을 거부하는 것과 같다. 나는 프랑스 고위직 전문 기술관료들 중 한 사람과 대화한 적이 있다. 이 관료는 매우 고상한 어조로 "우리 세대 이후 세대에 도래할 대홍수"[31]라는 표현을 사용했다. 지금 우리는 이 자의 표현을 실천에 옮기는 중이다. 이 관료와 나의 대화 주제는 원자력 폐기물이었다. 우려 섞인 내 물음에 다음과 같은 답이 돌아왔다. "결국, 우리는 몇 가지 문제들을 처리 못하고 남겨 두게 되겠지요. 그것의 해결은 우리 아이들의 몫이 되겠군요!"

공해라는 주제는 더 이상 논의 여지가 없는 주제이다.[32] 대기 중 이산화탄소 누적의 위험[33], 산성비, 유럽 거의 전역에서 나타나는 지하수 오염, 자동차 배기가스에 따른 공해, 대기와 수질의 중금속 문제, 대호수와 바다의 폐쇄나 준準폐쇄지중해, 발트해로 이어지는 부영양화富營養化, 극지방 오염, 독성 생산물화학 혹은 원자력 누적에 따른 위험, 원자력 폐기물 제거 불능 상태, 최후 단계에 이른 원자로 "파괴"로 야기될 문제, 일부 하천의 과도한 범람특히, 라인강으로 인한 상상 불가한 오염 문제 등의 위험에 모두가 동의한다. 또한 간접 공해와 관련해, 우리는 소음 공해 문제도 염두에 둬야 한다. 소음 공해는

31) [역주] '나 없어진 후의 세계는 나도 모르겠다. 될 대로 되라'의 의미다.
32) A. I. Sors et D. Coleman, *Pollution Research Index*, Hodgson, 1980.
33) 대기 중의 이산화탄소 농도는 매년 0.5%씩 높아졌다. 매연과 시멘트 공장 등에서 배출된 결과이다. 이산화탄소의 양이 두 배로 늘어난다면, 극지방의 온도가 10℃ 상승한다. 이 경우, 대기 순환이 완전히 바뀐다. 습한 지역이 사막으로 바뀔 수 있고, 반대 현상도 나타날 수 있다. 또한 수산물도 큰 문제가 될 수 있다.

서구인[34]에게 매우 큰 비극으로 작용했다. 그러나 동시에 인간관계의 농도, 정보의 과잉 등에 따른 공해물론, 공해가 될 수 있는지 문제 제기가 필요한 부분도 고려해야 한다.

일일이 열거하기 어려울 정도로 수많은 사건들, 눈에 띄게 끔찍한 광경을 보이는 사고는 아니지만 장기간에 걸쳐 큰 위험을 낳는 사건들, 그렇기 때문에 목전의 큰 위협은 아니더라도 여전히 위험 요소를 내포한 사건들에 직면한 우리는 사실 무력하기 짝이 없는 상황이다. 방사능이 그 사례의 전형이다. 물론 어떤 사람들은 방사선학의 실험에서 나오는 방사능은 극미하며, 원자력 발전소, 핵실험, 심지어 스리 마일스 섬과 체르노빌의 원전 "사고"에서 배출된 방사능도 미미하다고 말한다. 어떤 사람들은 틈나면 방사능 증가세가 매우 더디다는 것을 증명하는 계산도 제시한다. 여하튼 좋다. 다만, 나는 다음과 같은 문제가 제기된 적을 결코 본 일이 없다. 단기간 지속되는 광선이 있다면, 중기간몇 년 지속되는 광선도 있고, 장기간 지속되는 광선도 있어야 하지 않는가? 중기간 지속되는 광선 문제를 생각해 보자. 물론, 이 기간에 방사능은 차곡차곡 누적된다. 다시 말해, 유출 당시의 방사능은 위험 수위는 아닐지 몰라도, 시간이 지나면서 누적양은 위험 단계에 진입한다. 아마도 일각에서는 우리에게 방사능 추가량은 화강암 지대에 위치한 지역들브르타뉴, 오베르뉴의 방사능 수용 범위를 초과하지 않는다고 말할 것이다. 그러나 일부 생물학자들은 이 지역의 선천성 기형아 출산율예컨대, 갑상선종이 크게 상승했다고 주장했다. 그렇다면, 온 세계인이 장기간 큰 위험에 예속된 상태로 살아야 하지 않는가?

생태학의 몇 가지 측면에서 오염의 문제를 본다면, 아마도 우리는 큰 위험에 봉착하게 될 것이다. 생태학 분야에 서로 일치하지 않는 두 진영이 있

---

34) 1975년 프랑스 민주노조총연맹은 노동자들에게 소음이 얼마나 위험한지를 연구했다. H. Laverrière, *Repenser ce bruit dans lequel nous baignons*, La Pensée universelle, 1982, et F. Caballero, *Essai sur la notion du nuisance*, R. Pichon, 1981.

다.[35] 먼저, 핵심 관심사를 자연 평형에 맞춘 사람들이 있다. 이들은 자연에서 일종의 성스러움을 취한다. 멸종될지 모르는 희귀 동물이나 식물의 파괴는 범죄다. 자연에 존재하는 모든 것이 선하다. 그리고 자연에 개입하는 인간은 언제나 비난의 대상이 된다. 두 번째 집단은 더 협소하다.^{다른 지역에서는} ^{이 집단이 더 광범위한 지지를 받는다} 이들은 인간의 "생태 지위^{la niche écologique}"의 중요성을 거론한다. 사라질 위기에 처한 인간의 생태환경을 파괴하지 말아야 한다. 인간의 이러한 "생태 지위"는 자연의 질서에 속함과 동시에 사회의 질서에 속한다. 우리는 "자연"의 문제만을 다루겠다. 인간이 자연과 지나친 불균형 상태에 있다면, 매우 끔찍한 결과가 도래할 것이다.

일례를 들어보자. 바로 삼림이다. 라틴아메리카, 시베리아, 적도 아프리카 지역은 세계 삼림 면적의 4/5를 차지한다. 그러나 이들 지역 중 두 곳은 에너지 자원의 빈곤 상태를 겪으며, 세계 나머지 지역의 에너지 경쟁의 각축장이 되었다. 에너지 구매에는 고비용 지불이 있어야 한다. 따라서 주변에 있는 자원인 삼림을 활용한다. 현재 전 세계에서 초마다 3 헥타르의 삼림이 사라진다. 즉, 매일 288,000 헥타르가 사라진다. 덧붙여, 아마존 삼림은 도로 건설, 광산 개발, 정비 및 개보수 계획의 희생양이다. 우리가 이것을 지속한다면, 50년 후에 세계의 삼림은 사라질 것이다. 그러나 나무는 ^{해수원유 등의 문제로 논의 쟁점이 될 수 있는}와 더불어, 지구의 중요한 산소 공급원이다. 다시 말해, 대규모 벌목은 산소 자원의 상실, 지구의 사막화로 직행할 것이다. 왜냐하면 사막화는 가뭄 기간을 연장할 뿐만 아니라, 제한된 지역에서 난방을 위해 목재를 사용하는 사람들의 필요에서 발생하기 때문이다. 이 부분을 생각하지 않는 사람들이 목재를 태우면서 자기 영역을 사막으로 바

---

35) 이 문제에 대해 중요한 문서로 나는 잡지 「과학, 기술, 사회」(*Science, Technology and Society*) 특집호에 게재된 논문인 「유한한 지구」(The Finite Earth)를 참고했다. 나는 이 논문이 매우 철저한 연구를 거쳤다고 생각한다. 다음 자료를 보라. « The Finite Earth », in *Science, Technology and Society*, III, 1, 1983.

꾸는 중이다.[36]

　나이로비 총회는 20억의 농촌 주민들이 난방 목적으로 목재를 사용한다고 밝혔다. 그 중 4억은 나무 부족 지역에 거주한다. 현재 아프리카의 53%에서 급속한 사막화가 진행되는 중이다. 가히 전 인류를 위기에 몰아넣을 수 있을 생태계 재앙이라고 이야기해야 할 상황이다.[37] 그러나 사람들은 우주 항공과 컴퓨터 분야의 승전보를 떠들기 바쁘다! 완벽한 무의식 상태다! 과연 누가 다이옥신 생산 중단이나 삼림 벌채 중단을 숙고하는가? 이 문제에 대한 숙고는 반드시 필요하다. 우리는 지금 우리가 앉아 있는 가지를 자르는 중이다. 그러나 이 사실조차 모른다.

　과거에 우리는 아키텐 지방 해안 "개발 사업"[38]에 맞서 격렬하게 투쟁했다. 이 사업은 수려한 자연 경관을 갖춘 지역, 인근 협곡의 삼림 밀집 구역과 소량 다종 수목 보유 구역, 한 쪽에는 거대한 호수가 있고 다른 쪽에는 바다가 있는 전망 유도 구역을 집중 개발하려 했다. 이에 대한 우리의 거부 투쟁과 연속성 있는 과정이 세계 곳곳에서 벌어지는 중이다. 이러한 개발은 다음과 같은 물음과 더불어 연명한다. '과연 우리는 이 아름다운 경치를 보유한 곳에서 어떻게 살 수 있는가?' 사람들은 도로를 닦고, 숲을 파괴한다. "그림처럼 아름다운"^{향구 등} 개발이 되어야 한다. 또한 수도, 가스, 전기, 전화 시설 설비를 위해 땅을 파헤친다. 이제 갓 자란 작은 나무들이 사라진다. 사람들은 땅을 여러 구역으로 나눈다. 그리고 조용하고 청아한 호수, 맑고 시원한 공기, 끝없이 펼쳐진 숲, 바다 끝까지 펼쳐진 모래사장 등과 같은 표

---

36) 이 현상에 대해 내 경험을 하나 전하겠다. 내가 살았던 마을의 이야기다. 시청에서 여행객의 야영지를 허용한 결과, 지역 대부분을 뒤덮었던 숲의 벌채가 이뤄졌다. 사람들은 땔감으로 목재를 사용하기도 했다. 5년도 지나지 않아 이 작은 삼림의 전체가 사라졌다. 벌거벗은 땅이 되고 말았다.

37) 이 주제를 세밀하게 연구한 글로 다음 박사학위 논문을 보라. J. Gellibert, *Le Choix de la biomasse comme énergie*, thèse déposée à Bordeaux, 1986. 저자의 연구에 따르면, 삼림 벌채는 지질의 침식 작용으로 이어진다. 예컨대, 네팔에서는 삼림 벌채로 인해 수해로 매년 2억 4천 톤의 표토가 유실된다.

38) 모리스 르 라누(Maurice Le Lannou)는 이 사업을 "토지 이전(移轉) 사업"이라 불렀다.

현을 담은 광고를 제작한다. 수백, 수천의 사람들이 낙원과 같은 이 장소에 매료된다. 사람들은 벌목을 시작한다. 모두를 위한 땅이 필요하다. 건설하고, 또 건설한다. 그야말로 무한 건축이다. 나무들이 또 쓰러진다. 호수는 악취를 풍기는 짠물로 바뀌며, 해안가는 나체족들로 붐빈다. 애당초 사람들의 방문을 유도했던 광고 내용은 온데간데없이 사라졌다. 사람들은 자연의 아름다움과 건강을 파괴했고, 신화에 사로잡혀 사는 여행객들을 빼곡하게 쌓았다. 개발은 초대형 사업이었다. 개발 계획 주동자들만 막대한 돈을 벌었다. 기술 논리가 돈과 권력 논리와 결탁한 사건이다.

물론, 사람들은 이러한 공해의 비극에 무지하지 않다. 크게 세 가지 반응이 있다. 예방의 중요성을 강조하는 사람들이 있다. 즉, 오염과 공해의 생산을 피하려는 시도_{자동차용 촉매 배기관, 배기가스 정화를 위한 수단들, 폐수 처리장 등}이다. 개별 조사로 이뤄진 대다수의 사례들에서, 나는 공해를 벗어날 수 있다는 평가에 동조하고 싶다. 그러나 대중이 이러한 척도들의 수용에 보이는 미온적인 태도, 때로 드러나는 무지, 산업체의 적용 거부 등을 꼼꼼히 따져야 한다. 또한 빈번하게 발생하는 공해, 예컨대 소음 공해와 같은 부분을 공권력 차원에서 거부할 필요도 있다. 예컨대, 오토바이 소음을 줄이는 일은 상대적으로 쉬울 것이다. 그러나 프랑스의 어떤 정부도 "젊은이들"의 항의와 시위를 낳을 그 척도를 과감히 채택하지 못할 것이다. 또한 정화 장치가 지나치게 비쌀 경우, 기업은 더 이상의 "경쟁" 불가를 선언하면서 가격을 천정부지로 올리겠다고 협박할 것이다. 사람들은 적절한 예방 조치를 포기할 것이다.

둘째, "사후" 치료 조치가 있다. 미국의 일부 호수들과 강들은 전혀 썩지 않는 상태가 되었다.[39] 그러나 이러한 결과를 얻기 위해 수천 억 달러를 지

---

39) 원자력을 제외하면, 공해와 오염 제거는 대부분 가능하다. 그러나 그것은 여러 작업과 작동에 대한 비용을 지불해야 한다. 우리가 잘 아는 것처럼, 시카고 지역의 미시간 호수는 세계에서 가장 오염이 심한 곳 가운데 하나였다. 1975년 이후로, 사람들은 공해의 증가를 피할 수 있는 전략을 세웠다. 일곱 곳의 하수처리장을 건축했고, 그 중 세

불할 수 있는 나라는 미국 밖에 없다. 런던의 대기는 한 세기 전에 비해 훨씬 깨끗해졌다. 여하튼 좋은 일이다. 그러나 런던 '한' 지역에 국한된 일일 뿐, 여전히 수천 곳이 공해에 시달린다. 실험 명목으로, 우리는 메탄가스를 유발하는 유기물, 배설물, 과일 껍질, 나뭇잎을 확실히 제거할 수 있게 되었다. 중국은 1980년 이후로 500만 대의 발효 장치를 가동 중이다. 공해 제거가 가장 첨예한 문제가 되었음에도, 프랑스에는 이러한 경험들예컨대, '아셰르' 지역의 하수처리장, '봉뒤엘' 사의 통조림 제조이 극히 드물다. 우리는 그 단계를 밟지 않는다. 그러나 이제 정치−산업 활동의 최우선 목표로 '공해와 오염의 제거 추구'라는 영웅적인 결단을 내려야할지 모른다!

덧붙여, 이러한 오염 제거의 문제는 다음 세 가지 단계와 결합한다. 첫째, 법적 기준들이다. 오염을 막기 위한 법령과 협약을 다량으로 체결해야 한다. 그러나 안타깝게도, 나는 완벽한 기술 체계에 법이 설 자리는 더 이상 없다고 평한 디슬레와 브레상의 견해에 동의한다! 이는 완벽하게 극복된 사회−기술의 상황과 연관된다. 독자들은 오늘날 소음 억제 관련 법규, 민감지대 보호나 오폐수 정화 관련 법규의 무기력을 충분히 확인할 수 있을 것이다. 끊임없이 이어지는 비확산 관련 조항들이 유독 원자력 분야에만 적용되지 않는 점도 충분히 확인할 수 있을 것이다. 덧붙여, 라인 강의 과다 오염을 막기 위한 조항 제정은 불가능할 것이다! 유럽경제공동체C.E.E.를 수용한 프랑스는 1986년 6월에 계획안을 적용하지 않기로 결정했고, 알자스 지역의 칼륨 광산에서 라인 강에 배출했던 염수를 지하에 주입하지 않기로 결

계 최대 규모의 처리장은 '서부 하수처리장'(*West Sewage Treatment Plant*)이다. "수로 중앙통제소" 소속의 기술자는 하수도의 수위 변화를 최소한도로 유지하기 위해 화면에서 눈을 뗄 수 없다. 그러나 그것만으로는 불충분했다. 폐수 침투 방지와 찌꺼기 처리를 가능케 할 대규모 저수지와 연결해 깊이 100m, 길이 60km의 터널 건설을 결정한다. 분명, 두 가지 관점이 나온다. 첫째, 긍정 관점이다. 이것은 산업 활동에 상당한 원천이 되었다. 예컨대, 국민 총생산의 상승으로 이어졌다. 둘째, 부정 관점이다. 설비비용이 지나치게 높다는 점이 문제(총 150억 프랑)였다. 오염 제거는 반드시 필요하지만, 그와 동시에 어마어마한 재정 낭비를 부르기도 한다.

정했다. 우리는 "다른 계획을 연구"해야 한다! 오랭Haut-Rhin40) 주의 의원들과 주민들은 지역 일자리와 자금을 지키기 위해 "오염 방지" 사업에 격하게 맞섰다. 항상 이러한 과정을 따랐다. 게다가, 칼륨 광산만 오염의 주범이 아니었다. 스트라스부르의 '셀룰로스' 역시 오염의 주범이었다. 1976년에 우리는 '본 협정'에 서명했고, 1983년에 국회의 비준을 거쳤다! 그러나 1986년에 협정은 사실상 폐기 상태였다! 2,000만 제곱미터 규모의 중금속 폐기물이 강 삼각주에 쌓였고, 뒤이어 1,500만 톤의 "소금"이 누적되었다. 질소, 세제, 인과 같은 나머지 성분들은 아예 계산에 포함하지도 않았다.

그러나 협정에 서명한 국가는 단 4개국이었다. 오염 방지는 사실상 불가능했다. 그렇다면, 지중해 지역 오염 제거와 관련된 조약에 우리의 희망을 걸 수 있겠는가! 깊게 생각할 필요도 없는 일이다! 산성비를 동반한 구름을 저지하기 위한 국제 협약 준수도 불가능하다. 이 조약들은 이미 과거지사가 되었다. 과연 누가 이를 존중하는가? 누가 조약 이행 여부를 감시하는가? 범죄 국가에 맞서 과연 어떤 처벌이 가능한가? 만일 범죄 국가가 소련이나 독일, 프랑스라면, 단죄가 가능하겠는가! 우리는 원자력 확산 대처에 철저한 무능으로 일관하는 모습을 보았다. 따라서 희망을 떠드는 수사법에 현혹되지 말아야 한다. 오염은 기술의 성장 속도에 비례해 계속 발전할 것이다.41)

이러한 합리성 결여의 두 번째로 우리는 제3세계를 제시한다. 경고 신호가 있음에도, 누구도 그것을 지키려 하지 않는다. 이 지점에서 나는 다시 한번 '진부함'이라는 단어를 꺼낸다. 제3세계의 빈곤은 누구나 아는 문제이

---

40) [역주] 프랑스의 알자스 지역은 북부의 바랭(Bas-Rhin) 주와 남부의 오랭(Haut-Rhin) 주로 나뉜다. 라인 강의 발원지가 알프스이므로, 오랭 주는 강 상류에 더 가깝다.

41) 관련 자료는 다음과 같다. B. Goldschmidt, *Le Complexe atomique, op. cit.*; H. Blix, « Non-prolifération », *Le Monde*, avril 1985; H. Laverrière, *Repenser ce bruit dans lequel nous vivons*; F. Caballero, *Essai sur la notion juridique de nuisance, op. cit.* 베르나르 샤르보노의 다음 자료들도 참고하라. Bernard Charbonneau, Nature du droit de la gestion des risques, 1987; R gime juridique de la lutte contre la pollution des eaux, 1985; Protection de l'envrionnement en droit de l'urbanisme, 1984. 다음 자료도 참고하라. J. de Rosnay, Biotechnologies et bio-industriels, Le Seuil, 1979.

다. 세계 인구의 30%를 차지하는 소위 선진국이 부의 95%를 점한다. 이 역시 모두가 아는 사실이다. 각종 성명서의 발표가 있지만, 제3세계의 빈곤은 계속 증가한다. 우리는 이 부분을 깊게 생각하지 않는다. 제3세계의 빈곤 증가는 세 단계에 걸쳐 있다.

첫째, 생존 수단의 '급격한' 성장을 수반 '할 수 없을' 정도로 급격한 제3세계의 인구 성장이 그 원인이다. 아마도 단기간에 결과물을 보여줘야 할 '대중주의자populiste'들의 입맛에 맞지 않는 현상일 것이다. '만약' 전 경작지에 고수익 작물을 경작하고, 자원들의 공정 분배가 이뤄진다면, 생활수준을 향상할 수 있으리라는 흔해 빠진 선언은 정확한 말이기도 하지만, 그와 동시에 부조리하기 이를 데 없는 말이다. 왜냐하면 세계의 실제 구조에서는 불가능한 말장난에 불과하기 때문이다. 둘째, 이미 우리가 잘 아는 것처럼, 서구의 기술에 필요한 원자재 소비의 증가, 노동력을 요구하면서 농민을 도시 프롤레타리아로 바꾸는 다국적 기업의 공장 확산, 국제 경쟁으로 인한 지역 농민들의 빈곤과 이들에 대한 생활 보조 등으로 빈곤이 보편화된다.42) 마지막 셋째, 이미 모두에게 알려진 부유 국가들의 생활수준 향상과 제3세계 국가들의 약화를 비교하는 경우, 주관적 빈곤화 현상이 나타난다. 가난한 나라들의 빈곤은 더 심화된다. '부국'과 '빈국' 사이의 기술 격차technological gap는 놀라운 속도로 벌어지는 중이다.

인간적 시각에서 보면, 제3세계는 선진국을 결코 따라 잡지 못할 것이다.43) 동남아시아의 유명한 사례들도 별 의미 없을 것이다. 왜냐하면 정확

---

42) 나는 『혁명의 해부』의 5장 「필연 혁명」에서 이 문제를 다뤘다. 나는 각 국가에 '알맞은' 필수 도구, 각 국가의 고유 풍습과 생산양식에 '걸맞은' 도구들을 수량에 맞춰 생산하려면, 우리의 산업 전체를 대대적으로 새롭게 전환해야 한다고 밝혔다. 그러나 이러한 도구들의 분배는 무상(無償) 분배이어야 한다. 즉, 우리 정도의 생활수준을 유지하기 위한 최소한의 장치가 이들에게 필요하다는 뜻이다. 과연 제3세계를 위한 이러한 연대 활동에 누가 동의하겠는가?

43) M. Kamenetzky, R. Maybury, C. Weiss, "Scientific and technological dimension of Development", in *Sience, Technology and Society*, IV, 2, 1984. 이 책에서 저자들은 제3세계 발전의 가능성과 한계들을 짚었다.

히 말해 "동남아시아"와 관계된 일이 아니기 때문이다! 두드러진 발전을 일군 아시아 국가들은 싱가포르, 대만, 대한민국이다. 싱가포르를 제외하면, 동남아시아 국가가 아니다. 캄보디아, 베트남, 라오스, 태국과 같은 진짜 동남아시아 국가들은 근 200년 동안 유례없던 경제 붕괴에 시달리는 중이다. 또한 석유로 막대한 부를 축적한 제3세계 국가들도 적합한 정치경제 구조들의 취약성으로 인해, 자신들의 부를 적극 활용하기 어려운 상황이다. 산업도 없고, 보편화된 발전도 없다. 권력 독점과 몇몇 현대화된 거점 지역만 있을 뿐이다.

의사소통 기술의 발달로, 제3세계와 선진국의 관계는 점차 가까워진다. 동시에, 선진국은 자국의 기술을 제3세계의 생산 분야 '전체'에 도입하려 한다. 이러한 관계는 필히 제3세계의 극도의 좌절감을 유발할 것이다. 이 상황을 타개하기 위한 선진국의 모든 정책은 수포로 돌아간다. 선진국과 제3세계의 합리적인 협력 관계는 어디에도 없다. 도처에서 같은 정책들을 펴기 어렵다는 사실만 확인될 뿐이다. 사하라 사막 이남 아프리카의 상황과 북아프리카 마그레브 지역의 문제가 동일하지 않고, 인도의 문제와 라틴아메리카의 문제는 또 다른 차원이다. 그러나 세계 곳곳에서 처참한 환경 파괴가 진행되는 중이며, 제3세계에 대한 보조 정책은 실패를 거듭하는 중이다. 우리는 그 자취를 쉽게 확인할 수 있다. 모든 국가가 과도한 부채에 시달린다. 우리는 뒤에서 그 수치를 확인할 것이다.

물론, 사람들은 어디서 어떻게 풀어야 할지 감을 잡지 못할 정도로 복잡해진 현 상황을 극도로 염려한다. 또한 이 국가들 가운데 한 국가만 '모라토리엄'을 선언해도 그 여파가 선진국 경제 전반에 미칠 것이라는 평가도 있다. 그러나 누구도 이러한 상황에 포함된 극단의 정책들을 끝까지 밀고 나갈 엄두를 내지 못한다. 대안이랍시고 제시하는 답변들이나 합리적인 결정은 경제적 해법이 아니다. 합리적 "해법"이라 선전하지만, 결코 만족스럽지도 않으며, 경제와 결부된 연대 정신이 아닌 뜬구름 잡는 식의 자비심과 동정, 연대를 운운할 뿐이다. 절약 경제의 올무에 걸린 이상, 우리는 어찌 해 볼 도리가 없는 상황에 빠지고 말았다.

서구 세계의 무절제한 낭비와 '첨단 기술'의 팽창을 끝장내야 한다. 그러나 서구는 이 주장을 암묵적으로 거부한다. 오히려 제3세계가 막다른 골목에서 빠져 나올 수 있도록 할 주체가 바로 '첨단 기술'이라고 주장하는 J.J. 세르방-슈레베르 자기기만에 빠졌다. 그야말로 기술담론의 허세이다! 합리성을 철저하게 거부하는 현 상황에 비춰, 과연 우리는 무엇을 기대할 수 있는가!

제3세계 사람들은 의외로 잠잠했다. 제3세계의 단결을 가능케 할 이데올로기의 부재 때문이었다. 여러 국가들에서 반反식민주의를 표방하는 반란이 일어났지만, 심각한 타격을 입힐 수 있는 수준은 아니었다. 그러나 오늘날 제3세계에는 강력한 결집 이데올로기가 작동한다. 바로 '이슬람'이다. 공산주의도 이슬람처럼 서구 세계에 도입된 사조였다. 그러나 공산주의의 행보와 달리, 이슬람은 서구에서 대성공을 거뒀다. 라틴아메리카 일부 국가들에서 공산주의는 고전을 면치 못하는 중쿠바와 니카라과 제외이며, 오늘날 세계의 제3의 주축이자 대국으로 급부상 중인 중국도 공산주의를 포기하는 상황에 이르렀다. 그러나 이슬람은 제3세계 소속이다. 이슬람은 놀라운 속도로 사하라 이남의 아프리카를 휩쓸었으며, 아시아 대륙의 광활한 영역으로 침투하는 중이다. 이는 일체화, 단결, 투쟁력을 선사할 수 있는 이데올로기이다. 이를 구심점으로, 제3세계 국가들이 선진국에 맞서는 전쟁을 벌일지도 모른다. 테러리즘과 "평화로운 침투"를 병행하는 방식의 전쟁이 점차 가시화될 것이다.

총력을 기울였음에도, 제3세계는 선전포고를 하거나 전장 전면전을 펼칠 수 없을 것이다. 1914년과 같은 참호전도 불가능하고, 1940년과 같은 원정도 불가능하다. 또한 1947년 식의 "냉전"도 불가능하며, 경제전도 더 이상 불가능하다. 제3세계에는 충분한 군사력이 없으며, 원유 문제에서 이미 확인했듯이 마땅한 경제 장악력도 없다. 그러나 두 가지의 놀라운 무기가 있다. 바로 가미가제와 같은 돌격대의 무한 충성심과 제3세계에 대한 서구 여론의 자책감이다. 왜냐하면 유럽은 세계를 생존 가능한 곳으로 복구하기 위한 합리적 수단들을 채택할 수 없는 지경에 다다랐기 때문이다. 유럽은 지속적인 자책감에 시달린다. 우리는 바로 그 점에 주목해야 한다. 제3세계 투사들의 테러리즘이 발생한다. 이 투사들은 자기 입장만 일방적으로 강조한다. 뿐만 아니라, 이 "투사들"은 자기 생명의 희생까지 감수한다. 그렇기 때문에 테러리즘을 피할 수 없을 것이다. 우리 세계의 모든 부분이 위험에 빠진다면, 우리는 결국 테러리즘에 굴복할지도 모른다. 동시에, 이주민들, 노동자들, 타자들의 유럽 침투도 증가 추세다. 이 또한 막을 수 없는 현상이다. 이들의 비참한 상황이 사회의 동정을 부를 것이고, 이를 발판으로 제3세계 투사들은 서구인들 사이에서 무력의 씨앗을 키울 것이다. 지식인, 교회, 공산당은 다양한 이유로 이주민들과의 연대를 추구하며, 이들에 대한 개방을 확대하려 한다. 이주민들의 입국 금지를 지지하든, 통제 강화책을 지지하든, 권력이 정하는 모든 기준은 여론과 반대 언론의 뭇매를 맞을 수밖에 없다. 그러나 유럽 내부의 이슬람 세력 확산과 맞물린 이주민들의 현 주소는 서구 사회 전체의 쇠퇴로 이어질 것이 자명하다. 우리가 20년 전부터 외쳤던 이성 결여의 문제에 따라 생각해 보면, 아마도 서구 사회는 25년 정도 후에는 세계 차원에서 상당한 변화를 겪을 공산이 크다.[44] 오

---

44) [역주] 2001년 9·11테러와 2010년대 중반 유럽 곳곳의 무장 테러를 생각해 보면, 엘륄의 분석은 설득력 있다. 또한 이러한 경제와 기술의 격차가 테러리즘으로 귀결될 것이라는 주장에는 '이슬람의 급진화'(radicailisation de l'islam)가 아닌 '급진주의자의 이슬람화'(l'islamisation du radicaliste)를 생각해 볼 수 있는 여지도 담았다. 이슬람 테러에 대해 서구는 자국의 가치, 테러에 굴복하지 않는다는 의지를 선전하지만, 실상 '자국민에 의한 자국민의 테러라는 점'과 '국가 내외에서 끝없는 차별과 소외로 급진주의자를 양산한 대가를 치른다는 점'을 은폐하려 한다. 오늘날 특히 유럽의 테러와 관련해, 복잡한 이유들이 얽히고설킨 것은 분명하다는 점을 인정하면서도, 역자는 이슬람의 급진화가 아닌, 이미 급진주의자가 된 이들에 대한 이슬람 일부 세력의 정당화 문제를 간과할 수 없다고 생각한다. 그리고 이러한 급진주의자를 사회 내외에서 키

늘날 남아프리카공화국의 소수 백인이 다수 흑인과 마주한 상황이 재현될 수도 있다. 이미 논했던 것처럼, 이것은 선진국과 제3세계라는 상당 격차를 보이는 두 수준에서 작동하는 기술화의 결과물이다.[45]

이성 결여의 세 번째 요소는 바로 핵이다.[46] 나는 핵과 원자탄 생산 가능성의 밀접한 관계, 다양한 원자 무기들의 위험성 가중, 원자력 발전소의 복합 기능과 핵연료 처리 공장에 '항존'하는 위험 요소, 폐기물 처리[47]의 불확실성과 가동 완료 전지들의 해체 문제와 같은 이미 고전이 된 논쟁들을 다시 소환할 생각은 없다. 다만, 위험한 사례 하나만 거론하겠다.

고속증식로surgénérateur는 위험하다. 왜냐하면 내부에 "조절기"가 없기 때문이다. 처리 능력의 증가로, 속도는 원자력 발전소의 1,000배에 달한다.[48]

운 이유는 말할 것도 없이 경제를 위시한 각종 차별과 서열이다. 한 사회에서 극단과 변두리로 내몰리고, 큰 좌절을 맛본 이들이 "기왕 죽을 거 한 놈 죽이고 나도 죽겠다"는 식의 사고를 갖고, 이러한 사고를 교묘한 종교 논리로 정당화하는 식이라는 뜻이다. 서구 세계의 매체들은 이러한 현실을 거의 보도하지도 않을뿐더러, 심층 문제로 논하지도 않는다. 문제의 뿌리는 종교나 문화 갈등이 아니다.

45) 제3세계와 관련한 여러 참고자료 가운데, 나는 본문에서 다뤘던 내용과 관련된 책들만 열거하겠다. . de Ravignan, *La Faim, pourquoi?*, Syros, 1983; J.−C. Derian et Staropoli, *La Technologie incontrôle, op. cit.*; V. Cosmao, *Changer le monde*, Cerf, 1981 et *Un monde en développement?*, Éditions Ouvrières, 1984; F. Partant, *La Fin du développement*, Maspero, 1982; J. Touscoz, *Transferts de technologie, op. cit.*; A. Mattelaz et H. Schmucler, *L'Ordinateur et le Tiers−Monde, op. cit.*; J. K. Galbraith, *Théorie de la pauvreté de masse, op. cit.* 국제 인권 문제에 관한 독립 위원회 보고서도 참고하라. *La Déforestation et la Désertification*, Berger−Levrault, 1985; Famine, mieux comprendre, mieux aider (reconstruire le monde rural en Afrique), Berger−Levrault, 1986. 이반 일리치의 글도 참고하라. Ivan Illich, « Development: its three dimensions », in *Science, Technology and Society*, I, 4, 1981; M. Moravcsik, « Mobilizing Science and Technology for development » in *Science, Technology and Society*, I, 4, 1981.

46) J. J. Romm, « Scénario pour un conflit nucléaire », *La Recherche*, n° 149, novembre 1983.

47) M. Barrère, « Où enfouir les déchets nucléaires », *La Recherche*, n° 166, mai 1985. 저자는 현실의 모든 논제를 질문하고, 그것의 비효율성을 논한다. 또한 쓰레기를 두 가지로 분리하는 방식(약 방사능과 강 방사능)을 문제 삼는다. 1985년 8월에 발간된 「연구」(*La Recherche*)지 165호도 이 문제를 다시 다뤘다. 저자는 핵폐기물 처리용 부지 선택의 원칙들을 문제 삼는다. 즉, 최대한의 안전 수칙에 따라 선택하지 않고, 최소 위험성의 규칙에 따라 선택한다. 다음 자료도 참고하라. G. I. Rochlin, « Le Stockage des déchets nucléaire », *La Recherche*, n° 122, mai 1981: *Que faire des déchets radioactifs?*, Journées scientifiques de l'École des mines, 1983.

48) 국립프랑스학술원과 유네스코 프랑스위원회의 후원으로 "벨르리브 연구회"가 1981년 파리에서 개최했던 학회에서, 독일의 고속증식로 안전 분야 권위자인 요헨 베네케(Jochen Beneke) 박사는 독일의 고속증식로(S.N.R. 300) 분야의 시조 가운데 한 사람인 헤펠레 박사가 제안한 "저당 잡힘"이라는 개념을 따라서 다음과 같이 석명했다.

대형 원자로 '쉬페르페닉스'는 5,000톤의 소듐과 5.5톤의 플루토늄을 사용한다. 해당 질량의 1/1000 정도의 "입자"에 과도한 회전이 걸려도 대형 사고로 이어질 수 있다! 사고는 극소량으로도 벌어진다! 원자로 외벽은 콘크리트로 되어 있어 저항력 있어 보이지만, 내부의 철골 구조물이 중심부의 붕괴를 야기할 수 있다. 쉬페르페닉스의 경우, 최초 투하된 원자폭탄의 1,000배에 달하는 방사능 물질이 유출될 수 있다. 특히 대기 중에 연무 형태로 유출되는 플루토늄의 경우, 단 1밀리그램만으로도 치명상을 입는다. 물론 현재까지 이 설비에서 어떤 사고도 발생하지 않았다. 이 부분을 강조하는 이들도 있을 것이다. 그러나 우리가 증거에 입각해 확실하게 이야기할 수 있는 부분이 있다. 이 장비들의 숫자가 증가하면 할수록, 대형 사고의 발생 확률도 덩달아 높아진다.Puiseux

이러한 내용에 발맞춰, 나는 두 가지 시각에 집중하려 한다. 첫째, 사람들은 국내 총 전력을 수력 발전에 의존했던 프랑스의 에너지 독립권을 보장할 요량으로 원자력 기획이 꼭 필요하다고 주장했다. 1974년 이후, 원자력 발전에 대한 정당화 작업이 불을 뿜기 시작했다. 그리고 그것은 에너지 소비의 급성장을 불렀다. 더 문명화된 사람들의 더 많은 에너지 소비는 자명한 일이다. 거주민의 '테프T.E.P.'49) 소비 지수가 진보의 지표가 되었다. 1981년 자료에 따르면, 미국은 연평균 7.8테프, 네덜란드는 4, 독일은 4.16, 프랑스는 3.25, 일본은 2.7테프를 소비한다. 이 국가들의 대척점에 있는 인도의 경우 연간 0.2테프, 에티오피아는 0.3테프를 소비한다. 그러나 이러한 성장이 사람들의 "행복"과는 전혀 상관없다. 오히려 성장은 종종 상실을 나타내기도 한다. "이러한 형태의 발전은 효율성과 합리성의 표본처럼 보이지만, 성장과 행복의 관계에 대한 문제에서 그 표본의 '비합리성'

"저당 잡힘의 의미는 다음과 같다. 쉬페르페닉스는 그 자체로 하나의 경험이다. 그리고 이 경험의 불확실성은 그동안 누적된 '사람들의 경험치'를 압도한다." Groupe de Bellerive, *Énergie et Société*, Pergamon éd., 1982, p. 488.

49) [역주] 석유 1톤이 생산하는 열량에 상응하는 에너지 단위를 가리킨다.

이 분명하게 드러난다. 미국의 농업이 해당 유형의 대표 사례다. 미국의 농업은 수확량보다 더 많은 에너지를 소비한다. 피멘텔Pimentel은 빠른 속도로 진보하는 농업의 비효율성을 입증했다. 1940년 미국에서 1헥타르당 옥수수 150킬로칼로리를 생산할 경우, 필요한 에너지는 124킬로칼로리였다. 1970년 동일한 조건에서 250킬로칼로리 생산에 필요한 에너지는 526킬로칼로리였다."[50]

그러나 굳이 사고까지 거론하지 않더라도, 불리한 부분을 생각해 볼 필요가 있다. 원자력 발전소는 막대한 양의 에너지를 공급한다. 만일 발전소의 가동이 중단된다면, 한 지역 전체의 생활이 마비될 수도 있다. 다시 말해, 지역 전체의 규모에 비해 발전소의 규모는 미미해도 그 영향력은 막강하다. 에너지 생산이 원자력 발전소 한 곳에 지나치게 집중되어 있다. 따라서 사람들은 지방 분권, 지방 자치 등과 같은 중앙집권화 이탈을 꾀하려는 생각을 망상 취급한다. '모든' 것이 '하나'의 중심부에 의존하는 상황의 지속이다. 나머지는 그냥 허공을 맴도는 낱말에 불과하다. 그러나 이러한 중앙집권화는 필수품 보급에 심각한 변동을 야기할 수 있다. 한 세계 안에 정체불명의 품목들이 난무한다. 더욱이 언제나 완성도를 추구하는 설비 기술의 복잡성은 전문가에 대한 의존도를 높인다. 전문가 의존도 상승은 생활양식에 필요한 요소가 되어야 하는 것들에 관한 대중의 '실제' 이해와 대응 행동을 가로막는다.

원자력 관련 기획은 중앙집권화와 동시에 민주주의의 후퇴를 부른다. 우리는 앞에서 이 부분을 이미 거론했다. 또한 문제는 다른 곳에도 있다. 바로 투자 기간과 비용 문제이다. 기본 단가와 비교했을 때, 설치 이후의 수명이 너무 짧다. 만일 사용 과정에서 유해성을 판명 받는 경우, 초기 단계로 회귀할 가능성은 없다고 보아도 무방하다. 마지막으로, 선진국과 제3세계

---

50) J.-C. Lavigne, *IImpasses énergétiques: défis du développement*, Éditions Ouvrières, 1983. 저자는 이 외에도 여러 사례를 제시한다.

간의 에너지 생산 체계의 격차는 더욱 심화되었다. 독일의 한 에너지 연구 기관에 따르면, 제3세계에 필요한 에너지를 충분히 공급 가능한 원자력 발전소 설비에만 무려 5조 달러가 소요된다. 가난한 나라들은 치솟는 원유가와 가혹하면서도 감히 접근에 엄두도 못 낼 투자원자력 분야 사이에서 어떤 것도 선택할 수 없다. 거꾸로 부유한 국가들은 원자력 덕에 제3세계에서 생산된 원유 구매 부담을 상당 부분 제거할 수 있다. 이것은 우리가 종종 활용하는 상식선의 주장들이다. 그러나 이러한 주장들은 원자핵분열이라는 마법 같은 기술의 위대한 작업보다 우위에 있을 수 없다.

　나는 위에서 언급한 측면 가운데, 후반부 두 가지에 관해서만 강조하려 한다. "1차 석유 파동"이 벌어졌을 때, 사람들은 프랑스의 원자력 기획을 칭찬하기 바빴다! 그러나 상황의 특수성으로 인해, 프랑스는 원자력 기획을 등에 업고 자국민의 에너지 소비량을 상회하는 에너지 생산에 박차를 가했다. 우리는 1958년의 광고를 기억한다. 당시 이 광고는 현란한 문구로 대중을 향해 더 많은 전력을 소비하라 부추겼다. 적은 비용 지불로 더 많은 소비를 가능케 한 청색 계량기를 제시하기도 했다. 사실, 이 시기는 빼빼 마른 암소들의 시기[51]를 갓 통과한 시기였다. 프랑스인들의 실제 소비량이 증가했다. 그럼에도 전기세를 절감하려 했고, 전력 생산도 늘리려 했다. '대안이 차고 넘친다면, 더 소비하라. 생각보다 충분치 않다면, 더 생산하라.' 우리는 이 광고에 부복했다. 대규모 전력 생산과 소비가 무한정 반복, 추구되던 현장이었던 셈이다. 현재 우리는 포화 상태에 이르렀다. 연료 절감을 위해 전력 소비의 증가도 유도해 보고, 소비량 한계치까지 압박했음에도 불구하고, 원자력 발전소의 생산은 항상 과잉 생산이다! 사람들은 이 발전소를 멈출 수 없다. 노후 발전소가 되기까지 가동해야 하며, 향후 또 다른 발

---

51) [역주] 성서의 요셉 이야기에 등장하는 '이집트의 7년 대흉년'을 상징한다.(창세기 41장) 파라오는 살찐 암소 일곱 마리와 여윈 암소 일곱 마리의 꿈을 꿨고, 요셉은 이를 7년 대풍년과 7년 대흉년으로 해몽했다.

전소를 세워야 한다. 실제 소비와 무관하게, 소비하고 소비해야 한다. 프랑스 전력공사는 전력의 최대 소비 쪽으로 가닥을 잡고 총력을 기울였다. 터무니없는 수준의 소비였고, 소비의 유용성에도 한계가 뚜렷했다. 그러나 설정된 방향은 바뀌지 않았다. 르나르디에르 연구소에 있는 섭씨 20,000도에 달하는 플라스마 발전기torche à plasma가 해당 사례이다. 프랑스 전력공사가 추천한 것은 하나같이 프랑스 정부에게 절대 진리가 되었다.[52]

이 대목에서 우리는 현 기술 과정 전체의 기본 실상을 확인한다. 전력 소비를 증가시키지 않는다면, 그 다음으로 무엇을 해야 하는가? 분명 전기를 수출하기 시작할 것이다. 사실, 이미 시작된 일이다. 난관이 있다면, 수출의 불규칙성 정도일 것이다. 전기 수입국은 규칙적인 배송을 요구할 것이다. 그러나 불가능하다. 왜냐하면 다른 계절과 비교해, 동/하계의 내수 전력 사용량이 많기 때문이다. 현재 우리는 수전해水電解[53] 덕에 전력 비축을 검토하는 상황—아직까지는 불가능한—이다. 수전해로 인해, 수소 형태로 가장 강력한 에너지 화학 저장고를 확보하게 될 것이다. 모든 것이 우리의 삶과 관련된 기술의 새로운 과정이며, 동시에 해당 부문에 대한 통제의 부재와 합리성의 결여를 보여주는 사례이기도 하다.[54]

그러나 원자력 발전소에 잠재된 위험 가운데 가장 심각한 부분은 바로 '테러 공격'이다. 국내에 잠입한 투쟁 조직들이들의 행위에 국한해 의미를 부여하면, 테러

---

52) "우리는 에너지 선택이 전문기술관료들의 문제가 아닌 정치인들의 문제가 된 프랑스 전력공사의 위계서열 구조를 밝히려 한다. 이러한 양도 현상이 벌어진 이유는 전력공사 소속 기술자가 권장하는 해법의 적법성에 대한 믿음 때문이다. 따라서 국정과 관계된 정치적 결정이 기업의 성과물(그리고 기술자의 견해)에서 동 떨어진다면, 무의식적으로 불법이라는 의구심을 사게 된다." Lucien Schwartz, « Syndicalisme, technocratie et politique », *Le Monde*, 9 juin 1978. 우발사고를 예외로 둔 견해로 다음 자료를 보라. M. Barrère, « Des fissures dans le programme nucléaire français? », *La Recherche*, n° 107, janvier 1980. "작은 균열"(fissure)이 관건이다! 「르몽드」(30-9-1987)는 프랑스 전력공사 대표와의 흥미로운 대담을 소개했다. 전력공사 대표는 그 동안 다소 "자만"했으며, 1988년은 "건너뛰는 해"가 될 것이고, 고속증식로는 "더 이상 밀어 붙이지 않을 것"이며, "이 장비의 위대한 시대는 끝났"음을 인정했다.

53) [역주] 간단히 말해, 물을 전기로 분해해 수소를 얻는 기술이다.

54) 태양 에너지와 관련해서도 동일한 연구를 발견할 수 있다. J. Villermaux, « La chimie et l'énergie solaire (le problème du stockage) », *La Recherche*, n° 149, novembre 1983.

리스트라 부를 수 있을 것이다은 최종 목표들을 선택, 겨냥할 것이다. 나는 이미 테러 공격의 자가 발전 불가피성을 이야기했다. 그리고 이 투쟁들의 방법은 점차 완성도를 더할 것이다. 즉, 원자력 발전소는 폭발과 더불어 돌이킬 수 없는 피해를 양산할 것이다. 물론, 발전소 건물은 매우 견고하게 지어졌기 때문에 전체가 폭발할 일은 없을 수 있다. 그러나 적재적소에 설치된 폭탄 한 방으로도 끔찍한 재난이 일어날 수 있음을 결단코 간과할 수 없다. 사람들은 감시 강화와 지속 등을 이야기할 것이다. 물론 나 역시 그 필요성을 의심치 않는다. 그러나 프랑스 범죄진압여단B.R.B. 수뇌부 공격이나 레바논 주둔 미군 수뇌부 공격 사례에서 볼 수 있듯, 단순한 구역 감시 정도로는 충분치 않다. 테러 위협에서 발전소를 지키려면, 일단 발전소를 요새처럼 꽁꽁 두른 곳에 설치해야 할 것이다. 그리고 특별 감시를 위해 경찰력을 증강시켜야 할 것이다. 그렇다면, 결국 모든 사람에 대한 경찰 감시망은 더욱 강화될 것이다. 현재 가용한 수단들로는 헤즈볼라 단원들의 사기를 결단코 꺾을 수 없기 때문이다! 발전소의 증가와 맞물려, 군사 분야의 위험도 역시 크게 증가한다. 그러나 군사 위험도의 증가와 연동해 발전소의 가동을 중단했다면, 사람들은 비이성적인 일이라 떠들 것이다. 왜냐하면 테러 공격이라 할 만한 일이 아직 일어나지 않았기 때문이다. 그러나 지금도 계속 실행 중인 원자력 발전소 계획은 매우 비합리적이다.[55]

---

55) 나는 폴 파브라의 탁월한 기사를 발췌해 본문의 결론을 대신하려 한다. Paul Fabra, « Le dogme de l'infaillibilité », Le Monde, août 1986. "우리가 단호하게 비판적인 태도를 채택하도록 압박해야 하는 이유는 원자력 전문가들의 확신 때문이다. 보다 범위를 넓혀 말하면, 프랑스에서 국가의 필수품 공급에 원자력 에너지 자원의 우위론에 경도된 모든 사람들의 확신 때문이다. 이러한 생각은 분명 에너지 자원들의 비용과 연계된 경제 문제에 유가치하다. 뿐만 아니라, 개인의 안전에도 유가치하다. 프랑스의 기술자는 '우리나라에는 체르노빌과 같은 사고는 불가능하다'고 주장한다. 또한 인간의 오류는 언제든 발생할 수 있다고 생각(진원지가 다른 오류에 관해서는 어떻게 생각해야 하는가?)을 지지하는 사람들도 이 문구를 읊는다. 우리는 프랑스식 발전소 설비를 확신하고 이를 정당화하는 기술적이고 탁월한 이유들을 논하지 못한다. 기술자 본인이 아닌 이상, 관련 분야를 토론할 능력이 없다. 최근의 다른 재난 관련 보고서 작성을 맡았던 미국의 조사 기관이 제공한 결과들(아쉽게도 우리는 이 결과들을 거론해야 할 것 같다)을 살펴보면, 원자력에 대한 주제가 어디에서도 사라지지 않을 것이라는 생각이 꼭 옳다고 보기 어렵다. 이 조사 기관은 크게 주목 받지 않았고 세간에 잘 알려

4. 몇 가지 보충 사례

다른 사례들도 있다. 3~4년 전에 농장, 특히 목축 농가의 컴퓨터 응용과 관련해 잡음이 컸다.[56] 모든 소가 목에 끈을 달고, 이 끈을 소형 컴퓨터에 연결한다. 컴퓨터는 이 가축에 관한 모든 자료를 제공한다. 가령, 일일 식사량 비교, 일일 우유 공급량 비교, 필요한 과립제 분량 등의 세세한 자료들을 제공한다. 탁월한 체계다. 농장주는 각 가축의 상태를 정확히 인식할 수 있다. 소의 젖은 불규칙하게 나오지만, 연간 8,000리터의 우유를 생산했다. 그리고 이 젖소의 수명은 매우 짧아진다. 그러나 놀라운 생산량을 보이는 이 어린 거장을 보도했던 기사들도 다음 내용만큼은 인정했다. 첫째, 이 장비의 설치비가 고가이다.약 20,000프랑 둘째, 수익성 있는 젖소와 그렇지

지지 않았던 결과들에 관한 보고서를 작성했다.(보고서는 미국의 우주 항공 계획에 문제를 제기했다) 미 항공우주국(N.A.S.A.)이 일군 기술 업적에도 불구하고, '챌린저' 호는 지난 1월 28일 발사 직후 74초 만에 공중 폭발하고 말았다. 폭발의 이유를 파악하고자 위원회(미국의 전 국무장관 윌리엄 로저스가 위원장을 맡았고, 인류 최초로 달에 착륙한 닐 암스트롱도 회원이었다)가 제시한 결론을 살펴보자. 조사원들은 '나사' 소속의 기술 책임담당자들의 조서에 만족할 수 없었다. 마치 타인들(어린이들)에게 이야기하는 어조로 작성된 조서에서, 한 기술자는 본인이 관여했던 우주선 제조 과정에 장비 부품들의 안전 문제를 의심했다고 밝힌다. 그리고 우주선 발사 몇 시간 전에 이를 상급자들에게 보고했다. 이러한 자백을 마친 이후, 이 기술자는 결국 울음을 터트렸다. 이 기술자에게 마땅히 돌을 던져야 한다고 생각하는 독자들도 있을 것이다. 모쪼록 우주 항공 사업 자체에 대한 부정적 시각을 가졌기 때문이리라. 그러나 이 기술자도 나름의 희생자다. 다시 말해, 연속된 성공에 도취된 나머지 '나사' 책임 간부들의 뇌리에 각인된 '유사 무오류성'(프랑스의 원자력 기획자들의 태도와 너무도 유사한!)이 결정에 영향을 미쳤을 것이다. 이 기술자는 바로 이 무오류성으로 찌든 집단 정서의 희생자다. 원자력 설비의 수익성과 관련해, 확실하게 드러나는 부분이 하나 있다. 프라마톰[역주: 프랑스의 원자로 설비 전문 기업]은 핀란드, 이집트, 유고슬라비아, 네덜란드(이 국가들과 접촉을 재개하기 전에 2년의 검토 기간을 보냈다)의 주문을 받아 협상에 돌입했다. 그러나 협상 '무기한' 연장 보고서(꼭 검토해야 할 사례가 체르노빌만 있었던 것은 아니다)가 증명하는 것처럼, 배럴당 10달러 이하인 현재 원유가에서 어떠한 전력 생산자도 원자력 발전소 건설에 더 이상 관심을 보이지 않는다. 적어도 자본주의 국가에서는 그렇다. 그러나 대다수 전문가들(특히 원자력 분야의 전문가들)은 현 원유가를 한시적 가격으로 여긴다. 이는 이들의 판단 착오일 수 있다. 왜냐하면 강력한 물가상승(인플레이션)의 귀환을 예측하지 못했기 때문이다. 만일 석유 수출국 기구가 물가상승 없는 상태에서 원유가를 자체 조정했다면(이미 개연성 없는 가설), 인위적으로 상승된 가격을 계속 유지하려 들 것이다."

56) R. Bouchet, « Les fermes de l'an 2000 sophistication (Télématique agricole, sa justification du traitement du lait, automatisation de l'élevage, etc.) », in *La Recherche*, n° 119, février 1981.

못한 젖소가 나뉜다. 사육 한계치였던 젖소 40마리의 문턱을 넘어야 한다. 어떤 농가에서는 100마리까지 사육할 목적으로 마구잡이로 젖소를 사들였다. 100마리 젖소 사육에 컴퓨터는 매우 유용했다. 이제 소유 집중도 가능하며, 대농장 경영도 꿈이 아니다. 그리고 이는 농가 소득 보전으로 이어질 것이다. 말은 그럴 듯 했지만, 실상은 달랐다. 그리고 이를 진지하게 검토하는 안목을 갖춘 사람들은 현재 프랑스에 수많은 농민들이 있다는 점을 발견할 수 있을 것이다. 기술 예찬론자들은 '노동 활동 인구의 5%만 있어도 프랑스 전토의 경작이 가능하다'고 말한다. 그렇다면, 실업은 불 보듯 뻔하다! 실업 만세다! 젖소 농가에 컴퓨터를 응용하겠다는 짧은 생각으로 농민들은 과도한 설치비를 부담해야 하고, 점차 빚더미에 앉게 되었다. 그리고 결국 더 이상 유지할 수 없어 폐업의 수순을 밟았다. 심지어 "대농장"이라고 해도, 운영이 불가능했다. 왜냐하면 생산물 가격 통제가 불가능했기 때문이다.

　현재 우리는 "기술과 농업"이 얽히고설킨 상황에 있다. 하여, 기술에 힘입어 탁월한 생산성을 보이는 또 다른 분야를 거론해 보려 한다. 바로 수확량 예측 체계다. 과학 위성들로 인해, 우리는 밭, 숲의 구체적인 형태를 확인할 수 있다. 이 형태의 해석과 관련해, 다양한 종류의 그림들원거리 촬영 사진, 광활한 부지 촬영 사진 등과 비교하는 사전 작업이 필요하다. 덧붙여, 밭의 토질을 측정할 수 있는 전자 장비들도 배치해야 한다. 태양광을 직접 받는 잎 표면과 그늘이 지는 뒷면의 온도차는 수분, 건조 온도를 정확하게 측정할 수 있다. 마지막으로, 현장 노동 경험으로 축적한 자료들을 덧대야 한다. 예컨대, 옥수수 잎의 평균 길이를 측정해 봐야 한다. 물론 이 측정은 수작업이 아니다. 복잡한 장비들이 동원되어야 한다. 이 세 가지의 자료를 다룰 수 있다면, 차후 '3개월' 동안의 농토 수익을 정확히 계산할 수 있으며, 소유주는 수확량을 계산할 수 있다. 그러나 나는 이 장치들이야말로 매우 순진한 수준의 '비이성'이라고 생각한다. 가령, 어느 밤에 10분 동안 우박과 폭우로 수수밭이 쑥대밭이 되거나 돌풍에 밀 이삭이 쓰러지고 귀리 낱알이 떨어지는 경우라면, 수확량 계산이 유의미할지 의문이다. 다시 말해, 3개월 동안 이러저러한 사고와 사건이 항상 일어날 수 있으며, 실제로 빈번하게 일어난다! 환상적인 장비들이라 추켜세우지만, 사실은 별로 유용하지 않은 제품들이다!

생명과 관련된 의료시설의 보급 문제도 이야기해 보자.[57] 우리가 잘 아는 분야이기도 하다! 약품, 진료, 입원의 과잉 시대다. 또한 필요 이상의 약물 사용으로 인한 새로운 질병도 나타났다. 정도의 차이는 있더라도, 누구나 동의하는 부분이다. 내 주안점은 사회보장제도의 적자 문제가 아니다. 이 제도와 대기업의 이익의 상관관계가 내 초점이다. 독자들도 잘 아는 것처럼, 건강한 사람은 '무시'라는 질병을 가진 환자이다. 따라서 발자크가 『시골 의사』*Le Médecin de campagne*에서 밝힌 상황과 정반대의 상황이다. 현대인은 두려움을 안고 살며, 근심과 염려 가운데서 산다. 현대인의 이러한 염려기술환경이 야기하는 질병으로 굳어진다. "치료자─마녀─점성가"의 귀환이다. 신경안정제, 수면제, 진통제 없는 곳이 없다. 물론, 나 역시 예외가 아니다.

여기서 나는 인간 자질의 문제를 중요한 문제로 다루고 싶다. 현대인은 더 이상 고통 겪는 법을 모른다. 또한 현대인은 사소한 고통도 다스릴 줄 모르며, 스스로 염려나 두려움에 맞설 수 있는 재료나 정보를 수집하는 법도 모른다. 현대인은 매우 사소한 것에도 구원을 요청한다. 암이나 후천성면역결핍증 예방에 유용한 약품의 집중 개발은 이러한 고정 관념과 강박 관념만 확장할 뿐이다. 간호 과잉, 의료 기술 및 수술 수단의 과잉으로, 현대인은 자기 자신과 대면할 수 없게 되었고, 스스로 자신을 감당할 수 있는 능력

---

57) R. Castel, *La Gestion des risques, op. cit.*: 의료 정보 체계를 통해, 치료 관계가 비대면 익명성으로 방향을 바꾼다. 또한 의학은 "정보─통계"에 의존한다. 효율성을 앞세워 객관주의를 정당화한다. 그러나 객관주의는 치료의 비인간화를 조장한다.

을 상실했다. 어떤 것이 잘못되었다면, 그 즉시 도움을 청하고, 보호소, 은신처, 감호소를 요구한다. 과잉보호를 받는 현대인은 사실상 의무와 책임에서 손을 뗐다. 자신을 책임져 줄 수 있다고 여기는 모든 것에 기쁜 맘으로 자리를 양보한다. 이것을 "건강권"과 결부 짓고, 휴식 욕구 및 "휴가 권리"에 연결한다. 따라서 우리는 휴가철마다 벌어지는 대규모의 인구 이동을 보게 되었다.

20년 전만 해도, 전국 대이동은 1년에 단 한 차례, 즉 여름휴가 기간에 있었다. 그러나 이후 겨울휴가도 의무로 정착되었다. 오늘날 대략 네 차례의 휴가철 이동이 나타난다. 1985년 성탄절 휴가를 맞아 약 50만 대의 차량이 파리를 빠져 나갔다. 이 수치를 곱씹어 봐야 한다. 왜냐하면 1주 휴가를 위해 150만 명이 설산雪山을 찾는다는 말에는 상당한 가용 비용, 진정한 낭비, 완벽한 비합리성이 전제되었기 때문이다. 교통 체증은 중앙 통제소 주관의 경찰력, 헬리콥터, 안전 유도 봉사 인력, 위치 탐지기 작동 등을 전제한다. 즉, 겨울철 휴가를 보조하는 이 모든 장비들은 헛발질이며, 사회 집단에게 부과되는 이차 낭비이다. 사람들이 집단으로 도시를 떠나고, 집단으로 도로를 메우고, 집단으로 설산 기차역에 도착한다. 우리는 개인 차원의 비합리성이 사회 집단의 비합리성과 맞물려, 비합리성 자체를 완성하는 상황과 마주했다. 우리의 이러한 행동을 가능케 하면서 동시에 필연으로 만든 주인공은 다름 아닌 '거대 기술 기계'다.

이성을 결여한 행동의 특수한 사례들을 열거하자면 한도 끝도 없을 것이다. 과거에 나는 다른 책[58]에서 이러한 사례들을 '치욕스런 상황에 처한 말과 언어'의 문제, 즉 '말과 언어에 대한 평가절하'의 문제로 이야기한 적이 있다. 최근에 우리는 이러한 '평가절하'를 목도한다. 곧, 생생한 성량과 음

---

58) 자끄 엘륄, 『굴욕당한 말』, 박동열/이상민 역(대장간 2014)

색을 담은 '말'과 '언어'가 굴욕을 맛보는 상황이 점점 빈번해질 것이다. 우리는 영화나 텔레비전 방송에서 등장인물들을 본다. 이들은 말한다. 그러나 누구도 그 말을 듣지 않는다. 말을 하지만 들리지 않는 이유는 무엇인가? 거리의 소음, 음악 소음, 여기저기에서 마구 뒤섞인 대화의 소음 때문이다. "소음이 진실의 제작자"[59]이다. 독자들은 "정보는 소음에서 탄생한다"를 주장한 이론을 기억할 것이다. 여기서 말하는 정보란 무엇인가? 그것은 이중적이다. 음악이나 "집단"이 뿜는 도시의 소음이 말보다 더 중요하다. 즉, 인간의 입에서 나오는 말에는 아무런 중요성이 없다. 이것은 비이성의 일반화에 해당한다. 그러나 더 깊이 들어가 반대 방향에 대해서도 이야기해야 한다. 정보화 사회가 된 현대 사회에서 말의 중요성이 사라졌다는 표현의 의미는 다음과 같다. 정보에 잠식된 고전어, 옛 언어는 '더 이상 정보 사회에 적합한 언어가 아니다.' "우리 언어의 조건을 이루는 관찰 방식들이 이 사회에 아직 적합하지 않았기 때문에, 우리는 아직 적합한 언어를 갖지 못했다. 그러나 과연 이렇게 말할 수 있는가? 정보 이론의 시각에서 볼 때, 의미 창조를 구성하는 과정에서 발생하는 음영 지대가 문제이지만, 결정론의 요구라는 시각에서 보면, 새것이 출현하면서 발생하는 음영 지대가 문제다."[60] 이러한 문제와 관련해 생각하면, 오늘날 우리가 보이는 비이성은 곧 내일의 이성이 될 것이다. 그러나 이 상황에서 우리가 간파하지 못하는 위험은 또 무엇이 있는가?

나는 기술 사회에서 부차적으로 출현하는 것을 이성의 결여, 즉 비합리성이라 칭했다. 본문의 결론을 맺으며, 아래 여섯 가지의 내용을 요약하려 한

---

59) 현대 연극에서 가장 중요성이 떨어지는 분야와 가장 무시해도 좋은 분야는 바로 대본 자체다. 우리는 이 부분에서도 본문에 기술한 내용과 동일한 부분을 확인할 수 있다. 우리는 이미 앞에서 대본의 중요도 급감 문제를 다뤘다.

60) H. Atlan: « L'Émergence du nouveau et du sens », in *L'Auto-organisation*, Colloque de Cerisy, op. cit.

다. 다만 내용만 나열할 뿐, 더 이상 발전시키지 않을 것이다. 왜냐하면 우리가 함께 관통해 할 과정이며, 재발견해야 할 문제이기 때문이다.

– 거의 모든 단계에서, 목적 지향의 사고와 투명한 숙고와 반성이 사라졌다.

– 구체적이고 현실적인 의미를 가진 인간의 관심사가 적출되었다.

– 다양성과 복합성을 내재한 관심사들고전 경제/정치/사회 요소들을 전반적으로 극복한 이 상호 결합한다.

– 인간의 능력 미달 문제가 발생한다. 즉, '특정' 상황을 포괄적인 눈으로 바라보지 못한다. 만일 우리가 상황에 얽매이지 않고 그 틀을 벗어나서 볼 수 있다면, 지속성이나 공간처럼 보편 차원에서 특수 차원으로 접근할 수 있을 것이다.

– 마지막으로, 문제의 요인들을 파악하기 위해 반드시 거쳐야 하는 단계를 분석하는 경우, 우리는 범한 오류들을 전혀 교정할 수 없는 무능력 상태에 빠진다. 앞서 '이중 피드백' 문제에서 이 점을 확인했다. 그러나 부조리의 과정은 아직도 완성형이 아니다. 도착하려면, 아직 멀었다.

3장_비용: 기술과 정치경제의 새로운 관계[61]

기술과 경제의 관계들이 어떤 식으로 자리를 잡을 수 있는지에 대해 논할 필요가 있다. 기술에 관한 초창기 연구에서, 경제와 기술의 관계와 관련된 두 가지 시기를 지적했다. 첫 번째 시기는 경제생활이 확실한 규정요소로 작동했던 시기다. 경제생활은 여러 가지 기술을 발전시켰다. "시장"과 생산자를 동시에 벗어나자는 "요구를 담은 목소리"가 있었다. 사람들의 욕구들에 상응하는 장치들이 필요했고, 축적된 자본의 목표치를 충족시킬 수 있을 장치들이 필요했다. 산업이 기술을 진두지휘했다. 산업 투자를 지향하는 상업 비용에서 점차 벗어나기 시작하면서, 자리 이동이 나타났다. 따라서 기술은 경제 성장에 예속되고, 경제 성장이 기술을 규정했다. 즉, 경제가 기술을 좌우했다.

그러나 발전의 두 번째이자 마지막 단계가 동시 출현하는 것처럼 보인다. 기술은 독립성과 자율성을 확보했다. 먼저, 기술은 경제와 전혀 무관한 영역들예컨대, 과학 연구에만 유용한 기술들에서 발전하기 시작했다. 다음으로, 기술은 경제적 욕구나 호출보다는 기술 자체를 통해 규정되어야 했다. 즉, 기술이 스스로 다변성과 복합성을 갖추고, 대대적으로 바뀌는 순간부터, 기술은 자기 고유의 명령에 순복服한다. 말하자면, 기술 혁신이 일어났다. 왜냐하면 서로 얽히고설키는 열 가지, 스무 가지, 쉰 가지의 다른 기술들의 결합

---

61) 앞에서 다뤘던 "경제 부조리" 편을 보완, 발전시킨 글이다.

이 그것을 가능케 했기 때문이다. 이러한 가능성이 존재한 순간부터, 우리는 그것의 실현을 확신했다. 왜냐하면 이전의 기술들을 결합하는 연구자가 반드시 있을 것이기 때문이다. 이 연구자는 실험이나 이론 계측의 시행착오를 거치면서 기술 혁신을 주도할 것이다. 기술 혁신에 경제 가치나 이익은 별로 중요치 않다. 그것은 결정 요인이 아니다. 혁신이 있었을 뿐이다. 사람들은 항상 기술 혁신을 응용하는 방법을 찾으려 하며, "기술이 있으니 이를 응용해야 한다"라는 대원칙을 발견해야 했다. 1950년에 나는 이 단계를 '기술의 자율성'이라 불렀다.

과거에는 경제가 기술을 견인했다. 그러나 기술은 이 상황을 뒤바꿨다. 이제 기술이 경제의 견인차 역할을 한다. 신기술의 창조가 생산, 유포, 소비의 가능성을 동시다발로 부른다. 경제는 기술의 뒤를 좇으며, 기술이 개방한 길을 걷는다. 물론 종합적인 틀에서 보면, 우리는 기술을 완전한 자율성이라고 말할 수 없다. 다시 말해, 경제의 한계들을 성찰해야 한다. 기술은 경제적 유용성 없는 재화들의 제조처럼 보였다. 그러나 사람들은 더 이상 감각할 수 있고 예측할 수 있는 욕구들의 충족에 머물지 않고, 잠재된 욕구들을 발견하려 한다. 나아가, 사람들은 인위적 욕구들에서 비롯된 인공물 제조이와 관련해, 수많은 논의가 있었다 쪽으로 가려 한다. 그러나 우리는 인간이 욕구를 "뒤따랐고", 욕구 충족과 함께 이 '술래잡기'에 가담했다고 주장한다. 따라서 우리는 '욕구란 인위적 욕구'라는 주장에 동의하지 않으며, 자연적 욕구와 인위적 욕구의 구별에도 동의하지 않는다. 마지막으로, 광고에 의해 만들어졌으나 뿌리 깊은 습속으로 내재화된 욕구는 폭넓게 분류된 다양한 욕구들만큼이나 "자연스러운" 욕구다.

이 모든 것이 생활수준의 향상과 맞물린다. 경제학자들은 이러한 변화를 기록한다. 이들은 경제 구조들을 포함해, 경제 전 분야에 기술이 미치는 영향력을 파악하는 데 훨씬 복잡한 표본들이 필요하다고 생각한다. 그러나 이러한 표본 제작 작업은 경제의 승리가 있어야 가능하다. 표본 제작의 과정, 방법, 기법을 통해, 경제는 점점 확고한 과학과 기술이 되었다. 오늘날 경제학은 항상 가속화된 상태인 '기술들의 진보 가능성'이 되었다. 요소들을 조화시키는 전체 집합으로서의 옛 경제학은 온데간데없다. 오늘날 경제학은 기술의 모든 가능성을 조정하고 융합하는 방법론이 됐다. 그러나 나는 1955년에서 1975년 사이에 이러한 그림에서 어떤 불일치 요소를 확인했다.

또한 나는 기술과 경제의 새로운 관계를 다뤘다. 분명, 기술은 가치를 창조한다. 그럼에도, 기술은 경제생활의 여러 영역들에 크나큰 왜곡을 불렀다. 또한 실제 활용이 불가능한 혁신 제품, 시장 상용화 상품들이 되기에 불가능한 혁신 제품들도 등장했다. 갖가지 생산품을 두서없이 논하는 바람에, 사람들은 생산품 포화상태를 우려했다. 그러나 실제 그러한 일은 발생하지 않았다! 다만, 기술 혁신과 신제품의 급속한 증가는 우리의 경제 현실과 경제학을 잠식하고 말았다. 내가 볼 때, 특정 경제 단위에서 "합리화" 작업은 불가능했다. 또한 자유주의든, 케인즈주의든, 사회주의든, 어떤 형태의 경제 체제에 기초한 표본들을 제시해도 결국 불충분한 형태로 귀결되었으며, 갖가지 자료들을 검토한 뒤 출시된 제품들도 시간의 흐름에 따라 추상화되었고, 상대적으로 정치경제 분야에 가용한 제품들은 드물었다. 말하자면, 나는 기술-경제의 관계가 바뀌었다고 생각한다. 분명, 기술은 그 원천과 역량에 있어서 언제나 자율적이었다. 그러나 더 이상 기술의 행로를 확신할 수 없게 되었다. 경제는 기술 기획들의 완충 장치와 한계선 역할을 한다. 항상 그렇듯, 가능한 것과 불가능한 것이 존재한다. 그러나 어떤 것이 가능한지, 어떤 것이 불가능한지를 가르는 기준은 더 이상 기술력이 아니라 경제력이다. 기술 성장은 경제력의 작동을 보일 수 있는 핵심 지표가 되었다. 우리는 지난 10년 동안 기술-경제 관계의 네 번째 단계에 진입했다. 나는 이 단계를 '정치경제의 혜안La Sagesse de l' économie politique' 이라 칭한다.

기술은 끊임없이 혁신에 속도를 붙인다. 그러나 경제, 경제 현실 및 기능과 마주해, 기술의 자율성 확보는 완전히 중단되었다. 경제학자들도 이 부분을 의식한다. 기술의 궤도 이탈, 표면에 드러난 기술품의 무제한 확산, 환경에 미치는 기술의 영향력과 무게감고전 기본 경제는 경제생활의 최초 요소들로 노동, 원재료 등을 제시했다. 그러나 기술은 이 구도를 완전히 뒤엎었다과 마주해, 정치경제는 극복 불가능한 난관 및 각종 문제에 봉착했다. 익히 알려진 내용은 차치하고, 경제와 경제 현실에 대해 우리는 '모든 것이 꼭 가능하지는 않다' 는 사실을 발견한다. 분명, 기술은 제품들을 제조했다. 그러나 기술이 투자자들과 접촉하지 않는다면, 그리고 결정적인 요소가 된 '투자 수익 계산' 이 없다면, 제품 제작은 불가능할 것이다. 이미 이야기한 것처럼, 복잡하고 초고가로 치솟아 버린 외과수술의 대중화와 일반화는 불가능하다. 또한 이 수술과 연계된 병상의 무한정 확보도 불가능하다.[62] 인공위성의 무한 증식도 불가능하다. 사회 전 영역의 긴급 재난 구조망 확충도 보장할 수도 없다. 나는 이러한 선택지와 관계된 사례들을 더 제시해 볼 생각이다.

우리는 선택지를 두고 결정해야 한다. 왜냐하면 기술들은 더 이상 경제적 가치를 무한대로 창출하지 않기 때문이다. 기술은 항상 가치 창출의 중요 요소였지만, 지금은 본래의 요구에서 멀어졌다! 이것은 두 번째 문제를 부른다. 사실, 우리는 오랜 시간동안 상품의 생산가격을 간단하게 생각했다. 그러나 오늘날 가격은 매우 복잡해졌다. 바로 이 점을 생각해야 한다. 기술이 진보하면 할수록, 기술은 광범위한 영역에 지장을 초래한다. 가령, 공해 및 재생 불가능한 원재료 고갈 문제, 사회 갈등과 잠재적 위험 문제 등

---

62) 다음 사례를 보라. "The Soaring cost of healthy care", in *Science, Technology and Society*, VI, 1, 1986. 이 글은 여러 선택지의 문제를 포함한 미국의 보건 의료비용의 사례를 연구했다.

을 생각해 보라. 생산품의 실 가격 확보가 관건이라면, 보완 제품의 필요성, 사전 예방, 대체 자원 연구와 같은 문제를 숙고해야 할 것이다. 중독과 오염의 문제를 야기할 수 있는 기술은 비용 계산을 필히 요구하는 기관들가설 단계의 사고와 질병에도 운영의 필요성을 떠드는 특수 병원 등의 설립에 뛰어든다. 우리도 익히 아는 '외부성의 내재화' 문제다. 사실 이 문제는 매우 큰 난관이 아닐 수 없다. 왜냐하면 멈춰야 할 지점을 모르기 때문이다. 과연 우리는 외부성의 한계를 어디로 상정할 수 있는가? 위험 요소로 분류되지만, 무시해도 좋을 수준의 위험이란 과연 무엇인가? 이러한 기술에 책임을 전가할 수 없는 문제가 있지 않은가? 문제가 있다면, 어느 부분에 대해 기술의 책임을 물을 수 없는가?

　구체적으로 말해, 거의 다 불가능한 일이다.[63] 그러나 경제학자들은 이미 이 문제로 고민 중이다. 이러한 고민은 기술의 궤도 이탈에 반대하는 학문적 정도正道의 문제로 귀결된다. 또한 멋대로 궤도를 벗어나는 기술을 제어하는 데 우리의 판단력과 지혜가 반드시 필요하다! 그러나 경제학자들의 고충이 묻어난 연구 자료들이 제시되는 상황에서도 기술의 궤도 이탈은 가중된다. 이 대목에서 나는 가공할 만한 수준으로 치솟는 지출 비용 증가의 문제를 강조하고 싶다. 모든 나라에서 지출 비용의 증가를 야기한 진원지는 이론의 여지없이 '기술 개발' 이다. 단도직입적으로 말해, 기술 개발에 투입되는 비용은 계속 오른다. 이전의 여러 연구에서나 생산품의 생산에서나, 한계란 한계를 모조리 경신하면서 점점 고비용 유료화 현상이 나타난다. 이러한 개발 비용의 증가가 각국마다 천정부지로 치솟는 지출 비용 증가의 직접 원인이다.

　먼저 몇 가지 굵직굵직한 수치를 다루고, 다음으로 세부 사례들을 제시

---

63) [역주] 풀어서 말해, 엘륄은 앞 단락 후반부에 제기된 질문들이 현실에서 발생하지 말아야 함을 강조한다. 무제한 성장과 팽창으로 발생할 수 있는 위험 인자에 통제와 제어를 가해야 한다는 취지다. 그러나 비용을 중심축으로 한 경제와 기술의 관계망은 이러한 한계를 뛰어 넘으려 한다.

하겠다. 프랑스의 국가 예산은 1조 프랑을 넘었지만, 무역 적자는 3,600억 프랑에 달한다. '국가 채무'는 1982년에 6,140억 프랑, 1984년에 9,000억 프랑, 1985년에 1조 프랑, 1986년에 1조 1,000억 프랑으로 해를 거듭할수록 상승 곡선을 그린다. 이는 국내 총생산의 20%를 상회하는 수치이다. 부채 '이자'만 연 1,000억 프랑이 넘는다. 1984년에 '미국의 예산 적자'는 2,200억 달러_{국내 총생산의 6.6%}에 달했다. 프랑스의 외채는 1980년에 200억 프랑, 1982년 750억 프랑이다. 유럽 통화_{eurodevise64)} 시장의 부채는 2조 7,500억 달러에 달한다. 연방준비제도의 최근 조사들은 처리된 거래의 "폭발"_{앙리 부르기나}을 보여준다. 다시 말해, 다양한 증권거래소의 일일 거래 총액은 무려 2,000억 달러에 달한다. 이미 확인한 것처럼, 사하라 이남 아프리카 국가들의 부채는 1,100억 달러, 쿠바는 30억 달러_{눈여겨 볼 부분}이다. 1985년 제3세계의 채무 총액은 이자 1,400억 달러_{연관된 제3세계 국가들의 가처분 소득 전체를 포함한 액수}를 포함, 총 1조 달러에 달했다. 지난 5년 동안의 제3세계 국가 외채 증가액은 6,200억 달러이다. 제3세계 국가 전체가 외채 경감을 위해 소득의 67%를 상환해야 한다.[65]

우리는 전 세계에서 소비에 중독된 경주마들을 본다. 누구도 이 경주마를 멈출 수 없다. 이제 몇 가지 특수 사례들을 이야기해 보자. 프랑스와 영국을 잇는 해저 터널인 "채널 터널"을 뚫는 데 150억 프랑을 썼다. 열차의 자동 안전을 보장하기 위한 컴퓨터 장비를 설치하는 데 추가로 15억 프랑을 썼다. 프랑스 파리와 세네갈 다카르 간의 위성 재전송을 보장하도록 사막에 거대 시설물을 설치하는 데 8억 프랑을 지출했다. "복합" 공원으로 설

---

64) [역주] 유로화로 통일되기 이전에 유럽 시장에서 통용되었던 화폐를 통칭하는 용어이다.

65) François Partant, « Compagne internationale sur l'endettement du tiers−monde », in *Champs du monde*, juin−septembre 1986. 이 체계는 새로운 대출로만 유지된다. 상환 일자 재조정은 불충분하다. 멕시코의 채무 상환 일자를 2년 뒤로 재조정한 후, "구제금"을 보장해야 했다. "현재 우리는 부채 위기의 제2단계에 돌입했다."(H. Bourguinat, *Les Vertiges de la finance internationale*, Economica 1987) 원유가는 떨어졌지만, 낭비는 두드러졌다.

계된 라빌레트La Villette 공원 조성비용으로 55억 프랑을 지출했고, 공원 내부의 과학박물관에서 최초로 상영된 영화8분 상영 제작비에 1,000만 프랑이 사용되었다. 텔레비전으로 전송된 이미지를 컴퓨터로 재전송해 제작한 1분용 영상에 100만 프랑을 지출했다. 1985년 한 해 프랑스의 광고비 총액영상광고비 포함은 700억 프랑에 달했다. 1984년에 오페라 「아이다」의 무대 장치에 사용된 비용은 2,500만 프랑이었다. 희극의 착란에 빠진 것이 아닌가 싶다. 1982년 초고속 열차 '테제베 아틀랑티크'의 예산은 당초 120억 프랑이었으나, 실제 비용은 거의 두 배에 달했다. 아리안 우주 항공 계획지구 고궤도용 5톤 위성과 지구 저궤도용 15톤 위성을 탑재한 아리안 5호의 1986년 예산은 180억 프랑이었다. 자율 작동이 가능한 '우주 실험실'이나 미국의 '우주 실험실'과 연계된 탐사 정거장인 콜럼버스 모듈은 200억 프랑에 달했다. 우주선 기획인 '에르메스' 사업에는 총 180억 프랑이 쓰였다. 우주 항공 프로그램에 무려 560억 프랑5조 6천억 센트을 쏟아 부은 셈이다! 경주마처럼 국제간 경쟁이 과열된 상태에서, 예산 지출은 멈출 수 없다. 불가피한 일이다. 1985년 미국의 위성까지 탑재한 아리안 호의 발사 명령에 필요한 비용으로 70억 프랑을 기재했다. 당시 사람들은 환호성을 질렀다. 그러나 아리안 호 관련 총예산 180억 프랑 가운데서 70억 프랑 공제는 불가능했다! 왜냐하면 매 발사마다 비용을 절감해야 했기 때문이다! 아리안의 마지막 발사가 실패로 돌아간 후, 주문처가 눈에 띄게 줄었다! "우리" 프랑스 전력공사의 1982년 채무는 80억 프랑이었다. 미국의 우주선 한 대를 발사하는 데 드는 비용은 2억 5천만 달러이다. 나는 더 많은 수치를 제시할 수도 있다. 그러나 내가 말하려는 요점은 현실 경제계를 숫자 몇 개로 보겠다는 것도 아니고, 통계를 제작하겠다는 것도 아니다. 다만, 나는 천문학적 금액이 임의 사용되는 문제를 지적하고 싶다. 사람들은 수십억 프랑에 달하는 혈세로 '저글링'하듯 재간을 부린다. 우리는 "이러한 현상의 의미"를 진지하게 되물어야 한다.

그러나 과거의 사건을 재강조할 필요가 있다. 어마어마한 규모의 예산 지출을 낳는 진원지는 다름 아닌 기술의 욕구, 기술 생산의 욕구, 기술 응용의 욕구이다. 개별 기술우리는 뒤에서 광고에 필요한 기구들의 배가 문제를 다룰 것이다과 집단 기술과학기술이 집약된 항공기, 무기, 우주 항공 등이 공존한다. 사람들은 예산 지출의 주요 부분이 급여, 연금, 지원금, 다양한 용역, 손해 배상처럼 모두 인건비에 해당한다고 주장할 것이다. 분명 그렇다. 그러나 이러한 지출의 대다수는 기술이 낳은 부산물이다. 정확히 말해, 기술 환경이 부른 욕구들실제 욕구나 사실 욕구의 부산물이다. 다른 관점에 주목해 보자. 1조 예산은 다양한 관, 부, 처로 분배된다. 분배된 예산은 결국 인간의 층위를 따른다. 이상하게 볼 일이 아니다. 나 역시 이 점을 잘 안다. 정부 차원에서 결정된 예산 지출은 대체 불가능한 금액이다. 나는 이 예산 총액이 상상을 초월하는 액수라고 생각한다. 또한 나는 예산 투입에 따른 효과 문제도 걱정이다. 이 부분에도 정치경제적 예측의 의미가 있는지 되묻는다. 차후 제3세계에 속한 채무국 둘 혹은 셋 정도만 지불 유예를 선언한다면, 국제 금융의 큰 위기가 도래할 것이다. 은행 대 은행이든, 은행 대 국제금융기구이든, 국제금융기구 대 국가이든, 채무 상환 거부를 선언한다면, 국제 금융 체계 전체가 붕괴할 것이다. 오늘날 제3세계의 채무국들은 세계 전체의 붕괴를 유발할 가능성을 안고 있다! 도대체, 세계 시장 경제 동향에 관한 정기 예측이 무슨 의미가 있는가?

이미 우리는 무기 문제를 거론했다. 그러나 '경제 관점'에서 볼 때, 무기는 어떠한 의미를 갖는가? 분명, 무기 산업으로 인해 공장도 가동되고, 일자리도 생긴다. 그러나 '모든' 나라들이 국방비 지출의 무게에 짓눌린다. 무기 사용국은 제3세계 국가들이며, 생산국은 기술 선진 국가들이다. 보다 높은 효율성을 추구하기 때문에, 기술의 무한 경쟁이 벌어진다. 신무기는 5년도 채 되지 않아 구식 취급을 받으며, 다른 무기로 대체되어야 한다. 참고로, 1983년 미국의 국방비 지출은 산업 투자의 다섯 배에 달하는 6,000

억 달러였다. 사실, 이러한 체계의 수치들컴퓨터에만 "유의미"한로는 어떤 것도 표현할 수 없으며, 동시에 어떤 것도 표현 "가능"하다. 오늘 1조 달러라면, 내일은 2조 달러가 되지 말라는 법이 있는가? 혹자는 국내 총생산과 납세자들을 근거로 내 주장을 즉각 반박할 것이다. 그러나 나는 결코 그렇게 생각하지 않는다! 세금을 통한 소득의 중요성은 점점 감소할 것이고, 그 중요도 감소는 지속될 것이다. 왜냐하면 세금 소득은 '추상적'인 '저글링' 놀이가 되었기 때문이다. 명확히 입증 가능한 부분이다. 세계 모든 나라들이 채무국이고, 정보 계산표에 기재된 수십억 단위의 부채 금액은 결코 바뀌지 않는다. 화폐와 실제가 완벽히 분리되었다.[66]

추상화 과정의 전개를 이해해야 한다. 초기에, 발행 지폐들은 시중에 유통되지 않아도 금고에 보관된 금으로 충분히 막을 수 있다. 이후, 사람들은 금 보유량의 10%면 충분하다는 견해에 동의했다. 다음으로, 지폐와 금을 분리한다. 이것이 첫 번째 대전환이다. 통화의 토대는 더 이상 금 보유량이 아닌, 주어진 경제 체계에서 생산된 상품들의 가치다. 통화는 인간의 노동력을 통해 생산된 구체적인 가치들에 관한 계산과 산출 양식을 대신한다. 경제적 교환 가치가 관건이며, 생산된 재화들은 그것이 제품일 경우에만 금전 "수단"으로 사용할 수 있다. 마르크스의 모든 이론은 바로 이러한 내용에 근간한다. 무엇보다 더 이상 "제품들"의 창조는 없다. 서비스, 비물질, 시청각, 집단 재화그러나 과거의 집단 재화와 본성이 다른에 대한 소비가 점차 증가한다. 이 요소들은 하부구조로 기능하거나 집단성을 토대로 생산된 대형 유통망으로 기능한다. 그것은 대중이 찾는 물건들이 아니며, 대중이 매매하는 물건들도 아니다. 이 물건들에는 교환 가치가 없다. 아리안 호, 위성, 심장 이식, 원자 파괴용 고주파 전자 가속기사이클로트론에도 교환 가치는 존재하지 않

---

66) 이 분야의 중요한 책은 다음과 같다. H, Bourguinat, *Les Vertiges de la finance internationale, op. cit.* 이 책은 "실물경제와 금융경제의 대립"을 연구한다. 새로운 국제 금융은 금융 시장의 세계화, 금융 혁신, 금융 활동의 세계화 및 정보화로 인해 고전 형태의 금융과 더 이상 공통점이 없다.

는다. 하물며 이러한 요소들이 특정 "가치"를 가질 것이라 말할 수 있는가? 물론, 가치 확보를 목적으로 지출한 비용에서 얻은 결과로서의 가치는 존재한다.

그러나 "비용을 지불"^{고비용이 된하}는 대부분의 대상^{도로, 비행기 등에}는 교환 가치가 있다. 그러나 마르크스는 이 교환 가치가 경제적 가치 계산에 반영되지 않는다고 말했다.^{농민이 자가 소비 목적으로 텃밭에서 생산한 것은 경제 가치로 계산할 필요가 없다} 더욱이 우리는 온갖 것에 비용을 치러야 한다. 우리는 소비 사회, 농업 현대화, 상상 초월의 종이 낭비, 하천 오염, 토양 파괴 등에 비용을 지불한다. 또한 최첨단 기술의 소통 창구에도 비용^{우편 서비스 감소에 따른 비용!}을 지불한다. 개인 소유 차량에도 비용을 지불한다.^{정교하고 세련되었지만, 동시에 위험한 생산품들로 경쟁하기 바쁜 회사들의 경제 전쟁으로 인해} 대외 무역의 불균형 상태로 일본산 오토바이와 비디오테이프 녹화기기^{VCR}를 구매한다. 또한 천운天運의 녹색 혁명이 낳은 연쇄 사슬 효과로, 제철 아닌 채소들과 제3세계산 저가 생산품을 구매한다. 우리는 돈으로 이 모든 값을 치른다. 그러나 돈은 더 이상 어떤 것을 대리하는 기능에 머물지 않고, 집단과 집단 사이의 불균형이나 집단 내 해악의 주범이 된다.^{세부 서술로 장 셰노의 『현대성에 관하여』를 참고하라}

덧붙여, 앞에서 이야기한 것처럼, 우리는 대규모 예산에서 지출하게 되는 음성 비용^{공해와 오염으로 인한 복구와 보상에 필요한 비용}을 고려해야 한다. 이와 관련해, 오늘날 더욱 중요해진 두 가지 요소를 확인할 필요가 있다. 첫째, 폐기물 처리의 문제다. 폐기물 문제는 극도로 복잡하다. 왜냐하면 원재료 추출에서 최종 생산품에 이르는 생산 과정 각 단계마다 쓰레기와 폐기물이 배출되기 때문이다. 즉, 단계를 거칠 때마다 폐기물이 발생한다. 또한 각 단계마다 배출되는 폐기물의 성질이 동일하지도 않다. 환경은 쓰레기를 재활용할 수 있는 일정한 능력을 가졌지만, 이러한 재활용에는 충분한 시간이 필요하다. 단순히 쓰레기 배출량만 따질 문제가 아니다. 재활용 기간의 연장

도 큰 문제다. 오늘날의 산업 폐기물은 생활환경에서 이뤄지는 활동예컨대, 생
生분해성 플라스틱을 제외한 나머지 플라스틱으로 인해 자연 순환계에 재통합되기 점차 어
려워진다. 따라서 사람들은 쓰레기를 제거하려 하거나 재활용하려 한다.
쓰레기 오염을 가장 간단하게 제어할 수 있는 길은 역시나 예산 투자이다.
일례로, 1985년 미국의 폐기물 처리 비용은 170억 달러였다. 그러나 일부
쓰레기는 유용하게 재활용할 목적에 따라 회수 가능하다. 예컨대, 특정 지
역의 생물 현존량을 의미하는 '바이오매스biomasse'에 포함될 수 있는 것, 에
너지 생산이 가능한 것은 회수 가능하다. 그러나 핵폐기물 재처리 문제처럼
매우 복잡한 과정을 통해 재활용될 수 있지만 처리 과정에서 또 '다른' 폐기
물이 배출될 수 있는 폐기물도 있다! 따라서 산업체나 가계가 매일 배출하
는 수백만 톤의 쓰레기 처리 비용을 축소하기란 사실상 불가능하다. 또한
그 처리 수량이나 비용은 나라마다 천차만별이다. 그러나 인구와 산업 생
산의 증가와 맞물려, 이러한 비용은 상승할 수밖에 없다. 현재 우리는 그 현
상을 목도한다.

마지막으로, 우리 세계에 존재하는 대규모 지출의 또 다른 요소를 확인
해 보자. 그것은 매우 비생산적인 지출임과 동시에, 금전의 관점에서 보면
순수 손실에 해당한다. 이러한 지출은 위험 요소들의 상승을 막는 일종의
보험 역할을 한다. 그러나 단순히 위험 요소를 보상하는 보험의 문제이미 예외
적인 보험이 된 자동차 보험처럼가 아니다. 우리는 보상을 요하는 모든 형태의 위험들
을 고려해야 한다. 가령, 특정 지역에 가뭄이나 홍수가 발생했을 때, 농민
들에 대한 "국가 공동체" 차원의 원조가 있어야 한다. 위험 요소들이 점점
늘어나면서, 보장성 보험 역시 계속 늘어난다. 따라서 결국에는 '수용 가능
한 위험'과 '보장 가능한 수준의 위험'을 구별한다. 사고 발생 이후, 각 보
험들은 친히 조사, 파악한 요소들을 보상처리할지, 아니면 수리에 맡길지

를 결정해야 한다. 이 위험 요소들은 계약서의 비준을 받았지만, 기술 변화가 야기한 위험 요소들에 관한 보장은 통계의 결과로 나올 수 없다. 더욱이 수용 가능한 위험은 "그 자체로" 존재하지 않는다. '누구를 위해, 어떤 순간에, 어느 조건에서!' 를 따져야 할 문제이다. 모든 위험은 하나하나가 그 자체로 별도의 사례이다. 그러나 사회가 감당할 수 있을 위험 요소들의 수준이나 정도를 어떻게 평가할 수 있는가? 어떠한 계산, 어떠한 자료도 이 질문에 대한 답변을 제시하지 못한다. 오늘날 매우 흥미로운 현상 하나가 있다. 로켓 탑재 위성들의 발사 실패의 횟수와 위성의 비용이 점점 더 완벽에 가까울 정도로 치솟는_{여러 차례 발사에 실패한 아리안 호의 마지막 실패 처리 비용은 2만 달러에 달했다} 현상과 마주해, 발사 기획을 추진한 사람들은 보험 가입을 원하지만, 발사 회수와 비용 앞에서 보험 회사들이 오히려 가입을 꺼린다.

위험은 다양한 형태로 출현하며, 그 출현 시기도 예상하기 어렵다. 이러한 위험은 흡사 "체계"와 같은 형태로 바뀐다. 왜냐하면 위험을 낳는 복합 요소들과 사건들의 연쇄 작용에 대한 예측이 불가능하기 때문이다. "위험 요소가 과연 어느 지점까지 효력을 발휘할 수 있는지를 알고자 제기한 문제는 기술 영역에서 확실히 이탈하라는 말과 동의어다"J.-J. Salomon 67) 이 말의 의미는 다음과 같다. 위험 요소들에 관한 논쟁은 불가피하며, 그 논쟁은 확실한 '정치' 논쟁이 되어야 한다. 한 편으로 능숙한 기량을 갖춰야 하며, 다른 한 편으로 관련자들 모두의 참여가 있어야 한다. 따라서 "위험 수용의 문제와 관련해, 두 가지 방법이 있다. 첫째, 우리는 자연 속에서 사는 사람들과 새로운 기획의 요소들을 서로 비교하고, 통상 수용 가능한 수준을 말한다. 엄밀히 말해, 이러한 접근법은 기술적인 접근법으로서 가설 단계에 머무는 한계에 봉착한다. 즉, 우연성을 줄일 수 있는 더 확실한 과학이 없다. 둘째, 제안된 기획에 관한 대안들을 연구한다. 덧붙여, 정치적 선택의 용어들로

---

67) 살로몽은 기술의 활용 문제에서 과학 연구의 양태와 목표에 관한 통제 문제까지 위험의 단계를 상향 조정했던 애실로마(Asilomar) 회의를 관심 사례로 탐구한다.

기술의 합리성 문제를 다루려면, 기술 논쟁에서 벗어나야 한다.”

분명하게 드러나는 부분은 살로몽의 시도, 즉 기술과 정치를 대조하려는 그의 시도이다. 그러나 나는 이 시도가 오류라고 생각한다. 다시 말해, 소위 ‘정치’라 부를 수 있는 것은 언제나 기술자와 전문가의 결론을 따랐다! 더욱이 우리는 언제나 새로 도래하고 예상치 못한 시점에 도래하는 위험 요소들을 염두에 둬야 한다. 세베조 사건, 보판 사건, 최근의 절연용 합성 섬유 변환기 사건은 하나같이 전혀 예상치 못한 사건이었다. 별로 실속은 없겠지만 흥미로운 사례를 하나 들겠다. 1970년 이후로, 지구 주위의 우주 공간에 수많은 위성과 중장비 물체들이 발사되었다. 적도 36,000km 상공의 원형 궤도인 ‘지구 정지 궤도’를 도는 위성과 중장비 물체는 각각 2,500개와 15,000개에 달한다. 이따금 추락 사고가 발생하곤 한다. 그러나 사람들은 이 사고에 대해 잘 모른다. 왜냐하면 위성을 생산하는 국가들은 작동 엔진의 폭발을 미리 예상했고, 대기권에 진입하면서 기체가 화염에 뒤덮여 미세한 조각들로 나뉘기 때문이다. 또한 1971년 캐나다에서 발생한 사고 이후, 원자력 에너지로 운행하는 동력기 탑재를 성토하는 목소리도 높아졌다. 그러나 소련은 이 두 가지 경고를 귀담아 듣지 않았다. 결국 위성들을 활용하기로 결정하고 발사했다. 그러나 위성들은 크게 세 조각으로 쪼개졌고, 무게가 1~2톤에 달하는 위성 파편들이 대기권에서 소멸하지 못하고 지상으로 추락했다. 더욱이 이 위성들은 50kg에 달하는 원자력 발동기가 장착되어 있었다. 이 발동기는 비분리 장비이자 극한 핵 오염을 유발할 수 있는 장비였다. 이러한 조건들에서, 그리고 지구 궤도를 순회하는 이 위성들의 추락 위험과 마주해, 우리는 어떤 보험을 들어야 하는가? 과연 보장을 받을 수 있는가? 유용성 하나 없는 지출만 우후죽순 늘어나는 또 다른 이유가 바로 여기에 있다.

결국, 우리는 모든 것에 값을 매겨 매매할 수 있는 절대 상품화 사회에서 살아간다. '동시에' 기술적으로 위험한 요소들을 생산하거나 점차 추상화되고 금전 보증이 불가능한 재화들, 그 자체로 가치를 갖지 않는 재화들을 생산하는 사회에서 산다. 이 재화들과 용역들은 경제 활동의 2차 혹은 3차 단계에 접목된다. 환상적이고 추상적인 금액으로 터무니없는 지출을 가능케 한 저당물은 바로 성장을 향한 운동 그 자체, 진보에 대한 희망이다. 다시 말해, 우리가 더 빨리 갈 수 있다는 전제 때문에 이 얼토당토않은 지출을 멈추지 못하는 것이다. 생산물의 유용성 여부는 별로 중요치 않다. 무조건 더 많이 생산해야 한다. 왜냐하면 생산 증가가 금전 가치를 보장하기 때문이다. 이러한 움직임은 지출 정당화를 위해 끝없이 속도를 증가해야 한다. 이러한 현상은 기술의 충동과 정확히 맞물리는데, 그 의미는 다음과 같다. 어떤 "기업"이 있다. 내부 구조와 생산 제품을 수반한 이 기업은 오래 지속될 수 없다. "현대" 기업들의 갱신과 변화 비율은 가속화되고, 기업의 평균 수명도 줄어든다. 자본주의는 이에 적응한다. 즉, 이러한 속도에 적응한 자본주의그러나 "사회적인 측면"을 따르지 않는!는 고수준의 경제 활동력을 갖춘 것처럼 보인다. 사람들은 기술 지역68)과 같은 새로운 형태를 만든다. 그러나 신기술과 신제품의 출현으로 이 기술 지역들도 이미 낙후 지역이 되었다.실리콘 밸리도 마찬가지일 것이다 따라서 거대 자본을 기반으로 삼은 분야는 아무리 중요한 영역이라 할지라도, 흔적 없이 사라질 수 있다는 사실을 알아야 한다.69) 이것은 환상이 아니다. 즉, 손실될 자본이 산업화 국가들에서 제3세계로 흐르는 경제의 유동성을 보일 것이다. 장기적으로, 지구의 3/4은 경제 불임상태가 될 것이다.

물론, 이러한 조건들에서 소작농 중심의 옛 농촌 경제는 더 이상 존재하지 않는다! 그리고 사람들은 그것을 공개 선언하기도 한다. 텔레비전은 랑

---

68) [역주] technopole. 연구기관, 교육기관, 산업체를 한데 묶어 도심지 외곽에 건설한 산학 협동연구지역을 가리킨다.
69) [역주] 엘륄에 앞에서 언급한 "자본주의는 적응한다"라는 문구에 상응하는 표현이다. 수익성이 보장되지 않는 분야는 신속하게 사장된다.

드 지역^{메조}에 원자력 발전소 건설을 선전했고, 평론가들은 "원자력 발전소는 이 지역의 유일한 경제 거점이다!"와 같은 논평을 덧댔다. 지역에 뿌리박고 오랜 세월 몸으로 일궜던 수천 농민들의 산물은 졸지에 '비존재'가 되었다. 이를 경제라고 부를 가치가 있는가! 자연 환경에 대해 주판알을 튕길 수 있는가! 그럼에도, "프랑스를 정비"하고 건설해야 한다는 선언들이 앞뒤를 다툴 시기^{"건축이 모든 것이 가능케 하리라"}에도, 나는 인구 과잉으로 인한 건설의 무용론, 낡고 누추한 주거지 대체 금지를 주장하지 않았다. 내가 이야기하려는 부분은 농촌 지역의 파괴 문제, 멈출 줄 모르는 도시화 증가 현상이었다. 그러나 사람들은 이것을 진보의 명확한 표지로 여겼다.

이런 식의 지출 증가와 관련해, 우리는 마지막으로 국가들 간의 경쟁 문제를 생각해야 한다. 생산 가치와 판매 가치에 상응하는 예산 효과를 담은 기업들 간의 경쟁, 다시 말해 국내 경쟁이 점차 둔화되는 추세이다. 반대로, 국가들 간의 경쟁은 국내의 경쟁 요소들을 더 이상 생각하지 못하도록 한다. 국가는 수십억에 달하는 필요 물품을 언제든 생산할 수 있다. 과거 영주들이 성채나 보석을 소유했던 것처럼, 국가는 '체면'과 '안보'에 막대한 비용을 지출한다. 최초의 위성 발사, 최초의 달 착륙과 같은 사업은 모두 국가 주도 사업이었다. 비용 지출이 얼마든 개의치 않고 실행해야 할 사업이다. 덧붙여, 국가들 간의 기술 경쟁이 전 분야에 활용된다. 거기에는 판매 가능한 재화나 용역도 포함된다. 항공기, 로켓, 무기 분야에서 경쟁의 불꽃이 튄다.

판매 가능한 "틈새" 시장을 찾아야 한다. 사람들은 기술 생산의 방향을 기술의 유용성이 아닌, 국제 고객의 잠재력에 맞춘다. 물론, 부자 국가들 사이에서나 가능한 일이다! 충분한 자본가 집단과 경제적 상호관계의 복잡성으로 인해, 우리는 완벽한 추상 체계로 내달린다. 자본주의는 그 논리상이 추상 체계를 지향하기 마련이다. "이권의 성좌, 이곳에서는 오로지 이익만이 공통분모다. … 기업의 목표는 더 이상 이익을 위한 재화의 생산이 아닌, 이익의 생산이다"Gillabert 덧붙여, 다국적 기업들 자체가 매우 복잡해졌다. 추상적인 총액의 지출, 재생산, 집중이 이뤄진다. 국영 대기업도 상황은 오십보백보다. 수백만에 달하는 비용이 온데간데없이 사라졌을 때도, 우리는 정확히 얼마가 어떻게 증발했는지 알지 못한다. 프랑스의 개발교차로Carrefous du développement 사업을 보라! 금액의 규모 자체를 가늠할 수 없을 정도로 완벽한 추상이다.

수많은 사례들 중에 '임페리얼 케미컬 인더스트리Imperial Chemical Industry'의 사례를 확인해보자. 이 기업은 공장에서 화학제품을 제조, 판매해 올린 수익보다 국제 거래소의 금융 거래를 통해 더 많은 수익을 올렸다. 여기에 지야베르는 로테르담의 유가油價와 관련된 농담을 덧붙인다. "로테르담에 완벽한 시장이 존재한다면, 그것은 시장도 아니고 로테르담도 아닐 것이다!" 사람들은 전화기와 텔렉스통신장비를 통해 협상을 잇는다. 하루 24시간 내내 한쪽에는 기업 대표자들이, 다른 한쪽에는 200~300명에 달하는 '석유 거래업자'들이 협상에 열을 올린다. 협상 과정에서 운송 중인 화물을 이 차량과 저 차량으로 네다섯 번이나 올리고 내리고를 반복하며, 유조선은 가던 항로를 바꾼다. 이 와중에도 석유 재벌들은 소위 "페이퍼 배럴barils-papiers"이라 불리는 차익을 손에 거머쥔다. 배럴 당 원유가의 보상으로 얻는 이익이 아닌, 순전히 서류상에서 오가는 추상 이익이다.Gillabert

아마도 사람들은 내게 다음과 같이 대답할 것이다. 사변은 항상 존재했지만, 양적 성장의 어떤 단계에 다다르면 질적 도약이 나타난다. 바로 이 위대한 법칙통상 우리가 적용하기를 거부하는!으로 되돌아가야 한다. 추상적인 수준의 수십억 달러와 대규모 생산에도 질적 도약은 존재한다. 경제가 국내 시장 체제에서 국제 시장 체제로 이행했을 때에도 상황은 달라질 수 없었다. 국제 시장 체제를 뛰어 넘어 세계 시장 체제로 넘어간 상황에서도 마찬가지였다.

현재 우리는 경제의 상호 의존성과 보편성을 바탕으로 "전선처럼 엉킨" 지구촌에서 산다. 의사소통 체계와 사회정치 구조도 세계 시장의 보편적 전제 군주제 아래에서 광역망을 구성했다. 그러나 이 모든 것은 정확히 기술 성장의 산물이다. 구조들의 통합 배선, 의사소통, 보편화 현상은 곧 기술이다. 더욱이 기술들의 값은 매우 높으며, 끊임없이 새로운 투자를 야기한다. 동시에 국가들 간의 경쟁은 우리가 응용할 수 있는 것 이상 혹은 이하로 발전된 기술을 토대로 이뤄진다.

그러나 이러한 상황은 우리에게 부조리한 결과물을 안긴다. 앞에서 이미 관련 사례를 확인했다 1973~1974년 원유가 상승이 부른 경제 파동을 떠올려 보라. 유가 상승으로 선진 개발 국가들의 경제에 위기가 급속도로 퍼졌다. 기술 진보는 주요 에너지 자원의 가격 상승으로 이어졌고, 1985~1986년 석유 시장의 붕괴는 새로운 경제 위기를 부르는 중이다! 산유국들 나이지리아, 멕시코 이 포진한 제3세계의 위기, 아랍 국가들 사이에서 불거진 석유수출국기구 내부의 위기, 예측 통화량 회수의 붕괴 문제에 봉착한 영국의 위기, 물량을 축적해 두고 예상 수량 아래로 판매하는 세계의 정유 대기업의 위기, 1차 위기 때보다 더 비전형적이면서 심각한 상태가 된 세계의 위기 등이 그 내용이다. 이에 덧붙여, 나는 코카인 시장의 제거가 가능한지, 그것이 세계적인 위기를 만들지 않을지 의문이다. 코카인 관련 문제는 추가 의견 정도라 해두자.

결론을 내리자면, 나는 더 이상 재정의 실체는 존재하지 않고 더 이상 계산되지 않는 재무 총계, 금융 조직망과 유통만이 존재한다고 주장하는 브레상과 디슬레의 분석에 동의한다. 재정의 실체가 없다는 말은 돈의 "자본화"가 더 이상 이뤄지지 않는다는 말과 같다. 돈은 추상 과정에서 무한히 순환하기 위해 제조될 뿐이다. 이 현상에 관한 여러 의미가 있지만, 그 중 하나를 이야기해 보자. 나는 진정한 의미의 재무 통제는 존재하지 않는다고 생각한다. 왜냐하면 "우회 전략"의 빈도가 점점 높아지기 때문이다. 다시 말해, 비물질 영역과 관련된 금융 분야, "정보망"에 따른 전략 혁신 및 운동 역량에 한계가 사라진다. 그럼에도, 브레상과 디슬레는 엄격한 재무 통제로 방향을 전환하기 위해 파악해야 할 몇 가지 사례를 제시한다! 우리가 쉽게 가늠할 수 없는 규모인 수십억 달러가 이곳저곳을 휘젓는다.추상적인 금융 유통 국제 원유의 총 유통량은 뉴욕 증권가의 15일 분 거래가 총액인 2,500억 달러와 맞먹는다! 뉴욕 증권가에서는 매월 5,000억 달러가 오가지만, 실제 상거래 액수는 350억 달러에 불과하다. 나머지 근 95%가 '순수 금융' 거래즉, 구체적인 물품 값이 아닌 추상 가격이다. 그러나 가격의 이러한 추상성은 점점 증가한다. 예컨대, 특별 인출권이나 대리 계좌통화 네트워크 구조에 영향을 미칠 수 있을와 맞물려 이러한 추상성은 증가세다.70)

따라서 우리는 화폐의 고전적인 역할이 중단된 경제, 인력 통치와 사물 행정의 구별 작업이 불가능한 경제와 마주한다. 향후, 기술 발달로 인해 정부의 인사와 기업인의 활동 분야를 제공할 당사자는 바로 창업, 관리 경영, 조직망 구성일 것이다. "앞으로 사람들은 기업을 조직망의 교차점으로 정의할 것이다." 예컨대, 더 이상 수직 통합이나 수평 통합의 형태는 존재하지 않는다. 오히려 기업과 기업을 잇는 광범위한 정보 조직망여기저기 복잡하게 얽히는 다국적 기업들의 창출이 가능한!이 구축될 것이다. 그리고 이 조직망은 생산 분야, 다양한 기술을 통한 접근법, 심지어 금융 재정 분야에서도 작동할 것이다. 대기업은 소위 '네트워크'라 불리는 이 조직망 개념을 빈번하게 활용할 것이다. 따라서 유럽 은행들이 '유로 공채'를 개시하기 위해 필요한 전제는 다음과 같다. 첫째, 단일한 책임자를 두고 은행의 조합을 결성해야 한다.

---

70) 이 문제와 관련해, 앞에서 거론한 브레상과 디슬레의 책을 참고하라(Bressant et Distler, *op. cit.*, p. 187~191, 195) 또한 부르기나의 책도 참고하라(Bourguinat, *op. cit.*) 부르기나는 점점 악화일로를 걷는 재정 문제를 거론하며, 부채 감소를 위한 대규모 계획의 확장 및 수요의 문제와 계획 실행에 착수하는 문제는 엄연히 다르다는 점을 강조한다! 그러나 부르기나의 견해는 위기의 해결을 지연시키거나 물가상승(인플레이션)을 부를 위험이 있다. 덧붙여, 보호무역주의와 불평등 심화를 야기할 수도 있다.

둘째, "조합"에 속한 은행들은 각각의 개별 정보 조직망을 토대로 이 "종이" 유로 공채의 판매에 나서야 한다. 그러나 이 조직망의 공조 작용은 향후 새로운 형태의 기업을 부를 것이다. 즉, "자본-위기", 가치 평가, 상담과 조언, 저축 현금 등과 관련된 네트워크 기업이 등장할 것이다. 다만, 이러한 형식의 기업들은 오로지 전산화된 시설과 장비를 갖춰야만 현저한 성과를 낼 수 있을 것이다. 모든 금융 시장과 주식 시장은 필히 "전자 시장"으로 바뀔 것이다. 그리고 전자 시장은 교환 대리인을 통해 이뤄졌던 전통, 고전 방식을 '남김없이' 끝장낼 것이다.[71] 지폐와 마찬가지로, "거래되는 유가 증권도 흐름과 역류를 오가는 브라운 운동[72]을 단순히 표현할 뿐이다." 왜냐하면 "시장"은 더 이상 마주침의 장소가 아닌, 여러 가지 용역, 규칙, 통신-컴퓨터 정보망소위 '정보 인프라'의 집합체이기 때문이다! 전자 시장은 전통 중개자들을 건너뛰고 즉석에서 수요와 공급의 마주침우리가 이야기한 것처럼, 최고 수준의 정보 소지자들을 가능케 한다.

모든 것은 '하나'에서 '다른 하나'로 점점 신속하게 이동한다. 그리고 각 사람은 이러한 유동성에 참여하도록 호출된다. 참가자 한 명이 개인 컴퓨터를 통해 교환 중개인을 건너뛰고 증권을 매매할 수 있다.이 현상과 관련해, 우리는 민주화를 이야기한다. 그러나 과연 누구에게 이익인가? 또 다른 한 쪽에는 다음과 같은 현상도 나타난다. '마이크로프로세서'를 내포한 신용카드의 발달로 "모든 사람"이 교환과 지불이 통합된 정보망금융 전산 처리망에 들어간다. 마지막으로, 각 가정은 자가 단말기를 통해 은행 계좌들아직까지는 유지할 필요가 있는!을 실시간으로 직접 관리할 수 있다.

그러나 다음과 같은 중요한 문제가 발생한다. 경제의 '정상 상태'가 바뀐다. 사람들은 내부의 불안정성을 통제하면서 경제의 정상 안정화를 꾀한

---

71) 이러한 변화에 관한 사례로 브레상과 디슬레의 책을 참고하라. Bressant et Distler, *op. cit.*, p. 219.
72) [역주] 액체나 기체 내부의 입자들의 불규칙한 움직임을 가리킨다.

다. 우리는 불안정성의 일반화를 위기라 불렀다. 오늘날 경제 정상성이란 교환 유동성의 작동으로 일반화된 불안정성을 말하며, 기술과 시장의 모순 관계에서 작동하는 안정성에 대한 욕구는 외려 비정상이 되었다. 시장은 예측 불가능한 유동성으로 꽉 찼기 때문에, 전통적인 경제 작동 방식을 견디지 못한다. 전통 방식이 너무 굼떠 보이기 때문이다. 사람들은 경제 "안정화" 정책이 제3세계 국가들에게나 가치 있는 방식이라는 주장에 동의한다! 디슬레에 따르면, 북반구 세계는 성장 포화상태다. 그러나 북반구는 남반구 세계를 위한 재전환과 재분배라는 용어들로 성장을 합리화한다. 바로 이것이 오류의 출발점이다. 만일 이를 오류라 부를 수 있다면, 내가 '기술 격차'의 확대에 관해 썼던 내용도 충분히 인정받을 수 있을 것이다. 거기에서 나는 '기술 가속화'와 '전통 경제의 존속을 보장하는 관성' 사이의 갈등을 확인한다. 전통 경제는 경제의 작동 면에서나 사상 면에서 기술 가속화 "수준"에 이르지 못한다. 그렇다면, 현실을 재발견하는 전통 경제는 '실제' 계좌를 개설하고 유지하는 방식으로 과연 기술들의 현란한 춤사위를 멈출 수 있는가? 아니면, 경제의 진원지가 된 기술이 경제를 추상의 세계, 익명의 영역, 광란의 숫자가 판치는 세계로 이끌 것인가? 나는 이를 현 시대의 진퇴양난이라 본다. 하지만 이 문제에 대한 사람들의 고민은 깊지 않아 보인다.

정치인들은 첨단 기술, 신기술이 경제 위기의 원천이라는 문제^{정확히 말해,} ^{정치인들의 생각과 정반대의 주장}에 확실히 무지하다. 콘트라티예프와 슘페터와 같은 경제학자들은 양차 대전 기간에 이 가설^{이것은 가설의 차원을 넘어섰다. 왜냐하면 논증되기 시} ^{작했기 때문이다}을 유지했다. 이 가설은 슘페터의 논제를 재발견하면서 다시 등장한다. 슘페터의 논제에 따르면, 기술 진보는 경제 발전의 특징을 이루는 주요 동력이다. 그러나 기술 진보는 가중된 기술 응용 때문에 불안한 결과를 낳는다. 기술의 응용이 기술 진보의 출현 단계에서부터 확산되는 속도에 이르기까지 모든 곳을 휘젓기 때문이다. 대규모 기술 혁신은 전통 경제 활동의 모든 영역에서 문제를 만든다. 새로운 물질들이 옛 직물과 철강 산업의 위기를 불렀다. 1970~1980년대 경기 침체를 설명하는 한 가지 방식은 새로운 생산품의 등장이다. 대체 효과가 외려 "위기"를 부른 셈이다. 덧붙여, 새로운 생산품예컨대, 전자 제품의 제조 초기에는 노동력에 대한 수요가 매우 높지만, 기술 혁신의 응용에 따라다양한 학술 분야의 지식이 누적되면서 노동력 절감 경향이 두드러진다. 혁신이 부문별 혁명을 견인했다. 팽창 중인 생산 체계에 신기술을 도입했고, 생산 각 구조들이 이에 적응기를 보냈다. 그러나 적응에 따라 돌연 위기가 발생했다. 기술은 조화로운 경제 발전을 일구지 못했다. 오히려 그 반대였다. 대개 신기술의 추진으로 이뤄지는 경기 "부양" 책은 기술 발전의 효과와 소득 및 투자 정책과의 연관성을 이해하지 않는 한, 장기적으로 도움이 되지 않는 정책이다.[73]

73) Ch. Freeman, « Les technologies modernes sont−elles à l'origine de la crise économique? » in *Recherche*, n° 125, septembre 1981.

4장_무엇이 유용한가? 도구의 세계

　스무 살 무렵, 나는 본문 연구의 대상이자 핵심 질문인 "용도 문제"를 공포 중의 공포로 여겼다. 사실, 1925~1930년 당시에 이 물음을 제기했던 부류는 꼴사나운 부르주아 밖에 없었다. 이들은 겉으로는 관념론자였지만, 실제로는 유물론자였다. 나는 시학과 예술 일반을 비롯해, 각 분야에서 수시로 부르주아의 승리주의 논리와 충돌했다. 과연 시학과 예술은 무엇에 유용한가? 부르주아들은 이미 피카소를 찬양하기 바빴다. 피카소의 유화들이 고가에 판매되기 시작했다는 사실을 알았기 때문이다. 그렇다면, 역사와 라틴어를 배우는 이유는 무엇인가? 적어도 숫자나 연도 계산에 필요하기 때문이다. 말은 된다. 사회 변혁은 무엇 때문에 필요한가? 기존의 세상을 뒤엎고, 엎어진 새 사회에서 한 자리 차지할 생각으로 꽉 찬 속물이나 교양 없는 놈들의 문제일 뿐이다. "적군파, 좌파"가 된다는 말은 무의미한 말이며, 악에 불과하다. 무슨 뜻인가? 부르주아의 부조리하기 짝 없는 이 승리주의식 질문이야말로 더 이상 "가치"에 대한 믿음도, 신에 대한 믿음도 없다는 자기 고백이었다. 또한 부르주아의 승리주의는 실증주의 정신, 즉 실증에만 한정된 정신이 되었다. 마지막으로, 이들의 승리주의는 오로지 돈에 유용한 활동, 돈벌이에 필요한 활동만 보려 했다. 돈벌이에 도움이 되는 것이라면, 쓸모가 있었다. 나머지는 죄다 쓰레기였다.[74]

---

74) [역주] 이 문단에서 엘륄은 "쓸모와 유용성"을 묻는 부르주아들의 부조리를 강하게 질타한다. 『부르주아의 변신』(1967)에서도 엘륄은 기술 세계에서의 부르주아의 변신

이에 대한 반발로, 나는 초현실주의자들과 앙드레 지드에게 영향을 받은 세대에 속했다. 이들은 거래와 대가에 기대지 않은 행동, 즉 '무상無償 행동'의 가치를 외쳤고, 무가치하니까 유가치하다고 주장했으며, 단지 거기 존재하므로 기원도, 목적지도 따질 이유가 없다고 선언했다. 초현실주의는 실존주의와 부조리 철학의 길잡이 역할을 했다. 그러나 당시 사람들은 세간에 널리 퍼진 실용 공리주의 사고를 철저하게 제거할 필요가 있었다. 나 역시 얼마 지나지 않아 동일한 문제를 제기했다. 그러나 나는 이들과 다른 시각에서 문제를 바라봤다. 일단 내 주안점은 기차 속도의 개선과 자동차 교통에 대한 대중의 감탄에 대한 문제 제기였다. 1928년 당시 나는 시속 100km로 달려 15분의 시간을 절약한 사람, 어느 경로를 거쳤는지 알 수 없으나 최고의 영광을 누렸다는 칭송을 들은 이 사람에게 다음과 같이 물었다. "15분 동안 무엇을 했나요?" 그는 어이없다는 표정으로 나를 주시했다. 사실 사람들은 승리주의에 도취된 나머지 날이면 날마다 콩코드 여객기가 네 시간 만에 대서양을 건넜다는 둥, 테제베를 타면 파리에서 리옹까지 가는 데 근 두 시간을 절약할 수 있다는 둥의 찬사를 내 뱉었다. 그러나 나는 다음과 같이 묻는다. "절약해서 얻은 시간 동안 무엇을 했는가? 교향곡 전주 부분을 작곡했는가? 소네트를 지었는가? 새로운 화학 실험 계획을 세웠는가? 당신만의 고유한 자유 시간을 누렸는가? 아무런 첨가물 없이, 뚜렷한 목적도 없이, 그냥 정처 없이 거닐며 순수한 자유를 만끽했는가?" 물론 대답은 "아니오"일 것이다. 아무도 내 질문에 제대로 답하지 못할 것이다. 사실 우리가 이렇게 "얻은" 시간은 선술집에서 맥주 한 잔 마시는 시간이었

과정을 적나라하게 분석했다. 1925년에서 1930년 사이에 엘륄은 극심한 가난을 겪었고, 가계의 생활비 보존을 위해 동분서주했던 시기다. 또한 이 시기에 엘륄은 법과대학에 진학해 마르크스를 접한다. 엘륄 스스로 마르크스를 접한 시기를 1929년이라고 밝혔다는 점, 그리고 마르크스를 통해 자신이 처한 사회와 자신의 가정이 왜 가난에 허덕이는지를 알 수 있었다는 점은 당대 부르주아에 대한 그의 날선 비판과 자연스럽게 만난다. 다음 자료를 참고하라. Jacques Ellul et Patrick Chastenet, *À contre-courant, op. cit.*, p. 124.

다. 아무런 제작 활동도, 체험 활동도 없었다. 우리는 공허하고 무의미한 시간을 활용한 셈이다. 한 시간에 세 차례의 약속 일정을 처리할 정도로 눈코 뜰 새 없이 바쁜 사람이라면, 아마 이렇게 확보한 시간의 혜택을 누렸을 수도 있다. 그러나 한 시간에 처리하기에 이미 너무 버거울 정도로 누적된 일이며, 심근 경색과 같은 위기의 순간을 더 앞당기는 일이다. 이렇게 일처리하며 사는 사람들은 여정 말미가 되면 스트레스를 받는다. 자신이 탄 비행기나 열차가 제 시간에 도착해야 하기 때문이다.

절약된 시간은 사실상 완전히 공허한 시간이다. 분명히 말해 둘 부분이 있다. 나는 빠른 속도의 유용성을 부정하지 않는다. 때때로 속도를 다퉈야 할 일이 있기 때문이다. 예컨대, 부상자를 구조해야 할 경우, 사랑하는 사람과 재회할 경우, 가족과 만날 경우, 분초를 다퉈 만나야만 평화를 지킬 수 있는 경우에 고속 이동은 매우 유용하다. 그러나 이러한 요구에 따라 "시간을 절약"하는 경우는 사실 드물다. "빨리 간다aller vite"라는 말은 더 이상 반박할 수 없는 가치 자체가 되었다. 이것이 현실이다. 폴 모랑은 『분주한 사람』 L' Homme pressé이라는 글을 썼다. 그러나 사실 이 사람은 결코 분주하지 않다. 매체들은 속도의 진보를 성공이라 찬양했고, 대중들은 그것을 성공으로 여겼다. 그러나 우리는 경험을 통해, 시간을 절약하면 절약할수록 시간 사용을 덜하게 되고, 더 빨리 가면 갈수록 괴로움이 커진다는 사실을 안다. 도대체 무엇이 유용하다는 말인가? 근본적으로 아무런 유용성이 없다. 사람들은 "현대인의 생활에 괴로움이 넘치므로", 배치된 모든 수단들을 소유할 필요가 있고, 가능한 빠른 이동이 필요하다고 말할 것이다! 미안하지만, 선생님! 선생의 그러한 이야기에는 오류가 있다. 생활이 괴로운 이유는 당신이 전화기, 텔렉스, 비행기 등을 소유했기 '때문' 이다. 이러한 장치들이 없다면, 생활은 더 이상 괴롭지 않을 것이다. 왜냐하면 한 세기 전만해도 모두가 동일한 길을 발로 걸을 수 있었기 때문이다. "그렇다면 엘륄 선생 당신은 진보를 부정하는 겁니까?" 이렇게 반문할 것이다. 아니다. 나는 이런 것들을 진보라고 떠드는 담론을 부정할 뿐이다!

나는 "무엇에 유용한가?"라는 질문을 다른 사례에서도 제기하려 한다. 소련에서 벌어진 농민쿨라크 대량 학살극과 관련해 동일한 질문을 던진다. 이 사건에 대해, 나는 주변의 무수한 공산주의자 친구들에게 물었다. 농민 학살이 도대체 뭐에 유용했는가? 소련이 벌인 도무지 이해할 수 없는 이 사건의 의미가 도대체 무엇인가? 이 질문에, 나는 거북한 답변만 받았다. 학살된 농민들은 모두 자본가들이었다는 답신이 왔다. 그러나 이 말의 오류를 입증할 수 있는 증언은 차고 넘친다. 또한 어떤 답변에는 쿨라크가 자기 땅의 강제 "집산화"를 원하지 않은 혁명의 반동 세력들이었기 때문에 학살되었다는 내용도 있었다. 이 역시 절반만 참이다. 설령 그렇다고 하여 집단 학살극까지 벌일 이유가 있는가? 이미 검열, 공포, 감시 확대의 분위기가 있었음에도, 굳이 집단 학살을 통해 사회 정의, 공평, 평화, 자유의 통치를 시작할 필요가 있었는가? 나는 순진하기 이를 데 없는 정치 초보였나 보다. 그러나 부르주아 박멸撲滅 문제는 차치하고서라도, 나는 이 물음을 다시 제기할 수밖에 없었다. 나는 현 시대의 두드러진 기술 진보에 대해 매우 진부하고 평범한 질문을 같은 자리에서 다시 한 번 던져 본다. 지식, 돈, 수단, 에너지의 총집결이라 할 수 있는 기술 진보에 과연 무슨 유용성이 있는가? 그것은 '실제로' 어디에 활용 가능한가? 이러한 질문을 던지는 이유는 대규모로 이뤄진 기술 진보의 유용성이 명백한 것처럼 보이기 때문이다. 식기 세척기나 "기계" 로봇은 여러분의 "시간을 절약해 줄 것이다." 사람들은 언제나 이 말을 되풀이한다. 그러나 빠른 속도로 등장하는 이유는 우리가 대상들에 점령페렉Perec의 논증처럼되었기 때문이 아니라, 대규모의 집단 제품 및 도구들, 사회 전체를 구성하는 제품들에 점령되었기 때문이다. 내가 이러한 도구들과 제품들을 비판한다면, 아마 엄청난 항의가 일 것이다. 그러나 제품들에 대한 연구로 이동하기 전에, 간략하게라도 우리의 욕구들이 무엇인지를 기술할 필요가 있다. 왜냐하면 "유용한" 물건들이 실제 욕구와 근원 욕구에 부응한다면, 더 이상 그것은 단순 제품이 아니기 때문이다.

1. 욕구들

행복 추구는 새로운 표현이 아니다. 이것은 미국의 독립선언문 첫 머리에 매우 중요한 요소로 등장한다. 이 선언과 함께 근대 세계가 열렸다. 그러나 나는 다른 글에서 지난 세기들의 행복 이데올로기^{혹은 유토피아}와 우리 시대 행복 이데올로기의 두드러진 차이를 길게 다룬 적이 있다. 과거에는 사람들을 행복하게 만들 수단이 없었다. 행복 추구는 개인 차원의 문제였다. 또한 문화, 영성, 금욕, 생활 양태에 관한 선택 등에서 행복을 추구하려 했다. 약 200년 전부터 모두의 손에 행복을 거머쥘 수 있게 해 줄 각종 수단들^{기술 수단들}이 등장했다. 물론 모두가 똑같은 것을 소유하지는 않았다. 행복은 욕구들을 채우고, 복지를 보장하며, 풍요를 낳고, 문화와 지성에 도달하는 일이 되었다. 이제 행복은 더 이상 내면의 상태가 아니다. 행복은 소비 활동이다. 무엇보다 행복은 욕구들에 대한 부응이 되었다. 통념일지 몰라도, 다음 내용을 다룰 필요가 있다. 우리는 기본 욕구들, 원초적 혹은 자연적 욕구들과 새로운 욕구들, 이차적 혹은 인위적 욕구들을 구별해야 한다. 이러한 구별은 이른바 자연 욕구들이 주어진 문화에서 조성된다는 주장에 대한 생생한 반론이다. 모든 욕구는 문화적 욕구이다. 바꿔 말해, 사회 풍속에 완전히 뿌리 내린 인위적 욕구^{오늘날 자동차에 대한 욕구처럼}는 "자연적" 욕구만큼 중요한 욕구가 되었다. 기술 성장을 일군 나라들에서, 기술 성장은 무엇보다 인간의 자연 욕구들에 부응할 수 있었다. 먹을 것, 마실 것, 입을 것을 제공했고, 추위, 더위, 악천후에서 인간을 보호했다. 이 내용에 즉각 반론을 제기하려는 사람도 있을 것이다. 현 세계를 사는 모두가 자연적 욕구를 충족하며 산다는 말은 결코 사실이 아니다. 현 시대와 지난 세기의 차이를 들어 보충하면, 과거에 기근 발생은 일종의 운명이었다. 옛 사람들은 이를 운명으로 받아들였고, 생존을 위해 사력을 다했다. 그러나 오늘날 제3세계도 아니고 제4세계의 기근과 처참한 현실은 운명으로 수용할 문제가 아닌, 즉각 중단해야 할 시급한 문제다.

과거와 현재의 이러한 태도 차이의 원인은 기술로 인한 두드러진 변화 때문이다. 즉, 기본 욕구들을 충족함으로 행복에 도달하려는 태도를 벗어난 새로운 태도 때문이다. 그러나 기술의 폭발력은 멈출 줄 모르며, 그 힘은 새로운 욕구들을 끝없이 생산한다.[75] 바로 거기에 난관이 있다. 행복의 실현이 점점 어려워진다. 왜냐하면 새롭고 색다른 욕구들이 계속 생산되기 때문이다. 한 마디로, 욕구 생산의 가속화이다. 욕구들이 충족되면 될수록, 새로운 욕구들이 더욱 강화된다. 워크맨이나 혼다 오토바이를 갖고 싶어 안달 난 젊은이가 있다고 하자. 이러한 소유욕이 발동한 이유는 무엇인가? 이 젊은이는 매일 충분한 음식을 먹을 수 있기 때문이다. 원초적인 욕구를 충족한 이 사람에게 새로운 욕구들이 계속 추가되었다. 전통 질서의 파괴"자연", 의사소통, 자동차, 사교, 여가, 스포츠에 대한 비용의 보상으로 새로운 욕구들이 태어났다. 욕구들은 눈앞에 나타난 물품들의 속도와 운율에 맞춰, 여러 욕망들로 직조된 욕망의 자장에서 태어난다. 즉, 물건을 향유하려는 욕망, 여가에 대한 욕망, 장수에 대한 욕망, 건강에 대한 욕망이 필요품에 대한 욕구를 낳는다. 추상 차원의 욕구들이지만, 엄연히 존재하는 "욕구들"이다. 기술

---

75) 우리는 기술에 대해 덜 비판적인 세계에 산다. 여러 저자들이 이 점을 제대로 인식하지 못하는 것처럼 보인다. M. 미라바유은 『기술에 관한 50가지 핵심어』(Les Cinquantes Mots clés de la technique)에서 다음과 같이 쓴다. "상황이 우려된다. 새로운 서비스들의 제공은 그만큼의 요구사항들을 예고하기 때문이다. 기술의 '결과'로 '새로운 욕구들'이 출현한다." 반박하기 매우 어려운 글이다.

도구들이 뒷받침할 수 있기 때문이다. 그러나 이러한 욕구들은 행복에 부응하려는 욕구, 행복의 보상으로서의 욕구이다. 사람들은 '워크맨' 때문에 음악에 대한 욕구를 이야기할 것이다. 더 나아가, 사람들은 컴퓨터, 전화기 등에 대한 욕구도 이야기할 것이다. 이 점에서, 에드가 모랭의 다음 진술은 타당하다. "기술 발전과 산업 발전의 진보가 새로운 욕구들을 계속 창조한다.[76] '다시 말해', 행복한 삶의 개념을 바꾸고 확장시킨다. 이제 행복한 삶의 변화를 가져다주는 것은 질적 변화가 아닌 양적 성장이다. … 그러나 질적 변화들도 나타난다. 상상 소비영화. 텔레비전의 확대, 여가활동의 확대 등이 그 사례일 것이다. … 이 활동에서 큰 비중을 차지하는 것은 바로 성애性愛, 즉 '에로스'다. … 삶의 성애화가 도래했다. …"

마지막으로, 기술이 선사하는 안락한 삶의 과잉조깅, 식품 위생 다이어트, 요가, 캠핑…과 관련된 소비 욕구들이 발생한다. 즉, '욕구'에서 '안락한 삶'으로 움직인다. 안락한 삶은 단순히 소비를 위해 만들어진 것이 아니다. 사람들은 진부한 담론 구호 중 하나인 "더 나은 삶"을 추구하며, 광고마다 찬양 일색인 "멋진 몸매"를 갖추려 한다. 그러나 멋진 몸매, 더 나은 삶, 기술에는 밀접한 관계가 있다. 균형 잡힌 몸을 '가져야만' 하는 이유는 일을 하기 위해서다. 더 나은 삶에 대한 염려에는 "생산력주의 윤리가 내재"되어 있다.

요컨대, 학문적인 답과 진부한 답을 동시에 수반하는 욕구의 진위 여부에 대한 질문은 이미 극복되었다. 도시화는 상품화를 필연으로 만들었고, 기술 진보는 상품화의 가능성을 낳았다. 욕구들의 기술–상품화라는 대규모 과정이 등장했다. 인간의 기본 욕구들은 다른 욕구들 속에 파묻혔다. 우리의 생활양식도 산산조각 났다. 산산이 부서진 이 생활양태 하나하나가 마케팅 연구 대상이며, 그것은 욕구들, 기술 생산물들에 맞물린다. 그럼에

---

76) 사람들은 "컴퓨터 대 컴퓨터로 소통하려는 욕구"까지 이야기할 것이다. 기술의 최절정이라 말해도 무방할 것이다. 차후, 용어들의 계량이 필요할 것이다. 다시 말해, 컴퓨터들의 직접 소통이 '하나의 욕구'가 될 것이다!

도 스카르딜리는 여전히 욕구의 문제 여부에 대해 묻는다.

이따금 욕구들은 오래 전부터 억압되었던 것을 드러내기도 한다! '시험관' 아기를 원하는 프랑스의 15,000쌍 부부클라마르 자율연구소의 사례가 이에 해당할 것이다. 물론, 이 수술이 가능했던 시점부터 출현할 수밖에 없는 욕구다. 그러나 바로 이 순간을 기점으로 욕망은 폭발하고 말았다! "물건 생산 → 영향력 → 욕구 생산 → 이차 욕구 생산"이라는 굴레에 빠진 소비자는 신제품 추구를 멈출 수 없다. 소비자는 물건을 "거듭 요구"하며, 자기 욕망에 부합하는 것인지 아닌지 정확히 알지 못한 상태에서 신제품을 향해 돌진한다! 그러나 더 복잡한 문제가 있다. 삶의 틀 자체가 계속 바뀌기 때문에, 욕구들도 끝없이 바뀐다. 이러한 사회에서 살아가려면, 의지와 상관없이 신제품을 사용하라는 속박과 강요에 따라야 한다. 이러한 속박과 강요는 계속해서 욕구를 생산한다. 그리고 그 욕구에 부응하는 신제품이 또 등장한다. 즉, 욕구에 부응하려는 생산물이 새로운 속박과 강요를 낳는다. 우리는 응당 자동차와 텔레비전을 소비해야 한다. 텔레비전은 살아있는 특정 집단이 창출한 집단 문화를 대체하며, 자동차는 갑갑한 도심을 벗어나도록 한다. 고속도로를 신나게 달리며, 우리는 도로 주변을 시골이라고 생각한다. 기술자는 "대중의 욕구를 충족시키겠다는 의지를 갖고 대중의 새로운 욕구들은폐된, 무의식적, 잠재된이 무엇인지"를 계속 묻는다.

로케플로는 여러 기업의 여론 조사를 검토하면서 탁월한 사례 하나를 인용한다. "플라스틱 조형 분야에서 혁신에 대한 욕구는 무엇을 의미하는가?" 모두를 난처하게 만든 대답이 나왔다. 욕구 따위는 없다. 다만 혁신이 "있어야만" 했다! 나는 '욕구가 없다'는 말을 정상으로 보지 않는다! 봉변에 가까운 이러한 일여기에서는 뚜렷한 결과를 내지 못한 상태를 의미은 사람들의 생각보다 훨씬 빈번하게 나타났다. 새로운 매체 기술은 시장의 성장을 불렀다.텔레비전, 비디오테이프 녹화기, 비디오텍스, 비디오디스크 등 그러나 이러한 기술 제품들에 현혹되지 않거나 제품들에 대한 명확한 거부 의사를 표명한 사람들의 비율이 여전히 높은 편이다.[77] 굳이 원하지도 않는 물품을 반드시 소비해야 한다는 식의 강압은 대중의 반감을 사기 마련이다. '텔레텔'[78] 의 경우가 그랬고, 현재 우리는 동일한 현상을 목도하는 중이다. 1985년에 식기 세척기와 냉동고는 "프랑스에서 큰 성공을 거두지 못했다." 가정의 냉장고 보급률은 95%, 텔레비전은 91%, 자동차는 72%에 달했다. 반면, 냉동고는 30%, 식기 세척기는 20%에 불과했다.cf. *Le Monde de l'économie*, 1985년 2월호 참고 지나쳐도 너무 지나치다!

2. 도구의 세계

독자들은 이 기계 도구를 통해 무엇을 이해하는가? 오늘날 빈번하게 사용되는 용어 중, 기계제품이나 전자제품은 오락을 위한 제품이다. 우리는 구미에 따라 이 제품들을 사거나 사지 않는다.「르 로베르」지는 간단하게 "흥미로운 새 장비들"이라고 말한다 사람들은 구운 고기를 자르는 '전자 칼'을 하나의 기계 도구로 인정하고, 가스 압력으로 코르크 병마개를 따는 '병따개'도 장비로 인정한다. 여기에는 항상 다소간의 놀이와 같은 부분도 들어 있다. 그러나 이것은 몇 가지 과거의 실재들과 맞물린다. 나는 18세기의 '오토마타'자동인형가 최초의 진짜 기계 도구였다고 생각한다.[79] 당시 그것은 사람들의 탄성을 자아낸 혁신 제품, 정밀한 기술력을 함유한 제품, 재료를 능수능란하게 다룬 수작, 기계 지식이 농축된 제품이었다. 덧붙여, 작동 방식과 관련해 사람들

---

77) 1979년 독일의 여론 조사에 따르면, 이 제품들의 잠재 고객 중 30%가 관심을 보였다. 나머지는 제품 사용을 거부했다! Cf. *Problèmes audiovisuels*, La Documentation française, juin 1981.

78) [역주] 프랑스의 개인용 컴퓨터 통신 서비스망의 이름이다. 이 통신 단말기 이름이 '미니텔'이다. 향후 미니텔이라는 이름으로 더 유명해졌다. 1980년대 사용하기 시작한 이 통신 방식은 2012년까지 사용되었고, 현재는 인터넷에 그 자리를 내줬다.

79) 이와 관련해 매우 지적인 내용을 담은 책을 참고하라. 이 책은 오토마타에서 매우 심오한 철학을 도출하려 한다. J.-C. Beaune, *L'Automate et ses Mobiles*, Flammarion, 1980.

의 과학적 접근을 유도하려 한 제품이기도 했다. 그러나 자동인형이 이용된 부분은 이러한 의도와 사뭇 달랐다. 사람들을 아연실색케 하고, 놀란 사람들이 행정처의 관리 감독자를 호출하고, 연극을 관람하던 귀부인들이 뒤로 넘어지고, 철학자들의 논란 대상으로 회자되는 정도였다. 실제로 '오토마타'는 지적 욕구에 대한 어떠한 대답이 되지 못했다. 우리가 그것을 원하든 그렇지 않든, '오토마타'는 매우 지적이고 "고상한" 놀이였다. 그러나 놀이일 뿐이다.

기계 도구는 개인 차원에서 이러한 놀이의 특성을 갖는다. 그러나 나는 본문에서 이 부분을 다루지 않을 것이다. 왜냐하면 이 책의 3부에서 현 사회에 존재하는 놀이 문제를 길게 다룰 예정이기 때문이다. 여기서는 유용성 있는 몇 가지 도구들에 관해서만 논하겠다. 이 기계 도구들의 특징은 무엇인가? 무엇보다, 최근에 등장한 기계 장치를 이야기할 필요가 있다. 이 장치는 어느 때보다 복합적인 형태를 보인다. 그것은 지성의 종합체, 박학다식한 기술들의 결합을 총망라한 대표자다. 동시에 그것은 고액 투자의 종합이다. 왜냐하면 오늘날 기계 도구는 산업 전체의 주요 생산물이자 이윤의 무한 원천이기 때문이다. 대상, 즉 물품은 언제나 "가장 발전된 형태", 가장 정교한 형태의 구성물이다. '언제나'라는 용어 사용에 불리한 면이 있지만, 우리는 물품사용에 초점을 맞춰 용어를 채택했다 그러나 이 물품의 이차 특징도 나타난다. 이 물품에서 소소한 기계 도구들을 제작한다. 그러나 이러한 노력과 능숙한 솜씨의 결과물이 인간의 실제 욕구에 부응하는 것은 아니다. '기계 도구'는 그 특성상 '유용성 면에서 투자 대비 균형을 보이지 못한다.' 그것은 유용성이라는 개념을 관장하는 대대적인 기술 개선과 별 공통점 없는 서비스들을 양산한다. 다시 말해, 기계 도구는 유용성 '제로'를 위해 '첨단 기술'을 응용한 결과물이라는 말에 불과하다. 기계 도구는 이러한 역 현상을 낳았다. 내가 볼 때, 사람들은 이러한 조건들에서 기계 도구가 개인 소유의 물품 상태를 무한정 뛰어 넘을 수 있다고 믿는다! 이러한 믿음이 터무니없어 보이지만, 나는 이 분야의 몇 가지 사례들을 바탕으로 논의를 시작하려 한다.

독자들이 고장도 없고, 1년에 단 1초도 틀리지 않는 정확성을 자랑하는 손목시계 하나를 가졌다고 하자. 이 시계의 소유의 의미는 무엇인가? 약속 시간을 더 정확하게 지킬 수 있다는 뜻인가? 아침에 더 쉽게 기상할 수 있다는 뜻인가? 참석한 회의를 정시에 끝낼 수 있다는 뜻인가? 전혀 그렇지 않다. 만일 독자들이 항해사라면, 정확한 현 위치 측정에 이 손목시계가 유용하겠지만, 그러한 경우를 제외하면, 고장 없는 양질의 손목시계 하나 소유했다는 것 외에 별다른 의미가 없다. 한 마디 덧붙이자면, 이 시계는 아름다운 선율로 독자들의 잠을 깨울 수 있고 탁월한 계산기 기능을 갖춘 물건이다. 언젠가 한 친구가 내게 이렇게 말했다. "선생께서 태어난 날짜와 연도를 알려주시면, 제 손목시계로 무슨 요일이었는지, 그 날부터 지금까지 며칠이 지났는지 정확히 계산해서 알려 드릴 수 있습니다." 내 대답은 이랬다. "고맙습니다만, 별 관심 없습니다." 그렇게 시답지 않은 결과나 알려고 이 기발하고 똑똑한 장비를 소유하는가? 도대체 무슨 소용이 있는가?

오늘날 최고 수준의 숙련도를 갖춘 수백의 기술자가 평면 텔레비전 제작에 열을 올린다. 곡면의 왜곡된 모양새를 아예 없애기 위해서다. 그래서 어떻다는 말인가? 독자들은 심미안을 가진 예술품 애호가들인가? 극히 작은 이미지 왜곡도 용납 못하는 까다로운 유미주의자들인가? 그렇다면, 사용하시라! 그러나 독자들도 나처럼 평범한 시청자라면, 지금 상태도 꽤 만족스럽지 않은가? 평면 화면 텔레비전은 과연 무엇에, 누구에게 유용한가? 어떤 것에도, 누구에게도 별 소용없는 제품이다.[80] 오늘날 대중에게 유명한 CD의 경우도 마찬가지이다! 소음과 잡음 없이 레이저로 한 시간 동안 계속 음악을 재생할 수 있는 디스크를 생각해 보자. 얼마나 멋진 일인가! 디스

---

80) 독자들 중에는 위성에서 송신한 전파를 수신하는 텔레비전의 필요를 주장하는 이들도 있을 것이다! 나도 그 부분을 안다. 뒤에서 이것도 소주제로 다루겠다.

크의 크기를 줄이고, "소음"마저 줄인 기술 진보의 아름다움과 위대함에 도취된 한 얼치기가 프랑스 공영방송 '테에프앙TF1'에 출연1986년 3월 21일해 이 제품 소개에 열을 올렸다. 우리는 소개를 들어야 했다. 더 이상 LP 디스크 판을 사용하지 못하도록 한 미련의 극치에 다다른 이 사람은 "구닥다리 음악을 끝내자! 지나간 LP 따위는 죄다 쓰레기통에 버리자!"라고 외쳤다. 물론 광고다. 대중들은 그저 물품을 구매해야 하는 처지에 불과하다. 그렇다면, 독자들은 저명한 음악학자인가? 미세한 먼지에도 과민 반응하는 음악 애호가인가? 분명 아니다! 이러한 촌극의 의미는 무엇이며, "순수한" 음악 "창조"의 의미는 무엇인가? CD를 읽는 레이저는 세간의 찬사에 고양된 나머지 하나의 신이 되어 버렸다!

사실, 기술은 의미의 유무, 우리의 욕구 여부와 무관하게 더 많은 기술 제품을 생산하고, 우리는 이 기술 제품을 구매해야 할 것이다. 우리가 거기에 푹 빠진 동안, 이 놀라운 발명품은 화면 귀퉁이에 또 다른 채널을 삽입작은 화면으로!한다. 그리고 시청자들의 더 나은 선택권을 명목으로 다른 채널에서 벌어지는 일을 동시 시청할 수 있도록 한다! 이 역시 탁월한 발명이다. 그러나 실제는 아무것도 아니다. 우리의 상상을 뛰어 넘은 완성도를 갖춘 가전제품들도 등장했다. 말하는 컴퓨터가 내장된 오븐에서는 '고기가 다 익었습니다'와 같은 친절한 음성이 나온다. 또한 불로 가열하지 않고도 구이 요리를 할 수 있는 전자레인지도 출시되었다. 만일 이러한 제품의 판매 가능성 여부를 확인해 보려는 호기심이 없었다면, 그만큼 제품에 대한 제작 욕구도 떨어졌을 것이다! 그렇다면, 요리는 더 나아졌는가? 고기는 더 맛있게 익었는가? 최고의 그라탱이 나왔는가? 물론 아니다. 따라서 절대 필요한 물품들이라고 보기 어렵다. 똑똑한 "프로그램"을 내장한 몇 가지 가전제품들도 있다! 전자 오븐, 세탁기, 다리미 등이다. 작동법이 더 복잡해지면서, 사용자는 작동 단추를 제대로 찾기 위해 매번 생각해야 한다. 어느 정도 제품 조작법이 익숙해진 후, 즉 사용하고픈 욕구가 생성된 후에야 비로소 제품의 유용성이 나타난다. 이러한 제품의 사용으로 삶이 한결 편해졌는가? 전혀 그렇지 않다! 왜냐하면 장비는 오작동이 있게 마련이고, 우리도 실수로 옆 단추를 잘못 누를 수 있기 때문이다. 오늘날 프랑스인은 세 명당 한 명 꼴로 냉동고를 보유했다. 이 냉동고와 관련해 우리는 무엇을 말할 수 있는가? 냉동고를 보유한 이후로, 우리는 일주일에 한 번만 시장에 가도 된다. 물론 자동차로 더 넓은 지역의 시장들을 다닌다! 이 얼마나 간편하며, 삶의 무게를 덜 수 있는 일인가! 그러나 가정주부를 그저 집안에 가두고, "장보기"에 필요한 수많은 사회 관계망을 단절하는 이 현상을 두고 과연 진정한 개선이 이뤄졌다고 단언할 수 있는가? 여러분이 대단위로 활동하는 사냥꾼이라면, 사냥한 멧돼지 고기를 냉동고에 몇 달 동안 보관할 수 있을 것이다. 충분히 이해할 수 있다. 또한 여러분이 대규모로 과수원을 운영한다면, 대형 냉장고 덕에 과일과 채소의 "신선한" 보관이 가능할 것이다. 비슷한 장치를 설치하고 발생하는 부대비용을 생각하지 않을 수 없다. 나는 정전 사태로 분실된 수백만 프랑의 식료품을 인용한다. 뉴욕의 유명한 대정전과 상대적으로 덜 유명하지만 리옹에서 발생한 정전 사태도 관련 사례에 해당한다. 둘 다 대형 사고였다!

논의를 화상 전화로 옮겨보자. 이것은 다양한 서비스를 제공한 최초의 화상 소통망이었다. 1985년 5월 파리와 비아리츠를 잇는 배선망이 설치되었다. 그리고 비아리츠에는 '200'개의 센터가 설치1986년에는 1,500개되었다. 설치비용으로 6억 프랑을 지출했다. 기본적으로 유용성이 크다고 할 수 없었던 이 기계제품을 두고 일각에서는 새로운 "콩코드 여객기"라 부르기도 했다. M. 멕상도의 말처럼, "프랑스에 첨단 기술의 국제 전시장을 제공"하는 일이 주안점이었다. 실로, 기술담론의 망상이다.

또 다른 기기도 있다. 자동차 내에서 지루함을 달래기 위한 심심풀이 도구인 '시민 밴드 라디오'이다. 물론, 사람들은 나머지 기기들처럼 이 기기에서도 유용성을 찾으려 했다. 고속도로에서 교통사고 장면을 보았을 때, 이 라디오 덕에 즉각 경찰차나 구급차를 호출할 수 있을 것이다! 또한 사람들은 이 기기의 가장 빈번한 사용이 일면식도 없지만 동일한 장비를 갖춘 다른 운전자들과 소통할 수 있다는 사실도 안다. 우리는 이 장비로 대화를 나눌 수 있고, 간단한 대담도 진행할 수 있다. 물론 그 수준은 바닥이다. 혹은 청춘 남녀의 애정 공세나 음담패설에 빠질 가능성이 농후하다. "멋진" 개발품이지만, 전혀 사용가치가 없고 심지어 바보상자에 불과한 개발품을 또 만난 셈이다. 더욱이 이 기기는 택시 기사나 구급차의 경우처럼 소통이 꼭 "필요한" 사람들을 방해하기도 한다. 우리는 스트라스부르의 그레텔 le Gretel de Strasbourg에서도 "우회로"를 확인한다. 사람들은 방송 해적질을 하면서 동시간대 접속한 사용자들에게 마구잡이로 음담패설을 건넸다. 일각에서는 의사소통의 세계라고 말했지만, 사실은 음담패설로 가득한 소통 세계, 공상과학의 허구 세계였다.[81]

"사회의 배척을 경험한 여러 기기들 가운데, 그나마 그레텔은 다층다양한 사람들과의 놀이 문화를 가능케 했다. 그러나 그레텔의 세계에 대한 심각한 사회적 비난은 일지 않았다. 왜냐면 지시 대상이 달랐기 때문이다! 그레텔은 단순한 놀이에 불과하며, 우리는 놀고 싶은 경우에만 그것을 찾는다. 그러나 그레텔의 체계를 보면서, 우리는 모든 미니텔에 의문을 품는다. 과연 무엇에 유용한가? 자택에서 극장 좌석을 예약할 수 있고, 열차 안에서 좌석 예매도 가능하며, 열차나 항공기의 정확한 시간을 알 수 있고, 자신이 원하는 곳의 전화번호를 알 수 있는 매우 탁월한 기기이다. 우리는 과거보다 더 쉽게 이 모든 일을 할 수 있게 되었다. 문제는 소소한 혜택에 불과하다는 데 있다. 과연 이를 실험실, 연구소, 자본에까지 연결할 필요가 있는가?

---

81) M. Marchand et C. Ancelin, *Télématique, Promenade dans les usages*, La Documentation ffrançaise, 1984.

비디오텍스와 미니텔의 장밋빛 약속 이후, 실망스러운 결과가 이어졌다. 그르노블의 클레어 체계는 1983년 이후 더 이상 작동하지 않는다. 정보 획득의 수단인 텔레텔은 "자투리 시간에"만 사용하는 기기가 되었다. 또한 사람들은 "오늘날 어떠한 매체도 제공하지 못하는 자유 공간, 불특정한 익명 상태내가 말하는 대상이 누구인지도 모르며, 누구도 내 이름을 모르는로 놀이를 가능케 하는 자유 공간, 가면을 쓰고 가명을 사용하면서 놀 수 있는 자유 공간"과 미디어를 통한 풍성한 의사소통 및 메시지와 대화의 천박한 빈곤 사이에 존재하는 큰 괴리감을 인정한다!

유치하고 마구잡이로 이뤄지는 놀이에 관한 이야기를 계속해 보자. 전화기에 이미지를 연결하는 소위 '화상 전화기'의 용도는 무엇인가? 연인들의 대화를 제외하고, 대화 상대자를 보는 일이 그렇게 중요한가? 우리가 화상 전화기로 파악할 수 있는 것은 약간의 말 뜻 변화를 담은 얼굴 정도이다. 즉, 순간의 표정 변화 정도를 파악한다! 어렴풋이 보이는 환영과 같은 상을 위해 어마어마한 장비를 쓰는 셈이다! 그러나 화상 전화의 사용은 가히 놀라운 수준이다. 화상 전화로 간단히 호출하고, 전화번호부를 검색하며, 여행 안내소를 통해 도시의 도로 상황을 안내 받으며, 카미프[82]에 배치된 물건 목록을 확인할 수 있고, 영상 도서관에 접근하고, 원하는 시간의 영화 예매와 병원 진료 예약을 진행할 수 있다. 이게 전부다! 미테랑은 이 "유선 세계"에 대해 다음과 같이 말한다. "전자 산업의 발전이 경기 회복의 실질 매개이다." 그것 외에는 아무것도 아니다.

비디오녹화기의 용도는 무엇인가? 자신이 원하는 영화를 보고, 관심 있는 텔레비전 방송을 녹화하기 위해서다. 만일 독자들이 이 기기를 추가하지 않고, 하루 네 시간 텔레비전 앞에서 넋 놓고 멍청하게 시간을 보내지 않는다면, 충분한 시청이 이뤄졌다고 할 수 없는 수준이다! 비디오녹화기로

---

82) [역주] 프랑스의 생활용품 기업이다.

텔레비전 방송을 볼 수 있기 때문에, 홍수처럼 다량 유입된 이 제품은 위성을 통해 전 세계 채널을 포착하는 데도 유용한 기기가 아닌가?[83] 독자들은 중국이나 파키스탄, 핀란드의 텔레비전 방송을 보고 싶은가? 독자들은 이 나라들의 언어를 구사할 수 있는가? 나는 다양한 나라를 방문해 보았다. 물론 그 나라들의 언어를 구사할 줄 몰랐다. 내가 머문 호텔의 텔레비전은 무용지물이었다. 현재 우리는 1985년에 이미 무의미한 것으로 판명되어 별 저항감 없이 제거되었던 대여섯 가지 채널들을 정당화하려는 극도의 난항을 경험하는 중이다. 독자들은 인공위성의 가치가 네덜란드 라디오 청취의 가치와 동급이라고 보는가? 한 마디로 말해, 터무니없다. 단지 기계 도구일 뿐이다. 별 다른 가치 없는 순수한 기계 도구인 사륜 구동 자동차는 대형 바퀴를 달고 모든 곳을 달릴 수 있다. 만약 독자들이 탐사 인류학자들이라면, 그러한 운행이 가능할 것이다. 그러나 나머지 시간에, 이 장비는 작은 초목을 짓이기고, 침묵과 자연이 지배하는 곳을 관통하며, 해안가를 고속으로 주파하고, 사구砂丘를 붕괴시키고, 숲의 맑은 공기를 오염시키는 데 활용된다. 이 모두가 도보로 몇 킬로미터를 걷는 고통을 줄이고자 하는 일이다. 아직 꽃도 피워보지 못한 것까지 훼손하는 기계 장비라면, 과연 무엇에 유용한가?

그러나 우리가 "자동차"를 이야기할 때, 거기에는 기계 장비 발명가들의 자유분방한 상상력매우 진중한이 작동한다. 오늘날 자동차의 창문 상하 조절기는 단추 하나로 조작 가능할 정도로 이미 자동화되었다. 그러나 이 장치는 손잡이를 돌려 수동으로 차창을 오르락내리락하기가 불편하고 피곤한 경우, 즉 그 피로를 줄이는 경우에나 유용하다. 사실, 자동차를 제대로 사용하려면, 적어도 컴퓨터 한 대 정도는 부착되어야 한다. 그러나 그러한 자동차는 결코 존재하지 않는다. 차 한 대를 운전하는 운전자가 네 명이라

83) C. Akrich, « Les Satellites de télévision directe », *La Recherche*, nᵒ 140, janvier 1983.

면, 각 운전자들의 차이에 걸맞게 상이한 "기억 장치"가 필요하고, "각 운전자"에게 가장 알맞은 위치를 즉각 찾을 수 있는 좌석 조절 장치가 필요하다! '내장형 컴퓨터'는 얼마나 오랜 시간 동안 여행을 떠날 수 있을지를 알려주며, 평균 속도, 연료 소비량, 심지어 예상 시간보다 빠른지 혹은 느린지도 알려 준다! 심지어 당초 계획한 속도를 초과할 수도 있으므로, 이를 사전에 공지하기도 한다. 라디오 송신기 옆의 문 열쇠를 간단히 누르기만 해도 자동차 문이 닫히고 열린다. 계기판을 수반한 난방 기기도 자동차에 부착되어 있다. 이 기기의 작동 프로그램으로 우리는 밤새 외부에 차를 두더라도 다음 날 아침이면 가열과 냉각이 동시에 조절 가능할 것이다.

그러나 이것만이 전부가 아니다. "경보음"이 울리는 운전자 졸음 방지기, 타이어 압력 상태를 확인할 수 있는 탐지기, 추월할 때 들리는 경적, 도난 방지 장치 등도 있다. 다른 장치들 가운데, 도난 방지 장치는 매우 실용성 있다. 누군가 차량을 훔치려 할 때, 차체가 아예 움직이지 않도록 제동 회로가 완벽하게 작동한다. 네 개의 타이어의 움직임도 차단된다. 이 차단 장치를 해지하려면, 전문가의 손을 거쳐야만 한다. 나는 이 장치들을 결코 지어내지 않았다. 1985년에 열린 자동차 전시회에서 이미 선보인 몇 가지 사항들을 간추려 독자들에게 제시했을 뿐이다. 위 내용들이 하나같이 지시하는 부분은 다음과 같다. 자동차는 이러한 기계 도구들 가운데 최고의 도구다. 사람들은 이를 항상 더 비싼 값에 판매하기 위해 지속적으로 완성도를 높이고, 효율성과 생산성 증진을 고려한다. "제조업자는 설계 사무소에서 새로운 고성능 기기의 개발 작업에 착수해야 한다. 자동차 엔진의 힘이 영광을 선사할 것이다." 즉, 르노 R25 V6 터보, 포르쉐 944, 포드 스콜피오처럼 고속도로를 평균 시속 200km로 질주할 수 있는 세 모델을 계속 '출시해야 한다.' 완전히 미친 일이다. 그러나 동시에 불가피한 일이다. 여기에 언급된 '미쳤다'는 말 자체가 추잡하다! 그렇다면 시속 200km 이상을 질주 가능한 차는 어디에 유용한가? 이 속도로 모든 도로를 달릴 수 있는가? 그러한 질주는 제한적이다. 덧붙여, 많은 토론이 있었음에도, 교통 사고 사망의 주된 원인이 과속이라는 점도 부정할 수 없는 사실이다. "숫자는 항상 추잡한 우리의 규율 위반 상태를 증명하기 위해 제시되었다. 많은 사람들이 죽음에 다다를 때까지 이 추태를 지속하지 않는가?" "속도는 일종의 능동 폭력이다." "빨리, 더 빨리, 그러나 도대체 어디까지 빨리 가야하며, 왜 빨리 가야 하는가?" "과학의 확신이 완성에 다다랐다. … 국토안전부의 연구에 따르면, 규정 속도에 시속 10km가 추가될 경우, 중상자 발생 비율은 6%가 오른다. 미국의 한 연구는 39마일에서 70마일로 속도를 증가할 경우, 중상자 발생 비율은 47%까지 치솟는다. 자국 내 28,000건의 사고를 연구한 스웨덴의 한 연구 기관은 시속 28km 상승으로 부상 위험은 두 배 상승하며, 속도를 표시하는 함수의 곡선도 기하급수적으로 상승한다는 자료를 제시했다.[84] 초강력 자동차 제작 역시 미친 짓이다. 그러나 동시에 엄청난 매력이다. 해외 수출 판매도 가능할 것이다. 진보, 곧 '기술 진보'가 선두 주자이다. 보편적인 기계 도구의 회로에 대한 우리의 연구를 완수해 가기 위해, 자동차에서 집으로 걸음을 옮기자!

　같은 방식으로, 우리의 사고를 넓혀 보자. 각종 전자 기기로 가득해 기적의 공간이라 할 수 있을 욕실로 가보자. 오늘날 독자들은 날씨, 도로 상황, 여행 시간과 같은 다양한 정보를 내장한 거울을 욕실에 비치해 뒀을 것이다. 우리는 욕조에서 편하게 조도를 조절하고, 라디오를 켤 수 있으며, 집 안의 다양한 창을 열고 닫을 수 있다. 또한 귀가 도중 자동차 안에서 욕조에 물을 채우고, 원하는 온도에 맞게 수온도 조절할 수 있다. 탁월성과 유용성이 입증된 것 아닌가!*Le Monde, mars 1986* 그러나 집안 전체에서 오로지 한 부분만

84) 「르몽드」 특집호에서 인용했다. 다음 자료를 보라. "Automobile et Vitesse", in *Le Monde*, 23 juin 1985.

이 전자 장치가 가능할 뿐이다. 따라서 이제는 집 전체를 전자화해야 한다. 현재 "활용" 중인 심심풀이 해소용이자 정보-교육에 필요한 도구가 된 텔레비전, 로봇을 탑재한 가사 도구청소기, 난방기, 보안안전장치, 외부 소통 장치원거리 로봇 조종, "별장" 등과 같은 네 가지 장비를 이야기할 수 있을 것이다. 모든 것은 상호 접속되었다는 점이 큰 문제이다! 예컨대, 텔레비전을 시청할 때, 화면에 "세탁기 고장"이나 "고기 요리 완료"와 같은 문구가 뜬다. 그러나 역으로, "거실의 틀을 벗어나고 칸막이와 벽을 움직이지 않고도 왕래 가능한 포괄적 가사 조정 장치"를 통해, 모든 장치를 한 번에 제어할 수 있다. 일본인들은 항상 경보 장치를 수반한 상태로 일한다. 경보 장치는 집안의 구역 구역을 가르고, 각 구역은 화면에 표시된다. 외부인의 눈에 "재실 시뮬레이션" 체계는 마치 "집에 거주"하는 것처럼 보일 것이고, 중앙 체계에 통합된 특수 경보기는 누수 및 화재 방지, 난방기나 냉동기 가동 중단에 사용될 것이다. 이러한 장비 설치비만 무려 35만 프랑이다(85) 이 모든 장치의 유용성은 분명하다! 그러나 현재 우리는 터무니없는 곳을 향해 가는 중이다. 사람들은 독자들에게 "미래의 집"에서 살라고 종용한다. 또한 다른 사람들처럼 독자들을 그곳으로 유인한다!

나는 상당한 고가이지만 전혀 활용 가치 없는 기기들의 목록을 계속 열거하겠다. 지적하려는 기기가 딱 하나 남았다. 가장 널리 활용되면서도 진부해진 기기, 바로 '마이크'이다. 이 장비의 유용성은 명확하다. 마이크는 성량이 풍성하지 않고 재능도 없는 가수들의 출현을 가능케 했다. 우레와 같은 굉음으로 공연장을 짓이기는 가수들이 등장했다. 이 장비가 없었다면, 이들은 결혼식 피로연에서 나지막한 목소리로 노랫말을 읊조리는 모습과 별반 다르지 않았을 것이다. 사실, 이들의 실력은 형편없고 엉성하기 짝이 없다. 그러나 이들은 마이크를 쥐고 노래를 부른다. '마이크 가수'를 접

---

85) [역주] 2020년 현 환율로 계산하면, 8,000만원을 상회한다.

한 사람들이 이제 이러한 가수들을 원한다! 우리 사회에 일반화된 구경거리 기획과 사업은 하루 15시간 혹은 20시간 동안 꾸준하게 돌아간다. 이 기획을 멈추지 않도록 한 기기가 바로 텔레비전이다. 우리는 시간을 때워야 한다. 텔레비전 시청 시간은 하루 중 반드시 필요한 시간이 되었다. 충분한 시청자 확보를 위해 끝없이 새로운 볼거리를 선보여야 한다. 연속극, 예능, 가수, 전통 음악, '항상' 새로운 이미지들이 등장해야 한다. 많은 사람들이 지속적으로 텔레비전을 비판한다. 그러나 나는 그 반대다. 텔레비전 시청 자료 제작자들에게 경의를 표한다. 항상 참신한 내용을 개발하고, 기발한 상상력을 선보이며, 볼거리 될 만한 영역을 넓히고, 그에 준해 볼거리에 대한 인식의 영역도 넓힌 이들의 노력에 박수를 보내고 싶다. 그러나 어쩌면 좋은가! 날마다 천재 가수를 보는 일도 불가능하고, 참신한 내용을 끝없이 제시하기도 불가능하다. 따라서 우리는 '마이크'의 혜택을 누린다.[86] 웅장한 오케스트라 소리, 바로크 전통에 충실한 의상, "환각 상태"와 같은 화려한 조명, 적당한 박자가 수반되면, 아무리 어정쩡한 실력의 소유자라도 시청자들에게 충분한 볼거리를 선사할 수 있다. 이 광경은 관객을 매료시키고, 관객은 새로운 '아이돌'의 몸짓 하나에 열광하는 팬이 될 것이다. 우리는 재삼 '놀이'와 '구경거리'에 빠진다. 이 주제는 뒤에서 길게 다룰 예정이니, 여기서는 다양한 기술 기기들의 목록에서 다루는 정도로 마무리 하자.

생각할 거리가 있으니 가던 길을 잠시 멈추자. 사실, 이 모든 물품들의 유용성이 그리 대단한 것은 아니다. 그럼에도 불티나게 팔린다. 물론, 광고의 역할이 크다. 광고 제작은 모든 기기를 그 대상으로 삼는다. 나는 이 주제도 본서 후반부에 다룰 예정이다. 광고는 다음 두 가지 조건을 충족시키는 경우에만 성과를 낼 수 있다. 첫째, 우리 사회 전체를 편력하는 큰 흐름

---

86) 나는 제제켈의 책에 기술된 마이크 관련 구문에서 매우 흥미로운 대목을 보았다.(-
Jézéquel, *Le Gâchis audiovisuel, op. cit.*) 일종의 속임수라고 할 수 있을 "가짜 마이크"와
"가짜 기타"를 든 연예인 이야기다. 화면에는 마치 직접 노래하는 것처럼 보이지만,
사실 연예인 배후에 실제 음악을 연주하는 밴드가 숨어 있다!(p. 135 *sq*)

을 포착해야 한다. 즉, 컴퓨터와 같은 정보 제품에 편승해야 한다. 컴퓨터 정보는 곧 구원이다. 만일 독자들이 판매 물품 목록에 소형 컴퓨터를 포함했다면, 그 순간에 바로 이 물품의 판매를 확신할 것이다. 둘째, 가능한 "세련되게 다듬은" 최신형 물품을 제시해야 한다. "사용 설명서"가 복잡할수록, 판매자 편의 "프로그램"이 더 많아지고, 구매자는 줄을 설 것이다. 그리고 판매자는 제품을 "재 진열"한다. 머지않아 신제품이 출시될 것이다. 만일 휴대용 계산기, 자동차 탈부착용 라디오, 비디오녹화기 등을 원하지 않는다면, 그 사람은 시대에 뒤떨어진 사람 취급을 받거나 아예 무시를 당할 것이다. 언제나 유행이 필요하다. 우리는 손으로 화면을 조작하는 전화기, 녹색 사과와 푸른 하늘을 선명한 해상도로 보여줄 수 있을 기기를 머지않아 '반드시' 갖게 될 것이다! 동시에, 소비재의 유행은 한 세기 전에 옷이 그러했듯, 강제성을 보인다. 다시 말해, 별다른 효용이 없어도 써야만 한다. 그러나 이 말에 사람들은 분을 낼 것이다. 언젠가 장관이 텔레비전에 출현해 다음과 같은 말로 우리에게 일장 훈계를 한 적이 있었다. "모두 다 유용합니다. 여러분이 수많은 기기들을 구매할 때, 공장이 가동되고, 노동자들과 기술자의 일자리가 확보됩니다. 여러분 덕에 자본이 쌓이고, 국내 총생산은 높아지며, 수출의 활로를 찾을 수 있습니다. 여러분은 모범 시민입니다." 선진 사회에서 욕구의 문제는 허상이다. 우리는 앞에서 이를 설명했다. 가짜 욕구를 넘어, 우리는 자유, 문화, 행복한 삶의 영역에 들어가야 한다! 굳이 더 강조하지는 않겠다. 다만, 나는 네렝크의 탁월한 표현인 "3차 산업 혁명인가 아니면 무가치한 개발인가?"in Le Huitième Jour de la Création, Introduction à l´entropologie, op. cit.를 언급하는 정도로 마무리 하겠다. 이 글에서 네렝크는 진보를 더하면 더할수록특히 컴퓨터 정보 분야, 무가치한 것을 개발하고 창출한다는 점을 명확히 짚는다. 네렝크의 진단은 아래에 이어질 내용과 직결될 것이다.

앞에 제시된 내용들을 접한 독자들은 별로 중요치 않은 부분에 역정을 내는 내 모습에 어깨를 들썩이며 실소를 금치 못할 것이다. 그러나 현재 우리가 당면한 현상은 분노를 자아내기 충분하다. 이 분노의 원천은 바로 사회차원 혹은 집단 차원의 기술 장비다. 다시 말해, 대규모를 자랑하며 집단 차원의 중요성을 갖췄지만, 더 이상 일반적인 기술 장비라 부를 수 없는 물건들이 우리의 분을 돋운다. 현 사회에서 두 가지 사례를 들면, 바로 우주선과 컴퓨터다. 각론으로 바로 들어가자. 나는 이 장비들의 무용론을 주장하지 않는다. 다만, 장비들의 창출을 위해 공들인 지식, 기법, 자금, 노동력 등의 투자에 대비해 그 서비스는 기대 이하라는 점을 지적하려 한다. 덧붙여, 장비의 제작은 바로 이러한 불균형에서 이뤄진다는 점도 짚어 두겠다. 나는 우주선의 위대한 업적[87], 달 표면을 걷는 인간의 경이로움 등에 관해 안다. 그러나 그것은 궁극적으로 무엇을 의미하는가? 즉, 거인과 같은 규모의 로켓을 파격적으로 신장시켜 얻어낸 유용성은 무엇인가? 인공위성 운반용 로켓의 유용성, 행성의 궤도를 도는 위성들의 유용성은 무엇인가?

이들의 성능에 열광하는 대신 현실로 시선을 돌리면, 우리는 다음과 같은 사실을 확인할 수 있을 것이다. 첫째, 기상 예보에 활용되는 위성들이 있다. 그러나 우리의 경험에 비춰보면, 이 위성들의 예보 능력은 탐탁지 않다. 나는 위성사진에 기초한 기상 예측에서 발생한 오류들을 도표로 작성한 적이 있다. 오류 발생 비율이 무려 30%를 상회했다. 또한 재전송된 사진들로 기상을 재해석하는 작업도 그리 녹록지 않았다. 둘째, 원격 소통에 사용되는 위성들이 있다. 그러나 이 위성들은 과거보다 빠른 전화 연결, 세계 곳곳의 텔레비전 방송 재송출 이상의 의미가 없다. 우리는 이것의 터무니없는 측면에 대해 이미 다뤘다. 셋째, 관측에 활용되는 위성들이 있다. 이 위성

---

87) 그러나 중요하게 다뤄야 할 주장이 있다. 이러한 장비 생산의 이면에는 국가의 위신, 국가들 간의 경쟁이 있다는 주장이 그것이다. 다음 자료를 참고하라. P. Langereux, « L'Europe spatiale à la croisée des chemins », in *La Recherche*, n° 138, novembre 1982.

들은 크게 '민간용 관측 위성'과 '군용 관측 위성'으로 나뉜다. 전자의 대표적인 활용 사례는 "수확량 예측" 분야다. 농사의 나머지 부분은 사실상 위성의 관측 및 그에 따른 예측을 따른다. 그러나 이러한 관측 위성으로 인해, 우리는 기존의 모든 지도를 교체해야 한다. 이 작업에 수십 억 프랑을 사용한다. 사람들은 이 위성을 통해 특별히 금속과 탄화수소의 새로운 방위각을 발견지구관측체계, S.P.O.T.할 수 있기를 희망한다. 1985년 들어 이 기획을 단순 볼거리에 국한시키지 않고, 수익을 창출할 수 있는 "과학—산업"으로 유도해야 한다는 주장이 제기되었다. 예컨대, 지구관측위성이 촬영한 "사진들"을 판매250달러/장할 수 있기를 바랐다. 그러나 1972년에 위성 발사에 열을 올렸던 미국인들은 최근에 이 문제에 냉랭해졌다. 또한 위성 발사로 얻고자 했던 부분을 얻지 못했다. 여러 가지 약속이 있었지만, 관측 위성은 지진, 눈사태, 홍수 등을 제때 예측하지 못했다.

반면, '실효성'을 갖춘 위성들이 있다. 바로 군용 관측 위성이다. 일단, 적의 영토를 관측할 수 있는 위성이다. 전 부대의 이동 및 핵무기 탑재 미사일 발사 여부도 파악할 수 있다. 이 위성은 소통에도 유용하다. 지연 없이 한 국가의 군사 거점 전체와 통신 소통이 가능하다. 전투 위성의 배치 용도는 무엇보다 방어용이다.1983년 미국의 국가 기획인 '전략방위구상'이 단적인 사례이다 흔히 미국의 이 전략방위구상을 두고 사람들은 '스타워즈'라 불렀다. 남용에 준하는 표현이다. 오늘날 이 구상은 위성 한 대의 레이저 발사로 적의 로켓을 파괴할 수 있는 원자 폭격 능력을 과시하려는 시도로 밖에 보이지 않는다. 애당초 사람들은 이러한 과시 능력을 신뢰했지만, 후일 무수한 연구 결과는 결코 그 상태에 도달하지 못했음을 보였다. 즉, 레이저를 사용하는 군용 위성들은 방어용이 아닌 공격용 무기로 돌변할 수 있다. 이러한 변용에도 불구하고, 이 위성들과 관련된 낭비 문제를 전혀 염두에 두지 않는다. 군용 관측 위성들의 효과적인 보호를 위해 수백 개의 보조 위성들이 필요하다. 그

리고 이 정도 규모를 유지하고, 구식 위성을 새 위성으로 교체하기 위해서
는 '일주일에 한 번 꼴로 위성'을 발사해야 한다. 현재 프랑스는 관측 위성헬
리오스과 통신 위성시라큐스을 보유 중이다.

형태와 무관하게, 우리는 발사된 위성들 전체의 3/4이 군용 위성이라는
점을 잊지 말아야 한다. 개인적으로, 이러한 현상이 모두에 제기된 질문인
"무엇에 유용한가?"에 관한 실질적 답변이라고 생각하지 않는다. 유용성은
없는 반면, 비용은 천문학적이라는 점도 잊지 말자! 프랑스의 관측 위성 한
대 값은 8억 프랑에 달한다. 1986년 조사에 따르면, 위성에서 전달되는 레
이저를 연구하는 데 필요한 비용은 6억 프랑이었다. 위성의 또 다른 "유용
성"을 다뤄보자. 바로 타 행성들의 광물 자원들과 관련된 경제 개발의 유용
성이다. 달에 착륙한 이후, 많은 사람들이 이러한 꿈을 꿨다! 거대한 자원의
보고, 새로운 금속 등이 인구에 회자되었다. 그러나 적어도 3년 전부터 이
러한 기획 일체가 전면 취소된 것처럼 보인다. 달 개척 사업도 중단되었다.
그러나 아폴로 계획의 당초 목적이 단지 달 착륙미국인 네 명만 여행한이 아닌, 달
정착과 공장 건설에 있었다는 점을 기억하자. 소련이나 미국이나 이 기획은
사실상 전면 취소된 상태다. 타 행성의 개척은 아마도 100년 혹은 200년 뒤
에나 가능할지 모른다. 현재 막대한 예산을 소비하면서 경이로운 개척 사업
에 첫 발을 디뎠으나, 그 유용성은 사실상 영이다.[88]

"유용성"과 관련해 언급할 마지막 부분은 우주 항공 분야다. 즉, 과학 유
용성이다. 먼저, 무인 우주탐사선을 이야기해 보자. 은하계와 관련된 과학
지식에 이 장비가 가져올 이익은 자명하다. 또 이 장비를 통해 우리는 우주
의 구성물을 이해할 수 있다. 둘째, 우주 실험실이 있다. 우리는 한 단어로
우주 실험실이라고 이야기했지만, 순수한 과학 연구와 연구실에서 이뤄지
는 실험들 및 작업들기술의 관점에서 대단한 관심사로 부각될 사이에는 큰 차이가 있다.

---

88) 나는 우주의 교통 체증 문제를 미처 다루지 못했다. 이 주제에 관해 다음 자료를 참고
하라. Cf. Repairoux « L'encombrement de l'Espace », in *La Recherche*, n° 158, septembre 1984.

우주 실험실에서는 오직 무중력 상태에서만 생산 가능한 화학물제약을 제조한다. 이 생산물은 극소량이며, 사용 역시 매우 제한적이다. 동일 선상에서, 초정밀 장치를 위한 직경 1 마이크로미터의 입자가 필요하다. 용액에서 생산된 황산 트리글리신 결정체는 적외선 감지기 제조에 활용된다. 엑스선과 감마선 제조에 활용되는 요오드 화합물은 가스에서 생산된다. 무중력 상태에서 이뤄지는 유체의 활동에 관한 연구이다. 프랑스의 연구진들이 염두에 둔 분야는 다음과 같다. 오로라처럼 극지방에서 발생하는 몇몇 현상들의 관찰, 광범위한 공간을 촬영할 수 있는 천체 사진기의 사용, 대기 구성물 연구, 무중력 상태에서의 쥐와 원숭이의 행동 연구, "우주의 재료들"의 제조에 관한 연구 등이다.

또한 연관된 과학 연구의 일례로, 학자들은 무중력 상태에서 혈액 순환이 어떻게 이뤄지는지에 대해 관심을 갖는다. 이처럼 과학 연구는 생물학과 물리학의 관점에서 인간에 관한 다양한 관찰을 시도한다. 그러나 이러한 관찰은 우리가 우주 공간에 정착하기로 작정한 경우에만 유익하다. 우리가 직전에 확인했던 것처럼, 현재 사람들은 이 분야를 거부한다. 말하자면, 이러한 과학의 관찰은 단지 '과학을 위한' 관찰일 뿐이다. 우리는 본질적인 문제를 확인할 수 있다. 기술과 관련된 대기업들의 절대 다수가 과학 지식을 사용한다. 과학 이외의 나머지 지식은 기술 기획에 전혀 사용되지 않는다. 이 부분에서 한 가지 주의해야 할 점을 짚겠다. 아마도 독자들은 "선생의 지적도 옳습니다. 하지만 과학은 우리에게 이익이 될 만한 기술들을 만들어 줄 겁니다!"라고 생각할지 모른다. 그러나 현실은 전혀 그렇지 않다! 과학과 기술의 그러한 관계는 이미 흘러간 옛 관계일 뿐이다! 오늘날 실용 기술의 근원지는 과학 발전이 아니다. 많은 경우, 기술 자체가 실용 기술의 근원지이다. 오늘날 과학은 대개 지식의 단계에 머문다. 물론, 나는 이를 나쁘게 보지 않는다! 그러나 존재하지도 않는 '유용성'을 새로 고안하면서 "우주 정복"에 나선답시고 지출한 천문학적인 비용을 정당화하는 담론을 견지할 이유는 어디에도 없다.

그럼에도, 사람들은 진보를 멈추지 않는다. 프랑스 정부는 1985년 10월에 우주 비행선 여행 계획에 착수1990년 실행 희망했다. 국립우주연구소가 담당 부서로 활동했다. 그러나 어마어마한 비용에도 불구하고, 유럽인들은 "유럽에 우주 항공 산업의 자율성을 부여하는 데" 단결했다.89) 사람들은 여기에서 모든 것을 고안해야 한다고 생각했다. 일반 위성들도, 지구관측체계에도 유용성이 없다. 한 가지 사례를 들겠다. 이 기계들을 "회전"하려면, 컴퓨터 프로그램이 필요하다. 아리안호를 위해 10,000개의 단어로 이뤄진 프로그램이 필요하고, 지구관측체계를 위해 40,000개의 단어의 프로그램이 필요하다. 우리는 에르메스호를 위해 100만개의 단어로 이뤄진 프로그램을 예상한다! 또한 대기권으로 회귀할 때, 섭씨 8,000도를 견딜 수 있는 물질들도 찾아야 한다. 이를 실험하기 위해, 이 정도 온도에 이른 "플라즈마 토치touche à plasma"를 건설할 필요가 있었다. 즉, 사람들은 제조용 기계들을 준비하기 위한 사전 비용들을 계산한다.

이 주제에 대한 마지막 사례로, 결코 건설되지 않았던 대규모 우주정거장물론 미국에서 제기된 기획이 있다. 모든 계획들과 심지어 모든 재료들은 이미 준비, 수집되었다. 주거 가능한 정거장 건설이 관건이었다. 정거장은 300미터 길이의 네 개의 철탑이 서로 연결, 지탱된 형태이다. 네 개의 대규모 사무실20m/개, 다양한 실험실, 에너지 공급을 위한 거대한 태양열 판이 필요하다. 레이건 대통령은 1994년 우주정거장 발사를 예고했고, 다음과 같이 선언했다. "그 날이면, 우리는 정거장에 정착할 수 있을 겁니다." 그러나 이것이 신개발이 아니었다는 점이 흥미롭다. 사람들은 '정확히' 무엇을 추진할 수 있는지, 이 사업의 유용성이 무엇인지 물었다. 기획 책임자는 다음과 같

---

89) [역주] 말로는 하나의 유럽을 지향하면서, 이런 일에 공동 비용 지출은 하지 않는 상황을 비꼬는 표현이다.

은 인상적인 구문을 남겼다. "여하튼, 이 일을 추구하면서 우리는 그 활용 가능성을 발견할 것입니다. 우리가 하늘 높은 곳에 살게 될 때 말이죠." 유용성에 대한 생각 없이, 대규모 기술 사업들을 벌였다는 말 외에 달리 나은 표현이 없다. 결국, 사람들은 이 모든 것의 실 제작이 가능한지 자문하는 단계에 도달했다. 나는 "기술이 제작을 허용한 모든 것을 제작해야 한다"라는 원리를 공식화한 적이 있다. 그 이후로도 상태는 변하지 않았다. 즉, 개발에 대한 열정, 기술의 성공에 대한 열정이 그득하다. 더욱이 대국들끼리의 "경쟁"에 포함된 상황이라면, 국가의 위신 또한 필수 항목이다. 타국에서 제조한 것은 자국에서도 제조해야 하며, 나아가 타국보다 더 좋은 것을 제작해야 한다. 소위 "문명화된" 세계 전체가 펄펄 끓는 가마솥과 같은 이 경쟁에 빠졌다. 또한 경제 경쟁의 문제도 짚어야 한다. 사람들은 원형, 로켓포, 위성, '우주 연구소', 우주정거장, 무인 우주 탐사선 등의 판매를 바랐다. 그러나 실제 유용성은 거의 없다. 이것이 사회적, 집단적 거대 장비의 첫 번째 사례다. 대중들이 어떤 것에 열광하도록 해야 한다.

　기술 발전을 이룬 세계에서, 우리가 두 번째로 거론할 대형 집단 장비는 바로 컴퓨터다. 컴퓨터는 개인 장비들과 거대한 보편 장비들의 조합이라는 특수성을 보인다. 물론, 나는 컴퓨터에 관한 글을 쓰며 그것의 문제점도 지적할 생각이다! 사람들은 세계적으로 널리 퍼진 이 거물급 장비에 큰 희망을 건다! 그러나 우리는 출발부터 일반적인 이야기를 해야 한다. 즉, 모든 선전과 광고의 초점이자 사람들이 장점들을 열거하며 미화하기 바쁜 컴퓨터는 사실 소형 컴퓨터, 특히 마이크로컴퓨터<small>[뤼사토는 이를 "작은 가마솥"이라 불렀다]</small>이다. 사람들은 중량감 있던 대형 컴퓨터가 더 이상 존재하지 않는 것처럼, 이 소형 컴퓨터를 침이 마르도록 칭찬했다! 그러나 실제로 컴퓨터는 대규모 실험실을 비롯해, 은행, 보험, 다국적 기업, 행정 분야의 가용 장비로써 매우 중요해졌다. 사람들은 컴퓨터를 망각한다. 왜냐하면 그것은 거추장스럽고, 어떤 실마리도 주지 못하는 중앙집권적이면서 회피 불가능한 조직이기 때문이다. 바로 이것이 컴퓨터에 대한 통상적이고 일반화된 담론이다! 먼저, "정보의 탈식민화"[90] 가능성, 컴퓨터 정보와 관련해 저개발 국가 사람들이 서구 중심주의에 전적으로 의존하지 않는 새로운 세계 질서, 즉 "컴퓨터 정보로 조성된 새로운 세계 질서"의 보장 가능성을 이야기해야 한다. 의사소통은 신호와 명령 체계로 바뀐다. 이 체계는 거대 장비들의 역량을 강화하는 데 일조한다. 정보의 자유로운 소통은 이론상 수용할 수 있지만, 기본 단위의 수단을 결여한 관계로 결코 응용 불가능하다. 오늘날 컴퓨터 정보 체계는 다음과 같은 현상을 확산한다. 즉, "단순하고 간단하게 기호를 현대식 기술로 바꾼다." "이에 동조하지 않는 국가들은 폐쇄된 정보로 인해 새로운 질서를 원하지 않는다." 세계 차원에서 이뤄지는 정보 수단들의 팽창을 포함해, 자료들의 다원주의가 필요하다. "자료들의 자유로운 국경 넘나들이"[91] 덕에 저개발 국가는 발전할 것이고, 전 지구를 무대로 삼는 새로운 활동과 고용이 등장할 것이다. 덧붙여, 원자재 가격의 비례 배분도 가능할 것이다.

컴퓨터는 정보와 다양한 기술의 독점 구조를 부순다. 컴퓨터는 도처에서 각종 정보와 지식을 수집하고, 그것을 가용 도구들로 바꾼다. 컴퓨터는 이중 "혁명"의 도구, 다시 말해 의사소통―정보의 도구, 경제의 도구다. 우리는 컴퓨터 응용 장비들의 두드러진 성장을 목도하는 중이다. 오늘날 서신 발송의 80%를 컴퓨터가 담당한다. 또한 사무실 및 행정처의 회계 장부 정리, 예측과 예보에도 컴퓨터의 활용 폭이 높아졌다. 마지막으로, 여러 소비 장치들의 '마이크로프로세스' 도입에도 컴퓨터가 사용되었다. 이러한 컴퓨터 사용은 사무실, '텔레마티크', 로봇 공학, 자동화 생산 등의 굵직굵

---

90) 드코무아(Decomoy)의 세 가지 기사와 조사를 참고하라. 특히 다음 자료를 보라. J. Decomoy, « Empire des signes ou signes de l'Empire », Le Monde, août 1983.

91) Les Flux trans-frontières de données, La Documentation française, 1983.

직한 세부 영역들로 분화된다. 컴퓨터의 무한한 가능성을 점칠 수 있는 대목이다. 컴퓨터는 가계의 회계 장부 계산에 필요한 장비가 되었고, 물건 주문과 정보 습득에 필요한 장비가 되었다. 또한 사무실과 작업장에 필요한 사무기기로 사용된다. 더 나아가, 컴퓨터는 노동 개념 자체에 필요한 장비이기도 하다. 생산성 개선과 경제 성장률 상승을 위해 정보처리 업무들의 자동화 현상이 나타났다. 또한 일선 학교에서는 컴퓨터를 통한 교육 수준 개선을 꾀했다. 의료 정보화를 통해 의료 보건 수준을 향상시켰고, 공해 발생 비율도 줄였다. 이 모든 것을 가능케 했던 주체는 바로 컴퓨터다. 즉, 컴퓨터의 완벽하고 환상적인 진보로 인해 가능했다. 그것은 '메모리 카드', 신용 정보화, 전자 메신저, '모든' 정보들을 '모두'가 연구할 수 있는 자료은행의 검색 기능 등을 신설했다.

사람들은 1995년에 프랑스의 '1인당' 장비는 초당 10,000개의 명령 처리 능력을 갖추고, 2,000만 개의 문자 저장 능력을 보일 것이라 예측한다! 1984년의 명령 처리 능력은 초당 900만 개였다. 그러나 사람들은 머지않아 2억 개에 도달할 것이라 생각한다. '메인 메모리'라 불리는 주기억장치의 용량은 5,000만 자에 달할 것이다. 장당 2,000개의 문자를 전송하는 데 20초면 충분할 것이다. 만일 두 대의 컴퓨터가 위성을 통해 소통하게 되면, 20분에 10억 개의 문자를 전송할 수 있을 것이다. 또한 동축 케이블로 초당 50개의 이미지나 100만 개의 문자를 교환할 수 있다. 광섬유의 사용은 동축 케이블 용량의 열 배에 달할 것이다. 동시에, 이 탁월한 장비들의 사용 단가도 급속히 떨어질 것이다. 사람들은 컴퓨터에 대한 전문화 작업을 시작했다. 특히 컴퓨터들 사이의 특수 협력 기능을 지원하면서 이러한 전문화를 추진했다. 1984년에 프랑스에는 유선전화와 텔레비전 회선으로 컴퓨터 자료 은행에 접속할 수 있는 '비디오텍스' 관련 서비스 지점만 80만 곳에 달했다. 매월 약 800만 건의 전화로 1,000회 이상의 운영 서비스를 제공했다.

　진보는 멈추지 않고, 무한대처럼 보인다. 사람들은 진보로 인해 경제, 지식, 소통의 변화가 생길 것이라고 말한다. 또한 이러한 혁명은 국가의 틀을 구성하는 '제반' 서비스와 제도들도 바꿀 것이다. 모두가 거기에 적응해야 한다. "컴퓨터 정보 덕에, 터무니없는 노동이나 우리의 골칫거리였던 모든 것들이 더 이상 존재하지 않을 것이다." "그레텔은 마음과 정신을 개방할 것이다. 현대 권력이 그레텔과 함께 지상에 강림했다. 이제 그 빛으로 만물을 비출 것이다." 한술 더 떠, 사람들은 신비의 영역으로 이동한다. "오늘날 전능자께서 이 땅에 오셨다. … 현대 기술로 강생하시어 자신의 자비하심을 모든 존재에게 전하셨다. 이것이 바로 사회화된 전능자가 보인 이상이다"마르샹의 글에서 인용92) 우리의 결정력을 더 이상 발휘하지 못할 정도로 물건들은 급속도로 바뀐다. 벨리지 지역에서 '텔레텔' 을 주제로 토론회를 개최하려 했으나, 기술 진보의 신속성과 사회 토론의 가능성 간에 큰 간극이 있었다. 사회의 행위자들은 매우 빠른 속도로 비디오텍스에 동화되었다. 논의할 시간도, 토론할 시간도 없었다. 무엇보다 이 기술이 확산, 유포되는 배경에 관한 문제들을 다룰 틈도 없었다! 따라서 사람들은 토론 없는 상태에서 이 기기를 경험하게 되었다.93) 진보, 각종 영역과 유용성이 동시 다발로 명확히 드러난 상황과 마주해, 나는 과연 여전이 이 기기에 대해 이야기

---

92) M. Marchand et C. Ancelin, *Télématique, Promenade dans les usages, op. cit.*

93) 「르몽드」에 실린 짧은 기사(1984년 3월자)는 기술 작동의 개시와 더불어 모든 것이 그것에 참여하게 되는 상황을 실감나게 그렸다. 기사에서 쟁점으로 삼은 대상은 에브리(Évry) 지역의 미니텔 사업이었다. 우리는 초기에는 일말의 관심도 보이지 않다가 점차 관심을 보이는 다양한 사람들, 시 행정부 수장, 주민들과 전문가들의 쏠림 현상을 본다. 여기에서 매우 중요한 일이 발생한다. 곧, 기술 계획을 중요한 관심 대상으로 삼은 순간부터, 초기에는 반대를 표명했던 사람들도 이 계획에 적극 참여하고 그 제안을 출자할 수 있는 협회 구성에 골몰한다. 우리는 민주주의 전체를 회복하고, 기술 도식에 대한 모두의 참여는 민주주의의 증거이며 담보물이 된다. 기술 완성도의 목표는 모든 선한 의지를 정확히 양극화한다. 일종의 오케스트라 지휘자가 된 "기술 각료"가 진보에 대한 모든 제안의 출발점이 된다. 이들의 '제안'이 있을 뿐이다. 누구도 이 제안을 원치 않는다고 말할 용기를 내지 못한다. 평범한 시민들을 거품과 허세의 내부에 병합하는 기술의 유혹이라 하겠다.

하는 대범함을 발휘할 수 있을지 모르겠다. 과연 가능한가? 분명히 말하지만, 나는 컴퓨터 세계의 '효율성'을 결단코 부정하지 않는다. 회계 정리와 예산 구축에 유용하고, 놀라운 수치들앞에서 언급한을 바탕으로 탁월한 기량을 선보이기 때문에, 이 기기들의 사용은 필수가 되었다. 또한 매출 계산 및 재고 상태 유지와 같은 분야에도 유용하다. 다시 말해, 컴퓨터는 경제와 재정 관리 분야에 유용하다.[94]

이와 동일 선상에서 보면, 컴퓨터는 천문학계의 계산과 현대 수학 분야에도 꼭 필요하다. 기술력이 더할수록 과학 발전의 가능성이 높아진다는 사실을 기억하자. 물론, 내가 채택한 유용성 범위의 미미함을 지적하면서 단지 정보 처리, 메모리의 '코드화' 정보 표시, 정보 통신의 입출력 계산 문제를 두고 억측을 부린다고 지적하는 사람도 있을 것이다. 경제에 미치는 컴퓨터의 영향력은 디지털로 이뤄지는 수치 계산보다 문서 자료들의 처리 능력과 더 깊이 관련된다. 컴퓨터 정보의 미래는 총체적인 정보 조작을 지향한다. 또한 정보의 극히 일부만 수치로 암호화된다. 그러나 나는 컴퓨터 정보와 처리의 거대 집합체에 의구심을 갖는다. 다시 말해, 그것의 '실제' 유용성가상의 유용성, 마술과 같은 유용성, 과도한 유용성이 아닌에 대해 여전히 의문이다.

자료 은행, 즉 '데이터베이스'에는 이론의 여지없는 탁월한 자료들이 있을 것이다. 그러나 과연 '누가' 이 자료 은행을 검색하는가? 5,000만 프랑스인이 모두 이 서비스를 이용할 수 있다고 생각하는가? 지식인, 전문가, 언론인이 주된 사용자들일 뿐이다. 다시 말해, "최상위" 계층과 그렇지 않은 계측 간의 간극은 더 벌어질 것이다. 비디오텍스를 완비한 가정에서도

---

94) J.-P. Chamoux, *Menaces sur l'ordinateur*, Le Seuil, 1986. 이 책의 저자 샤무(Chamoux)는 컴퓨터 사용의 90%가 '은행과 상업 분야의 관리 및 회계 업무'와 관련될 뿐이라고 강력히 주장한다. 이 기업들이 컴퓨터의 사용을 중단할 경우, 업무 활동의 실질적인 마비 상태가 벌어질 것이다. 또한 이 시설들은 날을 거듭할수록 자동화 절차에 대한 의존도를 높인다. 컴퓨터 응용 분야의 나머지 10% 중에서 오락용 장난감이 차지하는 비율은 75%이다. 담론의 열기는 매우 뜨겁지만, 컴퓨터의 실태는 이와 같다! 다른 유형의 지식 유포와 비교했을 때, 자료 은행에서 이뤄지는 업무의 수치는 상당히 취약한 수준이다.

자료 검색에 어려움을 겪는 현 상황을 확인하는 정도면 충분할 것이다. 그러나 정부는 자료 은행 검색에 필요한 교육과 그에 따른 대중 선전을 강행했다. 앙드레 비탈리스는 탁월한 시각으로 이 문제를 보았다. "사람들은 체계를 의문시하면서 문제의 해결책을 스스로 강구하기 전에, 이미 자유로운 주체, 자율적이며 합리적인 주체가 된 것처럼 산다. 다른 각도에서 보면, 사람들은 관료주의의 처리법에 예속되고 순응하는 객체로 산다. 따라서 행동은 이중적이다. 객체가 되라는 요구에 대해, 우리는 정면 돌파가 아닌 우회로를 택한다. 반면, 주체가 되라는 요구에 대해, 우리는 극단적인 순응주의, 의존성, 수동성에 파묻힌 객체의 위치에서 저항한다."[95]

텔레텔에 대한 대중의 실망은 매우 컸다. 사람들은 텔레텔로 전화와 텔레비전 등을 대체할 수 있으리라 기대했다. 1985년 '사무산업무역박람회'의 결과 보고에 따르면, "상거래 분야에 비디오텍스 활용 전망치는 전반적으로 장밋빛이 아니었음"에도, 미니텔은 판매상들을 파고들었다. 그러나 가정의 미니텔 사용률 증가폭은 매우 더뎠다._{마이크로컴퓨터의 가계 보급률은 1.5%에 불과했다} 우리는 텔레텔이 "기술 사회화의 만물, 기술 전략, 서비스 전략, 행정 전략 등을 위한 진정한 시험대"였다고 말할 수 있다. 그러나 적어도 내 시각에, 누구도 이것의 실제 유용성 문제를 제기하지 않았다. 가계의 예산 관계에 마이크로컴퓨터가 꼭 필요하다고 할 수 있는가? 극장, 기차, 항공기 좌석 예약_{전화로도 충분히 가능한}이 근본적인 유용성이라고 말할 수 있는가? 정보 안내소에서도 충분히 확인 가능한 전화 번호 및 열차 시간 확인을 반드시 이 컴퓨터로 할 이유가 있는가?

충분한 만족을 선사했던 기존의 서비스들을 별 이유 없이 대체한 이 터무니없는 "서비스들"의 목록을 계속 열거해 보자. 유일하게 유용성을 보인 서비스가 하나 있다. 바로 '메신저'였다. 이것은 "사회심리 관계를 전복할

---

95) André Vitalis, *Les Enjeux sociopolitiques et culturels du système télématique*, Telem, 1983; et aussi, *Informatique, Pouvoir et Libertés*, Economica, 1981.

수 있을 새로운 통신 매체"였다. 그러나 우편과 전화를 **대체**하는 이 "메신 저"도 결국 남용과 과용을 면치 못했다. 기술 체계를 분쇄해야 했던 사회문 화의 활력을 위한 "상호 대화형 메신저"가 되는 대신, 또 다른 형태의 놀이 밖에 되지 못했다. 더불어 관리되지 않는 사용품의 절반이 단순 장난감에 불과하다는 점도 기억해두자. 뒤에서 자세히 다루겠지만, 우리는 자동차나 집과 관련해 사례로 제시된 몇몇 기기들에서도 유사점을 발견할 수 있을 것 이다.

알레르기 예방을 위해 꽃씨의 가루받이를 탐지할 수 있는 컴퓨터, "전산 화된 토지 대장", 수면의 기름띠가 발생할 경우에 연관 자료들을 수집할 수 있는 컴퓨터 등의 기기들은 하나같이 유용하다. 그러나 기존에도 충분히 만족스러웠던 서비스를 대체^{기존 속도보다 빠른 서비스 제공}하는 데 그쳤다. 컴퓨터 를 통해 이미지들을 제작할 수 있는 기기들도 등장했다. 주로 우스꽝스러 운 그림을 만드는 데 활용된다.^{분당 제작된 그림들의 값을 합하면 약 100만 프랑이다} 이 중에 서, 나는 자신의 상상을 삼차원으로 정확하게 표현할 수 있는 기술자나 건 축가에게 "유용한" 그림^{혹은 그래픽}은 별도로 구분하려 한다. 또한 광고에 사 용된 그림들^{광고에 관해서는 이 책의 후반부를 참고하라}과 소위 예술이라 불리는 유치한 그림들도 따로 분류하려 한다. 보르도 현대미술관 개관식에 선보인 콩브^{현 대조형예술연구소 소속}의 몽테뉴 "초상화"가 단적인 사례다. 나는 이 초상화를 끔 찍한 창작물이라고밖에 할 말이 없다. 컴퓨터로 작업한 이 "초상화"에는 몽 테뉴의 어떠한 특징도 담기지 않았다. 단지 상스럽고 멍청한 인물로 그려 냈으며, 『수상록』에 대한 일종의 반정립을 이뤘을 뿐이다. 컴퓨터를 통한 창조의 미적 역량과 관련해 매우 흥미로운 경험이었다. 내 눈에 이러한 "창 조" 작업은 모두 동일한 질서를 따르는 것처럼 보인다. 나는 다른 글에서 음 악 분야의 창작 문제를 거론한 적이 있다.[96] 지면을 빌어 다시 이야기하면,

---

96) 자끄 엘륄, 『무의미의 제국: 예술과 기술사회』, 하태환 역(대장간, 2013).

우리는 두 가지의 활용을 명확히 구별할 필요가 있다. 첫째, 부득이하게 엔지니어의 도움을 받지만 수용 가능성과 유용성을 갖춘 활용이 있다. 둘째, 완전히 표면적이고, 터무니없고, 저질스러운 활용컴퓨터가 기기 이외의 다른 역할을 하지 못하는이 있다.

나는 이와 전혀 다른 영역에서 발생하는 문제를 짤막하게나마 다루려 한다. 사실 이 문제는 논란의 여지가 있고, 여전히 미결정 문제다. 바로 컴퓨터의 정치 효과에 관한 문제다. 컴퓨터는 결코 균등하지 않은 중앙집권화의 도구인가? 아니면 탁월한 탈중앙집권화, 즉 분권화의 수단인가? 찬반양론이 팽팽하다. 그러나 전자는 중대형 컴퓨터에 대한 이야기이고, 후자는 마이크로컴퓨터에 대한 이야기다! 팽팽한 양측의 견해 너머에 두 가지 방향이 존재한다. 나는 이를 매우 심각하게 받아들인다. 첫째, '지금까지' 컴퓨터 정보의 응용은 모두 중앙 권력의 사용이라는 방향이었으며, 그 목적은 중앙 권력 수단의 강화책이었다. 컴퓨터가 야기하는 분권화의 경우, 나는 적절한 사례를 찾지 못했다. 둘째, 전자와 후자의 사전 조건은 완전히 대조적이다. 중앙집권화의 경우, 전 세계에 두드러진 현상으로 아프리카나 아시아, 미국에도 존재한다. 컴퓨터는 매우 명확한 방향성을 수반해 사회에 진입한다. 즉, 중앙집권화를 겨냥한다. 컴퓨터 정보는 기존의 흐름에 편승해 활용될 뿐이다. 분권화의 경우, 우리는 기존의 흐름에 역행해야 한다. 사용, 제도의 비중, 습관, 사회체의 각종 요구에 반하고, 자유를 창조하는 작업에 나서야 한다. 이러한 분권화에 이르려면, 수천의 사람들과 조합들이 필요하다. 이들은 자율성을 갖추고, 좌우파에 맹목적으로 순응하지 않으며, 독자적으로 사유하고, 고유성과 특수성을 갖추고, 당대의 사회 통념들을 공유하지 않는다. 여기에는 엄청난 노력이 전제될 것이다. 앞에서 우리는 초라하게 실패한 "라디오 자유 방송"을 다뤘다. 컴퓨터 정보를 통해 분권화를 '촉발' 하려면, 라디오보다 백배 이상의 자질과 의지를 갖춰야 한다. 과연 어떤 지점에서 개인이 컴퓨터를 통해 창조 작업을 할 수 있는지 보이기 위해 사람들은 우리에게 많은 것을 제안한다. 사람들은 정보의 전달을 운운하지만, 과연 '정보가 무엇인지'에 대해서는 결코 말하지 않는다. 발명품이지만, '장난감' 발명품을 보였을 뿐이다.

이러한 사례에 관한 이해는 어렵지 않다. 자유를 창조하는 컴퓨터는 신화일 뿐, 그 외 다른 것이 아니다.[97] 컴퓨터가 다루는 정보들은 이 기기를 인정하는 '현' 사회에 의해 사용되고, 사용될 수 있는 정보들이다. 컴퓨터 정보 분야의 거대 투자 자본은 비용절감을 위해 기성 체계의 보존을 요구한다. 분석과 프로그래밍 방법들로는 기존 서비스의 발전을 이룰 수 없다. 따라서 컴퓨터 정보의 방향으로 사회-기술 체계를 더 빠르게 가도록 유도하는 "정보 충격"이 있을 뿐, 정보 혁명은 없다.

광범위한 틀에서 논의를 이어보자. 기술이 쟁점으로 부각될 경우, 선택의 문제가 발생한다. 우리는 역사에서 그와 관련된 사건들을 경험했다. 우리는 다음 사실을 확인한다. 즉, 역사적으로 기술은 항상 중앙집권화와 권력 집중의 방향을 따랐다. 매 순간, 매 상황마다 선택은 동일했다. 1935년 10월에 히틀러는 다음과 같이 선언했다. "자동차, 비행기, 확성기가 없었다면, 우리는 독일을 손에 쥐지 못했을 것이다." "전화, 가입전신이라는 마법 때문에 중앙집권화는 한층 수월했다. 수뇌부에서 말단 병사에 이르기까지 아무런 장애물 없이 신속한 명령 하달이 가능하다. 정보 유통이 신속하게 이뤄지며, 시민에 대한 비밀 감시 강화와 의사결정의 철저한 중앙집권화도 가능하다. 전체주의의 특수성은 바로 현대의 도구 일체에 달렸다고 해도 과언이 아니다."[98] "전체주의 사회는 단순 과장으로 나타난다. 즉, 현대

---

97) J. L. Leonhart, « Informatique et Société », in *Travaux de l'Institut d'informatique. Une société informatisée, pour quoi? pour qui? comment?*, Presses universitaires de Namur, 1982. 레온하르트의 논문을 비롯해 본 연구 논문집에 실린 45편의 연구 논문들은 매우 본질적인 문제를 다룬다.

98) D. Pelassy, *Le Règne nazi*, Fayard, 1982.

사회가 표방하는 기술 국가 논리의 과장으로 출현한다."[99] "만일 권력이 현대식 도구들을 손에 쥐지 않는다면, 어떻게 새로운 명령을 내릴 수 있겠는가? … 송신자들은 저마다 자기 역량 신장에 목을 맨다. 나치 정부는 독일인 전체가 라디오 수신기를 구매할 수 있도록 대대적인 선전 활동을 전개할 것이다 2년 동안 80만 대에 달하는 라디오 수신기 판매에 힘입은 나치는 1935년 5월 합법적인 집권당이 되었다."[100] 나는 합리적 평가를 확인할 수 있는 이러한 경험들을 매우 중요하게 본다. 따라서 나는 다음과 같이 결론을 내린다. 기술 수단들, 마이크로컴퓨터 등을 통한 분권화 가능성에 대한 모든 담론은 거짓말은 아니지만왜냐하면 기만 의지가 없기 때문이다, 기술담론의 허세에 해당하는 사례들이다. 모든 민주주의자들과 자유주의자들이 사실상 이 허세의 덫에 걸렸다. 딱 그 뿐이다!

"컴퓨터 정보는 새로운 사회의 합목적성에 부합하는 계산 도구가 아니다."[101] 이 말은 '컴퓨터, 특히 마이크로컴퓨터가 일으킨 기적을 의심해야 한다'는 선언을 문제 삼겠다는 뜻과 무관하다. 중요 쟁점은 다음 사실을 보이는 데 있다. 기적과도 같은 이 놀라운 장비는 현실 사회를 결코 바꾸지 않는다. 오히려 사회의 속도를 증가시키고, 우리가 뒤에서 확인하겠지만 사회를 취약하게 만든다. 또한 이 장비는 개인의 조건을 '실제'로 개선하지 않는다. 기존의 자판을 대신해 '터치스크린'을 사용해도 달라지는 것은 없을 것이다. 시각 정보 단말기는 걸작이지만, '사실상' 아무런 변화도 견인하지 않는다. 사회정치 분야에서 이 기기는 의사결정과 관료제의 보조 장치다.

의사결정 지원혹은 컴퓨터 지원 의사결정에 관해 생각해 보자. 우리는 의사결정 지원과 컴퓨터 지원 설계를 구별해야 한다. 분명, 후자가 중요하게 활용되는 경우가 있다. 여러 회로를 생각하는 공학자와 그것을 화면에 그리는 컴

99) Z. Brzezinski, *Totalitarian Dictatorship and Autocracy*, Harvard University Press, 1956.
100) D. Pelassy, *Le Règne nazi, op. cit.*
101) Obrenbuch, in *Travaux de l'Institut informatique, op. cit.*

퓨터의 협업을 사례로 들 수 있다. 공학자만 동의한다면, 이것은 청신호다. 또한 정밀 기계 및 도구들과 결합된 컴퓨터는 연구된 회로의 제조까지 보증할 수 있다. 이것은 공학자의 생각을 그래픽으로 재현하는 특정 사례다. 이러한 컴퓨터 지원 설계[102]는 항공기, 자동차, 고속도로 등을 구상하는 데 유용하다. 기술이 기술을 돕는다. 나머지 모든 것은 지원된 결정이다. 왜냐하면 이 결정의 지점에서 우리는 경제와 정치 분야에 발을 들여놓기 때문이다. 사실 그것은 이미 예전부터 존재했던 생각이다. 컴퓨터는 질문과 관련된 제반 정보를 저장할 수 있으며, 모든 매개변수를 수집할 수 있다. 사람들은 20년 전부터 유용하고 정당하고 현명한 결정을 내릴 수 있는 컴퓨터를 꿈꿨다. 마치 경기 규칙들과 관련 자료들을 모두 소지하는 것처럼, 컴퓨터가 작업 관련 자료들과 규칙들을 갖는다면, 최종 결정을 컴퓨터가 내리지 못할 이유는 무엇인가? 따라서 사람들은 다채로운 요인들이 결합된 다양한 각본들을 컴퓨터에 저장할 수 있었고, 추구해야 할 목표의 정체에 대해서도 컴퓨터를 통해 알 수 있었다. 이에 상응하여, 컴퓨터는 어떤 각본이 가장 적합한지를 가려낼 것이다. 그리고 컴퓨터는 어떠한 오류도 범하지 않을 것이며, 우리는 그 결정에 따라야 할 것이다.

이것은 꿈이다. 왜 그러한가? 첫째, 인간이 만든 모델은 언제나 미완성 상태이기 때문이다. 둘째, 컴퓨터가 알 수 없는 질적이고 "예측 불가능한" 것들은 하나같이 정치와 경제로 회귀하는 문제들이기 때문이다. 예컨대 폭격에 대한 민중의 저항을 어떻게 이야기할 수 있는가? 독일의 부대들이 최후까지 보인 용맹함의 수준은 무엇을 뜻하는가? 일본의 노동자들을 결집시킨 동력은 무엇인가? 이러한 질문들에 컴퓨터는 답하기 어렵다. 따라서 사람들은 컴퓨터의 "결정 지원"에 관한 언급을 줄였다. 의사결정은 사람^{정치인}이 내린다. 그러나 컴퓨터가 제공한 모든 자료들을 검토한 이후에 최종 결

---

102) [역주] C.A.O.: Conception Assistée par Ordinateur.

정을 내린다. 이 부분에서 우리는 중요한 오류에 직면한다. 정보 과잉에 잠식된 인간은 사실상 결정을 내릴 수 없는 상태가 되기 때문이다! 정보와 매개변수의 과잉이 결정 과정을 완전히 마비시킨다.

　이 대목에서 우리는 주브넬이 제작한 구별법으로 회귀하려 한다. 나는 종종 그의 구별법을 인용하곤 했다. 모든 것을 수치로 표현할 수 있는 상황이 있다. 그것은 결국 '문제'에 대한 공식화를 낳는다. 다시 말해, 하나의 문제에는 하나의 '해법'이 있을 뿐, 어떠한 결정 욕구도 필요하지 않다. 그러나 사회정치의 상황은 결코 이러한 질서에 속하지 않는다. 그것은 문제를 표현하고 진술하는 방향으로 나아가지 않는다. 따라서 문제의 '해결'이 아닌 '절단'[103]이 필요하다. 이렇게 절단을 결정하는 상황에 수백 가지의 예측 불가능한 요소들과 설명 불가능한 문제들, 느낌과 직관 등이 개입한다. 그러나 이것은 정치인과 경제인의 기법이다. 곧, 컴퓨터가 말할 수 없는 것을 '느끼고' '절단하는' 기법이다. 자료 축적은 불필요한 작업이 아니다. 그러나 어디까지나 준비하고, 준비하고, 또 준비하는 단계일 뿐이다! 다시 말해, 결정권자에게 유용한 간략한 보고서 형태_{몇 가지 도식과 가설을 담은가} 될 때까지, 비서들은 자료들을 준비하고 선별하고 다듬는 작업을 반복해야 한다. 그것이 전부다!

　전산화를 통한 사무자동업무에 관해 이야기해 보자. 여기에서 핵심은 "3차 산업" 활동의 자동화와 정보화이며, 사무실과 행정 기관들의 기능 조건 개선과 서비스 질 향상이다. 그것은 "사무 활동의 정보화를 추진하려는 기술과 수단들의 총집합이다. 일차로 말, 글, 그림에 대한 처리와 소통 교환 작업이 이뤄진다"_{1982년 1월 17일 「공식 신문」에 실린 공문 내용} 이러한 자동업무의 확장에 제동이 걸린 이유는 준비 부족이다. 덧붙이자면, 판매권을 거의 독점하다시피 한 소프트웨어들을 비롯해, 사용 주체인 직원들조차 쉽게 적응하지

---

103) [역주] 여기에 사용된 프랑스어 trancher는 마치 정육점에서 고기를 자르듯이 세밀하게 가르고 구분하고 단순화시켜야 한다는 뜻이다.

못하는 낯선 자료들에서 시작했기 때문이다. 행정의 정보화에 이르려면, 무엇보다 활발한 교육이 이뤄져야 한다. '모든' 사람들이 이 교육을 이수해야 하며, 교육의 과정도 지속되어야 한다. 우리는 서비스의 전통 기능과 비교하면서, 정보화에 대한 광범위한 기본 설계도를 구상해야 한다. 업무 기능에 대한 지속 감시가 가능한 "사무자동업무 고문" 위원회를 조성해야 한다. 마지막으로, 사무자동업무의 생산과 서비스에 대한 공적 요구에 부응하는 조직화 작업이 필요하다. 우리는 이러한 네 가지 조건들의 실현에서 꽤 멀리 떨어져 있다. 따라서 서비스 분야에서 필요한 컴퓨터 정보의 올바른 사용에서 동떨어졌다. 결국 중복된 문서들, 잘못된 청구서들, 무용지물에 불과한 수 킬로그램의 종이들만 받게 될 것이다.

이와 같은 다양한 측면에서, 굳이 기술을 강조하지 않더라도, 우리는 "미디어" 사회를 지향하는 중이라고 말할 수 있다. "미디어" 사회란 우리가 사회의 구성물을 전혀 제어하지 못하는 사회, 그 효과와 가능성 일체에 대해 무지한 사회를 가리킨다. 기술이 강제로 부과한 것처럼 보이지만, 사실은 국가의 행정부를 담당하는 정치인들이 결정한 방향이다. 그리고 우리는 이들의 안내를 받아야 하는 맹인처럼 단지 정해진 방향으로 갈 뿐이다. 정치인들은 도래할 사회의 밑그림을 그리고, 그 사회의 도래를 피할 수 없을 것이라 떠든다. 이들은 지연전이 되지 않도록 곳곳에 컴퓨터를 강제 부과한다. 우리는 뒤에서 이 문제와 다시 만나게 될 것이다. 어쨌든, 현재 공공 관리와 지휘 분야의 거의 대부분이 통신과 컴퓨터의 융/복합 체계인 '텔레마티크'로 이뤄지는 상황이다! 기업가들이나 용역 회사들은 하나같이 진정한 시장을 만들지 못했다. 자료 전송을 주무主務로 삼은 정보 통신 업체 '트랑스파크Transpac'104)는 성공을 거뒀지만, 전화통신 회의, 가입자 전신 방식인 '텔렉스', 전송복사기인 '팩스'는 실패했다. '미니텔'로 개칭한 비디오텍

---

104) [역주] 프랑스의 정보 통신사 '프랑스 텔레콤'(2013년부터 '오랑주'로 개칭)의 계열사이다.

스는 부과된 이후에도 상용화되는 데 상당한 시간이 필요했다. 바욘 지역의 주민들은 과감히 "유선 텔레비전"을 거부했지만, 정부의 결정에 따라 강제로 사용해야 했다. 장비들의 초과 경비는 예상치의 20%를 웃돌았다. 밸리지 지역에 보급된 2,500대의 미니텔 가운데 1/3은 무용지물이었고, '텔레텔'은 심심풀이 오락용 도구였다. 텔레텔을 이용하는 대부분의 시간이 오락에 할애되었다. 사용자들 상당수가 처음에는 호기심 차원에서 이 기구들을 사용했다고 입을 모았다. 그러나 후에는 점차 무용지물로 전락했다.

우리가 말할 수 있을 최악의 상황은 다음과 같다. 대중에게 이러한 기술 제품들의 강제 부과는 사실 불필요하다. 아마도 일각에서는 이런 말도 나올 것이다. "처음이야 모든 기술 제품들이 엇비슷해 보이겠지만, 지금은 그 반대가 아닌가? 모두가 제품들에 심취하고 열광한다." 나 역시 이 말을 잘 안다. 그러나 모든 기술 장치가 기대에 부응하는 것도 아니고, 욕구에 반응하는 것도 아니다. 오히려 체계의 권력이 이 장치를 억지로 부과한다. 때로는 경제 체계의 힘으로, 때로는 정치, 때로는 기술 자체가 조성한 체계의 권력이 이러한 결과를 부른다. 기술은 언제나 더 많은 기술을 부추긴다.[105]

우리는 이렇게 조성된 컴퓨터 정보의 영역에 머물러야 한다. 그러나 이제 몇몇 분야에 대한 반성을 수행해야 한다. 먼저, 컴퓨터 정보에 관해 이미 이뤄진 중요한 지적을 소개하겠다. "가능한 선택에 관한 백과사전식 지식은 사실상 선택에 대한 어떤 기준도 부여하지 않는다는 말과 동격이다. … '텔렘Télem'은 객관적으로 가능성 높은 선택지들에 대한 정보들을 축적한다. 반면, 선택 논리는 가능성들에 대한 평가와 전혀 상관없다. 이러한 풍성함이 방향 상실을 야기한다. … '텔렘'은 교환, 정보, 자료들에 대한 실행 논리

---

105) 컴퓨터 가격에 관한 사례로, 우리는 "에스프리"(Esprit) 기획을 제시한다. 이 기획에 관련된 산학 기관만 2,500여 곳에 달했고, 투자금도 약 100억 프랑에 달했다! 프랑스의 기업들과 행정 기관들이 컴퓨터 설치 계획에 적극 가담하면서, 1973년에 170억 프랑, 1983년에 700억 프랑, 1986년에 1,000억 프랑의 투자가 이뤄졌다.

를 완전히 무시한다. … 누구도 실행할 수 없는 이 모델은 기술의 합리성을 사회와 도덕의 합리성으로 대체하는 데 방점을 찍는다. … '텔렘'이 제안한 컴퓨터 정보는 잠재적으로야 신뢰할 수 있겠지만, 결코 진리의 단계는 아니다."[106]

이것은 위에서 다룬 정치권의 의사결정 문제와 동일한 문제이다. 낭트 시청의 텔레마티크 사용에 관해 오래도록 구체적인 연구를 진행한 앙드레 비탈리스는 텔레마티크 활용으로 행정 당국과 시민 사이의 관계는 전혀 바뀌지 않았다고 일갈한다. 시민은 소비자와 동일시됐다.[107] "관리 행정 분야에서 신기술이 거둔 성공은 결코 평범하다고 말할 수 없는 요행수의 민낯을 고스란히 드러냈다. 왜냐면 기존 행정 체계와 동일한 체계를 그대로 보존하고 재생산하기 때문이다. … 텔레마티크가 제공한 시각들로 인해, 프랑스의 관료제 이상은 더욱 강화되었다. 전능한 기계제품들을 믿은 신자들의 물결, 놀라운 발명 지식들이 야기한 기계적 악순환, 우리의 능력치를 훌쩍 넘어서는 것에는 예속될 수밖에 없다는 체념 등이 텔레마티크 활용 문제의 핵심이다. 우리는 아무것도 할 수 없다. 왜냐하면 권력은 우리 바깥에 있고, 우리는 권력의 자리에 앉지 않았기 때문이다."[108] 또한 스트라스부르의 '그레텔', 벨리지의 '텔레텔'도 화제성 높은 관계들을 낳았다. 동시 접속한 익명의 상대와 짧게 대화를 나누고, 또 다른 상대를 찾는다. 사람들은 아무나 접속해 잡답을 나눈다. 허구와 익명성에 기댄 대화일 뿐이다. 그레텔과 텔레텔 체계에서는 모든 것이 가능했다. 사회 차원의 어떠한 처벌이나 비난도 없었기 때문이다. 또한 이 체계에서 사람들은 "자유롭게 표현"^{무엇을 표현하}는가?할 수 있었고, 구미에 맞는 사람들과 삼삼오오 짝을 지어 동아리도 결성할 수 있었다. 각 사람에게 날마다 메시지를 보낼 것을 요구하는 등의 정례 활동 말하자면, 놀이 그

106) D. Bouiller, « Télem à Nantes », in *Télématique*, La Documentation française, 1984.

107) A. Vitalis, « Les enjeux socioculturels de Télem », *ibid*.

108) P. Legendre, *Paroles poétiques échappées du texte. Leçons sur la communication industrielle*, Le Seuil, 1982.

이상도 이하도 아니다. 그러나 이것이 인간관계를 대체한다. 결과적으로 깊은 고독, 모든 것을 탕진한 피로감을 뜻할 뿐이다!

미니텔의 정상 기능으로 자유를 얻지만, 이 자유의 탈선이라 여길 만한 일들이 곳곳에서 벌어졌다. 오늘날 이러한 탈선은 전혀 다른 방향으로 흘렀다. "자유"라는 단어에 집중하자면, 그 탈선 현상은 방향만 조금 다를 뿐, 과거 라디오 자유 방송에서 나타났던 것과 동일하다. 오늘날 서신 교환은 쇠락하고, 대신 포르노 영상물, 매춘, 성인 대화방, 저질 사진들_{익명성 보}_{장!}, 새로운 체위 "강좌", 소아성애자 모임 결성 등이 급부상했다.『미니텔 매거진』_{Minitel Magazine}의 편집을 담당한 '아-주르_{A-Jour}'의 편집장 드 발랑스_{de Va-lence}는 다음과 같이 썼다. "사람들은 처음에 포르노 메시지들을 작은 여드름 정도로 여겼다. 그러나 오늘날 목도하듯 곪고 썩는 매독이 되었다"_{Le Monde, «} _{Fantasme sur toute la ligne », septembre 1986} 이러한 유형의 전화 대화가 하루에만 무려 2만 통이다. 이른바 "장미 전화"라 불리는 성인 전용 전화가 성행이다! 자료 은행이나 다른 기억 장치에 내재된 문제들 가운데 하나는 그 곳에 누적된 정보들의 신빙성이다. 사기꾼들이 넘쳐 나며, 심지어 자료 판별 업무에도 사기꾼이 손을 뻗는다! 자료 검색 과정에서도 수백만 건의 사기 정보와 자료들을 볼 수 있다. 이러한 일탈의 주동자 가운데 한 사람은 언젠가 다음과 같이 말한 적이 있다. "체계가 복잡해지면 복잡해질수록, 우리에게 더 큰 도움을 줄 수 있다."

어쨌든, 컴퓨터를 개설하고 다루는 기술자는 갖은 보호 장치들을 만들 필요가 있다. 바로 암호, 비밀번호다. 이 컴퓨터에서 정보를 전송하기 위해서는 암호화 작업이 필요하다. 그러나 다른 암호화 작업과 마찬가지로, 이것도 구멍 뚫릴 공산이 크다. 그러나 진짜 중요한 문제는 바로 정보 노출이다. 정보의 변용을 막고 효과적인 정보 관리를 위해, 비밀번호와 암호를 자주 변경해야 한다. 사람들은 정보 획득을 위한 모든 "시도"와 비축 자료들의 검색에 들인 일체의 "노력"을 저장한다. 과거와 마찬가지로, 우리는 지문흔적을 읽어낼 수 있다. 그러나 이러한 명령 체계에 들어가는 비용은 매우 높으며, 속도는 더디다. 굳이 이 점을 강조하지 않더라도, 우리는 완벽한 자료 보존을 보장할 수 없다는 점을 강조한다. 덧붙여, 현재 우리는 사기와 자료출처도 제대로 알 수 없는 남용이 판칠 가능성이 농후한 곳에 있다는 점도 강조한다.[109]

더군다나 의도치 않게 불법 복제와 같은 해적 행위도 빈번하게 발생한다. 이것은 놀이의 결과이기도 하다. 어느 날 화면에 숫자 0을 행렬로 만들어 화면 게시를 요청한 사용자의 이야기가 있다. 이렇게 터무니없는 요청을 하리라 누구도 예상치 못했다. 컴퓨터는 이 요청을 저장했고, 그것은 금지 작업0으로 분할으로 이어졌다. 이 사용자의 컴퓨터 화면에는 그간 결코 접근할 수 없던 운영 체계에 개입할 수 있다는 진단 결과가 나타났다.

장-피에르 샤무는 불법 복제와 사기에 관한 탁월한 연구를 수행했다.[110] 그는 수백 가지의 사례를 상세하게 인용한다. 그의 인용 사례를 보면, 전문가들의 사익 목적의 전문 지식 활용, 영업 비밀 불법 복제, 작업 표절, 그리고 무엇보다 "컴퓨터 지원 금융 범죄"가 있다. 대규모 체계가 빚은 결과물인 '전자 화폐'의 사례를 살펴보자. 일례로, 리옹 은행Crédit lyonnais [111]은 자동 환전소에 1,600만 프랑을 지불했고, 15초 동안 무려 1억 달러를 교환, 매매할 수 있다! 전자 화폐는 사기꾼들에게 새 지평을 열었다. 일단 횡령 총액이 상승한다. 저자 샤무는 현재 1,000만 프랑의 횡령 자금이 유통 중이라고 인용한다 그리고 이 자금들이 별 제재 없이 국경을 넘나든다. 전자 은행은 전통 은행보다 훨씬 취약

109) 예를 들어, 정보처의 자료 보호 책임자로 재직 중인 그리소나슈의 글을 참고하라. Grissonache, « Des risques grandissants, mal connus, peu combattus », in Le Monde, septembre 1983.

110) J.-P. Chamoux, Menaces sur l'ordinateur, op. cit. 다음 자료도 보라. J.-C. Hazera, « La Sécurité informatique », in La Recherche, n° 113, avril 1980, et F. Bergantine, « La Sécurité informatique », in La Recherche, n° 143, avril 1983.

111) [역주] 1863년에 리옹에서 개장해, 지난 2005년부터 '엘세엘'(LCL)로 불리는 프랑스의 주요 은행이다.

하다. 왜냐하면 자금 교환과 매매에 대한 실제 통제 사례가 적기 때문이다.

지불 체계의 취약성이 매우 커졌다. 그리고 이것은 곧 바로 사회 전체의 약점으로 작용한다. 자료 삭제, 번호 변경, 기한 만료된 자료_{개인 식별 번호가 보관된}들의 사용과 같은 단순 사기들이 빈번하게 발생한다. 여기에 보험 분야의 사기는 셀 수 없을 정도다. 또한 프로그램 기획자에게 공이 넘어가면, 운영 프로그램을 통한 사기가 벌어질 가능성이 농후하다. 그러나 이러한 사례들의 공통점은 "컴퓨터 중앙 서버" 접근 가능성이다. 미니텔이나 "프티 쇼드롱"을 사용할 줄 아는 우리는 얼마든지 컴퓨터 중앙 프로그램에 접근할 수 있다. 접속에 필요한 약간의 기다림은 충분히 감내할 수 있다. 이러한 접근 가능성으로 인해, 신용 정보 불법 복제가 가능해졌다. 심지어 "원자력위원회"의 자료마저도 해킹할 수 있다. 우리는 일간지 「카나르 앙셰네」*Canard Enchaîné* 소속의 한 기자가 미니텔을 통해 정보 서비스 회사 목록을 읽는 데 성공했던 사례를 기억한다! 그 기자는 원자력위원회 회원이었다. 오늘날 사람들은 "어떠한 목록도 비밀 유출에서 안전할 수 없다"*novembre 1984*라는 말을 모두 인정한다.

이러한 사기 행각이 마이크로컴퓨터에서 우연히 찾은 암호를 통해 일련의 회로에 마음껏 출입하는 아이들의 장난에서 비롯될 수 있다는 점에서, 나는 사태의 심각성을 인지한다.[112] 12세만 되어도 컴퓨터 "천재"가 될 수 있다. 로슨 스토발*Rawson Stovall*은 12세에 이미 수백 개의 비디오 게임을 개발하고, 열일곱 군데의 잡지사에 관련 주제에 대한 기사를 게재했다. 13세의 코리 그림*Cori Grimm*은 한 컴퓨터 회사의 '그래픽 컨설턴트'로 활동 중이다. 17세의 제프 골드*Jeff Gold*는 불법 복제 차단 업무에 정규직으로 활동 중이며, 15

---

112) 그레텔과 관련해, 다음 글을 읽어 보자. "해적질이라고? 천만에, 비밀번호 체계를 엉망으로 만든 범인은 열 살 개구쟁이 아이였다. 제 아버지의 애플 컴퓨터로 우연히 미니텔에 접속했고, 체계 전체를 혼선에 빠뜨렸다. 이 당돌한 아이는 테이프로 체계의 프로그램을 짰다. 테이프를 틀었고, 모든 비밀번호를 입력할 때까지 컴퓨터를 실행했다. 결국 우리 모두는 미니텔 내에 접속할 수 있는 비밀번호를 포기해야 했다"(M. Marchand, *Télématique..., op. cit.*에서 인용·)

세의 무사 무스타파Musa Mustapha는 "컴퓨터 특수 효과 개발" 분야에 정규직으로 채용되었다. 14세의 시릴 드 비뉴몽Cyrille de Vignemont은 이미 12세에 프로그램 개발 건으로 미국의 애플사와 정규직 계약 협상을 벌였다. 차후 그의 일과표는 두 시간 학과 공부, 다섯 시간 프로그램 개발, 다시 두 시간 마케팅 활동계약서 작성 등으로 나뉘었다. 시릴은 수백 개의 사본과 함께 두 개의 소프트웨어를 판매했다. 그의 프로그램에 대한 주문이 빗발쳤다. 나는 이 외에도 수많은 사례들을 인용할 수 있다.

천재? 영재? 아니다. 과장이다! 컴퓨터 정보 "개발"의 정점에 오를 수 있는 아이들의 급증 현상은 컴퓨터의 '밑바닥'을 여실히 드러낸다. 컴퓨터는 '유아적'이다. 사실, 간단한 자료들만 섭렵해도 어떤 것이든 만들어 낼 수 있다. 어린이는 문법이나 수학보다 이런 것들을 더 쉽게 익힌다. 일단 그 길에 들어서면, 복잡한 제작도 척척 해낸다. 굳이 천재가 필요치 않고, 수백 가지의 '다른' 지식이나 질문들로 골치 아파할 이유도 없다. 언어, 역사, 과학을 배울 필요도 없다. 자기 컴퓨터와 네트워크의 다양한 가능성 '만' 알면 된다. 인간관계로 시간을 허비하지 않는 편이 낫다. 로슨 스토발과 시릴 드 비뉴몽은 친구가 없다고 자인한 적이 있다. 매료된 인간의 소소한 사례라 하겠다. 이들은 어떠한 인간적 혹은 지적 가치도 표하지 않고도, 놀라운 결과물을 배출했다. 서신을 통한 학교 수업을 선호한 시릴 드 비뉴몽은 텔레비전 방송Antenne 2, 6 novembre 1985에 출연해 자신의 저조한 성적을 자인했다. 대수학 과목을 제외하면, 거의 모든 과목이 0점이었다. 마이크로컴퓨터가 하나의 놀이이자 유치한 장난감이라는 측면을 고스란히 드러난 이야기다. 그러나 나는 이러한 현상이 매우 위험하다고 생각한다. 우리는 앞으로 이 컴퓨터가 만들 소아병과 같은 상황을 분명히 인식해야 하다.

지금까지 우리가 기술한 내용은 마이크로컴퓨터와 관련된 내용이다.113)

---

113) 우리는 체계의 취약성에 관한 일반 연구(이 책의 1부 4장)에서 컴퓨터의 특수한 취약성 문제를 다뤘다.

그러나 컴퓨터 중앙 서버와 연관된 큰 문제가 또 있다.장-피에르 샤무는 이 문제도 연구했으며, 그의 책은 라가덱의 『위험 요소들로 가득한 문명』의 연장선상에 있다 무엇보다 이 컴퓨터는 취약하다! 대형 컴퓨터인 중앙 서버는 종종 회자되는 말과 다르게, 상당히 취약한 상태이며, 밀폐된 공간에 섭씨 20°C와 일정한 습도를 유지해야 한다. 또 우리는 컴퓨터를 아예 사용 불가 지경까지 내모는 수많은 고장의 원인들도 확인한다. 급작스런 온도 상승, 인근 지역의 화재, 뇌우, 냉각기 고장, 정전, 강풍, 인접 지역의 전자기장 출현근처의 레이더 설치, 전력 공급으로 운행되는 고속 열차 철로 설비, 과도한 습도내부 침수!, 보관실을 관통하는 먼지와 연기 등이 고장의 원인이다. 마지막으로, 장-피에르 샤무의 타당한 지적을 확인해 보자. 그에 따르면, 컴퓨터는 하나의 '기계'다. 그것도 특수한 유형의 '기계'다. 그러나 이 기계도 다른 기계와 마찬가지로, 고장 날 수 있다. 특별한 외부 원인 없이도 고장 난다. 고수준의 자동화를 유지하는 한 은행의 대표는 월 평균 2회 정도의 기능 고장 문제가 발생한다고 인정했다.

잡지 「터미널」*Terminal, octobre 1983*에서 비판 성향의 숙련가들은 다음과 같이 말한다. "컴퓨터 정보에서 오류는 규칙과 같다. 프로그램 기획자들이 많은 시간을 할애하는 부분이 바로 프로그램 오류다." 따라서 "컴퓨터에는 오류가 없다"라고 설교하는 고위급 사제들의 면전에 "아니오"라고 외쳐야 한다! 사람들은 일상에서 여러 기업들에 의존한다.은행, 경찰 우리가 수백에 달하는 거대 기업들이 이러한 취약성과 유약성에 좌우된다고 생각할 때, 생존 가능한 것이 무엇인지에 대해 매우 우려한다.114)

---

114) 이 문제와 관련해, 나는 그 동안 '누구도 전혀 거론하지 않았던' 사례를 소개한 잡지 「연구」에 실린 논문을 읽었다. 논문에서 이를 확증할 수 있는 내용을 발견했다. 즉, 중간 정도의 힘으로 고도 500km까지 치솟는 핵무기의 폭발은 '어떤' 물적 피해나 희생을 낳지 않을 것이며, 사람 눈에 식별되지도 않을 것이며, "전자기 충격"을 발생시킬 것이다.(I.E.M.) 이 폭발은 대륙 전체에 정전을 일으킬 수 있었고, 모든 전송망(전화, 라디오, 모든 전자기기)을 파괴했으며, 컴퓨터의 모든 구성 요소, 회로, 전송선을 폭발시켰다. 나라 혹은 대륙은 완전히 무기력한 상태(군사력 포함)가 되었다. 정복 전쟁에 대한 욕구가 더욱 강해진다! 오늘날 무기 관련 '모든' 것이 정보화되었다는 내용을 읽을 때, 더더욱 중요한 대목이 아닐 수 없다. cf. J. Isnard, « L'armée et l'ordinateur », *Le Monde*, 컴퓨터 정보 관련 특집호, septembre 1984. 해학과 풍자를 사용해 놀라운 예측 능력을

마지막으로, 폭넓은 차원에서 성찰을 이어가 보자. 첫째, 매크로, 미니, 마이크로컴퓨터는 하나같이 사회 취약성을 가중시킨다. 대중과 일상생활에 대한 위험 요소들이 확장된다. 금융 상거래의 취약성, 극소수의 파업으로 발생하는 취약성, 사회 통제 및 행동 규제의 위험 등이 등장한다.[115] "전자 기기들, 디지털 계산기로 수용할 수 있는 것을 위한 인간 행동의 모델은 바로 축소주의다. 분석 도식과 인간 및 사물에 관한 자료들은 단순한 형태로 분류되어야 한다. 다시 말해, 쉽게 설명하고 비교할 수 있는 형태가 되어야 한다" 이 부분을 거론한 장-피에르 샤무는 컴퓨터 정보망에 관한 전문가이자 개인연구소 소장으로 재직 중이다 우리가 거론하지는 않았으나, 이에 대한 반대급부로 컴퓨터의 은밀한 "공생공존"이 있다. 컴퓨터는 너무 은밀하고, 너무 자연스럽게 우리와 공존한다.

효율성 확보는 두 가지 측면에 대한 값을 치른다. 먼저, 노예화의 위험에 대한 값을 치른다. 둘째, 현재 진행 중인 취약성의 값을 치른다. 그러나 다른 단계에서 성찰을 진행해 보자. 아마도 이 단계는 외견상 매우 세련된 모습일 것이다! 네렝크가 주목했던 내용에 따르면, 컴퓨터는 초보자의 숭배를 받을 만한 모든 조건을 충족했다. 컴퓨터는 온갖 능력과 개성을 갖췄다. 또한 컴퓨터는 에너지도 적게 소비하며, 우리 사회의 구성원들이 바라는 비물질 실체, 즉 정보를 주로 다루는 주체도 컴퓨터다. 대중의 눈에 컴퓨터는 신비롭다. 동시에, 컴퓨터는 "인류의 오래된 고정 관념"과도 대면한다. 컴퓨터를 두고 대중들은 인간을 완벽하게 모방한 '오토마타'의 재림이라 불렀다. 그러나 네렝크는 컴퓨터에 대한 열정의 원동력을 인지했음에도, 다음과 같이 묻는다. "결국 컴퓨터의 용도는 무엇인가?" 컴퓨터를 통해 개인의 삶이 향상되었는가? 개인용 혹은 가정용 컴퓨터의 보급으로 실제 욕구

선보인 다음 소설도 참고하라. J.-M. Barrault, *Et les bisons broutent à Manhattan*, Julliard, 1973. 다음 자료도 참고하라. G. Vezian, « Le retour de la grand informatique », *Le Monde*, 컴퓨터 정보 관련 특집호, septembre 1984.

115) J.-P. Chamoux, *Menaces sur l'ordinateur, op. cit.*, p. 211.

가 충족되는가? 저비용 '마이크로프로세서'의 대량 제조가 문제의 '해법'인가? 과연 컴퓨터는 우리가 풀어야 할 문제의 '해결책'이 될 수 있는가? 로봇 공학은 반복 업무에 지친 노동자들의 업무 부담을 덜 수 있는가? 원칙상 대답은 '그렇다'이다! 그러나 실제 대답은 '아니오'이다! 우리는 뒤에서 '생산성'의 문제를 확인할 것이다. 컴퓨터의 행보는 필히 중앙집권을 향한다. 이를 통해 내릴 수 있는 결론은 다음과 같다. 컴퓨터 정보에 담긴 가장 심각한 위험 요소는 바로 이데올로기 본성의 문제다. 다시 말해, 컴퓨터에 대한 이해도가 낮으면 낮을수록, 과도한 해설과 주석이 만연할 것이다. 특히, 컴퓨터 정보가 '엔트로피를 감소시켜' 에너지 제약으로부터 우리를 해방시킨다는 말이 있다! 명백한 오판이다. 네렝크는 이러한 오판을 자세히 분석한다. 컴퓨터를 통해 "순수" 정보가 폐쇄된 체계에 공급된다고 하여 엔트로피 감소로 이어질 수 있다는 생각은 오류다. 오히려 컴퓨터의 활용으로 체계의 에너지 성능을 폭발적으로 개선할 수 있다는 말이 옳다. "배전에 연결된 컴퓨터는 더 나은 교통 계획을 통해 전력 손실을 줄일 수 있다. 이것은 매우 유용한 방식이다. 또한 컴퓨터는 엔트로피의 낮은 성장으로 기술 체계를 구축하는 데 필요한 도구다."[116]

그러나 인간의 단계로 복귀하면, 우리는 컴퓨터와 연계된 시간의 문제를 다시 한 번 물을 수 있다. 컴퓨터는 연구, 생산, 관리에 필요한 시간을 극단적으로 압축시킬 수 있는 기기다. "프로그램화 경향이 발달함에 따라 '동시 발생 동시 작동synchrone' 사회가 정립된다. 이 사회는 동시 발생과 동시 작동을 일반화한다. 컴퓨터는 이 사회의 기초 신화이며, 전능한 조직자이다. 실시간이라 불리는 시간은 사전에 이미 감금된 시간이며, 순간이라는 틀 안에서 짓밟혀 어그러진다. … 동시성을 더 많이 추구할수록, 노동자들은 큰 부담을 느낀다."우리는 생산성의 문제에서 이 부분을 더 길게 다룰 예정이다 또한 셰노는 인간 생

---

116) J. Neyrinck, *Le Huitième Jour de la Création...*, *op. cit.*, p. 208-212.

의 전 단계에서 이러한 순간성 때문에 나타나는 결과들을 세세하게 기록한다. 컴퓨터는 우리를 순간에 익숙하도록 점점 옭아맨다! "컴퓨터는 미래와 과거에 대한 현재의 절대 우위를 나타내는 도구이다. 컴퓨터의 발생에 따라 사회 변화의 속도가 조절된다. 컴퓨터는 이 변화의 조절자이며, 핵심 기준이다."[117] 나는 아래에 세 가지 인용문을 소개하면서 광범위한 성찰의 결론을 내리려 한다. 컴퓨터 정보에 적대감을 가진 사람들에게서 이러한 성찰을 찾아볼 수 없다는 점이 자못 흥미롭다!

첫째, 네렝크가 강조한 "무용한 물건들의 개발"을 짚어 보자. 거대 경제 조직, 수백만에 달하는 참여자, 정치와 이데올로기의 결집, 장비들의 확산, 미래 사회에 관한 불꽃 튀는 대화 등에 비춰 볼 때, 관건은 과연 무엇인가? 10,000가지 정보가 있다면, 9,999가지는 정보의 생산에서나 유통에서나 백해무익하다. 네렝크는 신기술 혁명을 무용한 것들의 개발이라 칭한다. 충동, 직접 필요, 투명한 욕구가 이 혁명을 완수하지 않는다. 오히려 체험으로 누적된 기술 성장의 자연스러운 과정이 혁명을 완성하며, 네렝크가 기술의 환상이라 칭한 이데올로기, 즉 풍요 사회의 약속에 따라 불만족스런 기대치를 채우려는 이데올로기가 혁명을 완수한다. 풍성하고 유용해야 할 양식은 모자라고, 백해무익한 정보만 차고 넘친다.

둘째, "프티 쇼드롱"마이크로컴퓨터의 사도인 뤼사토의 글을 보자. 뤼사토는 마이크로컴퓨터에서 만물 구원의 가능성을 확인한다. "나는 컴퓨터의 무서운 발달 속도를 염려한다. … 컴퓨터의 발달로 인한 손익 계산은 차치하고, 인간의 통제권을 벗어나 위험 수준에 이른 발달 속도에 주목하려 한다. … 의사소통이 발달하면 할수록, 컴퓨터의 사용처도 확장될 것이며, 대중의 소통 욕구도 상승할 것이다. 대중의 소통 욕구가 늘어날수록, 소통을 위한 체계 설비가 가열될 것이다. 더불어, 이러한 소통 없이 가능한 일은 점차 줄

---

117) J. Chesnaux, *De la modernité, op. cit.*, p. 35-49.

어들 것이다. 소통은 마치 약물처럼 습관이 될 것이다. '텔레마티크'는 소통과 정보를 잇는다. 즉, 이 결합은 우리의 범위를 초월하는 승수 효과를 낳는다.

셋째, '텔레마티크'에 관한 잡지*Terminal*, 1984에서 발췌한 글을 보자. "미래 시대에 우리는 각자 '기억 내장 카드'를 장착해 우편 대체 구좌 기기에 양식^{현금}을 공급할 수 있다. 또한 '시청의 정보'를 열람하기 위해 텔레비전 단말기에 접속하고, 뉴욕에 사는 고모와 통화를 한다. 또한 안티오프[118]가 제공하는 날씨 정보를 확인하기 위해 단말기를 켠다. 주말 기상 예보가 맑은 날씨라면, 아마도 집에서 열차 좌석을 예약할 수도 있을 것이다. '텔레마티크'는 가정에서도 유용하다. 단말기로 신문도 구독하고, 아이들의 전자 기기 놀이 프로그램을 만드는 데도 유용할 것이다. 자투리 시간이 있다면, 개인 단말기에 연결하고, 개인 식별 카드를 활용해 집에서도 몇 시간동안 연장 사용할 수 있을 것이다. … 출생에서 사망까지 '화면이라는 수단'을 통해 노동, 소통, 소비, 오락, 교육을 수행하는 사람들의 세계와 심리는 과연 무엇이라 할 수 있는가?"

마지막으로, 지금까지 검토한 결과를 요약해 보자. 컴퓨터는 훌륭한 '기기'이지만, 이것의 실 유용성은 허세 가득한 기술담론의 선전보다 훨씬 떨어진다. 그러나 기기에 불과한 이 컴퓨터가 세계와 인간을 완전히 전복할 수 있고, 우리를 무의미한 방향으로 견인할 수 있다는 점을 간과할 수 없다.

---

118) [역주] 통신사 '프랑스 텔레콤'이 제공하는 기상 예측 담당 명칭이다.

5장_낭비

흔히 서구 사회를 낭비 사회였다고 말하는 이들이 있다. 나 역시 정확한 표현이라고 생각한다. 그러나 낭비 문제를 우리 사회의 생산품 과잉, 그릇된 경제 경영 문제에 귀속시키거나 행정부와 정치권의 의사결정이 빚은 결과로만 생각하는 이들이 많다. 물론, 이러한 요소들도 낭비의 주된 원인이다. 그러나 한 단계 더 깊이 들어가면, 낭비는 개발을 멈추지 못하는 기술 체계의 필연적 귀결이다. 기술은 생산 가능한 모든 것을 생산해야 한다. 또한 역량을 갖춘 기술은 경제의 장애가 되는 경우를 제외하면, 어딘가에 늘 응용되어야 한다. 다시 말해, 이 두 가지 원리가 낭비의 필연성과 시발점이다. 그러나 "원시" 시대 이래로, 수많은 사람들이 낭비를 일삼았다는 사실을 제일 먼저 언급해야 할 필요가 있다. 더불어 라쉬드르-뒤셴^{Lassudre Duchêne} 박사의 학위논문 주제였던 과시 경제도 빼놓지 말아야 한다. 신들이나 망자들에게 올리는 거대한 희생 제물도 일종의 "낭비"였다. 일례로, 우리는 성서의 율법서인 '토라'의 규정에 따라 희생 제물^{동물}들의 수량을 계측할 수 있다. 또 가난한 사람들의 "낭비"도 놀라운 수준이다. 그러나 이들의 낭비는 현 시대의 낭비와 비교할 수 있는 수준이 아니다. 과거 시대의 낭비는 사회나 종교의 구조로 제도화된 형태였다. 이것은 사회의 균형과 일관성을 위해 필요한 일이었고, 측정치 또한 정확했다. '이러한' 과시 소비의 결정권자는 인간이었으며, 소비량 또한 변하지 않았다. 반면, 우리 사회를 지배하는 것은 비대해질 대로 비대해진 불확실성이다. 우리에게는 선택권도, 결정권도 없다. 우리는 단지 흐름에 따를 뿐이며, 등장하는 세력들의 수준과 척도를 따른다. 우리는 과도하게 많이 소유했기 때문에 낭비하며, 주변 환경도 우리를 낭비로 내몬다. 그러나 무엇보다 개인의 낭비와 공공의 낭비를 구별해야 한다. 우리 각자는 통상 전자에 속하겠지만, 나는 후자가 더 큰 문제라고 생각한다.[119]

1. 개인 낭비

독자들은 개인 낭비하면 단번에 음식물 쓰레기를 떠올릴 것이다. 나는 식당에 갈 때마다 절반도 채 먹지 않고 남긴 음식들가령, 쇠고기 스테이크을 본다. 남은 음식은 그대로 쓰레기통에 처박힌다. 말 그대로 쓰레기가 된다. 나는 이런 모습을 볼 때마다 매우 불편하다. 미국식 소비를 모방한 상점과 식당이 도처에 생겼고, 매우 간편한 서비스를 제공한다. 이 문제에 기술은 아무런 상관이 없어 보인다. 그러나 우리는 서구 사회의 과소비와 음식물 남용에 관해 잘 안다. "정상" 소비는 2,400칼로리이다. 반면, 프랑스는 평균 3,500칼로리를 소비하고, 미국은 4,500칼로리를 소비한다. 우리는 이중 낭비 현상과 마주한다. 한 쪽에는 지방질, 당, 육류 과다 소비가 있고, 다른 쪽에는 음식물 과다 섭취에 따른 질병들간 질환, 동맥 경화 등에 대한 치료의 낭비가 있다. 체내 지방질 10% 상승에 따라 발병률은 15%, 사망률은 2.5% 각각 상승한다. 그러나 프랑스인을 비롯한 각 나라 사람들의 헛헛증[120]만으로 이러한 소비 양태를 논할 수 없다. 오히려 이러한 소비는 다음 내용과 맞물린다. 우리는 점점 모든 것을 생산하며, 이 생산품을 계속 유통시키려 한

---

119) 낭비에 관한 클로드 그뤼종(Claude Gruson)의 보고서(1970)를 참고하라. P. d'Iribarne, *Le Gaspillage et le Désir*, Fayard, 1975; H. Guitton, *Entropie et Gaspillage*, Cujas, 1975.
120) [역주] 배 속이 빈 것 같은 허전한 느낌이다.

다. 따라서 광고는 "소비 추진력"슈퍼마켓을 멈추지 않는다. 광고는 소비를 위한 개발을 지속한다. 이것은 내수 시장이 생산을 흡수할 수 있는 유일한 방책이다. 그러나 이러한 생산은 여러 기술 수단의 결과물이다. 음식 낭비에는 또 다른 면이 있다. 우리는 고수익을 낼 수 있는 현대화된 수단, 수 톤에 달하는 사료, 완성도 높은 시설을 사용한다. 지금보다 더 빠른 속도를 낼 수 있는 장비들이다. 호르몬 덕분에 단 3개월 만에 송아지를 성장시킨다. 적절한 영양산업 영양분 덕에 젖소 한 마리당 50리터의 우유를 확보한다. 우리는 서식지를 파괴하는 '트롤' 망 사용으로 해저를 긁어내며, '트롤' 선의 공장 뒤에서 다양한 식물들, 콩과 식물들을 비롯한 다른 식물들노란 사과을 개발한다. 또한 전통 농업 생산 방식보다 두 번, 세 번 더 생산할 수 있는 나무도 확보한다. 사람들은 축전지를 사용해 돼지, 소, 닭을 키운다.혐오 식품 확보인가 이러한 방식을 추구하는 이유가 무엇인가? 가장 완성도 높은 수준의 기술을 응용해 당사 제품들의 "경쟁력"을 키우기 위해서이다. 결과는 익히 알려졌다. 우리는 매년 수확량 가운데 일부가 무의미하게 희생되는 모습을 목도한다. 이미 내수 시장의 소비 능력치를 초과했기 때문이다. 또한 우리는 해외 시장에서도 동일한 기술 수단으로 양산된 상품들을 볼 수 있다. 이렇게 생산된 물품의 가격은 더 이상 비싸지 않다. 20년 전부터, 우리는 수천 톤의 살구, 토마토, 사과, 식용 아티초크를 짓이겨 도랑에 버렸고, 수천 톤의 물고기를 바다에 버렸다. 높은 생산성을 추구하는 기술과 직결된 결과다.

낭비의 두 번째 영역은 연료 사용이다. 오늘날 자동차 사용자들은 아무리 짧은 거리라도 습관처럼 자동차를 탄다. 심지어 단 100미터를 이동하더라도 자동차를 탄다. 물론, 불필요하게 시동을 켜놓은 운전자를 탓하는 사람도 있을 것이다. 그러나 이러한 지적에 대해 나는 기술 환경에서 발생하는 습관의 강화로 대답한다. 교통 체증을 겪는 곳마다 우리는 의도치 않게 연료를 낭비한다. 그러나 이러한 낭비는 굳이 필요하지 않음에도 자동차를 몰고 나온 운전자의 강박 관념과 직결된다. 운전자 1인만 탑승한 자동차 수천 대가 도로를 빼곡하게 메웠다. 1인 차지 면적은 15㎡이다! 공장을 가동하려면, 물품 구매를 멈추지 말아야 한다. 물품을 구매하라는 광고의 압력을 받을 때마다 우리는 자동차 시동을 켠다. 이 교통 체증을 어떻게 피할 수 있는가? 우리는 프랑스인의 75%만 자동차를 소유했다는 정보를 듣는다. 정보라기보다 추문에 가깝다. 그러나 사람들은 이를 몰상식이라고 말한다. 75%만 자동차를 소유했다니, 말도 안 되는 일이다. 각 사람당 자동차 한 대씩 소유해야 한다! 따라서 교통 체증과 연료 낭비가 늘어날 수밖에 없다. 낭비의 불가피성이 적나라하게 드러난 사건이 있다. 지난 1975년 "석유 파동"으로 인해, 사람들은 "과소비 추방"을 공식 선언했다. 그러나 정작 낭비의 중추는 전혀 건드리지 못했다. 아마 앞으로도 건드리지 못할 것이다.

  그렇다면, 우리는 낭비를 즉각 없앨 수 있는가? 낭비의 몇 가지 분야를 보자. 첫째, 해양에 전혀 해를 입히지 않고도 모터보트 놀이를 할 수 있다. 굳이 스포츠일 필요도 없고, 바다까지 나가지 않아도 되며, 심지어 수익이 없어도 된다. 승리의 돛을 올리면 그만이다. 둘째, 자동차 경주가 있다. 나는 이것을 하찮은 심심풀이 정도로 본다. 자동차의 성능 향상과 부품 시험을 목적으로 이러한 경주의 중요성을 논할 이유가 없다. 장점이 무엇인가? 우리가 적어도 합리적인 사고를 한다면, 자동차 속도를 줄여 최대 100km 정도에 맞춰야 할 것이다. 시속 300km를 밟으면서 모터와 타이어를 시험하겠다는 말 자체가 어불성설이다! 세 번째 낭비는 도로에 차고 넘치는 수송 차량이다. 가격과 위험도가 높으며, 공해 배출량도 상당하다. 철도 활용으로 고속도로 수송 물량을 현격히 줄여야 한다. 네 번째 낭비는 군용 항공기의 과잉 조종이다. 전문 조종사들도 불필요한 훈련이 많다는 사실을 인정할 정도로 낭비는 끔찍하다. 그러나 우리는 위 네 가지 영역에서 아무것도 할 수 없다는 점을 확인한다. "소형 모터보트 제조 산업"콩코드 여객기의 이익과 관련해 자주 들렸던 매우 성스러운 주장!과 "국가 방위"는 이미 흘러간 신비의 발전과 궤를 같이 한다! 도로 수송 차량과 관련해, 과연 누가 이 로비 집단의 권력에 감히 맞설 수 있는가! 감히 누가 현대판 매머드를 불쾌하게 할 수 있는가!

개인 낭비의 또 다른 부분은 주거지 난방이다. 일각에서는 옛 주거지의 보온성 부족을 지적하며 개선책을 촉구했다. 물론 완벽한 단열이 이뤄지면, 에너지 소비의 약 50% 정도를 절감할 수 있다. 기술의 발전도 경제 수익을 낳을 수 있다. 그러나 이렇게 주장하는 사람들은 난방 문제의 다른 측면에 대해서는 결코 강조하지 않는다. 도시 생활에 익숙한 사람들은 겨울철에도 아파트 실내 온도를 20~25℃로 유지해야 한다고 생각한다. 도시인들의 기막힌 편집증이다! 겨울철 적정 실내 온도는 15~18℃이며, 인체도 적응할 수 있는 온도다. 지난 50년 동안 우리가 경험한 부분이다. 이 정도의 실내 온도에도 우리는 어떤 불편함도 느끼지 않았다. 실내 온도를 5~10℃ 정도 올릴 때, 우리는 아무렇지 않게 연료를 낭비하는 셈이다. 독자들은 양해하고 읽어 달라! 생산된 전기는 '반드시' 소비해야 한다. 정유 회사들은 자회사 연료들을 어떻게 가공하더라도 꼭 팔아야 한다. 새로운 유전을 파는 데 발생하는 막대한 기술 비용에 맞도록 수익을 내야 한다. 만일 기술 사회가 해저 10km까지 시추 가능한 탁월한 장비와 수단예컨대, '해양플랫폼' 건설을 끝없이 연구하지 않는다면, 과연 이 사회는 무슨 수로 버틸 수 있는가? 아름답고 화려한 기술의 진보는 결코 고장 상태에 머물 수 없다. 따라서 '반드시' 더 많은 연료를 소비해야만 한다. 그리고 우리는 숨 막히고 갑갑한 누에고치 속에서 사는 삶, 즉 '도시화'에 익숙해져야 한다.

우리가 사용하는 기술 장비의 급격한 노후화는 개인 낭비를 부르는 또 다른 원인이다. 독자들은 스즈키 오토바이 대신 아직도 20년 전 구형 모토

베칸[121]을 타는가? 중유를 폭발시켜 추진력을 얻는 이 제품더 이상 예비 부품을 찾을 수 없는 구식, 흑백 TV, 최신 '하이파이'가 아닌 음향기기를 아직도 사용하는가? 그렇다면 사람들은 우리가 어디에 산다고 생각하겠는가? 아마도 네안데르탈인의 동굴 속에 산다고 여길 것이다. 사람들은 우리에게 완성도와 "성능"에서 최고 수준의 제품들을 소개할 것이다. 그러나 이 제품들은 결국 우리를 나락에 빠뜨릴 것이다! 단순한 유행의 문제가 아니다. 실제로 신형 장비의 성능은 구형 장비가 범접할 수 없을 정도로 훌륭하다. 그러나 신형 장비가 꼭 필요한가? 아니면 우리에게 '유용'한가? 더욱이 우리가 이를 요구한 적도 없다. 이 제품이 새롭고 완성도를 높인 이상, 유용성과 장점 또한 분명할 것이다. 따라서 우리는 신속하게 옛 제품을 새 제품으로 바꾼다. 이러한 교체 이외에 달리 할 수 있는 일은 없다. 독자들이 구매하는 생산 제품들은 유한하고, 제품의 지속 시간도 한정되어 있다. 그것은 제품의 제작 목적이기도 하다. 소비자는 얼마 지나지 않아 수리를 의뢰할 것이다. 그리고 담당자는 부품 부족을 이유로 수리가 불가능하다고 대답할 것이다. 따라서 여전히 고성능을 자랑하는 장비임에도, 몇 가지 세부 부품을 제외하면 대체 부품이 없는 이 장비를 그냥 버려야 한다. 이른바 "일회용 사회"라 불리는 사회의 작동방식이다. 빨리빨리 바꿔야 한다. 사회에 존재하는 기술 기계의 전환 속도가 너무 빠르기 때문이다. 독자들이 어떤 물건을 샀다고 가정하자. 이 물건은 독자들에게 즉시 다음과 같이 말할 것이다. '난 한 번 쓰고 버릴 일회용품이다.' 이러한 방식의 밑바탕에는 일종의 무의식 과정이 있다. 필립 디리바른Philippe d' Iribarne은 이를 "최고 물품의 순환"이라 불렀다. 디리바른의 설명에 따르면, 우리는 가장 비싼 물품과 최신 물품을 가장 좋은 물품으로 여긴다. "음식, 의복, 위생과 보건을 위한 지출은 정상 지출이라고 끝없이 꼬드기는 이 무한 순환이야말로, 오늘날 우리가 목도하는 낭비

---

121) [역주] 프랑스의 전동식 자전거이다.

현상에 실제 책임을 져야 할 당사자다." 또한 우리는 이러한 순환을 마치 최상품의 순환으로 간주한다. 물론 광고가 만들어 낸 확신이다. 그러나 조건반사처럼, 일단 그렇게 조성된 확신으로 인해 딱히 자극이 없더라도 동일하게 행동한다. "이 최고 물건의 주기는 단독으로도 '가계부 첫 줄을 낭비로 꽉 채울 수 있는 힘을 가졌다.' 낭비의 전진 행보에 제동을 걸 수 있는 유일한 방법은 소비자의 시간과 체력의 한계다. '진보'로 인해 우리는 더욱 효율성을 갖추게 되고, 그와 맞물려 낭비 행보도 멈출 수 없을 것이다!" 따라서 어떻게든 효율성을 높여야 한다. 그러나 사실상 그것은 낭비의 잠재 성장과 동의어다. 우리는 일상의 경험에서 효율성 신장의 문제를 명확히 확인한다. 그러나 집단 차원의 낭비에서도, 우리는 효율성 신장에 따른 낭비 증가의 문제를 확인한다.

2. 사회 차원과 집단 차원의 낭비

회계 감사원의 보고서가 실체를 낱낱이 들추지 않는 이상, 집단 차원의 낭비를 알아차리기는 매우 어렵다. 이러한 낭비는 각 부서 및 부처의 다양한 요소들이 뒤엉켜 만들어지기 때문에 누구도 성토할 수 없는 구조다. 또 정치적 손익 계산과 얽힌 문제이므로 야당의 비판도 피상적인 차원에 그친다. 다시 말해, 정치권은 갈등을 악용해 개별 추문들을 터트릴 뿐이다. 예를 들어, 지스카르 데스탱 대통령의 다이아몬드 추문이나 누치Nucci의 허위 청구서 파문 등 그러나 그것은 과학기술로 인해 발생하는 대규모 낭비와 하등의 관계가 없다. 집단 차원의 낭비를 낳는 주범인 이 얽히고설킨 지도급 인사들은 과연 누구인가? 가장 먼저 정치 계급에 속한 정치인들이 있다. 그리고 고위 행정 간부진들과 전문기술자가 있다. 또한 연구진과 과학자, 각 분야 전문가들, 유력 기업들의 사장들이 그 뒤를 따른다. 덧붙여, 우리는 때때로 노조들에서도 동일한 경향을 확인한다. 마지막으로, 여러 매체, 언론, 텔레비전, 라디오의 99%가 이들과 엮인다. 기술 "발전과 개발"에 대해, 이들은 똘똘 뭉쳐 한 목소리를 낸다. 누구도 기술의 실패, 결함, 낭비와 쓰레기 배출 문제를 규탄하지 않는다.

또한 기술의 작동으로 파생되는 쓰레기 문제도 꼼꼼하게 따져 볼 사안이다. 나는 개별자의 관리와 작동에 관계된 쓰레기 낭비 문제로 접근하지 않을 생각이다. 수많은 연관 사례들이 있지만, 이를 다루기 전에 "개인 단계"의 소비와 대규모 차원의 소비를 구별해야 한다. 중요한 분량을 차지하는 전자의 경우, 결국 개인의 낭비와 재결합한다. 사무실이 대표 사례이다. 사무실에서 빈번하게 벌어지는 낭비는 종이 낭비다. 컴퓨터는 엄청난 양의 종이를 먹어치우는 괴물이라는 점을 잊지 말아야 한다. 업무의 양을 줄여도 90% 가량의 종이가 불필요하게 소모된다. 같은 편지와 사업 설명서를 삼중, 사중으로 발송^{우편물 과부하}하는 문제를 생각해 보면, 컴퓨터 사용으로 낭비되는 종이가 얼마인지 설문 조사라도 해야 할 판이다. 혹자는 컴퓨터 프로그램 설정의 오류라고 말할지도 모르겠다. 그러나 나는 모든 기획의 설정 자체가 잘못되었다고 말하고 싶다. 왜냐하면 무한하다 싶을 정도로 다양한 창구에서 날아드는 청구서, 사업 설명서, 전단지가 날마다 이중, 삼중으로 쌓이기 때문이다.

또한 복사본을 불필요하게 과도하게 사용하는 체계도 문제다. 일각에서는 아무거나 복사하도록 방치한 "비서"들의 과오라고 말할지 모른다. 또한 구체적인 사례들을 제시할 수도 있다. 그러나 내가 강조하려는 부분은 다음과 같다. 기술은 조작하기 쉽고 효율성 높은 장비들을 사무실에 배치한다. 따라서 업무에 필요한 문서는 단 1부이지만, 10개 부서에 각 10부씩 복사본을 발송한다. 또한 요상한 행정 문서들도 수두룩하다. 시민들은 문서마다 신상 기록이며 신청 사유 등을 빼곡하게 채워야 한다. 마지막으로, 기업들이 사무실의 "현대화"를 요구했다는 점을 잊지 말아야 한다. 한 광고의 놀라운 이야기를 들어보자. "사람다운 행정과 관료주의 타파를 위해, 귀하의 사무실에 X를 설치하세요." 나는 농협^{Crédit agricole}과 저축은행^{Caisse d'épagne}이 들어선 프랑스 전역의 신축 건물마다 걸림돌이 될 수 있는 문제라고 생각한다. 시간, 돈, 물질 낭비를 개인의 낭비로 치부할지 모르지만, 내 주안점은 어마어마한 분량의 낭비다. 첫째, 공공 업무가 방대하기 때문에 낭비 또한 방대하다. 둘째, 업무상 발생하는 계측 오류가 낭비를 낳는다. 마지막으로, 실패로 돌아간 대규모 사업이 낭비를 낳는다.

불필요한 대규모 사업들이 있다. 나는 탁월한 예술품을 빙자한 이 작업들을 불필요 사업의 범주로 분류한다! 나는 다른 곳에서 보부르^{조르주 퐁피두 센터}를 을씨년스런 흉물이라고 비난한 적이 있다. 그러나 동시에 파리의 대형 종합 상가 "트루 데 알"^{현 "포럼 데 알"}의 놀라운 성공을 어찌 인용하지 않을 수 있겠는가? 이 건물이 흡입한 수십억 프랑이 결국 사회와 교육, 상업, 미학 분야에 영향을 미쳤고, 이것은 역사의 대업으로 기록될 수 있는 결과물이라고 말할 수도 있다! 그렇다면, 먼 훗날 사람들이 매력과 마력을 동시에 갖춘 '키치^{kitsch}' 양식의 건물이라고 떠들어 댄 '파비용 발타르^{Pavillon Baltard}'와 같은 건물을 군데군데 재건축하는 편이 더 낫지 않을지 자문해 본다. 또한 파리 외곽 '랑지^{Rungis}'의 대규모 도축 시설의 문제도 있다. 지금까지 거론한 작업들은 하나같이 동일한 유형이다. 왜냐하면 '대형 혹은 대규모'라는 용어가 사람들의 뇌리를 뒤덮었기 때문이다. 또한 기술이 이 모든 것을 가능케 했고, 건축에 항상 막대한 예산이 소요되었다. 너도나도 도시 재건 사업에 착수한다. 왜냐하면 우리 대통령들은 하나같이 루이 14세와 나폴레옹의 업적에 견줄만한 성과를 후대에 남기고픈 열망에 사로잡혔기 때문이다. 따라서 일단 건축부터 하고 볼 일이다. 건물의 용도는 훗날에 판단할 문제이다. 완벽한 기술 중심의 논리이다. 사람들이 거의 거론하지 않는 라데팡스La Défense 122)의 경우도 상당한 예산 부족에 시달린 사업이지 않았던가? 국가는 파산 방지를 위해 긴급 자금으로 10억 프랑약 2,000억 원을 투입했다. 골칫덩이 예술 품들에 대한 이야기를 마무리하며, 나는 전혀 유용하지 않으나 비용만 천 정부지로 치솟았던 사업 하나만 더 이야기하려 한다. 세간의 입방아에 한창 오르내렸던 루브르 박물관의 유리 피라미드미테랑 집권기 건축다.

논의를 이어보자. 유명한 '라빌레트' 사업도 낭비의 유명 사례다. 1979 년 지스카르 데스탱 대통령 집권기에 이 복합 공원과 박물관에 8억 프랑약 1,600억 원의 예산을 책정했다. 실제로 육류 판매소에 과학기술 박물관을 건 설하는 데 2억 프랑을 지출했다. 박물관 설계가 형편없었던 이유로, 결국 1982년에 이 판매소의 "재활용"을 결정했다. 에펠탑 무게의 세 배에 달했 던 약 21,000톤의 철과 강철을 제거해야 했다. 새로 집권한 정부미테랑는 "실 제" 과학기술 박물관 건설을 결정했다. 1984년에 당국은 공원과 박물관영화 관, 영화 산책로, 음악 도시 등을 종합하기로 결정했고, 예산은 45억 프랑약 9,000억 원을 책정했다. 그 가운데 기술 박물관에만 17억 프랑을 책정했다.1984년 조르주 퐁피 두 센터에 32억 프랑을 썼기 때문에, 사람들은 본 예산액이 고액이 아니라고 평가했다 더군다나 개선안을 감안하면, 납세자인 우리는 38억 프랑만 지불하면 된다.

여하튼 매 경우마다 예측, 견적, 계산은 예상치를 훌쩍 뛰어 넘었다. "파 리-베르시 스포츠종합지구" 건설에 초창기인 1979년에는 예산 예상치는 3억 프랑이었다. 그러나 1986년에 이미 10억 프랑을 초과했다! 이게 끝이 아니다. 수많은 결함이 드러났다. 골조를 강화해야 하고, 3,000개의 이동 식 좌석을 교체해야 하며, 관람석의 강철 지지대를 알루미늄으로 대체하 고, 이동 통로의 기능도 개선해야 한다. 또한 '매 공연' 마다 대형 운반기도 필요했다. "6일 사이클 경기" 행사를 '준비' 하는 비용만 무려 120만 프랑이

---

122) [역주] 프랑수아 미테랑 대통령 집권기에 조성된 파리 센 강변의 부도심이다. 파리 루브르 박물관에서 개선문까지 이어진다.

다. 낭비가 꼬리에 꼬리를 문 셈이다.

다른 사례들도 검토해 보자. 우리는 이미 프랑스의 과도한 전력 생산을 다뤘다. 프랑스는 전력 초과 생산에 파묻힌 국가다. 그럼에도, 사람들은 아무런 걱정 없이 원자력 증식로 기획을 지속한다. 일반 핵발전소 예산이 60억 프랑 혹은 70억 프랑인 반면, '쉐페르페닉스'에는 200억 프랑이 필요하다. 그러나 원자력 발전소의 주역들은 전 영역에서 언제나 절망스러운 낙관론을 설파했다! 만일 이들의 계획을 따른다면, 1990년에는 열 곳의 원자력 발전소가 더 추가될 전망이다. 이는 최대 에너지 요구량에 비해 과도하게 많은 수치이다!

유용성 없는 대규모 공사 가운데 '라망슈' 혹은 영국 해협의 해저 터널도 있다. 북부 지방 "개발"에 철도 터널, 세 시간 만에 파리-런던 주파, 파리-칼레 간 고속도로, 우회 도로, 대형 선박들의 정박을 용이하게 할 칼레 지역의 신항만 건설여객선 부족분 보충을 대체한 산업이 바로 터널 공사였다!, 그리고 파리-칼레-브뤼셀을 잇는 고소철도 건설도 빠지지 않았다. 사업 예산은 총 150억 프랑이었다. 이전의 '모든' 경험에도 불구하고, 사람들은 실제 공사비의 배가 인상을 주장했다 그러나 북부 지역의 개발은 이뤄지지 않을 것이다. 경제나 산업 분야의 발전을 뒷받침하는 하부 구조들이 불충분하기 때문이다. 이러한 대규모 사업으로 확고해진 부분은 다음과 같다. 대공사로 지역민과 지역 사회의 형평성이 심하게 무너졌다. 고속도로와 고속열차의 노선을 추적해보면 쉽게 파악할 수 있는 부분이다. 이 문제는 다시 다루겠다. 해저 터널로 다시 돌아가자. 이 터널은 분명 안락함을 보장한다. 출발지 좌석은 파리이고, 도착지 좌석은 런던이다. 승객에게 노력을 아끼지 않을 이유가 있는가! 그러나 그것은 어떤 것도 발전시키지 못할 것이다. 관광 사업의 발전으로 이어질 수 있는가? 열차와 선박 쌍방 전략이라면, 투자 대비 이득을 기대하기 어려울 것이다.

우리는 다리 부설에 대한 강박증도 대규모 사업에 추가한다. 르아브르

지역의 다리를 보자. 이 다리의 교통량은 다리의 존재 이유를 무색케 할 수준이다. 올레롱 지역의 다리, 일드레[123] 지역의 다리도 마찬가지이다. 여름만 되면, 이 지역들은 옴짝달싹 못할 정도의 체증으로 몸살을 앓는다. 그러나 여기에도 똑같은 문제가 숨어 있다. 홍수처럼 밀려드는 자동차로 인한 교통 체증의 문제와 고요, 고독, 비밀의 매력을 만끽하기 위해 제한된 지역을 찾는 관광객의 문제다. 그럼에도 대공사는 '반드시' 해야 한다. 행정가들은 지롱드 지방에 다리 건설을 공약으로 내건다. 수십억 프랑의 예산이 소요되지만, 결국 뜬구름 잡기에 그칠 공산이 크다. 나는 이러한 공약들이 기술과 관련된 사건이 아닌, 사변이나 야망 정도로 밖에 보이지 않는다. 그러나 구체적으로 말해, 기술이 이 모두를 가능케 한다. 기술이 없다면, 이러한 작업들은 아예 불가능하다. 수작업만으로는 나폴레옹과 루이 14세의 치적에 범접할 수 없기 때문이다!

유용성 없는 낭비의 마지막 사례로, 나는 전화망 확충을 들겠다. 프랑스인은 2,500만 대의 전화기를 소유 '해야' 한다. 우리는 전화 없는 생활을 받아들일 수 없다. 현재 우리는 광섬유, 위성 전화처럼 대단한 기술력을 담은 수단들을 사용한다. 보급률 100%를 향해 내달려야 한다. 기술은 의무이다. 미니텔과 동일한 현상이다. 프랑스인들은 이 단계에 도달했다. 장비만 만들어 댈 뿐, 우리의 욕구는 차츰 줄어든다. 그러나 이러한 현상과 더불어, 우리는 낭비의 두 번째 축에 이른다. 바로 잘못된 계산과 판단으로 인해 발생하는 대규모 낭비다.

---

123) '일드레'(L'île de Ré)의 다리에 주목해 볼 필요가 있다. 공공 유용성과 관련해 여론의 반대도 있었고, 당국의 인허가도 없는 상태에서 공사가 시작되었다. 행정 법원은 유죄 판결을 내렸지만, 시공 기업은 아랑곳하지 않고 공사를 강행했다. 정부의 입법·행정 분야의 자문과 최고 행정 재판소를 겸하는 '국무 위원회'(Conseil d'État)의 권고도 공사를 멈추지 못했다. 공공사업이 일단 개시되면, 법률상의 어떤 걸림돌이 있더라도 완공되어야 한다(!)는 비아지니의 "쿠파르티"(Coup parti) 학설에 따라 공사를 막을 수 없었다.

콩코드 여객기도 본 논의의 중요한 모델이다. 1962년 11월에 프랑스와 영국은 양국 협약으로 항공기 제조를 결정했다. 이 합작 사업은 세 가지 단계를 포함했다. 첫째, 매력과 인기를 겸한 항공기 제조이다. 최고 수준의 기술을 응용해, 최고의 속도와 안정감을 보장하는 여객기를 제조하겠다는 확신이 있었다. 둘째, 난항 중인 기업을 구제하고 매 년 수백 노동자들의 일자리를 보장하는 대규모 사업장의 개시였다. 셋째, 항공기 운영으로 얻을 수 있는 비용 및 수익을 염두에 두었다. 다만, 이 사업에는 어떤 이익도 없었다. 숫자들이 크게 요동쳤다. 수십억 프랑이 오르락내리락하는 일은 대수롭지 않았다. 언제나 만회 가능한 액수였다. 사람들은 세계에서 가장 빠르고 최신식^{이미 타 항공사들이 극복한} 항공 수단을 구현했다. 제조 기간 동안 소요된 비용은 천정부지로 치솟았다.^{1962년 시작해, 1967년 초기 모델 출시까지} 제조 기간과 운영 기간에 예산 지출이 과했다. 그러나 이 모든 것을 포기할 수 없었다. 오히려 이 사업에서 가장 빈번하게 흘러나온 주장은 '여기까지 오면서 엄청난 양의 예산을 지출했지만, 우리는 이 돈을 허투루 쓰지 않았다.^{1962년 18억 프랑에서 1969년 84억 프랑으로 계속 증가}' 였다. 일단 국제 시장에서 불타나게 팔리기만 하면, 이 정도 지출은 단번에 메울 수 있다는 희망과 더불어 여객기 사업은 지속되었다.

미국과 중국이 관심을 보이는 듯 했다. 그러나 소련은 '투폴레프 144' 라는 고성능 초음속 항공기를 이미 보유했다! 독자들도 경험으로 익히 아는 뉴욕 도착 당시의 비극들을 소환해야 할 것 같다. 일단, 가장 큰 문제는 소음이었다. 항공기의 속도를 아음속^{亞音速}으로 줄여야 했다. 대서양 상공에서만 초음속^{超音速}을 응용해 비행할 수 있었다. 파리-뉴욕 운행 시간이 네 시간으로 줄었다.^{기존 시간의 절반} 그러나 여객기 좌석 비용이 고가였다. 콩코드 여객기 사용 초기인 1985년에 파리-뉴욕의 가격은 26,000프랑이었다. 타 항공기가 12,000프랑인 점을 감안하면, 두 배가 넘는 가격이다. 여행객들은 과연 시간당 3,500프랑의 비용 절감 가치가 있는지 꼼꼼하게 따졌다. 실제로, 소수의 여행객만 콩코드 여객기에 탑승했고, '에어프랑스' 사는 비행 때마다 손해를 봤다. 결국 가상의 고객들까지 철수하게 되었다. 제조사는 초기 모델 이외에도 네 종류의 콩코드 여객기를 제조했다. 그리고 영국과 동일 가격으로 구매할 것을 에어프랑스 측에 강요했다. 다시 말해, 제조, 수익, 판매 가릴 것 없이 전 분야에서 최악의 실적이었다. 그야말로 재난에 준하는 재정난이었다. 첨단 기술로 사회와 경제가 감당할 수 없는 어마어마한 엔진을 만든 셈이다. 그러나 뭐 그리 대수인가! 항공 손실액 정도야 납세자인 우리의 성실 납부로 메우면 될 일 아닌가!

완벽한 실패라고 보기는 어렵지만, 고속철도T.G.V. 역시 실패로 돌아간 사업이다. 이 사업도 낭비의 주된 사례다. 콩코드 여객기와 마찬가지로, 매력과 '첨단 기술'이라는 두 가지 동기에서 시작된 사업이다! 1979년부터 '파리에서 리옹까지 두 시간 만에 주파한다'는 노랫말로 고성능 열차를 앙양하고 찬송하는 공연이 끊이지 않았다. "기술력 신장으로 프랑스 철도청은 다시 한 번 세계 철도계의 으뜸을 차지했다. '테제베'는 프랑스 인구의 근 40%에게 새로운 방식의 여행을 선사했다." 그러나 이게 전부였다. 비행기보다 열차를 선호철도청 통계하도록 사람들을 유도했을 뿐 아니라, 고속철도를 달가워하지 않던 사람들에게도 새로운 여행 방식을 부여했기 때문이다! '테제베'는 많은 혜택을 선사할 것이며, 몇 개월 혹은 몇 년이면 가시 효과를 보게 될 것이다. 그러나 일부 전문가들은 평가를 유보했다. 우리는 뒤에서 이 점을 확인할 것이다. 그러나 현재만 놓고 보면, 리옹 지역에는 개발 광풍이 불었다! 이 얼마나 영화로운 일인가! "리옹은 고유성과 복합성을 갖췄던 지방색을 잃었다"르몽드 지방의 고립과 빈곤을 면하려면, 수도 파리의 자장 안에 있어야 한다! 1981년에 고속철도 '테제베'의 1등석 이용객 숫자는 일일 3,000명이었지만, 1983년 초반에는 6,000명에 달했다. 모든 것이 희망적이었다. '테제베'는 자국에서 성공을 거뒀고, 이 고속철도를 전 세계에 판매하자는 목소리가 높아졌다!

그러나 아쉽게도, 영국과 독일은 자체 기술력으로 고속열차를 제작했다. 프랑스의 첫 고객들한국과 브라질은 계약을 해지했다. 일본은 프랑스보다 월등한 성능을 갖춘 고속열차를 제작했다. 일본의 제조는 미국에서 이뤄졌다. 이미 오래 전부터 미국과 합작으로 속도와 안정감을 겸비한 열차 제조에 심혈을 기울였기 때문이다. 프랑스가 시속 550km로 질주하는 열차를 제조할 당시, 일본은 이미 시속 1,800km의 열차를 제조할 수 있는 기술력을 갖췄다! 그러나 최악이라 할 수 있는 부분은 그가 프랑스가 내수 시장에만 갇혀 있었다는 점이다. 우물 안 개구리였던 셈이다! 최초의 고속철도 제조에 들인 시간과 비용150억 프랑을 되새김질 하고, 문제점이 무엇인지 곱씹어야 한다. 철로 자체가 이익 창출구라는 언론 보도 정도로는 충분치 않다! 1세대 걸작이 나온 이후, 사람들은 2세대, 3세대로 폭을 배가 시키려 했다. 현재 프랑스는 브르타뉴와 보르도를 잇는 '테제베 아틀랑티크'대서양 고속철도를 제작 중이며, 지난 1984년 5월에 이미 시작되었다.

이러한 현상과 함께 우리는 고속철도 사업 전반을 되돌아본다. 브르타뉴 지방과의 간선망 확충은 굳이 고속철도를 열렬히 칭송하지 않더라도 충분히 진행 가능한 사업이다. 그러나 서남부 지역의 고속철도는 터무니없는 사업이다. 파리−보르도 구간의 열차 소요 시간은 네 시간이다. 고속철도로는 세 시간이다. 한 시간 단축을 위해 120억 프랑을 쓴 셈이다. 1984년 최초 시공사는 과연 이 문제를 예측했는가? 아마도 예산 금액은 계속 증가할 것이다.1985년에 이미 150억 프랑 이야기가 나왔다 이러한 결정은 삼중 오류를 범했다. 첫째, 상업상의 오류다. '테제베' 개발로 수익 창출에 청신호가 켜졌다고 연일 떠들었지만, 사실이 아니었다. 탄탄한 경제력을 갖춘 동남부 지역의 경제 수익이 자동으로 서남부 지역의 수익 창출로 이어지지 않기 때문이다. 오히려 본말전도의 상황이다! 고속 운송 체계는 서부 지역과 서남부 지역 경제에 "시동을 걸 수" 있는 요인이 아니다. 오히려 그 반대이다. 팽창하는 경제를 위해, 더 빠른 운송 체계가 부여된 것이다. 이러한 흐름의 역행은 모두 터무니없다. 그렇다면 프랑스 철도청 예산 담당자의 다음과 같은 발언은 무용지물 아닌가? "고속철도 사업의 이익은 10년 후에 나타나리라 전망합니다. 건설에 7년, 개발에 3년이 소요됩니다. 이 기간 동안 프랑스 철도청은 재정 안전을 위해 국제 시장에서 차관^{특히 달러}을 들여야 합니다. 이러한 조치로, 1984년에 프랑스 철도청은 많은 채무에 시달리지 않을 것입니다."[124]

두 번째 오류는 첫 번째 오류와 상당히 다른 차원의 것이다. 이 오류는 민주주의 자체에 영향을 미친다. 새로운 철로 구축과 맞물린 대규모 공사^{고속도로, 고압선 등}는 행정부의 너저분한 관습을 따라 진행될 것이다. 세부 기획 전체를 총론, 각론 등으로 분리할 것이고, 여론의 동향을 물을 것이다. 그러나 여론 조사는 사업 전체가 아닌 일부를 묻는 방식일 것이다. 특히, 고속도로나 일반도로의 특정 구간에 대한 질문이 될 공산이 크다. 물론 사업에 동의하는 마을도 있을 것이다. 주민들의 동의를 등에 업은 시공사는 건설을 단행할 것이고, 건설에 반대한 주민들에게도 '기왕 시작된 일이고 더 이상 반대할 명분이 없으니 협조해 달라'는 식의 이야기만 반복할 것이다. 그러나 이 대목에서 흥미로운 일이 벌어진다. 새로운 도로가 통과해야 할 마을로 애당초 여론 조사에서 도로 건설에 부정적인 의견을 표했던 마을이 선정된 것이다. 어처구니없는 일이 벌어졌음에도, 담당자들은 누구도 아랑곳하지 않는다.[125] 여론의 반대를 무릅쓰고서라도 '테제베 아틀랑티크' 건설

---

124) 파리—브뤼셀 구간 고속철도 역시 마찬가지였다. 우회 구간을 망라해 총 250억 프랑의 예산이 들었지만, 흑자 전환 예상 시기는 2000년이다.

125) 1980~1981년에 '테제베' 도입을 강력하게 반대한 여러 보호 단체들의 사례를 보라. "당국은 임의로 결정한 내용을 우리에게 강요할 뿐이다." 우리는 소유지, 경작지와 단절해야 하며, 우리의 밭과 마을은 갈라져야 한다. 그들은 우리 밭에 고압선 철탑을 심는다. 소음 때문에 도저히 견딜 수가 없다! 그러나 인간다운 삶에 대한 우리의 호

을 강행하려는 '무솔리니의 턱'[126]들만 넘쳐날 뿐이다! 이것은 수많은 마을의 반대에도 불구하고 공사를 강행한 서부, 서남부 지역 고속도로 건설을 연상케 한 사건이다! 철로의 첫 번째 구간이 완공된 후, 500km에 달하는 선로 인근 지역의 주민들도 더 이상 침묵하지 않았다. 그렇지만, 이 순간에 과연 민주주의란 무엇인가? 되묻지 않을 수 없다.

마지막으로, 이 기획의 세 번째 악행은 자코뱅주의[127]다. 사람들은 너도 나도 탈중앙집권, 즉 지방 자치를 이야기한다! 그러나 고속철도는 큰 불행의 씨앗을 키운다. 수도 파리만 계산에 넣을 뿐, 나머지 "지방"은 그저 파리의 속주에 불과하다. 브레스트, 보르도, 마르세유, 리옹에서 열차를 타고 고속으로 파리에 갈 수 있다. 마치 별 모양처럼 도로와 철도가 온 국토를 가로지르는 체계이다! 이것은 국가나 지역의 진짜 요구와 큰 상관없다. 국가나 지역의 진짜 요구는 간선망 확충이다. 예컨대, 보르도–리옹 간의 횡단선, 니스–루앙 간의 순환선, 툴루즈–스트라스부르 간의 대각선 등이 필요하다. 이러한 간선망 확충은 실제 중앙집권제를 이탈할 수 있는 방법이며, 해당 지역 주민들에게도 유용하다! 왜냐하면 이 구간들의 상호 소통은 재앙에 가까울 정도로 거의 이뤄지지 않기 때문이다! 따라서 인기몰이에 경도된 철로 공사가 아닌, 사용자 중심의 공사가 이뤄져야 한다. 바로 그것이 "첨단 기술"의 무게에서 벗어날 수 있는 길이다! 그러나 정작 그렇지 못한 형편이다. 사람과 사람의 욕구를 그리 중요하게 여기지 않으니 말이다. 경이로운 작업이라는 찬사를 내세운 후, 대규모 공사를 강행한다. 고속철도 사업에 대한 각종 주장도 콩코드 여객기의 경우와 판박이였다. 사업이 진행되는

소는 진보 앞에서 전혀 중요치 않았다!

126) [역주] 생전에 나폴레옹의 외모를 숭앙한 무솔리니는 '턱'을 부각해 파시스트 독재자의 모습을 강화하려 했다. 무솔리니의 턱은 파시스트의 인사법에 해당한다. 여기서 엘륄은 주민의 의견을 묵살하는 행정 조치의 질주를 민주주의의 대척점인 파시즘에 빗댄다.

127) [역주] 현대 프랑스에서 자코뱅주의는 강력한 중앙집권제를 가리키는 표현이다. 중앙의 강력한 통제권이 지방 곳곳에 미치는 방식이나 중앙권력 강화책을 거론할 때, 종종 사용되는 표현이다.

과정에서, 담당 부서는 인력을 활용하고 기업에 인력 조달을 의뢰한다. 결국 "위대한 대공사"를 위한 예산 안을 두고 투표를 진행한다. 어떻게 되었는가? 이 사업의 실제 유용성이나 유의미성 여부는 중요치 않다. "대공사"면 그만이다.

나는 사람들을 열광의 도가니에 빠뜨렸던 "시베리아 가스" 계약도 회상해 본다. 프랑스 전역을 따뜻하게 덥혀 주리라는 생각에 모두가 환영했던 일이며, 우리의 석유 걱정을 단번에 해소한 일이다! 4,500km에 달하는 대형 가스관은 탁월한 기술의 성공작이었다. 1983년에 최초로 가스 공급이 이뤄졌고, 초반에는 별 문제 없이 원활한 공급이 진행되었다.

1985년에 프랑스는 소련과 가스비 재협상을 추진했다. 1차 계약 당시, 세기의 계약이라는 소리를 들었을 정도로 유명한 계약그래서 한 번 더!이었다. 프랑스에게 전대미문의 기회1982년 1월였던 시베리아 가스 공급은 점차 무용성을 드러내기 시작한다! 1984년의 예상 수령은 40억㎥이었지만, 실제로 10억㎥를 받았다. 1985년은 60억㎥ 대신, 20억㎥를 받았다. 그렇다면, 1986년에는 80억㎥ 대신 얼마를 수령할 것이다. 우리가 자랑스러워하는 걸작인 대형 가스관의 연간 수용 가능한 부피는 250억㎥이다!

모든 것이 단번에 중단되었다. 땅이 흔들렸다. 사실, 우리가 이미 정확히 인지했던 부분이다! 소련에게 문제를 제기했고, 그 결과 소련의 유수한 경제학자들은 가스 수출에 관한 신규 계약서 작성을 거부하라고 조언했다. 침묵의 시간이 점점 깊어졌다. 결국 어마어마한 설치비용을 치른 이후에도, 시베리아의 "푸른 금"128)을 둘러 싼 잡음은 끊이지 않았다.

아무런 성과도 거두지 못하고, 단순히 특정 산업의 유치誘致나 해당 산업 관련 기술진들의 목표 달성에만 혈안이 되어 수억 프랑을 단숨에 집어 삼키는 기획들의 사례는 부지기수다. 세계의 "진보"는 모두 이런 식으로 이뤄진

---

128) [역주] 천연가스의 푸른 불꽃과 금처럼 귀한 자원이라는 부분을 합성한 표현이다.

다! 무료함을 잠시 달래기 위해 살로몽의 이야기를 하나 떠올려 본다. 1965년경 미국의 국립과학재단 주관으로 기획된 '모홀Mohole' 관련 이야기다. 이 기획은 아폴로 기획만큼 대중의 호응을 자아냈다! 태평양 해저에서 "지구 맨틀"에 도달한다는 목표로 지각 아래의 "원통형 암석"을 파기 시작했다! 지하 20,000해리까지 착굴하겠다는 야심 찬 목표도 있었다. '사전' 연구들의 결과가 나오자 큰 반향이 일었고, 시공 예산도 1억 2,500만 달러에 달했다. 상황은 급격히 바뀌었다. 국회는 '무엇을 위한 일인가?' 라는 단순한 질문과 함께 예산 결의 투표기존에 사용된 예산에 관한 논의도 큰 효력이 없었다를 거부했다. 현재 이 기획은 전면 백지화되었다. 그러나 이 기획 뿐 아니라 관련된 일들을 연쇄 중단하는 사태로 이어졌다! 흥미로운 이야기 하나 덧붙이겠다. 아키텐 해안관광개발 정부부처합동대표단M.I.A.C.A.이 계획한 국토 개발 사업 가운데, 랑드 지역의 호수들을 서로 연결하는 운하 건설 사업이 있었다. 우르탱, 라카노, 아르카숑, 카조, 비스카로스, 레옹, 수스통 등의 지역의 큰 호수를 서로 연결하겠다는 사업이었다. 300km에 달하는 관광 운하는 멋진 풍경을 선사할 것처럼 보였고, 공사는 신속하게 진행되었다. 첫 번째 구간인 우르탱–라카노 구간이 완공되었다. 개통식도 공개 행사로 성대하게 치렀다! 며칠이 지난 후, 관광개발 대표단은 호수의 고도가 동일하지 않다는 사실을 알았다. 우르탱 호수의 물이 라카노 호수 쪽으로 계속 흘렀고, 결국 우르탱 호수의 물이 마르기 시작했다. 시공 측은 급하게 운하를 막았다. 더 이상 말할 가치도 없는 사건이다. 아키텐 지방의 관광을 빌미로 운하에 쏟아 부은 수천만 프랑은 안중에도 없다! 호수의 고도 측정도 제대로 하지 않고 삽질부터 했던 것이다!

더 심각한 문제가 있다. 원자력 발전소 문제를 다시 꺼내야 할 것 같다. 1983년 5월에 에너지 관리국 대표는 "장기 에너지 연구" 활동의 필요성을 골자로 한 주요 보고서를 발표했다. 보고서 발표에 따르면, 1983년부터 원자력 발전소는 전기를 초과 생산했고, 1990년에는 그 절정에 이를 전망이다. 따라서 투자비 낭비를 막기 위해 전력—원자력의 계획 속도를 늦춰야 한다. "만일 우리가 기존의 에너지 생산을 위해 사용하는 시간만큼 에너지 관리 방법과 신종 에너지 개발에 집중한다면, 일자리 감축 문제를 상쇄할 수 있을 것이다." 그러나 어찌되었든 투자비 손실과 낭비를 피하기 위해, 전력—원자력 계획의 속도를 늦추고, 다른 길을 모색해야 한다. 물론 이 보고서의 발표에도 불구하고, 속도 감소는 전혀 일어나지 않았다. 오히려 전력—원자력의 추진 속도에 가속도가 붙었다. 다시 말해, 투자비 낭비는 멈추지 않았다. *Le Monde*, 1983년 5월 기사

잘못된 계측으로 진행된 대규모 사업의 마지막 사례는 자동차이다. 자동차는 우리 삶의 지배자, 우상, 미래, 경제의 해결책 등으로 불린다. 그러나 자동차를 사용하려면, 그에 따른 나머지 필수 요소들도 만들어야 한다. 다른 요소들이 있지만, 무엇보다 나는 도로를 거론하고 싶다. 각종 도로, 고속도로, 도심 진입 간선, 우회로, 외관 순환 도로 등 곳곳에 도로를 신설해야 한다. 자동차가 있는 한, 결코 멈출 수 없을 것이다. 당국은 캅—페레 지역의 좁디좁은 섬에 프랑스에서 세 번째로 빠른 도로 구간을 건설하려 한다. 그리고 이 사업으로 결국 주변의 숲이 훼손되고 사라질 것이다. 또한 파리로 진입하는 간선 도로도 신설되었다. 이 도로는 유명한 "청록 오솔길"을 가차 없이 없앴다. 이곳은 미미하나마 파리의 녹지 공간으로 남았어야 했다. 결코 훼손하지 말았어야 할 구간이었다. 또한 파리 외곽의 광범위한 부지에 순환대로가 건설되었다. 외곽 순환 도로의 건설로 파리 도심의 교통 문제를 해소해야 했다. 무슨 뜻인가? 자동차는 이미 절대 군주라는 뜻이다! 교통 체증을 없애고, 원활한 차량 순환이 이뤄지도록 해야 하며, 운전자들을 만족시켜야 한다. 이러한 경제, 사회, 심리 차원의 의무감 앞에서 우리는 모든 것을 양도해야 한다. 그러나 기적이 일어났다. 우리가 잘 아는 것처

럼, 고속도로마다 차량이 꽉꽉 들어찼고, 파리 외곽 순환 도로는 지옥을 방불케 할 정도의 교통 대란과 체증으로 몸살을 앓는다.

미국의 도로 통행량에 관한 장-클로드 지브의 연구[129]와 도시 계획 및 통행량에 대한 장-피에르 뒤퓌의 연구[130]는 신비의 색채를 쏙 빼고 이 현상들을 설명한다. 대답은 매우 단순하다. 새로운 길을 열었다고 하여 옛 도로의 혼잡이 완화될 일은 결코 일어나지 않는다. 오히려 새로운 자동차들의 유입만 부추길 뿐이다. 이러한 오류가 발생하는 이유는 고속도로와 우회로를 만든 사람들의 꽉 막힌 생각 때문이다. 이들은 100대 정도의 자동차 정체가 10년이 지나도 그대로 100대 수준에 머물 것이라 예단했다. 따라서 도로를 두 배로 늘리면, 각 도로마다 50대씩 분산, 수용할 수 있을 것이라 생각했다. 그러나 이러한 예단은 틀렸다. 신도로 건설은 새로운 자동차를 불렀고, 이는 결국 새로운 혼잡을 낳았다. 오늘날 '모든' 실험과 계산이 같은 방향을 지향한다. 즉, 성장 유인책 일변도다. "여기에서 도로망의 목적은 더 이상 욕구에 대한 부응이 아니다. 오히려 도로망이 욕구를 만든다. … 자동차 시장의 성장 논리가 작동하지만, 사실상 운송에 대한 욕구 충족 논리에 사용될 뿐이다. … 도로 기반 시설들을 확충함으로써 차량 순환의 현저한 발전을 일구는 일이 중요하다."

지브와 뒤퓌의 책은 전체를 인용해도 좋을 정도로 탁월하다. 그러나 당국은 콧방귀도 뀌지 않고, 고속도로 건설을 강행했다. 우리는 고속도로의 모델이 나치즘에서 왔다는 내용까지 들먹이며 반대했지만[결코 잊지 말아야 할 부분], 건설은 중단되지 않았다. 고속도로는 농촌의 변질을 낳고, 소유지를 가르며, 마을과 마을을 갈기갈기 찢는다.[131] 주민들의 삶이나 토지 전체에서 고루 누려야 할 인간의 균형 잡힌 삶은 그리 중요치 않은 모양이다. 자동차

---

129) J.-C. Ziv, *Planning Model for Private Goals: An History of Urban Transportation, Planning in the U.S.*, Cornell University, 1977.

130) J.-P. Dupuy, *Urbanisme et Technique*, Centre de recherche d'Urbanisme, 1978.

131) J. Hussonnois, *Les Technocrates, les Élus et les Autres*, Éditions Entente, Paris, 1978.

가 굴러가고, 운전자가 만족하면 그만이었다. 그러나 위에서 거론한 논리대로 진행되지 않을 것이다. 오히려 과거 요새와 대포 사이의 쫓고 쫓기는 경쟁이 현대식으로 재현될 것이다. 즉, 자동차가 많아질수록, 더 많은 도로가 필요하다. 도로가 더 많아지면, 더 많은 자동차가 필요할 것이다. 순수한 낭비, 단순한 낭비, 그리고 완벽한 낭비이다. 그러나 현재 이러한 규칙이 일반화된 상황이다. 우리는 뒤무셸의 글에서 기본 양식을 발견한다. "우리는 운동을 통해 희소성에 맞서는 싸움을 상상한다. 이 운동은 재화와 가용 자원의 실제 수량을 증가시켰다. 그러나 이 운동이 희소성을 낳는다. 따라서 우리는 희소성에 담긴 잠언을 재발견한다. '희소성은 재화와 가용 자원의 수량과 완전히 별개 문제이다.'[132] 우리는 이를 실제 법칙으로 여겨야 한다. 바로 기술 체계와 기술 사회의 관계성에 관한 법칙이다.

마지막으로, 실패로 돌아간 대공사와 계획들을 살펴보자. 사실 이러한 종류의 사업들은 관련 목록을 일일이 작성하기도 버거울 정도로 부지기수다. 사업 진행을 위해, 우선 연구진을 조직해야 한다. 왜냐하면 사전 연구에만 수백만 프랑이 소요되는 대공역이 지방 곳곳에서 이뤄지기 때문이다. 사전 연구를 마친 후, 계획을 추진한다. 그러나 결국 포기한다. 나는 파리에 갈 때마다 오를레앙을 통과한다. 오를레앙부터 '아에로트랭', 즉 공기 부양 열차용 선로가 펼쳐진다. 나는 이 구간을 지날 때마다 씁쓸하다. 고가 다리가 철로를 지탱한다. 철로의 길이는 약 50km이며, 그 위로 시속 400km의 '아에로트랭'이 파리에서 오를레앙 구간을 질주할 것이다. 철로가 공중에 뜬 상태이므로, 공중 부양 상태의 질주다. 아에로트랭의 제작도 끝났다. 그러나 시험 주행의 결과는 최악이었고, 결국 사업은 전면 중단되었다. 토지 매입과 실행 작업에 들인 비용을 생각할 때, 운영비 재검토가 꼭

---

132) P. Dumouchel et J.-P. Dupuy, *L'Enfer des choses, op. cit.*

필요했던 사업이다. 또한 우에상^{Ouessant} 지역의 풍력 발전기도 우리를 깜짝 놀라게 한 사건이었다. 이 풍력 발전기는 섬 전체에 전기를 공급할 수 있는 거대한 발전 동력기였다. 1980년 7월에 발전기의 열 곳 정도가 부서졌다. 너무 강한 바람이 불었기 때문이다! 풍력 발전기가 강풍에 부서졌다니, 웃긴 일 아닌가! 사람들은 이 사건을 감추기에 급급했다. 관련 사례 두 세 개 정도 더 추가하겠다.

아키텐 해안관광개발 정부부처합동대표단의 대규모 기획들에는 캅브르통–오스고르 해안가 개발 계획도 있었다. 사실 이 계획은 콘크리트 건물들의 향연이나 다름없었다. 먼저, 과학적으로 해안가를 "비옥하게" 만든다고 판명된 방파제를 건설했다. 방파제 끝자락에는 등대도 하나 세웠다. 그러나 춘분에 불어 닥친 격한 풍랑에 방파제가 부서졌고, 결국 콘크리트 조각만 남았다. 사실, 방파제 작업 초기부터 모든 선원들이 줄곧 지적했던 일이 터졌다. 해안관광개발 담당자들의 충동질로 유입된 관광객들이 배출한 오염 물질로 인해, 당국은 아르카숑 지역에 대규모 하수처리장을 신설했다. 이 역시 상당한 규모의 작업이었다. 아쉽게도, 3년 전 여름 휴가철 인구의 급증으로 하수처리장의 처리 한계를 초과하고 말았다. 이틀 간 수리를 했지만, 수천 세제곱미터의 과다 오염수가 자연으로 흘러들었다. 그러나 별로 신경 쓰지 않았다. 대형 하수처리장 사업의 완성은 "대서양 해구"의 입구 부분과 해양에서 멀리 떨어진 지역을 배수로로 연결하는 공사였다. 상당한 규모의 공사 계획이다. 그러나 격한 풍랑으로 배수로가 무너졌다. 시공 업체였던 독일 기업은 간단한 말로 사태를 일갈했다. "우리는 대서양에 이렇게 사나운 돌풍이 있는지 생각지도 못했다." 이후, 쓰레기들이 해안에 그대로 나뒹굴었다. 때때로 우리는 강력한 파도에 휩쓸려 아르카숑 해안을 부유하는 쓰레기들을 본다. 거듭 말하지만, 전 지역별로 이렇게 실패한 사업, 심각한 계산 오류를 범한 사업들의 목록을 일일이 작성해야 한다.

3. 책임

답 없는 질문 하나 던져 보겠다. 현재 우리는 매우 목가적인 상황에서 산다. 수천억 프랑의 예산을 낭비하면서도 '아무 문제없다'고 말하는 상황이다. 최고 수준의 기술만 응용하면, 예산 낭비 정도야 곧바로 상쇄할 수 있다! 다른 한 쪽에는 사회에 큰 해악을 끼친 사례들이 있다. 그러나 양쪽 사이에 '사람'은 없다. 즉, 누구도 책임지지 않는다. 어떠한 책임도 짊어지지 않는다. 집 안에 있던 아이들이 눈사태에 휩쓸렸다. '집'의 최초 건축가에게 책임을 물어야 하는가? 둑이 터졌다. 이것도 건축가에게 책임을 물어야 하는가? 독자들은 과연 누구에게 책임을 물을 수 있다고 보는가? 당초 계획을 구상한 과학자에게 물어야 하는가? 그러나 이들은 단지 이론 연구만 했을 뿐이다! 그렇다면, 연구를 진행하고, 계획을 수립한 고숙련 기술자에게 물어야 하는가? 이들은 단지 제안만 했을 뿐이다. 그렇다면, 이 계획들을 검토한 전문가들에게 물어야 하는가? 이들은 단지 의견을 전달했을 뿐이다. 그럼, 계획 집행 여부를 결정한 정치인들에게 책임을 물어야 하는가? 하지만 이들은 기술 문제에 대한 지식이 전무하며, 제 나름의 합리적 판단으로 기술자의 작업을 따라가는 정도에 불과하다. 그렇다면, 운영 담당자인 기업의 고위직 인사들에게 물어야 하는가? 이들도 정치인들이 쥔 고삐에 예속된 사람들일 뿐이다. 작업에 참여한 다른 기술자나 계약 노동자들에게 물어야 하는가? 이들은 단지 계획대로 작업만 수행했을 뿐이다. 아무도 없다. 누구도 아무런 책임을 질 수 없는 구조다. 우리는 뉘른베르크 전범재판소에서 벌어진 "결정 불가능" 상황과 또 다시 마주했다. 집단 수용소 학살에 대해 그 누구도 책임지지 않았다.

이 대목에서 나는 매우 엄격한 책임 규칙을 제정할 필요가 있다고 주장한다. 예산 감사원의 보고서 집행을 신속히 발족해야 할 사안이다. 나는 이 규칙의 제정이야말로 시민들의 수천억 예산을 절감하고, 기술자의 정신착란을 제어할 수 있는 제1조건이라고 생각한다. 가장 먼저 정치인들의 책임을 물어야 한다. 계획을 결정하고 집행한 정치인과 행정가의 개별 책임을 묻는 일이 우선이다. 개인의 무책임범죄나 부정행위는 예외에 대한 규범은 19세기에 정치인의 의사결정에 대한 독립성과 공적 기능의 익명성을 보장하기 위한 목적으로 만들어진 규범에 잘 설명되어 있다. 사람들은 정치인을 처벌하는 유일한 방법으로 당사자의 선거권을 제재했다. 즉, 그의 재선 기회를 가차 없이 날려버렸다! 오늘날 조건은 19세기와 전혀 다르다. 우리는 새로운 조건에 있다. 우리는 공무원 사회에서 벌어지는 협잡, 무질서, 무지에 대해 더 이상 무책임 원칙으로 일관할 수 없다. '무용하고, 부당하고, 해로운 결과를 낳을 수 있는' 계획을 수립하거나 계획 실행 과정에서 그러한 결과가 나타난다면, 담당 정치인, 행정가, 기술자에게 반드시 개별 책임을 물어야 한다.

이따금 기술자 한 명이 돌발 사태를 일으킨다. 그러나 항상 당사자 처벌 수준에 그친다. 부실 방파제를 건설한 기술자, 유조선 '아모코–카디즈' 호의 침몰 사고에 대한 선장 단독 책임론도무지 이해할 수 없는 견해 등, 늘 꼬리 자르기 처벌이다! 그러나 결정을 내렸던 수뇌부에게 꼭 책임을 물어야 한다. 물론, 오늘날 의사결정은 매우 복잡하고, 누구도 단독으로 "결정"을 내릴 수 없으며, 전 과정에 무수한 사람이 연루되었다는 반론도 있을 것이다. 그러나 중차대한 사업에 대해 우리는 엄격할 필요가 있다. 의사결정에 참여한 모든 사람들이 다양한 방식들로 각기 책임을 져야 한다.

'아에로트랭'이나 라데팡스의 원형 교차로를 결정한 정치인에 대해 생각해 보자. 실책을 범한 정치인은 담당 업무에서 물러나야 하며, 피선거권도 박탈해야 한다. 사업 문서들을 준비하고, 실무 결정도 내렸던 고위 행정가들과 사업 계획을 수립원자력 발전소 사례에서 봤듯이, 이 단계에서 오류가 가장 빈번하다했던 기술전문가들을 엄격하게 처벌^{특히, 벌금형}해야 한다. 로마 공화정 시절과 일부 군주제 시절에 적용되었던 규범을 재확립할 필요가 있다. 이러한 실책을 범한 사람은 당사자의 재산으로 손실 비용에 대한 책임을 져야 한다. 유해하고 불필요한 계획을 세운 고위급 공무원이나 전문기술진의 재산을 일부라도 압류해 보라. 그렇게 된다면, 담당 작업과 업무를 담당하는 공무원들과 기술자의 불꽃 튀는 목표 의식도 어느 정도 사그라질 것이다.

내 생각에, 오늘날 개인 책임의 규칙은 매우 중요하다. 우리는 개인의 책임이 일정한 역할을 수행하는 데 필요한 수단을 옛 로마의 제도인 시민 행동' action populaire에서 재발견한다. 우리는 모두 시민이다. 이 사실을 진지하게 수용한다면, 우리는 시민으로서 시민의 대리자들이 내린 결정을 통제할 수 있어야 한다. 또한 이들의 결정이 부당하거나 얼토당토하지 않다면, '전 시민'이 그에 대해 정의로운 타격을 가할 수 있어야 한다. 그럴 때 이 나라의 시민이 된다는 사실만으로 우리에게 충분한 이익이 될 수 있을 것이다. 모두가 입을 모아 현 사회에 만연된 무책임을 성토한다. 그러나 무책임에 맞서 싸우려면, 책임지는 존재가 되는 일부터 시작해야 한다. 무엇보다, 책임을 질 줄 아는 지도자들이 시급하다. 항상 머리부터 썩기 때문이다.

6장_생산성의 허세

1. 국가와 과학

주제의 핵심을 다루기 전에, 즉 일종의 마술처럼 사용되는 생산성, 생산성 이데올로기 추진, 허세 가득한 용어인 생산성 등과 같은 주제를 다루기 전에, 국가와 과학의 관계에 대한 몇 가지 내용을 짚어야 한다. 왜냐하면 둘의 관계가 나머지 요소들의 기반이기 때문이다. 체계의 공식은 매우 간단하다. 국가는 경제의 원활한 흐름을 책임져야 한다. 만일 사회주의 국가라면 직접 개입의 방식으로, 자유주의 국가라면 간접 개입의 방식으로 경제를 담당해야 한다. 여기서 말하는 경제의 원활한 흐름은 대량 생산, 예산 균형, 수출 증대, 내수 소비 진작, 지속 성장을 전제한다. 이 모든 것은 기술의 효율성을 포함한다. 기술의 효율성은 인접한 다른 요소들의 효율성과 비교해 최고 수준이다. 기술은 과학에 의존한다. 따라서 과학 증진이 필요하고, 최고 수준의 기술 생산과 상시적인 진보를 지향해야 한다. 상대적으로, 과학도 거대 기술 장비를 통해서만 발전할 수 있다. 이 기술 장비는 유력 기업들의 자금력을 훌쩍 뛰어 넘을 수도 있다. 따라서 국가가 과학 연구와 기술 연구를 주된 목표로 설정하고, 국내 가용 자원들을 해당 분야에 응축시키는 경우에만 과학의 추진이 가능하다. 1950년대 미국에서 "연구개발"이라는 공식이 등장했다. 그리고 이 공식의 산물이 바로 생산성이다.

순수하고 단순한 것으로 보려는 데에서 문제가 발생한다. 나는 과학과 기술에 대한 국가의 강제 개입이 항상 처참한 결과로 이어진다는 점을 보였다. 당시 이 문제는 1950년대 내가 기록했던 문제가 더 이상 아니었다. 우리가 떠난 오랜 여정의 마지막 말이 바로 생산성이다. 비합리적인 것, 기술 문화, 합리성, 과학기술 추구에 대해 희망을 걸 수 있을 비용과 투자를 정당화하는 것이 바로 생산성이다. 이 경우, 생산성은 본서의 연구 주제인 '허세'다. 이에 대한 전형적인 사례가 바로 "정치의 과학화"와 "과학의 정치화"다. 둘은 동일한 기술 지배 현상과 얽힌다. 새로운 사회 갈등과 개인 우선성의 버팀목이 바로 기술 지배 현상이다.[133]

기술 규제를 수단으로 국가는 우선권을 거머쥔다. 거기서 우리는 주요 국책 사업들의 복잡성과 의사결정의 합리성 사이에 존재하는 간극을 명확하게 인식한다. 과학 연구의 방향에서 산업계와 과학계가 갖는 관심의 비중은 그에 대한 행정 공정성에 대한 신뢰성 미비에 봉착한다.[134] 우리는 이와 관련된 다양한 사례를 제시할 수 있다. 행정 부서들이 기술과 관련된 의사결정을 내리고, 시민인 각 개인들은 그 절차에 아무런 통제권도 행사할 수 없다. 살로몽이 거론한 하버마스와 루만의 논란[135]의 쟁점은 경제, 기술의 제반 결과 및 사회 구성의 변화예컨대, 농민 소멸 현상를 야기한 가장 결정적인 문제들에 대한 민주주의 가능성 여부다.

루만의 시각에, 개인들이 국가에 영향을 미칠 수 있다는 생각은 낡고 "지엽적"인 생각이다. 국가는 이미 개인의 역량 밖에 있고, 의사결정 과정도 자율적이다. 또 국가의 여러 기관들에 대한 개인의 영향력 발휘도 불가능

---

133) J. Habermas, *La Technique et la Science comme idéologie*, Gallimard, 1973, et *Légitimation Crisis*, Beacon Press, 1975.

134) J.-J. Salomon, *op. cit.*, p. 92. *sqq.*

135) 위르겐 하버마스, 니콜라스 루만, 『사회이론인가? 사회공학인가? 체계이론은 무엇을 수행하는가?』, 이철 역(이론출판, 2018)

하다. 루만은 국가 장치의 자율성 신장^{매우 적절한 표현이라 생각한다}을 거론한다. 반면, 하버마스는 조직된 집단들의 관심사에 의존하는 국가 장치를 논한다. 그러나 하버마스가 논한 집단들 가운데 가장 큰 비중을 차지하는 집단은 바로 과학자와 기술자 조직이다! 그러므로 정치-행정권과 과학부서^{각종 부/처 등}의 결합은 자연스럽고 간단하게 개인들을 제거해 버린다. 그러나 이러한 결합과 국가 권력에는 두드러진 특징이 나타난다. 바로 국가의 경제 지도력이 차츰 약화된다. "국가 계획 경제"는 결국 국가 자신을 위해서만 집행될 뿐이다! 실업을 통해 나타나는 두 가지 장면이 있다. (1) 의사결정에 전권을 휘두르는 국가의 출현과 (2) "현대화"에 따른 희생자들^{농민, 노동자, 소상공인 등}의 급증이다.

현대 사회의 역동성이 기저에서 작동한다. 한 축에는 수익성, 생산성, 효율성, 경쟁이 있고, 다른 한 축에는 그에 따른 결과인 농촌의 사막화, 무용 재화의 제조, 소비의 일반화가 있다. 물론, 겉보기에는 여유와 안락과 건강이 보장된 사회처럼 보인다! 나는 이러한 '체계'가 마치 합의체를 이룬 것처럼 작동 중이라고 생각한다. 결코 간과할 수 없는 부분이다. 과연 이러한 합의체가 어떤 조건에서 실행되는지도 확인해야 한다. 그러나 "프랑스의 전산화 추진 정책은 실패로 돌아가기 전부터 이미 깊은 수렁에 빠진 상태였다."라고 말한 셰노의 진단처럼, 정치-기술 개념의 반복된 실패에도 불구하고, 좌우파 가릴 것 없이 모두 "동일한" 정책을 추구했다. 다시 말해, 거대 기술 진보의 구현을 국가와 "대기업들"이 독점하는 정책으로 일관했다. 프랑스의 생산 분야의 상당한 축^{약 20%}이 해외 자본의 통제권에 들어갔다. 이것이 변화라면 유일한 변화이다. 더군다나 좌파는 이 문제에 어떤 능력도 발휘하지 못했다. 1981년에 나온 아탈리^{Jacaues Attali}의 성명서에도 불구하고, 좌파는 원자력 발전소 확충 계획과 "고속열차" 보급 확장을 통합하는 정책을 버리지 않았다. 국가는 기술 전문성을 선도하려 했지만, 결국 이 전문성에 감금되고 말았다.

　이것은 '휴레카Eurêka' 계획과 더불어 더욱 큰 빛을 발할 수 있을 것처럼 보였다. 영광스러운 이 계획은 진부한 상투어가 된 '연구개발'의 재탕이었지만, 프랑스 국가 차원에서 공들인 기획이었다. 프랑스는 유럽 국가들과의 협력으로 기획 실현을 꿈꿨다. 국가가 재정을 담당했지만, 산업 재계에서 활동하는 대기업들도 줄줄이 연결될 수밖에 없었고, 국가 계획의 틀을 넘지 않는 선에서 연구 기획에 전념해야 했다. 왜냐하면 국가 주도 계획은 기술 발전의 강력한 동력이 되려 하기 때문이다. 전문가들은 "유럽에 기술을 즉각 배치하기 위한" 기초 분야로 여섯 개 부문을 선정했다. 첫째, 군사 광학 전자학이다. 예를 들어, 광자의 빛을 광섬유에 연결해 전기, 압력 감지기, 방전 감지기, 광 증폭기 등으로 바꾸는 체계다. 둘째, 신소재이다. 유리 섬유와 탄소 섬유에 기초한 합성 소재, 세라믹, 티타늄 합금 등이 여기에 속한다. 엔진, 자동차, 우주 산업에 사용될 수 있는 소재이다. 셋째, 대형 컴퓨터다. 지금까지 5세대 컴퓨터가 나왔다. 일본은 이 분야에서 이미 우리를 추월했다. 넷째, 더욱 강력한 레이저와 입자선이다.^{군용 무기} 그러나 이 부문에서 사람들은 정부 각료들의 의도에 대해 주저하는 모습을 보였다. 다섯째, 인공 지능이다. 인간-기계-전문가 체계의 대화⑺를 개선하고, 형태 인지 능력을 개량하는 부문이다. 여섯째, 초고속 마이크로전자기술이다. 미국의 경우, 이 분야에만 6억 7,600만 달러의 예산을 투입했다. '휴레카' 계획은 유럽에 속도는 4배속, 크기는 16분할, 힘은 28배 강화된 전자 회로를 응용하는 작업을 미국 제조업체에 '위임'했다. "스타워즈"에 준하는 전쟁 준비, 갖가지 무기, 레이더 등이 유럽에 도입된 셈이다.

　여섯 개의 최우선 부문 이외에도, 생명 공학과 같은 분야들도 빼 놓을 수 없다. 국가가 깊게 관여한 이상, 초점이 명확하고 합리적인 기획이라는 평가가 덧붙었다! 주된 초점은 생산성이다. 생산성은 군사, 기술, 경제 계획에 있어 국가의 자주성을 강화하고, 대외 무역의 활로를 보장하며, 기업들의 발전에 기여한다._{결국 실업률 감소로 이어진다} 우리는 생산성 증가로 인해 나타날 수 있는 일을 자세히 확인할 수 있을 것이다. 그러나 실제 초점은 다른 데 있다. 바로 "국가 간의 경쟁"에서 우위를 점해야 하고, 국가의 위신과 명예를 지키고, 기술의 소통 분야를 확장하고, 기술 장비의 효력_{아무 곳에나을} 강화해야 한다. 다시 말해, 실제 초점은 더 많은 기술에 맞춰져 있다! 진실은 단 하나일 뿐, 우리에게 제시된 다른 주제들은 모조리 가짜이다. 정치, 경제, 과학도 모두 쟁점이 아니다. 달리 말해, 프랑스의 명운을 좌우하는 문제라고 시끄럽게 떠들기는 해도, 결국 허풍과 가식일 뿐이다.

이러한 기술 경쟁에 서린 성과의 문제를 숙고한다면, 우리는 명확한 개념으로 다질 수 있을 목표는 결코 존재할 수 없다는 사실을 깨닫게 될 것이다. 에드가 모랭은 이 부분을 확고한 어조로 이야기한 적이 있다. 그의 글을 읽어보자. "과학 지식은 인간 정신을 통한 사유와 명상에 필요한 산물은 점차 줄이지만, 컴퓨터를 통한 계산에 유리한 산물은 점차 누적한다. 다시 말해, 과학 지식은 국가, 즉 가장 개별적인 단위이고, 무엇보다 가장 경쟁력 있고 편만한 단위인 국가의 활용에 필요한 산물을 누적한다. 생각의 끈을 더 이어보면, 국가와 유착된 과학은 우리 눈을 멀게 한다. 개인을 사유할 수 없는 과학 지식, 주체 개념을 숙고하지 못하는 과학 지식, 사회의 본성을 생각할 수 없고, 단지 수학, 형식, 단순화를 사고의 유일 방식으로 제시하는 과학 지식, 통제와 제어, 압제와 공포, 그리고 파괴를 낳는 새로운 기술력에 대응할 수 있는 강력한 사유의 힘을 무기력하게 만드는 과학 지식은 오늘날 우리 세계의 얼굴, 우리 사회의 얼굴, 우리 운명의 얼굴을 처절하게 짓이겼다."[136]

---

136) E. Morin, *La Méthode*, t. II, p. 299sq., Le Seuil, 1980. 과학과 국가의 관계에 대해 다음 자료를 보라. . Feyerabend, *Contre la méthode, essai d'une théorie anarchiste de la connaissance*, Le Seuil, 1980; Bryan Wynne, "Sociology of Science", in *Science, Technology and Society*; trois numéro spéciaux: 과학사회학 집중 연구(étude la plus complète d'une sociologie de la science), 1984.

과학에 대한 국가의 관계, 국가에 대한 과학의 관계는 실제로 존재한다. 그리고 이 관계는 '본질'이 되었다. 국가는 과학 없이 살 수 없고, 과학은 국가 없이 살 수 없다. 생산성과 경제에 관한 담론은 하나의 핑계에 불과하다. 진짜 이유는 국가를 통한 기술력 강화, 기술을 통한 국력 강화이다! 그 이상도 이하도 아니다. 이러한 견해에 반론을 제기하고, 반대 현상을 믿는 순진한 과학자는 있을지 몰라도, 순수 과학은 없다!

가던 길을 잠시 멈추자. 오히려 내 이목을 끈 부분은 다른 데 있다. 나는 「프랑스 기술 정책」에 관한 살로몽의 보고서에 주목하려 한다. 1984년 5월에 살로몽은 로랑 파비위스의 요구로 보고서에 주요 내용을 추가해야 했다. 평가와 전망을 총 61개의 항목에 담았다. 이 보고서는 이듬해 6월 총리에게 인계되었고, 총리는 읽은 즉시 서랍에 넣어 버렸다. 공식 발표도 없었고, 토론도 없었으며, 남몰래 출간되지도 않았다. 이 보고서는 섬뜩할 정도로 정직했다. 보고서는 "군사 정책"을 규탄한다! 또한 상업 분야의 완벽한 실패, 현실 국가 계획, 컴퓨터와 텔레마티크 관련 기획들, 콩코드 여객기, 세캄Secam식 텔레비전 방송 체계[137]를 세세하게 거론한다. 덧붙여, 보고서는 국방, 원자력, 우주 항공과 같은 분야의 우선권을 성토하며, 가장 경쟁력 있는 국가란 군사 연구 프로그램을 극도로 축소한 국가라고 말한다. 보고서는 경제 체계의 부조리도 들춘다. 내일의 성공을 장담할 수 없는 기술과 과학 분야 사업에서, 국가는 스스로 기업들, 은행가, 기업가, 관리 행정가와 집행 담당자의 고객이자 공급원이 되려 한다. 1966년 이후 프랑스에서 진행된 국가 주도의 대형 기술 기획은 모조리 실패했다. "이러한 전략들은 표면상 공공 서비스를 산업 정책에 활용하는 쪽으로 가닥을 잡았지만, 실제로는 산업을 위해 공공 서비스를 활용하는 쪽으로 나가고 말았다."

미개척 분야 산업인 생명 공학은 다르지 않은가? 그러나 머지않아 국가

---

137) [역주] 프랑스와 구소련에서 고안한 텔레비전 방송 체계를 말한다.

는 이 분야에도 반드시 개입할 것이다. 국가는 해당 연구를 위해 필요한 전문 연구진도 갖추지 않은 상태에서 핵심 부서를 만들고, 각 부서를 세밀하게 나눈다. 국가는 각 분야에 전념하도록 부서 전문화를 꾀했다. 교육, 규제, 특허, 관료주의 배제그러나 살로몽은 전문가들을 신뢰한다!, 의사 결정권 없는 자문위원, 기업가 연합 등이 필요하다. 이 내용을 통해 알 수 있는 부분은 다음과 같다. 살로몽은 여전히 '연구개발'을 신뢰한다. 또한 그는 기술과 전문직 훈련을 우선 배치할 필요가 있다고 생각한다. 기술과 전문직 훈련은 프랑스 '연구개발' 사업의 전개를 '보조'해야 하며, 과학의 경제 효과들을 개선하는 데 '일조'해야 한다. 그러나 살로몽은 무소부재의 국가를 극렬하게 비판하는 탓에, 일정한 간극을 유지한다. 이것은 '국가-과학-기술' 관계의 민감성과 자기 정당화 담론의 중요성을 나타내는 부분이다.[138]

---

138) 1984년에 우리의 분노를 자아낸 문구는 "관료주의의 약화, 국가의 강화"(특히, 나는 1984년 11월 사회당 비서 스트로스-칸이 「르몽드」에 기고한 기사를 염두에 둔다)였다. 국가는 국민 단결의 보증인, 난항을 겪는 기업들의 지원자, 공기업의 선도자를 대리한다. 사람들은 국가 덕에 원자력 분야의 놀라운 성과를 이뤘고, 우주를 정복했다는 등의 칭찬을 늘어놓았다. '에어버스'와 '아리안 연구진'은 국가가 없었다면, 존재할 수 없었을 것이다. 국가는 산업 연구진의 개발 수단을 지원할 수 있는 보조금 마련에 갖은 노력을 기울였다.(신규 국영 기업들은 3년 동안 창업 지원금으로 480억 프랑을 받았다) "과거를 되돌아보면, 기술 변화로 인해 현대화에 성공한 국가들(les pays)은 하나같이 중앙 정부 중심의 국가(l'État)의 개입을 거쳤다. … 실행 동력과 효과를 더하기 위해, 국가 의존도를 높여야 한다. … 국가는 현대화로 인해 발생하는 위협 요소들을 중화하고, 활동 규칙들을 고정해야 하며, 경화되는 사회와 경제 상황에 맞서 싸워야 한다." 멋진 표현이다. 마치 무솔리니를 읽는 것 같다. 파시스트의 이상에 나타난 것처럼, 이 모든 일은 만악(萬惡)의 근원인 관료제에 대항하는 권력 대도약을 위한 일이다! 그러나 "국가는 어떤 도구를 통해 이 멋진 일을 완수할 수 있는가?"와 같은 어눌한 문제는 서랍에 넣어 두자. 이러한 개입에는 상황 분석, 문제 평가, 해법 제시, 실 상황과의 접촉, 투자 자금 회수 및 분배 등에 필요한 수단들, 즉 "수족들(!)"이 있어야 한다. 이 모든 일은 행정 업무에 해당한다. 행정 없는 국가는 존재할 수 없다! 옳다! 그러나 사람들은 행정이 결코 관료제가 아니라고 떠든다! 하지만 행정은 관료제다! 나는 확신한다! 행정은 더 이상 19세기 귀족 관리자들의 전유물도 아니고, '철밥통' 사무원들의 연합체도 아니다. 행정은 점차 더 많은 업무 부담을 지게 되었고, 더 상세하고 복잡한 규칙들을 적용해야 했다. 또한 국가의 기능이 확산하고, 국가가 노동 정상화와 대중과의 관계 정상화를 주도해야 하는 관계로, 행정의 확장도 불가피하다. 기술 장비의 효율성, 현대화, 신속성이 부가됨에 따라, 행정도 그에 준하는 장비를 갖춰야 했다. 이러한 이유로 행정부는 무소부재의 관료제로 탈바꿈했다. 행정 없이 국가는 존재할 수 없고, 관료제 없이 현대 행정은 존재할 수 없다. 나머지 형식은 유치한 장난일 뿐이다.

마지막으로, 과학-국가-기술-경제의 복합체에는 "기술 이전"[139]에 큰 어려움이 없다는 점을 짚어 둔다. 기술 보편성에 해당하는 기술 이전은 순수 기술자의 강압과 전혀 다른 형태의 강압으로 진행된다. 일단, 경제 분야의 강압일국의 무역 균형 조정과 정치 분야의 강압동맹 강화, 잠재적 적과의 대치: 이전의 강압 형태와 종종 반대로 간다는 점에 유의하라이 있다. 기술 이전은 동구권소련과 서구, 미국과 유럽 혹은 미국과 일본 간에 일어날 수 있다. 그러나 이 부분에서 다음과 같은 난관에 봉착한다. 미국은 소련에 대한 기술 이전을 바라지 않는다. 그러나 프랑스나 일본이 소련과의 계약 체결에 나서지 않으리라 장담할 수도 없다. 기술 이전은 북반구와 남반구 사이에도 있다. 기술 이전을 통해 자극된 개발 열풍이 국가의 이익이라는 셈법에서 이뤄지는 일이다. 그러나 나타난 현실은 다국적 기업들의 간섭이었다. 다국적 기업들은 저마다 자기업의 이윤 체계에 남반구 국가들을 예속하려는 쪽으로 폭주했으며, 동시에 새로운 국제 질서 개념을 주입하려 했다.[140]

이 분야들에 대한 '맞춤형 기획'은 지나친 이상과 환상이다. 왜냐하면 다국적 기업들이 남반구 국가들에 고개 숙이는 일 따위는 발생하지 않기 때문이다. 그러나 다국적 기업들이 기술 이전의 약 90%를 점하는 실정이다! 더욱이 제3세계의 문제는 기술 유통의 신장이 아닌, 자체 기술력 확보와 비축 능력의 향상이다. 마지막으로, 하청 기업들의 문제도 고려해야 한다. 더불어 제3세계 국가들의 협상력이 매우 제한적이라는 점도 고려해야 한다. 매 경우마다 사람들은 기술을 일개 상품 정도로만 여겼다. 그러나 나는 오늘날 기술은 매우 탁월한 '상품이라'는 점을 간과할 수 없다고 생각한다. 다시 말해, 기술은 정치의 셈법에서 벗어난 독립 공간을 제공하는 최우수 상품이다.

139) Angels Stent Yergin, *East-West Technology Transfer, European Perspective*, et Saint-Sternheimer, *Japan and the Communist Bloc*, Washington Papers, Sage, 1980.
140) G. Touscoz, *Transferts de technologie, op. cit.*

2. 생산성

이 담론은 물론 생산성에 관한 담론이다. 생산성 이념은 매우 단순하다. 생산 기술 수단들의 발전으로 인해, 동일한 노동량을 투입하고도 더 많은 재화를 얻는다는 생각이다. 전문 용어로 다시 말하면, 생산성은 생산과 생산 요소들노동, 고정 자본, 유동 자본처럼 생산을 구성하는 요소들의 관계에 존재하는 효율성의 측정치, 비율이다. 분모투입보다 분자산출가 클 경우에 생산성은 증가한다. 그러나 이러한 변화에 대한 해석은 "생산", "생산 요소들"과 같은 특수 개념들에 의존한다. 뿐만 아니라, 수량과 활용된 측정 내용도 중요하다. 최근에 가장 많이 사용되는 생산성 측정 기준은 노동 시간과 노동력 대비 생산량이다. 그러나 다양한 생산물과 서비스가 쏟아지는 상황에서 단일 생산 지표만으로 생산성을 측정하기는 어렵다. 학계에서 통상 인정하는 방식은 전체 투입된 노동 시간 대비 생산 증가다. 이렇게 규정된 이유는 크게 네 가지다.

첫째, 생산의 다른 요소들시설 설비, 신규 원자재처럼 생산 요소들의 '포괄적' 생산의 문제이다.

둘째, 노동력의 구조이다. 노동력은 변경 가능하다. 예컨대, 더 훌륭한 자질과 기량을 갖춘 노동력의 비율을 높일 수 있다.

셋째, 노동 방식에 변화를 주지 않고도 효율성을 높일 수 있는 규모의 경제로 인해, 노동과 다른 요소들의 비율 증가폭은 줄임과 동시에 생산 성장을 이룰 수 있다.

넷째, 오늘날 우리는 새로운 생산 방법들과 무한 효율성을 갖춘 장비로 인해, 생산성 성장을 기대한다. 이것은 기술 변혁의 결과물이며, 오늘날 앞다퉈 연구하는 분야이기도 하다. 과연 어떤 방법과 신형 장비를 사용해야 경제 세계에서 자원들을 원하는 상품으로 바꿀 수 있는가? 사람들은 두 가지 임무를 갖고 기술 변화에 투자한다. 먼저, 시장 수용의 증가와 투자 자본의 축적이라는 두 마리 토끼를 잡을 수 있는 신기술을 통해 장기적인 경제 역동성을 회복시켜야 한다. 다음으로, 규제 정책에 걸림돌이 되는 경제 제약을 완화시켜야 한다.

급격한 기술 변화는 생산성 증가 덕에 통화 팽창인플레이션의 조짐을 진정시키고, 국제 시장의 외부 제약도 경감시킨다. 이러한 생산성의 증가는 보이지 않는 이차 효과로 이어져야 한다. 그 동안 여러 가지 제약에 묶였던 경제 정책들을 완화해야 하며, 창업을 통해 고용 상태를 개선해야 한다. 경제 성장의 둔화, 실업 증가, 세계 경제 전쟁의 강화라는 일련의 상황은 생산과 연계된 기술들과 응용과학 발전의 필요성을 여실히 증명한다. 왜냐하면 생산성과 경쟁력은 기술과 응용과학에 의존해야 하기 때문이다. 세계 "경제의 수축"으로 인해 기업들에게 더 많은 생산성이 요구된다. 기업이 국내 경쟁에만 참여하는 한, 생산성은 상대적이었다. 현재의 운송 속도 증가와 컴퓨터의 발달은 경쟁의 심화, 시장의 수익성 상승, 규모의 경제, 대량 효과들의 유익함과 관련된 문제를 낳는다. 따라서 기업은 자체 생산성을 높여야만 기업을 보호할 수 있다.

1963년에서 1983년 사이에 국제 교역량은 무려 12배나 증가했다. 교역량 증가는 좌우파 공통 담론이었다. 같은 시기에 대처 수상과 미테랑 대통령은 말 그대로 "연구개발과 혁신이 우리의 경제 문제를 해결하고, 경기 부양을 이끌 최선의 수단들"이라고 역설했다. 시라크[141]는 1986년 4월 10일 담화문에서 다음과 같이 주장한다. 모든 경제 성장을 좌우하는 힘은 "수출 역량의 신장이다. 거기에는 생산성 진보, 각종 기술 분야에 대한 끊임없는 연구, 전통 영역들에 대한 개선 작업이 포함된다." 그러나 이것은 비단 시라크만의 생각이 아니라, 당시 정치인들과 경제인들, 대다수의 경제학자들

---

141) [역주] 훗날 프랑스 대통령이 되는 자크 시라크(Jacques Chirac)이다. 1986년 당시 그는 파리 시장이었다.

과 전문 기술진들의 공통된 생각M. Barre이었다.142) 오늘날 확연히 드러난 현상이 있다. 우리는 밑도 끝도 없이 생산성을 위한 생산성 연구에 매진한다. 생산성이 나타나는 특정 영역에서, 생산성은 스스로 자기를 정당화한다. 또한 생산성 자체는 좋은 것이라 말하며, 더 나아가 생산성은 판단 기준이 된다. 이처럼 경제 관점에서 매우 합리적인 연구들도 생산성의 비율에 영향을 받지 않는다면 무시당하는 상황이다.143)

물론 이러한 학설과 응용 가속화 현상은 공포를 낳기도 한다. 크게 네 가지 부분을 짚어 보자. 첫째, 실업에 대한 공포이다. 자동화와 같은 급속 전산화는 크나큰 고용 압박을 낳는다. 서비스 및 연구 분야의 창업이나 컴퓨터 생산으로 상쇄할 수준이 아니다. 프랑스 은행의 전산화는 40%의 인원 감축을 불렀고, 보험 분야도 상황은 마찬가지였다. 로봇을 통한 기계화도 동일하다. 전문 연구진에 따르면, 로봇화로 인해 재창출되는 일자리보다 사라질 일자리가 훨씬 많다. 예외가 있다면, "4차 산업"의사소통 활동 144) 분야에 종사하는 자유직 노동자일 것이다. 각 노동자가 동일 노동 시간에 더 많이 생산한다면, 해법은 두 가지 밖에 없다. 일자리를 줄이든지, 아니면 노동 시간을 줄여야 한다. 이러한 이유 때문에 급여는 유지하되 노동 시간을 줄이자는 구호를 내건 대규모 운동도 있다 왜냐하면 아무리 노동자의 역량이 뛰어나도 무한정 판매 가능한 수준으로 상품의 수량을 증가시킬 수 없기 때문이다. 내수 시장은 신속하게 포화 상태가 될 것이며, 불특정 해외 시장들과 경쟁해야 한다. 해외 시장과

---

142) 다음 책에서 저자가 제시하는 사례들을 참고하라. J.-J. Salomon et G. Schmeder, *Les Enjeux du changement technologique, op. cit.*

143) J.-M. Ferry, « La robotisation », *Esprit*, janvier 1985. 저자는 또 다른 중요한 문제를 제기한다. 정보화와 로봇화는 "모두에게 일자리를 주라"와 같은 사회 정의의 전통 원칙들을 없앨 것이다. 이제 각 사람에게 저만의 일자리가 있어야 한다는 전통 사회의 정의론은 무의미하다!

144) 관련 사례로, 다음 박사학위 논문을 참고하라. J. Gellibert, *Mythe et Conflits de la société technicienne*. 질소 화합물로 만든 사료의 낭비를 막기 위한 방안으로 대기 중의 질소와 휴경지 식물들이 내뿜는 질소를 사용할 수 있을 가능성을 탐색한 논문이다. 이 방식은 토양과 에너지를 절약하는 방법이지만, 기술 친화적이지 않다는 이유로 무시되었다.

의 경쟁력은 생산성과 다른 요소들, 즉 금융 창구의 다양성, 달러화 가치 평가 등과 같은 요소들에 달렸다.

두 번째 공포는 중단 없이 갱신되는 기술 수단들이다. 과거와 현격히 다른 형태인 이 수단들은 숙달된 솜씨를 갖춘 노동자들을 제거한다. 노동자들은 신기술에 재적응할 수 없고, 전혀 새로운 유형의 전문 직업 교육을 받아야 한다. 이러한 흐름에 적응하지 못하는 노동자들은 전문 인력이라 할지라도 도태된다. 노조 측에서 강조하는 역량과 자질이 점차 떨어지는 경향을 보인다. 자동화 업무를 습득한 전문 인력에 비해, 양성해야 할 노동자의 숫자가 비율상 높아지는 것도 사실이다.

세 번째 공포는 다음과 같다. 기술 완성도의 노선을 따르는 생산성은 근본적으로 컴퓨터, 자동화, 로봇, 자동화 생산을 통한 테일러주의의 극단적인 발전에 지나지 않을 것이라는 두려움이다. 작업은 더 세밀하게 나뉘고, 기존의 속도에 가속도가 붙을 것이며, 24시간 동안 중단 없이 작업이 이뤄질 것이다. 곳곳에 응용된 컴퓨터가 즉각 내 놓는 결과물을 통해 "공백 시간"[145]을 모조리 제거할 수 있다는 말을 마치 성공담처럼 받드는 모습에서, 우리는 그 현상을 확인할 수 있다. 또한 일각에서는 사회, 경제, 노동 속도의 가속화로 인해 공백 시간의 제거가 기업에서 뿐만 아니라 사회 전체에서 일어날 것이라 강조한다. 공백 시간의 제거는 작업 세계에 상당한 생산성을 견인하는 원천이 될 것이다. 예컨대 노동자의 행동을 계속 관찰하고 "제어"하는 기법 및 장치의 일반화로 인해, 우리는 기업 내부의 의사소통 네트워크를 주축으로 전 생산 체계를 다시 생각한다. 초고속 비디오 촬영은 공정 과정을 더욱 세밀하게 조정, 제어할 수 있을 것이다. 말하자면, 손과 눈이 지각할 수 있는 속도에 맞췄던 전통적인 시간의 속도는 이제 참고 대상이 아니다. 이제 치워야 할 장애물에 불과하다.

---

145) A. Bressand et C. Distler, op. cit.

마지막 네 번째 공포는 노동자와 노조에서 확연히 드러난다. 노동자가 이 모든 과정에 완벽히 적응한다면, 결국 그는 생산성의 윤리를 "내재화"할 것이다.[146] 달리 말해, 이 노동자는 나름의 자주성을 발휘해 생산성 개량을 추구할 것이다. 그는 자신의 노동과 일상생활을 합리화할 것이다. 왜냐하면 노동 시간과 노동 외 시간의 태도에 대한 압박이 점차 늘 것이기 때문이다. 결국, 노동에 대한 압박이 이 사람의 모든 인격을 형성하게 될 것이다.

이러한 공포특히, 세 번째와 네 번째에 대해, 관련 전문숙련가들은 '아니오'라고 답한다. 이들의 견해에 의하면, 시간의 가속화나 압박은 실제로 일어나지 않을 것이다. 자동화-전산화된 노동으로 시간 분산이 가능할 것이다. 즉, 인간에게 폭발에 가까울 정도로 여가 시간이 생길 것이다. 분산된 시간도 인간의 시간으로 지속될 것이며, 인간의 생체 속도에 맞는 시간이 될 것이다. 오늘날 기계의 시간은 나노초1/1,000,000초로 측정된다. 기계가 기계에게 명령하는 "층위의 시간"이다. 우리는 더 이상 조각조각 나뉜 노동의 시대 G. Friedmann에 살지 않는다. 기계가 수집하고 결합하는 "미립자Bressand et Distler" 노동, 즉 미립자처럼 요소들이 미분화된 노동의 시대를 산다. 모든 것은 조직망으로 작동하며, 인간은 더 이상 이 조직망의 "지도자"가 아니다.

이 모든 내용은 과거의 산업 사회와 하등의 관계가 없다. 사고, 조직, 네트워크 구조에 따른 개념들을 모조리 갱신해야 한다. 단순 작업과 반복 작업은 더 이상 존재하지 않는다. 인간의 역할은 지능적인 조정과 적절한 기능 통제에 한정될 뿐이다. 그럼에도 여전히 두 가지 물음이 남는다. 조직망의 "지도자", "조정자"가 과연 몇 명이나 필요한가? 타 분야에서는 이러한 사람들이 과연 얼마나 필요한가? 이것은 아직 어떤 것도 구현되지 않은 순수 이론에 대한 이상화 작업이 아니다. 물론, 우리는 탄탄한 학문을 기반으로 이야기한다! 여하튼, 현재 우리가 겪는 이 공포들은 생산성으로 인해 발생한 각종 희망들

---

146) P.-A. *Vie quotidienne et Nouvelle Technologie*, La Société digitale, 1984.

과 정확히 대칭점을 이룬다.

현실에 더 가까운 설명을 해보자. 이데올로기에 경도되지 않으면서 엄밀함을 갖춘 설명을 통해, 우리는 모든 담론과 기획에 서린 결함과 환상을 확인할 수 있다. 간단하게 정리해 보자. 일단 생산성이 성장을 견인한다는 말과 성장이 실업을 제거한다는 말은 틀렸다. 또한 과학 연구와 기술 연구의 어마어마한 성과물이 생산성과 직결된다는 시각도 틀렸다. "연구개발"이라는 정식은 부정확하다. 연구는 어떠한 생산성도 도출하지 못하며, 생산성은 기술과 전혀 다른 요소에서도 발생할 수 있다. 따라서 생산성이 인간의 욕구들에 대한 답이라는 등, 생산성 자체에 모든 위기의 해법이 담겼다는 등의 설명도 틀렸다. 우선 기술-연구개발-생산성의 복합 관계에 대해이야기해 보자. 결코 문제점으로 부각된 적 없는 일반 이념이나 대중 담론과 정반대로, 과학 연구와 기술 연구에 자금을 집중 투자한 국가들은 괄목할만한 생산성 증가율을 보이지 못했다. 몇 년 전부터 부각된 문제가 이제야 미국의 연구진, 경제학자, 사회학자들에게 제기된 셈이다![147] 이 부분에 대한 지적이 중요하다.

한 가지 놀라운 부분이 있다. 프랑스는 미국보다 5배 높은 성장률을 보였으며, 소위 선진국이라 불리는 국가들 중에서 생산성 절대 지수 2위에 올랐다. 대중의 상식과 달리, 프랑스의 생산성은 일본의 생산성보다 높다. 오히려 기술 분야에서 일본은 프랑스보다 다소 뒤쳐졌다. 일본의 도전이 무서운 이유는 기술의 압도적 우위가 아닌, 탁월한 조직력에 있다. 우리는 이 부분을 뒤에서 확인할 것이다. 1977년에서 1983년 사이의 연평균 성장률은 미국 0.6%, 일본 3.4%, 독일 2.1%, 프랑스 3.0%다.[148] 놀랄만한 문제가

---

147) J.-J. Salomon et G. Schmeder, *Les Enjeux du changement technologique, op. cit.*

148) Lester C. Thurow, *Organisation sociale et Productivité*, Economica, 1986. 부르기냐(Bourguignat)는 매우 난해한 문제를 제기한다. 그는 자본재 수출 주도국들이 채무국이 되는 이유를 묻는다. 부르기냐가 인용한 전문가들의 견해에 의하면, 1990년에 이러한 채무상태는 기존의 5배에 달할 것이다. 재무 관점에서 보면, 미국은 브라질과 동급이다!

하나 더 있다. 생산성의 저점을 경험한 나라들이 '연구개발'에 최다 투자를 한 나라들이라는 점이다. 일례로, 1968년에서 1973년 사이에 미국의 생산성 성장률은 매년 2.4%씩 떨어졌고, 1974년에서 1979년까지는 1.9%씩 떨어졌다. 1960년에서 1982년까지 미국은 −1.5%의 성장 둔화를 보였다. 일본은 최악이었다. 1970년에서 1982년까지 일본의 성장 둔화는 −4.5%였다. 같은 기간 프랑스는 −1.4%였다. 미국의 경우에 1982년의 투자 "열풍"과 더불어 반짝 회복세를 보였다. 다들 위기는 끝났다고 속단했다. 부진했던 성장도 2.9%로 반등했다. 그러나 재정 적자와 국제 무역의 막대한 규모를 고려했을 때, 이것은 일각에서 보인 일시 과열에 불과했다. 1987년은 미국의 주요 기업 200개가 도산한 기록적인 해이며, 수없이 공표한 "인수 합병"도 취약하기 그지없었다. 미국의 재정 적자는 1950년 이후로 계속 성장해, 1985년에는 국민 총생산의 6%에 달했다. 기업 영농 분야가 가장 심각한 타격을 입었다. 1983년 이후로 소득 감소는 30%에 달했다. 농업 소득은 1932년 이후로 최하였다. 농산물 수출은 점차 어려워졌다.따라서 1986년에 레이건은 옥수수 농가 보조금 지급 정책을 추진한다. 미국산 옥수수의 국제 시장 판매를 독려하고 가격 경쟁, 특히 소련과의 가격 경쟁에서 뒤처지지 않도록 하기 위한 조치였다 1984년에 농업 '뉴딜 정책'을 폈지만, 큰 실효성은 없었다. 대규모 이농 현상이 발생했다. 현재 미국에서 농업을 생계로 삼은 노동 인구는 2%이다. 1985년 미국의 전반적인 경제 성장은 "미미"하다Le Monde, 1985년 11월는 평가가 나왔다. 1985년의 경제 확장은 약 3%로 1984년에 비해 한참 모자랐다. 1986년에는 경기 침체와 적자 증가 현상이 나타났다.Le Monde, 1986년 8월 1985년 한 해 적자는 2,120억 달러총 2조 1,000억 달러까지 치솟았다. 1985년 대외 무역 적자는 1,480억, 1986년은 1,700억 달러였다. 수많은 대기업들정유 회사들, 엘티시, 크라이슬러, 제너럴 모터스 등이 난관에 봉착했다. 국가 부채는 5년 동안 두 배 이상 증가했다.[149] 베르가라의 강조에 따

149) H. Bourguignat, *op. cit.* 부르기냐는 이 상황에서 "새로운 금융" 절차와 과정으로 미국 경제 전체가 투기 "열풍"에 빠졌다고 강조한다! 지난 5년 동안 달러화의 평가 절상으

르면, 미국의 고용 성장은 "신화"일 뿐이다.

그럼에도 미국이 과학 기술 연구에 투자한 총액은 소위 "선진국"에 속하는 다른 나라들의 10배에 달한다. '연구개발' 사업과 국민 총생산의 관계는 완만한 곡선1960년에 2.9%, 1980년에 2%, 1985년에 2.2%을 그리는 반면, 절대 수치는 막막한 수준이다. 1984년에 연구개발에 투자한 금액은 560억 달러였다.

따라서 생산성과 개발은 연구와 직결되지 않는다. 때로 정반대의 결과가 나온다! 혁신 분야의 첫 머리를 점했다고 하여 꼭 이익을 얻는 것도 아니다. 미국의 컴퓨터 정보 산업 분야가 이를 웅변한다. 유럽과 비교해 미국의 컴퓨터 산업은 급속도로 발전했다! 그러나 1985년부터 대위기의 조짐이 포착되었다. 컴퓨터 판매량이 급격히 감소했다.따라서 프랑스에서 나돌았던 컴퓨터 생산이 경제의 구원 투수가 되리라는 담론은 오류다! 시장의 포화 상태인가? 아마도 아닐 것이다. 그러나 한계에 봉착한 것만은 분명하다. 다시 말해, 기업, 협회, 신규 고용자들을 새로운 업무에 계속 적응시키기가 매우 어렵게 되었다.

이와 반대의 경우도 살펴보자. 이미 알려진 대로, 일본의 경우에 경제 성장의 토대는 '연구개발'이 아니었다. 1955년부터 두드러진 일본의 경제 성장은 연구 분야의 투자와 하등의 상관이 없다. 왜냐하면 일본은 타국특히 미국의 발명품을 활용하는 수준이었고, 자국에 중요해 보이는 특허품 운영 자격증을 확보하는 데 한정되었기 때문이다! 그러나 매우 도드라지는 부분은 일본의 경험이다. 1980년 이후로 일본은 연구개발 분야에 막대한 자금을 투자하기 시작했다. 특허품 신청, 기술 혁신 등의 거대 진보를 일궜다. 그러나 이와 동시에 일본의 생산성은 하락했다! 일본이 연구개발에 열을 올렸던 시점과 생산성 하락의 시점이 정확히 맞물린다. 물론, 나는 둘 사이의 어떠한 인과 관계도 세우지 않겠다! 생산성 저하와 함께 일본의 경제 위기에 발동이 걸렸다. 한 가

로 인해 미국 경제는 거의 재난 상태에 빠졌다고 해도 무방한 상황이다. 1984년 미국의 수입은 19%, 수출은 5% 증가했다. 첨단 기술을 통한 생산품의 흑자액 감소폭이 컸다.(1980년에 270억 달러, 1984년에 60억 달러 흑자)

지 흥미로운 부분이 있다. 경제 위기는 필연이었지만, 일본은 이를 호도하기 위해 무기 생산에 뛰어 들었다! 1985년 한 해에 세계에서 가장 혁신적인 국가 둘을 뽑으면 미국과 영국일 것이다. 미국은 주요 혁신 상품의 64%를, 영국은 17%를 점했다. 그러나 두 나라 모두 생산물의 성장은 없었고, 경제 발전은 매우 취약했다.

따라서 그것은 생산성이라는 길을 통해 "기술 진보"와 "경제 발전"을 결합하는 순수 이데올로기에 불과하다! '연구개발'과 생산성의 연관성이 견고하지 않다는 결과를 확인한 미국의 경제학자들과 사회학자들은 자국의 퇴행이 어디에서 연원했는지 파악하려 애썼다. 기술 진보가 생산성 경화의 직접 원인이 아니라는 결과를 수용한 이후로, 경제 하락을 낳은 원인에 대해 파악해야 했다! 이에 흥미로운 결과가 나왔다.[150] 즉, 노동력과 노동 개념이 바뀌었다. 1960년에서 1980년까지 노동계에는 자질과 역량이 부족한 젊은 노동력이 대거 유입된다. 노동자의 역량, 자질, 경험이 전반적으로 하락했다. 노동에 대한 숙련도 역시 현저히 떨어졌다. 이에 '신규 채용 비율'이 상승했다. 해당 노동에 들이는 노력 및 노동을 통해 얻을 수 있는 이윤은 턱없이 감소했다. 전반적인 상황에 대해 우리는 다음과 같이 말할 수 있을 것이다. 새로운 재료들의 등장에도, 1970년대부터 줄곧 노동 생산성의 현저한 감소가 벌어진 이유를 풀 수 있는 중요 요소는 바로 노동자의 윤리관과 숙련된 기량이었다.[151] 동일 장비와 동일 수단을 갖고도 독일의 포드 공장은 미국의 공장보다 20% 높은 생산 수익을 냈다. 다시 말해, 가장 큰 문제는 사람이다! 노동자의 자질과 노동 의욕이 생산성의 근본 요소이다. 그러나 혁신과 개발에 대한 평가들마다, 우리가 수차례 암시했던 "실현 가능성"[152]이라는 요소에 대해 무시 일변도였다.

150) M. Bailey, *Capital, Innovation et Croissance de productivité, op. cit.*, p. 53.
151) Lester C. Thurow, *Organisation sociale et Productivité, op. cit.*, p. 75.
152) [역주] 막연하게 가능성을 타진할 문제가 아니라, 철저한 사전 조사와 검토를 거쳐 실행력 여부와 확실성을 제시하는 방식을 가리킨다. 앞에서 다룬 "예지력"에서도 확

우리가 실제로 사용하지 않는 한, 발명품 자체는 무용지물이다. 또한 이 발명품을 산업의 확장에 필요한 요소들과 결합하지 않아도 발명품 자체는 별 소용없는 물품에 불과하다. 즉, 연구개발은 반드시 매개체를 거쳐야 한다! 우리에게 구체적인 증거를 보여준 나라는 바로 일본이다! 기적(?)이라 불러도 손색없을 일본의 성공 원동력은 무엇인가? 무엇보다 일본이 보유한 노동 개념과 조직화였다! 노동자 고용은 삶의 문제였다. 즉, 노동자는 자기의 일자리 상실에 대해 염려하지 않는다. 급여는 낮아도, 괄목할만한 수익을 올렸다. 소형 공장과 작업장의 조직은 자주관리 방식을 실천했다. 즉, 노동자들이 자기 공장의 생산품 수량을 통제하는 자주관리제를 시행한다. 또한 노동자들은 기업의 투자에 관한 의사결정 회의에 참여한다. 다시 말해, 일본인들은 노동력 전체를 생산성 증가에 유리한 형태로 조직하는 데 성공했다. 일본은 최적의 노동 유연성노동자에게 유리한 방식이며, 프랑스가 정립하려는 노동 유연성과 아무런 관련이 없는 방식이다!을 고심하고, 노동자의 수완과 기량, 그리고 기업에 부여된 기술 전문성을 재량껏 펼칠 수 있는 최적의 수단들을 고심했다. 가장 중요한 문제는 조직화였다. 즉, "노동자-운영진-사주의 관계"를 조직하는 문제와 기업의 모든 활동의 노동자 참여가 핵심 문제였다. 따라서 우리는 다음과 같이 말할 수 있다. "연구, 기술, 혁신, 자본"을 따른 "경성硬性 생산성"이 있고, 작업 동기, 협력, 동료와의 소속감에 의한 "연성軟性 생산성"이 있다. 아마도 연구 부서에게 이 문제는 매우 생소한 관심사가 될 것이다. 심리학자, 사회학자, 법학자 등과 머리를 맞대고 사회 과학, 인문 과학 분야의 연구 성과를 통합해야 하는 문제이기 때문이다. 이 학자들은 사회학, 경제학 연구를 통해 내린 결론을 명확하게 설명하고, 이러한 결론이 기업에게 미칠 변화를 해설하기 위해 기술 연구 프로그램에 합류할 것이다.le

인했지만, 엘륄은 의사결정에서 현상 뒤에 도래할, 두 번째, 세 번째 파도가 무엇인지까지 꼼꼼하게 검토하고 확인하는 작업이 매우 중요함을 계속 강조한다. "실현 가능성" 역시 그러한 배경에서 제시된 용어다.

　마지막으로, 미국의 생산성 저하 문제를 다뤄보자. 우리는 3차 산업_{컴퓨터} _{정보와 연관된 혹은 이 분야에서 파생된 직업군 전체를 아우르는}의 과잉 성장에 대해서도 강조했다. 서비스 생산성이 극도로 취약해지기 때문이다. 예를 들어, 사람들도 공히 인정하듯, 미국에서 2차 산업 노동자가 3차 산업으로 이행하면서 생산성의 37%가 후퇴_{보건 서비스, 법률, 경찰, 상업, 피고용인, 행정 등}했다. 1977년에서 1983년 사이에 공장 노동자 한 명의 생산성은 6% 상승했고, "화이트칼라"라 불리는 사무직 노동자의 생산성은 0.8% 상승했다. 그러나 산업은 점점 사무 관료화 체계로 바뀌었다. 현재 미국에는 3,000만 명의 공장 노동자와 5,700만 명의 사무직 노동자가 있다. 우리는 이미 접한 문제를 또 접해야 한다. 정보 서비스의 성장은 멋진 광경일지 몰라도, 우리는 컴퓨터 출력 용지를 먹고 살지 않으며, 서비스 상담이라는 옷을 입고 살지는 않는다. 컴퓨터는 밥이 아니고, 서비스 상담은 옷이 아니다!

　따라서 "생산성"은 항상 가용 재화의 생산을 의미한다고 생각하지 말아야 한다. 장 보주_{Jean Voge}의 계산에 의하면, 노동 생산은 매번 10%씩 상승한다. "컴퓨터 정보"_{즉, 노동 조직 비용의 핵심} 분야의 생산성 상승폭은 20%_{컴퓨터 정보의} _{비용은 가용 재화의 생산 비용보다 네 배 증가했다}이다. 물론, 우리는 서비스 생산_{전자, 정보, 재} _{정 합리화} 개선을 위해 노력한다. 그러나 이러한 개선책으로는 결코 문제를 풀 수 없다. "지식 소비의 분야에서 지식을 사용 가치로 만드는 것에 대한 갈등이 불거진다. 그에 반해, 지식은 본래 교환 가치로 기능한다. 따라서 제품들의 인위적 낙후성에 대한 사용자의 불평이 고조된다. […] 수많은 기술 제품들이 무르익을 만하면 폐기 처분되거나 변두리에 처박힌다. 더불어 제품들의 사용에 따른 수익성도 떨어진다. […] 지식 정보 분야에서 정보 '생산'이라는 논리는 정보 그 자체에 해당하지만, '수요'의 논리는 부분에 그치더라도 정보를 사용하라고 촉구한다."[153]

이제 생산성의 일자리 창출 문제 혹은 실업 문제에 대해 설명하도록 하자. 우리는 몇몇 놀라운 관찰을 제시한 글을 확인한다. 베일리에 따르면, 발전이 생산력 증가에 불리하게 작용했다고 하여 노동력이 치명타를 입는 것은 아니다. 심지어 경기 침체기에도 고용은 15% 상승했다. 프리먼은 생산성 성장이 취약한 상태에서도 고수준의 고용은 생산성 성장과 맞물려 간다는 주장을 일반화했다.[154] 달리 말해, 생산성 저하가 노동력 채용의 저해 요소가 아니며, 높은 생산성 성장이 노동력 해방으로 연결되지 않는다. 다만, 고용 성장에 '유리하지 않을 뿐이다!' 설령 생산성 성장이 2차고용의 증가로 이어진다는 말이 사실이라 하더라도, 극히 제한된 성장에 불과할 것이며, 결코 실업 문제의 해결책은 아닐 것이다. 오히려 생산성 증가는 자본 순환을 가속화하지 않을 것이다. 생산성 증가가 꼭 경제 성장을 뜻하지도 않을뿐더러, 어떤 경우에도 생산성 증가로 실업이 극복되는 일은 없을 것이다.[155]

경제의 확장은 고용을 창출한다. 그러나 여러 분야가 재구성됨과 동시에 많은 부문의 일자리를 없앤다. 경제 성장은 결코 대규모 고용을 창출할 수 없다. 예를 들어, 1959년에서 1971년 사이의 신규 고용은 연간 125,000건이었지만, 1971년에서 1984년 사이에는 연간 60,000건에 머물렀다. 티오Thiot는 흥미로운 자료를 제시했다. 1959년에서 1983년 사이에 프랑스의 국민 총생산은 162% 성장했고, 고용은 11% 성장했다. 또한 같은 기간에 일본의 국민 총생산은 475% 성장했고, 고용은 32% 성장했다. 우리는 다른 요소들도 고려해야 한다. 가령, 성장신규 소비재 공급과 같은은 모든 사람의 소득

---

153) J. Beillerot, *La Société pédagogique, op. cit.*, p. 125.

154) M. Bailey, *Capital, Innovation, Croissance de la productivité, op. cit.*, p. 53, C. Freeman, *Technologies nouvelles et Avenir de l'emploi, op. cit.*, p. 91.

155) F. Thiot, *Le Monde*, mai 1986 et Couria, *Information et Emploi, Conseil économique et social*, 1984.

상승을 요구한다. 1950년대 평균 소득으로 보았던 소득 수준여전히 동일 화폐라면은 오늘날에는 처참한 수준이다! 덧붙여, 인구의 증가도 고려해야 하고, 인구 증가 곡선과 고용 곡선의 불일치도 고려해야 한다. 성장과 고용의 관계는 결코 단단히 얽힌 관계가 아니다. 요약하면, 경제 성장을 견인하는 생산성의 개선으로 실업 문제를 해결하겠다는 생각은 부정확하다. 오히려 현재 우리는 그 역현상을 설명하는 중이다.

전형적인 한 사례를 추가하겠다. 바로 로봇이다. 산업용 로봇 제작사인 '유니메이션Unimation'에서 제작한 로봇은 평균 2인의 노동력을 대체할 수 있지만, 제조 의도 방식의 여부에 따라 다양한 능력을 포함하기도 한다. 일단, 로봇은 값이 매우 비싸다. 예컨대 1981년에 용접 로봇 한 대의 가격은 25,000달러였다. 더군다나 노동력 절감을 목표로 로봇을 도입했다고 해도, 막대한 운영비가 이를 바로 상쇄한다. 유지 보수비와 '특히' 상당량의 추가 에너지 사용 문제를 고려해야 한다. 로봇은 막대한 에너지를 소모한다. 아울러 기업의 활동 폭에 따라 다변화되는 생산 단계에서, 로봇은 일정 수준의 생산량을 보였을 때라야 비로소 수익을 올리기 시작한다. 마지막으로, 로봇의 도태 속도는 매우 빠르다. 구형 모델은 작동 불가 이전 상태일지라도, 신형으로 '대체되어야 한다.' 다섯 가지 산업 부문과 열 가지 제조 분야를 연구한 독일의 파울 A. 다비드[156]는 다음과 같은 결론에 도달했다. 1990년에서 1995년 사이에 로봇은 현재 노동력의 약 10%를 '절감'할 것이다. 이 수치는 미국의 유수 언론에서 실시한 조사 결과와 사뭇 다르다. 이 조사에 따르면, 1985년에서 1990년 사이에 로봇이 대체할 노동력은 무려 25%이다. 다비드에 따르면, 가장 개연성 높은 노동력 대체 비율은 5%선일 것이다. 거기에 '모든' 요소들을 고려해서 얻은 비율이라는 극히 단순한 이유가 추가되었다.[157]

---

156) Paul A. David, *La Moissoneuse et le Robot, op. cit.*, p. 109.
157) 국제 노동 사무국의 관찰에 따르면, 로봇 사용의 발전 속도는 예상보다 훨씬 더디

로봇 설비를 갖춘 신형 공장 건설과 점진적으로 자동화 설비를 갖추는 구형 공장 사이에서 선택해야 할 문제로 보인다. 경제 지평에서 보면, 오히려 로봇 설비가 더 불리하다. 왜냐하면 기성 공장은 이미 기술끼리 상호 의존하는 형태여서 로봇 한 대를 추가 설치하기 매우 어렵기 때문이다. 다시 말해, 로봇은 접속된 장비 일체를 전제해야 한다. 로봇은 기존 사업의 추가가 아닌, 전혀 새로운 사업 개념이다. 로봇에 최적합한 자동화, 정보화 기능을 갖춘 신형 공장이 있어야 한다. 바로 이러한 경우에만 로봇 사용이 가능하다. 신형 공장은 기계와 기계가 서로 간섭하지 않는 관계이어야 하며, 컴퓨터 정보망네트워크으로 기계와 기계를 연결하고, 생산을 완벽하게 통합하는 방식이어야 한다. 정보화는 생산의 전 영역을 관통하는 과정이 될 것이다. 기계 자동화를 이어 정보 자동화가 도래할 것이다. 따라서 기업의 새로운 재정 전략과 사업 구상의 문제가 큰 쟁점이다. 사업과 경제 활동의 전혀 새로운 개념cf. les ⸢réseaux⸥ de Bressand et Distler인 이 정보 자동화 구상은 '아마도' 새로운 성장 동력이 될 것이다.[158]

사람들은 당초 전제들로 회귀하려 한다. 연구개발의 전제는 개인의 복지 향상을 위해 기술을 사용하는 데 있었다. 그러나 여러 저자들의 논증 이

다. 영국 기업의 44%가 로봇 사용의 심각한 문제를 인정했고, 22%는 로봇 사용을 완전히 포기했다. 독일은 로봇 투자에 단 5%만 집중하는 상황이다. 그럼에도 미래 예측은 낙관론 일변도다! 1990년에 일본은 70,000대, 미국은 60,000대, 프랑스는 20,000대의 로봇을 확보할 것이다. 우리는 이러한 예상의 출처를 정확히 알지 못한다! 국제 노동 사무국에 의하면, 로봇은 결코 만능 해결책이 아니다. 로봇은 실업을 양산하지 않는 한 가지 "선택지" 정도로 충분하다. 실업률 최댓값을 기록한 유럽은 적은 숫자의 로봇을 사용하고, 일본은 실업률 최솟값(작년까지)을 기록했다. 그러나 로봇 기계화를 마치 만능 해결책인 양 강제로 도입해야 한다는 데 별다른 이견이 없다. 공장 직원들의 동의가 필요한 대목이다.(Revue internationale du travail, n° 1-1986, B.I.T., Genève)

158) 나는 「르몽드」에 실린 기사 하나를 매우 흥미롭게 읽었다. 제조 분야의 로봇화 문제를 집중 탐구한 기사였다.(R. Clavaud, 1983년 10월) 사람들은 정보화와 로봇화를 의류 "제조"업계의 구세주로 포장했다. 그러나 현재 우리는 로봇에 필요한 신형 공장 건설, 기초 제품(대걸레와 속옷) 제작에 로봇 활용, 생산품 범위의 현저한 축소(과거 40종에 달했던 제품이 현재 1종의 티셔츠와 3종의 속옷으로 축소)를 목도한다. 수공업자와 기술자가 불필요해진 것처럼, 직물 분야의 전문가도 더 이상 필요치 않다. 이러한 조건에서 사람들은 의류 부문의 유지비보다 더 낮은 비용으로 생산할 수 있기를 바란다. 그러나 이들은 로봇과 공장 신설에 들어가는 비용에 관해서는 이야기하지 않는다.

후에 지아리니는 사뭇 다른 내용을 제시했다.[159] 그가 제시한 자료에 따르면, 경제 성장과 개인 복지 향상의 연결 고리는 끊어졌다. 지아리니는 모든 유급 노동은 부가 가치를 창출하고 복지를 향상시킨다는 통념을 일례一例로 제시한다. 그러나 이러한 통념은 부정확하다. 현재의 기술 활동은 종종 '공제된' 가치를 대신할 뿐이다. 예컨대 공해 방지 산업들은 기존의 복지를 복구하는 수준에 그칠 뿐, 국내 총생산의 증가를 견인하지 못한다. 그러면, 기술 정책 관련자들은 또 다시 생산성 운운하며 주판알을 튕길 것이다! 이러한 투자는 기존 복지의 감소를 야기한 생산에 투입해야 할 보조비에 해당할 뿐이다.

때때로 공제 가치의 상승률이 부가 가치의 상승률보다 높을 수도 있다. 이와 같이 기술은 자가 발전을 통해 생산성을 향상시킬 수도 있고, 동시에 명백한 경제 수익 분야를 축소시킬 수도 있다. 그러나 이 경우나 저 경우 모두 성장이 있다! "우리 기술 사회는 뱅글뱅글 도는 팽이와 같다. 우리가 기술과 접촉할 수 있는 곳이라곤 팽이 끝의 뾰족한 점뿐이다. 이 뾰족한 점의 회전 속도가 기술을 유지한다. 성장 둔화와 맞물려 사회 무질서가 등장했다. 파괴의 위협에 직면한 농부들, 사료와 농약, 살충제 제조 공장 등은 실업이라는 유령을 부른다. 백해무익한 노동들로 인해 우리는 이러한 악재를 만났다. 그러나 결과야 어찌되든, 우리는 힘껏 팽이를 돌려야 한다. 설령 파괴되는 한이 있더라도 생산성을 높여야 한다."Gillabert

생산성에 대한 짤막한 기술을 마무리하며, 나는 매우 오래된 주제지만, 동시에 망각된 주제 하나를 소환하려 한다. 우리는 이 주제를 끝없이 갱신해야 한다. 바로 '산업화'이다. 후기 산업화에 해당하는 기술 사회 혹은 정보화 사회로서의 산업화는 생산을 위한 체제가 아니다. 또 산업화는 소비

---

159) O. Giarini, *L'Europe devant l'âge post-industriel*, Futuribles, 1977.

재화나 복지도 아니며 생활 개선책도 아니다. 산업화는 그저 어떻게 하면 더 많은 이익을 남길까 고민하는 생산 체제일 뿐이다. 산업화에 대한 이러한 해석은 '절대적'이다. 그 외 나머지 해석은 모두 핑계, 수단, 정당화일 뿐이다. 마르크스는 자본주의를 분석하면서 이 문제를 제대로 논했다. 그러나 정작 현실 사회주의도 이 문제에서는 자본주의와 '똑 닮았다.'[160] 현실에서 생산성이란 더 많은 이윤의 생산과 다른 말이 아니다. 나머지는 장식품일 뿐이다. 따라서 과학, 기술이 아닌 이윤 확보 전략이 우리의 계산과 계측을 결정한다.

먼저, 사람들은 전도유망한 시장을 선택한다. 로켓 건설에서 그 사례를 확인할 수 있다. 사람들은 2~3년 후에 우주 궤도에 위성 설치 수요가 있을 것이라 떠들기 시작했다. 다음으로, 확실한 역량을 갖춘 장비에만 투자한다. 그리고 나머지 불필요한 영역을 정리한다. 마지막으로, 새롭게 부상하는 시장모두가 같은 계산을 하므로, 얼마 지나지 않아 염증을 느낄 위험이 있는[161]에 투자하기 위해 수익성이 떨어지는 부문을 언제든 해체할 수 있는 상태로 만든다. 우리는 섬유나 철강 산업에서 이 부분을 확인한다. 물론 두 산업의 해체는 훗날 큰 후회로 남았다. 우리가 이야기한 기술-경제의 관계로의 회귀를 명확히 설명할 수 있는 부분이다. 그러나 이것은 기술의 여러 분야들이 상상초월 수준으로 배가되고, 경제 자원들이 제한될 경우에만 필요하다. 따라서 선택지가 많아지며, 모든 것을 활용할 수 있는 가능성도 사라진다.

우리는 매우 두드러진 현상을 목도한다. 경제와 금융 분야의 대기업들이 더 많은 수익을 올릴 가능성이 있는 다른 기술들을 선택했기 때문에, 최첨단 기술, 효율성과 현대성을 갖춘 기술, 유용성을 갖춘 기술예컨대 무공해 기술—그러나 무공해 기술과 같은 형태는 결코 나타나지 않을 것이다이 등장하게 될 것이다. 정유 회

---

160) '노멘클라투라'에 대한 볼린스키의 다른 책도 참고하라.
161) 지야베르(Gillabert)의 박사학위 논문은 이 문제를 매우 탁월한 시각으로 발전시켰다.

사들은 특정 지역 내부의 동식물을 없앨 수 있고, 태양 에너지, 풍력 에너지, 지열 연구 등도 제거할 수 있다. 또한 다른 영역에서도 상황은 동일하다. 우리에게 적절하다는 평가를 받은 기술들은 아예 연착륙할 기회조차 얻지 못한다. 이러한 기술로는 최대 수익을 '낼 수 없기' 때문이다. 따라서 수익성과 지식 사이에는 '아무런' 관계가 없다. 바로 이것이 우리가 '연구개발'이라는 정식에 대해 내뱉는 마지막 말이다!

3. 엔트로피

"자본은 그 성장을 거듭해 1964년부터 산업의 머리 꼭대기에 앉았다. 이러한 자본의 성장은 기술 효율성의 강력한 성장을 수반하지 않는다. 다시 말해, 모든 요소들의 총 생산성이 그만큼 개선되지 않았다. 앞으로 생산의 성장 속도는 사용된 자본의 양에 비해 더딜 전망이다."[162] 잉마르 그랑스테드의 이 문장은 '연구개발' 검증 장치만 있었어도 정치-기술담론의 허세라는 특성에서 벗어날 수 있었을 것이다에 정확히 반대 자리에 선 엔트로피 이론을 종합했다고 해도 무방하다. 현재 우리는 연이은 일반화를 통해 물리학에서 천문학, 생물학, 철학랄 랑드. 1899으로 이행했다. 1960년대에 사람들은 열역학 제2법칙이 다른 영역, 특히 경제학과 기술 진보 분야에 적용 가능한지를 두고 고심했다.[163]

사람들은 장벽에 부딪힌 것처럼 절대 무질서에 이른 단계, "정보"의 완벽한 부재에 도달하는 단계, 다시 말해 '엔트로피'를 거론했다. 엔트로피 "법칙"은 이미 한 세기 전부터 알려진 "법칙"에 수학의 측면을 부과한 형태

---

162) Ingmar Grandstedt, *L'Impasse industrielle, op. cit.*
163) 무엇보다 이것은 의사소통 통신에 관한 '샤논의 정리'(1948)를 따른다. 샤논의 정식에서 도출한 두 가지 결과를 거론할 필요가 있을 것이다. 특정 정보 차원의 엔트로피는 그것이 포함한 무수한 요소들과 직결된 함수 관계에 따라 상승한다. 또한 이것과의 상관관계에서, 정보 차원의 엔트로피는 요소들 각각의 개연성에 담긴 비대칭성과 직결된 함수 관계에 따라 감소한다. 이것은 기술 체계의 발전에 대한 해석에 있어 유의미한 결과를 포함한다.

일 뿐이며, 특별히 농업 분야에서 수확량 감소 법칙에 응용되었다. 이를 이론으로 다듬은 인물은 바로 니콜라스 게오르게스쿠–뢰겐[164]이다. 그는 기술 역량에 한계란 있을 수 없다는 상식을 비판한다. "기술이 기하급수적으로 개선된다는 생각이 있다. 이러한 생각을 가진 사람들은 기술 진보가 다른 요소들의 진보를 낳는다고 말하면서 이를 정당화한다. 물론, 사실이다. 그러나 기술 진보는 인구 성장의 방식을 따르지 않는다. 즉, 차곡차곡 누적되는 방식을 따르지 않는다. … 기술 진보가 계속된다고 하더라도, 기술이 모든 한계선을 뛰어 넘는다고 말할 수 없다. 성장에는 상한선이 있다. 기술의 경우, 효율성 계수가 그 상한선을 정한다."

게오르게스쿠–뢰겐은 엔트로피 개념을 경제 체계 전반에 적용한다. 즉, 경제 체계의 엔트로피를 이야기한다. 경제 체계는 복지 향상이나 효용성 향상이라는 결과물을 낳지 않더라도, 자기 존속을 위해 성장을 지속해야 한다. 또한 게오르게스쿠–뢰겐은 산업 부문에 관한 정밀 연구를 통해, 기술이 수확 체감의 법칙을 따른다는 점을 누차 제시했다. 물론, 자가 발전을 거치는 기술 자체가 경제 수익의 감소에 한몫한다. 게오르게스쿠–뢰겐의 설명은 이전 단락에서 우리가 설명했던 내용을 다른 방식으로 표현한 것이다. 우리의 설명을 요약하면, 연구비 상승과 연구 기간의 연장은 당초 계획한 예산 총액을 훌쩍 뛰어 넘는다. 원자력 발전소가 대표 사례다. 또 이러한 초과 비용의 문제는 신기술을 다루는 모든 영역에서 나타난다. 신기술의 출현은 기존 기술의 낙후성과 무용론을 부추길 수밖에 없다. 기술 수단 자체의 낙후성과 함께 생산품의 낙후성을 동시에 부추길 것이다. 생산품의 감가상각비 발생 이전에 '반드시' 물품을 대체해야 한다. 이것의 대표적인 사례는 컴퓨터다. 이러한 엔트로피 이념과 네겐트로피[Neg–entropie165] 로서의 정

---

164) Nicolas Georgescu-Roegen, *The Entropy Law and the Economic Process*, Harvard University Press, Cambridge, 1971
165) [역주] 엔트로피의 반대 개념이다.

보 이념은 매우 보편화되었다.[166] 그러나 최근 몇 년 동안[1984] 우리의 예상처럼, 과학자의 강력한 반발이 있었다. 우리는 사회학자들과 경제학자들이 열역학 제2법칙을 잘못 해석했고, 엔트로피는 모든 것에 광범위하게 적용 가능한 개념이 아니었으며, 이 개념의 불가피한 적용도 불가능하다는 점을 보였다. 덧붙여, 우리는 진중한 검토의 필요성을 제시하려 했다.

나는 게오르게스쿠-뢰겐이 제시한 이 유보 사항들에 적극 동의한다. 엔트로피 개념에 대한 열의는 과장일 것이며, 이 개념의 보편 일반화도 경계 대상이다. 나는 엔트로피 개념을 경제와 기술 분야의 수확 체감의 법칙 정도로 여겼고, 그 생각은 상당히 효과적이었다. 엔트로피 개념은 매우 일관성 있기에 나 역시 이 개념에 대한 이의 제기는 어려운 일이라 생각한다. 반대로, 우리는 신기술이 쇠락을 막고 생산성 운동을 쇄신한다는 점을 입증하는 일이 매우 옳다는 사실을 발견한다. 그것은 새로운 '정보'가 엔트로피의 가능성을 축소했다는 생각의 범위를 결코 넘어서지 않았다.

그러나 오늘날 두드러지게 가중된 현상인 과도한 쓰레기, 기술 문제의 "표류", 왜곡된 효과, 혁신에서 응용으로의 전환 속도 둔화, "가치 제거" 등은 기술의 광범위한 효력의 반영이며, 결국 생산성 감소라는 불가피한 결과를 야기한다. 경제 현상은 점차 불안정 상태_{유동성, 유통, 네트워크}로 내달린다. 안정 현상_{기술 전체는 안정된 집합체일 수 있다. 특정 부문에 경제의 유의미성이 드러나지만, 기술의 하위 체계는 매우 불안정하다}이 없을 경우, 이론의 공식화는 불가능하다. 따라서 내 시각에, 경제학은 단기간 동안 한정된 분야, 즉 가변 요인들이 자료가 될 수 있는 시기와 기계 분석과 정량 분석이 유의미한 힘을 갖는 시기에 머무는 것처럼 보인다.

더욱이 우리가 이미 확인한 것처럼, 기술은 발전을 거듭할수록 전문화된다. 전혀 새로운 해법의 장점을 응용할 수 있는 분야는 대체된 기술보다

166) 일례로 다음 글을 보라. H. Guitton, *Entropie et Gaspillage, op. cit.*

더 협소할 것이다. 만일 기술의 관점을 효율성에 맞춘다면, 혁신이라고 말할 수 있는 부분은 점점 협소해지는 오직 경제 분야밖에 없을 것이다. 따라서 이러한 기술 혁신들로 인한 전반적인 경제 수익도 차츰 감소하게 된다. "여러 재화에서 선별한 수량을 더 빨리, 더 많이 생산하는 일은 생산의 다양성 단계에서 공급의 양적, 질적 수요를 증가시키기는 일이며, 투입물과 산출물 저장에 항상 과잉 투자를 유도하며, 중개자의 숫자도 상승한다."Giarini 이것은 분명 기술 생산성의 현저한 감소를 낳는다.

유용성과 기술 진보 자체가 유도한 3차 산업으로의 이동은 이 현상을 더 도드라지게 한다! 왜냐하면 3차 산업의 눈부신 성장을 이끈 '정보 총체성'은 엔트로피 운동과 기술경제의 핵심 요소인 반면지금 나는 문제를 유발하려 한다, 기술의 혁신과 놀라운 작업들은 배가 성장을 멈추지 않기 때문이다! 잠시 화제를 돌리겠다. 최근에 발간된 한 연구서167)는 현재 많은 비판에 직면한 엔트로피 개념의 응용을 재발견하고 일반화한다. 저자는 체계성을 토대로 엔트로피의 출현 영역을 연구한다. 물론, 이 연구는 수학과 통계에 준한 논증의 형태는 아니지만, 매우 엄격한 방법론을 수반한다. 연구서를 통해 우리는 반박 불가능한 내용을 확인하게 될 것이다. 내용인즉, 기술력 신장에 비례해 복합 체계의 엔트로피는 상승하지만, 바로 그 시점에서 우리는 이를 닫힌 체계로 간주해야 한다. 또 컴퓨터 정보의 집합체가 네겐트로피의 역할을 부르는 정보를 구성할 수 있다는 생각, 체계의 엔트로피 단계를 축소시킬 것이라는 생각은 완벽한 망상이다.

이 대목에서 우리는 한 과학자의 중요한 논문 한 편을 곱씹어 봐야 한다. 클로드 리블린이 작성한 「사회의 탈정보화를 위한 선언」168) 이다. 컴퓨터의 다양한 유용성 문제를 거론한 후, 저자는 다음과 같은 질문을 던진다. 만일

---

167) J. Neyrinck, *Le Huitième Jour de la Création, Introduction à l'entropie, op. cit.*
168) C. Riveline, « Manifeste pour la désinformatisation de la société », in *Pandore*, février 1982.

모든 컴퓨터에 손도 못 댈 수준의 엄청난 오류가 발생한다면, 우리는 어떻게 해야 하는가? 정보처리 전문가들의 수를 고려했을 때, 컴퓨터가 관리 작업의 수익을 높였다고 말할 수 없다. 장애 요소들과 관련된 손실 범위를 측정하려면, 정보화되지 않은 지표가 필요하다. 또 저자는 몇 가지 사례들을 인용한다. 그러나 과연 이것은 과학자의 시각인가? 현재 거의 대다수의 지식인은 컴퓨터로 작업하지 않는다. 컴퓨터로 작업하는 경우에도, 계산 프로그램 사용에 그치는 경우가 대부분이다.[169] 옛 사람들은 "자연의 신비"와 마주해 깊은 성찰을 폈다. 반면, 현대인들은 자기 질문들을 기계가 소화하기 편한 논리 체계로 바꿔 표현한다. 총체적 사유가 아닌 선택적 사유에 경도된 현상이다. 빈약함을 은폐하기 위해, 기계가 흡수할 수 있는 기본 자료들의 용량과 처리 속도를 내세운다. 그러나 "지성이란 본질에 대한 깊은 관심과 고민이다." 그렇다면, 우리가 모든 것을 동시에 다룰 때 '소위' 본질이라 불리는 것을 추구해야 할 이유는 무엇인가! 사람들은 새로운 도구나 응용의 출현에 승전가를 부른다. 설령 신제품의 덕목에 모순이 있더라도 승전가를 부르기에 바쁘다. 컴퓨터에 대한 열광이 나타나는 이유는 컴퓨터의 유용성과 효율성 때문이 아니다. 누구나 똑똑해질 수 있다는 환상을 심었기 때문이다.

---

169) [역주] 이 책이 1980년대 후반에 출간된 책이라는 점을 감안하라.

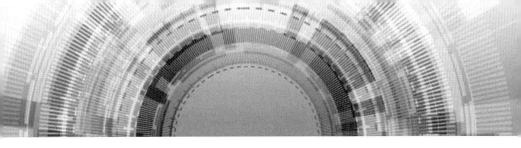

4부

기술에 매료된 인간

나는 오래 전부터 다뤄왔던 문제를 다시금 환기하려 한다. 일각에서는 인간이 기술을 제어할 수 있고, 제어해야 하며, 자기 의도대로 기술을 견인할 수 있고, 견인해야 한다고 주장한다. 나는 그 때마다 어리석은 질문을 던지곤 했다. '어떤' 인간에게 그런 능력과 당위성이 있는가? 인간 자신이 그렇게 할 수 있는가? 그런 인간은 존재하지 않는다. 독자들과 나, 우리 시민 대중들이 할 수 있는가? 나 한 사람은 전화기 사용이나 비디오테이프 녹화기 사용을 포기할 수 있다. 그러나 그것으로 무엇이 바뀌는가? 정치인은 할 수 있는가? 솔직히 말해, 정치인은 인간의 기술 제어 문제에 대해 제대로 알지도 못하고, 알 수도 없다. 기업의 고위 경영진은 가능한가? 이들은 자기 분야에서만 힘을 쓸 수 있다. 기술 전체에는 이들의 힘이 미치지 못한다. 전문기술자는 가능한가? 이들도 자기 영역에 갇힌다. 또한 이들은 자기 기술에 완성도를 더하면서 높은 수준의 기술 응용을 달성하는 데 관심을 기울인다. 여기에서 전문기술 관리 집단을 뜻하는 '기술구조'가 중요한 역할을 맡는다. 기술의 응용은 전문기술자의 사회적 지위와 금전 지위를 강화한다. 기술자에게 이러한 지위 강화는 또 하나의 유도책이다. 즉, 기술자는 자기 기술을 더 많이 응용하려 한다. 마지막으로, 과학자는 기술을 제어할 수 있는가? 과학자는 자기 "발명품"의 기술적 결과들이 무엇인지 알지 못하는 경우_{아인슈타인의 사례 참조}가 허다하며, 과학 연구에 대한 열정어린 관심은 자기 제

한 능력을 방해한다. 따라서 기술을 제어하는 과학자는 '아무도 없다.'

"인간은 기술을 제어^{혹은 자기 의도대로 사용}한다"라는 말은 무의미하고 터무니없다. 우리는 이미 앞에서 이 문제를 연구^{4부 2장}했다. 그러나 지난 몇 년 동안 피부에 와 닿을 정도의 변화가 있었다. 즉, 서구인은 현대 기술에 매료된 인간이 되었다. 물건에서 눈을 떼지 못하고, 열렬한 관심을 보이고, 방향 전환이 불가능할 정도로 매료되었다. 기술에 매료된 서구인은 마치 최면에 걸린 것처럼 복종하며, 외부 활동은 거의 하지 않으며, 결국에는 서 있는 자리에 따라 자기 자신을 찾기도 하고 잃기도 하는 불안정한 존재가 됐다. 그러나 여전히 구별은 필요하다. 나는 서구 세계의 '모든' 사람이 기술에 매료되었다고 말하지 않는다. 서구인 모두가 매료되었다는 단순한 판단과 반대로, 수준 높은 교양을 갖춘 사람들, 인격 발달 수준이 높다는 사람들이 기술에 더 매료되었다.

이 지점에서 우리는 이미 대중 선전에서 연구했던, 놀라운 현상처럼 보일 수도 있을 현상을 재발견한다. 대중 선전과 광고에 가장 민감한 사람은 "지성인"이다. 또한 어느 곳에 정착해 미동조차 하지 않는 사람들은 전통에 뿌리를 둔 사람들, 확고한 이념을 가진 사람들, 상대적으로 안정된 환경에 살면서 일하는 사람들^{1950년대까지의 농민}이거나 노조처럼 매우 단단한 연맹 구조에 소속된 사람들이다. 이들은 모두 기술의 현대성에 크게 매료되지 않는다. 최근에 매우 흥미로운 연구가 있었다. 이 연구에 따르면, 평범한 대중의 환경이나 '중산층' 환경에 속한 사람들은 확실히 텔레비전에 주의를 기울인다. 그러나 텔레비전에 대해 이야기하자마자 이들은 "오불관^{吾不關}의 태도를 유지하는 법을 기막히게 안다. 이들은 아주 일부분만 영향을 받을 뿐이다. 이러한 현상에 조사 담당자는 해석의 난제를 안게 되었다.[1]

기술 제품에 매료된 사람들은 지식인, 전문기술자, 과학자, 고위급 간

---

1) D. Brethenous, *Étude de la réception télévisuelle : sémiologie T.V. et réception T.V.*, thèse déposée à Bordeaux(보르도대학교 박사학위 논문), 1985.

부, 언론인, 다양한 여론 주도층 인사, 예술가, 신부와 목사이들은 교회를 바꾸고, 시대의 입맛에 맞추려 한다, 정치인예외 없이 전부, 경제 분야 담당은행가, 은행장 등, 교수교수법에 전혀 영향력이 없다는 반응을 못 견디는, 고위직 행정가 등이다. 이들은 하나같이 기술의 매력에 푹 빠진 사람들이며, 어떤 비판 정신도 표명하지 않는다. 이들은 우리 사회를 신랄하게 비판한다고 생각한다. 특히 대다수의 예술가들이 그렇다. 그러나 이들은 모방과 희화화의 방식으로 기술 세계 자체를 재생산한다. 이들은 역효과를 부르고, 더 높이며, 결국 신화를 강화한다. 나는 『무의미의 제국』에서 대다수의 예술이 이러한 노선에 있다는 사실을 보였다. 따라서 우리가 기술에 매료된 인간들로 이야기할 대상은 사회 각 분야에서 책임자의 자리에 앉은 요직 인사들이 될 것이다.

무엇보다 이들을 지배하는 몇 가지 그림이 있다. 우리는 이를 신화라 부른다. 이러한 현상에 신화라는 용어가 사용된 적이 없다면, 우리는 이 용어를 계속 사용할 것이다. 기술에 매료되고 기술을 신화로 여기는 현상은 최근에 등장했지만, 그 가치는 매우 중요하다. 왜냐하면 타당성을 부름과 동시에 판단, 행동, 선택에 이의를 제기하지 않기 때문이다. 우리는 그 가운데서 생산성, 과학, 합리성 등의 문제를 이미 다뤘다. 이러한 신화는 지속되고, 다른 곳에서 새롭게 태어나기도 하며, 새로 태어난 것이 기존의 것과 결합하고, 새로운 형태로 바뀌고, 쉽게 반박할 수 없는 형태로 변한다. 대표 사례가 바로 '일본 신화'다. 일본산 오토바이, 손목시계, 컴퓨터, 자동차, 텔레비전, 비디오테이프 녹화기가 서구 세계를 점령했다. 관세를 붙였음에도 가격은 서구의 물품가보다 더 낮다. 일본 제품이 서구를 점령한 현상의 주 초점은 상업과 경제적 이유에 있었다.

또한 저가 물품이라고 덤핑하는 경우도 없다. 일본은 혹독한 노동 착취를 일삼는 국가도 아니다. 실업도 거의 없으며, 생활도 안정되고 수용 가능한 수준이다. 또한 일본 자체가 가장 담대한 경험을 진행 중이다. 입이 떡 벌어질 정도로 탁월한 로봇을 제조했고, 세계에서 가장 빠른 기차를 생산한다. 영토가 작고 인구밀도는 높지만, 명백한 인구 과잉 현상은 없다. 마지막으로, 일본은 '절대' 표본이다. 위에 인용된 범주에 속한 사람들은 항상 절대 표본을 찾는다는 점에 주목할 필요가 있다. 그 가운데 다수물론 전체를 뜻하지 않는다!가 소련과 중국을 염두에 뒀지만, 실제로 지성을 매료시킨 이들 국가들과 기술 현실 사이에는 큰 괴리가 있다! 소련과 중국 대신, 이들이 이상으로 삼은 나라가 바로 일본이다. 왜냐하면 일본은 엄청난 기술 진보를 통해 사회 문제들을 해결한 국가처럼 보였기 때문이다.

따라서 일본을 모방하기 위해 앞다퉈 일본 연구에 나섰다. 왜냐하면 경쟁에서 이기기 위한 출구는 이 선두 주자를 모방하는 것1930년에 자동차에 모든 판돈을 걸고 미국을 모방했던 것처럼 외에는 없다고 보았기 때문이다. 우리는 일반인과 매료된 인간 사이의 차이를 확인한다. 전자는 어떤 저의 없이 일본산 제품을 구매하는 정도에 만족한다. 그러나 후자는 육체로 강생한 진보에 대한 이상론을 즉각 표현한다. 사람들은 열광적으로 일본을 공부한다. 국제무역과 산업을 종합 관리하는 '경제산업성M.I.T.I.'의 놀라운 역할, 국가와 민간 산업의 협력 관계, 경제 기획의 복잡성을 정교하게 다듬는 능력"노동 유연성이 없어도 정부 차원의 정책 강요는 없다", 통산성과 산업체 사이의 연결 구조의 신설, 생산력주의 위주의 결집으로 거둔 성공, 의식, 분석, 협조, 협상의 과정을 동시에 구축하는 합의체로 차츰 유도하면서 중앙집권 형태의 집단 의사결정에서 탈피하려는 의지를 배운다. 특히, 협상 과정에서 노조는 사주와 일정한 친분 관계를 유지하며, 노동자는 엄격한 관리와 보호를 받았다.

무엇보다 일본은 표본이다. 신상품을 공급하는 "지점", 즉 "시장 미개척 분야"를 발견하는 방법을 '최초로' 알아챈 국가이기 때문이다. 그러나 일본의 구조에 대한 모방은 점점 줄었다.어려웠다! 오히려 동일 분야로봇 등에서 활동하려 하거나 경쟁 없이 생산 가능한 자국만의 새로운 "미답지"를 개척하려 했다. 전자^{모방}의 경우, 일본의 선진 기술력을 결코 따라잡지 못하는 오류를 고스란히 드러냈다. 후자^{개척}의 경우, 노동 착취가 불가피했다. 미개척 분야는 '첨단 기술' 분야로서 점차 정교하고, 세련된 양식을 추구했지만, 중복 산업이 많았고 "상품"화를 피할 수 없었다. 어찌되었든, 일본 제품은 우리의 머리를 꽉 채웠고, 우리를 매료시켜 일본을 모방하는 쪽으로 유도했다.[2] 이러한 질서에 대한 강박 관념이 지식의 방향을 바꿨다. 나는 바로 이러한 현상을 염두에 두면서 매료된 인간이라는 호칭을 사용했다.

---

2) 일본과 관련해 사람들이 통상 의구심을 갖지 않는 부분이 있다. 바로 일본의 화폐 "엔"(えん)이다. 일본 엔화가 1년 동안 강세를 보일 경우, 국제 무역 이익은 감소한다. 약 50%의 노동자들이 하청 기업에서 일한다는 점, 노동자들이 자기 운명을 수용하면서 별다른 [사회적] 보호 장치 없이 기업에서 계속 일한다는 점을 생각할 필요가 있다. 카마타 사토시의 책은 확실히 편파성을 보이지만, 사람들은 이 부분을 쉽게 간과했다. Kamata Satoshi, *Toyota, usine du désespoir*, Édition Ouvrière, 1979 ; *Japon, l`Envers du miracle*, 1982, Maspero. 마찬가지로, 일본이 "실업률 제로"라는 생각도 환상(실업률 2.6%)이다. 실제로 일본의 노동 시장 조직은 비교 대상이 희박할 정도로 다른 국가들과 다르다. 실업의 양태는 다양하지만, 실업 "률"과 같은 기본 측정 도구 이외의 다른 측정 방식은 없는 형편이다. Cf. Ph. Saucier, « Le chômage au Japon », revue *Travail et Emploi*, ministère des Affaires sociales, mai 1986.

1장_정보에서 텔레마티크까지

1. 정보

사실, 정보는 끔찍한 세상을 만들 수도 있다. 사람들은 정보의 진보로 일군 승리를 찬양하기 바쁘다. 이들의 생각에 정보는 지식, 사회, 경제 발전의 조건이다. 정보의 과잉은 문화와 인격의 과잉이다. 또 엔트로피 이론도 기억해 두자. 정보는 체계를 갱신함과 동시에 체계의 엔트로피 추구를 가로막는다. 더욱이 우리는 전혀 다른 개념들을 복잡하게 엮어 버렸다. 코스타드 보르가르의 견해에 발맞춰, 우리는 지식 정보' information connaissance와 조직 정보' information organisation를 구분한다.[3] 나는 지식 정보라는 명칭을 수용한다. 그러나 이 정보들 역시 빠른 속도로 사라진다. 그러나 어원인 "틀이나 형태를 만들다informare"에서 알 수 있듯, 정보는 자르고 다듬어 특정한 형식mettre en forme을 만들 수 있다. 정보는 특정 행동의 조건이다. 특정 집단 전체에 동일한 정보가 주어진다면, 이 정보는 집단의 행동을 채택함과 동시에 일관된 집단을 형성할 것이다. 꿀벌들의 비행을 예로 들면, 벌들은 자기 동료들에게 먹이의 위치, 방향, 거리를 알린다. 다시 말해, 모든 벌들이 비행해야 할 곳을 지시한다.

---

[3] Costa De Beauregard, *Science et Conscience*, Stock, 1980.

"원시" 사회에서 정보의 핵심 역할은 '유용성'이었다. 사냥, 위험, "정령들"과의 관계에 유용한 정보가 필요했다. 부족의 구성원 한 명이 모든 정보를 수집하고, 수집 당사자가 정보의 유용성 여부를 판가름한다. 레비 스트로스의 글에는 원주민 한 명이 자연에서 채집한 정보들이 등장한다. 레비 스트로스가 제시한 원주민의 채집 정보들은 매우 특이하며, 오늘날 우리에게 매우 낯설다. 채집한 정보가 유용하면, 다른 사람들에게 이를 전달하며, 집단은 그 정보에 맞게 행동한다. 모든 전통 사회가 이와 같은 방식으로 정보를 다뤘다. 레비 스트로스의 사례는 이러한 정보 취급의 표본이라 할 수 있다. 순수하게 지식만 전달하는 정보는 그리스 **철학자들**처럼 특정한 집단에서 유지될 뿐, 널리 환영받지 못했다.중세 시대에 원정 항해를 떠날 때 제공되는 정보에 대해, 사람들은 "확인할 수 없으므로 쉽게 믿었던 것은 아닌가?"라며 회의를 표했다

우리에게 "지식"을 전달하는 것처럼 보이지만, 실상은 그렇지 않은 정보들이 있다. "예술" 형태의 지식이 그렇다. 음악, 노래, 춤, 극, 무용, 이야기 작가, 음유 시인들이 전하는 정보는 집단의 일관성과 소통에 필요한 정보였다. 단순히 아름다움과 오락 거리의 문제가 아니었다는 뜻이다. 지난 반세기 전부터 모두의 입에 오르내리는 '축제'와 그에 관련된 정보들이 중요한 역할을 했다. 마지막으로, 종교에서 비롯된 정보들이 있다. 이 정보들의 역할은 "조직화"였다. 종교 절기에 이뤄지는 대중 행렬, 종교의 질서에 맞는 행동, 십자군 참전이나 선교 활동 가담을 독려하는 설교 등이 그에 해당한다. 종교 정보들의 목표는 집단행동 유도와 집단 내부의 정리, 즉 질서 유지이다.

옛 정보에 대한 우리의 짤막한 기록과 비교해, 과연 어느 지점에서 모든 것이 바뀌었는지 이야기할 필요가 있다. '우리'는 정보에 대한 설명을 통해 컴퓨터 정보 처리와 우리를 나누는 지성과 개념의 간극을 확인하게 될 것이다. 컴퓨터에게 정보란 과연 무엇인가? "국제 컴퓨터 정보처리 연맹"이 제

시한 정의에 따르면, 컴퓨터는 "다양한 처리 과정을 거쳐 소통 혹은 '조작'의 '방식'으로 형성된 사건들과 떠도는 생각들을 표현하는" 영어 단어 '데이터Data'에 정보를 포함시킨다. 이러한 사건들과 생각들은 컴퓨터의 모든 정보처리 과정에 활용될 것이며, 제대로 된 사용 여부와 무관하게 모두 저장될 것이다. 컴퓨터가 처리한 정보들을 분석하면서 우리는 흥미로운 사실을 확인한다. 정보를 처리할 때, 우리는 또 한 번 "지식" 정보와 "서비스" 정보와 만난다. 그러나 용어의 의미는 완전히 달라졌다. "지식"은 세계에 대한 특정 표상을 전달할 뿐, 실제를 참조하지 않는다. 다시 말해, 재구성과 각색이 용이한 백과사전식 지식에 비견되는 정도에 머문다. "지식 정보의 새로운 지위로 인해, 세계와 문화에서는 특정한 현실이 나타난다. 곧, 내용 없이 겉모양만 강하게 부각되는 현실이 만들어진다. 인위적인 구조가 이 현실에 언어들을 만들어 덧씌운다."[4] "서비스" 정보가 "조직" 정보를 대체한다. 서비스는 현 세계의 밀림에서 우리에게 갈 길을 지시한다.정돈된 광고, 행정 지시, 시간표, 다양한 척도 각자의 상황에서 고유의 판단과 평가를 거쳐 어떻게 행동을 할 것인가를 결정하도록 하는 대신, "서비스" 정보를 통해 수많은 사람들이 무기력하게 세계의 흐름에 동화된다. 다시 본론으로 돌아와, 광범위하게 유포된 정보 문제에 더 집중해 보도록 하자.

　　오늘날 우리는 '모 아니면 도' 식으로 뒤섞인 정보와 통제받지 않고 쇄도하는 정보의 바다에 빠졌다. 그러나 외부에서 우리에게 마구잡이로 도래하는 정보들분당 수백만 건의 정보들이 오지만, 인간은 자동으로 대부분의 정보를 걸러낸다. 인간에게 이런 능력이 없다면, 아마도 인간은 미쳐 버릴 것이다과 정보 생산자가 우리에게 의도적으로 전달하는 정보들유인 정보와 수용을 강조하는 정보 등을 구별해야 한다. 한 쪽은 자연 환경에서 유래한 정보들이고, 다른 한 쪽은 우리의 활동을 유발하기 위해 다른 사람들이 조작한 정보들이다.

---

4) M. Mirabail : et alii, Les Cinquante Mots clés de la télématique, op. cit.

그러나 이러한 정보가 1,000가지라면, 그 중 999가지는 나와 전혀 상관 없는 것들이다. 그럼에도 이 정보들은 내 눈과 귀를 자극, 강타한다. 그 이유는 정보 제작의 목적 때문이다. 우선, 정보 제작자는 아무 연관성도 없는 정보를 나와 연관된 것처럼 느끼도록 하기 위해 정보를 만든다. 또한 이러한 정서, 이념, 동조나 반감을 나 스스로 결정하기 위해 정보를 만든다. 마지막으로, 제작자는 정보를 통해 내 활동에 참견하면서 내 견해, 태도 혹은 행동을 바꿀 목적으로 정보를 생산한다. 이러한 정보는 내 상상력과 무의식에 가득 찬다. 그리고 이 상상력과 무의식이 정신의 파노라마를 구성하는 데, 나는 이 파노라마 안에 내 자리를 잡아야 한다. 에너지 과잉이나 상품 과잉을 문제 삼지 않는 것처럼, 사람들은 정보 과잉도 문제 삼지 않는다. 이는 매우 이상한 일이다. 만일 우리가 어떤 국민의 교양 수준을 알려 한다면, 자연스레 일간지와 라디오 방송의 숫자로 평가한다. 인간의 두뇌가 이미 포화 상태는 아닌지 단 1초도 자문하지 않는다. 더 많은 정보의 유포를 위해 위성을 쏘아 올리는 열정어린 모습에서 볼 수 있듯이, 사람들은 '더 많은' 정보를 진보의 필수품으로 여긴다.

그러나 이 정보들은 유용한 지식도 '아니고', 제대로 조직된 지식도 '아니다.' 또한 일관성과 유용성도 거의 없는 정보들이다. 오히려 이 정보들로 혼란만 가중된다. 바로 이 대목에서 "의사소통—정보" 이론가들, 지식인들, 학자들이 제시한 기본 패러다임들의 약점이 드러난다. 발신자의 전달 정보를 수신자가 정확히 받으려면, 다섯이면 다섯 모두가 손실과 잡음 없이 소통될 수 있는 체계를 구축하는 일이 관건일 것이다.

그러나 주어진 정보가 어떤 곳에 유용하거나 유의미한지, 혹은 여러 사람에게 유포될 가치가 있는지를 알아야 함에도 불구하고, 정보에 대한 문제 제기가 전혀 이뤄지지 않는다. 그저 정보가 계속 존재하고 유통된다는 사실이 중요할 뿐이다. 인위적으로 생산된 수백만 건의 정보들이 하루가

마다하고 쏟아진다. 그러나 이러한 정보들의 일관성은 전무하다. 다양한 세계에서 내게 전달되는 정보들이지만, 나를 단련할 수 있는 정보들이 아니고, 외려 내 인격의 분열을 조장한다. 다행히도 매 순간 그렇지는 않지만, 무의미하고 무용한 정보들의 난입과 홍수로 우리의 인격은 매우 독특하게 바뀐다. 정보에 점령된 인격의 네 가지 특징을 확인해 보자.

첫 번째 특징은 우리가 이미 연구했던 과정의 결과이다.[5] 바로 정보 과잉에 따른 정보 왜곡의 과정이다. 장 클로드 시몽은 다음과 같이 쓴다.[6] "정보의 증가에는 부정 효과들이 없지 않다. 1975년에 일본에서 진행한 조사에 따르면, 생산된 정보의 90%는 고효율 보급 수단이 있음에도 불구하고 거의 활용되지 않는다. 정보 사회는 포화 상태에 도달했다. 이 사회에 사는 사람들이 일반 정보를 거부하는 경향을 보이기도 한다. 광고지의 절대 다수가 개봉도 되지 않은 채 쓰레기통에 직행한다."[7] 두뇌에 일관성과 연관성 없는 새 정보들로 꽉 찼을 경우, 수신자는 더 이상 정보를 수용하지 않는다. 새로운 정보들은 아무 곳에 무차별 유포되며, 우리의 뇌는 자연스럽게 이러한 정보들을 저장하지 않고, 제어하지도 않으며, 분류하거나 기억하지도 않는다. 이것은 전면 거부로 특별한 이유가 없는 순수하고 단순한 거부이다. 이러한 두뇌는 다가오는 모든 정보를 게워낸다. 아무리 자기에게 관심이 될 만한 희귀 정보여도 거부한다. 왜냐하면 이미 다른 정보에 완전히 잠긴 상태^{정보 포화}이기 때문이다. 수용된 정보는 더 이상 지식도 아니고, 구성 체계도 아니다. 바로 여기에서 정보 왜곡이 발생한다. 새 정보는 한 쪽 귀로 들어와 다른 쪽 귀로 나간다. 아니면 모든 정보가 뒤죽박죽 뒤엉킨 일종의 잡탕이 된다. 나는 종종 학생들에게서 이 현상을 확인한다. 일관된 집합체나 정보망에 정확히 맞닿는 정보가 하나도 없다. 공산주의와 같은 정

5) Jacques Ellul, « L' Information aliénante », *Économie et Humanisme*, mars 1970.
6) J.-C. Simon, *L' Éducation et l' Informatisation de la société*, Fayard, 1981.이 자료에서 한 가지 흥미로운 부분은 저자 시몽이 정보화에 대한 열성분자라는 점이다.
7) 내 경우, 여러 종이들 가운데 특히 광고지는 100% 쓰레기통 행이다.

교한 이데올로기를 가진 사람들은 안개처럼 흐릿한 이 상황을 이탈하려 한다. 이 이데올로기에 경도된 사람들은 적합하다고 판단한 정보들은 수용하고, 나머지는 배격한다. 이것은 정보 왜곡의 다른 표본이다. 식상한 표현이 또 등장한 셈이다.

정보에 물든 인격의 두 번째 측면은 첫 번째 측면을 그대로 잇는다. 바로 세계를 점과 점으로 분리해서 보는 시각이다. 이러한 시각 체계에서 모든 사건은 단지 우연일 뿐이다.사건만 전달하려는 정보의 영향이 확실하다 체르노빌 사건, 에티오피아의 기근, 니카라과의 게릴라 투쟁, 레바논 전쟁 등, 모든 사건을 별도의 정보로 취급한다. 이 사건들 사이에 어떤 상관관계도 제시하지 않으며, 일관성 있게 사유하려 들지도 않는다. 사람들은 부분적으로 확인된 정보를 따라 판단하고, 그 판단에는 "이중 잣대(deux poids, deux mesures"8)가 작동한다. 사실 우리는 모든 사건을 전체 집합의 눈으로 봐야 한다. 체르노빌 사건은 핵발전소 기획에 대한 문제 제기로 이어지지 못했다. "핵 구름"의 이동 경로 파악에 온 문제가 집중되었다. 마찬가지로, 사람들은 이러한 사건 전체에서 벌어질 수 있을 향후 결과들에 대한 검토를 완벽하게 차단했다. 10년 혹은 15년 전에도 동일한 사건이 있었다. 그러나 그 사건들이 터졌을 때, 정밀한 결과들이 도출되었음에도 불구하고, 향후 전망이나 예방에 대한 일말의 '가능성'도 검토하려 들지 않았다.9) 즉, 단호한 거부만 있었다. 이 지점에서 우리는 한 가지 사실을 들춘다. '정보 과잉'과 '망각 문화'가 중첩되었다. 뭉텅이로 쏟아지는 정보는 개연성 높은 근원지를 삭제하고, 정보의 연속성도 제거한다. 결국 남는 것은 쏟아지는 정보에 질질 끌려 다니는 맹목적 삶이다.

세 번째 특징은 정보에 대한 강박 관념과 관련된다. 정보에 대한 강박 관

---

8) 다음 책을 참고하라. 자끄 엘륄, 『이스라엘을 위한 그리스도인』(대장간, 출간예정)
9) 나는 현재 남아프리카공화국의 위기에 관한 분석의 결과들을 제시한 적이 있다. 사람들은 만장일치로 그것을 거부했다.

념은 인간의 소비 욕망을 폭발시키고, 결국 '소비하는 인간'이라는 구도를 만든다. 많은 사람들이 소비 사회를 맹비난한다. 우리도 인간에게 능동성과 책임을 갖춘 존재라는 수식어를 적용하면서 소비 태도를 비난하는 담론들을 수없이 접했다. 물론 타당한 이야기들이다. 그러나 그 담론들의 밑바닥을 봐야 한다. 거기에는 분명히 정보의 과잉 문제가 있다. 나는 이 대목에서 광고를 거론하지는 않겠다. 다만 현대인은 라디오 방송과 텔레비전을 통해 유포된 갖은 정보들에 절어 살 수밖에 없다. 인간이 정보를 변형, 편집하는 것이 아니라, 정보가 인간을 변형, 편집한다. 그리고 이것은 인간 스스로 자기 욕구들을 지원, 보조할 수 없는 현상을 야기한다. "생활의 상품화에서 그치지 않는다.… 우리는 상품화를 지식 접근의 수단, 이 세계에서의 행동 수단으로 경험한다"우리가 좇는 망상이다! 무엇보다 인간은 소비자가 되었다. 왜냐하면 정보의 과잉이 인간의 주도권 생산을 가능케 할 요소를 모조리 짓눌렀기 때문이다. "소비자는 결정권자가 아니다. 결정권자는 지불 담당자가 아니다. 지불 담당자는 소비자가 아니다." 이러한 정보는 소비의 의무화를 부추긴다.도심 외곽 지역의 주민들에게 자동차 사용을 강요하는 현상도 같은 맥락이다 최근에 종종 강조되곤 하는 소비자의 역량 부재생산자들이 소비하라고 던져 준 것만 소비 문제의 근원은 유용한 정보를 스스로 조사하고 검토할 줄 아는 능력의 부재에 있다. 대중에게 집단 살포된 무의미한 정보가 소비자의 수동적인 태도를 낳는다. 그리고 이것은 학습 효과로 이어져, 소비자들은 더 많은 물품을 요구하고 소비를 멈추지 않을 것이다. 다시 말해, 자신이 살아있다고 느끼는 유일한 길을 소비에서 찾는다. 소비자는 정보 폭식자다. 먹자마자 게워낼지언정, 소비자는 이 폭식을 멈추지 않는다. 마치 우리에게 필수품과 구세주로 출현한 기술 혁신을 향해 돌진하듯, 소비자는 "새로운 정보"를 향해 돌진한다.

네 번째 특징은 위의 세 가지를 결합한다. 바로 무력감이다. 독자들은 끝없는 정보의 난입이 거둔 승전보를 접한 내가 과연 무엇을 하기를 바라는가? 아마도 두 가지 측면을 제시할 수 있을 것이다. 첫 번째 측면은 앞에서 이야기했던 직접성^{직접 참여}이다. 레바논 전쟁, 에티오피아의 기근을 보면서 독자들은 내가 무엇을 하기를 바라는가? 국경없는의사회, 국제앰네스티, 에스오에스라시즘^{S.O.S.racisme10)} 의 활동에 대한 서명이나 이들이 제안하는 성명서 서명을 거론하는 독자들도 있을 것이다. 그러나 나는 무수한 배반을 경험했다. 수많은 청원서에 서명했지만, 그 목적이 가짜로 판명된 경우가 허다했다. 나는 제3세계 원조 사업을 한다는 협회들에게 수없이 속았다. 정보의 또 다른 특징이다. 즉, 외부에서 이야기하는 내용의 진위 여부를 스스로 확인하기 불가능하다. 이런 일을 겪은 이후로 나는 어떤 곳에도 서명, 후원하지 않는다. 원인들과 주장들이 뒤섞였기 때문이다.

두 번째 측면은 벌어지는 현상에 대한 깊은 성찰이다. 매 상황마다 엄청난 양의 자료들이 공급된다. 그야말로 자료의 무한 증식이라고 해도 과언이 아니다. 나는 수많은 자료들 때문에 선택과 결정이 불가능했다. 그리고 결국 "발생하는 사건들에 관여하지 않는" 태도를 낳았다. 이러한 태도는 오늘날 서구 사회 전반에 걸친 가장 본질적인 방향성이라고 할 수 있다. 정치와 기술 관련 문서들에서 읽을 수 있듯, 발생한 사건들의 힘이 기술 발전 과정의 힘이 되었다.[11] 우리 사회를 움직이는 진짜 법칙처럼 보이는 공식 하나를 보자. "개입 수단들의 숫자와 힘이 증가할수록, 개입할 수 있는 능력, 역량, 의지는 감소한다." 사람들은 개방성과 이해력이 작동하는 사회^{수임 사회}에서 살자고 외치지만, 내 생각에 우리 사회의 실체를 평가할 수 있을 최적의 표현^{여러 표현 중 가장 낮다고 생각하는!}은 폐쇄성과 통제력이 작동하는 사회^{퍼임 사}

---

10) [역주] 1984년 프랑스에서 인종차별주의, 반셈족주의를 비롯한 각종 차별에 대한 반대를 표방하며 설립된 협회다.

11) 이러한 흐름을 예외적인 시각으로 바라본 보고서도 있다. 다음 자료에서 확인할 수 있다. Le rapport du Commissariat général au Plan, *Prospective 2005. Sept Explorations de l'avenir*, Colloque national, 1986. 우리는 「기술담론의 테러리즘」(*Terrorisme technologique*)에 집중한 장에서 이 문제를 다뤘다.

획다. 나는 오늘날 사회를 폐쇄와 통제가 작용하는 사회로 이해할 때, 우리 사회의 실체를 직시할 수 있다고 생각한다.[12] 덧붙여, 이러한 폐쇄와 통제의 주요 매개는 바로 '정보' 다.

2. 텔레비전[13]

여기에서 우리는 텔레비전에 관한 세부 내용을 되풀이하지 않을 것이다! 다만, 우리가 채택한 시각만 다루겠다. 우리 사회에서 매력적인 장비들 가운데, 텔레비전은 단연 으뜸이다. 텔레비전 앞에 앉은 아이들의 모습을 떠올리면, 이러한 진단에 쉽게 수긍할 수 있을 것이다. 텔레비전의 매력은 영화의 매력을 뛰어 넘는다. 앞에서 언급했던 브르테누의 박사학위 논문을 보라 더군다나 텔레비전의 영향력을 이해하려면, 대중들이 화면 앞에서 보내는 평균 시간도 고려해야 한다. 프랑스는 하루 평균 네 시간, 미국은 일곱 시간[14] 그러나 이 부분에 대해서는 신중할 필요가 있다. 텔레비전 평균 시청 시간이 이념, 견해, 정치 성향에 관한 영향력과 직결되지는 않기 때문이다. 이 부분에서 텔레비전은 다른 매체 이상의 힘을 지녔다고 보기 어렵다. 텔레비전 시청이 미치는 영향력의 핵심은 정신 구조와 인격 문제이다. 다시 말해, 텔레비전은 문자 사회에서 이미지 사회로의 이동을 낳는 대형 매체이다.[15] 그러나 이를 해석할 수 있

---

12) 나는 "경구 피임약"을 예로 들면서 사회를 비교한다. 이 피임약은 현명한 기술 수단이며, 생화학 분야의 노력의 산실이자 진보의 결과물이다. 따라서 새로운 것을 '생산한 수임'의 사건이다. 그러나 사람들 사이에서 나타난 결과는 '불임'(피임약 부작용) 이었다.

13) 텔레비전에 관한 미셸 앙리의 비판을 주의 깊게 읽을 필요가 있다. 앙리에 따르면, 텔레비전은 문화의 파괴자다. 그의 책 『야만』(*La Barbarie*)에서 가장 탁월한 내용 가운데 한 부분이다. 미셸 앙리, 『야만』, 이은정 역(자음과모음, 2013)

14) 14세 이하 어린이들의 주당 '평균' 시청 시간은 18시간이다. 즉, 어떤 곳에서는 어린이들의 주당 시청 시간이 25시간이 될 수도 있다는 말이다.

15) 자끄 엘륄, 『굴욕당한 말』, 박동열/이상민 역(대장간, 2014); Abraham Moles, *L'Image communication fonctionnelle*, Casterman, 1981. 다음 자료도 참고하라. *La Recherche*, numéro spécial sur « La Révolution des images »(images interactives, les services d'images, etc.), n° 144, mai 1983.

는 길은 두 가지이다. 오히려 우리는 두 가지 질서에 따라 이 문제를 검토할 수 있다고 말하는 편이 더 정확할 것이다.

크게 마셜 맥루언의 방향이 있고, 기 드보르의 방향이 있다. 맥루언은 '구텐베르크 성운'의 종말과 완성과 극복을 이야기한다. 다시 말해, 문자의 시대는 지났다. 그러나 사람들이 이 선언을 수용하지 않는 이유는 무엇인가? 그에 비해, 드보르는 구경거리 사회에 진입한 인간을 이야기한다.[16] 맥루언의 방향과 관련해, 진보 성향의 지식인들은 '인쇄기와 더불어 구술 문화에서 문자 문화로 이동했으며, 인쇄기가 생산하는 것 이상으로 지성과 문화에 어마어마한 발전이 일었다. 과연 그러한지 꼼꼼하게 따지고 토론해야 할 부분!' 나는 그의 주장에 거의 만장일치로 동의한다. 따라서 새로운 길, 새로운 도구는 우리를 문자 사회에서 이미지 사회로 옮긴다. 우리는 이러한 사회 변동에 적응해야만 하며, 새로운 진보의 출현을 기대해야 한다. 즉, 그것은 생명력 있고 널리 확산되는 새 문화를 향한 개방성이다. 모든 것은 개발과 창조에 달렸다.

나는 맥루언의 유명 공식인 "'미디어'는 '메시지'다"와 "마사지-메시지 Massage-Message"를 심각하게 수용하는 열광주의를 진정시키려 한다. 무엇보다 맥루언의 공식에 담긴 실제 의미는 다음과 같다. 텔레비전에는 메시지가 없다. 텔레비전 자체가 "있을" 뿐이다. 그것이 전부이다. 텔레비전 자체는 정보, 사상, 예술 창조와 같은 내용을 전달하지 않는다. 텔레비전 자체는 '아무것도' 전달하지 않는다. 텔레비전 자체가 메시지이며, 메시지로서 인간에게 이식된 것도 텔레비전 자체다. 텔레비전이 표현하는 이미지들은 무의미하다. 따라서 이미지들은 짧고 간결해야 하며, 시청자를 사로잡을 수 있는 멋진 장면들이 필요하다. 요가보다 현란한 춤이 텔레비전에 더 적합하며, 명상보다 교황의 여행, 평화보다 전쟁, 비폭력보다 폭력, 이념들에 대

---

16) G. de Broglie, *Une image vaut dix mille mots*, Plon, 1982.

한 깊은 성찰보다 카리스마 넘치는 지도자의 사자후獅子吼, 협력보다 갈등과 경쟁이 더 적합하다. 생태 문제는 텔레비전에서 제대로 방영되기 어렵다. 정리하면, 텔레비전은 "메시지 아닌 것들"로 "이동"한다. 생각 없이 몽롱한 상태, 그저 화면에 빨려 들어간 상태면 그만이다. 실제에 대한 뉴스 정보는 사실상 아무것도 없다.

텔레비전에 실제 뉴스는 존재하지 않는다. 오로지 텔레비전만 존재할 뿐이다. 텔레비전이 포착, 보도해야만 사건은 뉴스가 된다. 또한 텔레비전은 특정 순간을 몇 번이고 되풀이한다. 텔레비전은 몇 주 동안 비아프라 지역의 집단 아사餓死, 폴 포츠의 캄보디아 민중 대학살, 보트 피플, 이스라엘을 둘러 싼 갈등, 남아프리카공화국의 문제 등을 집중 보도했다. 똑같은 화면을 뉴스 시간마다 반복해서 보여준다.이 과정이 점점 빈번해진다 수백만의 시청자들이 느닷없이 이스라엘의 불의나 남아프리카공화국 정부에 열렬한 관심을 표명한다. 그리고 얼마 지나지 않아 사그라진다. 물론, 아무 일도 일어나지 않았다는 말이 아니다! 다만, 우리는 텔레비전을 통해 현 시대의 문제를 따라 잡을 수 없다는 말이다. 첫째, 모든 것이 **이미지**로 '극히 단순화' 되어야 하기 때문이다. 즉, 선인과 악인을 나눠야 한다. 둘째, 시청자가 새로운 소식을 원하기 때문이다. 시청자는 새로운 소식에만 관심이 있다. 충격과 비극의 사건이 벌어져도, 보도를 장기간 지속할 수 없다. 지루해지기 때문이다. 그리고 사람들은 새로운 소식과 중요성을 뒤섞는다. 다시 말해, 새로운 소식이면 무조건 중요한 것이라 생각한다. 지금 보도 중인 인질극은 매우 중요한 소식이다. 그러나 캄보디아를 야금야금 먹는 베트남의 문제는 하나도 중요치 않다. 새로운 소식이 아니기 때문이다. 이제 시청자는 '구경거리'나 즐기는 관람객, 오래 지속될 볼거리만 수용하는 구경꾼이다.

텔레비전이 더 이상 현실 문제를 보도하지 않는다면, 그 문제도 더 이상 존재하지 않는다. 이는 곧 텔레비전 자체가 메시지라는 말과 뜻을 같이 한다. "텔레비전은 뉴스 정보와 소통하지 않는다. 뉴스 정보가 텔레비전과 소통한다." 또한 우리는 텔레비전이 부풀려 보도한 뉴스의 소비자들에 불과하다. 따라서 텔레비전의 "메시지"는 어제 우리가 봤던 모든 것을 없애는 '마사지'이다.

세계를 "지구촌"으로 바꾼 텔레비전에 대해 분노를 머금은 정식도 있다. 나 역시 이 정식에 동의한다. 바로 기 드보르가 제창한 "구경거리스펙타클 사회"다.[17] 그러나 사람들은 드보르 사상에 관해 큰 오류를 범했다. 무엇보다 그의 사상을 너무 단순화했다. 현재 우리는 어떤 사회에서 살아가는데, 그 사회에는 구경거리텔레비전, 비디오, 영화, 광고 등가 점점 늘어나는 중이라는 정도로 해석했다. 이는 결국 그의 사상에 대한 관심 저하로 이어졌다. 그러나 이 단순 해석은 드보르의 문제 제기와 무관하다. 드보르가 논하려는 부분은 전혀 다르다. 그는 모든 매체들이 몸소 체험하는 실제, 현실에서 벌어지는 정치, 전쟁, 경제 문제를 '순전히' 구경거리들로 바꾼다는 점을 겨냥한다. 다시 말해, 모든 실제가 우리에게 이미지와 구경거리로 바뀜에 따라 우리도 그에 맞는 구경꾼들로 만들어진다.[18] 우리의 고유한 삶은 구경꾼의 삶으로 바뀐다. 피브토는 이 출발점을 제대로 제시했다. 현실과 우리 사이에 텔레비전이라는 화면이 하나 있다. 그리고 구경꾼은 텔레비전 화면에 현실이 투사되었다고 믿는다. 현존과 직접성이라는 감성으로, 폭격과 사고 등을 "우리가 목도하는" 현실로 믿는다. 그러나 실제를 보도한다고 떠드는 텔레비전은 삶과 우리 사이에 음지로 그득한 화면 하나를 세웠다. 문제는 우리 자

17) 기 드보르, 『스펙타클의 사회』, 유재흥 역(울력, 2014); J.–C. Missika et D. Wolton, *La Folle du logis, la télévision dans les sociétés démocratiques*, Gallimard, 1983.

18) [역주] 기 드보르는 '상황주의 인터내셔널'을 이끈 사상가이자 68운동의 사상적 지주로 추앙받았던 인물이다. 1966년과 1967년에 엘륄은 스트라스부르에서 상황주의자들과 교류했고, 그 중에는 기 드보르도 있었다. 이미 1965년에 엘륄은 『정치적 착각』에서 이미지 정치와 실제 정치의 문제를 심도 있게 다뤘고, 기 드보르는 1966년에 『스펙타클의 사회』를 통해 엘륄과 유사한 목소리를 냈다. 엘륄은 드보르에게 공동 연구를 제안했고, 드보르는 엘륄의 기독교 정체성을 문제 삼은 동료들의 반대로 결국 제안을 거부한다.

신이다. 우리는 이 음지들을 현실 자체로 여긴다. 즉, 화면에 비치는 현실의 음지들을 현실 '전체'와 동일시한다.

따라서 모든 사람은 아니겠지만, 적어도 서구인이라는 범주로 분류된 **사람들**의 행동과 견해를 이해하는 데 중요한 요소인 현실 괴리déréalisation 현상이 나타난다. 서구인의 현실 괴리는 이미 지적했던 정보 왜곡désinformation의 핵심에 해당한다. "이것과 저것, 실재계와 상상계의 혼합으로 인해 정보 무지mésinformation 현상이 나타났다."Piveteau 현실 괴리는 시간 상실에 따른 결과이다. 다시 말해, 텔레비전은 즉석 사진현재 모두가 칭찬하는 물건, 그러나 거듭 말하지만 순간 포착한 그림도 몇 주만 지나면 구식이 된다이다.

이 부분에서 시간 관계의 변형 문제가 등장한다. 우리는 시간의 지연과 지속성을 없앤다. 위에서 말한 것처럼, 한 사건의 지속성은 더 이상 "관심 대상"이 될 수 없다. 일단 텔레비전에서 어떤 것이 보도되면, 그것의 지속성은 1분 30초를 넘지 못한다. 만일 독자들이 어떤 사건에 대해 "이야기"하거나 증언할 때에도 1분 30초를 넘으면, 시청자들은 더 이상 그 말에 주의를 기울이지 않는다 텔레비전으로 인해 순간성은 절대 폭군이 되었다.19) 선거의 결과를 기다리는 상황이라고 가정하자. 이 때 '이벤트'의 핵심은 결과 자체가 아니다. 순간마다 우리에게 중간 집계를 성공적으로 공지했다는 사실이 핵심이다. 소통이 신속하게 이뤄진다는 부분에 방점을 찍어야 하며, 신속한 소통 능력은 곧 방송국의 능력이다. 텔레비전은 시간을 정지시키며, 현실의 어떤 지속성에도 주의를 기울이지 못하도록 한다.

마찬가지로, 텔레비전은 공간 관계도 소외시킨다. 나는 온 세상을 관람하는 시청자가 된다. 내 관심을 끌만한 내용이 화면에 나온다. 일상의 소소한 체험은 매우 중요하다. 이따금 텔레비전은 특정 주민들의 일상을 촬영한 영상을 방영한다. 이러한 체계는 이웃 주민들과 타 지역 주민들이 시청

---

19) 피브토는 매우 적절한 비유를 제시한다. "액정 손목시계는 당신에게 '오로지 순간만을 선사'한다. 그리고 매 순간 당신에게 다음 순간은 '다르다'는 것을 일깨울 것이다."

할 수 있는 정규 프로그램 제작으로 이어지기도 한다. 사람들은 화면에 나타난 모든 것을 실제라고 생각한다. 그러나 정작 프로그램은 연출된 일상을 담았을 뿐, 실제 일상을 담지 않는다. 그간 이웃에게 하나도 관심 없던 구경꾼들이 화면을 보더니 갑자기 열광하기 시작한다. 이웃은 텔레비전 상자 속에 들어온 그 순간에만 관심 대상이 될 뿐이다. 왜냐하면 "영상으로 제작"된 것이자 화면에 잡힌 것이기 때문이다. '그렇기 때문에' 중요하고 흥미롭다. 사람들이 고려하는 것은 '자연스럽게 보이는 일상'이 아닌 '보라고 주어진 연출'이다.

물론 이러한 조건들에는 인간관계의 정립을 위한 어떠한 이유도 담기지 않았다. 따라서 "지구촌"이라는 말은 거짓과 망상이다. 아무나 대화할 수 있다는 말도 사실이 아니다. 화면에서 걸러진 것만 존재한다. 인간관계가 존재하지 않는 곳에는 어떠한 참여도 있을 수 없다._{소위 "응답하라"라는 시청자 참}_{여 예능 방송이 있기는 하다} "텔레비전은 환상을 판다. 텔레비전은 말 그대로 불가능한 참여에 대해 지고한 환상을 부여하기 위해 각고의 노력을 기울인다."^{J.}
Cazeneuve

우리는 화면이 있기 때문에 화면을 본다. 마치 꼭 해야 할 행동처럼, 우리는 일정 거리를 유지한 채 화면을 주시한다. 이러한 현상은 하나의 태도를 낳는다. 우리는 자신이 거리에서 마주하는 모든 것과 화면에서 봤던 것을 동일한 현실에 속한다고 여긴다. 거리에서 구걸하는 거지나 실직자와 마주했다고 가정해 보자. 그 때 우리는 텔레비전에서 때마다 방영하는 제3세계의 피골상접한 사람들을 바라보는 눈과 같은 눈으로 이들을 볼 것이다. 즉, 겉모습에만 집중하고 실제 현실을 벗어나 있는 시선으로 이들을 바라볼 것이다. 이것은 현실 괴리의 극단성과 정확히 맞물리는 현상이다. 생생한 세계와 화면에 제시된 세계의 혼합 현상이다. 바꿔 말하면, 텔레비전은 이러한 혼합을 통해 키르케고르가 "관심 범주"를 바탕으로 탁월하게 분석했던 인간의 심층 경향, 특별히 지성인들의 경향을 착취한다. 그러나 지성의 실천으로 얻은 삶의 태도는 이제 외부에서 생성된 자동화가 된다. 이는 실제와의 분리이고, 텔레비전이 유도한 비현실에 대한 참여로 분리 공백을 메우려 한다.

"정치 참여"론 즉, "앙가주망" 이론이 텔레비전과 더불어 탄생했다는 점은 우연이 아니다. 텔레비전은 사실상 앙가주망 이론의 직산지나 다름없다. 정치는 실제의 상태를 수용한다고 하나, 실제 일상생활과 인간 상호간의 현실 관계들은 무시와 조롱을 당하는 형편이다. "자선"에 대한 조롱, 성 "해방", 일체의 도덕에 대한 제거 등은 현실 괴리의 지표들이다 물론 "문화"서적 관련!와 과학을 주제로 한 방송들이 이러한 정치 분야의 대항마가 될 수 있을 것이다. 나 역시 그 점을 잘 안다. 그러나 실제로 이 방송들 역시 텔레비전의 본질에 예속된다. 빠른 진행, 장시간 동안의 설명 불가, 사건의 극적 전환, 극처럼 부풀린 전개극화, 연출과 만남 등이 여전히 중요한 요소로 작동한다. 실재와 허구 사이에 연속체가 구축된다. 단순 성향의 대중은 이미 여러 이미지를 접했거나 수사학과 형이상학에 연결된 이미지들의 생산과 변형을 보는 대중에 비해 이 연속체 개념에 크게 좌우되지 않는다. 적어도 우리가 실재와 허구의 연속체에 관해 이야기하는 경우 여하튼, 복잡한 현실 괴리 현상은 현대인의 매료 현상을 보여주는 결정 요인들 중의 하나다.

나는 이러한 핵심 관점에 두세 가지 지적을 덧붙이려 한다. 첫째, 나는 어떤 메시지도 없다고 주장했다. 그러나 이러한 주장을 제기하기 전에, 투명성, 구체성, 해설과 논의 가능성이 있는 메시지를 중시한다는 점을 세밀하게 밝혔어야 했다. 왜냐하면 메시지들이 존재하기 때문이다. 다만, 이 메시지들이 위험하다고 보는 이유는 개념화할 수 없고 잠재의식이라 할 수 있을 메시지들브르트누의 박사논문 참고이기 때문이다. 텔레비전은 특수한 개념들과 세부적인 견해를 만들어내는 작업을 점점 줄이는 대신, 모호한 매력들을 계속 늘린다. 오늘날 텔레비전의 작동 방식이다. "잠재의식"의 중요성을 과장할 필요도 없고, 영화, 영상이 잠재의식 속에 규정 효과들을 촉발할 수 있을 이미지를 도입하면서, 일종의 마술 효과를 낼 수 있다고 믿을 이유도 없다. 물론 이 점이 핵심은 아니다. 제제켈의 말처럼, 언어는 점점 줄어들고, 속임수는 점점 늘어난다. 전자 공학은 화면에 다른 화면을 삽입하는 기법 등으로 이미지에 큰 변화를 가져왔으나, 그와 동시에 메시지를 깨끗하게 비웠다. 텔레비전을 시청하는 우리는 거짓, 속임수, 기만의 세계에서 살아간다. 텔레비전이 이러한 삶을 강요한다.마이크 들고 목석처럼 뻣뻣하게 노래 부르는 가수들을 보라! 날카로운 시각이 빛을 발하는『뒤엉킨 시청각』*Le Gâchis audiovisuel*이라는 책을 읽어보기 바란다. 그러나 이미지가 대량 송출되는 이유는 우리에게 충격과 인상을 부여하는 이미지의 힘 때문이다. 오히려 이미지는 어떤 것을 더욱 강화한다. 이 부분에서 '1,000단어의 가치를 가진 이미지' 라는 공식은 정확하다. 우리의 "무의식"에 동일한 형태의 기초 메시지가 담긴다. 그리고 결국 이 메시지가 우리의 태도와 견해를 '규정하는' 요소가 될 것이다.

나는 텔레비전 광고를 사회의 '에로스' 화와 폭력 성장을 규정하는 요소로 본다. 영화와 잡지의 영향력은 결코 '항구적' 이지 않다. 왜냐하면 사람들은 최소 15년 전부터 텔레비전에서 성인극, 선전물을 날마다 시청할 수 있었기 때문이다. 폭력 장면도 마찬가지다. 텔레비전에서 방영하는 영화는 으레 이러저러한 폭력 장면을 반드시 포함한다. 이제 연인이나 부부의 성관계, 주먹질, 살인, 공상 과학의 괴물이 없으면, 영화 제작이 불가능해 보인다.

거듭 말하지만, 나는 '특정' 영화나 '특정' 정보의 영향력을 그리 신뢰하지 않는다. 그러나 텔레비전 시청은 우리의 일상이 됐고, 시청자의 정신 상태에 영향을 미친다. 텔레비전은 사람들의 사고방식에 영향을 주는 장면들을 셀 수 없이 되풀이한다. 지금 나는 현실을 생생하게 의식하는 일이 텔레비전을 통해 이뤄진다는 점을 문제 삼는 중이다. 혹자는 시대의 금기나 기존의 틀을 극복해야 한다고 답할지 모른다. 그러나 안타깝게도 시대의 금기와 틀을 '만드는' 주인공이 바로 텔레비전이다. 금기들을 부수는 당사자도 텔레비전이며, 이러한 장면을 확보할 공동 욕구를 낳는 당사자도 텔레비전이다. 텔레비전은 오직 대중의 구미와 요구에 맞추려 한다. 그리고 우리는 이 요구의 정체에 대해 이야기해야 한다는 사실을 잊는다. 이 요구의 창조자는 바로 텔레비전이다. 텔레비전은 폭력과 에로스로 구성된 정신의 보편 징후를 창조한다.

사회 전반에 폭력이 상승하거나 에로티즘이 심화되는 현상에 놀랄 이유는 없다. 그러나 기술 장비들의 성능 개선에 몰입할 뿐, 이러한 현상을 우려하거나 관심을 갖고 지켜보는 사람이 너무 없다. 기술 장비 성능 개선을 '유일한' 문제로 여길 뿐이다! 수백의 전문가들 가운데 한 사람이 다음과 같이 설명했다. "영상 전달 경로를 다양화하고 이미지 소비를 강화하려는 꿈에 부푼 시대에, 우리는 그러한 다양화와 소비 강화를 위한 개선책을 고민해야 한다." 이를 기점으로 거대한 진보가 일 것이다. 고화질의 표준 텔레비전, 1,150개의 선, 전자 발광체를 탑재한 평면 화면, 컴퓨터 코딩을 통한 디지털 전송, 컴팩트 디스크 확장, 위성 직접 송신 텔레비전은 '오로지' 더 나은 화면을 만들기 위해서이다 이 점에 대해 제제켈의 지적은 매우 명확하다. 방송 송출의 다변화에 대한 예산 소비를 늘릴수록, 방송의 근본 이유에 대한 연구와 새로운 작업 창조에 관련된 소비는 줄어든다! 위의 선언도 매우 명확하다. 대중을 더 많은 이미지 소비로 유도해야 한다. '반드시' 그래야 한다. 사실 그것은 대중의 진짜 요구가 아니다. 그것은 한 편으로는 기술자의 행동이며, 다른 한 편으로는 "우리 사회를 조직하는 담당자"들의 행동이다! 우리는 여러 놀이와 더불어 이 "반드시"라는 말을 되풀이해야 할 것이다. 우리는 다음과 같이 지적한다. 완전무결한 것은 없고, "이미지에 대한 욕구"의 선언이 하나의 메시지다. 그러나 인간을 가상 세계에 빠뜨리는 것이 문제이다.

이 가상 세계에서 인간은 현실감과 진리 탐구를 동시에 잃게 될 것이다.

군이 조지 오웰의 『1984』에 나오는 중장비 시설 체계나 올더스 헉슬리의 미세 생물학 조작까지 거론할 필요는 없다. 인간을 허구 세계에 살도록 했다는 점만으로 충분하다. 여기에서 우리가 텔레비전에 관해 말하는 부분은 이러한 행보의 첫 번째 접근법에 불과하다. 또 우리는 본 연구서『기술담론의 허세』의 마지막 부분까지 그 내용을 되풀이할 것이다. 반면, 개인 텔레비전이 가능할 것이라는 선언은 완벽히 틀렸다. 사실 텔레비전 소유권에 관해 큰 논쟁이 일었다. 사회에게 있는가? 아니면 개인에게 있는가? 이러한 논쟁은 실상 국가나 대기업 금융의 손아귀에 있다는 말과 똑같은 말이다.[20] 또한 비디오테이프 녹화기로 시간의 노예 상태에서 해방되어 어마어마한 자유를 누릴 것이라는 선언도 완벽한 허상이다!

피브토가 수행한 연구는 다음 내용을 보여준다. 어마어마한 자유를 누릴 것이라는 말은 스포츠 경기나 몇몇 정치 사건들에 대한 재방송에서나 맞는 말이지 영화나 학문 관련 방송에서는 그렇지 않다. 그러나 특히 비디오테이프 녹화기는 우리를 텔레비전에서 해방시키지 못할 것이다. 오히려 텔레비전 시청 시간을 추가본 방송에서 놓쳤던 부분을 다시 볼 수 있는한다. 사람들의 "통상" 텔레비전 시청 시간이 있다. 하루의 습관이기도 한 이 시간은 녹화기로 인해, 보고 싶었으나 실시간으로 시청하지 못했던 방송을 한 시간 혹은 두 시간 후에 볼 수 있도록 한다! 자기 생활을 할 수 있는 시간은 줄고, 대리 만족의 시간은 는다. 이것이 비디오테이프 녹화기의 결과다.

마지막으로, 다음과 같은 문제를 제기하겠다. 보통 사람들은 과연 텔레비전을 원하고 좋아하는가? 나는 이미 브르트누 박사학위 논문을 인용했다. 이 논문 연구에 등장하는 대다수 시청자들은 텔레비전의 용이성, 습관성 시청, 동경 등에 대해 인정했지만, 텔레비전에 어떠한 중요성도 없다는

---

20) 이러한 문구의 출현 이후, 우리는 사사(私事)화를 경험해야 했다. 또한 상상 불가의 지점에서 텔레비전의 악화 현상을 목도하게 되었다. Cf. Jézéquel, *op. cit.*

점을 밝혔다. 이것은 결코 프로그램과 내용물에 대한 비판이 아닌, 텔레비전이라는 사태 자체에 대한 비판이다. 그러나 시청자들은 텔레비전 없이 아무것도 할 수 없다는 점을 인정한다! 브르트누의 치밀한 연구에 완벽한 동의를 표하면서, 지난 1986년 4월에 「텔레마티」가 시도한 실험을 찬찬히 짚어보겠다. 이 실험은 스무 가구를 선별해 1개월 동안 텔레비전 시청을 금지해 줄 것을 요구한다. 조사는 매우 엄격하게 진행되었다. 참가 가정들은 실제로 텔레비전을 제거했다. 결과는 충격적이었다. 느닷없이 '여가 시간'이 생겼다. 텔레비전 틀고 아무 방송이나 넘나들 때에 여가 시간 때우기는 매우 쉬운 일이었다. 그러나 자기 계발, 대화, 타인과의 관계 맺음, 성찰, 독서로 여가 시간을 채우는 경험은 현대인에게 극한 '트라우마'를 유발할 수도 있다. 사람들은 급작스런 내면의 공백 상태를 만났다. 이들은 다른 사람들에게 할 말이 하나도 없다는 사실, 일상생활의 세세한 부분에 관심이 없었다는 사실, 알고 보니 텅 빈 상태로 살았다는 사실을 깨닫는다. 인류사의 과정을 되짚어 보면, 문화와 사귐의 사회를 창조했던 원동력은 다름 아닌 이러한 존재 공백의 시간이었다.

실험 결과는 매우 투명했다. 마을과 주변 사람들에게 이 가정들은 "주변인"이 되었다. 그러나 이들 대다수는 1개월 동안 마치 "자유와 휴가를 누린 것과 같은 인상"[21]을 받았다. 이들은 텔레비전이 "기만의 악순환"을 보였다는 점을 깨달았다. 물론 일각에서는 텔레비전 없는 삶에 동의하지 않았다. "텔레비전이 없는 삶은 눈에 띄게 의욕 저하를 부른다!" 그러나 실험에 참여한 대부분의 가정은 그간 모르고 지나쳤던 자녀들의 색다르고 다양한 모습을 발견하기도 했다. 이들은 그 동안 아이들을 거의 무시하는 방식일례로, 무슬림 종교에서 볼 수 있는으로 양육했다고 생각했다. 이에 상응하는 현상도 분명했다. 텔레비전이 없을 경우, 부부 사이의 대화, 부모와 자녀 간의 대화가 확연히 증가했다.

---

21) Cf. 이 외에도 다음 두 가지 실험도 참고하라. J.–C. Raspiengeas, *Télérama*, avril 1986, et C. Humblot, *Le Monde*, 5 avril 1986.

더불어 그 동안 뜸했던 친구와의 만남 시간이나 독서 시간 등을 확보할 수 있었다.[22] 한 달이 거의 지났을 때, 일부 가정은 별다른 즐거움 없이 텔레비전을 다시 시청하기도 했고, 어떤 가정은 구석에 처박아 두었다. 실험 과정에서 이목이 집중된 부분이 있었다. 실험 진행자들이 '6개월' 동안 텔레비전 없는 생활을 제안했을 때, 스무 가정 중 열아홉 가정이 흔쾌히 동의한 부분이다! 더 넓은 표본으로 진행된 조사에서 프랑스인의 37%가 텔레비전 없이 살 준비가 되었다고 밝혔고, 51%가 일주일에 하루는 저녁 방송을 없애야 한다고 말했다! 그러나 조사에 응한 대다수는 텔레비전을 아예 포기하지 못했다. '아이들'이 가장 큰 '이유'였다. 나는 텔레비전에 '매료된' 아이들의 문제를 매우 심각하게 바라본다. "실험에 참가한 사람들" 가운데 한 사람은 "텔레비전 없으면 못 살아요"라고 솔직하게 고백하기도 했다. 마지막으로, 조사에 인용된 영국의 사회학자는 텔레비전으로 생성된 반사 행동들을 제거하고 옛 문화의 습관으로 회귀하는 데 5년의 시간이 필요하다고 말한다.

논의를 마무리하면서, 나는 펠리니의 탁월한 해설을 인용하려 한다. "텔레비전은 고독을 즐길 수 있는 우리의 능력을 절단했다. 또한 텔레비전은 우리의 친밀하고, 사적이고, 비밀스러운 곳에 침입했다. 마치 제사 의식처럼 침략하는 텔레비전의 사슬에 결박된 우리는 어지러운 나선 운동으로 이것저것을 없애고 오만 가지 잡다한 것들을 토해내기 바쁜 이 불빛 틀^{화면} 안에 갇혔다. 텔레비전을 꺼야 비로소 평화가 찾아온다. 밤 11시나 자정이면 우리의 어깨에 의무감처럼 피로가 내려앉는다. 무거운 몸을 이끌고 침대로 향하는 우리, 공허한 의식으로 잠을 청하려 눈을 감는다. 밤사이 우리는 마치 끊어진 실을 다시 엮듯이 내면의 침묵을 복구하려 한다." *Le Monde, janvier 1986*

---

22) 매우 중요한 진술이 하나 있다. "열흘이 지났을 때, 나는 지금까지 전혀 몰랐던 남편의 새로운 면모를 보았습니다. 그리고 이러한 모습을 가진 사람과 10년이나 살았다는 것을 알게 되었지요."

3. 텔레마티크

우리를 매료시킨 정보의 세 번째 매개는 가장 현대화된 형태인 '텔레마 티크'다.[23] 텔레마티크는 국가와 언론사 소유의 라디오나 텔레비전과 같은 옛 매체들과 경쟁하는 새로운 매체들^{위성 수신 텔레비전, 개인 및 지역 라디오 방송, 비디오} 중 하나일 뿐이다. 우리는 이 점을 잊지 않는다. 그렇다면, 텔레마티크는 다음 질문들에 답할 수 있어야 한다. 새로운 미디어들은 대중의 '욕망'을 반영하는가? 자기표현을 갈망하는 사람들^{"정치인과 같은 대표자들"}의 욕망을 반영하는가? 아니면 전문기술자의 '강요'인가? 재력가들의 강요인가? 국가의 강요인가? 만일 이들의 강요라면, '텔레마티크'의 실행 목적은 무엇인가? 단순히 정보 생산 때문인가? 다원주의 조성 때문인가? 아니면, 돈 때문인가? 시민들이나 정치 집단 혹은 금융 집단에 유용한 서비스를 제공하기 때문인가? 나는 어떤 연구서에서도 이러한 질문들에 간단하게라도 답변을 제시한 내용을 발견하지 못했다! 사람들은 '텔레마티크'를 만들었다. 왜냐하면 그것을 만들 수 있는 수단을 가졌고, 그것에 열광했기 때문이다. 그것이 전부다.

그러나 우리가 '텔레마티크'를 거론할 때, 분명하지 않은 부분을 명확히 밝히는 작업부터 해야 한다! 우리는 텔레마티크를 정보 수용과 일련의 실행_{자료 검색, 상업이나 은행 업무, 텔레텍스, 화상 정보 전송 체계인 비디오그래피, 전송 복사, 문자 정보 통신}을 가능케 할 의사소통망의 사용자들이 얻을 수 있는 서비스^{전화기나 통신기와 다른}의 집합체로 생각한다. 컴퓨터 전문용어 위원회는 다음과 같이 말했다. "컴퓨

---

23) 우리가 선별한 몇 가지 자료를 참고하라. 무엇보다, 세간에 잘 알려진 노라와 맹크의 보고서를 참고하라. « Rapport Nora−Minc »; M. Ader, *Le Choc informatique, op. cit.* M. Marchand et C. Ancelin, *Télématique, promenade dans les usages, op. cit.* F. Poszick, *et alii, Une société informatisée, pourquoi?*, Presse universitaire de Namur, 1982. M. Mirabail, *et alii, Les Cinquante Mots clés de la télématique, op. cit.*, F. Holz−Bonneau, *L'Image et l'Ordinateur*, Aubier, 1986. 또한 국립과학연구센터 기획위원회가 방대한 분량으로 작성한 기술 기기와 컴퓨터 관련 보고서도 참고하라.

터 정보의 본성이나 기원이라 할 수 있을 서비스의 공급처는 원격 의사소통 네트워크다." 그러나 이를 더 세세하게 살필 수 있다. 만일 컴퓨터가 정보 처리자료 확보, 선별, 편집, 저장, 계산, 전송와 관련된 수단들의 집합체라면, 원격 컴퓨 터는 원격 소통과 컴퓨터의 만남을 성사시킨 기술과 응용의 결정체일 것이 다. 따라서 텔레마티크는 컴퓨터와 컴퓨터를 연결한 원격 소통 체계와 연계 된 새로운 '서비스' 집합체일 것이다. 그것은 원격 소통과 컴퓨터를 결합한 원격 자료 통신 기술télé-informatique의 부분 집합을 이룰 것이다. 그러나 한 편으 로, 통신망에 전달될 정보는 더 이상 컴퓨터 전문가들의 전유물이 아닌, 모 두에게 열린 정보일 것이다. 다른 한 편으로, 이것의 위력은 일상을 지배할 것이고, 사회의 다양한 층위를 심층부터 재건할 수 있을 주체들에게도 큰 영향을 미칠 것이다.

이러한 장비는 "서비스" 폭주를 가능케 했다. 1985년에 프랑스의 '비디 오텍스' 서비스 가맹점은 무려 80만 곳에 달했다. '수천' 가지 이상의 서비 스에 대한 접근이 가능했다. 1개월 동안 저장, 등록된 통화 건수만 약 800 만 건이었다. 사람들은 하루 중 21시간을 이 서비스에 접근할 수 있었다. 일상 정보를 얻기 위한 통화도 1,700곳에 달했다. 주로 은행, 보험, 시 행 정, 상공회의소, 언론, 정보 잡지, 산업 교통 분야를 이용하는 사람들이 다 수였다. "텔레마티크는 비활성 전류를 전달하지 않는다. 텔레마티크가 전 달하는 것은 정보, 즉 권력이다."S. Nora et A. Minc, *L'Informatisation de la société*, La Documentation française, 1978

이처럼 그 목적은 새로운 기술 수단들의 단순 배치를 넘어선다. 앞으로 경제, 문화, 정치의 선택에 대한 필연성을 수반해 정보의 개념 자체에 대한 근본적인 문제 제기가 이뤄질 것이다. 이것은 우리의 피부에 와 닿는 문제 이다. 과연 '텔레마티크'의 목표는 무엇인가? 다시 말해, 컴퓨터에 의한 정 보처리와 모두의 "유익을 위한" 설치인가? 여기서 우리의 관심사는 미니텔이나 비디오텍스와 같은 다양한 체계 자체에 대한 연구가 아니며, 그것의 응용 분야에 대한 연구도 아니다. 문제는 더 깊은 곳에 있다. 덧붙여, 독자들은 「르몽드」에 실린 기사의 충격적인 제목"텔레마티크가 학교를 폭파하다", 1986년 4월 17일을 되새겨 보기 바란다. 우리는 텔레마티크의 조준점을 진중하게 살펴야 한다. 과연 무엇 때문에 이 체계를 조성했는가? 미라바유는 이 목표에 포함된 내용을 다음과 같이 말했다. 나는 그의 고찰이 타당하다고 생각한다. 미라바유에 의하면, 텔레마티크의 "희망을 가질 만한 잉여 공간이 있느냐 없느냐의 문제가 관건이 아니다. 혹은 우리의 공포를 자아내는 장의 문제도 관건이 아니다. 나아가, 이익이냐 손해냐의 문제와도 무관하다. … 텔레마티크 설치는 세계, 인간, 사회와 무관하며, 이 사회에서 우리가 얻을 수 있을 다양한 경험들과도 무관하다. 설치의 초점은 변화를 이끌어 가는 특정 문명의 이익 때문이다."그리고 이러한 변화를 불가피한 것으로 여기게 한다. 뒤에서 이 점을 논할 것이다

기존에 조성된 것을 날카롭게 다듬고 급격히 바꾸는 '텔레마티크'의 행보는 컴퓨터의 행보를 그대로 따른다. 텔레마티크는 지식 재편성을 체계화하고, 노동 개념과 방법들을 전복한다. "두 세계 간의 단절에 마침표를 찍고, 부차적인 존재 형태를 사전에 형성한다는 점이 텔레마티크의 이중 효과다. 그러나 후자의 경우, 사람들은 어떠한 말도 덧붙일 수 없다. 자료 은행, 의사소통 네트워크, 신형 원격 소통 서비스 등과 같은 신기술의 하부 구조들을 예측할 수 없다면, 사실상 어떤 말도 할 수 없다. … 새로운 사회문화를 대변하는 제품들의 의미와 본질을 규정할 수 없는 사고처럼 그 형태와 명확함을 결여한 사고가 등장할 공산이 크다. 매우 위험한 일이 될 수 있다. …"미라바유

정보 처리와 관련해 수많은 문제가 제기된다. 먼저 '정치' 문제다. 과연 정보를 누가 손에 쥐는가? 그리고 어떤 권력이 정보 확보에 혈안인가? 둘째, '경제' 문제다. 새로운 자원, 산업, 직업은 무엇인가? 기존의 다른 영역

을 부수면서 발생하는 새로운 영역들은 무엇인가? 기대 수익은 얼마나 지속될 수 있는가? 셋째, '사회학' 문제다. 우리에게 개방된 이 잠재성들의 이익을 과연 누가 누릴 것인가? 넷째, '심리학' 문제다. 정보 처리는 인간의 행동에 어떤 변화를 가져올 것인가? 다섯째, '문화' 문제다. 과연 "문화"에 어떤 변화가 일 것인가?[24]

그러나 더 멀리 나가기 전에, 먼저 텔레마티크에서 정보가 처리되는 방식을 분석해야 한다. 본문에서 나는 프랑수아즈 올즈-보노의 견해를 따르겠다.[25] 올즈-보노에 따르면, 텔레마티크의 정보 활용 과정들은 극히 작은 부분최소 단위로 축소과 극히 큰 부분완전성 가능을 모두 아우른다. 여하튼 텔레마티크의 정보 처리를 통한 "부가 가치"의 원리는 엄밀히 말해, 물질의 질서에 속한다. 즉, 원거리에서도 정보에 접근할 수 있다. 그렇다면, "처리"란 무엇인가? 우선, 정보를 최소 단위로 축소하는 과정이 필요하다. 정보를 처리하기 전에, 엄밀성, 정확성, 논리에 따라 절단하고, 분류해야 한다. 컴퓨터는 이러한 엄밀성, 정확성, 논리 없이 작동하지 않는다. 그러나 이러한 절단과 분류 작업은 컴퓨터와 직결된다.컴퓨터는 새로운 정보를 만들지 않지만, 작업에 필요한 과정들은 만든다! 축소와 분류가 이뤄져야 한다.질문: 최초 정보에서 무엇을 "삭제"할 것인가? 그 다음으로, 농축 과정, 즉 정보의 밀도가 필요하다. "컴퓨터 정보의 이미지들은 쪽마다 게재된다." 각 장은 자료들의 최댓값을 포함해야 한다. 이것은 풍성한 언어들의 빈곤화 및 퇴보, 사고 유연성그러나 컴퓨터 정보에서 과연 사고 문제가 여전히 중요한가?의 후퇴, 도식화, 경직성과 같은 위험 요소를 낳을 수 있다. 그럼에도, 이러한 "농축 작업으로 인해 새로운 유형의 정보들이 나타날 것 같지 않은가?" 실제로, 이러한 농축작업이 제대로 작동하는 분야는 단순 사실을 보여주는 방식의 정보들이다. 그러나 농축의 제약은 "정보 왜곡"조정이 거의 불가능한 배치에 따른 결과으로 이어질 수 있다.

24) Poswick, *et alii, Une société informatisée, op. cit.,* p. 291~295.
25) Françoise Holtz-Bonneau, *L'Image et l'Ordinateur, op. cit.*

만일 정보의 편집 과정에 정보의 농축 작업이 이뤄졌다면, 이 모든 과정에 대조할 수 있는 '텔레마티크' 체계의 특수성을 거론할 필요가 있다. 바로 완전성'exhaustivité이다. 즉, 정보 역량들의 확장이다. 완전성은 두 가지 유형의 새로운 가능성을 제공한다. 첫 번째 가능성은 자료 은행의 현실화다. 두 번째는 다른 유형의 매체를 기반으로 기존의 내용물에 접근하는 새로운 방식의 구현이다. 그러나 완전성에는 위험 요소가 있다. 바로 소화할 수 없는 정보들의 파도에 잠길 수 있다. 아니, 오히려 완전성의 추구가 이 위험 요소를 더 가중시킬 수 있다. 우리는 앞에서 정보의 물결에 잠기는 문제를 분석했다 더욱이, 질문에 대한 타당한 답변을 자동으로 제시할 수 있는 체계가 확보됐기 때문에, 다양한 자료를 바탕으로 답변을 찾는 분위기가 사라질 것이다. 즉, 속도가 그만큼 빨라질 것이다. 그러나 모든 연구자들이 아는 것처럼, 이러한 조사 방식에는 '항상' 다음과 같은 삼중 현상이 발생한다. 첫째, 나는 질문에 관한 내 시각을 수정하는 "단면" 정보에 빠진다. 둘째, 나는 생각과 생각의 결합으로 인해 또 다른 질문을 부르는 문서를 발견한다. 셋째, 나는 직관을 통해 새로운 생각을 얻는다. 문제를 공식화하면서 해법을 찾는다면, 이러한 일은 더 이상 일어나지 않는다. 달리 말해, 연구의 모든 임의 접근성'aléatoire은 사라진다. 자료 은행들의 진행 방향은 "맹목적 자본화la capitalisation aveugle"다. 즉, "자료들은 최단기간에만 유의미하다. 이 은행에 누적된 자료의 양이 바로 권력의 토대다. 그러한 나라가 세계 경제 자료 은행의 80%를 소유한다."

그러나 질적 측면을 고려하지 않는 이유는 무엇인가? 프랑수아즈 올즈-보노는 질적 토대들의 '지원'을 받지 못한 수량의 제국이 붕괴될 위험은 없는지 물었다. 그러나 나는 이 질문에 답하기 위해 올즈-보노의 제시 기준들을 따를 필요가 있을지 확신할 수 없다. 사실 "텔레마티크는 표현 가능한 모든 것의 재편성, 즉 의미를 다룰 수 있는 제반 담론들의 재조직 현상을 낳는다. 텔레마티크 혁명은 언어 혁명을 완수한다. 사유는 덫에 걸렸다. 즉, 텔레마티크가 표본으로 만든 언어의 그물망에 사로잡혔다. 실존에 기입된 의미, 즉 기의signifié도 없고, 특별한 이점도, 역사도 없는 공허한 내재성의 체계에 형상을 부여하기 위해 제조된 것이 바로 텔레마티크의 언어다."[26]

따라서 정보 도구의 "투명" 효과는 본래 연구의 중심이었던 합목적성과 과정즉, 아직 논리에 환원되지 않는 "사고"에 관한 연구를 벗어나고, 이용 편익으로만 되돌아가려 한다. 텔레마티크 체계는 그 자체로 기표 체계un système signifiant다. 즉, 서비스 정보나 사회문화 정보와 같은 내용물과는 전혀 다른 [정보의] 의미 기입이 없는 체계, 즉 '기의'가 사라진 체계다. 상징 언어의 난입을 뜻하는 기호 체계는 인간에게 멋대로 시공간을 선언한다. 또한 의미의 세계인간에게 상징어에 관한 의미부여 권한은 없다, 시간의 흐름에 따른 기록법과 무관한 역사 개방, '진정한' 상징화인간학과 연동된 문제를 뒤덮은 기술 문제나 인간의 상상계를 포식한 비디오텍스 단말기에 대한 동의 문제를 넘어선 등도 마구잡이로 선언한다.

텔레마티크는 배타적인 힘으로 특정 세계를 구축한다. 그것은 자료들의 구성과 언어를 특징으로 하는 세계이다. 특히, 텔레마티크 언어의 투명성은 실제와의 관계에서 불확실성과 '우연성'으로 우리의 이목을 집중시킨다. 결국 우리는 현실을 보는 눈을 잃었다. 텔레마티크는 역사나 도덕의 무게를 가볍게 비우고, 자료의 일시성으로 시간과 거리를 평준화한다. 그러나 몇몇 교육 관련 자료들을 제외하면, 여기에는 텔레마티크를 충분히 활용 가능한 사람들과 그렇지 못한 나머지 사람들90%에 달하는 사이의 극단적인 불평등이 숨어 있다. 이러한 불평등이 발생하는 이유는 텔레마티크의 정보 제공 방식 때문이다. 이 정보는 다양한 집단들의 지적 수준에 맞춰 제공되어야 하며, 다른 선택지는 없다. 결국 이러한 방식은 사회의 계급 격차를 강화할 것이다.[27] 내가 매우 놀랐던 부분을 하나 덧붙이겠다. 텔레마티크 장

---

26) M. Mirabail, *op. cit.*
27) 여기에서 독자들은 우리가 텔레마티크 실행 "관련자"들(국가의 고위급 인사들)을 주

비를 활용하는 사람들은 마치 '본인이 모든 것을 이해한' 것처럼 행동한다. 아니다. 이들은 장비 조작법을 알 뿐이다. 때로 능수능란하게 장비를 다루기도 하지만, 그것 외의 다른 부분에 큰 관심을 기울이지 않는다!

나는 자유[28], 신원 확인, 신분증, 단일 기표의 위험성, 중앙 집권화, 사회 고착화"각 사람의 자리가 있을 것이다. 그러나 모두가 제자리에만 있을 것이다"의 위험, 사생활 보호 및 텔레마티크 사용 통제와 제한을 위한 노력내 생각에 별로 소득이 없는처럼 잘 알려진 문제들에 전념하지 않겠다. 다만 이 주제와 관련해 미라바유의 탁월한 시각을 확인할 필요가 있다. "컴퓨터의 일반화는 인간의 정체성 자체의 문제를 야기한다. 새로운 유형의 문화와 의사소통의 유일한 양식은 바로 행정일 것이다. 다시 말해, 이제 인간은 행정 서류상의 명단에서나 자기 정체성을 확인하며, 서류에 기재된 기표로만 존재한다. 텔레마티크 광역망을 통해 사회를 통제한 결과, '차이의 동질화'[29]가 발생한다. 개인 익명성을 강화하는 '현실' 체계는 차이를 교환의 토대와 목적으로 삼았던 정보 광장[30] 사회인 자율공생 사회une société conviviale와 동떨어진 사회다.

르무안은 오늘날 정체성의 위기에서 정보화가 발휘하는 문화의 막대한 영향력을 본다.[31] 정체성 변화의 원천은 정보화된 기술의 작동이라 할 수 있는 행정 정체성의 변화이다. 의사소통의 용이성을 주제로 토론하는 경우에도 동일하다. 위성 수신으로 네트워크에 대한 텔레마티크의 다차원 접근

제로 논했던 부분을 확인할 수 있을 것이다.

28) 이와 연관된 내용에 대해, 나는 앙드레 비탈리스의 중요한 책을 참고했다. André Vitalis, *Informatique, Pouvoir et Liberté, op. cit.*, 1982.

29) [역주] 누누이 강조하지만, 기술 체계는 생활양식의 일원화를 조장한다. 즉, 차이와 다원성, 개성과 고유성을 기술 체계의 의도대로 자르고 다듬어 일원화 하려 한다. 그리고 엘륄은 이를 "차이의 동질화"라고 부른다. 비단 텔레마티크 체계에만 해당하지 않는다. 오늘날 텔레마티크는 사라졌지만, 다양한 기술 현상은 다른 매체를 타고 재현되는 중이다. 스마트폰 검색하는 자세를 생각해 보라. 이미 보편성이라 불러도 무방한 자세가 되지 않았는가?

30) 미라바유의 이러한 설명은 텔레비전을 "의사소통 마을"이라 부른 맥루언에 대한 우리의 분석과 합류한다.

31) P. Lemoine, «L'identité informatisée», in *Les Enjeux culturels de l'informatisation*, La Documentation française, 1981.

이 가능해졌다. 네트워크는 상호 행동, 즉 교환을 가능케 한다. 다만, 현실이 아닌 가상현실에서! 따라서 자율공생 컴퓨터[la ordinateur convivial와 같은 관계성 사회와 연관된 수사학 용어들이 등장한다. 그러나 이럴 때마다 우리는 간단한 질문으로 되돌아간다. 과연 어떤 관계를 강조하는가? 누구와 누구의 관계인가? 인간과 인간의 교환을 의미하는 인간관계는 변형은 불가능하고 전달만 가능한 물자체物自體가 아니다! 물론 두 기업 간에 주식 정보나 상업 정보의 교환은 가능할 것이다. 그러나 이것은 인간관계와 아무런 관련이 없다. 실제로 "인간 의사소통과 인위통제 의사소통 간의 근본 차이를 없애려는" 흐름도 있다.[32]

사실, 인간 의사소통의 지평에 있는 정체성, 관계, 소통 개념과 기계들의 지평에 있는 정체성, 관계, 소통 현상 사이에는 별다른 연관성이 없다.

"자율공생 텔레마티크la télématique conviviale"를 표방한 최초 네트워크 텔렘Thélème은 메신저와 통신회의 체계를 통해 거리와 시간의 억압을 제거할 수 있다고 주장했다. "모두를 위한 텔레마티크T.P.G."라는 구호가 텔렘을 뒤덮었다. 그러나 텔렘의 이 주장은 거짓 허풍이다. 첫째, 누구나 회의 개최를 원하지 않는다. 회의를 원하는 "사람들"은 따로 있다! 수많은 노동자들노조 지도부 제외, 농민들, 소상공인들, 직원들은 이 기구를 원하지 않는다. 메신저는 우편이나 전화 업무 등으로 바쁜 사람들에게 유용하다. 둘째, 제시된 주장과 달리 텔렘의 가격은 매우 비쌌다! 물론 미니텔 한 대의 예약비는 월 100프랑에 불과하며, 텔렘의 회비도 큰 부담 없다.1인당 100프랑, 협회는 1,000프랑이다. 그러나 정작 문제는 접속 시간에 있다. 다시 말해, 실제 사용 시간이다. 접속에 들어가는 비용은 동일하지 않았다! 우리는 시간당 접속 비용으로 230프랑을 부담해야 한다. 다시 말해, 매일 접속하는 사람은 매일 230프랑을 지출하는 셈이다!

---

32) A. Giraud, J.−C. Missika, D. Wolton, *Les Réseaux pensants*, Masson, 1980.

또한 다뤄야 할 내용이 하나 더 있다. 우리는 특정 단어의 남용 현상을 마주했다. 사람들은 "공동체"라는 용어를 사용한다. 이 공동체는 면대면 관계로 만나지 않고, 컴퓨터 지원을 받은 통신 장비로 소통하는 사람들의 공동체를 가리킨다. 중립성과 익명성의 도구를 공생에 필요한 도구로 만들기 위해, 사람들은 다시금 공동체를 운운하며 허세를 부렸다! 심지어 통신 장비를 통한 회의는 동호회, 협회, 선술집이나 찻집과 같은 성격이라고 대담하게 말하기까지 했다. "소통"할 수 있다는 사실만을 유지, 부각한 채, 동호회나 선술집의 상황 특수성까지 추상화해 버린 비인간적 시각이다! "물론 이 방식도 공생협력의 방식일 수 있다. 그러나 집단의 규범에 부합하지 않는 구성원들을 선별하고 심지어 배제하는 방식이라는 점을 알아야 한다."[33] "전자 유목민"이라는 표현을 사용한 클라즈만의 진단이 백번 타당하다. 친밀성과 생동감을 갖고 각 공간에 분산되어 활동하는 공동체들은 "인간의 환경과 공간에 '뿌리 없이' 떠도는 전자 유목민으로 바뀐 공동체들보다 더욱 강력한 현실성과 관계성을 가져야 하고, 공동체에서 사는 사람들에게 더 유의미해야 한다."

텔레마티크의 쟁점들에 관한 분석을 통해 드러난 주의사항에 대해, 우리는 열정어린 기술담론을 폈다. 텔레마티크는 현대인의 특징을 담은 정보들과 의사소통 네트워크를 유지하고, 보편성을 추구하는 새로운 문화를 구축해야 한다. 미국인들과 일본인들에 맞서기 위해 국가가 주의주의主意主義, voluntariste 전략에 가담했을 때, 일부 대상들에 국가의 수단과 자원을 집중하는 일이 발생했다. 이것은 위험의 사회화를 부를 수 있으며, 시장의 불확실성에 맞서 취약 산업들을 보호할 수 있다. 실제로 지지와 반대를 판단, 결정, 측량하는 일은 매우 어렵다. 기술은 성찰더욱 복잡한 형태가 될 속도보다 훨씬 빠르게 움직인다. 왜냐하면 기술은 사회 구조들, 관계, 집단, 더 나아가 언

---

33) R. Klatzmann, « Thélème », in revue *Autrement*, 1982, numéro spécial sur l'informatique (컴퓨터 관련 특집호)

어의 효과들에 대한 연구와 맞물려 하나의 사회학용어를 더 폭넓게 사용할 수 있다면이 되어야 하기 때문이다. 그리고 이를 바탕으로 기술 사회학은 지식, 문화, 심리 효과들에 관한 연구까지 포괄할 것이다.

또한 기술은 정치가 되어야 한다. 왜냐하면 결국 국가의 재정 지원이라는 지지대 없이 기술 제작은 불가능하기 때문이다. 앞으로 텔레마티크의 정치 효과들에 관한 연구가 이뤄져야 할 것이다. 마지막으로, 성찰의 작업은 경제적이어야 한다. 명확하다. 그러나 전문가들, 정치인들, 지식인들이 여러 방향을 모색하는 사이, 자료는 여전히 매우 부족기술이 아직 대량으로 응용되지 않은 상태한 상태에도 불구하고, 종잡을 수 없는 속도로 전진한다. 이러한 상황에서 1982년을 기점으로 태도 변화가 일어난 것처럼 보인다. 이 무렵 벨리지 지역의 텔레텔을 연구한 제라르 테리는 다음과 같이 선언했다. "더 이상 비디오텍스의 체계적 유포에 관련된 문제를 "재탕하는" 방식을 핵심이라 볼 수 없다."cf. Charon in M. Marchand et C. Ancelin, *Télématique, promenade dans les usages, op. cit.*

다시 말해, 담론은 충분하며, 이제 행동해야 한다! 일을 시작하고 그 후에 도래할 일을 지켜봐야 한다. 여기서 우리는 피브토가 텔레비전에 대해 제기했던 중요한 통찰을 답습해, 텔레마티크그리고 일반 컴퓨터에도 재현할 필요가 있다. 즉, 온 나라의 기술 장치가 투자, 배치되었다. 그러나 이 기술 장치는 최소한의 사전 연구나 성찰을 배제한 채로 발전한다.[34]

그러나 이 대목에서 매우 중요한 내용이 드러난다. 배치된 기술은 돌이킬 수 없는 결과들을 낳는다. 인간과 사회의 모형화, 언어의 모형화, 그리고 이 기술들에 관한 사유 과정의 모형화 작업만 있는 것처럼 보인다. 우리

---

34) 이 주제와 관련된 소소한 경험이 있다. 내가 프랑스 개혁교회위원회에서 활동하던 당시, 정부는 우리에게 일요일 아침마다 30분가량 홍보 방송을 허용하겠다는 제안서를 보냈다. 위원회 구성원들은 대환영 분위기였다. 그러나 나는 이러한 매체와 복음 전파 사이에 일관성이 있는지 검토하는 작업, 다시 말해 사전 연구 작업의 필요성을 제기했다. 말이 떨어지기가 무섭게 진보, 현대 수단, 세상에 대한 개방성 등을 거부한다는 이유로 거센 비판을 받았다. 작은 화면으로 기독교의 복음을 담은 희극을 방영하겠다는 제안을 수용할 경우, 앞으로 무슨 일이 벌어질지에 관해 사람들은 단 30분도 생각하지 않았다.

가 잘못된 길에 들어섰다는 것을 깨닫지 못하면, 원점 회귀는 아예 불가능할 것이다. 이 기술들의 파괴는 불가능하다. 왜냐하면 현대인은 이미지, 무의미한 정보의 세계 속에 사는 데 익숙해졌고, 그 세계를 벗어날 수 없기 때문이다. 로케플로의 말처럼, 현대인의 "머리는 기호와 부호로 꽉 찼다." 또한 뒤리유의 글에 따르면, "이제 유일하게 남은 문제는 이 모든 표현 수단들의 사용을 민주 법전에 성문화하는 일이다."C. Durieux, *Le Monde*, 1981년 2월 상황은 매우 선명하게 드러났다. "문제"는 매체들이 아니라, 매체들을 "민주적으로 성문화"하는 데 있다. 그러나 정작 문제는 그보다 더욱 심각하다. 이 공식이 무의미하기 때문이다! 변화를 멈추지 않고, 전혀 예상치 못한 형태로 나타나고, 예측 불가능한 곳에 응용되고, 언제나 변용 가능한 것을 어떻게 "성문화", 즉 안정된 방식으로 규제할 수 있는가!

우리는 디슬레와 브레상의 논의에서 법이 기술을 규제할 수 없는 방법이라는 점을 확인했다. 이야기를 이어보면, 어떤 법정도 기술의 일탈을 처벌할 수 없을 것이다. 더욱이 "민주적으로" 성문화한다는 말은 무슨 뜻인가? 사람들의 의견을 일일이 묻겠다는 말인가? 그것은 복잡한 현 상황에서 상상할 수 없는 일이며, 진행 자체가 어려운 일이다. 그렇다면, 시민 대표자들에게 묻겠다는 말인가? 아니면 정치인들에게 묻겠다는 말인가? 아쉽지만, 이들은 역량 부족이며, 기술의 민주적 성문화 작업이 "유일한" 문제라고 대중에게 연설하는 일만 중요하게 여긴다. 이들은 기술의 상당 부분을 방치한 채, 이러한 선언에만 열을 올린다.

지금 우리는 무엇을 하는지도 잘 모르는 상태에서 보편적인 변화에 말려 들어갔다. 이 점을 인정해야 한다. 지금은 기술의 자율성과 집단 패권에 관한 우리의 옛 연구가 사실로 확인된 시대다! 그러나 피브토가 텔레비전에 관해 말했던 것처럼, 인간은 이에 대한 보상책을 마련할 것이다. 이제 인간은 박탈된 존재처럼 보이지 않기 위해 기술 장치의 신격화 작업을 추진할 것이다. 보편성과 장엄함을 갖춘 기술 장비는 인간의 기대와 통제권을 벗어난다. 기술 장비는 통상 우리가 기적으로 여길 수 있는 것, 이해할 수 없는 부분을 완성한다. 따라서 그것은 신이다.[35]

나는 인간이 기술을 통제할 수 있다는 모든 주장을 포기했고, 인간은 단지 기술 서비스들을 요청할 수 있을 뿐이라는 내용을 정당화했다. 진정한 신은 더 이상 경제의 질서가 아닌, 기술의 질서다. 그리고 신이 된 기술에 직접 접근할 수 있는 최적의 길은 텔레비전과 텔레마티크다.[36] 완전히 매료된 상태와 맞물린 현상이다.

---

35) "텔레비전 자체가 하나의 종교가 되었다. 텔레비전은 일종의 신이다. … 과거 시절에 신에 관해 표현했던 내용이 고스란히 텔레비전으로 이동했다. 텔레비전은 무소부재하다. … 텔레비전은 어디에서도 보인다. 텔레비전은 어디에서도 말한다. 사실상 텔레비전은 이 시대에 군림하는 신이다. 인간의 차원에서 보면, 텔레비전은 과거의 신보다 덜 신비한 신이다. … 광고라는 매개체를 통해, 텔레비전은 인류에게 보일 계시를 제작한다. 기독교는 광고를 유심히 봐야 한다. 광고는 기독교의 활동 중심인 두 가지의 메시아 메시지인 '구원자'와 '도래할 세상'에 관한 기획을 뒤바꿨다. … 종교가 된 텔레비전에는 나름의 전례도 있고, 장엄한 예식도 있다.(…) (Piveteau, *op. cit.*)

36) 미라바유는 텔레마티크와 신적인 것의 관계를 탁월한 눈으로 분석한다. Mirabail, *op. cit.* 텔레마티크는 바벨탑, 골렘, 헤르메스를 연상시킨다! 진보의 실행 속도와 각 분야들의 다양성이 신성에 대한 감정을 유지하는 축이다. 무수한 사례들 가운데 하나를 들자면, 컴퓨터와 연동된 출력기(레이저 혹은 잉크젯)를 들 수 있다. 신제품으로 출시된 이 출력기는 1초에 세 장을 출력할 수 있다.(R. Myers, « Les imprimantes d'ordinateurs » in *La Recherche*, n° 123, juin 1918)

2장 · 광 고

이 장에서 우리는 광고 현상 전체를 연구하지 않을 것이다. 디히터와 파카르의 연구 이후로, 광고 문제에 관한 서적들이 쏟아졌다.[37] 연구자들의 기본 관심사는 광고의 사회경제적 특성보다 광고의 학문적 성격이나 광고의 거짓말과 같은 문제에 집중되었다. 그러나 나는 개인과 기술 체계의 관계에서 광고의 역할 및 활동에 방점을 찍으며, 광고의 사회경제적 성격을 우선 문제로 다루겠다. 광고의 동기 문제, 광고의 진실성에 대한 연구, 광고가 부르는 욕구들에 관한 연구 등은 내 연구의 핵심이 아니다. 오늘날 "광고가 필요 없다는 생각을 버려야 한다"라는 공식에 모두가 동의하는 것처럼 보인다. 광고업자들의 이 주장대로, 광고의 필요성은 자명해 보인다.

광고는 학문의 뒷받침을 요하는 심리 행동이다. 오늘날 광고는 곳곳에서 작동 중이다. 우리는 각자의 현실에 관심을 갖지 않는다.올즈-보노가 말한 현실 기피 이러한 모습만 보더라도, 광고는 그 자체로 하나의 기술이다. 마찬가지로, 경제학자들은 다음과 같은 생각에 동의한다. 첫째, 판매를 위해 광고는 필수다. 둘째, 대량 생산은 대량 판매를 내포한다. 따라서 대량 생산은 광고도 포함한다. 그러나 우리가 10년 전에 출간된 광고 분야 연구서들을 읽

---

37) 다음 자료들을 참고하라. V. Packard, *L'Homme remodelé, op. cit.* E. Morin, *Sociologie, op. cit.*, 특히, 광고에 관한 장을 보라. F. Holtz–Bonneau, *Déjouer la publicité*, Éditions Ouvrières, 1976. G. Durand, *Les Mensonges en propagande et en publicité*, P.U.F., 1982 et *La Publicité*, P.U.F., « Que sais-je? », 1984(avec bibliographie) O. Reboul, *Le Slogan*, P.U.F., 1975 et *L'Endoctrinement*, P.U.F., 1977.

고 현재의 광고를 본다면, 아마도 이 연구서들이 구식이라는 사실에 놀랄 것이다. 우리는 바로 이 부분에 주목해야 한다. 모든 것을 바꾸자던 "어떤 것"도 한때 유행하다 끝났다! 컴퓨터가 등장했다. 그리고 다른 축에서 오늘날 판매의 중심은 '언제나' 기술이라고 떠들었다. 물론 '기존 연구자들이' 광고에 대해 '말했던 것'은 '모두' 정확하다. 그러나 지금은 그 단계가 완전히 바뀌었다.

사람들의 입에 오르내리는 광고의 예산 문제를 간단한 예로 제시해 보자. 1975년에 프랑스의 광고 예산은 총 70억 프랑이었다. 1986년에는 이미 700억 프랑을 돌파했다. 컴퓨터를 통한 광고 화면 제작비만 1분당 1백만 프랑이라는 점을 감안하면, 이 정도의 예산 소요를 충분히 이해할 수 있을 것이다! "광고가 텔레비전을 먹여 살린다. 이 말의 뜻은 다음과 같다. 정부는 갖은 유혹을 받으면서 돈과 접촉한다. 내 관점에서 그렇게하는 목적은 소통 수단을 유지할 수 있는 방법들의 확보에 있다. 그리고 이 소통 수단을 통해 정부는 동일한 유혹들에 굴복하지 말라고 우리에게 경고한다. 광고는 매우 정교한 체계다!"Piveteau

이제 광고는 시청각 체계의 재정 조달에 필수 요소가 되었다. 프랑스의 경우, 장애 요소들이 더러 있었지만, 1968년 이후로 공공 채널 재원의 25%가 광고 수익에서 나왔다. 1984년에 시청각 수익으로 30억 프랑을 벌었다.[38] 광고에 제한을 두지 않는 나라들에서 시청각 광고가 차지하는 비중은 40%이다. 나머지 60%를 다른 매체들이 나눠 갖는다. 현재 활발하게 논의 중인 주제인 개인 채널 개설의 문제가 있다. 물론 사람들은 이탈리아 채널에 나온 잔인한 소시지 제작 과정을 참고하지 않았다. 설령 이런 방송이 있더라도 발전만이 능사라고 생각한다! 문화와 기술 사이에 갈등은 거의 발생하지 않는다! 공공 채널 책임담당자들의 평에 따르면, 이러한 규제들은 텔레비전의 성장을 지연기술에 반대하는 범죄!시킬 것이다. 또한 경제 시장

---

38) 1987년 텔레비전 광고 예산은 80억 프랑이다. 1시간 광고 제작비는 4,200만 프랑에 달한다.

의 발전을 가능케 할 규제 완화의 불가피성에 대한 압박은 더욱 거세질 것이다![39) 그러나 인간주의와 문화에 대한 관심을 잃지 않은 사람들은 다음과 같이 설명하기도 한다. "시청각 광고는 문화의 표현 수단이 되었다. 이 광고는 각 문화의 고유 부호, 언어, 전통 의식을 담아 송출한다. 한 마디로, 소비 사회가 수면 위로 부상했다."M. Le Menestrel, *Le Monde*, 1984년 3월

마지막으로, 언론과 텔레비전의 완벽한 해방, 엄격한 틀 제거, 최대한의 유연성 확보가 필요하다. 이것은 모든 기술의 요구사항이다! 우리는 텔레비전과 잡지의 경쟁 문제를 다루지 않고, 몇 가지 수치만 제시하겠다. 일간지 광고는 100%에서 88%로 떨어진 반면, 텔레비전 광고는 100%에서 168%로 늘었다. 텔레비전의 광고 점유율도 20%에서 30%으로 상승한다. 1990년 유선 방송의 수익은 5,000만 프랑에 달할 전망이다. 이 모든 내용이 광고의 무서운 성장세를 보여준다. 광고를 억제하려는 요소는 모두 장애물 취급을 당하는 것처럼 보인다. 광고에 대한 통제는 단지 재정에만 관련된 문제가 아니다. 이제 광고를 통제하면, 경제-기술 체계 전체가 지연되는 문제가 발생한다!

더욱이 동기에 관한 연구의 성격들도 크게 바뀌었다. 왜냐하면 우리가 앞에서 확인한 기술 기기의 구매처럼, 불필요한 물품 구매 유도가 점점 중요해졌기 때문이다. 연구자들은 광고의 여러 동기들을 검토했고, 그 검토의 결과들은 모두 합리적이었다. 이제 광고 연구에 더 이상 "프로이트 심리학"의 잣대를 들이댈 필요가 없다. 성애와 자유가 여전히 중요한 부분으로 남았음에도 결국 광고의 지향점은 광란이 될 것이다. 이 문제는 뒤에서 다루도록 하자. 모든 연구자들이 광고의 "양식" 변화를 설명할 수 있었다. 이러한 변화는 단지

---

39) 본문 작성 이후, 이러한 규제 완화가 실제로 이뤄졌다. 사람들은 사설 텔레비전에 군림하는 광고의 독재를 목도했다. 광고는 서비스에 대한 가격을 지불하는 사람들을 노예로 삼았고, 동시에 그 "표적"까지도 노예로 삼았다. 빈번하게 재생되는 메시지는 모든 비판적 반응을 제거한다. 예컨대 광고는 [토론 방송인] "동의, 반대"(D'accord, pas d'accord)를 제외하기로 결정한다.

새로운 기술 수단의 사용 문제에 그치지 않는다. 즉, 컴퓨터로 제조된 이미지들, 새로운 영상 촬영 기법, 피사체를 다루면서 피사체 자체를 변경하거나 방식을 달리하는 등의 기술 활용의 문제로 끝나지 않는다.

광고 제작들은 전혀 새롭고, 예상치 못한 물품을 '다르게' 소개해야 할 필요성과 소비자를 깜짝 놀라게 할 방법으로 물품을 배치해야 할 필요성을 동시에 의식한다. 제작자들은 "당초 계획에 없던 리비도의 성질들을 상품에 도입"E. Morin해야 한다는 생각을 따른다. 또한 제작자들은 광고가 한 쪽으로는 프로이트의 "이드", 즉 무의식의 충동을 지향하는 리비도의 길로 가고, 다른 한 쪽으로는 개인성, 즉 인격이라 불리는 문화 구성의 길, 프로이트가 말한 "자아"로 간다는 에드가 모랭의 탁월한 지적을 계속 답습할 것이다. 모랭의 지적은 적확하지만, 광고의 변화와 오늘날의 역할에 대한 검토에 있어서는 더 이상 충분한 설명은 아니다.

광고의 기능 변화에 따라, 광고의 양식과 위상도 바뀌었다. 과거에는 광고 제작의 이유와 같은 분야를 연구했다면, 이제 새롭게 바뀐 광고의 위상에 적응해야 한다. 오늘날 광고는 옛 방식을 벗어났다. 그리고 이러한 작업 대상의 변화는 광고 제작자들을 좌우하는 실제 문제가 되었다.

지금까지 광고는 분배와 상거래에 없어서는 안 될 보조 수단이었다. 오늘날 광고의 목적 가운데 하나는 상품 구매 유도다. 그러나 그 유형은 천차만별이다. 구두 광택제나 가구 판매보다 고품질, 고성능의 기술 제품, 장비, 정교하고 세련된 상품의 판매가 더 중요하다.코카콜라의 아성은 여전히 견고하지만! 사실, 기술의 위상 변화는 물건 판매를 돕는 주체라는 위상에 해당한다. 광고는 "모든 체계의 동력"이 되었다. "광고는 우리 사회의 보이지 않는 절대 권력이다."

우리는 매개 단계를 거친다. 이 단계를 통해 광고는 시청자를 점점 소비자로 탈바꿈한다. 사실 시청자를 소비자로 바꾸는 과정은 쉽지 않았다. 파블로프의 개처럼 조건 반사가 필요했기 때문이다. 그러나 결국 이 단계에 도달하는 데 성공했다. 그러나 오늘날의 상황은 또 달라졌다. 일단, 대량 생산이 등장했다. 또한 첨단 기술로 항상 갱신되는 제품들의 생산도 가능하다. 대중들은 제품의 효용성을 생각해 보지 않고 고분고분하게 행동하는 소비자로서 제품들을 사용한다. 대중들이 첨단 기술로 제작한 제품들을 소비하도록 '해야 한다.' 실제로, 이 제품들은 경제 성장 전체의 열쇠를 쥐었다. 그러나 이 기기를 생산하는 기업의 경제적 성공도 기술 자체를 위한 일이다. 이는 불가피한 귀결이다. 컴퓨터, 비디오테이프 녹화기, 비디오텍스, 복사기, 오토바이, 미니텔, 고성능 텔레비전, 텔렉스, 전자레인지, 콤팩트디스크 등을 최대로 구매하고, 새로운 발명품을 쌍수로 환영할 준비가 된 대중의 추종이 있어야만 기술은 성공 가도를 질주할 수 있다. 해외 시장을 정복하기 전에, 내수 시장에서 기반을 다져야 하기 때문이다. 이러한 집단 구매는 기술 발전의 지속성을 보장할 뿐만 아니라, 과학 연구의 추구 가능성도 보장한다.

국가의 재정 바로 옆에 대기업들의 재정이 있다.[40] 대기업들은 기술 생산의 꽉 막힌 혈관을 뚫어줄 수 있는 연구에만 투자할 것이다. 그리고 기술 생산을 계속 추진하려면, 확실한 매출을 올릴 수 있는 시장이 확보되어야 할 것이다. 내 생각에, 광고는 바로 이러한 방식으로 "과학—기술—상품"이라는 현실 체계의 동력이 된다. 물론, 광고만을 유일한 동력이라 말할 수 없다. 국가를 배제할 수 없기 때문이다. 과거에 광고는 '자본가의 이익 보장을 위한 물품 구매 유도'라는 뚜렷한 목적을 가졌다. 물론, 이 목적이 완전히 사라진 것은 아니다! 자본주의 체제의 핵심은 이윤 추구이지만, 이제 광고는 더 이상 이윤 추구의 자리에 만족하지 않는다. 이윤 추구를 오늘날 광고의 진짜 위치라고 말할 수 없다.

---

40) [역주] 광고의 2대 물주인 국가와 대기업을 가리킨다.

그러나 이러한 변화는 방법들의 변형을 낳는다.[41] 사람들을 제품 구매로 유도할 수 있을 방법, 혹은 사람들의 새로운 욕구를 "창출"할 수 있을 방법, 사람들을 "소비자"로 만들 방법 등은 그리 큰 문제가 아니다. 물론, 이러한 목표들은 여전히 유효하다. 다만 오늘날 광고가 작동하는 방식에 크게 부합하지 않을 뿐이다. 실제로 우리가 기술을 체계, 환경, "자연"으로 여긴다면, 기술이 제안하는 것을 구입하기 위해 개인은 이 체계에 동화되고, 체계의 일부분이 되어야 할 것이다! 더 이상 기술 세계와 구매자를 따로 구분하지 말아야 한다. 인간은 활동가와 생산자로서 이미 기술 체계의 일부분이 되었고, 이제 소비자 '로서' 이 체계에 '동화' 되어야 한다.

농촌 세계에서조차 광고는 농장의 컴퓨터, 전기 착유기, 대용량 트랙터, 사료 자동 공급기 등의 구매 유도에 성공했다. 현재 우리는 이러한 현상이 부른 낙농가의 과잉 생산을 목도한다 농민들에게 다음과 같은 선전과 광고가 있었다. "먼저 기술 '체계에 통합' 되어야 한다. 그리고 촌뜨기나 꾀죄죄한 농부로 남지 않으려면, 농장에 현대식 설비를 갖춰야 한다." 그러나 농민들 중에는 이러한 선전이나 광고에 저항한 이들도 꽤 있다는 점도 짚어두자.

모든 기술 체계에서 광고는 핵심 요소이자 활력이 되었다. 이제 광고의 역할은 크게 세 가지다. 첫 번째 역할은 과거부터 이어진 역할, 이른바 고전 역할이다. 다시 말해, 우리가 중요하다고 여긴 상품을 구매할 수 있도록 유

---

41) 예컨대 오늘날 광고는 광고를 위한 광고를 낳았다. 우리는 확신, 아니 더 나아가 개종해야 한다. 1982년 12월 「르몽드」의 전면을 채운 광고(La Pub de l'Atome croche)는 하단에 작은 글자들을 새겼다. 구매자와 생산자의 묵인(默認)으로 제작된 광고였다. 이 대행사에 가입한 기업들의 이름을 깨알 글씨로 새겼다. 그러나 광고를 위해 광고를 만드는 또 다른 주제는 불공정해 보였다. 매우 긴 문장으로 기업의 여덟 가지 운영 방침을 설명하는 광고 전략을 선보였다. 물론 그것은 대기업 광고 담당자들의 구미에 맞는 전략일 것이다. 그러나 「르몽드」지의 전면 광고까지 하면서 알릴 필요가 있는 전략인가? 일반 독자들은 이 기업의 운영 방침에 하나도 관심 없을 것이다. 오히려 그것은 일반 독자에게 광고를 통한 홍보를 정당화하는 방법에 불과하다. 결코 타당한 방법이 아니다. 대기업의 광고 담당자들은 이 방법을 적극 활용할 필요가 있겠지만, 광고에 실린 여덟 가지 주장만으로 사람들을 설득할 수 있으리라는 희망을 버려야 할 것이다.(예컨대 「르몽드」 1986년 4월 기사)! 그러나 광고를 위한 광고의 목표는 대중을 새로운 환경에 적응시키고, 대중에게 광고의 필요성과 탁월성을 설득하려는 데 있다.

도해야 한다. 두 번째 역할은 신상품 '인식'이다. 이 역할은 기존의 방향과 다른 새로운 방향을 내포한다. 왜냐하면 과거처럼 새로운 과자나 식전주食前酒의 상표 홍보가 더 이상 핵심이 아니기 때문이다. 이제 핵심은 새로운 자동차 장비나 15가지 설정으로 사용 가능한 다리미의 비밀스러운 측면을 대중의 범위 안에 두는 일이다. 단순히 제품을 소개하는 일의 문제가 아니다! 대중들은 이 제품을 '이해'해야 한다. 따라서 대중에게 세탁기의 다양한 작동 방식을 설명해야 할 뿐만 아니라, 기술 진보의 필연성, 옛 장비를 새 장비로 교체해야 할 당위성을 수반해 대중을 새로운 풍토에 적응시켜야 한다. 그러나 대중의 새로운 적응을 위한 보완책이 필요하다. 그것은 바로 신제품의 성능에 대한 '지루하지 않는' 증명과 설명이다! 고객의 머릿속을 복잡하게 해서는 안 된다. 고객의 주의력을 흐트러뜨려도 안 된다. 설명이 과한 광고는 고객의 주목을 끌지 못한다. 이와 관련해, 나는 포스 지역 공장의 공제 조합이 게재한 「르몽드」지 전면 광고1984년 4월를 생각한다. 이 광고에는 공장이 '경쟁력'과 숙달된 인력을 갖췄으며, 미래형 공장으로서 전혀 손색이 없고, 공장 폐쇄는 얼토당토않은 일이라는 세세한 설명이 실렸다. 충분히 협상 자리를 마련할 가치가 있는 주장이었다. 그러나 대중의 마음을 움직이지 못했다. 광고는 주장이나 논증이 될 수 없다. 그들은 이것을 오래 전에 이미 경험했다.

마르셀 다소Marcel Dassault가 「르몽드」에 기고한 단평에서도 우리는 같은 내용을 읽는다. 매우 흥미로운 내용이지만, 한 편으로 결코 변경할 수 없는 현상에 대한 분석이기도 하다. 이제부터는 지식의 과정과 다른 형태의 과정이 필요하다! 광고의 세계를 소비자 자신의 세계로 만들어야 한다. 즉, 광고는 자신이 소개하는 물건보통 소비자의 의도와 상관없이 소개된다을 이 세계에 꼭 필요한 물건처럼 소개해야 하며, 거기에 소비자가 마치 그 물건의 주인공이라도 된 것과 같은 착각을 일으켜야 한다. 단순한 예로, 활기찬 젊은이의 모습, 수상 스포츠를 즐기며 즐거워하는 모습, 젊은 연인의 다정하고 아름다운 장면을 담은 영상을 들 수 있다. 물론, 내 연구에 딱 맞는 사례는 아니다 영상 속의 세계는 사람들이 갈망하는 세계다. 그리고 영양과 건강을 상징하는 음료를 마시는 젊은이의 활기찬 모습이 그 세계를 완성한다. 그러나 더 중요한 문제가 있다. 바로 기술 세계의 동화와 통합의 문제다. 풀어 말해, 화면에 나오는 여러 장면들에 따라 기술 세계에 동화되고, 기술의 현 상태를 직접 보여주는 장면들이나 기술 제품의 손쉬운 사용에 대한 호소를 통한 기술 세계로의 통합이 더 큰 문제다. 또한 기술 세계와 자연의 빈번한 통합 문제도 고려해야 할 사항이다. 현대인은 해변이나 바다 한 가운데서 텔레비전을 시청하는 한가한 모습을 열망한다.

이 모든 흐름을 거치면서, 광고는 우리를 기술들의 세계실제로 우리의 생활 곳곳에 침투한 세계!에 빠트린다. 다시 말해, 이상화되고 특정한 양식을 갖춘 기술들이 예술 작품 행세를 하는 세계, 구매용 물품들이 자연스럽게 배치된 세계 속에 우리를 빠트린다. 사실, 이것은 광고의 오래된 목표이다. 오늘날 광고는 이 방향으로 계속 나아가는 중이다. 과거부터 광고는 사회를 통제하는 도구들 가운데 하나였다. 사람들은 광고에 담긴 메시지들을 자신의 생활양식과 태도를 빚고 다듬는 것으로 여겼다. 또한 광고 메시지들은 물건을 판매품으로 규정하는 광고 환경에 맞게 사람들을 적응시켰다. 오늘날 나타난 차이는 다음과 같다. 광고 세계는 이제 완벽한 기술 세계가 되었다. 과거에는 상당한 무게와 규모였던 기술들이 지금은 쉽게 판매 가능한 소규모 기술들로 바뀌었다. 그러나 그와 동시에 체계 전체에 통합, 동화되는 현상이 출현했으며, 소비자를 매료시키려는 광고의 의지도 드러났다. 오늘날 광고는 우리를 바로크 시대의 세계, 낯선 세계, 놀람과 경탄의 세계에 빠뜨린다. 거대한 표지판에 예상치 못한 주장을 담아 대중의 단순 호기심을 부추긴다.

그러나 이 바로크 세계에는 두 가지 중요성이 있다. 첫째, 딱딱하고 준엄할 수 있을 기술의 목표를 부드러운 방식으로 확실히 이룬다. 둘째, 이미 기술로 인해 형태가 왜곡된 환경이지만, 아직까지 완벽히 기술 환경이라 볼 수 없는 우리의 일상, 가족 등과 같은 평범한 환경에서 시청자들을 분리한다. 기술의 과잉과 마주해, 일상적인 것과 가족적인 것을 반추하며 이를 지키려는 반향이 일 것이다. 놀람, 유혹, 흥미, 의문을 한 곳에 담은 이미지들의 폭발로 인해, 광고는 미래의 소비자를 매료시킨다. 광고를 통해 소비자는 다소 허황된 꿈을 꾼다. 그러나 그에 동조하고 공감하는 사람들의 도움으로 그 꿈을 통과한다. 광고 제작자들은 컴퓨터를 통한 이미지 제조를 통해 이들의 꿈나라 여행을 도우려 한다.[42] 전통적인 광고의 역할은 인간의 몇 가지 표본을 소개하거나 인간 스스로 견인해야 할 삶^{여전히 현존해야 하고, 인간의} ^{존재 이유가 되어야 할}의 모범을 제시하는 일이었다. 최근^{이것도 얼마 지나지 않아 전통이 되는}에 광고의 역할은 구매 대상으로 우리의 공백을 메우고 채우는 표상 사회에 현실 사회를 끼워 넣는 일이다. 그리고 현재 광고는 기술 세계로의 도입이라는 결정적인 역할을 덧붙인다. 매우 흥미로운 조사가 있었다. 이탈리아인, 미국인, 영국인과 달리, 프랑스인은 텔레비전 광고를 적대시하지 않는다. 다른 나라 사람들은 광고를 보기 싫어서 채널을 돌리는 반면, 프랑스인들은 대부분 "광고"에 주목했다. 텔레비전을 시청하는 가족들의 75%는 화면에 나오는 광고의 85%를 모두 본다고 답했다. 또한 50%는 광고의 90%를 다 본다고 답했다. 광고 제작자의 입장에서는 효용 최댓값일 것이다. 텔레비전에 대한 프랑스인의 비판 정신 부재를 날카롭게 지적할 수 있는 부분이다. 「르몽드」1986년 6월 기사

---

42) "좌파에 두루 영향을 미친 현재의 모든 사상 조류에서, 광고는 하나의 예술이 되었다. …] 비디오 영상 제작이 매우 정교해졌다. 다양한 층위, 회전, 상승, 특수 효과 등을 사용한 영상 촬영으로 단가가 상승했다. 이러한 단가 상승에 따른 자금 부족분을 메우기 위해 비디오카세트 등의 제품 판매가 이뤄졌다." "이제 현대인은 셰익스피어보다 국수 한 통이나 개 사료를 더 깊이 생각하는 시대에 산다…"(Jézéquel, *op. cit.*)

여기에서 우리는 아직 완벽히 드러나지 않은 요소를 광고에 도입해야 한다. 바로 기술 제품들과 기술에 유리한 매체들의 광폭 행보이다. 과거의 광고는 간접 광고 형태였다. 영화 도중에 배우가 나와 상표가 선명하게 보이는 위스키 한 병을 관객에게 보여주거나 스포츠 대회권투, 테니스, 사이클 우승자가 식전주나 스포츠 용품 등의 상표가 붙은 운동복이나 모자를 쓰고 나오는 식이었다. 그러나 내가 겨냥하는 부분은 약간 다르다. 소비자의 구매를 요구하는 제품들의 90%는 기술 제품들심지어 음식물까지도!이다. 상표도 없고, 심지어 생산 제품과 큰 연관이 없어도 기술 자체에 대한 광고가 있는 경우, 제품들에 대한 간접 광고가 발생한다. 여기에서 나는 '기술', '첨단 기술' 등의 영원한 지지자가 된 광고의 문제를 겨누겠다.43)

나는 1년 전부터 24시간 동안 끊이지 않는 텔레비전 뉴스 방송도 아니고, 기술의 영광을 계속해서 보여주는 화면도 아닌, 기술을 지지하는 광고에 대해 주목하고 이야기했다. 그것은 엄청난 작업 수행 능력이 있는 인간에게 영광을 돌리는 방식, 혹은 국가에게 영광을 돌리는 방식에 대한 관찰이다. 보통 기술 자체에 대해 직접 지지를 드러내는 광고는 최신제품을 선보이거나 그간 감춰진 분야를 드러내곤 한다. 소비의 초대장이라 할 수 있을 물건의 상표가 없더라도, 시청자혹은 독자로 하여금 일상의 기술이 조성한 기적의 세상을 가로지를 수 있게 한다. 기술 자체에 충직한 광고는 가령, 공개 심장 수술, 인공 심장의 기능에 관한 실험, 다른 심장으로의 대체 수술을 보여준다. 외과 수술에서 우주 전쟁 "스타워즈"에 이르기까지 그 활용 분야가 무궁무진한 레이저 분야도 마찬가지이다. 우리는 끝없는 우주 공간에 설치한 저장고, 무중력 상태의 간이 병실에서 이뤄지는 내과 수술, 이동 중

---

43) 아르망 마틀라르의 탁월한 논문을 참고할 필요가 있다. Armand Mattelard, « La technique est l'événement »(*Le Monde diplomatique*, oct. 1979) 마틀라르에 따르면, 기술 사건은 광고 담론의 핵심을 차지한다. 기술 사건의 최댓값과 맞물려 정보의 최솟값이 나타났다. 미국 광고에서는 1분에 20~30건 정도의 '기술 사건들'(*technological events*)이 벌어진다.

이거나 이미 궤도에 진입한 위성의 수리, 볼거리 풍부한 로켓 발사, 단계별 분리 성공, 기존 위성과 새로 결합하는 위성 등의 모습을 볼 수 있다.

로봇의 출현은 다른 것에 비해 오히려 덜 중요해 보인다. 컴퓨터와 기계들이 짝을 이룬 화려한 광경이나 실험은 거의 매일 화면에 등장하는 반면, 로봇은 그리 환영 받는 주제는 아니다. 아마도 로봇에 대한 두려움이 작용하기 때문일 것이다. 또한 로봇에게 추가할 수 있는 독특하고 탁월한 부분이 없기 때문일 수도 있다. 자동화된 공장에서 일하는 로봇을 자주 접하기 때문 또한 공상 과학 영화들의 소재로 활용된 로봇들에 대해 사람들은 무감각해졌다! 반면, 대중의 열광을 자아낸 대상은 언제나 자동차와 오토바이다. 우리는 '포뮬러 1'과 같은 자동차 경주, 전국 순회 경주 등을 당연한 듯이 시청한다. 아마도 이러한 자동차 경주 시청의 절정은 파리에서 다카르까지 이어지는 경주 대회뒤에서 다룬 내용이다44) 일 것이다.

다른 분야들과 비교했을 때, 유전자 공학의 성공은 낮은 수준이다. 내 생각에 유전자 공학에 전제된 설명들은 지나치게 난해하고 따분한 면이 있다. 시험관 아기를 제외하면, "보여줄" 만한 것이 별로 없다. 큰 흥미를 끌지 못한다. 나는 초소형 자동차와 관련된 볼거리나 위성 재전송 화면 포착, 새로운 대량 생산 공정 등과 같은 내용은 깊게 다루지 않겠다. 여하튼, 내가 매번 이야기하는 부분은 '첨단 기술'에 푹 빠진 우리의 자화상이다. 국내외의 굵직굵직한 정치 사건들, 문화나 경제 분야의 사건들에 대한 정보가 거의 20분에 하나 꼴로 나타난다. 기술을 바탕으로 이 사건들의 평등한 배치가 필요하다. 시간 선후로 우선 배치하고, 연속성, 지속성에 따라 배치한다. 통합이 무엇인지를 명확히 보이는 현상이라 할 수 있다.

그러나 기술을 위한 언론 광고는 거기에 그치지 않는다! 상업에 치중한

---

44) [역주] 최근에 '랠리 다카르'로 불리는 자동차 경주 대회이다. 기존 도로가 아닌 사막과 같은 야생 지대를 달리며 최종 우승자를 가린다. 주행 중에 발생하는 자연 파괴로 악명 높다.

광고도 존재한다. 사실, 내게는 이 분야가 더 흥미롭다. "기술이 세계의 자원"이라는 문구가 신문의 전면을 채운다. 이 문구에 종자 개량 곡물이나 슈퍼 콩^{환경적이라는 말을 달고 다니는}에 관한 소개를 덧붙인다. 그리고 아래 또 다른 문구는 다음과 같다. "인간은 기술을 통해 발전한다." 더 이상 나은 표현이 없다고 봐도 무방하다! 이 정도면 완벽한 신앙고백이다. 광고는 텔레비전의 각광을 받는 분야 가운데 하나다. 그러나 단순히 돈 때문만은 아니다. 실제 행동을 가능케 하고, 시청자가 행동할 수 있도록 자극하며, 그렇게 함으로써 '눈으로만 보는 소극적 시청자'와 실제 구매 행동으로 옮기는 적극적 시청자를 조화시키는 주역이 바로 광고이기 때문이다.

인간은 더 이상 적극적 인간과 소극적 인간으로 나뉘지 않는다. 광고 시청을 통해 양자의 통합이 복원된다. 저녁 광고에서 품질을 보증한다고 소개된 제품도 다음 날이면 직접 살 수 있다. 텔레비전 홍보가 완성한 인간은 바로 소비자다. 광고는 광전 장치, 언어 소통에 어려움을 겪는 사람들을 위한 의사소통 장비, 카트리지 복사기 등과 같은 놀라운 제품들을 소개할 것이다. 그러나 이 모든 것의 기저에는 "기술 = 만능열쇠"라는 생각이 있다. 마찬가지로, 다른 광고는 "내일의 무기는 바로 컴퓨터"라고 외친다. 이전과 완전히 다르고 더욱 난해한 분야에 활용된 무기는 새로운 문제들을 야기했다. 그리고 이러한 문제를 푸는 유일한 해결책은 바로 컴퓨터다. 컴퓨터는 기술과 기술의 상호 통합을 보장한다.

컴퓨터를 위한 특수 광고에 대해 생각하기 전에, 탁월한 시각^{오히려 관습과 보수주의에 가까운}을 담은 주간지에 실린 광고를 확인하도록 하자. 이 광고는 "유럽 1^{라디오 방송}에 삽시다"라는 문구를 내걸었다. 무슨 말인가? 앳된 얼굴의 젊은이가 사무실 근처에서 밝은 얼굴로 식사를 한다. 거기에 느닷없이 아랍 지도자의 모습, 긴박한 사태를 일으키고 교수형을 집행하는 장면, 공습, 히틀러가 차라리 아름다운 기억이지 않을까 싶을 정도로 악독한 군부 독재자의 모습을 투사한다. 참신한 광고다. 젊은이의 머리에는 기발한 생각들이 가득하다. 우리는 항상 아침 식사를 한다. 그 부분에서 우리에게 생생하게 읽히는 표어는 바로 "식사"다. 광고가 노리는 초점이다. 광고는 바로 그 부분을 입증해야 한다. 물론 대중들은 활력 넘치는 남자 한 명 보여주는 것에 더 이상 만족하지 않는다. 더욱 강력하고 자극적인 것이 필요하다! 이제 우주선과 인공위성이 상징물로 등장한다. 이러한 기술의 이미지만이 우주 공간에 대한 관념과 이미지에 젖은 구매자를 유혹하는 영매로 작용한다. 다음 광고를 보자. 부부 한 쌍이 등장한다. 부부에게 놀라운 사건이 벌어진다. 부부의 몸에 갑자기 전기가 통한다. 온 몸에서 전기를 내뿜는 부부에게 "당신의 몸에 전류가 흐르게 하세요"라는 문구를 담은 '하이파이hifi' 45) 오디오 판매점 초대장이 날아온다! 마지막 광고로, 두 개의 장면을 소개하겠다. 한 쪽에는 멋진 젊은이가 굳고, 생기 없고, 멍한 표정으로 앉아 있다. 그는 '꺼진off' 상태이다. 그러나 다른 한 쪽에는 같은 젊은이넥타이와 줄무늬 셔츠처럼 격식을 갖춘 의상을 입은 첫 장면과 달리, 두 번째 장면에는 자유분방한 복장에 반지와 짧은 셔츠, 온 몸에 각종 기장을 치렁치렁 매단 모습이 나온다가 활력, 집중력, 열정을 다해 일하는 모습이 나온다. 과연 무엇이 바뀌었는가? 그는 "슬림 라인"다섯 가지 파장 영역으로 무선 전송이 가능한 스테레오 라디오카세트!으로 음악을 들었기 때문이다. 이제 그는 '켜진on' 상태다. 이 기기 하나로 사람이 달라진다. 나도 이 광고 내용이 옳다고 생각할 정도다. 그러나 전혀 다른 의미에서 옳다고 생각한다.

신문에 실린 컴퓨터 광고에 대한 내 견해를 전하는 것으로 본 논의를 마무리하겠다. 이 광고는 탁월한 설명 능력이 돋보였다. 광고에 소개된 내용 자체가 매우 중요했기 때문이다. 광고에는 "친구가 된 컴퓨터"라는 문구가 등장한다. 컴퓨터를 사용하면서 우리는 갑자기 네 명의 친구를 얻는다. 놀이 친구, 공부 친구, 컴퓨터 입문을 위한 친구, 가족 관리를 위한 친구다. 친

---

45) [역주] 고성능 음악 재생 장치이다.

구라는 개념을 매우 탁월한 설명으로 제시하지 않았는가! 컴퓨터 친구라는 표현에서 작은 일화가 떠오른다. 10년 전에 일본의 일부 비행장은 허탈한 맘과 아쉬움을 안고 떠나는 고독한 여행객에게 "누군가" 손을 잡아주고 좋은 여정을 기원했다는 사실을 알려주도록 로봇 한 기를 운영했다. 확실히 우정, 감동과 같은 요소를 작동 기계 한 대로 격하시킨 셈이다.

이 대목에서 우리는 컴퓨터 광고의 매우 중요한 측면들 가운데 하나를 다루려 한다. 바로 컴퓨터를 가족, 우정과 연결한 광고다. 사실, 이 광고는 신비와 마술과 같은 특징을 없앴다. 컴퓨터는 당신의 훌륭한 봉사자다. 컴퓨터는 당신의 좋은 하인이며, 당신의 삶에 만족을 선사한다. 컴퓨터는 충직한 동료이기도 하다. 미래 소비자의 모든 감수성이 바로 컴퓨터에 달렸다. "컴퓨터는 기쁨과 쾌락의 도구이다." "얼굴을 그리고, 숨 쉬게 할 수 있으며, 낯선 음악도 덧댈 수 있다. 이제 당신은 X사 컴퓨터만 있으면 시인이요, 발명가다." 컴퓨터는 당신에게 '기쁨'을 안길 것이다. 그러나 이러한 이념의 질서에서 가장 빛나는 것처럼 보이는 세 가지 광고는 다음과 같다. 첫째, 정서와 순수 감상주의에 대한 호소다. 그것은 스필버그 감독의 영화 「이티」의 성공과 맞물렸던 시기에 등장한 광고 현상이기도 하다. 당시 등장했던 광고 문구 하나를 소개하면, "이티는 당신을 필요로 합니다. 당신이 없으면, 이티는 길을 잃을 겁니다. 이티에게는 당신이 필요합니다"가 있다. 감성을 자극하는 광고이다. 또한 "당신의 에너지를 낭비하지 마세요"라는 문구를 단 Y사의 컴퓨터를 사용할 때, 우리는 시간 절약도 할 수 있을 것이다. 따라서 감상, 그것도 '가짜' 감상주의로 거둔 성공 사례라 하겠다. 광고에는 거짓말, 꿈, 환상이 가득하지만, 아무런 문제없다. 두 번째 사례로, "내 Z사 컴퓨터를 보물로 여기는 사람"이다. 컴퓨터는 "내 '모든' 문제를 해결"할 수 있다. 가족, 인간관계, 건강 문제를 그에게 맡길 수 있다. 이를 통해 우리는 의심 많은 컴퓨터로 인해 "'의심에 반대하는' 컴퓨터"라는 멋진 공식에 이른다. 독자들은 신의 존재, 배우자 언행의 진실성, 아이들의 도덕성을 의심할 수 있을 것이다. 또한 컴퓨터에 예속된 독자들은 컴퓨터로 인해 더 이상 의심할 일이 없다고 깨달을 것이다.나는 이 문구를 '공문서'에서 가져왔다 문구의 제작자는 의심이 사라진다면, 지성에 기초한 '어떤' 삶도 더 이상 존재하지 않을 것이라는 결과를 전혀 계산하지 못했다.

신화와 감상주의를 부르는 광고와 그 후에 이어질 내용 사이에서, 우리의 이목을 끄는 광고가 하나 있다. 바로 애플사의 컴퓨터 광고이다. "한 입 먹으면, 정녕 너는 설득되리라." 컴퓨터는 계산 능력을 높이는 평범한 기계가 아니다. 컴퓨터는 새로운 권력이며, 개인에게 힘을 부여하는 주인공이고, 타인을 설득하는 능력이다. 이 광고는 금단의 열매를 먹고 눈이 열려 가능한 모든 지식을 수용할 수 있게 된 여자의 정신을 기록한 성서 이야기이브와 선악과를 암시한다.

이를 바탕으로 우리는 광고의 두 번째 공간으로 이동한다. 진부한 내용이기는 하지만, 이 두 번째 공간의 핵심어는 컴퓨터의 권력과 응용 분야의 무한 다양성이다. 컴퓨터는 권력이다. 매력적인 눈과 멋스런 두상을 지닌 한 마리의 고양이와 같다. "원격 소통 체계를 조성한 공학자들은 다른 사람들이 보지 않은 것을 자각한 사람들이다." "이들은 여섯 번째 감각을 지닌 사람들이다. 더 넓은 시야와 미래 예측력을 지닌 사람들이다." 또 다른 권력은 더 높은 곳을 겨눈다. "나는 가장 강력한 벡터 계측 연구소에서 근무하며 프랑스의 산업에 봉사한다." 무수한 자료들을 처리할 수 있는 무한 권력과 다르지 않다. 이 권력은 단순히 산업들이나 대규모 기획자들에게만 관계된 권력이 아니다. 더 나아가 모든 사람의 역량이 이 권력에 의존할 것이다. 선악과나무컴퓨터와 더불어, 나는 100% 외과 의사, 100% 보험 설계사, 100% 은행원이 될 것이다. 달리 말해, 컴퓨터와 만나기 전에 나는 반쪽 외과 의사, 반쪽 보험 설계사, 반쪽 은행원이었다는 뜻이다. 그러나 이제

100%가 되었다.

그러나 '나는 100% 은행원이다'라는 공식의 진의를 우리는 명확히 계산할 수 없다. 즉, 나는 100% 은행원이기에 결코 다른 존재가 아니다. 컴퓨터 기술 때문에 내 모든 존재가 내 직업에 포함된다. 나는 컴퓨터와 광고의 기막힌 결합 덕분에 기술 체계에 완벽히 통합된 존재가 되었다! 권력과 관련된 마지막 부분으로, 일련의 컴퓨터 광고 벽보나 게시문은 백과사전이나 서적으로 쌓은 거대한 산을 보였다. 우리는 모든 것을 읽을 수 없으며 알 수도 없다. 그러나 우리의 컴퓨터는 모든 것을 읽고, 모든 것을 우리에게 알릴 것이다. 인간은 자신의 기억, 이해력, 지식을 컴퓨터에 맡긴다. 대학에서 교편을 잡은 나 역시 교육 분야에서 몇 가지 문제점을 확인한다. 그 중에서 특히 심각한 문제는 컴퓨터 조작에만 능숙할 뿐, 스스로 자료들을 결합하는 법을 모르는 사람들이 증가했다는 점이다.

컴퓨터를 위한 광고의 두 번째 영역은 방향성과 관련된다. 다기능과 "유연성"에 기초한 활용의 무한 다양성이 그 핵심이다. "컴퓨터의 유연성"은 마치 체조 선수의 모습을 연상케 한다. 물론 이러한 유연성 때문에 '컴퓨터는 "기계"가 아닌, 인간이다'는 식의 논증이 나올 우려가 있다. 컴퓨터는 인간의 정신처럼 유연하다. 이러한 유연성은 전 분야의 적용 가능성을 키운다. 또한 광고의 기본이라 할 수 있는 부분은 다양한 사용법의 열거다. 최종 설계자는 그래픽 응용 작업을 통해 선박, 자동차, 항공기 등을 조정한다. 모의실험으로 다양한 생각들을 계속 검토해 볼 수 있고, 더 많은 축소 모형을 제작해 몇 시간이면 건물의 크기와 규모를 이 모양 저 모양으로 바꿔볼 수 있다. 여하튼, "평범한 사람들"에게 "당신의 일상을 단순하게 바꾸세요!"라는 새 소식이 전달된다. 나는 두 장의 풍자만화를 본 적이 있다. 한 쪽에는 상인들, 회계사, 인쇄공, 비서와 같은 일반인들이 등장한다. 이들은 하나같이 컴퓨터를 필요로 한다. 다른 쪽에는 100가지 다양한 상황에서 어떤 문제를 만나더라도 언제나 컴퓨터에 의지하는 사용자의 모습을 90가지의 삽화로 표현했다.

　나는 이 장에서 광고의 다양한 모습을 정밀하게 탐구했다. 왜냐하면 현시대에 광고는 물품 판매 유도법이 아닌, 인간을 물품 세계에 동화시키는 주역이기 때문이다. 텔레비전 광고이든 잡지 광고이든, '하나'의 장치를 통해 동일한 과정이 인간을 기술의 운동에 자리매김 시킨다. 그리고 인간은 이 운동에 저항하지 못한다. 또한 물품 구매는 인간을 기술 체계의 융합으로 견인한다. 기술 장치가 있어야만, 광고는 인간의 물품 구매를 유도할 수 있다. 우리는 재미있는 순환 관계에 빠지고 말았다. 바로 기술 제품의 '상호 메커니즘'이라는 순환 관계이다. 즉, 기술 제품은 텔레비전^{홍보 매체의 대표}에 영향을 미치고, 텔레비전은 이 제품에 관심을 갖도록 시청자에게 영향을 미친다. 심지어 광고라 부를 수 없는 영역에서도 이러한 일이 벌어진다. 예컨대, 우주 공간이나 '포뮬러 1'에 대한 텔레비전 방송은 기술에 대한 찬송가와 다름없다. 기술은 텔레비전 방송의 동력이며, 시청자를 매료시키는 힘의 공급처이다. 나는 인공위성 발사 당시에 충격을 줬던 문구 하나를 회상하며 논의를 마무리하려 한다. "우주는 더 많은 볼거리를 선사할 비즈니스입니다."

3장 • 위 락

우리는 '위락흑은 오락' 이라는 용어와 함께 인간 우회의 문제와 기술 사회 및 매료에 의한 인간 중독의 문제를 다루려 한다. 우리는 위락을 단순히 심심풀이 해소의 의미로 이해하지 않고, 파스칼의 의미로 이해한다. 파스칼의 성찰에 따르면, 인간은 위락의 존재다. 풀어 말해, 인간은 자기 자신, 자기 조건에 대한 사유를 '우회'하는 존재, 높은 열망, 삶의 방향성, 최상의 목표들로의 회귀를 '우회'하는 존재이다. "인간은 위락을 추구하는 은밀한 본능의 소유자다."파스칼은 전쟁, 대수학을 위락이라고 생각한다. 위락에 대한 그의 성찰은 단순 심심풀이와 같은 놀이와 거리가 멀다는 점을 확인할 수 있다 또 인간은 "끊임없이 나타나는 비참함에 대한 원한 감정으로, 외부의 것에 사로잡히려 하는 은밀한 본능의 소유자다."B. Pascal, *Pensée*, édition Brunschwig, p. 139.

"오만 가지 걱정염려와 문제들과 그 기저의 원인들로 가득한 상황에서 당구나 공놀이로 위안을 삼으려는 행동은 헛되다.*Pensée, p. 139* "슬픔 가득한 인간도 오락의 세계에 빠져 돈을 따거나 내기에서 이긴다면, 곧 바로 행복함을 되찾는다." "행복을 느낀 인간이 오락을 즐기지 못한다면, … 머지않아 슬픔과 불행을 느낄 것이다"139쪽 "자신을 되돌아보며 위락과 향응을 멀리하는 왕은 염려와 걱정을 담은 한 인간이다. … 대규모로 이뤄지는 모든 위락 활동은 기독교 신앙에 위험하다"11쪽 "인간은 분명 사유하기 위해 만들어진 존재다. 사유하는 인간이 인간의 존엄성이자 인간의 장점이다. 인간이 짊어져야 할 큰 의무가 있다면, 바로 기품 있는 사유일 것이다."146쪽 "세계의 허영을 보지 않는 사람 자체가 헛된 사람이다. '소음'과 … '미래에 대한 생각'에 젖은 젊은이들을 제외하면, 누가 이 허영을 보지 않고 사는가? 이들에게서 오락을 빼앗아 봐라. 지루함에 말라비틀어지는 모습을 보게 될 것이다. 그러나 이들은 그런지도 모르고 무감각하게 산다."164 "죽음, 비참, 무지를 치료할 수 없는 인간은 행복을 위해 더 이상 이런 것들을 생각하지 않기로 결심했다."169쪽 "위험이 없는 죽음을 생각하기보다 죽음 자체를 아예 생각하지 않을 때, 우리에게 더 쉬운 죽음의 길이 열린다."142쪽 "우리는 그것삶의 진실과 현실을 보지 못하도록 우리 앞에 어떤 것을 설치한 후, 아무런 근심 없이 벼랑 끝을 활보한다."183쪽 파스칼의 구절들에서 우리는 실존과 본질을 담은 진실과 현실성에 대한 인간의 외면을 확인한다.

　　그러나 다른 쪽에서 보면, 위락은 분산éparpillement이기도 하다. 파스칼은 이 점을 직시한다. 위락은 가능성만 있다면 재빠르게 다른 것으로 대체된다. 사람들은 끊임없이 심심풀이의 세계로 빨려든다. 하나가 끝나면, 재빨리 다른 곳으로 옮긴다. 중단도 없고, 거리 유지도 없으며, 의식화 과정을 통과하지도 않는다. 그럴 필요 없이, 전 방향으로 도피해야 한다. 기술로 인해 우리 사회는 역사상 최초로 승자가 되었다! 왜냐하면 파스칼이 말하는 위락의 사례들은 하나같이 부자들과 귀족들처럼 상위 계급의 사례에 해당하기 때문이다. 연중행사인 축제를 제외하면, 중간 계급과 농민들은 이들의 오락 활동에 참여할 수 없었다. 더욱이 파스칼이 본 위락은 대개 개인 차원이나 소단위의 구성원들에 해당하는 것이었다. 그가 전쟁을 위락이라고 말했을 때, 그것은 창병이나 보병들의 놀이가 아닌 귀족들, 왕들, 전쟁 지휘관들의 놀이를 의미했다. 파스칼 당대의 위락과 달리, 현 시대 위락의 특징은 보편성과 집단성분리된 공간에 있어도 화면을 통해 즐기는 현상!이다.

　　우리는 이미 컴퓨터, 텔레마티크, 텔레비전이 어떤 점에서 위락의 질서에 속하는지 이미 확인했다. 그 내용을 반복하지는 않겠다. 마지막으로 우리가 주목해야 봐야 할 부분이 있다. 만일 우리가 이러한 위락 체계의 정체를 꿰뚫어 본다면, 우리는 이 활동을 지속하지 않을 것이다. 따라서 인간이 제작한 비루하고, 질 낮고, 위험한 모든 기획들처럼, 위락을 포장하는 이상론, 과장, 진중함과 같은 각종 가림막을 걷어내야 한다. 따지고 보면 위락 활동에 불과한 것을 매체들과 권위 당국이 앞장서 '자유'를 위한 것으로 공식화한다. 달 표면을 걸을 자유, 다양한 텔레비전 채널을 선택할 자유, 비행기와 자동차로 이동 시간을 절약할 자유, 세상 끝에 있는 타인과 소통할 수 있는 자유, 시속 250 km로 도로를 질주할 수 있는 자유^{1986년 8월에 한 오토바이} ^{운전자는 심각한 교통 체증 상황에서 이 속도로 달리다가 체포되었다.}, 생각하지 않을 자유, 시험관 아기들을 만들 자유 등 헤아릴 수 없다. 우리는 자유라는 수렁에 빠졌다. 이를 알지 못하는가? 그러나 이 모든 "업적들"을 자유라고 말한다면, 우리는 비루하고, 멍청하고, 시시한 수준의 자유를 확보한 것에 불과하다! 엄격하게 말해, 우리 주변의 위락은 반자유^{l'anti-liberté}이다. 반의식^{l'anti-conscience}이자 반성찰^{l'anti-réflexion}이기 때문이다. 본문에서 우리는 위락의 주요 수단을 크게 네 가지로 설명하려 한다. 놀이, 스포츠, 자동차, 그리고 몇 가지 예술 분야가 그에 해당한다.

보론

충분히 존재 가치가 있는 분야이지만, 오늘날 위락과 깊이 연루된 문제가 된 '의료' 문제를 간단히 다루겠다. 지면이 제한된 관계로 세부 내용은 기술하지 않겠다. 질병이란 과연 무엇인가? 질병은 무엇을 나타내는가? 현대 의학은 이 질문들을 숙고하지 않는다. 그리고 바로 그러한 점에서 나는 현대 의학도 위락의 질서에 속한다고 생각한다. 우리가 인간의 삶을 통째로 본다면, 질병도 삶을 구성하는 일부분이라 말할 수 있다. 그러나 오늘날 질병은 사고, 불편함, 견딜 수 없는 고통과 동의어가 되었다. 그리고 사람들은 '정상 생활 = 무병 생활'이라는 공식으로 일종의 괄호 치기 작업을 실행한다. 병원에서 보내는 시간은 마치 갈고리에 걸려 옴짝달싹 못하는 시간과 같다. 치료를 위해 병원에 들어오는 것처럼, 감금의 시간도 벗어날 수 있어야 한다.[46] 오늘날 질병은 자신의 존재에 대한 깊은 성찰과 변화를 개시할 수 있는 사건이 아니다. 할 수만 있으면 얼른 제거해야 할 대상이다. 우리는 고통을 견디지 못한다. 그리고 고통에 저항하며 자기 존재에 불어닥치는 갖가지 시련도 감내할 수 없다. 고통 받지 말라. 원하는 마취제가 있다. 염려와 걱정도 붙들어 매라. 원하는 진통제와 신경마비제가 있다. 인간의 존재에 과연 질병의 역할이 무엇인지 진지하게 연구해 볼 필요가 있다. 파스칼, 모차르트, 베토벤, 로트레아몽, 보들레르 등과 같은 사람들은 질병 없이 살았던가? 바로 거기에 어떤 암시가 묻어 있다. 그러나 현대 의료는 그 본령을 넘어서 현대인의 집단 위락을 담당하는 대형 기술 창고의 일부가 되었다.[47]

1. 놀이

　요한 하위징아의 '호모 루덴스Homo Ludens' 이후로, 누구나 인간의 근본 특징 가운데 하나가 놀이라는 점을 알게 되었다.[48] 그러나 나는 창의적인 개

---

46) [역주] 원문에서 엘륄은 '입원한 것처럼, 퇴원해야 한다'는 표현을 사용한다. 질병을 안고서도 일상에서 자유롭게 행동할 수 있는 시간을 괄호에 묶는 사태를 비판하는 표현이다. 본문 번역은 이러한 의미를 담아 문장을 다소 다듬었다.

47) [역주] 엘륄의 이러한 단상과 궤를 같이 하는 글로 이반 일리치와 앙드레 고르스(필명: 미셸 보스케)의 글을 참고하라. 이반 일리치, 『병원이 병을 만든다』, 박홍규 역, 미토, 2004; André Gorz(Michel Bosquet), « Maladie et médecine », dans *Écologie et politique/Écologie et liberté*, Paris, Flammarion, 2018[1975/1977], p. 191-216

48) 놀이와 관련된 수백 권의 서적들 가운데 우리는 몇 가지를 간추렸다. R. Caillois, *Jeux et Sports*, Gallimard, « La Pléiade », 1967; M. Griaule, *Jeux*, 1938; A. Rapoport, *Combats, Débats et Jeux*, 1967; Éric Berne, *Des Jeux et des Hommes*, Stock, 1966.

받 방법을 알게 하는 놀이와 우리 사회를 점령한 놀이 사이에 차이가 있다고 생각한다. 전통 사회에는 다양한 축제가 있었다. 미르치아 엘리아데와 조르주 뒤메질의 연구에 따르면, 전통 사회의 축제는 사회 내부의 집단 행사였다. 이 행사는 구성원들의 욕구 발산과 갱신이라는 두 마리 토끼를 노렸다. 전통 사회는 축제들을 특별 행사로 중시했다. 전통 사회들의 축제와 유사한 사례로 그리스 일대에서 벌어진 올림피아 제전이나 이스티미아 제전을 들 수 있다. 이 제전들은 그리스 사회를 '구성'한 행사였다. 또한 신석기 시대부터 이어져 내려온 아이들의 놀이도 있었고, 고관대작들과 귀족들의 놀이경주, 사냥, 특별한 여흥이나 심심풀이, 카드, 체스 등도 있었다.

따라서 인간에게 놀이는 필수 활동임과 동시에 진귀한 활동이었다. 또한 놀이는 형이상학 차원과 사회 차원에서 타자들과 관계를 맺고, 모두를 하나로 모으는 역할을 했다. 추정컨대, 로마는 기원전 1세기부터 집단 놀이를 지속해 온 유일한 사회였다. 고대 로마는 '원형 경기장'을 비롯한 각종 경기장에서 각종 구경거리 행사를 벌였다. 유명한 정식인 "빵과 서커스panem et circenses"49) 가 여기에서 나왔다. 이 놀이들은 일체 무료였다. 손익 계산에 능한 당국의 행정관들이 비용 일체를 부담했다. 의원직 선출을 노리는 이들은 민심의 향배를 파악하고 다독이기 위해 이 놀이들을 중요한 수단으로 활용했다. 놀이의 향유층은 로마의 자유민들이었다. 즉, 일하지 않으면서 소일거리나 심심풀이를 즐기며 여가를 보낼 수 있는 시민들만이 이 놀이를 즐겼다. 이 부분은 매우 중요하다. 왜냐하면 놀이의 성격이 바뀌는 대목이기 때문이다. 이때부터 놀이는 순전히 구경거리로 바뀐다. 그에 비해, 로마 밖의 타 지역권에서 놀이는 참여와 "동참"이었다.

지난 30년 전부터 우리 사회에서 발전했던 놀이는 더 이상 전통 성향의

49) "인민을 다스리는 방법은 빵과 전차 경주만 있으면 된다"는 고대 로마의 우민화 정책을 말한다.

놀이들과 하등의 관계가 없다. 현 시대의 놀이는 전혀 새로운 현상이다. 그러나 부르주아 계급이 둘을 유기적으로 엮었다. 이 계급이 고안한 "돈 놀이"^{도박} 때문이다. 카지노와 경마에서 그 사례들을 확인할 수 있다. 애당초 부유한 부르주아 계급 정도만 이 놀이들에 참여했지만, 시간이 지나면서 점차 대중화되었다. 향후 돈 놀이는 대중화에 성공했다. 프랑스의 경우, 1934년에 국가 차원에서 복권 사업을 추진했다. 국영 복권은 수많은 청년들에게 걸림돌이었다. 특히 그것은 정신 차원의 걸림돌이었다. 복권은 노동 없이 일확천금을 노리는 권력의 "부도덕"으로 보였다. 이러한 반응이 노동 정신에 각인되었다. 국가 주도의 사업은 전대미문의 새로운 현상이었다. 이것은 국가의 보편 성장 정책의 일환이었다. 국영 복권은 별다른 진통 없이 사람들의 지불을 유도하려는 미끼였다. 왜냐하면 그러한 미끼로 얻는 이익금이 꽤 두둑했기 때문이다.

현대 사회의 놀이에서도 우리는 두 가지 유형을 구분해야 한다. 국영 복권에서 파생된 "국가 차원"의 돈 놀이와 10년 전부터 텔레비전과 컴퓨터를 통해 인기를 누리게 된 놀이들을 구분해야 한다. 전자의 경우, 국영 복권을 비롯한 다양한 복권 제도가 있다. 3연승식 경마 복권, 4연승식 경마 복권, 스포츠 복권 등 외견상 스포츠와 관련된 복권들이 주를 이룬다. 이러한 놀이의 문제점은 대중들에게 너무 깊게 파고들었다는 것이다. 즉, 모든 사람을 당첨에 열중하게 만든 기적과 같은 발전이 이 놀이의 진짜 문제다. 흥미롭게도 20년 후에 국영 복권은 스포츠 각 분야로 퍼졌다. 모두가 이탈리아의 "축구 도박^{Totocalcio}"에 울고 웃는다. 우리도 거기에 빠졌다. 따라서 쟁점은 앞에서 말한 도덕이나 정신이 아니다. 국가가 이 속임수 제작에 발 벗고 나선 이유는 이것을 통해 떼돈을 벌었기 때문이다. 원색적인 표현이지만, 잊지 말자.

그러나 나는 한 단계 더 깊은 차원, 즉 '무의식 차원'의 동기를 짚어야 한다고 생각한다. 국가의 이러한 목표에 여론의 이목을 집중시키는 일이 관건이다. '단 번의 기회로 10,000프랑을 벌 수 있다. 경주마 한 마리나 팀에 제대로 배팅하면서 100,000프랑까지 쓸어 담을 수 있다'는 식의 선전이 중요하다. 이 말에 집중하는 동안 다른 것을 생각할 겨를이 없다. 부쩍 증가한 놀이와 도박으로 사람들은 공허한 일상을 채운다. 날마다 다양한 복권을 긁고, 판돈을 걸며, 텔레비전에서 결과를 확인한다. 오늘밤 백만장자가 될 수 있다는 것 이외에 관심을 가질 게 없다! 텔레비전의 혁혁한 공이다. 이제 돈 놀이는 사람들의 집착 대상이 되었다.[50] 복권을 사거나 당첨금을 수령하기 위해 담배 가게에 줄 서 있는 사람들을 볼 때, 이것 이외에 다른 것에 아무런 관심이 없다는 사실, 삶의 깊이나 정치적 의사결정에 무관심할 뿐 아니라 독자적인 문화를 만들고 가꾸는 일에 무관심하다는 사실이 명화하게 드러난다. 1,000개 중에 999개는 환상일 뿐인 이 신기루에 너나 할 것 없이 매료되었다. 이러한 위락은 참여해서 기쁘게 즐기면 그만인 순수한 위락과 확연히 다르다. 국가 또한 수익 창출의 손쉬운 길, 그러나 중요한 길이라는 생각에 이러한 위락 산업을 조성했을 뿐이다.

그러나 우리에게 침투한 이 위락 산업의 핵심은 다른 곳에 있다. 왜냐하면 지금 우리는 텔레비전과 컴퓨터를 통한 게임의 세계에 푹 빠졌기 때문이다. '텔레마티크'와 '비디오'의 다양한 응용으로 인해, 사람들은 앞에서 소개된 네 가지 주요 활동 중 하나가 게임이라는 데 별 저항 없이 동의한다. 1983년에 "비트콤Vidéo communication" 전용실에서는 마이크로컴퓨터와 일반 컴퓨터 시장에 대한 가장 중요한 표현을 전자 게임이라 말했다. 게임은 비트콤비디오소통의 긍정 측면들 가운데 하나에 해당하며, 교육 보조 자료로 활용 가능하고, 디지털 이미지를 창조하는 등의 긍정적인 활동 요소들을 포함한다고 말했다. 1983년 6월에 실시된 조사에 따르면, 마이크로컴퓨터 사용

---

50) "텔레비전 '도취' 상태"라는 피브토의 표현은 결코 과장이 아니다.

의 75%는 전자 게임이었고, 나머지 25%는 그 외의 다른 활동이었다. 사실상 게임이 특수 지위를 점했다고 말할 수 있다. 게임의 매력이 컴퓨터 발전의 핵심 요인이다. 1980년에 프랑스에는 20,000대의 게임기가 있었다. 그러나 이듬해 500,000대로 늘었고, 그 이듬해인 1984년에는 8,600,000대로 급증했다. 현재 우리가 이야기하는 게임에 텔레비전 시청으로 보내는 여가 시간과 대중을 매료시킨 텔레비전-비디오 게임 시간을 추가해야 한다.

그러나 이러한 놀이들은 더 이상 우리 선조들의 놀이와 하등의 관련이 없다. 현대의 놀이들은 더 이상 유희, 꿈, 장난이나 여흥이 아니다. 현대 놀이의 일차 특징은 바로 "상업"이다. 놀이는 상품이 됐다. 놀이에서 사용되곤 했던 모방과 간단한 기호의 사용과 전혀 다른 차원의 모방과 기호로 무장한 기술 장비들이 놀이를 생산한다. 모든 것은 화면상의 단순 조작이나 그래픽 추상화에 환원된다. 예기치 못한 일은 더 이상 존재하지 않는다. 즉, 컴퓨터는 다양한 변수를 따지는 상황들을 성찰하지 않고, 두 가지 변수의 상황을 무한대로 분열한다. '모노폴리'나 '워게임'처럼 특정한 역할, 상황, 사회를 책임, 담당하는 게임들은 수백, 수천에 달한다. 게임 시장은 매우 빠르게 변화하며, 사람들은 공허한 시간을 보낸다.[51]

사람들은 새로운 것을 소유할 수 있는 가능성의 굴레에 갇힌다. 왜냐하면 게임의 변화 속도는 빠르고, 게임에 대한 우리의 관심은 바뀌지 않기 때문이다. 이것의 중요성은 「르몽드」에 연속물로 게재된 「비디오 게임에 관한 강좌」의 훌륭한 판단보다 더 크다. 왜냐하면 고결함과 지성을 수반해 대중 우민화에 가담하기 때문이다. 이것은 지성 개발의 측면과 함께 등장할 수 있다! 당신에게 능력이 있다면, 스스로 당신만의 놀이 프로그램을 제작하고, 당신만의 규칙을 부여할 수 있고, 새로운 상황을 개발하고, 놀이용 컴퓨터 프로그램도 개발할 수 있을 것이다!

---

51) Jean Chesneaux, *De la modernité, op. cit.*, p. 116. 한 대의 컴퓨터가 "열정의 사슬을 풀어 헤친" 1,500가지의 비디오 게임을 제공할 수 있다.

따라서 컴퓨터가 다양한 가능성을 바탕으로 우리에게 놀이를 제공할 수 있다는 부분이 핵심이다.ᴾ ᵇᵉᵉᵉˡᵒᵏᵃᵒ 사람들은 수많은 그림, 문서, 선율과 어우러져 자유롭게 컴퓨터 게임을 즐긴다. 누구나 그림을 그릴 수 있듯, 누구나 게임을 만든다! 우리가 만드는 게임의 주 "재료"는 컴퓨터 정보이며, 이것은 전통 재료로는 실현 불가능하다. 물론, 단순한 그림 몇 장 돌리면서 놀던 방식이 아니기 때문이다! 또 게임의 규칙도 프로그램 속에 포함된다. 따라서 우리는 규칙을 알 수 없지만, 깨뜨릴 수도 없다. 놀이하는 사람은 여러 번의 시도와 모색 과정을 거쳐 놀이 규칙을 발견할 수 있으며, 그러한 발견마저 놀이의 한 부분이다! 그러나 이미 만들어진 프로그램 안에 있는 '사용 설명서'는 이러한 규칙을 부여하지 않는다! 놀이하는 사람은 폐쇄된 상황에 있다. "제작자가 이 상황에 주의하지 않는다면, 놀이하는 사람은 구경꾼이나 관람객 상태를 넘어서지 못하고, 놀이는 살아있는 놀이가 아닌 사실상 놀이 대본에 가까울 것이다."P. Berloquin, « Jeu et informatique: l'effet Golem », *Le Monde*, août 1985

또한 우리는 안락의자에 앉아 축구나 테니스 경기의 선수가 될 수 있고, 복싱 선수가 되어 경기에 참여할 수 있다. 놀이는 화면에 필요한 이미지들을 투사하는 컴퓨터의 독창성 자체에서 비롯된 불확실성의 요소들로 이뤄진다. 여기에 우리는 비디오테이프 녹화기에 대한 열정을 추가해야 한다. 정부가 일본산 비디오테이프 녹화기에 수입 장벽을 쳤던 일을 기억할 것이다. 모두가 한 마디씩 걸고 넘어졌던 이 사건은 사실상 더 많은 게임을 할 수 있는 가능성을 앗아간 데서 비롯된 추문le scandale이다! 장난감 가게 밖에서 발만 동동 구르는 네 살 아이처럼, 프랑스 성인들이 보인 '집단 변덕'이다. 문화의 측면에서 보면, 우리는 '우리만의' 영화들과 영화 교육을 '스스로' 선택할 수 있다. 그러나 불행하게도 그러한 선택의 대다수 종착역은 포르노 영화와 "공상과학" 영화였다! 매료된 대중의 유치한 사고방식이 고스란히 드러난 부분이다.

컴퓨터 정보처리 기능의 최고봉이라 불리는 '체스 게임'에 대해서도 이야기해 보자. 이 기능의 최고 수준이라면 나머지 전체를 정당화할 수 있지 않은가? 판을 마주한 상대는 지칠 줄 모르고, 다양한 변주를 통해 경기에 나선다. 또한 경기의 속도도 조율할 수 있다. 제 속도에 맞춰 경기를 한다니 이 얼마나 이상적인 일인가? 가히 고차원 문화의 출현이라고 볼 수 있지 않은가? 분명하게 답하겠다. 아니다. 컴퓨터가 아닌 실제 대결에 참가한 사람들은 심리전, 침묵 가운데 이뤄지는 상대와의 미묘한 신경전과 수 싸움, 상대의 반응과 행동 방식에 대한 "느낌"을 중요한 요소로 꼽는다. 우리는 상대와 얼굴을 맞대고 경기에 임한다. 사회성, 즉 사람의 관계는 언제나 놀이나 경기의 중요한 의의를 차지했다. 그러나 지금 우리는 홀로 게임을 즐기며, 이 현상은 가중되는 중이다. 대부분의 전자오락심지어 '워게임' 까지도에서 볼 수 있는 폐단이다. 우리는 기기, 기계와 함께 있을 뿐이다. 우리에게 주어진 놀이들은 하나같이 고독의 놀이들이다. 친구와 체스를 두거나 '독자 여러분처럼' 애호가들과 체스를 두는 일은 컴퓨터와 체스 두는 것과 똑같지 않다. 컴퓨터는 결코 우리의 이웃이 아닐 것이며, 컴퓨터와의 사회성도 존재하지 않을 것이다. 이와 동시에 다른 쪽에서 컴퓨터는 개인들에게 지대한 영향력을 미치며, 사회에 광범위한 결과를 낳을 것이다. 생식력 없는 이 놀이들의 증가는 텔레비전과 다양한 볼거리들에 의해 만들어진 여가 시간을 점령할 것이다.

게임은 사회적 관계의 중단을 야기한다. 기기에 매료되어 고독의 굴레에 갇히기 때문이다. 게임은 공동 창조 작업에 참여하거나 모두가 손발을 맞춰 노는 방식이 아니다. 게임은 구경거리다. 게임은 발명품이되 실용성 없는 특권이다. 그것은 마치 마약처럼 우리를 잠식하는 심심풀이 오락이 된다. 컴퓨터 화면에 푹 빠진 인간은 화면에 등장하는 각종 그림, 이러저러한 가능성, 상자에서 갑자기 튀어나온 익명의 인물, 화려한 조명이나 불빛 등에 사로잡혔다. 우리는 게임에 몰두한 나머지 최면 상태에 빠진 것 같은 모습을 한 사람, 주변에서 벌어지는 일에 일체 관심이 없는 사람, 인간^{자신}과 사물^{컴퓨터 게임}의 관계 집중을 방해하는 이를 용납하지 못하는 사람을 주변에서 심심치 않게 본다! 컴퓨터는 "친구"가 아니다. 오히려 컴퓨터는 흡혈귀이다. 컴퓨터 게임들이 문화와 "교육"에 유용하다는 말도 거짓이다. 왜냐하면 컴퓨터 게임들은 기술 사회에 인간을 적응시키는 데 유용한 수단과 장비의 활용법 이상의 것을 결코 교육하지 않기 때문이다. 그럼에도, 그 매력은 멈출 줄 모른다.

우리는 텔레비전을 다루면서 프랑스인의 일일 평균 시청 시간을 두 시간이라고 이야기했다. 여기에 컴퓨터 게임 시간을 더하면, 화면을 접하는 시간은 두 배로 늘 것이다. 우리는 면밀한 관찰을 통해 자못 흥미로운 사실을 확인한다. 실제로 게임에 집착하거나 열중하고, 최면에 걸린 것처럼 보이는 정신 상태의 소유자는 극소수^{주로 게임방에서 살다시피 하는 사람들 정도}이다. 그러나 게임에 대한 열정은 다양한 게임을 접할 능력을 갖춤과 동시에 급속도로 확산된다. 우리는 게임에 집착하는 사람에게 과연 자유 시간은 얼마나 되는지, 우리 세계에서 살아가고 시민의 역할을 감당하는 데 필요한 정보들을 검색하고 파악하는 데 얼마의 시간을 사용하는지, 사회 활동에 필요한 관계들과 우정의 관계들에 들이는 시간은 얼마나 되는지를 물어야 할 것이다. '진정한' 관계 맺음에는 다음과 같은 조건이 필요하다. 인간관계들이 작은 화면에 매료된 존재들의 관계로 축소되거나 몇몇 소소한 볼거리와 게임 상황을 함께 관람하는 정도로 쪼그라든다면, 사실상 어떤 관계도 존재하지 않는 것이나 다름없다. 우리는 저녁 식사 도중에 온 가족이 텔레비전을 시청하는 모습을 본다. 오래전부터 시작된 가족 파괴의 자화상이다. 식사 중에 가족 구성원끼리 맺은 관계는 매우 중요하다. 그러나 기술이 역할 주도권을 쥔다면, 그릇된 관계나 그릇된 지능과 동일한 결과를 낳을 것이다. 비디오테이프 녹화기는 겉으로만 보면, 개인이 좋아하는 방송들을 한데 묶거나 대여한 영화들을 반복해서 볼 수 있는 유용한 장비일지 모른다. 그러나 실제로 이 장비는 가짜 독립성을 나타내는 기호이다. 왜냐하면 개인을 현실을 탈출해 이미지의 세계에 가두는 데 더 기여하기 때문이다.

나는 기술을 통한 놀이, 여가 활동, 심심풀이 오락으로 구성된 체계가 미래 사회와 인간에게 가장 위험한 요소들 중 하나일 것이라 확신한다. 이 체계는 인간을 비현실로 내몬다. 또한 열정과 매료[52] 라는 측면에서 볼 때, 이러한 체계가 견인하는 비현실을 꼭 필요한 세계로 이야기할 수 없다. 그것은 마치 과거 시기의 축제나 무도회 등과 같다. 즉, 공허한 현실을 재발견하는 데 지나지 않을 것이다. 그러나 이 체계는 더 이상 빠져나갈 이유를 알 수 없는 환상의 비현실 세계다. 마약 중독, 게임에 집착하고 매료된 "사람"의 모습에 견줄 수 있는 모습이다. 다시 말해, 여러 기술들로 생산된 이 놀이들은 파스칼이 위락이라 말한 것과 일치한다. 인간은 **의미**, **진리**, **가치**들에서 완전히 얼굴을 돌리고, 부조리 상태에 빠진다. 뿐만 아니라, 위락은 인간을 현실과 동떨어진 곳으로 유인하며, 완전히 날조된 세계에서 살도록 한다. 내가 볼 때, 이것은 오늘날 기술 발전의 사태로 우리에게 닥친 위험 요소들 가운데 가장 큰 부분이다. 인간의 생성은 진실이나 실제와 비교해 터무니없고 부조리한^{어원론상} 조건들 속에서 이뤄진다.

내가 언급하려는 두 번째 측면은 매우 중요하고도 근본적인 부분이다. 바로 공적 문제, 사회 문제, 정치 문제, 삶의 의미 문제 등을 외면하는 현상이다. 공권력 차원에서 의지를 갖고 추진하는 일인지 아닌지 정확히 알 길은 없으나 한 가지 확실한 부분은 이러한 위락의 체계가 과거 로마 제국과 비잔틴 제국의 정책과 똑같다는 점이다. 즉, 사람들이 생각하지 못하도록

---

52) 나는 룰렛이나 카드 놀이에 대한 매료가 과거에 존재하지 않았다고 말하지 않는다! 도스토예프스키의 『노름꾼』(*Le Joueur*)이나 대리 코올(Darry Cowl)의 감동어린 고백을 담은 책 『도박꾼』(*Le Flammbeur*)을 보라. 나는 모든 사람을 대상으로 삼지 않았다. 터무니없게 한계를 벗어나는 '미꾸라지 한 마리'가 늘 말썽이다.

웃고 떠들고 즐길 거리를 만들어야 하며, 이를 위해 효율성과 대중 보편성을 강화한 수단들을 동원해야 한다. 정책이라는 용어에는 "노세요. 실컷 노세요. 나머지는 우리가 다 책임집니다"와 같은 의도가 숨어 있다. 내 생각에 기술을 중심으로 한 오늘의 위락 체계도 이와 똑같다. 능수능란한 솜씨로 모든 민주주의, 탈중앙집권화, 참여를 근본부터 부정하는 일이다. 과연 독자들은 민주주의를 원하는가? 그렇다면, 텔레비전과 컴퓨터를 매개로 이뤄지는 이 놀이들을 없애라! 민주주의는 거기에서 출발한다. "전문가들 spécialistes"은 다음과 같은 결과들을 인정한다.굳이 이 전문가들의 소견까지 고려하지 않더라도, 우리는 놀이들의 중단과 함께 민주주의를 개시해야 한다 "비디오 게임은 권력, 기계화, 조작 의지 등을 강화한다. … 기계는 어린이의 유일한 친구가 되며, 어린이의 인격을 점령하고, 어린이를 현실과 접촉하지 않는 특정 세계에 유폐한다. … 요컨대, 젊은이들은 오직 부정어린 시각, '패자ooser'의 시각으로만 사회를 바라볼 것이다. … 비디오 게임의 대상은 파괴와 타도가 필요한 대상이다. 그리고 그 행위들은 폭력적인 행동을 부추기는 심각한 폭발을 수반한다. '팩맨' 처럼 폭력과 거리가 먼 게임들도 편집증적 긴장 상태와 신경증 스트레스를 지속시킨다."[53]

나는 모든 게임마다 이러한 잣대를 들이대지 않으려 한다. 다만 나는 사람들 사이에 광범위하게 퍼지는 외면 현상, 즉 거대한 사회-기술 장치를 통해 '무의미' 혹은 "승리"의 쾌감을 맛 볼 목적으로하게 "심심풀이 오락으로 보내는 여가 시간"의 문제를 본질 문제라고 생각한다. 현대인은 도덕 정신의 차원에서뿐 아니라 자기 지능, 관심사, 가치 체계에서도 위락에 의해 왜곡된 인간이다. 더 이상 게임의 영원한 반복 이외에 다른 것은 '없다.' 나는 사태를 명확히 짚으려 한다. 서구 사회의 가장 큰 위험은 공산주의의 위협이나 미국식 생활양식' américanisme의 위협도 아니고, 경제 위기도 아니며, 마약 중독과 알

---

53) « Enquête médico-sociales américaines sur les vidéogames », *Libération*, 23 mars-10 novembre 1982.

코올 중독도 아니다. 또한 다시 고개를 드는 인종차별주의도 아니다. 게임의 급증, 게임의 세계에 흡수된 서구인들, 서구인들의 무기력, 가치관의 추락, 사회와 공공 차원에 대한 무관심, 게임 세계로의 도피와 게임을 통한 의미 상실이 서구 사회에 대한 가장 큰 위협이다.

2. 스포츠

서구인이 즐기는 대규모 오락 활동의 두 번째 요소는 바로 스포츠다. 스포츠는 현실 도피, 탈선, 매 두건[54], 현혹, 갖은 환상을 담은 수납장, 이 사회의 현란한 마술사다! 아마도 독자들은 기술과 스포츠 사이에 아무런 연관성이 없다고 바로 반문할 것이다! 오히려 정반대다. 스포츠 분야에서 기술의 역할은 크게 두 가지다. 첫째, 기술은 스포츠 활동을 엄격하게 바꾸면서 스포츠 자체 내에서 특정 역할을 맡는다. 둘째, 기술은 스포츠를 텔레비전이나 다양한 장면들을 통해 구성되는 볼거리로 바꾼다. 즉, 기술은 스포츠를 이상적인 구경거리로 바꾼다. 나는 첫 번째 저작[55]에서 연구했던 부분에 해당하는 첫 번째 사안만 언급하려 한다. 다만 그것은 현재 우리의 연구와 잘 맞지 않는 면이 있다. 스포츠는 기술 개선을 통해 끝없이 기록을 갱신한다. 지금보다 더 나은 결과에 도달하려면, 스포츠의 개선을 앞당기는 기술들에 대한 수요가 증가한다. 결국 이러한 기술들이 활동 전체를 뒤덮고제도와 규정, 전문 직업의식으로 이어질 것이다. 그러나 점차 가중되는 스포츠 기술의 응용도 기술담론들에 의존한다. 대결이나 경쟁이 단지 놀이 활동스포츠의 본 모습과 '가까운 동료들끼리'의 활동예컨대, 골프처럼에 불과하다면, 극단적인

---

54) [역주] 매 사육에 사용하는 물건이다. 매의 양쪽 눈까지 가릴 수 있게 제작된 두건 모양의 덮개이다. 매를 순하게 길들이는 방법의 일환이다. 엘륄은 기술에 매료된 현대인, 즉 기술의 길들이기 작업에 동화된 현대인을 묘사하기 위해 이 은유를 사용한다.
55) [역주] 이른바 기술 삼부작의 첫 번째 저작으로 불리는 『기술. 시대의 쟁점』(La Technique ou l'enjeu du siècle)을 말한다.

기술들의 과도한 응용도 없었을 것이다. 기술담론은 스포츠를 대규모 볼거리 산업으로 바꿨고, 경기장을 지배하는 챔피언, 스타, 심지어 신神으로 추앙받는 존재까지 만들어냈다.

이렇게 스포츠를 바꾼 주역은 바로 매체들의 집단 확산과 군중들을 향한 선전의 힘이다. 스포츠를 국가와 세계 차원의 사업으로 만듦과 동시에 명예, 엄정성, '페어플레이'와 같은 스포츠의 옛 황금률을 시답지 않은 구닥다리 취급하도록 한 당사자는 바로 기술담론이다.

대규모 사업 형태로 작동하는 스포츠의 대중 유인책에 관해 생각해 보려면, 각 매체들에서 스포츠가 차지하는 비중을 확인해 보는 정도면 충분할 것이다. 매일 저녁 8시 뉴스는 30분 동안 일반 소식을 전한 후, 10분가량을 어김없이 스포츠 소식에 할애한다. 어떤 채널을 틀어도 엇비슷하다. 스포츠 소식을 빠뜨리는 날도 없다. 더 주목해 볼 부분은 스포츠 관련 소식이 하나의 사슬처럼 엮인 일종의 연쇄 작용이라는 점이다. 다시 말해, 매체들은 프랑스에서 가장 인기 있는 종목인 럭비, 축구, 테니스, 포뮬러 1 경주, 오토바이 경주이에 반해, 권투, 수영, 사이클과 같은 비인기 종목은 2인자 취급 받는다와 16강, 8강, 4강 경기처럼 초미의 관심을 부를 수 있는 스포츠 소식을 1년 내내 보도한다. 대중들에게는 정서와 열정의 일일 '필수' 복용량이 있다. 텔레비전 방송의 경기 중계는 유럽축구협회, 유럽축구연맹 등과 같은 복수의 국가들이 참여하는 국제 협력 기구의 조성을 이끌기도 한다. 또한 텔레비전 시청자의 50%가 생방송 경기를 시청한다는 조사 결과도 있다. 세 개의 채널에서 영화를 동시 방영하는 것과 동일한 비율이다. 1985년에 전송권은 경기당 50만 프랑현재 가치 약 2억 원이었으며, 축구 전문 방송인 "텔레풋Télefoot"은 연회비 350만 프랑현재 가치 약 14억 원을 벌어 들였다.

물론 스포츠의 대규모 확산은 압도적인 홍보 수단이기도 하다. 경기장을 에두른 광고판을 보라. 1983년에 프랑스의 민영 방송사 '테에프앙TF1'

이 송출한 스포츠 관련 방송은 총 350시간, 1984년에 총 450시간, 1985년에 500시간이었다. 프랑스인들을 요트 경주에 열광하도록 한 당사자 역시 방송 홍보였다. 실제로 "후원 업체들"에게 이 경주는 최적의 홍보 수단이었다. 선수들은 후원 기업의 이름을 부착하고 경기에 나선다.[56] 기업들은 이 후원에만 무려 수백 만 프랑을 지출한다. 스포츠 홍보는 투자 이상의 수익 창출로 이어져야 한다. 따라서 수익 사업으로 넘어간 현대 스포츠로 인한 스포츠 전반의 퇴조 현상을 예상치 못했다. 이러한 퇴조를 낳은 근본 원인은 무엇인가? 바로 온 프랑스인의 뇌리에 차 우리듯 끝없이 스포츠를 수익과 연관시켰던 매체 '텔레비전'이다! 심지어 "자유 라디오 방송"에서조차 스포츠 홍보는 방송의 필수 조건이 되었다.

지역 일간지는 1면에 스포츠 기사를 할애하기로 결정했다. 선명한 컬러 사진이 지면의 1/4을 차지했다. 결승전은 국제 조약이나 테러보다 더 중요한 사건이다. 다른 정보들을 대체한 이 경기가 기사의 첫 머리를 장식했다. 그리고 언제나 그렇듯 상호 작용이 뒤따랐다. 즉, 매체들은 스포츠 기사를 남발하기 시작했다. 몇 달 동안 스포츠 기사를 집중해서 쏟아내면, 관심 있는 대중들이 늘어나고 후속 기사에 대한 요구도 덩달아 상승한다. 따라서 매체들은 스포츠 기사의 분량을 늘리고, 강도를 높이며, 강화할 수 있다. 왜냐하면 그것이 대중의 수요에 '부응'하는 길이기 때문이다.

물론 그렇다! 하지만 이러한 구경거리화, 기술전문화의 상황에서 과연 스포츠는 무엇이 되었는가? 첫째, 스포츠는 완벽한 전문직업화로 넘어갔다. 대규모 재정 투입의 중요성으로 인해, 스포츠 전문직업화는 매우 특수

---

56) 우리는 본서의 이전 내용을 참고해 다음과 같이 지적한다. 이 "신형" 선박(요트)은 기술 기계들의 괴물이다! '샤랑트—마리팀'(Le Charante-Maritime) 지역에서 열리는 요트 경주에는 다음과 같은 장비들이 등장했다. 위성으로 정밀한 위치를 전달하는 항해 자동 조정기, 기상도 제작을 가능케 한 기상 판독기, 선박의 속도와 진행 방향을 표시하는 계산기, 바람의 체감 속도와 실제 속도를 나눠서 게시하는 풍향계, 풍향과 해류의 조건에 따른 모든 매개 변수들을 짚어가며 가장 효율적인 항해 통제를 유도하는 컴퓨터 등이 있다!

한 현상이 되었다. 과거와 사뭇 다른 현상이다. 과거에 스포츠는 놀이였다. 사람들은 노동 시간에 저촉되지 않는 시간에 훈련을 했다. 나 역시 그렇게 놀이를 즐겼다. 그러나 전문직업화가 야금야금 영역을 차지하더니, 현재는 '프로' 스포츠가 "진짜" 스포츠의 대명사가 되었다. 경기장을 지배하는 신의 몸값은 천정부지로 치솟는다. 따라서 우리는 두드러진 이중 현상을 목도한다. 첫째, 선수 '구매' 가 발생한다. 부자 구단이 월등한 축구 선수들을 확보할 수 있다. 선수 1인 영입에 들이는 비용만 수백 만 프랑에 달한다. 얼마나 많은 구단이 빚더미에 앉았던가? 따라서 구단은 자신들의 투자비를 '반드시' 회수하려 한다. "연고지"를 살린다는 명목으로 시 당국은 막대한 보조금을 지출한다. 이 금액은 사회보장 지원금이나 제소자의 사회 복귀 재활 지원 예산의 열 배를 상회한다. 10만, 20만 관객을 유치하겠다는 터무니없는 광고가 나돌고, 이를 위해 경기장을 신축한다. 경기장 건축비를 지출하는 담당 기관은 시 당국이다. 10만, 20만 관중 유치에 관심 없는 납세자들의 돈이 이 미친 지출에 쓰인 셈이다.[57]

현란한 솜씨와 강인한 체력을 바탕으로 경기를 벌이는 선수들에게 열광하지 않는 사람은 정상인 취급을 받지 않는다. 물론, 전문직업화는 선수들의 기량과 기술의 완성도를 높인다. 그러나 동시에 심각한 결과들을 유발하기도 한다. 14세 소년이 운동 이외에 아무것도 하지 않고 하루 여덟 시간 동안 죽음의 훈련을 받는다. 18세가 되면 공식 선수로서 활동할 수 있지만, 이 소년은 30세 무렵이면 선수 생활이 끝난다는 것을 안다. 그러나 운동 외에 할 수 있는 일도 없고, 다른 일을 배운 적도 없으며, 할 수 있는 일이 아무것도 없다. 달리 말해, 이 짧은 기간에 생애 마지막까지 먹고 살 수 있는 돈을 벌어야 한다. 결국 구단에게나 선수에게나 스포츠는 돈 문제가 되었다.

---

57) 나는 얼마 전에 이러한 경기 관람에 관심 없는 납세자들이 스포츠 구단에 대한 자금 지원 예산에 기입된 비율과 동일한 비율로 지방세 공제를 받을 수 있다는 내용을 골자로 한 '납세자 행동'을 제안한 적이 있다.

스포츠 전문화의 이름으로, 그리고 기술담론에 따른 경기장을 주름 잡는 선수들과 팬들을 만든 사람들의 이름으로, 결국 돈을 왕으로 모시는 현상이 도래했다. 사회주의도 더 이상 덕스럽다고 말하기 어렵다. 왜냐하면 사회주의도 스포츠 분야에 동일한 속박을 가하기 때문이다. 사회주의 체제에서는 구단 간의 재정 경쟁은 줄고, 관료주의 경쟁은 늘 것이다!

금전 경매58)에 따른 스포츠 전문직업화가 낳는 또 다른 결과물은 바로 스포츠 구단의 구성이다. 마르세유나 파리, 혹은 다른 어떤 지역을 연고지로 삼은 구단들이 등장한다. 자동차 경주 대회 '포뮬러 1'의 경우, 르노, 피아트, 포르쉐 등의 이름을 걸고 팀을 꾸릴 수 있다. 또한 그 팀은 브라질 사람, 아프리카 사람, 이탈리아 사람, 포르투갈 사람 등으로 구성되기도 한다. 과거에 보르도 축구협회는 보르도 사람들로 이뤄졌다. 낭트 협회는 낭트 사람들로, 생테티엔 협회는 해당 지역 사람들로 구성되어 상대와 경기를 치렀다. 오늘날 경기는 어떠한가? 첫째, 세계 시장에 나온 기량 출중한 선수들을 감별하는 법을 아는 코치가 유능한 코치다. 둘째, 지금 우리가 문제 삼는 시 당국은 타 지역 구단보다 웃돈을 얹어주면서까지 선수 영입 비용을 조달한다.

그러나 어떠한 대가를 치르는 한이 있더라도 이를 강행해야 한다면, 사람들은 선수의 극단적인 과격성도 주저하지 않을 것이다. 이에 다양한 경기를 중계하는 텔레비전이 그 과격함을 배양할 것이다. 심지어 우리는 수영에서도 과격함을 본다! 가장 두드러진 "양식" 변화를 보인 종목은 권투^{더 이상 "예술"은 없고, 고삐 풀린 폭력만 있을 뿐}와 테니스다. 쇠망치로 내려치는 것처럼 보이는 '라켓 타격전'에 모두가 놀란다. 차라리 대장장이의 풀무질이라고 말하는 편이 나을지 모른다. 테니스 경기 우승자를 "로켓포"나 "펑펑Boum-Boum"이라

---

58) 축구 선수 '구매'는 과거 로마의 검투사들, 격투 선수들, 전차 운전자들을 금전 매매했던 모습을 연상시킨다. 로마에서도 "스포츠"는 기술의 전문성, 대중의 열광과 맞물려 특수 직종이 되었다.

부르는 일도 과장이라 보기 어렵다. 우아함, 유연성, 기교로 이뤄진 옛 테니스는 어디로 갔는가? 과거 유명한 테니스 선수들인 장 보로트라, 쉬잔 랑글랑, 빌 틸던도 쇠망치 휘두르는 도살자마냥 라켓을 사용하지 않았다! 그러나 테니스의 이러한 과격성은 경쟁이라는 이름의 폭력, 무수한 관중과 시청자를 위한 중계방송과 직결된다. 왜냐하면 선수들이 격렬하게 맞붙을수록 대중들은 지갑을 열기 때문이다. 선수들의 과격한 몸놀림은 열광과 집념에 사로잡힌 관중_{나보다 운동을 좋아하지 않아도 경기 관람한다는 이유로 그렇게 불리는}을 구름 떼처럼 모은다. 그리고 텔레비전은 이 광경을 그대로 중계한다. 경기에 너무 몰입한 나머지, 마음은 터지고, 이성의 고삐는 풀리고, 잡히는 대로 부순다. 관중들은 그저 전염되었을 뿐이다. 경기장의 신들이 보이는 행동 하나하나에 전염되었고, 본인들이 느닷없이 배우가 되어 공중파를 타고 세계 곳곳에 송출된 장면에 전염되었다.

내 생각에, 대중에 대한 기술-스포츠의 선전이 성공을 거둘수록, 경기장 폭동도 늘어날 것이다. 비잔틴 제국에서 청군과 백군59)으로 나눠 경기할 때마다 불거진 대규모 폭력 사태와 마찬가지다. 오락 활동에 매료되어 나타난 결과물을 팬들이 여실히 보여준다.

방금 기술한 내용과 반대로, 나는 경기 가운데 가장 난폭한 경기였던 투우를 전통 사회가 어떻게 통합, 제어했는지를 이야기하겠다. "짐승"과 인간의 싸움이라는 잔인하고 난폭한 볼거리였던 이 경기에서는 미성년자까지 포함된 수간 행위도 이뤄졌다. 이 방식을 유지할 경우, 투우의 퇴보는 자명했을 것이다. 그러나 퇴보는 결코 일어나지 않았다. 야만스러운 놀이가 의식儀式화되면서, 폭력도 정교한 형식을 갖춘 식순의 일환이 되었고, 통제된 우아함이 잔혹성을 대체했다. 그리고 집단 행위는 일종의 공동 윤리에 동화되었다. 도살이 고급 예술로 탈바꿈했다. 현재 우리는 이 역전 현상

---

59) [역주] 비잔틴 제국에서는 푸른색과 녹색으로 팀을 나눴다. 이해를 돕기 위해, 우리 현실에 맞게 어휘를 교체했다.

을 목도한다. 그러나 나는 이 부분에 "기술-기술담론"technique-discours technologique 이라는 단짝 관계가 작용했음을 분명히 이야기하고 싶다. 이러한 탈바꿈이 가능했던 이유는 (1) 성공을 우선시하는 분위기와 (2) 대중의 광적인 매료가 그에 대한 보상으로 주어졌기 때문이다.

구경거리화의 효과는 전 단계에서 나타난다. 일례로, 선수들의 과도한 행동특히 축구을 생각해 보자. 한 선수가 득점에 성공했다. 그는 잔디밭에 무릎을 던지다시피 미끄러지고, 하늘을 향해 성호를 긋는 열정어린 행동을 보인다. 이후 동료들과 함께 뛰며, 얼싸안고, 자축한다. 심지어 원정 경기장의 야유 소리에도 아랑곳하지 않는다. 오늘날 이것은 수많은 정치 사건보다 더 중요한 일이 되었다! 그러나 이 몸짓들은 '반드시' 필요하다. 왜냐하면 수백만의 시청자들에게 생중계되기 때문이다. 달리 말해, 모든 선수들이 카메라를 통해 이 장면절대 위락의 필요성에 걸맞은이 중계된다는 사실을 잘 안다. 자연스럽게 다음과 같은 구문이 뒤따를 것이다. "노세요. 맘껏 노세요. 나머지는 우리가 다 책임집니다."

그러나 나는 다시 한 번 기술담론의 세 가지 다른 효과들에 주목하려 한다. 첫째, 스포츠의 거짓말이다. 예컨대 사람들은 "올림픽" 대회를 거행하지만, 현재 올림픽은 과거와 전혀 딴판이다. 올림픽은 단순 스포츠 행사가 아니었다. 노래, 연극, 문학, 시 등도 포함된 행사였다. 무엇보다 이 행사는 그리스 전역의 도시 국가들의 통합과 재회의 순간이었다. 심지어 전시 중에도 마찬가지였다. 올림픽이 열리면, 정전이 강요되고, 휴전이 체결되었다. 즉, 그리스의 일체감이 재건되었다. 가정이지만, 올림픽은 외교 담화를 통해 문제를 해결할 수 있을 절호의 기회였을 것이다. 오늘날 "올림픽"은 이와 정반대다. 올림픽은 적성 국가들을 단죄하고, 단교, 갈등 표출의 기회로 삼는 사례가 되었다! 한 쪽에서는 모스크바 올림픽1980년 불참을 선언하고, 다른 한 쪽에서는 로스앤젤레스 올림픽1984년 불참을 선언한다. 저마다 혐오 대상국오늘날에는 남아프리카공화국을 배제하기 바쁘다. 다시 말해, "올림픽"은 싸움 수단이 되었고, 결국 스포츠가 사회의 기술전문화를 따라간 결과로 나타난 변화가 고스란히 드러났다. 우리는 이러한 올림픽의 변화를 정치화라고 말하지 않는다. 왜냐하면 그리스 세계보다 정치화된 세계는 존재하지 않았기 때문이다! 여하튼, 오늘날 올림픽은 경쟁자를 짓밟아야 하는 대회가 되었다. 바로 이것이 기술과 스포츠의 냉혹한 법칙, 법 없는 법이다. 대중이 스포츠를 신비의 비극으로 채택하고, 대중이 이 비극을 찬양하며, 과거에 제국의 고위 장성들과 원수元首에게 부여되었던 명예 메달을 스포츠를 통해 받고, 이들의 영광이 옛 배우들의 광영을 뛰어 넘었던 순간부터, 올림픽 "경기"는 더 이상 경기가 아닌 사투, 무자비한 대결, 말 그대로 마니교의 투쟁60)이다. 따라서 경기들은 더 이상 평화와 대화의 "올림픽"이 될 수 없고, 혹독한 경쟁과 대립의 올림픽이 될 뿐이다. 이것은 기술의 법칙임과 동시에 '이' 스포츠의 법칙이다. 그리고 기술담론은 스포츠의 위대함을 온 프랑스의 위대함으로 찬양해야 한다. 이와 관련된 중요한 사건이 있었다. "온 프랑스인의 대통령"을 자처하는 대통령이 예고도 없이 담화문을 발표했다. 프랑스 시민들이 유로 대회la Coupe d' Europe 경기를 텔레비전으로 생생하게 시청할 수 있도록 대통령이 해야 했던 것을 골자로 한 담화문이었다.

두 번째 효과는 다음과 같다. 스포츠는 우리의 일상을 지배할 만큼 중요해졌다. 공백기가 생길 때마다 일상에 축제를 기획해야 한다. 관람용 스포츠 사건을 '창조'해야 한다. 대중들의 곳간에 단 하루라도 스포츠 시청이라는 양식이 떨어지지 않도록 해야 한다. 일각에서는 파리-다카르 경주처럼 괴상망측한 경주 대회도 만들었다. 빈곤 국가들의 자연 환경을 대형 고철 덩어리들이 마구 유린한다. 무력한 제3세계 사람들에게 서구의 권력을

---

60) [역주] 엘륄은 선과 악의 선명한 투쟁을 강조한 종교인 마니교를 은유로 사용했다. 서구권에서 마니교를 형용사나 은유 등으로 사용하는 경우는 날카로운 이원론이나 흑백론의 피아 식별, 선악 구별 등이다.

과시하는 대회, 아무런 쓸모도 없고 불편부당하기 그지없는 대회일 뿐이다. 오해 없기 바란다. 지금 나는 대회 참가자들의 용기, 지구력, 능력, 에너지를 비난하는 것이 아니다. 세계에는 인간의 용기, 지성, 인내심을 필요로 하는 곳이 허다하다. 그 점에서 볼 때, 이 대회는 기획부터 엉터리이며, 출중한 능력들을 허튼 곳에 낭비하는 추잡하고 어리석은 대회에 지나지 않는다. 미지의 영역을 개척하려는 힘과 열정을 제3세계의 의료 활동에 쏟지 않는 이유는 무엇인가? 파리-다카르 구간만큼 운행하기 어려운 적토赤土로 둘린 아프리카의 오지에, 그린피스의 선박들이 가져온 식량과 생필품들을 차량으로 수송하는 일에 참여하지 않는 이유는 무엇인가? 작년에 특파원의 헬리콥터 추락사가 있었다. 이 특파원은 수백만의 시청자들에게 생생한 현장감을 전달하라는 야심 찬 임무를 짊어지고 파리-다카르 대회에 파견되었다가 변을 당했다. 사람들은 위대한 영웅들에게나 보낼 법한 찬사를 쏟아냈다. 내 생각에, 본 사건을 멀쩡한 정신으로 다룬 사람은 기사에 「파리-다카르를 위한 어처구니없는 죽음」이라는 제목을 붙인 카바나 한 명 뿐이다.

마지막 효과는 개신교계 사상지 「개혁」*Réforme*에 실린 대서양 횡단 요트 대회 관련 기사에서 확인할 수 있다. 이 기사가 흥미로웠던 이유는 다음과 같다. 첫째, 기사는 요트 대회'생말로'에서 출발하고, 약 50만 명이 지켜봤다!에 대한 대중 결집력을 강조한다. 둘째, 무엇보다 이 "스포츠"가 선박들을 화려하게 수놓은 후원 업체 광고의 진열장이라는 점을 꼭 집어 이야기한다. 셋째, 선박들의 성능 개선'포뮬러 1'의 성능 개선과 마찬가지로, 경제 불균형 사회에서 발생하는 전형적인 낭비 현상을 위한 대규모 기술 연구가 있었다는 점을 지적한다. 넷째, 항해 도중 대형 중계 장비들이 각별한 자리를 차지했다. 파리 몽파르나스 역에 설치된 "톰슨 구슬bulle Thomson"은 "전파, 위성, 컴퓨터를 활용하여 전 세계의 어떤 시청자라도 세밀한 장면까지 놓치지 않도록" 했다. 우리가 스포츠 자체를 별 중요성

없는 단순 놀이 정도로 여긴다면, 이러한 기현상은 터무니없는 결과물을 위해 사용된 고상한 수단들의 전형에 해당할 것이다! 그렇다면, 탁견이 돋보이는 이 기사의 제목이 「상상계를 보조하는 기술담론」이 된 이유는 무엇인가? 숙고해 볼 부분이다. "기술담론"은 상상계를 돕는 대신, 상상계를 지배, 선동, 압도했다. 다시 말해, 『사회의 상상계 제도』*L'institution imaginaire de la société*에서 상상계의 구성 문제를 이야기한 코르넬리우스 카스토리아디스의 시각처럼, 구경거리는 그 자체로 의미를 결여하고, 아무런 합목적성도 없으며, 어떤 가치도 담지 않고, 아무것도 창조하지 않은 채, 순수 수동성과 판매용 소고기처럼 양육되었지만, 그것이 우리의 상상계를 마취, 매료, 전환, 오염시켰다. 카스토리아디스의 말처럼, 이러한 상상계에서 비롯된 사회 '전체'는 날리는 먼지와 흩어지는 연기에 불과할 것이다. 칭찬일색이었다가 언제 그랬냐는 듯 사그라지는 스포츠 분야의 칭찬처럼, 이러한 사회도 신속하게 사라질 것이다. 바로 이 말이 '스포츠도 거대 자본의 일환'이라는 말보다 더 중요하다. 따라서 "대기업 자본의 이익 증가를 위한 서커스 놀이로 바뀐 스포츠의 협잡과 사기의 신화를 비난하는 작업이 매우 중요하다."[61]

국가 장치가 스포츠 기관을 집중 양성했고, 부르주아 이데올로기는 이 기관을 공고히 다졌으며, 생산관계들은 기관을 규정했다. 스포츠 기관은 "자본주의의 하위 집합체"다.[62] 사실 이러한 이야기는 그렇게 중요하지 않다. 좌파 교조주의의 이 비판은 스포츠 미덕에 관한 이상주의와 인간주의 담론을 파괴하는 장점을 갖지만, 1900년 당시의 사회 분석들에 머무는 오류를 범한다. 스포츠에 미치는 대자본의 영향력을 무시할 수 없지만, 오늘날 기술의 뿌리 깊은 영향력은 대기업의 자본을 광범위하게 넘어선다. 이는 비단 자본주의 체제만의 현상이 아니며, 사회주의 국가들에서도 매한가지

---

61) Cl. Leroy, « Les métaphores du libero », *Le Monde aujourd'hui*, juin 1985.
62) M. Caillat, dans la revue *Quel corps*. 이 잡지는 오늘날 스포츠 활동을 탁월하게 비판한다.

다! 오늘날 보통 서구인들의 일상사에 마약이 된 기술담론이 스포츠의 지배 요소이며, 서구인들에게 스포츠는 단지 한 가지 사례일 뿐이라는 점을 대기업 자본만으로는 이해할 수 없다! 물론, 스포츠는 기술담론의 필연성을 따름과 동시에 대기업 자본의 요구들에도 복종한다. 거대 자본도 스포츠를 통해 이익을 얻는다. 그러나 소비에트에 속한 국가들도 스포츠를 통해 이익을 얻기는 피차일반이다!

3. 자동차

자동차[63]는 위락의 외부 '기호'이다. 규모까지 큰 기호인 자동차는 '현실'과 '진실'에서 탈피하도록 하는 '기호'이기도 하다. 자동차 자체는 "다른 곳에 있음 l'être ailleurs"과 "자기 바깥에 있음 être hors de soi même"을 의미한다. 난폭 운전자가 용감한 남자, 좋은 부모와 배우자가 된 우리 일상의 경험을 떠올려 보자 이곳을 떠나 얼마든지 다른 곳으로 갈 수 있고, 자기를 벗어나 바깥으로 나갈 수 있는 '잠재성'이 바로 자동차가 존재하는 유일한 이유이다. 이러한 자동차에 대해, 모든 서구인은 사실상 보편 합의를 이뤘다. "자동차는 과학과 욕망의 행복한 결혼 생활에서 태어난다. 소비 제품의 고성능이 '인격주의'[64] 가치 체계의 요구와 만난다. … 전통 사회의 파괴는 자동차에 의해, 자동차를 위해 구조화된 시공간의 창출을 부른다."스카르딜리

따라서 자동차는 기술 사회의 가장 완벽한 상징이다. 오늘날 누구나 쉽게 이해하는 것처럼, 인간이 자동차라는 실체를 소비하는 것처럼 보이지

---

63) 자동차와 관련된 여러 저서들 중에서, 나는 다음 세 권이 중요하다고 생각한다. 본문에서는 이 책들의 내용을 요약하는 방식으로 논지를 펴 겠다. Bernard Charbonneau, *L'Hommoauto*, Denoël, 1967; Jean Baudriallard, *Le Système des objets*, Denoël, 1968; Victor Scardigli, *La Consommation, culture du quotidien, op. cit.* 또한 알프레드 소비의 다음 책도 유용할 것이다. Alfred Sauvy, *Les Quatre Roues de la fortune. Essai sur l'automobile*, Paris, Flammarion, 1968.

64) 우리 사회의 인격주의 가치를 가리킨다.

만, 사실 인간은 사회적 상징들의 집합체를 소비한다. 자동차의 가장 큰 역할이라면, 아마도 유용성과 무의미의 결합, 탈출과 숙명의 결합일 것이다. '다른 곳에 있음'은 결국 '죽음과의 마주침'이다. 소비의 발전은 서구인의 자동차 사용을 보증한다. 서구인은 자동차 사용에 보편적으로 동의한다. 애당초 대기업들은 모든 나라에 자동차를 강제로 사용하게 압력을 넣었다. 그러나 오늘날에는 최고의 위락 상품에 대한 합의체가 형성되었으며, 결코 이를 멈출 수 없다. 원유 파동이 자동차 사용의 장벽이 될 것이라는 예측도 있었다. 아니었다. 2년 동안 판매량 감소가 있었지만, 이내 회복세로 돌아섰고, 전례 없던 판매 정점을 찍었다! 1983년에 경제협력개발기구O.E.C.D.는 1975년에서 2000년까지 유럽의 자동차 보유 대수는 두 배 증가할 것이라 예측했다. 프랑스에서는 매 년 신규 등록 자동차가 약 200만 대에 달한다. 기존에 자동차를 소유하지 않았던 가정에서 연간 2%의 비율로 자동차 소유 가정으로 바뀐 셈이다. 이 조사에서 우리는 유독 자동차에만 비판이 가해지지 않았다는 점을 확인할 수 있다! 텔레비전과 컴퓨터를 거부하는 사람은 있어도, 자동차를 거부하는 사람은 없다. 고위직 간부의 93%, 노동자의 84%가 자동차 보유자였고, 두 대 이상 보유 가족들의 숫자도 급증세였다.

그러나 이러한 자동차 보급은 보편화된 표본으로 굳었다. 제3세계의 가난한 국가들도 자동차 구매연간 구매율 7% 성장에 나섰다. 제3세계 국가들 중 90개국이 자국 내에 자동차 생산 공장을 운영한다. 이미 1930년대에 겪었던 것처럼, 자동차 산업은 경제 위기에 맞대응할 수 있는 최적의 수단이 되었다! 자동차에 반대하는 파업은 아예 일어나지도 않았다. 자가용에 맞서 대중교통을 지키자는 목소리도 없었고, 그에 준하는 파업도 없었다! 갖은 교통 체증과 사고, 주차 대란을 경험하면, 자가용 소유를 포기démotorisation할 것이라는 관측도 있었지만, 헛소리였다. 소유권 포기는커녕, 출근과 휴가 시에 자동차 활용 빈도는 더욱 증가했다! 자동차 사용 축소는 상상할 수 없는 일이다. 왜냐하면 30년 전부터 구상, 재개발된 현 사회의 도시 공간 및 사회 공간은 자동차 없으면 '살 수 없는' 공간이 되었기 때문이다. 바깥으로 나갈 수 있는 유용한 도구라는 공통된 생각, 동일한 정책과 방향으로 일관되게 압박하는 것 이외에 당국이 할 수 있는 것은 무엇인가! 오히려 자동차 축소 관련 정책에 반대하는 목소리가 높아졌고, 너도나도 자동차를 끌고 나와 교통 체증을 심화하는 일까지 벌어졌다. 사람들은 세금, 벌금, 견인차 보관소에 반대했고, '자동차 사용 축소는 우리의 자유에 대한 공격'이라는 원칙들이 전면 부각되었다! 자동차와 모터사이클 운전자들은 서구 국가들 가운데 가장 중요하고 영향력 있는 압력 단체를 구성했다. 이들 앞에서 국가는 무기력 그 자체였다. 국가가 국영 기업인 '철도청'에 반대하는 웃지 못할 사태가 벌어졌다. 국가는 화물 운송, 고속도로 건설 등의 중요한 거래를 성사시켰다. 내 생각에 공공 분야의 교통수단에 반대하고 자동차 업계를 지지한 이 결정이 뒤바뀔 가능성은 없다. 자동차 업계의 손을 들어 준 프랑스 정부는 갖은 장애물에 봉착했다. 르노와 푸조의 자동차 연구에 연구비의 3/4를 조달해야 했고, 연료 부족이라는 초유의 위기에서도 관용의 나라답게 '포뮬러 1'과 같은 광란의 자동차 경주 대회도 용인해야 했다. 또한 국가의 이러한 지원을 배가해, 공공과 민간 차원의 금융 기관들이 자동차 지원책을 뒷받침했다.

이러한 내용을 정당화하기 위해 매번 사용된 용어가 있다. 바로 **"자유"**다. 즐길 거리를 뜻하는 **"위락"**은 자유에 더 많은 내용을 덧붙이는 것처럼 보인다. 사람들은 **"자유롭게"** 도로를 주행하겠다는 단세포와 같은 생각과 원하는 속도로 운전하겠다는 열망에 사로잡힌 나머지, 자유의 방향, 자유의 체험, 자유의 의미를 모조리 오염시켰다. 자유의 향유란 단순한 기분 전환일 뿐이다! 이제 자유는 탈출_{이웃과의 관계, 인습, 일상의 염려에서의 탈피}과 이동성_{'자유'와 '어디든 갈 수 있음'의 합성어}에 관련된 용어가 되었다. 전통 사회를 파괴하는 도시의 생활은 고독한 자유를 '강제 부과' 했다. 자유는 자동차 운전자들의 추구 대상으로 오그라들었다. 고독하게 속도를 즐기는 운전자들은 "사생활과 내밀히 얽힌 영역들"을 창조한다.[65] 베르나르 샤르보노의 말처럼, "자동차는 부르주아식 자유의 산물이다. 제퍼슨-포드는 더 이상 신들의 마차가 아니며, 모든 시민들에게 대량 생산된 자유, 일시불로 판매된 자유다. … 물체 덩어리로 구현된 인간의 자유는 불행하게도 점점 비대해졌다. 어디나 갈 수 있게 되었고, 속도도 더욱 빨라졌다. 그러나 아무데나 가기 위해 만든 도로들이 대지를 뒤덮을 것이다! … 각 사람은 저마다 개인 소유물에 탑승했지만, 우리 모두는 7번 국도에 있다. 사람들이 열차에 몰리는 러시아와 사뭇 다른 분위기이다. 러시아에서는 "개인" 라디오를 통해 아다모라는 가수의 노래를 듣는다. 장비만 다양할 뿐, 향유하는 노래는 똑같다!

자동차는 단지 내 자유를 활용하는 수단일 뿐이다! 우리를 향한 기술담론의 항변이다. 자동차는 구직, 개별 여행으로 앎의 지평을 넓힐 수 있는 가능성, 인간의 수많은 역량과 재능의 만개, 최솟값으로 최고 품질의 제품을 고를 수 있는 힘 등을 용이하게 하는 수단이다. 마지막으로, 자동차는 자유다. 우리는 자유롭게 자기 자동차를 선택한다. 자동차로 자유롭게 출근도 하고, 휴가철에는 200만 파리 시민들이 너나할 것 없이 자유롭게 경로를 택한다. 우리는 "자유와 동의어인 자동차" 덕분에, '기술담론은 거짓말 담론'이라는 기본 법칙에 한 걸음 가까이 다가갈 수 있다. 앞에서 다뤘던 광고만 거짓말쟁이가 아니다. '목청껏 "가치들"'여기에서는 자유의 가치들을 주장하는 기술담론 전체가 거짓말 덩어리이다. 기술담론은 이 가치들을 부정하는 수단을 통해, 역으로 가치들을 긍정하려 한다.'

이와 동시에, 여러 가지 부수 가치들도 뒤따른다. 자동차는 사회 진입의 보증수표다. 자동차의 부재는 곧 바로 상대의 의구심을 부른다. 주류 사회는 자동차 없는 사회를 거부하며, 운전면허증은 사회에 동화될 수 있다는

---

65) M. Bonnet, « L'automobile quotidienne: mythes et réalités », in *L'Automobile et la Mobilité des Français*, La Documentation français, 1980.

일종의 증명서이다. 자동차는 성인의 자율적 연애 가능성을 상징하며, 현대 생활의 경이로운 발전에 얼마든지 접근할 수 있다는 능력을 나타낸다. 인간이 기술 진보와 결합할 수 있는 물건이 뭐냐고 묻는다면, 단번에 자동차를 떠올릴 것이다. 또 자동차는 운전자가 운전 중에 더 이상 자기 한계를 느끼지 못하도록 하는 일종의 '자기 극복' 상태를 체험케 한다. 나는 스카르딜리의 견해에 대부분 동의하면서 다음과 같이 정리하겠다. '자동차는 잃어버린 낙원 에덴에 접근할 수 있는 도구이거나 에덴으로 되돌아갈 수 있는 도구이다!' 자동차는 우리 사회와 같은 사회에서 좌절을 경험한 모든 순간을 일거에 상쇄하며, 개인 발전과 자율 발전에 참여할 수 있다는 믿음을 준다. "당일에 결국 페퀴셰는 사슬에서 벗어났다. 그는 자기 모터 속에 호랑이 한 마리를 넣었다. 모터 속의 호랑이는 사납게 포효하며, 먹잇감을 향해 돌진한다. 그러나 도로는 이내 포화 상태가 되었고, 최고 시속 200km까지 올릴 수 있다던 속도도 시속 6km로 뚝 떨어졌다. 우리를 억압에서 해방시켜야 할 자동차가 오히려 우리를 억압한다."베르나르 샤르보노

　지금 우리는 새롭게 등장한 고독으로 인해 "산산 조각난 공간"에서 산다. 자동차 덕분이다. 교통 체증은 만남을 금한다. 멋진 외양을 갖춘 물리적 소통이 사회적 소통을 내쫓는다. 연대는 추상과 비인격성이 되었다. 사람들에게는 더 이상 이웃을 도우려는 욕구가 없다. 그러나 일면식도 없는 불특정 다수를 돕기 위해 만든 도로 위에 거대한 안전장치를 건설하려, 사람들은 하루에 몇 시간을 일한다. 우리는 더 이상 일상에서 마주치는 사람들과 소통하지 않는다. 대신, 거미줄처럼 촘촘하게 엮인 광역망혹은 전화망으로 "소통"한다. 사람들이 "세계 개방성"이라 칭하는 범상치 않은 확장 현상에 대한 대답과 요구가 바로 자동차다. 자동차는 산업화와 도시화를 완성하며, 산업화와 도시화도 자동차를 요구한다. 우리는 오직 속도로만 채울 수 있는 공백을 안고 산다. 기술 제품으로 고양된 담론은 '바로 이것이 너희

를 낙원으로 인도하는 길'이라는 말로 우리를 설득한다. 그러나 이미 우리는 그 반전反轉 현상에 대해서도 잘 안다. 자율성을 주장했지만, 오히려 자동차에 대한 의존도가 가파르게 상승했다. 또 자동차는 악순환을 부르기도 했다. 자동차 소유로 대도시에서 떨어진 도심 외곽과 주변부 일대에는 대단위 주거단지가 조성될 수 있었다. 즉, 자동차 사용을 반드시 요구할 정도로 실용성과 경제성을 수반한 "대단위 주거단지"가 조성된다. 기술이 인간에게 미치는 영향을 보여주는 일종의 회전문 현상이다. 그리고 우리는 곳곳에서 이 회전문을 빈번하게 접한다.

　그러나 소음, 공해[66], 사고, 시골 풍경의 파괴프랑스 국토의 4%가 자동차 도로, 스트레스, 신경성 질병 등의 차원에서 발생하는 중독의 실제 차원담론 차원이 아닌의 긍정 측면과 부정 측면을 어떻게 평가할 수 있는가? 또한 수출을 통한 국가의 풍요, 고립 지역의 개발, 여가 공간에 대한 민주적 접근 등을 어떻게 긍정 측면으로 평가할 수 있는가? 그러나 자동차에 공들이고 헌신하는 개인 노동을 값으로 환산해 보았는가! 산업 개발을 이룬 국가들에서 국내 총생산의 15~20%를 차지하는 분야는 수송이다. 모든 프랑스인이 7시간 가운데 1시간을 오로지 수송비 지불을 위해서 일하는 셈이다. 만일 자동차를 소유한 사람이라면, 5시간 중 1시간으로 그 비율이 증가한다. 에너지경제연구원C.E.E.의 통계에 따르면, 프랑스인은 자기 자동차를 위해 연 1,317시간을 일한다. 그러나 사람들은 에너지경제연구원과 이반 일리치, 장-피에르 뒤퓌, 필립 디리바른의 이러한 계산을 비웃는다. 이들의 계산이 증명한 부분은 다음과 같다. 먼저 자동차의 '실제' 속도[67]를 연구했다. 그리고 이속도로 이동한 거리를 시간의 총량과 연결해 계산한 결과, 자전거가 포르

---

66) «La Pollution automobile», étude exhaustive dans *La Recherche*, n° 149, novembre 1983.

67) [역주] 도심의 정체 구간이나 상습 교통 체증 구간 등을 빈번하게 통과할 때의 속도를 포함해야 한다는 말이다. 자동차는 빠른 속도로 질주하면서 시간 사용을 줄여주는 것처럼 보이지만, 실제 일상생활에서는 이러한 체증 때문에 가다 서다를 반복하는 경우가 더 많다는 말이다. 일리치나 뒤퓌와 같은 학자들은 자동차의 상징 속도가 아닌, 실생활에서 내는 속도를 계산에 반영했다.

쉐보다 더 빨랐다. 나는 현실을 충실히 반영한 이 통계에 대한 조소가 오히려 잘못이라고 생각한다.

그러나 기술담론의 비중과 일관성은 이러한 생각을 가로막는다. 결국 모든 것은 자동차를 통한 여가 생활이나 심심풀이 활동 정도에 머물 뿐이다. 속도, 기분 전환, 표면상의 자유, 갑갑한 일상에서의 탈출은 모두 본질 문제를 벗어난 유희 활동이다. 나는 소형 컴퓨터와 마이크로컴퓨터의 경우처럼, 심심풀이 유희를 위한 자동차의 사용이 결국 꼭 필요한 수송 활동을 위한 활용보다 더 중요한 자리를 차지했다고 확신한다. 물론, 설득력을 높이기 위해 나는 자동차 사용에 관한 통계 자료들과 여론 조사를 근거로 삼았다! 기분 전환, 불필요해 보이는 출장이나 이동_{자동차가 없다면 존재하지도 않았을 활동}, 머리 식히려 "아무 곳이나 갈 수 있다"라는 생각 등이 일터에 가기 위한 자동차 사용보다 더 중요한 요소가 되었다! 간단하게 즐길 시간만 찾고, 자아 성찰을 거부하며, 이웃과의 만남도 거부하고, 얼굴과 얼굴을 마주한 대화도 거부하며, 일상에서 착실히 인격을 가꾸려는 노력도 거부하고, 이웃과의 공동체 관계에서 책임자가 되기를 거부하며, 신자들 같으면 일요일에 신과의 만남도 포기한다. 이 모든 '거부'가 우리를 자동차로 인도하는 깔때기 역할을 한다. 지금 우리는 이러한 위락 활동에 열정을 보이고, 기쁜 맘으로 비용을 지불한다.

프랑스에서는 월 1,000명이 도로에서 사망한다. 그러나 대중은 이 말을 곱씹을 생각조차 없어 보인다. "황홀경에 빠진 사람에게 죽음 정도야 무슨 소용이랴!" 진정 매료된 인간이라 하지 않을 수 없다. 자동차는 죽음의 기계다. 거듭 말하지만, "자동차는 생명체. 그러나 자동차는 다른 어떤 기계도 용납하지 않는다. ⋯ 자동차는 오로지 기계적인 삶만 인정한다. ⋯ 그동안 무시되었던 전차 한 대가 디에스^{D.S.} 오토모빌을 통해 반쯤 잠에서 깨어났다. 이제 그것은 모든 곳을 질주하고, 질주하는 곳마다 죽음이 도사린다." "이러한 대살육의 장에 인간이 치러야 할 값은 측정 불가능하다. 그래도 미국의 연구진들은 경제 차원의 추산치를 산출했다. 이들은 매 년 노동 상실분과 조기 사망은퇴 이전의 어린이들과 젊은이들의 사망을 감안해 계산을 했고, 그 결과 자동차 사고는 조기 사망의 11%를 차지했다. 즉, 미국에서는 자동차 사고로 매해 손실이 발생한다. 이 비율이 계속 유지된다면, 손실 기간이 무려 100만 년이다. 프랑스의 경우, 1978년 한 해 교통사고 치료비로 총 400억 프랑을 지출했다."스카르딜리 과연 자동차의 경제 수익이 사고로 인한 이 값을 상쇄한다고 확신할 수 있는가? 하지만 대중에게 이 부분은 별로 중요치 않아 보인다. 오히려 대중은 이러한 피의 희생 제사를 수용한다. 즉, 아스테카의 제단 위에 꽁꽁 묶인 채 죽어간 인신 제물의 피와 다를 바 없는 이 희생을 수용한다. 나는 이를 승낙consentement이라 말하고 싶다. 약에 취하고, 기술에 매료된 인간의 동의와 승낙이다! 덧붙여, 우리가 곰곰이 잘 생각하지 않는다는 점에 대한 강조 역시 매우 타당하다. 우리가 곰곰이 생각하지 않는 이유는 "신격화된 자동차의 두 가지의 모순된 요소 때문이다. 자동차는 고급스러우면서 동시에 평범하다. 따라서 자동차는 우리에게 안정감을 선사한다. 자동차는 단순한 네모 상자가 아니다. 그것은 매우 평범한 수송 수단이다. 안락한 좌석에 앉은 우리는 결코 내장과 피를 상상하지 않는다! 자동차는 죽이지 않는다. 단지 '사고'일 뿐이다. 자동차는 죽이지 않는다. 날마다 죽이기 때문이다."

만일 우리에게 약간의 지각 능력과 자유만 있어도, 우리는 자동차에 대한 문제 제기를 시작할 수 있을 것이다! 또한 "우리가 진보의 폐해를 의식한다면, 현 사회의 토대 자체를 심문할 수 있을 것이며, 사회생활의 다른 표본으로의 이동을 서두를 수 있을 것이다." 자동차에 대한 이의 제기는 '매료된 인간'과의 대결이라는 결과를 낳을 것이다. 왜냐하면 매료된 인간은 "자동차 속도를 인간의 구원 문제보다 더 중시하기 때문이다." 우리가 자유의 우선권을 전면에 내세우려면, 자동차의 가치를 부장품이나 예외적인 상황에서 사용하는 부속물 정도로 떨어뜨리는 작업부터 시작해야 한다. 그러나 "위락에 사로잡힌" 현대인은 정반대로 행동한다. "현대인은 어디든 떠나려 하며, 떠날 때마다 자동차를 타려 한다. 행복이 투영된 물건을 가졌다고 굳게 믿는 현대인은 강판에 코가 부러지고 창문에 이마가 깨진다."

4. 기계적 예술

나는 이 부분에서 과거 다른 책[68]에서 길게 논했던 "현대 예술이라 불리는" 모든 분야에 대한 연구를 되풀이하지 않겠다. 회화, 조각, 건축, 현대 음악, 시학, 문학을 논의의 출발점으로 삼지도 않을 것이다. 다만, 지난 10여 년 전부터 이른바 '예술'이라는 명칭을 아무데나 붙였던 몇몇 분야에 한정해 논의를 잇겠다. 이 분야를 채택한 이유가 있다. 바로 "현대 예술"은 7,000년 혹은 8,000년 동안 이어진 인류의 고차원 활동을 단 몇 년 사이에 가장 사악한 재료로 튼튼한 갑주와 매력적인 장식물을 만들었기 때문이다. 또한 외부에서 본 현대 예술은 매우 기괴하기 때문이다. 나는 현대 예술을 기계 예술이라 부른다. 왜냐하면 현대 예술 전체가 사실상 기술이라는 수단에 의존하거나 그 수단에 의해 촉진되고 유도되기 때문이다. 그러나 내가 논하려는 첫 번째 측면은 이 항목에 속하지 않는다. 다만 나는 현대인이 어느 지점에서 기술 환경에 매료되었고, 어떤 이유로 이 환경에서 유치한 행동을 하는지를 보여주려 한다. 만화책을 이야기해 보자. 60년 전에 나는 여느 아이들처럼 만화를 무척 좋아하던 아이였다. 당시에 만화는 아이들의 놀이였다! 성인이 되어서도, 나는 '스피루', '탱탱', '럭키 루크의 모험', '스머프' 같은 유명한 만화를 매우 재미있게 보았다. 마치 어린 시절로 되

---

68) 자끄 엘륄, 『무의미의 제국』을 보라. 또한 다음 자료도 참고하라. M. Nahas, et alii, « Quand l'artiste peintre devient informaticien », in *La Recherche*, n° 165, avril 1985.

돌아간 것 같았다! 향후, 주요 연재만화들이 예술의 항목에 등재되었다. 우습고, 경박한혹은 끔찍하거나 환상적인 내용들을 전하는 인물들이 각광을 받았다. 걸작이라 칭송 받은 만화들은 전국의 전시회장을 순회하며 전시되었다. 그리고 언론들은 주요 예술의 한 형식이라는 둥, 현 시대의 예술이라는 둥, 특수성과 독창성을 겸비한 표현 양식이라는 둥의 기사들을 쏟아냈다.

그러나 나는 이러한 "예술"에 대해 강조하지 않을 생각이다. 다만, 우리가 현대인의 유아화幼兒化라고 붙인 딱지를 이 예술이 강화한다는 점을 강조하려 한다. 안타깝지만, 현대인의 유아화 현상은 매우 심각하다. 그러나 기술은 그 부분에서 아무런 역할을 하지 않는다. 심지어 잭 랭Jack Lang이 '말하는' "새로운 이미지들"이나 만화, 비디오 영상물 등의 문제에서도 마찬가지이다. 랭이 매우 진지한 태도로 작성해 「르몽드」에 게재한 기사1983년 12월를 읽어보자. "이미지들은 기술 제품들의 도전, 경제적 목적, 예술 유산의 보존, 문화 산업의 상표 자체와 같은 요소들 가운데 존재하는 변증법의 과정을 거친다." 이것이 전부다! 기억해두자. 우스운 일이지만, 앞으로 문화는 산업 생산품이 될 것이다. 기계la machine, 즉 컴퓨터는 결코 특정 기계une machine가 아니다. 만화는 어린이용 프로그램, 광고, 교육용 영화와 연계된다. 이것 이외에 예술이라고 주장할 수 있을만한 것은 없다. 또한 관건은 경제이다! 결국 경제가 모든 역할과 작동의 중심이다!

아무리 가장 큰 이유가 경제, 즉 돈이라고 해도, 돈으로 모든 것을 정당화할 수는 없다. 따라서 정신적이라거나 예술과 같은 포장지가 필요하다! 따라서 이 거대한 기계는 예술을 괴상하면서 놀랍고, 활기차되 일관성 없는 '광고'라는 새로운 형태로 생각하도록 우리를 세뇌한다. 「르몽드」의 위 기사는 "번쩍번쩍 빛나는 순간들"에 대해 말한다. 솔직히 나도 무수한 영상과 광고를 보았다. 그러나 터무니없고, 어처구니없는 영상들만 수두룩했다. 배우 할리데이Hallyday나 이자벨 아자니Isabelle Adjani의 출현이 "예술 제작"의 충분조건인지 의문이다. 또한 화려한 조명, 야광 불빛, 뿌연 연기, 형태의 왜곡 등으로도 예술 제작은 충분치 않다. 나는 형태도 이지러지고 색깔도 뒤범벅된 육면체 안에서 꼬리도, 머리도 없이 불규칙한 박자에 맞춰 흔들거리는 자동인형의 춤을 본 적이 있다. 이 영상의 명확한 위치는 어디인가? 광고인가? 사실, 이 영상은 작가의 의도를 담은 영화와 상업용 광고, 기획 "프로그램"과 홍보 영상 사이에서 자리 잡지 못하고 배회한다. 반면, 명확히 드러난 부분은 다음과 같다. 나에게 이 영상은 광고용 영상 이상도 이하도 아니었다. "훌륭하다" 혹은 "여러모로 유익하다"와 같은 평가를 받기에는 한참 모자랐다.

「샤독Les Shadocks」이나 「판타스틱 플래닛La Planète sauvage」 혹은 「캔디Candy」와 같은 만화들은 엉터리일 뿐만 아니라 큰 의미도 없다. 해박한 지식들을 총망라한 이 만화들은 고삐 풀린 유치한 상상력들의 산물이다. 그러나 이 상상력이 결국 기술들을 지원하는 "힘"이 된다! 컴퓨터 지원 설계를 통해 세계에서 가장 작은 회로를 그릴 수 있도록 한 "주문형 반도체A.S.I.C."의 놀라운 작업에 감탄할 따름이다. "초소형 집적 회로, 즉 반도체가 21세기 산업 진보의 열쇠일 것이다." 아마도 그럴 것이다. 그러나 능숙한 솜씨를 자랑하고 끝없이 갱신되는 산업 설계 분야néo néo dessin industriel에서, 나는 예술의 특성이라 할 수 있을만한 것을 찾지 못했다. 십분 양보해, 현대 예술과 지난 3천년 동안 이어진 예술의 개념이 다르다고 해도 예술의 그림자조차 보지 못했다! 나는 인간의 모든 특수성을 아우르는 최저점까지 예술의 눈높이를 낮춰야 한다는 말을 거부한다.

예술 작품의 창조를 위해 기술 천재는 충분조건이 아니다. 또한 "예술의 한계를 뛰어 넘은 기술—과학"1985년 3월 보부르에서 개최된 '비물질들'에 관한 전시회 주제이라는 표명으로도 충분치 않다. 우리는 이러한 기조를 단단히 유지할 필요가 있다. 예술 분야에서 기술 천재를 이야기하고, 예술을 압도하는 기술과 과학을 외치는 위 선언은 신의 존재 여부를 두고 천년 동안 갑론을박했던 논쟁만큼이나 터무니없다. 기술의 함정을 통해, 사람들은 기술을 확신하는 방문객들을 불안정한 상태에 빠뜨리고, 모든 것에 상대성을 부과하며, 확실성과 개연성의 경계를 모호하게 만들려 한다. 더 이상 가치도, 확신도 없는 상태에서 조현병, 편집증, 무기력증에 시달리는 서구인에게 이 전시회가 들인 노력으로 일반화된 불균형, 기준 부재, 컴퓨터에 익사한 우리의 자화상이 드러났다. 바로 극단적 순응주의자의 모습이다. 덧붙여, "전혀 이해할 수 없다"라는 말로 전시회를 일갈하는 사람들도 있다. 사실, 우리는 30년 전에, 그러니까 '누보로망Nouveau Roman' 이 황금기를 구가하던 시절에 이미 이 표현을 읽고 들었다. 전시회의 '비물질들' 은 가장 현대식 예술이라고 하지만, 사실은 그 말도 이미 돌고 돌았던 복고의 재탕이다.

자산가들의 지갑을 열고, 지식인과 예술가 부대를 동원한 이 교태 넘치는 전시회는 이제 한 쪽으로 치우자. 사실, 동영상과 마찬가지로 이 전시회도 위락에 해당하지만, 우리가 논하려는 음악만큼 큰 비중을 차지하지는 아니다. 나는 음악의 "광범위한" 분야를 세세하게 이야기하지 않겠다. 대신, '워크맨' 처럼 간편하게 휴대할 수 있는 기계를 통해 젊은 세대가 어디에서나 들을 수 있는 음악, 일상에서 계속 접할 수 있는 음악에 관해 이야기하겠다. 사태의 심각성을 파악하려면, 버스나 열차 안에서 카세트를 듣는 사람의 얼굴을 떠올려 보면 될 것이다. 뭔가에 집중한 모습, 잔뜩 긴장하고 웅크린 모습, 자기만의 내면세계에 침잠한 모습 등, 음악과 동행하는 사람은 현실이 아닌 추상의 세계에 빠져 살며, 주위 사람들에게는 낯선 사람으로 비친다. 마치 무인도에 홀로 떨어져 살거나 소통 자체를 아예 거부하려는 사람처럼 보인다. '워크맨' 은 새롭게 떠오른 인간관계의 파괴자이며, 고독혹여 자살로도 이어질지 모르는의 창조자다. 늘 음악에 절어 사는 젊은이들은 이미 오래 전에 특정한 습관을 택했다. 그리고 멈추지 않고 출시되는 신제품 카세트와 함께, 이 습관은 상당히 우려되는 상태를 예고한다. 즉, 이제 우리는 침묵의 세계에서 들어오는 소리를 경청하지 않고, 자기 자신과 대면하는 시간을 거부하며, 타인들과의 만남도 거부한다. 이러한 음악은 세계와 지성의 소리를 흐리는 일종의 전파 방해다. 그렇지만 음악의 세계를 멈추지 않는 '워크맨'의 이중 활동과 유포된 음악의 변화와 맞물려, 상황은 더 심각한 상태를 맞을지 모른다. 그리고 이러한 음악 가운데 록 음악, 특히 하드록 음악은 재난과 같다.

록 음악에 대한 에드가 모랭의 시각은 내 시각에 비해 상대적으로 신중하고 너그럽다. "음악의 강렬함과 존재하려는 열망이 공존한다. 최초의 록 음악들은 삶에 대한 상실감에서 오는 분노를 가감 없이 표출했다. 상업 체계의 초입이었던 당시, 약속 준수나 일정 존중을 제외하면 거의 대부분 삶에 대한 규제가 사라졌다. 이러한 체계에 돌입한 결과, 무질서그리고 약물!를 통한 존재의 몸부림마저 포기해야 했던 사람들의 유일한 해방구와 안식처가 바로 록 음악이었다."[69] 그러나 현실은 모랭의 해설과 달랐다. 이 천재 반항아들은 아무런 문제없이 '스타 시스템'과 자본주의 체제에 녹아들었고, 재빠르게 운명을 바꿨다. "록 음악의 원천에는 산업 사회에 대한 불신 운동이 있다. 록의 탄생지는 변두리다. … 강렬하고 열광적인 이 음악은 디오니소스의 열정과 광포를 담았다. … 아마도 모든 청소년들의 반항심을 건드는 강력한 자극제일 것이다." 음악의 운동 방향은 폭력을 지향하든지, 아니면 '댄디즘'반속물주의을 지향했다. 그러나 문화 산업의 대중문화 체계와 가요의 상업화는 이러한 "디오니소스 경향에 한계선을 긋는다. 그러나 이 경향을 파괴하지는 않는다. 왜냐하면 바로 이것을 팔아야 하기 때문이다!" 이러한 모순은 록 음악에 잠재된 반항주의를 교살하겠다는 말이며, 록 음악의 폭발력을 제거하겠다는 말이다. 단지 무대에서만 그런 척하면서 야단법

---

69) Edgar Morin, *Sociologie, op. cit.*, 그러나 본문에 인용된 모랭의 글은 1965년 작이다!

석을 떨면 그만일 뿐, 사회에 대한 진짜 폭발력은 소멸된다. 록 공연은 '사회학적 뇌관 제거'의 실천이며, 존재하는 '모든' 밴드들을 '스타 시스템'에 구겨 넣어 "록 음악의 본령인 야성을 새 풍토에 적응"시키는 일이다.

모랭의 글이 작성된 시기부터 록 음악은 다변화, 가중되었다. 이 음악의 기본은 록의 특징이라 할 수 있는 '비트beat'다. 즉, '싱커페이션 리듬'과 결합된 박자가 규칙적으로 반복된다. 그러나 하드록의 출현에 대해, 정신분석학자들은 다음과 같은 결과를 내 놓았다. 하드록은 성 충동메탈 '박자', 전자 베이스기타을 강하게 자극한다. 또한 애시드록'acid-rock은 이름에서 알 수 있듯이 "환각 상태L.S.D."를 지향한다. 클리블랜드의 한 의료진은 록 음악의 효과들을 연구했다. 연구진에 따르면, 록 음악은 청각, 신경계, 내분비계에 심각한 장애를 유발할 수 있다. 이 문제는 뒤에서 다시 이야기하도록 하자. 또한 록 음악으로 청취자의 호흡 변화, 내분비액의 증가, 후두 수축, 불규칙한 심장 박동 현상이 나타났다. 거기에 '레이저빔'을 조명으로 사용한 방에서는 망막 손상도 나타났고, 과격하게 몸을 흔들면서 메스꺼움, 구토, 환각 현상도 나타났다.[70] 모든 피험자被驗者에게 두드러졌던 현상은 소음의 강도였다. 하드록은 청력의 허용 범위를 넘은 수치인 20데시벨까지 올라갔다. 이 정도면, 청각을 통한 지각 능력을 파괴하고 인간을 공격하는 것이라 할 수 있다. 즉, 하드록 음악을 듣는 것이 아니라 음악에 빠졌다는 말이 더 타당할 것이다. 피터 타운젠트 또한 애시드록비틀즈, 롤링스톤즈은 "록이 혁명의 원천"이라는 후렴구를 반복한다. 연구진은 비틀즈의 음악을 통해 잠재의식 메시지들, 즉 의식에 수용되지 않고굉음에 빠진 상태 무의식에 수용된 메시지들의 전달 수단을 연구했다. 연구진은 록 음악가들이 약물 사용을 지지하는 메시지를 잠재의식에 전달한다고 질타한다. 펑크록의 경우도 타인과 자기 자신을 겨냥한 폭력의 메시지를 전달한다. 잠재의식에 전달된 메시지는 한층 미묘해

---

70) 세부 내용은 다음 자료를 참고하라. Reimbal, *Le Rock n'Roll*, Éd. D. Chatelain, Genève, 1984.

진다. 즉, 재생 방향을 역방향으로 설정해 메시지를 녹음, 전달하는 경우까지 생겼다![71] 록 음악가들은 이러한 메시지 전달에 저주파초당 14사이클를 사용하거나 고주파초당 17,000사이클를 사용한다. 록 음악의 강력한 힘은 고출력 앰프에서 나온다. 앰프를 타고 나오는 강력한 박자에 심장이 고동치며, 청취자는 자제력을 잃는다. 생각하는 능력을 비롯해 의지도 억제된다. 다양한 록 음악으로 실제 인격의 파괴가 나타나기도 한다. 록 음악가들을 한 공간에 두고 음악을 틀었다. 귀청 떨어질 것 같은 굉음과 눈 시린 조명으로 가득한 방에서 이들은 서로를 전혀 의식하지 않고, 아무런 말도 건네지 않았다. 단지 음악에 빠져 뇌리를 스치는 몸짓을 발산할 뿐이었다. 가장 빈번하게 듣는 말이자 고래고래 외치는 말은 "나, 나, 나!Me"였다. 1981년 미국의 한 조사에 따르면, 미국 청소년의 87%가 하루에 3~5시간 정도 록 음악을 듣는다. 1985년 워크맨의 상용화와 맞물며, 하루 7~9시간으로 증가할 것이라는 추산도 있었다. 1984년의 록 음반 판매량은 1억 3천만 장이었다. 연구의 내용을 종합하면, 록 음악으로 인해 사고력에 관한 통제력 상실, 지속적인 지능 '감퇴', 신경계와 감각계의 과잉 흥분 상태, 가수면 상태와 그에 따른 우울증, 기억력과 신경근 조정에 심각한 장애가 우려된다.

이제 소음의 결과들에 대해 강조해 보겠다. 사실, 우리 생활 곳곳이 소음 천지이다. 단지 록 음악 때문에 소음이 심각해졌다고 말할 수도 없다. 그러나 소음이 심각한 위험 요소라는 점이 종종 간과된다. 만일 우리가 소음에 노출되었다면, 그 '누적' 량으로 인해 갖가지 결과가 나타난다. 소음에서 회복되려면, 노출된 시간보다 더 많은 시간이 필요하다. 80데시벨을 넘어서면, '모든' 생리 현상에 '심각한' 변화가 발생한다.[72] 120데시벨까지 오르면, 스트레스에 따른 혈액 구성 변화, 혈압 상승, 콜레스테롤 수치 및

---

71) [역주] 백마스킹(Backmasking) 기법을 가리킨다. 역방향 재생에 메시지를 녹음해 전달하는 기법이다. 1960년대 비틀즈는 실제로 이 기법을 활용하기도 했다.

72) 국가 보건위생부가 1975년에 정한 기준치이다. 80데시벨에서 90데시벨로 올라가면, 그만큼 소음도 10데시벨이 '가중'된다. 이 점을 잊지 말아야 한다.

호르몬 생성의 변화가 나타난다. 록 음악에서 이른바 "리듬"이라 불리는 불규칙한 움직임[73]으로 인해, 소음이 미치는 결과는 눈에 띄게 악화된다. 입증된 사실이 하나 더 있다. 지속적인 소음 과잉은 두뇌 활동 능력의 보편적 약화를 유발[74]하며, 신체 기관들을 소음에 길들인다. 즉, 소음은 습관이 되며, 이는 소음에 대한 욕구를 참지 못하는 결과로 이어진다. 이 정도면 소음은 마약이나 다름없다. 그럼에도 우리는 도시의 갖가지 소음자동차, 사이렌, 기계, 레미콘, 불도저, 비행기, 헬리콥터, 굴착기 등에 젖어 산다. "음악", 예술, 심심풀이 오락의 범주에 속한 록 음악을 이러한 소음 대열에 추가했다는 점이 비극이라면 비극일 것이다. 그렇다면, 유독 이 음악을 강조한 이유는 무엇인가? 결국 이 모든 "예술"은 기술 수단들을 통해서만 존재 가능하기 때문이다. "압착기"가 없었다면, 폐차를 찌그러뜨린 흉물 "조각상" 따위는 없었을 것이다. 마찬가지로, 지옥의 소리와 같은 굉음을 만드는 기술 수단들이 없었다면, 그리고 우리의 영웅이 된 록 음악가들의 일거수일투족을 흥에 겨워 전달, 재전달하는 매체들이 없었다면, 이 모든 기술들의 응용을 통해 얻은 최상의 성과물을 찬양하기 바쁜 '담론'이 없었다면, 록 음악으로 인한 인격 파괴도 발생하지 않았을 것이다!

소음에 대한 무능력을 고스란히 드러낸 이중 사태가 있다. 국가 소음환경자문위원회는 소음의 원천을 제거하지 않고, 방음 창문이나 고속도로의 긴 방음벽 설치 등, 소음 피해를 축소하는 "방음 시설물" 건축으로 가닥을 잡았다. 그러나 위원회의 이 조치들1983년 11월은 어처구니없는 측면을 드러내고 말았다. 초경량 항공기U.L.M.의 소음 수준을 규제하는 조치를 제시했지

---

73) H. Laverrière, *op. cit.*
74) 1982년 국가 범부처 위원회 소속인 소음환경자문위원회(Conseil national du bruit)는 "소음으로 꽉 찬 두뇌는 합리적인 추론을 하지 않는다"라고 밝혔다. 그러나 부르카도가 「르몽드」에 기도한 기사(1986년 2월)처럼, 위원회가 제시한 소음 방지 활동의 실패를 복기해 보는 일이 더 중요하다. 같은 기간에 파리 시장은 개 짖는 소리로 인한 도시 소음 문제로 골치 아픈 상태였다! 언제나 그렇듯, 행정부의 정책은 우리에게 큰 웃음을 선사한다.

만, 3년 만에 항공기 소음 노출 계획을 수정1986년은 누락했다. 애당초 공항 인근 주민들에게 "원조"?하기 위한 조치라고 밝혔지만, 당국에서는 소음 방지기의 설치 항목조차 누락했다. 사람들은 이것도 눈치 채지 못했다! 또한 속옷 전용 세탁기의 소음 규범까지 나왔다. 학교와 영유아 어린이집의 방음을 위해 시범 마을들을 선정해 계약을 맺고, "무음 장비들"을 구매했다. 그러나 레미콘, 굴착기, 불도저, 오토바이의 소음에 대한 대책은 없었다. 특히, 배기가스를 직접 배출하는 자동차 운전자들과 오토바이 운전자들에 대한 가중 처벌 장치도 전무했다. 소음은 신성불가침한 세상의 일부분이 되었다. 즉, 오토바이 운전자 협회들이 반복하는 말처럼, 소음은 자유다.

5. 끝머리에: 두 가지 어리석은 사례

디즈니랜드

프랑스인들을 유치한 놀이에 빠뜨리고 심각한 사안들에 등 돌리게 한 최고의 오락 산업은 바로 '유로 디즈니랜드' 개장 계획일 것이다. 어린이들을 단숨에 사로잡을 수 있는 대형 놀이 공원을 신축하겠다는 본 계획은 '마른 라 발레' 지역을 건축지로 선정했고, 투자액도 무려 '100억 프랑'에 달한다. 기획진에서는 개장 첫 해 천만 방문객을 예상했다. 계산대로라면, 50억 프랑의 수익을 '남겨야' 한다. 그러나 '테제베'의 경우도 비슷하게 계산했지만, 결국 계산 착오로 밝혀졌다 이들의 셈법에 따르면, 놀이 공원을 찾은 방문객 1인의 평균 지출 비용은 225프랑이다. 통상 4인 가족이 방문한다고 가정하면, 한 가족이 하루에 디즈니랜드에 지출하는 비용은 총 1,000프랑이다. 프랑스 최저임금의 1/4에 해당하는 금액이다. 실제로 이러한 긍정적인 효과가 발생한다면, 이보다 더 나은 장사는 없다. 캉탈-뒤파르"그랑 파리" 도시 계획 책임자와 바일잡지 「위르바니즘」의 편집자은 지역 전체를 위한 절호의 기회라고 단언한다. 5년 동안 진행될 건설 공사로

약 13,300개의 일자리를 창출할 수 있을 것이다. 거기에 숙박, 식당, 상점, 교통수단이 맞물려 30,700개의 영구 일자리를 창출할 것이다! 매상 총액은 80억 프랑외국인 관광객 유치 요망에 달할 것이며, 그 중 10%는 외국인 관광객이 차지할 것이다!

재정 소득에 관한 예측은 완벽에 가깝다. 늘 그렇듯, 계획 단계에서의 재정 균형은 완벽하다.결점과 하자는 늘 뒤에 나타나기 마련이다! 또한 '유로 디즈니랜드'는 파리 서부 지역예컨대, 라 데팡스과의 균형을 이룰 수 있는 주요 위락 시설이 될 수 있다. 말 그대로 일확천금의 기회이다. 물론 환경운동가들은 이 계획에 동의하지 않는다. 위에 인용된 저자들은 진지하게 숙고하려는 다른 사람들에게 그랬듯, 이 운동가들을 비웃는다! 디즈니랜드 건설 과정에서 25명의 농민들은 토지 몰수를 감수해야 한다. 면적만 무려 1,785 헥타르에 달하고 전 농토가 곡물 '경작에 매우 유리한 옥토' 임에도 피해 감수는 불가피하다. 최신식 고급문화에 고수익을 담보하는 이 위대한 기획 앞에서, 한낱 촌뜨기 농부들의 이익 따위는 고려할 바 아닐 것이다. 위 저자들은 미국 플로리다 '디즈니월드'의 사례를 든다. 이들은 디즈니월드가 숲과 물이 풍부한 지역을 포함하는 자연 농원 구조를 갖췄다는 논리로 환경운동가들을 설득하려 한다. 이제 능숙한 솜씨로 심어둔 빼빼 마른 빗자루들이 어떻게 자라는지 보는 일만 남았다.

또 다른 쪽에서는 미국의 영향력을 우려하는 목소리도 있다. 기획 관계자들은 이 관광 명소에서 프랑스 문화와 유럽 역사의 초혼제가 벌어질 것이라고 다독이며 이들의 우려를 불식시키려 한다. 활용될 기술은 모두 프랑스산 기술일 것이며, 직원의 90%도 프랑스인일 것이다! '메인 스트리트'미국 사회, '웨스턴 랜드'카우보이와 원주민, '뉴올리언스 스퀘어' 등의 명칭은 안중에도 없다. 나는 애당초 우리 가운데 확산 중인 가짜 문화의 본산지를 기술-미국주의le techno américanisme로 보기 때문에 염려를 더할 것도 없었다. 기술-미국주의가 한 단계 더 진행된 것에 불과하다. 다만 "이 계획의 '1차' 목적은 경제에 있습니다"라고 말한 '일드프랑스' 지역의회 의장 미셸 지로의 솔직한 발언이 고마울 뿐이다.

실제로 문화는 없었다! 내가 가장 흥미롭게 보았던 부분은 인용된 두 저자의 선언인 "내 문화는 미키[마우스]입니다"[75]였다. 진실을 토로한 발언이다. 교양인을 자처하는 프랑스인의 문화 수준이 8세 아동용 만화 수준과 동급이다. 디즈니랜드는 특수한 논란 대상이 아닌, 극한까지 내몰린 우리 '사회의 크레틴병le crétinisme social'이다. 토대를 견실하게 다진 프랑스인의 일상사 외부에서 오랜 시간에 걸쳐 진행된 '문화 이탈'과 '문화 전환' 현상의 폭발이며, 고용과 경제에 대한 정당화를 통해 비판 정신과 거리 두기의 생존권마저 짓밟은 사건이다.

아이돌

이따금 조롱과 조소로 논의를 마무리해야 할 때가 있다. 기술 제품과 담론에 의한 인간의 오락, 심심풀이 활동, 퇴폐 행동의 세계는 경배, 숭배, 시복과 같은 종교성 짙은 표현으로 완성된다. 마르크스가 제시한 것처럼, 완전히 소외된 인간은 종교적 인간으로 바뀌기 마련이다. 오락과 유흥에 집중한 체계인 '스타 시스템'은 어제 오늘의 일이 아니며, 상당 기간 동안 유지된 체계이다. 오락의 세계에서 스타는 우상이 된다. 말 그대로 절대자의 모습이다. 절대자의 모습을 입은 스타는 초월자, 진정한 신Allah이 된다. 나는 1984년 10월 「르몽드」에 실린 마르크 라튀라의 글만큼 환희와 열정에 사로잡힌 디오니소스의 찬가를 읽은 적이 없다. "스타 비디오"에 큰 관심을 보였던 라튀라는 마이클 잭슨에 대한 찬가로 글을 도배했다. 몇 문장을 직접 읽어보자. "마이클 잭슨의 뮤직비디오를 보지 않은 사람은 티베트의 라

---

75) Article du *Monde* du 10 juillet 1986.

마교 사원에 가부좌를 틀고 앉거나 남극에 깃발 꽂는 일을 좋아하는 사람일 것이다. … 사람들은 너도나도 '안테나 2'^{프랑스 방송 채널}의 잭슨 신화를 이야기 한다. … 그의 어떤 몸짓도 버릴 수 없다. 그의 몸은 어떤 광채보다 밝게 빛 나는 '초월자'의 빛이다. 솔로 부분을 노래할 때 그가 내뱉는 딸꾹질 같은 소리는 고철덩이를 금붙이로 바꾸는 일이다. 그가 노래에 빠져들 때, '온 지구가 그와 함께 뛰고 호흡하며, 숨을 헐떡인다. […]"

잭슨은 신화다! 잭슨 이전의 음악가와 가수는 없다. 그러나 그를 유일자 와 신으로 만든 장본인은 무엇보다 스타의 '뮤직비디오'다. 바로 기술이 잭 슨을 평범한 신분과 등급에서 벗어난 초월자의 자리에 앉혔다. 위락에 물 든 인간의 무뎌진 감각은 물 흐르는 대로 아무데나 흐른다. 그리고 이것이 스타를 추앙하고 떠받드는 종교의 구조를 다진다.

4장 · 기술담론의 연성^{軟性} 테러리즘

온건한 사용자, 생활 개선에 필요한 수단을 개발하는 분야에 종사하는 사람들, 테러리즘의 사고방식과 전혀 상관없는 전문기술자는 분명 위 표현에 불쾌감을 표할 것이다. 또한 다른 사람들도 이 표현을 지나친 과장으로 여길 것이다! 인정한다. 다만, 오해를 걷고 다시 경청해 주기 바란다. 나는 다른 논문에서 기술 수단들의 성장과 대중화가 테러리스트들의 직접 행동을 용이하게 한 측면에 대해 지적한 적이 있다.[76] 그러나 본문에서는 기술 테러리즘을 논하지 않겠다. 오히려 나는 기술을 주제로, 그리고 기술을 출발점 삼아 만들어진 '담론'에 대해 논하겠다. 다시 말해, 기술담론^{technologie}의 고유한 의미를 다루겠다. 한 가지 덧붙여, 나는 기술담론을 '테러리스트 담론'이라 주장한다. 그러나 이 때 테러리스트는 흔히 회자되는 '폭발물 터트리는 사람'을 뜻하지 않는다. 오히려 나는 1968년 무렵에 생성된 의미로 이 용어를 사용하려 한다. 당시 사람들은 모든 교수들을 테러리스트로 간주했다. 왜냐하면 교수들은 특정 담론을 통해 학생들에게 영향을 미칠 수 있는 지위를 차지했고, 누구도 교수의 담론에 토를 달 수 없었기 때문이다. 모국어 습득 역시 또 다른 테러리즘이다. 왜냐하면 언어 습득은 어린이의 무의식에 각종 형상, 상징, 판단의 통과를 허용하고, 어린이는 이러한 요소들을 결코 부수지 못하는 상태가 되기 때문이다. 다시 말해, 언어 습득은 어린이

---

76) « La démocratisation du Mal », *Sud-Ouest Dimanche*, septembre 1981

의 자유로운 자기 전개 능력을 가로막는다.

1968년 당시, 나는 이러한 분석이 정확하면서도 동시에 터무니없다는 점을 논했다! 그러나 자체 보호 수단을 전혀 확보하지 못한 개인들의 무의식을 조성한다는 추상 의미로 나는 '테러리즘'이라는 용어를 답습하려 한다. 또한 나는 오늘날 도처에 확산된 담론이자 무비판[77] 담론이 된 '기술' 담론은 서구인을 완벽히 매료시킨 테러리즘, 서구인을 결코 바꿀 수 없는 이중의 의존 상황에 가둔 테러리즘, 따라서 서구인을 굴복시킨 테러리즘이라고 주장한다.

모든 테러리즘 담론은 미래 사회에 대한 표상에 기초한다. 서기 2000년은 완벽한 정보화 사회, 의사소통 사회, 최첨단 기술 사회, 우주 식민지 운영 사회, 무제한 에너지 사용 사회, 자동화와 로봇을 통한 생산의 급변을 이룬 사회, 인공지능이 인간 지성의 대부분을 대체하는 사회, 신소재 물질의 상시 개발"각 요소들의 미래"라는 이름으로 신소재 물질을 열렬히 찬양하는 뒤크록의 주장을 확인하라로 물질의 부족분을 메울 수 있는 사회일 것이다. 이 사회에 음지는 없을 것이다. 무엇보다 신소재 물질 분야의 경우, 과거에 모든 물질을 사용해야 가능했던 분야를 몇 가지 새로운 물질들만으로 충분히 보강할 수 있을 것이다! 또한 이 사회의 특징은 다음과 같을 것이다. 첫째, 우리가 생각하는 노동과 같은 형태의 노동을 더 이상 생각할 수 없을 정도로 생산 과정의 대전환을 이룬 사회일 것이다. 둘째, 주거 방식과 교통수단이 전혀 새롭게 바뀌는 사회일 것이다. 셋째, 수정에서 노화까지 삶의 주요 문제들을 해결하는 사회일 것이다. 넷째, 영양가 높고, 고갈되지 않는 새 물질로 모든 식량 문제가 사라지는 사회일 것이다. 그리고 마지막 다섯째, 모든 것이 새로운 서비스, 신제품에 기초해 새로운 예산 균형을 가능케 할 것집단 예산, 개인 예산 모두이기에 소비 문제가 무의미해지는 사회가 될 것이다.

---

77) 산발적인 규탄 정도로는 매체들에 관한 거대 담론을 제압할 수 없다!

독자들은 내가 꿈꾸는 것처럼 보이는가? 아니면 내가 헉슬리의 『멋진 신세계』를 또 다른 방식으로 묘사한다고 생각하는가? 전혀 그렇지 않다. 나는 가장 공신력 있는 보고서의 첫 머리를 되풀이했을 뿐이다. 이미 인용한 적이 있는 보고서이자 국립과학연구센터가 국가기획위원회와 국무총리에게 보고하기 위해 작성한 미래전망계획보고서인 「2005년 전망: 미래에 대한 일곱 가지 탐사」Prospective de 2005. Sept Explorations de l'avenir이다.

뒤크록이나 브레상과 디슬레의 저작과 같은 개인의 영역에서도, 우리는 서기 2000년의 세계에 대해 폭넓은 시야를 확보할 수 있다. 사실 이들의 저작과 위 보고서의 논조가 대동소이하다. 또한 일간지 「르몽드」에서도 동일한 목소리를 들을 수 있다. 그러나 이들이 모두 "각본"다양한 지표들, 변수들, 논제들을 수반한이라 불리는 것을 이야기하지 않는 점이 이채롭다. 우리는 미래의 각본과 마주하지 않고, 반드시 그래야 하는 당위의 세상인 2000년과 만나는 중이다. 그것은 총체성과 확실성을 겸비한 예측이다. 현존하는 것을 고려한 이 보고서는 작성한 모든 내용이 미래에 실현될 것을 확신한다. 화폐는 완전히 사라지고, 신용 카드가 그 자리를 대체할 것이다. 현재 사용하는 모든 물건들이 정보화될 것이고, 모든 관계들도 컴퓨터를 통해 이뤄질 것이다. 신소재 물질은 오늘날 생각지도 못한 구조들을 가능케 할 것이며, 새로운 인공 보철 기구들이 등장하고, 교통수단과 주거 형태는 새롭게 바뀔 것이다. 올더스 헉슬리의 『멋진 신세계』나 공상 과학 서적 및 영화와 위 주장들 간의 극명한 차이점은 다음과 같다. 공상 과학 서적과 영화는 상상계의 영역에 속한다. 즉, "가능성"의 단계에 머물 뿐, 확실성을 보장하기 어렵다. 반면, 내가 인용한 보고서와 서적들은 하나같이 반박 불가능한 과학의 질서와 확실성을 담았다.

나는 본서 초반에 다뤘던 예측 불가능성l'imprévisibilité의 문제를 재론하지 않을 것이다. 이러한 공식그리고 준(準)공식 문서들을 읽으며, 나는 크게 네 가지 현상에 대한 전망이 아예 누락되었다는 사실을 확인했다. 1) 핵전쟁 발발 가능성, 2) 제3세계 발 무력시위 가능성, 3) 기하급수적인 실업 증가 가능성, 4) 부채 누적 등으로 인한 서구 세계 금융 체계의 파산 가능성이 빠졌다. 보고서에는 네 가지 재난이 존재하지 않는다. 더욱이 내가 참조한 보고서는 오로지 프랑스 상황에만 집중했다.

이 대목에서 한 가지 짚고 넘어가야 할 부분이 있다. 미래를 고심한 전문가들이 위 네 가지 가능성을 염두에 두지 않았다고 하여, 나는 이들을 욕하고 싶지는 않다. 다만 이들이 고려할 필요가 있는 사안을 누락한 채 장래를 설명한다는 점, 국가의 사실상 전 부분을 관통할 수 있을만한 것을 예측하지 않았다는 점을 이야기하고 싶을 뿐이다. 이들은 서기 '2005년'의 사회는 자신들의 예측대로 '될 것'이라고 확신했다. 달리 말해, 내가 1950년대에 우리 시대의 하나의 '숙명'이 된 기술에 관해 논하면서 제기한 몇 가지 문제점을 지금 이들은 실행에 옮기는 중이다. 기술은 부정할 수 없을 정도로 명확하며 불가피하다. 무엇이 도래하든지, 좌우간 기술이 우리의 '운명'과 '방향'이다. 이러한 전망들은 우리에게 확실한 미래 사회를 그려준다. 그 중에서도 기술은 미래 사회에 '반드시' 존재할 것이다. 기술은 우리를 인도하는 숙명일 것이며, 우리는 그 숙명을 뒤엎을 수 없을 것이다. 굳이 형이상학과 문학 용어들을 사용하지 않더라도 이 점이 분명하게 드러난다. 더욱이 대중들은 '진보를 멈출 수 없다'는 말을 당연하게 받아들인다. 베르나르 교수와 테스타르 교수의 유전자 공학에 관한 텔레비전 토론회 도중에 중요한 선언이 등장했다. 당시 베르나르는 "이유야 어떻든, 과학 연구를 '결코 멈출 수 없습니다'"라고 강조했다.

우리의 미래는 확실하며, 결코 바꿀 수 없는 상수常數가 되었다. 그러나 이 주장은 순전히 지식 논쟁에만 존재할 수 있을 것이다. 일각에서는 뒤크록이나 브레상의 글과 『진보의 피해』나 메사추세츠 공과대학교 보고서를 대조할 수 있을 것이다. 이 보고서들은 공식 문서들이며, 현 정부와 미래 정부의 수행 과제를 명확히 제시하는 문서들이다. 특히, 지금 우리는 특정 가설이나 미래에 있을 법한 개연성 문제를 다루지 않는다는 점을 직시해야 한다. 이 보고서들은 미래 사회를 '반드시 그런 사회여야 한다'고 못 박는다. 다시 말해, 젊은이들이 '기획된 미래' 사회에 돌입하도록 길을 닦고, '그' 사회의 도래를 견인하는 일이 정부의 주 업무이다. 나는 바로 이것을 테러리즘으로 간주한다.

기술에게 완전히 둘러싸인 '이' 정보화 사회는 '숙명'이며, 필연이다. 따라서 우리는 '그' 방향으로 가면서 정보화 사회의 도래와 배양을 추진한다. 다시 말해, 지금부터 우리 젊은이들을 정보화 사회에 통합시켜야 한다. 선택은 없다. 유용성을 갖추지 못한 사항들은 선택지에 오르지 못한다. 왜냐하면 향후 어떤 사회가 도래할지 이미 알기 때문이다. 우리는 지금과는 전혀 다른 이데올로기와 함께 **역사**를 지향한다. 그러나 과학 중의 과학이라 칭송 받던 마르크스주의도 현재¹⁹⁸⁰년대 중반 기술 중심주의technologisme로 전환되었다는 점을 기억한다면, 과학으로 규정된 **역사**를 지향하겠다는 선택은 필히 독재나 테러리즘에 이를 수 있음을 간과할 수 없다. 명확히 말해두지만, 지금 나는 기술 중심의 정보화 사회로 **역사**의 방향을 선택한 정부들이 소비에트 테러리즘을 재생할 것이라 말하지 않는다. 그럴 일은 없을 것이다. 다만, 이 정부들은 이데올로기의 테러리즘을 재현할 것이다. 이 점은 확실하다.

정부의 이러한 미래 예측론의 핵심에는 세 가지의 속임수가 있다. 첫째, 실업에 대한 속임수다. 즉, 정보화 사회로 가는 길에 합류하지 않고 첨단 기술 장비들을 다루는 기술자가 되지 않으면, 실직을 피하지 못한다는 식의 속임수다. 컴퓨터나 전송 장비, 정보망과 파일, 명령 체계 전반에 대한 사용법을 모르는 사람은 도태될 것이며, 정보화 사회에 전혀 쓸모없는 존재가 될 것이다. 젊은 세대의 머릿속에 '너희들이 마주할 유일한 미래는 바로 정보화 사회야'라는 말을 계속 주입해야 한다. 또한 부모 세대에게도 '자녀들을 전문기술인으로 키우지 않으면, 앞으로 사회에서 밥 먹고 살기 힘들 겁니다'는 식의 말로 협소한 선택지만 보도록 해야 한다. 더군다나 컴퓨터 문화를 접한 이상, 우리 자녀들은 다양하고 광범위한 분야로 진출할 수도 있을 것이다. 심지어 벨기에의 뢰번^{루뱅} 신학연구소의 경우처럼, 만일 우리 자녀들이 컴퓨터를 통해 성서와 신학의 활용법을 익힌다면, 이들은 별안간 신학자가 될 수도 있을 것이다.

'컴퓨터 조작법을 아는 지성인만이 우리 사회의 유일한 지성'이라는 식의 속임수가 또 다른 속임수를 배양한다. 앞에서 다뤘던 프로그램 제작 분야의 어린 천재들이 배출한 놀라운 결과물을 재론하는 정도면 충분할 것이다. 컴퓨터 정보 관련 지식 이외의 나머지는 아무 소용이 없다. 문학 작품에 대한 지식이든, 역사나 고전어에 대한 지식이든, 무의미하다. 만일 각 개인이 기술 세계에 적응하는 데 인문학이 유용하다면, 신뢰도는 차츰 약화될 망정 인문학 교육에 찬성할 것이다. 그러나 유용성이 없다면, 기술 세계에 인문학의 자리는 없을 것이다. 기술 세계에 대한 적응 문제 외에도, 유희와 오락 활동이 용인될 것이다. 왜냐하면 이 활동들은 미래 사회의 요구 사항에 대한 우리의 의식화 작업을 방해하기 때문이다.

또한 사람들은 19세기의 진보에 견주어 금세기의 놀라운 진보를 부각시킨다. 산업 시대였던 19세기의 이상형 인간은 교양은 없어도 습득한 기술에 따라 정확하게 행동하는 인간이었다. 오늘날 사람들은 모든 영역에서 지능에 호소한다. 그리고 2000년이 되면 그 분위기는 더 확산될 것이다. 이러한 사회에서 가장 중요한 지능은 두말할 것 없이 수학 지능이다. 그러나 수학 지능은 더 이상 인간다운 인간의 지능, 즉 인간성의 지능이 아니다. 로봇과의 협력이나 인공지능으로 재편된 지능과의 협력이 핵심을 차지할 것이다. '컴퓨터가 지능인가 아닌가' 혹은 '컴퓨터가 인간의 경쟁 상대인가'와 같은 질문은 더 이상 질문 거리가 아니다! 이제 우리는 컴퓨터의 지능을 빌어 어떻게 인간을 교육할 것인가를 물어야 하며, 인간에 대한 교육과 컴퓨터 사용을 어떻게 조화시킬 것인가를 물어야 한다. 컴퓨터 언어의 세계에서 우리는 다르게 문제 제기하고 옛 처리 방식과 다른 방식으로 문제들을 해결하는 법을 익혀야 한다. 우리는 '알고리즘'에 따라 사유해야 한다. 즉, 모호성 없이 사유하는 규칙들의 집합체, 하나의 표상에서 다른 표상으로 이행할 수 있는 변환, 실행 단계의 '숫자가 유한한' 상황에서 사유해야 한다. 알고리즘, 형식 문법, 기억 복합체하나의 알고리즘에 대한 계산 가능성을 규정할 수 있는에 대한 이론을 만들어야 하며, 그래프 이론, 컴퓨터 정보 언어의 통사론도 제작해야 한다. 이미 피할 수 없다고 예고된 한 사회에서, 우리는 이러한 지능들을 익혀야 할 것이다. 그러나 흥미로운 부분이 있다. 이 분야의 지성 교육을 받은 사람들이 전혀 다른 분야의 지성 교육에는 그다지 예리하지 못하다는 점이다. 행복한 일인지 몰라도, 더 이상 타 분야를 생각할 필요가 없어졌다. 단기간만 두고 보면, 내가 방금 지적한 내용은 낯설고 매우 불쾌한 것일 수 있다. 그러나 전혀 그렇지 않다. 왜냐하면 테러리즘은 물리적 충격과 공포로 겁주는 방식이 아닌, 새로운 풍토에 적응시키는 방식으로 작동하기 때문이다. 예컨대, 우리는 컴퓨터 체계의 구성에 대한 이해나 컴퓨터 조작을 어려워할 수 있다. 우리가 이미 말했던 것처럼, 컴퓨터의 성능은 컴퓨터에 관한 신화가 제작될 정도로 매우 탁월한 수준이다. 따라서 컴퓨터에 대한 "탈신화화" 작업이 누군가의 수행 과제가 될 것이다. 그러나 이를 다소 낯선 방식으로 다루는 사람들도 있다. 나는 다음과 같은 방식을 접한 적도 있다. "컴퓨터 분야의 기술은 여전히 역사 이전préhistoire의 수준이다. … 빠르게 진화하는 컴퓨터와 덜 빠른 속도로 진화하는 기업들의 '욕구' 사이의 간극은 각종 서비스 기업의 필요를 합리화할 뿐이다. 우리는 18년 전부터 그랬던 것처럼, '컴퓨터 탈신화화 작업'을 지속해야 한다. 왜냐하면 사용자를 공급자의 얼굴에서 떼어 놓지 말아야 하기 때문이다"「르몽드」1986년 7월 다른 기업이 최고 수준의 컴퓨터를 선택할 수 있도록 보조하는 기업들이 필요하다는 말이다! 달리 말해, 위 글에서 '컴퓨터 탈신화화 작업'은 비탈리스나 샤무의 작업인 컴퓨터의 취약성, 오류, 위험 요소 등을 논하는 작업과 전혀 상관없다. 오히려 그 반대이다. 컴퓨터에 대한 욕구를 창출하고, 이러한 욕구 창출을 통해 사람들이 후회하지 못하도록 한다. 또 새로운 사용자들을 요구하고, 사용자들을 그들의 "욕구"에 따라 컴퓨터를 구매하도록 유도하며, 컴퓨터가 신비나 신화가 아니라는 점을 이들에게 증명해야 한다. 즉, '우리가 지성인이라면, 컴퓨터를 사용한다'는 식의 신화를 걷어낼 필요가 있다. 이러한 탈신화화 작업의 내용은 다음과 같다. "컴퓨터는 사실 매우 간단합니다. 한 마디로, 당신의 모든 것을 도울 수 있지요. 바보로 살다 죽지 마세요!"

바로 이것이 이른바 '컴퓨터 탈신화화 작업'서비스 기업의 중요성을 통한에 대한 진단이다. 따라서 지능과 결부된 속임수는 실업과 관련된 속임수보다 더 광범위하다. 가장 기본적인 공식이라면, 아마도 컴퓨터 "안에" 있음"이나 컴퓨터와 "접속된 상태"일 것이다. 이러한 공식이 지능을 보증한다. 그러나 동시에, 이 공식은 테러리즘이기도 하다. 컴퓨터 '안에' 있지 않거나 컴퓨터에 접속하지 않은 사람들에게 연민을 표함과 동시에 이들을 무시하는 주권자의 은밀한 기운을 감지할 수 있어야 한다! 덧붙여, 광고는 '당신에게 닥친 모든 문제들에 기술이라는 착한 요정이 해법을 찾아준다'고 속삭일 것이다. 그러나 여기에는 우리의 의지가 필요하다! 인간 본인이 그러한 도움을 수용할 준비가 되어야 하며, 이러한 수단들의 유입으로 인해 기대해 봄직한 모든 사안들과 의기투합할 준비가 되어야 한다. 불신이나 망설임은 필요치 않다. 테러리즘은 심리적 준비, 교육, 의무 부과라는 세 가지 단계를 포함한다. 방금 전에 우리는 첫 번째 단계인 심리적 준비 단계를 간단히 다뤘다. 이제 나머지 두 단계를 이야기해보자.

두 번째 측면은 훈육과 교육이다. 이 부분에 대한 생각은 간단하다. 내일의 사회는 당초 기획된 '그대로 이뤄져야 한다.' 다른 형태의 사회는 존재할 수 없다. 따라서 젊은이들차후 더 어린 세대까지 아울러야 할 것이다이 정보화 사회에 발 디디도록 하고, 그 사회에서 발견하게 될 것들에서 떠나지 않도록 하며, 톱니바퀴처럼 맞물린 모든 요소들을 완벽하게 숙지하도록 해야 한다. 1930년경에 학교는 자동차에 대한 교과목을 신설했다. 그러나 애당초 자동차는 교육 도구가 아니었다. 오늘날에는 아이들이 졸업 이후에 새로운 기기와 장비무작위로 인용하면, 원격 회의, 각종 출력기기, 컴퓨터 설계, 의사결정 보조 장치 등를 바로 접할 수 있도록 만반의 준비를 하려 한다. 컴퓨터는 국어나 수학처럼 필수 교과목이 '되어야 한다.' 더욱이 어떤 사람들은 다른 과목들도 컴퓨터와 통합된 형태의 과목으로 바뀌어야 한다고 말한다. 컴퓨터의 정보는 역사나 물리학 공부에 도움이 될 것이다.

나는 바로 이 점을 "테러리즘"이라 부른다. 아이들은 각 단계마다 컴퓨터와 만나게 될 것이다. 컴퓨터를 통해 교과목 학습을 진행하게 될 것이고, 컴퓨터에 쉽게 적응할 것이다. 나는 제대로 된 적응의 문제를 이야기했다. 왜냐하면 언젠가는 컴퓨터의 역량과 기능에 맞춰 철자법도 바뀔 것이기 때문이다. 어린이의 지능과 관계된 모든 것, 지능 교육의 매개는 컴퓨터일 것이다. 수없이 반복되는 컴퓨터 소개 담론은 '내일의 노동 현장에 보편화될 수단들을 우리 아이들이 맘껏 활용할 줄 알아야 한다' 는 식의 말만 되풀이한다.

그러나 주된 요구사항은 바로 아이들의 지능 변화이다. 왜냐하면 컴퓨터는 단순히 특정 기술이 아닌 과학이 될 것[78]이고, 물리, 경제, 언어, 생

78) 해당 내용의 출처는 1980년 국무 위원회에서 밝힌 프랑스 대통령 공식 보고서이다. J.–C. Simon, *L'Éducation et l'Informatisation de la société, op. cit.*,

물 등의 현상들에 대한 우리의 표현 방식을 바꿀 것이기 때문이다. 컴퓨터는 '부호화'라는 방식으로 그림, 말, 생각, 언어를 완전히 새롭게 바꿀 것이다. 이 모든 것들이 기계의 특수 부호 안에 들어가야 한다. 기계는 기존의 문제 제기 방식과 다른 방식을 요구하고, 기계에서만 통용되는 고유어를 요구할 것이다. 그것은 새로운 원리들, 새로운 개념들을 만든다. 컴퓨터 기계는 고등학교에서 배워야 할 학문이면서, 동시에 다른 과목들의 학습 방향을 설정하는 장치다. 컴퓨터가 보조하는 교육이 이뤄질 것이다. 컴퓨터는 마치 조교처럼 행동할 것이다. 현재 전국 58개 고교에서 진행 중인 실험이다.

그러나 공식 보고서의 지적처럼, 유치원 때부터 컴퓨터 교육이 필요하다. 컴퓨터는 보조 도구가 아닌 이론과 기술의 화해를 낳는 새 문화유명한 기술 문화!의 탄생을 견인하는 주인공이다! 따라서 곳곳마다 컴퓨터의 응용이 필요하며, 컴퓨터는 "필수 과목"이 된다. 과거에 모두가 배워야 하는 필수 과목은 국어와 수학이었다 모든 영역이 컴퓨터에 도움을 청하든지, 아니면 컴퓨터를 수단으로 삼는다. 현 사회에 불가피한 일이라면, 지금부터라도 컴퓨터 교육에 매진해야 한다. 컴퓨터와 연계된 모든 수단들이 유용하고 좋다. 또한 이러한 수단들에 대한 교육은 단순히 학교에서 끝나지 않는다. 텔레마티크, 전화, 텔레비전 등을 통한 다방향 교육이 이뤄질 것이다. 왜냐하면 복잡한 현상들의 표본을 만드는 데 컴퓨터는 대체 불가한 도구이며, 모든 학업 과정에 컴퓨터의 개념들이 유용하다는 점을 아이들이 알아야 하기 때문이다.

기술 문화는 "우리가 원하든지 원하지 않든지" 점점 중요한 자리를 차지한다. 그리고 "학교는 미래의 시민들에게 이 시대의 문화를 아낌없이 제공해야 한다. … 학교는 외부에서 익힐 수 있는 수준과 동일한 수준의 기술 전문성을 학생들에게 가르쳐야 한다." 이에 컴퓨터 사용을 놀이와 연결한다. 지루한 독서 대신, 재미난 장비들을 만지작거리면서 흥미를 갖는다. 지능

계발 활동을 제안하면서, 아이들을 학교에서부터 우리 사회를 지탱할 '발전된 두뇌'들로 준비하는 일이 관건이다.

빼곡하게 작성된 이 보고서에서 볼 수 있는 또 다른 특징은 다음과 같다. 보고서는 모든 영역에 컴퓨터를 응용하고, 그러한 응용을 가능케 할 수 있는 방법언어, 지식, 논증 양식 등에 대한 습득을 보도한다. 그러나 현대화를 추구하는 모든 교수법시청각 자료, 원격 소통, 컴퓨터 보조 교육에는 글이나 말에 대한 이미지의 우위가 함축되어 있다. 학생의 학습 능력 평가도 기억, 통사론, 의미론, 귀납추리, 추론, 전략, 창의성과 같은 일곱 가지 항목으로 구성된다. 각각의 평가 항목은 "능력의 실행"과 맞물린다. 학생이 지능의 전개 과정을 이해하는 쪽으로 교육의 방향도 맞춰야 할 것이다. 최종 사용자가 컴퓨터를 "투명"한 도구 혹은 전자동으로 작동하는 단순 도구로 여기지 않고, 창조성의 원천으로 봐야 하므로 컴퓨터 정보 과학에 대한 교육은 꼭 필요하다. 보고서는 각 과목의 적용 방식, 교육 수준에 대해 상세하게 기술하며, 다른 "선진국들"에서 이뤄지는 교육 자료도 비교용으로 소개한다. 마지막으로, 보고서는 교육법의 장점들과 단점들을 제시하는데, 이 교육법의 방향은 크게 두 가지로 나뉜다. 첫째, 컴퓨터 보조 교육의 직접성과 연계된 방향이다. 다시 말해, 교과 교육이 체계의 안내에 따라 이뤄지는 방식으로써, 다양한 선택지에서 고른 질문들에 대해 컴퓨터가 내놓은 답안을 따른다. 둘째, 컴퓨터에서 직접 대답을 찾지 않는 간접 방법이 있다. 예컨대, 모의실험, 컴퓨터 지원 설계, 프로그램 제작 등이 있다.

나는 자세한 설명을 덧붙이는 대신, 이러한 컴퓨터 정보화 교육 계획과 함께 극단의 테러리즘을 내재한 교육 체계와 만날 것이라는 견해를 정확히 밝히고 싶다.[79] 이를 극단의 테러리즘이라 칭하는 이유는 우리 젊은이들이

---

79) 우리에게는 테러리즘을 문제 삼아야 할 '아나키스트의 용기'가 필요하다. 이 내용에 열정을 다한 다음 책을 참고하라. Feyerabend, *Contre la méthode, Esquisse d'une théorie anarchiste de la connaissance*, Le Seuil, 1979. 이 책이 주장하는 여러 내용들 중에, 나는 특별히 과학을 [필수] 학과목에서 분리하자는 주장에 완벽히 동의한다.

이 체계를 피할 길이 없기 때문이다. 이따금 이러한 교육은 놀이의 방식으로 나타나기도 한다. '놀이 학습'이라니, 가장 이상적인 교육법 아닌가? 지스카르 행정부는 모든 학생의 컴퓨터 교육을 예고했다. 그리고 컴퓨터 교육 강화 정책을 추진한 주역은 차기 사회주의 정부^{미테랑}였다. 대통령 비서실장 롤랑 카라즈는 1984년 11월에 컴퓨터 교육이 학교 현대화의 기본 분야들 중 하나라고 공언했다. 향후 컴퓨터 교육은 전 분야의 의무 교육이 될 것이다. 학내 마이크로컴퓨터 설치 및 소프트웨어 개발 정책 기획을 소개함과 동시에, 컴퓨터 보급도 광범위하게 이뤄질 것이다. 국무총리 로랑 파비위스는 1985년 1월에 "전국 학생 컴퓨터" 교육 계획안을 공표했다. 계획안에 따르면, 1985년까지 전국의 초중고교에 총 10만 대의 컴퓨터를 설치하고, 11,000개의 컴퓨터 실습실을 운영할 계획이다. 고등학생들은 준전문가 수준의 교육을 받게 될 것이다. 이러한 계획에 소요될 예산 총액은 20억 프랑이며, 10만 명의 컴퓨터 전문 교원들을 신규 확충할 계획이다. 총리의 이 예측은 이미 초과 달성된 상태이다. 교육부 장관 장–피에르 슈베느망의 놀라운 추진력 덕에 1986년 1월에 이미 12만 대의 컴퓨터를 설치했기 때문이다. 정부의 주 초점은 "컴퓨터 문화" 프로그램이었다. 주무자들의 바람은 컴퓨터를 통한 프랑스어의 "엄격한 활용과 쓰기 작업의 강화"^{시몽의 보고서에 나오는 한 구절과 정확히 일치하는} 대목였다. 11만 명의 전문 교원, 자원 봉사자, 열정 봉사자 등이 교육을 맡았다. 여기서 한 걸음 더 나아가, 대중들에 대한 교육, 특히 부모들에 대한 컴퓨터 교육 과정^{모두를 위한 컴퓨터 교육80)} 개설을 검토했다.

따라서 나는 이러한 교육 방침이야말로 지금껏 논했던 '테러리즘', 즉 사회 전체가 정보화 사회가 될 것이라는 확신에 기초한 테러리즘의 주요 노선 가운데 하나라고 생각한다. 결국 아이들을 컴퓨터에 동화시키는 일이 관건이다. 그리고 다른 기준들^{예컨대, '발화된 말'과 '이미지' 사이의 갈등}에 준한 비판과

---

80) [역주] 프랑스 정부 차원에서 추진한 Plan I.P.T.(L'informatique public pour tous)를 가리킨다.

문제 제기 없이, 다른 가치들에 기초한 문화 및 다른 교육 방식들로 이뤄진 문화에 토대를 둔 평가와 비판 없이, 컴퓨터는 모두의 놀이가 된다. 그러나 컴퓨터가 모든 사회의 열쇠라는 '선천성'에 기대지 않았다면, 아니 이러한 선천성을 숙고의 원칙으로 삼지 않았다면, 아마도 컴퓨터는 여러 교과목 가운데 하나의 과목에 불과하다고 선을 그었을 것이며, 컴퓨터를 "교육 조교"로 채용하지도 않았을 것이고, 전통 문화가 오랜 기간 공들여 제작해 온 모든 것을 일거에 제거하면서 새로운 개념, 논리 등을 택하라고 압박을 가하지도 않았을 것이다.

정부의 다양한 계획 및 기획지스카르-데스탱 대통령이 예고했던 계획들을 파비우스 전임 총리가 실행에 옮겼고, 시라크 후임 총리가 화룡점정을 찍었은 성찰의 완벽한 결여를 드러냈을 뿐이다. 성찰의 완벽한 결여라고 평가한 이유는 다음과 같다. 만일 현실을 전혀 다른 논리로 추론, 지각, 해석하는 방법을 습득한 우리 젊은이들이 20년 후에 미래학자들의 상상 속 사회와 전혀 다른 사회에서 살게 된다면 어떻게 해야 하는가? 갖은 위기와 전쟁이 존재하는 사회에 산다면, 이들이 무엇을 하도록 해야 하는가? 자동화-정보화 세계를 위한 교육을 받아온 이 젊은이들이 그러한 환경에서 생존할 수 있는 방법은 과연 무엇인가? 내가 이러한 질문들을 던지는 이유는 사람에게 정보화 교육을 했다고 하여 그러한 위기 상황에도 발 빠른 적응력이 생길 것이라 생각하지 않기 때문이다.

인간과 기계라는 짝패 때문에, 인간의 창조생산성과 다차원성을 통해 구성한 것들이 점점 사라지는 중이다. 게다가 군이 재난이라고까지 할 필요도 없이, 현재 우리는 기술 부문에서 벌어지는 거대 '급변'을 목도하는 중이다. 인위적으로 고안된 언어들의 변화 속도를 그 사례로 이야기할 수 있다. 가령 1990년에 사용된 컴퓨터 관련 지식은 2010년도에도 여전히 유효할 수 있는가? 과연 그 유효성을 누가 과감하게 주장할 수 있는가? 혹자는 원칙들은 원칙들로 남을 것이라는 주장을 펼치지만, 나는 이를 입증할 길이 없다고 딱 잘라 말하겠다. 마이크로프로세서 이전의 컴퓨터는 똑같지 않았다. 오늘날 널리 퍼진 컴퓨터 관련 지식들은 머지않아 무용지물이 될 것이다.

그러나 컴퓨터가 아이들의 모델을 만드는 유일한 요소는 아니다. 텔레비전 역시 컴퓨터와 동급의 역할을 한다. 둘 사이의 중요한 차이점이라면, 컴퓨터는 의지와 계산을 바탕으로 독재자의 권좌에 오르는 반면, 텔레비전은 아이들의 자발성과 욕망에 준한다. 우리가 이미 확인한 것처럼, 아이들은 텔레비전의 영향력과 효능을 직접 측정할 수 없다! 아이들의 과도한 화면 주시는 공간 창출 능력의 약화로 이어진다. 시선이 사물의 실제 운동을 따라가면서 공간을 습득하는 방식과 달리, 눈은 화면에서 이동하는 것을 따라 움직이지 않는다 의료 분야에서도 문제점으로 명확히 드러났던 것처럼, 공간에 대한 오판 빈도수가 점차 증가한다. 텔레비전 앞에서 사는 아이들에게는 특정 분야에 대한 학습이 불가능할 수도 있다. 교육 전문가들도 텔레비전을 과다 시청한 아이들에게서 흥분과 무기력 상태를 거쳐, 신경과민과 반수면 상태까지 나타날 수 있음을 확인했다.

일각에서는 텔레비전이 아이들의 정신을 개방하고 전 분야에 관한 얇고 넓은 정보를 제공한다고 이야기할 것이다. 그렇지만 이미 세밀하게 살폈던 것처럼, 이러한 문화가 무엇을 만드는지 알아야 하며, 아무 내용이나 지성 교육에 부합한다고 이야기한다는 것을 알아야 한다. 과연 아이들이 텔레비전을 통해 어떤 것을 배울 수 있는가? 피브토, 카즈노, 홀즈-보노의 글을 참고하라. 물론 교육 방송들도 있다. 그러나 아이들은 유아용 만화나 테러와 폭력이 난무하는 영화들을 더 선호한다. 과연 만화나 영화보다 교육 방송을 더 선호하는 아이들이 얼마나 되겠는가? 어떤 신비로운 과정을 거쳐야 아이들이 양질의 내용을 택하고 습득하며, 인기 만화인 마술사 멘드레이크를 멀리하고, 폭력이나 스타워즈 등과 같은 전쟁 이야기로 꽉찬 공상 과학에서 벗어날 수 있겠는가? 아마도 아이들이 어른들보다 더 고상하고 초인적인 지혜와 명철을 가졌다는 믿음이 필요할지 모른다. 덧붙여, 영국의 심리사회학자들[81] cf. 『아이들이 보는 것에 주목하라』와 브르트누의 박사학위 논문을 보라은 끊임없이 텔레비전 방송을 시청했을 때, 행동의 변화가 일어날 수 있지만, 그 행동의 기본 태도들은 바뀌지 않는다는 점을 제시했다. 다른 글에서는 텔레비전이 내용이 아닌 구조를 따라 작동한다는 사실이 밝혀지기도 했다. 텔레비전을 수단으로 얻을 수 있는 의식과 지성은 없다는 뜻이다. 마지막으로, 수많은 심리학자들이 텔레비전으로 인해 아이들의 자연 활동이 차단될 수 있음을 확인한다. 이는 부모들의 경험으로도 충분히 알 수 있는 부분이다. 즉, 아이들은 점점 자발적으로 노는 법을 잊는다. 상상의 나래를 펼치면서 모든 것이 될 수도 있고, 아무것도 아닌 것에서도 놀이를 발견하고 창출하는 능력이 점점 약화된다. 아이들은 텔레비전 화면에 푹 빠지는 것 외에 다른 일을 더 이상 하지 않으려 한다. 창조 활동도 없다. 텔레비전이 없으면, 따분함 그 자체다. '온화'한 테러리즘의 결과물 가운데 하나가 바로 이것이다. 그러나 이 부분에서 핵심은 더 이상 '기술에 관한 담론le discours sur la technique의 테러리즘'이 아닌, '기술 자체 담론le discours de la technique elle-même의 테러리즘'이다. 다시 말해, 텔레비전의 부호들로 상징화된 기술 자체가 발산하는 담론의 테러리즘이 핵심이다.

최신식의 기술 풍토에 대한 적응은 어떤 경우에는 의무를, 또 어떤 경우에는 자발성을 덧입는다. 텔레비전은 기술 제품들로 제작된 모든 것에 열렬히 반응하는 아이들을 이 풍토에 물들인다. 아이들은 구체적인 현실에서 일어나는 일과 화면의 전경 및 허구 세계에서 일어나는 일을 제대로 구별하지 않는다. 이러한 풍토 적응은 학창 시절 이후에도 지속되어야 한다. 어른들도 기술의 욕조에 빠뜨려야 한다. 라 비예트 지역에 개장한 "국립 과학기

<hr>

81) 벨슨의 보고서를 보라. Rapport Belson, *Television, Violence and Adolescent Boy*, Saxon House, 1978.

술산업 박물관"의 야심 찬 목표가 바로 그것이다. 여기에서 나는 이 박물관의 어마어마한 예산 문제를 다루지 않겠다. 내가 중요하게 보는 부분은 바로 박물관의 설립 '목적'이다. 평범한 현대인도 이해하고, 기록하고, 시각화할 수 있는 것들로 구성된 세계 속에 방문객들의 자리를 마련하는 것이 과학박물관의 근본 목적이다. 관람객은 가장 정교하고 세련된 형태의 기구들과 도구들을 이리저리 조작해 볼 수 있다. 또한 이들과 접속해, 단순히 '보는 데' 그치지 않고 직접 체험해 볼 수 있다. 조작하고, 움직여보고, 대화하는따라서 저항력이 탁월한 소재를 사용할 것이다! 일종의 상호 작용이 가능한 전시이다. 관람객은 "진열장 너머의 물품을 바라보는" 단순 소비자가 되지 않을 것이다.

덧붙여, 박물관에 소요되는 대규모 예산을 정당화하기 위해 언제나 같은 주장이 등장한다는 점도 짚어야 한다. 사람들은 항상 "시류에 뒤처지지 않는 프랑스를 만들자. 모든 프랑스인들이 현 시대와 만나도록 문화의 가능성을 충분히 제공하자"라고 말한다. 프랑스인은 이 도구들의 탁월한 능력에 매료된 나머지 보편화된 기술의 욕조에 빠지고 말 것이다. 물론 성찰, 거리두기, 비판 정신과 같은 여백은 배제될 것이다! 목표는 매우 분명하다. "연구자, 기술자, 산업가들의 소명을 일깨워야"한다.

"라 비예트 박물관에는 과학, 기술, 산업 활용의 공생 관계라는 독창성이 담겼다. 우리가 당면한 위기들을 설명하면서 동시에 감출 수 있을 거대한 변화의 과정을 배양하려면, 언제나 더 많은 과학, 기술, 산업이 필요하다. 젊은 세대가 '앞으로 살아야 할' 세계를 제대로 파악할 수 있도록 이들을 도와야 한다."[82] 따라서 미래 사회로 상정한 것에 미리 적응할 수 있도록 노선을 깔고, 그 길로 유도하며, 결국 통합시키는 일이 관건이다. 박물관의 전시품은 "진보", 최종 발전, 최후의 가능성에 대한 추종을 멈추지 않을 것

---

82) P. Delouvrier, « Pour l'apprentissage du futur », *Le Monde*, avril 1984.

이며, 방문객들을 끊임없이 '미래 세계' 속에 빠져 있게 할 것이다. 왜냐하면 이들이 사는 현 세계를 진보의 '끝물'로 여길 수 없기 때문이다. 따라서 이 박물관이야말로 온화한 테러리즘의 한 부분이다. 신속성과 유용성이라는 얼굴로 다가오는 이 부드러운 테러리즘의 실체를 사람들은 간파하지 못한다. 이 박물관은 언제나 진보에 목마른 공장이며, 심의와 점검이 아닌 우대조치를 받는 공장이다.

이 테러리즘은 어떤 경우에는 자애롭고 후덕한 모습을 보이다가도, 또 어떤 경우에는 억압과 당위의 얼굴로 돌변한다. 우리는 자체 수단을 활용한 전기 생산을 금지하는 경우에서 그 진면목을 발견한다. 프랑스 전력공사는 국가 독점 기구가 아니다. 그러나 마치 독점 기구처럼 행동한다. 독자들이 본인의 땅에 풍력 발동기를 설치하거나 고속 수로나 발동기가 독자들의 소유지를 가로지를 경우, 이를 금지할 수 있는 공식 법규가 없다. 그러나 까다로운 행정 관리와 유지비로 인해 결국 금지나 마찬가지의 결과를 낳는다. 모든 가정들을 "전선"으로 연결하거나 특정 주민들을 집단으로 묶어 미니텔을 강제로 사용하도록 정책을 결정하는 모습에서, 우리는 이 테러리즘의 방향을 명확히 인지할 수 있다. 전화국은 미니텔이라는 은총의 선물을 하사할 것이고, 이 선물이 우리를 꽉 붙들 것이니 안심하고 걱정하지 말아야 한다. 밑바탕에 자본과 산업을 깔고, 나아가 다소간 폐쇄된 시장들에 대한 결집력까지 갖춘 행정부는 컴퓨터 보급 전략에 적극 관여한다. 이보다 더 구체적인 사례로 텔레마티크를 들 수 있다. 정부는 원격 소통 분야에서 텔레마티크를 독점할 수 있는 기회를 충분히 살렸다. 영국은 프레스텔을 보급하면서 독점권의 포문을 열었고, 프랑스는 전자 인명부 작성과 함께 미니텔 무상 보급이라는 매우 극단적인 정책을 채택했다.^{1980~1981년 벨리지 지역의 실험}

1982년에 국회 토의 안건으로 상정하겠다는 약속에도 불구하고, 사용자들과 실제 토론은 없었다. 집단 보급과 강제 보급이 이뤄졌던 비디오텍스의 경우도 마찬가지였다. 1982년부터 어떤 토론도 벌어지지 않았다. 왜냐하면 사회 각 부문들이 이미 비디오텍스와 깊이 연루되어 있었기 때문이다. 선택 여부 및 문제점에 대한 토론 시간을 확보하려면 비디오텍스를 활용해야 하는 상황이 되었다! 따라서 나는 두 가지 이유로 이것을 테러리즘이라 부른다. 첫째, 관심 분야에 대한 일말의 논의도 없이 인간과 인간, 인간과 사회의 여러 관계를 바꾸려했기 때문이다. 모두가 잘 아는 것처럼, 우리는 이미 원자력발전소라는 권위주의 안에 거주 중이다! 이른바 민주주의 사회에서, 이들은 "손발 다 묶인 주권자"의 의견을 고려하지 않은 채, 사회 변화에 관한 결정을 내린다! 그러나 이를 테러리즘이라 부르는 두 번째 이유가 더 충격일 것이다. 이들은 옛 수단들을 제거하기로 결정했다. 예컨대, 미니텔과 비디오텍스가 설치될 경우, 전화번호부나 열차 시간표는 사라져야 한다. 소유 장비들로 모든 정보를 쉽게 검색할 수 있기 때문이다! 이처럼 우리에게는 장비를 거부할 자유마저 사라진다. 다시 말해, 정보를 검색할 수 있는 다른 수단들이 사라진다. 다양한 창구를 일원화하는 방식, 바로 이것이 테러리즘이다. 장비들이 완성도를 더할수록, 우리는 이 테러리즘이 더 활개 칠 것이라는 점도 인지해야 할 것이다. 즉, 우리는 미래학자의 설계에 따른 기술전문화의 세계 속에 강제 돌입해야 할 것이다.

마지막으로, 우리는 정치권력의 외부에서 때로는 억압자의 얼굴로, 때로는 집단 대중 선전을 통해 작동하는 기술 테러리즘혹은 '테크노크라트 테러리즘' 주모자들의 정체에 관해 이야기하려 한다. 고급 정책을 제안한다고 자평하는 이 정부에 따르면, "통치란 곧 예언이다." 즉, 사회는 정보화 사회, 자동화 사회가 '되어야만 한다.' 내일의 태양은 반드시 떠오른다는 일념과 함께 제도들과 사람들을 도래할 것에 미리 적응시키는 일이 정부의 고귀한 역할이다. 이 부분에서 광고의 역할이 중요하다. 앞에서 다뤘던 광고의 역할과 중첩되므로, 깊게 들어가지는 않겠다. 이러한 적응 작업에는 응당 전문기술관료 집단인 '테크노크라트'와 기술구조들이 필요하다. 이들의 상황은 분명하다. 사회가 더욱 기술화_{원자력, 컴퓨터, 위성, 유전자 공학}되고 기술의 구성 요소들이 필수 요소들로 굳어질수록, 권력을 강화할 수 있고, 사회라는 무대의 주인공이 될 수 있으며, 더 많은 부를 축적할 수 있고, 나아가 결코 뽑히지 않는 말뚝이 될 것이다. 이 전문기술진들이 종사하고 권위자로 군림하는 학문 분야에 무지하거나 비전문성에 머문 사람들은 아무리 학자라고 해도 짓밟히기 마련이다. 또한 대중들을 향해 기술의 모든 요소들을 선전하는 활동은 결국 자기 관심사의 표출이자 자기 상황을 강화하는 작업이다. 이들은 달리 행동할 수 없으며, 점차 민주주의의 잔여 지대들을 거부하는 쪽으로 나아간다. 이 책의 앞부분에서 다룬 '귀족주의 체제'로의 이행이다. 즉, 우리의 체제는 '테크노크라트' 귀족 체제로 이동했다.

그러나 이러한 테러리즘의 주 책임자들_{정부와 전문기술관료}은 대중에게 공개할 준비를 완벽히 마친 상태이거나 자신들을 지켜줄 보증인을 확보한 상태다. 선전^{propagande}의 문제를 다룬 책에서 내가 제기했던 오래된 법칙 하나를 다시 생각해 보자. "선전은 관련자들의 동조가 있어야만 성공할 수 있다." 지금 우리는 바로 이러한 상황에서 산다. 잘못된 정보에 현혹된 대중들, 현대화된 수단들로 모든 것을 할 수 있다는 점에 연신 감탄사만 남발하는 대중들, 이 수단들의 구현이라는 '명확한 증거'에 눈이 먼 대중들의 암묵적 동조가 있기에 선전이 가능하다. 사람들은 달에 착륙한 인류, 로봇과 공존하는 인류에 관해 논하지 않는다. 즉, 경이로운 장치들 앞에서 입 벌리고 연신 감탄만 한다. 모든 기술들의 생성이 가능해졌다. 왜냐하면 기술은 고성능이면서 동시에 '분명'하기 때문이다. 증명 가능한 명확성을 결코 문제 삼을 리 없다. 따라서 온화한 테러리즘이 진행 가능한 조건이 마련되었다. 이

테러리즘은 이미 확보된 명증성을 토대로 전개될 것이다.[83)]

   그러나 나는 이러한 테러리즘의 다른 두 가지 매개에 대해서도 숙고해 보려 한다. 한 쪽에는 지식인들과 선생들이 있고, 다른 한 쪽에는 교회가 있다. 기술을 바라보는 시각에서 둘의 입장은 매우 닮았다. 첫째, 두 집단 모두 기술전문화 현상에 깊이 관여하지 않으면 시대에 뒤떨어지고 시대와 호흡하지 않는 복고주의자로 비치지 않을지 걱정하며, 진보 진영의 무시나 조롱의 대상이 되지 않을까 염려한다. 둘째, 이들에게는 당대 문화의 조성이라는 일종의 책임감이 부과된다. 그러나 기술에 동화되지 않고서 어떻게 그것을 감당할 수 있겠는가? 기술의 혁신으로 통해 이룬 엄청난 수확물을 공급하는 일간지 덕에, 교사들은 만만의 장비를 갖출 수 있다. 이들은 미래 사회에 아이들이 제대로 적응할 수 있는 최적의 방식을 택하려 한다. 이른바 '글로벌' 독법, 수학의 집합 이론 등이 그 사례이다. 또한 6학년부터 역사는 기술과 경제의 역사가 되고, 지리는 천연자원과 경제 유통을 추적하는 과목으로 바뀐다. 모방조차 어려운 유행을 맥없이 좇는 어리석음을 되풀이하는 중이다! 만일 1968년에 극작가 라신Jean-Baptiste Racine에 대한 교육이나 로마사에 대한 교육이 끔찍한 테러리즘이었다면, 이러한 교육과 관련해 우리는 무엇을 이야기할 수 있는가? 전자에 관한 교육은 아이들의 자리를 구체적인 현실의 외부에 둘 수 있고, 아이들에게 비판력을 키울 수 있는 기회를

---

83) [역주] 단도직입적으로 말해, 사랑, 정의, 평화, 우정 등과 같은 추상명사들은 가시적이고 분명한 대답을 주지 않는다. 그러나 기술은 선명하게 오감에 들어오는 해답을 내놓는다. 즉, 기다림과 인내의 시간이 필요 없다. 엘륄은 친히 '기술 체계'(혹은 기술 전체주의)라 부르는 공간에서 인문 지성, 자연 감성, 의구심, 비판 정신, 숙고 등이 점차 설 곳을 잃어가는 점을 매우 우려한다. 또한 이러한 추상 가치들을 걷어내고 명확하고 가시적인 대안들을 제시하는 기술이 새로운 신의 보좌에 앉아 대중 종교의 우상으로 기능한다고 지적한다. 19세기 마르크스가 자본 우상 숭배 문제를 타격했다면, 20세기 엘륄은 기술 우상 숭배 문제를 타격하려 한다. 그리고 21세기 현재, "자본-(과학)기술-정치"라는 세속의 삼위일체가 인간의 자유와 해방의 큰 걸림돌로 작용하지 않는지 의심해 본다. 마르크스와 엘륄 모두 인간의 예속과 소외를 가중시키는 지배자 혹은 주도권에 정면으로 도전한다. 이와 관련해 엘륄의 다음 글을 참고하라. 자끄 엘륄, 『새로운 신화에 사로잡힌 사람들』, 박동열 역(대장간, 2021); 자끄 엘륄, 『신학과 기술: 비능력의 윤리를 위하여』(대장간, 출간예정)

준다는 장점을 가졌다. 그 반면, 후자는 아이들의 머리를 물에 담그고 "과학기술의 편재遍在성과 우선성" 외에 다른 소리를 일절 듣지도, 바라지도 않는 상태로 만들 것이다. 이는 교육의 이중 테러리즘이다.

그러나 내 생각에 이러한 테러리즘의 절정에 오른 집단은 바로 교회이다! 세계교회협의회C.O.E. 소속이든 교황 중심주의 소속이든 교회는 기술담론에 '열광'하는 선두 주자가 되었다. 교회는 시대에 뒤쳐진 집단이나 역행하는 집단, 시대를 이탈한 무지몽매한 집단 취급을 받는 것에 큰 공포를 느낀다. 따라서 선한 믿음과 넓은 정신세계를 입증하고자 현대 기술담론의 자리로 "회귀"한다. 교회가 대담하게 기술 유보를 선언하거나 진리의 토양에서 이 문제를 논할 경우, 교회는 무능한 집단 취급을 받게 될 것이다. 즉, 현대인들에게 아무런 교훈도 건네지 못하는 무능한 집단의 대명사가 될 것이다. 물론, 교회의 이러한 자주성을 강화한다면 반대급부를 우려하는 목소리도 나올 것이다. 중세 시대 갈릴레오 재판이 가장 먼저 떠오르는 사례다. 사실 갈릴레오는 진지한 검토를 거치지 않고 권위자들에게 임의 처리된 비운의 인물이다. 왜냐하면 갈릴레오의 연구 결과는 순수하게 천문학 분야에 한정되지 않았기 때문이다. 따라서 사람들은 정당성과 엄격함을 바탕으로 다음과 같이 이야기할 것이다. '교회는 도덕 지평에서 의견을 제시할 수 있다. 예컨대, 체외 수정, 배아 동결, 대리모 출산 등과 같은 사안들에 대한 도덕적 의견 개진을 할 수 있다.' 그러나 딱 여기까지이다. 문제의 '본령'인 생명권에 관해서는 왈가왈부하지 못한다. "의혹의 시대는 끝났다"라는 글귀처럼, 현대 성직자들은 기술의 영광을 찬양하는 나팔수를 자처하는 데 여념이 없다.

최근에 발간된 두 권의 책은 표적을 정면 조준한다. 미셸 불레[84] 신부는 교회의 위계 서열도 인위적 "의사소통" 분야에 점차 개방되어야 할 것이라

---

84) P. M. Boullet, *Le Choc des médias*, Desclée de Brouwer, 1986.

고 주장한다. 불레 신부의 노선은 매우 단순하다. 교회의 영향력이 감소하는 현 시기에, 교회는 미디어의 중요성을 인식하고, 그것을 강조하는 쪽으로 전환해야 하며, 관련 전문 인력들도 양성해야 한다. 사실 이것은 이미 반세기 전에 미국의 빌리 그래엄 목사가 외쳤던 부분이기도 하다. 그러나 빌리 그래엄의 초점도 여전히 교회의 영향력 감소에 맞춰져 있다. 핵심 문제를 타격할 줄 모르는 교회에게 '교회 사막화' 현상은 불가피한 일이다! 그러나 불레는 "미디어에 대한 공포는 기독교적이지 않다"라는 중요한 통찰을 제시했다. 다만 그가 말하고자 하는 '기독교적인 것'이 무엇인지 명확하지 않다. 여하튼, 청취자특히, 어린이에게 미치는 미디어의 영향으로는 진리의 알곡을 확실히 전달하기 어렵다. 과거에 맥루언과 공동 협력자로 활동한 이력이 있는 바뱅 신부[85]는 불레보다 한 걸음 더 나아간다. 그의 주장에 따르면, 의사소통 사회에서 교회의 지위 자체가 바뀌었다. 또한 시청각 자료의 도입이 새로운 영성을 낳고프랑스 루흐드르 지역보다 놀라운 기적을 보인 곳도 없을 것이다, 교리 교육을 바꾼다. 물론, 분명하게 가시화된 현상이다. 그러나 이런 식으로 교리 교육을 받았다고 하여 어린이들이 진리에 더 개방된 상태라고 말하기 어렵다. 이 문제에 관한 신학 논쟁도 있었다. 여기에서는 내용을 세세하게 소개하지 않겠지만, 교회의 공식 대변인의 입에서 '미디어 확산을 지지한다'는 발언이 있었다는 사실은 짚어 두겠다. 교회와 신학의 이러한 행보는 사실상 기술을 두고 벌인 '도박판'과 같다. 물론, 공식 교회는 아직까지 판돈을 걸지 않았다. 그러나 그 동안 교회가 전통처럼 보인 행보인 '사회학 순응주의'와 세계교회협의회가 보인 몇 가지 사례들로 추정해 보건대, 판돈을 잃을 일은 없을 것이다.

  그러나 '도박판'의 문제로 넘어가기 전에, 우리는 바뱅의 견고한 생각을 강조하려 한다. 바뱅에 따르면, 집안 내부와 가족의 상상계 속에서 예수

---

85) P. Babin, *L'Ère de la consommation: réflexion chrétienne*, Centurion, 1986.

의 십자가상을 대체한 주인공은 바로 텔레비전이다. 신세대의 믿음에는 특정한 교리나 교의에 대한 지적 참여보다 시청각 매체들에 담긴 정서와 상징의 힘이 더 크게 작용한다. 나는 바뱅의 이러한 주장들에 주의할 필요가 있다고 생각한다! 과연 언제부터 주 예수 그리스도에 대한 신앙이 교리에 대한 지적 참여였던가? 더군다나 바뱅이 말한 "기독교적 성찰"은 모든 기술담론의 작동 방식의 밑바탕에 전제된 우선순위에 '사실상' 종속된 것처럼 보인다. "이러한 작동 방식"이 객관적이므로 교회와 계시를 거기에 적응시켜야 한다는 뜻이다. 바뱅은 다소 조심스럽게 "미래는 지식, 신앙 특권, 신에 대한 지식보다 쾌락, 미, 상징이 각광을 받는 시대가 될 것이다"라고 주장한다. 그러나 과연 어떤 쾌락, 어떤 미를 가리키는가? 현대 예술 작품들이 "미"를 통해 신에 대한 믿음에 영향을 미치기 위해 제작되었다는 말인가! 상징에 관해서도, 우리는 '현대 세계는 반反상징주의'라는 연구 결과를 제시한 적이 있다.

올리비에 라뷔의 책[86]도 기술 사회에 대한 순응주의를 보이는 또 다른 사례이다. 표면상 출발점은 상당히 달라 보이지만, 실상은 동일하다! 즉, 기독교는 "현대화"되어야 하며, 기술 사회에 '적응'해야 한다. 현대 세계는 그리스도인들의 정신, 사고 과정, 심지어 기독교 신앙에까지 변화를 "요구한다!" 기독교의 교리를 제거해야 한다. 왜냐하면 과학기술의 요구와 주장 앞에서 교리가 설 자리는 없기 때문이다. 이제 교리가 아닌 "기독교 영성" 및 "생생하게 살아 움직이는 사태"만이 남게 될 것이다. 그렇다면, 우리는 이 "영성"으로 무엇을 만들 수 있는가? 샤머니즘이나 부두교는 "영성"이 아닌가? 현대인은 박제된 사유에 맞서 "살아 움직이는 것"이 주는 행복감에 젖는다. 그러나 이것 역시 결코 새로운 것이 아니다 따라서 기독교를 포함해 모든 것을 의문시하는 현대성과 진보에 대한 믿음이 우위를 차지했다는 사실에 주목

---

86) O. Rabut, *Peut-on moderniser le christianisme?* Le Cerf, 1986.

해야 한다. 무엇보다, 모두가 부복해야 할 최후의 가치인 '사실'에 대한 믿음에 주목해야 한다. 마지막으로, '사실'에 대한 믿음은 상호성互惠性 사업에 대한 가담을 완전히 포기하는 지경에 이를 것이다. 성서의 계시에서 출발해 지성으로 명확히 설명된 기독교 신앙이 '사실들'을 판단할 자격을 갖췄다면, 그에 뒤따르는 생활양식들, 가짜 진보, 현대화된 양식도 판단할 수 있는 자격도 아울러 갖췄는가? 확실히 저자들은 이 문제에 대해 전혀 숙고하지 않았다!

나는 미셸 알베르의 논문 「경제 발전에 감춰진 복음」[87]을 통해 가톨릭 저자들에 대한 논의를 갈음하려 한다. 나는 이 글을 읽고 또 한 번 놀랐다. 알베르의 글은 복음과 경제 성장의 완벽한 일치를 주장한다. 그에 따르면, 지금까지 복음은 기근, 가난, "포식"에 노출된 국가들의 편이었다. 따라서 부의 분배, 부자 단죄가 필요하며, 모든 것이 늑대와 양으로 양분되는 사회에서 양의 편을 들겠다는 비권非權 당파성의 태도가 요구된다. 그러나 이 주장은 오직 경제 상황에만 몰두한다. 알베르는 오늘날 뒤바뀐 상황에 관한 서술로 논의를 잇는다. "연구개발"이 다른 사람들을 더 큰 부자로 만드는 상황이 도래했다. 부의 추구는 선이며, 우리에게 새로운 복음을 전하는 주역은 바로 경제 발전이다. "경제 창출이야말로 인간관계의 중요한 사건이다. 즉, 본래 '재결합re-ligare'을 뜻하는 '종교' 사건이다." 우리는 개인들과 집단들이 더 이상 적으로 맞서지 않고, 신뢰 관계로 엮여야 하는 새 창조의 세계 타인의 인정에 기초한 '신탁'의 세계, 신뢰가 작동해야 하는 세계로 이행한다. 상호 신뢰의 비율은 국내 총생산과 비례해 상승한다. 더 이상 경쟁 관계가 아닌, 협력자 관계가

---

87) M. Albert (구 기획재정부 장관), « La Bonne Nouvelle cachée dans le développement économique », *France catholique*, quatre articles, entre novembre et décembre 1985.

형성된다.[88] 부, 신뢰, 통제권에 대한 억제[89]가 새로운 복음이다.

마지막으로, 기술에 관해 보인 세계교회협의회의 순진무구한 시각기독교에 준한을 짚으며 짧은 여정을 마무리하자. 1979년 7월 보스턴에서 400명의 과학자와 신학자들이 "불의한 세상 속에서 믿음과 과학"[90]이라는 주제로 모였던 학회를 중심으로 논하겠다. 학회의 주제에서부터 우리는 시대에 대한 강조점을 확인할 수 있다. 현 시대는 "불의한 세상", 즉 불의에 복종한 세상이다. 세계교회협의회는 서구 세계를 불의한 세계로 규정하고 논의를 시작한다. 불의한 세계라는 규정은 세계교회협의회의 상당수를 점하는 아프리카나 라틴아메리카 교회들의 목소리가 반영된 결과다. 따라서 과학–계시의 문제를 연구하지 않고, 모든 문제의 초점을 서구 세계의 불의에 맞추면서 논의를 시작한다. 해당 문제에 관해 약간의 지식이라도 갖춘 사람들은 세계교회협의회에서 발간한 두 권의 논문집을 읽은 뒤, 하나같이 실망을 금치 못했다. 논문집의 주된 필법은 '기술descriptif'이다. 다시 말해, 우리는 현실에 '존재하는 것'을 확인할 뿐이다. 또한 계시를 출발점으로 과학기술의 발전에 '관한' 이러저러한 평가도 내리지 않았다. 병렬 배치가 최선이었다. 즉, 과학이 말한 것과 신학이 말한 것을 뒤섞지 않고 나란히 배치하는 방식을 취했다. 양자 간의 상호 관계나 상호 작용도 일절 없었다. 충분히 제기될 법한 '윤리' 명령을 한계선으로 미리 설정해 두고 과학 자체를 정당화하는 방식이 가장 흔한 논법이었다. 기술과 인간의 단절을 이야기하는 모

---

88) 이 모든 내용은 매우 순진하다! 원시 사회가 희소 사회였다는 말은 거짓이다. 또한 원시 사회에 신뢰 관계들이 없었다는 말도 거짓이다. 오히려 집단 내부의 신뢰 관계는 오늘날보다 100배는 더 끈끈했다. 우리 사회에서 권력이 그 역량을 상실했다는 말도 거짓이며, 협력자의 활동이 800년 전보다 더 중요해졌다는 말도 거짓이다! 그럼에도, 나는 알베르의 주장 가운데 경제 성장과 복음을 동일시한 부분이 가장 큰 문제라고 생각한다!

89) [역주] 시장 활동에 대한 국가나 제도의 규제를 완화하거나 제거하려는 시도를 일례로 들 수 있다.

90) *Faith and Science in an Unjust World*, deux volumes, Édition du Conseil œcuménique de Genève, dept. «Church and Society», 1980. 덧붙여, 세계교회협의회가 발간한 기독교적(?) 성찰에 준한 본 논문집에서, 우리는 이슬람교, 불교, 아랍 사상, 인도네시아 사상, 아프리카 사상 등에서 말하는 과학의 문제를 확인할 수 있다.

든 담론은 비난 대상이 되었다. 프로메테우스는 선하지만, 악귀와 계약한 파우스트의 일탈은 비난 받아 마땅했다! 과학에 대한 장려는 하나의 "도덕 의무"가 되며, "과학은 더 나은 세계를 가꾸려는 노력에서 결코 빠질 수 없는 핵심 역할을 수행하는 분야이다"Hombury Brown "과학은 신앙의 적이 아니다. … 과학의 현대성은 인간 해방을 선도하고, 자율성을 부른다." 간혹, "사랑, 정의 사회, 참여 사회, 생태 책임을 다하는 사회 등은 과학의 사실성 혹은 조작 여부를 판가름하는 공식 기준들의 대표"처럼 "대담한" 주장들도 있었다.

사실, 세계교회협의회가 주최한 이 학회에서 논의된 과학 관련 주제들은 놀라울 정도로 진부한 수준이다. 또한 지금은 완전히 극복된 기술-과학의 실재들을 마치 보편화된 것 마냥 설정해 놓고 설명을 잇는 방식도 허다하다. 실제 현실에서 벌어지는 생생한 시각은 전무하며, 합리적 추론으로 제시된 주장들도 걸음마 수준이다. 예컨대, '소득 재분배가 생산성을 증가시키고, 결국 수익 증가로 이어질 것'이라는 식의 논증이 주를 이룬다! 우리는 세계교회협의회의 문서들에서 다음과 같은 내용도 발견한다. 각 교회들은 과학의 정당한 응용에 필요한 이상적인 주장을 제시했던 사회주의권 국가 그리스도인들의 교훈을 각인하기 시작했다! 문서에 나타난 기술 문제와 신학 문제를 아우르는 지배 요소가 있다면, 다름 아닌 '진부함'이다. 나는 진부하다는 표현을 피하지 않겠다. "새로운" 것을 말하려는 학자들 중에는 아예 궤도를 한참 벗어나는 비범한 역량까지 선보이는 이들도 있었다. 예컨대, 한 학자는 다음과 같이 선언했다. "오늘날 서구 세계는 성장 제한의 필요라는 구호에 완전히 설득 당했다!" "물질 재화들의 생산 증가는 필연의 지배에서 자유의 지배로 이행하기 위한 필요조건이다.C. T. Kurien 과학의 영역만큼이나 윤리의 영역도 제대로 다루지 못한 현실을 고스란히 드러낸 표현이다.

기술과 과학이 사회주의 사회에서 새로운 위치를 차지했다는 조건에서, 기술과 과학을 지지하는 논변의 중요성을 이야기하는 것이 논문집의 전반적인 분위기다. 이 논문집의 프랑스어 판은 스위스 신학자들의 논문을 몇 편 추가했다. 이 신학자들은 짧지만 기존의 내용보다 더 많은 내용을 부가했다.[91] 추가된 논문에서 우리는 더 세련되고 다듬어진 의미를 확인한다. 그럼에도, 그러한 의미 설정은 소심하기 이를 데 없다. 나는 이 신학자들의 분석을 본질적인 작업으로 보지 않는다. 오히려 세계교회협의회의 순응주의 노선을 제대로 드러낸 담론이라고 생각한다. 과연 무엇이 과학과 기술의 근원 가치를 잴 수 있는 벡터의 역할을 할 수 있는가? 따라서 나는 다음과 같이 묻는다. 교의, 전인全人 개념, 심지어 과학이 포착할 수 없는 계시의 가능성과도 연관된 문제에 관해, 왜 교회는 타당한 판단력과 비판 정신을 발휘하지 못하는가? 내 생각에, 과학과 기술 문제에 관한 교회의 제반 반응은 현대적이지 못하다는 평가나 "시류"와 "대세"에 뒤떨어졌다는 평가에 대한 두려움에서 비롯되었다. 신과의 접촉보다 동시대 사람들과의 접촉점 보존을 더 중요하게 여기는 관계로, 신의 말씀에 귀를 기울이기보다 사회에 순응하는 담론에 경도되기 십상이다. 기술에 관한 의견과 소통의 테러리즘에게 희생된 교회는 이 공포에서 벗어나고자 기술담론의 온화한 테러리즘의 녹음기 역할을 자처한다. 그리고 이러저러한 판단의 대상이 되지 않는 길이 교회를 지키는 길이라 생각한다.[92]

---

91) *Science sans conscience: foi, science et avenir de l'homme*, Labor et Fides, 1980. 이 책에서 우리는 16편의 강연 논문과 피에르 지젤, 장-뤽 블롱델, 마르크 페스네르를 비롯한 다른 스위스 신학자들의 추가된 논문들을 확인한다.

92) [역주] 현대 신학, 특히 상황 신학이 기술에 대해 보이는 협소한 시각은 현재진행형이다. 역자는 안토니오 네그리와 마이클 하트의 『제국』(*Empire*)에 영감을 얻어 지구 차원의 연대 투쟁을 강조하는 정치신학자와 나눈 대담에서 지구의 '실리콘밸리 식민화'(silicolonisation)에 대해 물은 적이 있다. 기술이 총체성을 배가해 지구인의 생활양식을 일원화하고, 각종 다양성(문화, 행동, 사유)을 해체하며, 네트워크 사회로 촘촘히 엮어 외재성(extériorité) 사유를 가로막으며, 신제품 생산을 위해 제3세계의 천연자원을 멋대로 착취하고, 중고품 명목으로 각종 폐기물을 배출하고, 제품의 기획과 제조, 판매의 다원화로 물류 이동마다 지구 생태에 내뿜는 공해의 주범이 되는 데, 소위 "실리콘밸리"의 역할이 크고, 이것이 "실리콘밸리 식민화"가 아니냐고 물었다. 상대

"이러한 사회기술 사회는 숙명이다. 따라서 우리 젊은이들이 이 사회에 진입할 수 있고, 생활 터전과 일자리를 찾을 수 있도록 준비해야 한다." 바로 이 문구가 앞에서 다뤘던 테러리즘 논리다. 그럼에도 사람들은 '이 사회는 숙명이 아니며, 심지어 개연성조차 없다'는 확신에 찬 목소리를 귀띔으로도 듣지 않는다. '그러나' 모두가 기술 사회에 진입하도록 준비하고, 이 사회에 필요한 역량 확보를 유일한 목표로 제시하며, 기술 분야에서 직업을 구하도록 욕구를 부추기고, 기술 사회와 일맥상통하는 지식과 실천에 젖도록 할 때, 기술 사회의 도래 확률은 점차 늘어날 것이다. 결국 기술 사회의 도래를 숙명으로 만드는 것은 과학과 기술의 발전이 아니며, 경제에 대한 갖은 욕구들도 아니다. 오히려 다른 직업을 갖지 못하고, 다른 사회에서 살 수 없으리라 생각하는 개인들을 양산했기 때문이다. 과학기술은 숙명일 것이라는 우리의 믿음, 거짓 예언자와 같은 우리의 허영심, 이 숙명론을 실행에 옮기는 중이라는 우리의 확신이 과학기술을 숙명으로 만든 주요인들이다.

신학자의 답은 매우 간단했다. "기술이 문제가 되기도 하지요. 그러나 기술 발전으로 우리는 민주주의 소통을 더욱 활발하게 할 수 있고, 직접 민주주의를 구현할 수 있는 길을 얻었습니다. 저는 이 부분을 강조하고 싶군요." 신학자로서 "과학기술-경제-정치"의 삼위일체 문제를 논하고 싶었지만, 더 이상의 대화는 불가능했다.

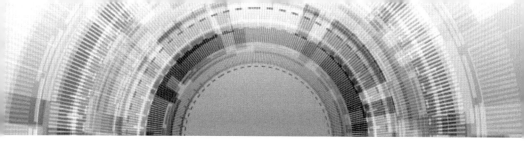

결론

마지막 몇 마디

1. 인간을 발명하라

한동안 언론의 주목을 받았던 책이 있다. 매우 탁월한 연구서라는 평가를 받은 이 책의 제목은 『인간을 발명하라』[93] 였다. 저자 알베르 자카르는 이 제목을 사르트르에게서 차용했다. 사르트르는 역사 행동의 이상적인 목표를 가리키기 위해 이 표현을 사용했다. 자카르는 마르크스의 노선에 있다. 즉, 지금까지 우리는 인류의 전前역사를 알았을 뿐이며, 현대인 역시 어떤 인간을 생성해야 하는지에 대한 미완의 임의 도식에 불과하다. 마르크스에게 인간 생성은 사회경제 환경의 변화에 따른 결과물이어야 했다. 그러나 오늘날 상황은 크게 바뀌었다. 모든 영역에서 인간에게 부여된 탁월한 능력이 변화를 초래한다. 자니코에 따르면, '호모 사피엔스' 가 결정적인 돌파구를 마련했을 무렵부터, 우리는 최초의 "인간 발명" 이후 도래한 기술 변화로 인해 인간을 발명해야 할 과제를 떠안았다. 또한 이것은 "양심 있는 과학"[94] 을 이야기하는 사람들이 겨냥하는 지점이기도 하다.

사람들은 베르그손의 '영혼의 보충' 을 터무니없고 이상적인 생각으로 여겼다. 그에 반해 오늘날 등장하는 방향은 혼란과 맹목에 사로잡힌 것처럼 보인다. 왜냐하면 선택과 가능성이 무엇인가를 물을 수 있는 확실한 형식들에 대한 파악이 제대로 이뤄지지 않았기 때문이다. 두뇌에 전극을 이식

---

93) Albert Jacquard, *Inventer l'homme*, Éditions Complexe, 1984.
94) Edgar Morin, *Science avec conscience*.

해 완벽한 명령을 수행하는 인간-컴퓨터 '키베르' 와는 거리를 두자. 두 번째 방향은 더욱 매혹적이다. 우리는 유전자 공학을 통해 한층 일반화된 길에 들어섰다. 인공 수정, '시험관' 체외 배아 유지, 복제 생성, 수정체 삽입용 튜브 제작, 동일 모델의 무한 재생산, 배아 결함에 대한 정확한 탐지, 익명의 정자를 통한 여성의 수정, "위인들"의 정자 보존 등이 그 내용이다.

이제는 '모든' 것이 가능해졌다. 우리가 원하는 인간의 제조도 가능해졌다.[95] 그러나 이 문제에 관해, 자카르의 책은 매우 현명한 시각을 보였다. 우리는 이 책을 멋들어진 서문이 아닌 경고문으로 수용해야 한다. 자카르는 신중한 태도를 보인다. 왜냐하면 우리가 유전자 공학을 통해 과학적으로 아무거나 만들 수 있다면, 과연 우리가 어디로 가야할지를 "과학적으로" 지적해 줄 수 있는 것이 하나도 없기 때문이다. 수백 명의 아인슈타인을 만들겠다는 생각은 어리석기 짝 없다.[96] 알베르 자카르는 특정 노선과 확신을 추구한다. 더불어 그는 지식의 구축과 동시 다발로 이뤄지지 않는 인간의 판단력에 서린 한계들과 마주한다. "우리가 어떤 문제에 대한 대답으로 되돌아간다면, 그에 비례해 다른 질문들과 그에 대한 답변을 혼란스럽게 하는 문제가 항시 존재할 것이다."

우리의 지식은 확신과 같은 지평에 머물지 않는다. 또 현상들에 대해서도 동일한 질서, 동일한 이해에 머물지 않는다. 유전자 공학의 시도는 거대

---

95) A. Maillet, *Nous sommes tous des cobayes* (*sur l'expérimentation biologique et clinique sur l'homme*), Éditions Jeune Afrique, 1980. J.-P. Changeux, *L'Homme neuronal*, Fayard, 1983. V. Packard, *L'Homme remodelé, op. cit., 1978.* 나는 이 책의 곳곳에서 유전자 공학의 문제를 새롭게 발견할 수 있었다. 왜냐하면 그것은 우리의 비이성을 가장 명확하게 보인 사례이기 때문이다. 그러나 나는 타 분야에 대한 지식만큼 유전자 공학에 대한 지식을 갖춘 사람이 아니다. 따라서 유전자 공학에 탁월한 식견을 보인 몇몇 논문을 참고했다. T. Deutsch, « Les manipulations génétiques » (La Recherche, n° 110, 1980) 저자는 "넋 놓고 정신 못 차린 생물학자들"이라는 [원색] 표현을 사용한다. 나는 테스타르의 선언(중요하고 학계에 파문을 일으켰던)도 거론하겠다. 독자들은 테스타르의 다음 글도 참고하라. Jacques Testart, *L'Œuf transparent, op. cit.*

96) 아인슈타인의 사례는 자못 흥미롭다. 나는 이 사례를 이미 언급했던 적이 있다. 흥미로운 이유는 다음과 같다. 1) 수학 천재의 유전자와 선한 인간의 조합이다. 2) 자기가 만든 것의 결과를 예측할 수 없다. 3) 특히 그의 책에 나타난 정치, 종교 등에 관한 제반 사고는 매우 유치한 수준이다.

한 난관에 봉착한다. 다음과 같은 단순한 질문들에 누구도 제대로 답할 수 없기 때문이다. 우리는 인간을 제조할 수 있다. 그러나 어떤 사람을 만들고 싶은가? 지식인인가? 종교인인가? 신체 근육 탄탄한 모델인가? 생리학상 완벽한 평형 상태에 도달한 인간인가? 이타주의자인가? 이기주의자인가? 집단성에 완벽히 동화된 사람인가? 미와 예술에 감각을 갖춘 사람인가? 자율적 개인주의를 만들기 위해 비판적 판단력을 발휘하는 사람인가? 순응주의자인가? 개인인가? 우리는 '선택'해야 한다. 왜냐하면 이 모든 요소를 축적할 수 없기 때문이다. 우리는 합리성과 고차원의 영성을 동시에 갖춘 사람제조된을 갖지 못할 것이다.

작가들은 여러 소설을 통해 다양한 유형의 인간들을 소개한다. 거기서 우리는 이상 모델의 불확실성을 본다. 이에 상대적으로, 미래를 예측하는 영화나 공상과학 소설을 접한 우리는 전능한 힘의 소유자이거나 사악한 천재 혹은 순진하고 아둔한 영웅으로 그려진 미래인의 모습에 공포심을 느낀다. 이타E.T.로 대변된 아둔한 영웅은 차치하고, 다른 유형의 미래인은 사실상 존재하지 않는다. 이는 과학자, 심리학자, 사회학자를 비롯해 도덕주의자와 철학자에 이르기까지, 기술의 갖가지 방법으로 재생산해야 할 인간의 이상 모델을 누구도 제시하지 못한다는 사실을 여실히 보여준다. 우리는 제조법을 안다. 그러나 무엇을 제조하는가?[97] 더욱이 제조법을 알아도, 우리는 세부 요소들을 빠뜨린다. 유전자 공학이 창조, 고안한 이상적인 인간에게는 어떤 자유도 존재하지 않는다. 왜냐하면 그저 존재하도록 프로그램으로 기획된 모델이기 때문이다. 그러나 자유의 부재는 매우 큰 비중을 차지하는 문제이다. 과연 자유가 없는 인간을 이상적인 인간이라 부를 수 있는가?

97) S. J. Gould, *Le Mal mesure de l'homme*, Ramsay, 1983. A. Jacquqrd, *Au péril de la Science? Interrogations d'un généticien*, Le Seuil, 1982. « Les manipulations génétiques: des risques encore mal évalués », *La Recherche, n° 107, janvier 1980.*

매우 기초적인 이 격언들과 마주해, 로스탕이 오래전에 내뱉은 독설을 되풀이할 필요가 있을 것이다. 두꺼비 배아들을 연구한 로스탕은 1960년에 이미 "나는 지금 머리 두 개나 다리 다섯 개를 가진 두꺼비의 제조법을 안다. 그렇지만 나는 이 초특급 두꺼비를 결코 만들지 않을 것이다"라고 딱 잘라 말했다. 사실 로스탕의 이 진술은 매우 중요하다. 제조된 두꺼비는 자연에서 태어난 두꺼비보다 본연의 생에 더 완벽히 적응된 두꺼비일 것이다. 나는 유전자 공학으로 제조된 인간이 인간 너머의 인간, 즉 초인이라고 생각하지 않는다. 자연스럽게 태어난 인간이 인간이다. 유전자 공학은 자연의 몇 가지 결함을 메울 수 있으며, 심리학이나 생리학 분야의 몇 가지 비극을 벗어나게 한다. 그러나 딱 거기까지이다. 간간이 승전가를 부르는 상황이지만, 새로운 인간 개발의 주체는 유전자 공학은 아닐 것이다. 그렇다면 다른 길이 있는가? 사회주의 이상 사회로의 이행은 새로운 인간을 생산해야 했고, 공산주의자에 관한 아라곤의 소설은 이를 구체화했다. 그러나 별 소용없는 주장이다. 우리는 그 정체가 무엇인지를 알기 때문이다.

그러나 이상理想은 새로운 인간을 낳을 수 있을 사회 변혁과 사회 환경의 변화를 가져왔다. 따라서 더 이상 주의주의와 지도 계획을 따르는 "고안과 개발"이 아닌, 장기간 환경에 영향을 미치는 결과를 중요하게 봐야 한다. 우리는 이 단계에서 자연-문화, 자연-인공, 자발성-주의주의主意主義의 대립을 다시 발견한다. 흥미로운 대목이다. 우리는 새로운 인간의 제조를 위해 여러 기술 수단들을 갖고 직접 행동하거나 돌연변이의 출현 및 새로운 사회 진화론néodarwinisme social을 통해 자연 환경의 변화를 기대한다.

매우 흥미로운 내용이 있다. 스카르딜리는 두 가지 내용을 겸비한다. 첫째, 그는 소비 사회에서 인간주의의 경향을 본다. 소비 사회는 "인격을 회복한다"Scardigli.*op. cit.*, p. 56. sq "소비 사회는 인간을 재도입한다. … 이 사회는 인간을 원칙과 경제 활동의 목적으로 주장한다. 향후 우리는 인간이라는 이름으로 혁신을 일굴 것이다. … 물질 욕구와 유한 욕구는 욕망에 그 자리를 양도할 것이며, 대상에 대한 무한성이 욕망의 무한성에 대한 답변을 제시할 것이다." 좋다. 그렇다면 어떤 인간인가? 보편 소비자 혹은 아무거나 욕망하는 소비자우리는 고혈압, 콜레스테롤, 비만 등을 안다인가? 우리가 실제로 바람직한 이상적인 인간인가? 둘째, 스카르딜리는 우리에게 새로운 인간의 "생산" 가능성을 설명Scardigli. op. cit., p. 180. sq한다. 스카르딜리는 갖가지 진부한 표현이를테면 피임약 개발은 여성들에게 자유를 줄 것이다. 스카르딜리에 따르면, 이것은 인격주의의 가치에 해당한다. 또한 고통을 경감시키는 안정 치료법, 모두에게 아름다움을 선사할 성형 수술 등의 표현을 수반해 의학의 진보를 소환한다. 또 환자 격리는 사람들이 환자를 자율적인 인격으로 생각하고 있음을 입증한다는 다소 놀라운 선언으로 의학의 진보를 거론한다. 덧붙여, 그는 "현대 의학은 환자 치료에 대한 책임을 환자 개인에게 부과한다. 마찬가지로, 현대 의학은 질병의 탄생에 주변인의 모든 참여를 거부한다"라고 말한다.

이것은 의료 제도 분석가들이 생각하는 모든 부분과 비교했을 때, 형식상의 모순을 보인다. 또한 두 가지 관점, 즉 '주변인은 치료를 위해 매우 중요하며, 의사들이 결정하는 처방에 인격의 참여도가 차츰 줄어든다' 는 관점에서도 모순이다. 다시 말해, 일각에서는 총체적 사회 발전이 인간의 긍정적 변화를 야기했다고 생각한다. 인간은 이런 식으로 기술 장치들의 단계에서 살게 될 것이다.

사실 이 모든 것은 믿기 힘든 환상이다. 컴퓨터는 인간 발명의 주체도 아닐 것이며, 컴퓨터-인간이라는 완벽한 조합을 발명하지도 못할 것이다. 인공지능을 그 예로 들 수 있다. 핵심 문제는 지능이 아니기 때문이다 더 이상 서술할 필요가 없다. "인간-기계의 조합"을 보여주는 가장 광범위한 형태로도 인간의 변화를 예측하기 어렵다. 이러한 변화의 방향을 종잡을 수 없기 때문이다. 사람들은 유전자 조작이나 뇌수술 문제를 이미 꾸준히 생각했다고 말했지만, 항상 동일한 장애물에 걸린다. 즉, 인간을 발명해야 한다는 당위는 있지만, 어떤 인간을 발명해야 할지에 관한 최소한의 이념도 없다.

소크라테스가 말한 인간과 붓다가 말한 인간은 동일하지 않다. 두 사람이 논한 인간은 '호모 오이코노미쿠스', 즉 경제인과도 전혀 닮지 않았다. 완만한 속도로 고차원의 정신 훈련을 통해 획득할 수 있는 지혜와 온화함과 관련해, 공공재를 위한 기술력을 활용한다한들 우리가 이러한 능력을 갖춘 인간에 이를 수 있는가? 우리에게 매력적인 모델은 프로메테우스가 아닌, 니체의 초인이 아닌가? 니체의 초인이 가장 개연성 있다. 인위적인 개입과 관련된 '모든' 시도는 주목해야 할 부정 효과들과 역효과들을 포함한다. 우리는 이 부분을 누누이 강조했다. 기술이나 과학의 진보가 불충분해서가 아니라, 이러한 질서를 기획하는 데 반드시 역효과가 내재하기 때문이다. 우리가 이미 연구했듯, 순수한 진보는 존재할 수 없다. 역효과는 과학과 기술의 존재 및 발전에 내재한다. 결국 인간의 개발에도 역효과가 이미 서려 있는 셈이다. 즉, 과학기술의 활동을 통한 인간 발명의 문제일 경우, 인간 파괴나 괴물 창조라는 역효과가 그 활동 자체에 포함될 것이다. 우리는 이 주제에 어떠한 환상도 품지 말아야 한다. 나는 영성, 윤리, 교육을 통한 인간의 발명을 바란다. 그러나 이것은 지난 2,500년 동안 인류의 의무 과제였다. 현실에서 이러한 종류의 인간이 이미 발명된 모습을 목도하는 일이야말로 우리에게 최악의 사건이 될지 모른다. 우리는 애당초 큰 그림의 일부가 되었다. 여기서 말하는 큰 그림이란 기술 체계에 완벽히 동화된 인간을 말한다.

2. 큰 그림 그리기

큰 그림은 세 가지 측면을 포함한다. 웅장한 세 가지 유형이라 하겠다. 중앙에는 표지판이 있다. 과학과 기술의 순기능이 요구하는 부분에 확실히 적응한 사람이다. 이 사람들은 어린 시절부터 과학과 기술의 요구에 따르는 훈련을 받는다. 이들의 주 임무는 "심층에서 일어나는 이 작업"에 대한 홍보다! 중앙을 기준으로 왼편에는 매료된 인간이 우리 앞에 나타난다. 과학과 기술의 경이로움에 매료된 인간, 항상 우리 삶의 성장을 견인하는 편의 시설들에 매료된 인간이다. 그리고 오른편에는 우리를 즐겁게 하는 인간, 놀이 기구들, 기분 전환용 물품들, 기발한 제품들이 있다. 이것들은 우리의 현실을 직시하지 못하도록 하는 오락용 도구들이다. 그러나 항시 밝은 빛을 발산하며 현란하게 움직이면서 현실 도피 가능성을 종용하는 도구들이다. 만일 독자들이 중앙 표지판에 서서 양쪽 측면에 눈길을 주지 않는다면, 아마도 균형감, 행복, 풍성함을 완벽히 구비한 인간의 대표자라 불려도 손색이 없을 것이다. 다시 말해, 어떠한 이의제기나 문제도 없는 인간, 자기 최면에 빠져 고요한 삶을 영위하는 인간, 달리기를 비롯한 갖가지 운동으로 얻는 '건강한 신체에 건강한 정신'을 구현한 인간의 대표자일 것이다.

무엇보다 큰 그림에는 갈등이 없다. 개인의 내면 갈등도 없고, 자기 자신과의 갈등도 없다. 주변 집단에서 흔히 있을 법한 갈등도 없고, 일하는 회사와의 갈등도 없다. 또한 정치의 여러 단계에서 벌어질 수 있는 갈등도 없다. 아직 우리는 이 단계에 이르지 못했다. 그러나 서구인들이 어떤 지점에서 "가짜 갈등"_{예컨대 선거}에 열중하는지를 보면, 사실상 갈등 없는 단계에 매우 근접해 있다는 생각을 하게 된다. 우리 사회는 우리의 인상과 반대로 그리 엄격하지 않다!

현 사회는 지금 그리고 여기에 있는 인간에게 무엇을 요구하는가? 기본적으로 네 가지 요구 사항이 있다. 첫째, 무엇보다 제 시간에 정확하게 자기 노동에 집중해야 한다. 둘째, 그와 별도로, 결코 집단성에 관여하지 말아야 하며, 집단을 책임지려고 하지도 말아야 한다. 또한 "행주와 냅킨"을 뒤섞지 말아야 한다. 각자의 능력 발휘가 필요하다. 정치인은 지도하고, 행정가는 집행하며, 교회는 침묵을 지키고, 의사와 병원은 환자와 노약자를 돌보면 된다. 각자가 자기 영역에서 역할을 다하면 된다. "당신의 역할을 다하라. 나머지는 우리가 맡겠다." 세 번째 요구 사항은 소비이다. 많이 벌어서, 모두 소비해야 한다. 이는 절대 과제이며, 꼭 이행해야 할 의무이다. 더 많이 소비하지 않으면, 속도는 둔화될 것이며, 돈은 순환하지 않고, 일터는 모자랄 것이다. 마지막 네 번째 요구 사항은 다음과 같다. 매체들이 유포한 의견에 고분고분 따르고, 제안된 성찰 주제와 정보들을 채택하고, 다른 것을 추구하거나 더 멀리 나가지 말아야 한다. 정보들은 충분히 만족할 수준이다. 또한 이 정보들은 정기적으로 희생양을 지정해 대중들의 적대감을 부추긴다. 사실, 희생양으로 지정된 이들은 가까운 이들도 아니고 강자들도 아니다. 그저 우리의 분노 표출 대상, 우리 정신의 독립성을 표현할 대상일 뿐이다. 바로 이 네 가지가 현대인이 이행해야 할 과제다.

거대한 난관이 있다. 실업자도, 이주 노동자도 있다. 제3세계의 빈곤은 여전하다. 테러리즘도 있다. 엄연한 현실이다. 그러나 우리 손에 있는 이 모든 흑점들은 이내 지워질 것이라 확신한다. 우리가 도달하지 못할 수준의 사람들은 짙은 안개에 파묻혔고, 비극과 거리감이라는 양식들을 낳았다. 정리하면, 큰 그림이 필요한 네 가지 이유는 이미 성취된 것이나 다름없다. 인간이 자신만의 삶과 자기 세상의 현실을 스스로 파악하지 못하도록, 갖은 불가능성이 조장된다. 의사소통과 컴퓨터 정보의 세계가 한껏 고양된 곳에서 이뤄지는 선택은 결국 무지의 선택일 뿐이다. 바로 이것이 큰 그림이다.

이에 관한 '총론'은 드물고, '각론'은 수없이 많다! 살로몽이 세계보건기구의 보고서에서 발췌해 인용한 구문을 보자. "정신 건강의 관점에서 볼 때, 미래의 평화로운 원자력 에너지 사용에 관한 가장 만족스러운 해법은 한 세대를 이루는 대다수 사람들이 원자력에 대해 무지와 불확실성에 적응하는 법을 배우는 일일 것이다." 우리가 위험 요소들에 대해 알지 못한다면, 염려할 일도 없을 것이고, 차라리 모두에게 더 좋은 일이 될 것이다. 바로 이것이 정신 건강이다. 인간은 폐쇄된 삼중 측면triptyque에서 평형 상태를 이룬다. 스카르딜리의 말처럼, 의학이 우리의 모든 문제를 해결하리라는 확신, 여기에서 악화된 것이 다른 곳에서 회복되리라는 확신으로 살아가야 한다. "이러한 일관성이 우리의 몰지각성을 보여준다. 진보로 인한 피해를 의식하는 일은 우리 사회의 토대 자체에 대한 문제 제기를 시작하는 일일 것이다." 그러나 우리가 이러한 행복한 무지로 살아가려면, 모든 것이 장착되어 있어야 한다. 다양한 의사소통 체계의 주요 과제들 중 하나인 '가짜 목표들에 대한' 불만 제기, 항의, 이의 제기에 우리의 기를 소진할지 모른다는 우려를 '단단히 잡아' 맬 오락과 유흥 거리^{이미 다룬 내용이지만 반복해서 이야기 '해야} ^{한다}가 있어야 한다.

발전소 기계의 작동을 바라는 사람들, 기계에 대한 위험성을 무시하자는 사람들, 이 기계의 톱니바퀴의 한 요소가 된 사람들, 기계에 대한 정신적 침묵^{세계보건기구가 말하는 정신 건강}을 지키는 데 복무하는 사람들이 총결집해 이룬 이 선택, 즉 차라리 모르는 편이 낫다는 식의 선택은 놀라운 결과를 낳는다. 바로 우리 사회에서 책임을 완전히 삭제하는 결과로 이어진다. 모두의 무책임 현상이 불거진다. 지금 나는 매우 기초적인 사회보장 체계^{상대적으로 이익도 크} ^{지 않은 여러 보험을 통한}가 부른 무책임에 관해 이야기하지 않는다. 사회체에 관여된 무책임의 두 가지 대규모의 장벽이 문제다. 결정권자들의 무책임과 불가촉천민들의 무책임이다. 정치인들, 행정가들, 전문기술자라는 세 가지로 구성된 의사결정권자들이 무책임하다. 토대부터 무책임하다. 여기에는 두 가지 주된 이유가 있다. 첫째, 이들의 책임과 연관된 사건들은 통상 매우 복잡하다. 둘째, 이와 맞물려 결정의 과정 자체도 복잡해진다.

첫 번째 사례는 매우 명확하게 드러난다. 우리가 목도하는 어마어마한 수준의 낭비를 과연 누가 책임질 수 있는가? 수십 명의 집행자들이 포괄적인 결정을 내렸고, 수백의 행정 담당자들이 문서들을 조정했으며, 역시 수백의 기술자와 전문자들이 구체적인 분야에 대한 자신의 공헌을 모두에게 전달했다. 이 모두에 누가 책임을 지는가? 라 비예트la Villette 시의 도축장에서 근무하는 노동자들에게 방향성에 대한 일반 명령을 내린 프랑스 공화국의 대통령인가? 각자의 전문성에 따라 최초의 명령을 세련되게 다듬은 장관을 비롯한 집행자들인가? 원자력 발전소 사고가 발생할 경우, 누가 책임을 져야 하는가? 체르노빌 사건에 대한 놀라운 대답이 나왔다. "발전소 근무자들 중 한 명의 개별 실수였다." 이 명청하고 넋 빠진 자가 쓸데없이 손잡이를 돌렸다. 이 자도 그 자리에서 죽었다. 독자들은 매 사건마다 같은 이야기를 들을 것이다. 책임자는 하나 혹은 많아야 열에 불과한 반면, 이들과 관련된 주요 분야의 작동 기제는 수천 배 이상 복잡해졌다. 의사결정이 필요한 굵직한 사안들에, 단 한 명의 결정권자만 존재한다. 결정권자 하나의 책임이 막중하다. 핵전쟁 발발의 결정권자는 바로 대통령이다. 그러나 우리는 이 "간단한 사례들"과 이미 매우 가까운 상황이다.

우리는 어디에서 "책임"의 재등장을 확인할 수 있는가? '한' 경관이 '어떤' 범인을 사살했을 때, '한' 외과의사가 의료 사고를 냈을 때, 우리는 이를 과실이라고 이야기한다. 즉, 이것은 구체적이고, 경계가 명확하며, 복잡하지 않은 사고이고, 책임 소재도 분명한 사고다. 이러한 경우를 제외하면, 책임 소재의 경계가 불분명한 경우들이 태반이다. 지층의 미세한 움직임으로 댐에 균열이 생겨 결국 산사태로 이어졌다면, 누가 이를 예측해야 했는가? 로켓에서 투하된 이차 동력기의 궤도를 과연 누가 정확히 계산해야 했는가? 채석장에 다이옥신 통을 보관해 나타난 결과들을 과연 누가 상상할수 있었겠는가?

매우 심각한 부정 효과로 이어질 수 있는 복잡한 사안들을 낳는 요소는 사실 수백 가지물론, 크게 심각하지 않은 경우들에 달한다. 나는 이 문제를 늘 거론했다. 그러나 우리가 지적했던 이중 복잡성은 책임을 희석시킨다. 여기서 말하는 이중 복잡성이란 발생한 사건 자체의 복잡성과 불행한 결과로 이어진 의사결정의 과도한 복잡성이다. 온 세계에서 벌어지는 현상 '자체'가 복잡해졌다. 우리는 현상 자체를 되돌릴 수 없다. 첨단 기술, 우주 항공, 컴퓨터 정보, 레이저, 원자력에 관해 세운 기획들은 여러 단편 작업들의 결과이자 복잡하게 교차된 미시적인 결정의 결과물이다. '특정'인의 명확한 책임이 드러날 수 있는 작업은 결코 존재하지 않았다.

구체적으로 말해, 이러한 상황은 행정 장치들과 생산 조직들의 복잡성과 맞물릴 수밖에 없다. 의사결정이 복잡하게 미분화된 집행 과정에서 우리는 과실을 범한 사람과 책임져야 할 사람을 어디에서 찾을 수 있는가? 보스렌스키는 『노멘클레투라』에서 중앙위원회전능자의 지위에 오른!의 모든 결정으로 불거지는 행정상의 혼란에 대한 사례들을 제시한다. 이러한 이중 효과로 인해, 우리는 누구에게도 책임을 물을 수 없고, 어디에서도 책임자를 찾을 수 없다. 따라서 사람들은 무책임하게 행동할 수 있다. 자기의 과실과 책임의 분간이 불가능하기 때문이다. 덧붙여, 책임과 관련해 우리가 건드릴 수 없는 사람들도 있다. 우리 사회에는 건드릴 수 없는 두 범주가 존재한다. 첫째, 과학자다. 이들은 현 시대 성인의 반열에 올랐고, 이들이 내세우는 과학 만능은 절대 자율성을 확보했다. 감히 누가 과학자를 비난할 수 있는가? 둘째, 정치인 계급[98]이다. 정파들로 나뉜 정치인들은 전쟁도 일으킨다. 근본적으로 이들은 자신의 계급을 보전하기 위해, 호전성을 보이기도 한다.

---

98) 나는 계급으로 고착된 정치인의 무책임 문제를 수차례 성토했다. 한 명의 정치인이 정책을 집행하는 데 그치지 않고, 정치를 생계 수단으로 삼거나 자신의 이력으로 만들어 버리기 때문이다. 이를 종식시키기 위해 우리가 내릴 수 있는 결정은 사실 매우 간단하다. 첫째, 정치인의 겸직을 철저히 금해야 한다. 둘째, 위임된 정치인은 1회만 연임 가능하며, 그 이상은 불가능하다. 셋째, 대리자 자격으로 4회 위임을 받았다면, 향후 선거[후보]에서 배제해야 한다. 나는 이러한 조치들이 진정한 대표성과 민주주의를 보장할 수 있는 방식이라 믿는다.

소위 민주주의라 불리는 국가에 정치인 계급이 존재한다면, 그 국가를 '결코' 진정한 정치와 민주주의 국가라 부를 수 없을 것이다.

이 대목에서, 매우 두드러진 부분을 거론할 필요가 있다. 정치인 개인의 추문 문제다. 보통 금권과 관련된 추문이 다수를 이룬다. 그러나 정치권은 이를 단순 사기 행각이나 개인의 규칙 위반 정도로 여긴다! 이러한 문제 외에도, 우리는 집단의 정치적 결정에 따라 발생하는 문제에 대한 책임 여부를 어디에서도 찾을 수 없다. 집단은 구성원을 보호하든지 아니면 배제하든지 어떻게든 처리할 수 있다. 그러나 집단으로 저지른 추문에 대해서는 책임지지 않는다.[99] 우연치 않게 처벌이 이뤄진다고 해도, 별로 두려운 일도 아니며 개인 이력에 큰 손해가 되지도 않는다. 설령 집단에서 배제되었어도, 정치권의 충분한 인맥으로 떵떵거리며 산다.

과학이 기술담론의 허세에 가담했다는 점을 명확하게 앎에도 불구하고, 우리는 과학자를 쉽사리 건드릴 수 없다. 왜냐하면 이들은 우리의 장래를 쥐락펴락하는 존재들이기 때문이다! 이와 관련해, 나는 단면만 다루려 한다. 과학자의 신격화 문제는 이미 거론된 주제를 넘어선다. 그것은 분명 내 연구 주제가 아니다 바로 과학의 속임수다. 우리는 금융사기에 대해 잘 안다. 그러나 과학도 사기를 친다.[100] 영국의 유명한 심리학자들 중 하나인 시릴 버트Cyril Burt는 지능의 유전에 관한 사실들과 경험들을 조작한 보고서를 발표했다. 화학 분야에서도 비슷한 사기 행각들이 있었다. 일례로 플루토늄 "킬레이트"[101]와 관계된 결과들은 당초 그것을 제시했던 연구소의 조작이었다. 독자들은 이보다 더 오래 전에 있었던 '필트다운' 인의

---

99) 정치적 의사결정에 따른 정치 집단에 대한 처벌은 언제나 "혁명"기에 이뤄졌다. 1917년이나 1933년에 집권자들은 정치인에 대한 대대적 숙청을 단행했다. 새로운 집권자들은 기득권 세력을 반드시 청산해야 했었다. 왜냐하면 1940년에 프랑스에서 벌어진 사건처럼, 몇 년 후 정권 재탈환으로 정계 복귀하는 일을 막지 못하기 때문이다.

100) M. Blanc, G. Chapoutier, A. Dawchin, « Les fraudes scientifiques », La Recherche, n° 113, juillet 1980, p. Tuillier, « Le scandale du British Museum », La Recherche, n° 125, septembre 1981, La Recherche, n° 106, 1979.

101) [역주] 배위결합 중인 화합물의 중심금속 이온의 주위에서 결합하는 분자나 이온을 뜻하는 리간드(Ligand)가 금속 이온과 두 자리 이상에서 배위결합을 해 발생한 착화합물을 가리킨다.

두개골에 관한 일화[102]도 잘 알 것이다. 반면, 진화의 연속성과 관련된 실험들을 둘러 싼 추문이 1981년에야 드러났다는 것을 아는 사람은 별로 없다. 마치 확고한 사실처럼 떠들었던 이 조작극과 기만술의 바탕에는 해석과 관련된 실험들이 있었다. 분자 생물학1950년대에 이미 "구식" 학문 취급을 받았던 분야에서 뫼브스F. Moewvs는 완벽한 속임수로 학계와 대중을 기만했다. 당시 매우 심각했던 문제였다. 또한 생물학 분야에서 파울 캄머러Paul Kammerer도 유전 형질의 특성을 입증하면서 유명세를 탔으나, 연구실의 전시품 하나가 중국산 먹물을 사용한 속임수였다는 사실이 드러났다. 진중한 연구실에서 이러한 위조와 날조는 빈번하게 발생한다! 마지막으로, 우리는 가짜 실험으로 플루토늄 중독의 완전한 치료를 보고했던 슈베르트의 대사기극1978년도 빼놓지 않겠다.

또 다른 유형의 기만은 과학 작업 자체와 관련되지 않고, 그것을 실행에 옮기는 기술의 조건들과 관련된다. 특정한 실험들은 그 위험성으로 인해 실행되지 말아야 한다. 진통제의 일종인 '엔케팔린'에 대한 최초의 연구는 여러 실험의 집합체였다. 이 실험을 주관했던 당사자는 1977년에 자신은 결코 이러한 실험들을 한 적이 없다고 고백했다.실험들이 불필요했다고 평가는 했지만, 실험 내용을 이미 기록으로 남겨둔 상태였다 문제는 킬레이크 플루토늄을 발견한 슈베르트처럼, 세계에 널리 알려진 과학자들이다. 그러므로 건전한 과학에서조차 진리에 대한 순수한 연구가 속임수, 기만, 거짓말로 미끄러지고 말았다. 과학 분야에 대한 정치 혹은 사회적 결과물의 개입으로 인해 진리는 "불순"한 상태가 되었으며, 의심에 기초한 모든 작업을 넘어선 과학자의 무책임이 진리 자체를 불순하게 만들었다. 그러나 정치인들의 면책 특권과 과학자의 무책임이 가능한 유일한 조건은 너도나도 책임지지 않으려는 분위기, 즉 보

---

102) [역주] 1912년 잉글랜드의 필트다운 지역에서 현생 인류 이전의 화석을 발견했다고 보고한 사건이다. 조사에 따르면, 이 인류 화석은 인간, 오랑우탄 등의 뼈를 뒤섞은 날조와 조작극이었다.

편적으로 퍼진 무책임의 분위기라는 점을 숙고해야 한다.

나는 이미 무책임이라는 단어에 두 가지 의미가 있다고 말한 적이 있다. 첫째, 자신의 행위들에 "반응"할 수 없을 정도로 정신적 미약함을 겪는 사람들이 보이는 무책임이 있다. 이것은 본문에서 다루려는 방향이 아니다. 둘째, 특정 범죄를 저지르거나 정신적 타격 혹은 이웃에 대한 테러 행위를 자행한 사람들의 무책임, 진실을 공격하는 사람들의 무책임이 있다. 다만, 이들의 사회적 현 위치가 규범들 외부에 있다는 점, 법정 심판대에 이미 올랐다는 점에서 본문에서 다루려는 주제에서 벗어나며, "책임" 문제에 회부할 수 있는 내용은 아니다. 그러나 나는 세 번째 의미를 제시하려 한다. 바로 책임 '회피'의 문제다. 충분히 책임을 질 수 있는 역량을 갖춘 사람이 있다. 그러나 그는 내면의 심판대에서 스스로 책임을 위반하고 조소한다. 그는 갖은 수단을 동원해 책임이라는 의무감에서 벗어나려 한다. 그는 자신을 은폐하려 한다. 그리고 그것은 보편 보장성 보험의 결과물이기도 하다. 그러나 단지 금전 문제만 낳은 것은 아니다. 이 사람은 "내게는 어떠한 책임도 없다"라는 정서를 더욱 강화한다. 이처럼 광범위하게 퍼진 무책임의 분위기가 정치인, 과학자, 기술자의 무책임을 유발한다.

이러한 무책임에 대응해, 나는 항해에 나선 선장에 관한 옛 사례를 들려한다. 항해 중 기술상의 오류로 선박 전복 사고가 일어났다고 하자. 아마도 사람들은 서로 구조하느라 아우성일 것이다. 그러나 선장은 본인이 조작 오류의 '원인이든 그렇지 않든', 혹은 선박 전복의 원인 여부와 상관없이, 책임을 져야 한다. 또한 선장은 선박과 운명을 같이 해야 한다. 이와 마찬가지로, 19세기에 주무 담당자로 있던 한 사람이 은행의 파산을 맞았다면, 본인이 이 불행한 투기의 주역이든 그렇지 않든, 혹은 의도치 않은 사고의 희생자이든 그렇지 않든, 모든 부분에 책임을 져야 한다. 결국 그는 자결했다. 허튼 소리처럼 들리는가? 이렇게 책임지는 자세는 인간의 존엄성에 해당한다. 결코 문제의 해결책이 아니며, 결국 업무 담당자의 주무에 해당하는 일도 아니지 않은가? 이렇게 묻는 사람들도 있겠으나, 나는 다음과 같이 반문하고 싶다. 과연 일반화된 무책임이 우리의 경제와 정치 문제들에 적합한가? 사람들은 이러한 태도를 무책임의 반대인 '명예'라 불렀다. 오늘날 책임과 명예의 무게를 아는 사람은 더 이상 존재하지 않는다.

「르몽드」에 실린 기사 하나를 길게 인용하겠다. 「베자르[103]와 로봇들」Béjart et les robots[104] 라는 제목의 기사는 탁월한 시각을 선보였다. 기사의 쟁점은 "미래 시대를 위한 미사곡"이다.

젊은 세대의 바람과 무관하게, 우리의 증손들을 기다리는 달달한 시간은 초기 세대들의 잔인성, 거대한 수컷들의 지배, 컴퓨터에서 나오는 몸짓을 따라하는 노래를 십중팔구 되살릴 것이다. 프랑스인들의 특권이라 부를 법한 매력, 연가戀歌, 정사情事는 문화에 대한 모든 언급을 죄로 전가시킬 이 무정한 관계들에서 영원히 배제될 것이다. 베자르 미사곡의 근본 장점은 다음과 같다. 프로그램화된 행동이 신세계언젠가 인류를 기쁘게 할에 대한 거친 시선을 부여했다. … 순수한 리듬은 신경을 시험할 생각들로 근질근질하다. 과연 이러한 생각들이 우리를 구원할 수 있는가? 독자들은 역사 이전 시대의 척행 동물이 어느 날 나무에서 내려와 휘파람을 불고, 테이야르 드 샤르뎅이 말한 초박超博형 인간, 즉 '호모 사피엔스'를 단순 놀림감 정도로 여기리라는 말을 귀에 못이 박히도록 들을 것이다. 미사곡의 두 번째 악장은 그 자체만으로 충분하다. 베자르는 이 부분을 '관습 세계'라 불렀다. 유리장 속에 있던 네 기의 로봇이 무대 안으로 들어오면서 이 세계의 직접성은 더 강화된다. 로봇들은 두려움의 대상이며, 극악무도하다. … 정신을 가다듬을 틈도 없이, 관계들의 암흑기가 이어진다. 그

---

103) [역주] 프랑스의 현대 무용가, 연출가이다.
104) Olivier Merlin, « Béjart et les robos », *Le Monde*, février 1984.

럼에도, 이타주의 감성의 불꽃이 기계로 만들어진 이 존재의 깊은 곳에서 태어날 것이다. … 나는 음악의 골조에 대한 내 깊은 한탄을 완화시키지 않을 것이다. 베자르는 힌두교나 극동 지방의 리듬을 활용해 공포감을 자아내며, 부르주아와 본인을 깜짝 놀라게 하는 일을 즐겼다.

내 시각에, 이 신문 기사는 중요하다. 우리가 미사곡의 중요성에 집중하고, 창작자를 음악과 발레 분야에서 위대한 예술가로 평하며, 사회의 정당성과 절대성을 높은 곳에서 비추는 일을 예술의 역할로 생각한다면, 이 기사의 의미에 담긴 중요성을 알 수 있을 것이다. 내 생각에, 이 기사는 기술 담론의 허세와 지나치게 이상화된 유한 생산의 의미를 정확하게 해설한다.

모든 것이 닫혔고, 끝났다. 그렇다면, 기술담론의 허세로 부풀려진 현실의 유일한 탈출구는 정신이나 물질의 집단 자멸 밖에 없는가? 나는 확고한 예측의 불가능성을 이야기한다. 다만, 향후 이러한 허세 논리들에 관한 결론을 도출하면서 거짓 예언자의 예측에 빠지는 우를 범하지 않으려 한다. 한 가지 주의 사항을 제시하면서 내용을 마무리하려 한다. 인간이 이러한 이데올로기와 물질의 고정 도구(étau105)에서 빠져 나올 수 있는 유일한 기회가 있다면, 혹은 우리가 빠진 이 불구덩이에서 탈출할 수 있는 유일한 문을 찾는다면, 무엇보다 인간이 자유롭다고 믿는 오류를 경계해야 할 것이다. 만일 우리가 인간에게 무한한 원천과 자원이 있고, "최종 단계에서 인간이 자기 운명, 선과 악, 수천 가지 기술 제품들이 제공하는 다양한 가능성을 선택할 자유가 있다는 청신호를 켜려면, 그리고 우리가 마주한 모든 것을 치료하는 해독제를 개발할 자유나 이제 갓 시작 단계인 우주 식민화를 실행할 자유가 인간에게 있다고 생각한다면, 그리고 인간에게 개방된 모든 가능성이 자유로움에 기초한 것이라 상상할 수 있다면, 그렇게 믿는 이유는 실제

---

105) [역주] '바이스'처럼 물건을 움직이지 못하게 고정시키는 도구를 가리킨다.

우리가 모든 것을 상실한 상태이기 때문일 것이다. 내가 기술하려 한 진짜 권력과 전혀 닮지 않은 이 거대한 세계에서, 우리가 걸을 수 있는 유일한 길은 좁은 길이다. 우리는 이 길을 걸어야 한다. 인간에게 필요한 것은 자족할 줄 아는 의식의 수준, 한 세기 전부터 가파르게 상승했던 절대 필요, 운명, 숙명이라는 계단을 내려와야 한다는 점에 대한 인정, 그리고 생존을 위해 단행할 필요가 있는 자아비판 능력이다.

헤겔, 마르크스, 키르케고르 이후로, 우리는 자기의 부자유를 인정할 때라야 비로소 자기 자유를 증명할 길이 열린다고 누차 이야기했다! 그러나 이것은 더 이상 철학이나 이론의 문제가 아니며, 머릿속 논제도 아니다. 즉, '노예냐 자유냐'를 따지는 담론의 문제가 아니다. 이것은 우리의 발로 현실의 땅을 밟고 딛는 문제다. 속임수 사용도 관건이 아니고, 특정 담론으로 이탈할 수 있다는 믿음도 관건이 아니다. '첨단 기술'에서 고르고노스 106)의 얼굴을 보고, 상자에 갇힌 히드라를 인식한 인간이 할 수 있을 유일한 행동은 다음과 같다. 이제 인간은 고르고노스의 얼굴을 들어올리고, 히드라와 비판적 거리인간의 자아비판도 가능한 거리를 유지해야 한다. 이것만이 인간의 자유를 보장할 수 있을 유일한 행동이며, 이 자유만이 인간에게 여전히 유효할 것이다. 적어도 인간이 그러한 행동과 자유를 붙잡으려 하는 용기를 가진 존재라면 말이다.

우리는 기술 체계의 숙명론에 유폐, 차단, 결박되었는가? 기술 체계는 갖은 담론으로 우리를 자동인형처럼 복종하는 존재로 만드는가? "그렇다." 우리가 장비를 제어할 수 있고, 서기 2000년을 준비하고, 모든 것을 계획할 수 있다고 주장하는 한, 우리는 쉼 없이 돌아가는 악순환의 고리에 포섭되고, 그 순환 고리 속에서 이러저러한 존재로 규정될 것이다. 그러나 동시에 "아니다." 실제로 아니다. 왜냐하면 기술 체계는 성장을 멈추지 않

---

106) [역주] 그리스 신화에 등장하는 뱀 모양의 머리카락을 가진 괴물이다. 고르고노스의 얼굴을 보는 사람마다 돌처럼 굳는다.

기 때문이다. 지금까지 불균형과 단절의 지점에 이르지 않은 성장의 사례는 단언컨대 존재하지 않았다. 균형과 일관성 유지가 점점 어려워진다는 진단은 지난 20년 전부터 정설로 굳어져 왔다 또 다른 차원에서 나는 "아니다"를 말한다. 왜냐하면 우리가 재건하려 한 내용처럼, 거대 담론은 그 자체로 모순이며, 혼돈 가운데서도 여백을 남기고, 구멍과 공백을 메우지 않은 상태에서 모든 것을 덮으려고 하기 때문이다. 또 무엇보다 거대 담론은 기술 체계의 피드백 부재를 감추기 위해 "겉으로 태연한" 척하며 "눈속임 할 것들"만 계속 늘리려 하기 때문이다.

따라서 우리는 세상에 도래할 무질서를 기대해야 한다. 핵전쟁과 예기치 않은 위기가 아닌, 모든 모순과 소요가 한꺼번에 분출되는 무질서를 기다려야 한다. 다만, 이러한 무질서로 우리가 치러야 할 값은 가능한 최솟값이어야 한다. 이를 위해 두 가지 조건이 필요하다. 첫째, 단절 지점을 예리하게 간파할 수 있는 준비가 되어야 한다. 둘째, 모든 것이 개인의 자질과 맞물려 작동한다는 점을 발견해야 한다. '마지막으로' 한 가지 가정을 해 보겠다. 우리는 좁은 길을 걷는다. 이를 안다면, 고위급 인사나 권력자의 밥상에서 떨어진 부스러기나 주워 먹으면서 살지 않을 것이다. 오히려 시류에 순응하지 않고 언제나 원천에서 샘솟는 물을 따라 걸었던 사람을 표본으로 삼을 때, 작은 것에도 경탄하고 탄복할 줄 아는 역량을 지닐 때, 우리가 누릴 수 있는 자유 공간이 수학의 프랙탈 도형처럼 협소하다는 사실을 깨달을 때, 비로소 우리는 자유를 누릴 수 있을 것이다. 그리고 이 좁디좁은 공간에서 우리는 두렵고 떨리는 마음 깊은 곳에서부터 누리는 자유와 진정한 자유를 세울 수 있고, 인간이 학수고대하는 '지금과 전혀 다른 새로운 것'을 만들어 낼 수 있을 것이다.

1986년 10월 8일

페사크

옮긴이 후기

들어가며

20세기 서구 사회를 가로지른 '기술'의 문제를 일평생 탐구한 자끄 엘륄은 『기술담론의 허세』에서 사상의 종합을 이뤘다. 엘륄이 사망1994년하기 6년 전에 출간된 이 책은 사실상 그의 마지막 대작이 되었다. 1954년에 출간된 '기술 삼부작'의 첫 작 『기술. 시대의 쟁점』은 프랑스에서 철저하게 무시당하고 원색적인 비난을 받았으나, 오히려 바다 건너 미국에서 선풍을 일으키는 기현상을 보였다. 1977년에 나온 두 번째 작 『기술 체계』는 엘륄의 기술 사상을 가장 체계적이고, 조직적으로 정리한 책이라는 평을 듣는다. 첫 번째 책에는 날카로운 시각과 비평들이 군데군데 묻어나지만 뭔가 정리되지 않은 산만함이 있다. 반면, 두 번째 책은 체계적인 서술에 기초한 학술서의 형식에 충실했다. 세 번째 책인 『기술담론의 허세』는 기술 사상에 농익은 엘륄의 말년 사상을 상대적으로 자유롭고 편안한 문체로 표현한 책이다. 1930년대부터 견지했던 "규정 요소로서의 기술"을 바탕으로, 엘륄은 거대한 체계에서 우리의 생활양식과 사고방식에 이르는 기술의 영향력을 보이려 한다.

흔히 엘륄을 "기술 비관론자"로 분류하곤 한다. 주로 강단 학계의 분류법이다. 그러나 엘륄의 글을 꼼꼼히 살펴보면, 그의 기술 분석은 가치 평가를 도출하기 위한 분석이라기보다, 실제 체험 가능한 현상 서술에 가깝다. 18~19세기의 기술과 판이하게 달라진 현대 기술의 외연 확장과 체계화를 통해 어떤 현상이 벌어지는지, 왜 사람들이 이러한 현상의 표면에만 몰두하고 이면을 보지 않는지, 담론의 구조언론, 학계, 정계 등는 왜 이러한 이면에 대해 침묵하는지 등을 가감 없이 이야기하려 할 뿐이다. 기술 비관론자라는 평가가 아예 잘못되었다고 생각하지 않지만, 그 전에 엘륄은 충실한 기술 "현상학자"였다는 점을 짚어 둘 필요가 있다. 나아가 엘륄 스스로 다른 책에서 밝혔듯, 그가 도마 위에 올린 대상은 기술 자체가 아닌, "기술에 전이된 신성함"이다.[1] 그는 "기술 물신 숭배"가 인간의 자유를 점하고 옥죄어 결국 노예로 삼는 현상을 추적한다.그 점에서, 기술담론의 허세 역시 이러한 숭배 체제의 강화에 일조하는 현상일 것이다 덧붙여, 그의 "이미지 정치와 현실 정치" 개념, "대중 선전" 분석, "사회 계급"특히 부르주아의 변화 등은 이러한 '규정 요소로서의 기술' 이라는 토대에서 이뤄진 현상 연구들이다.

서설이 길었다. 이 정도로 도입부를 정리하자. 말 그대로 옮긴이의 후기를 적는 자리인 만큼, 본문의 내용을 반복하지 않겠다. 장뤽 포르케의 서문이 이미 본서에 관한 친절한 해설을 제공했으므로 독자들은 그의 서문을 통해 충분히 밑그림을 그릴 수 있을 것이다. 엘륄의 글을 국문으로 옮긴 역자는 오늘날 엘륄의 눈으로 세태를 본다면 어떤 이야기가 가능할지에 대한 단상을 공유하는 정도로 후기를 작성하려 한다.[2] 진부한(?) 이야기 두 가지를 먼저 소개하겠다.

「이코노미스트」: 기술 신앙의 전도사

지난 2021년 5월호 「이코노미스트」The Economist지의 표지에 눈길이 가는 그림이 하나 실렸다. "금융의 디지털 통화를 바꿀 고브코인"Govcoins, The digital currencies that will transform finance이라는 표제어 아래 황금빛 동전 하나가 표지의 절반 이

---

1) Jacques Ellul, *Les nouveaux possédés,* Paris, Mille et une nuits, 2003[1973], p. 259. [국역] 자끄 엘륄, 『새로운 신화에 사로잡힌 사람들』, 박동열 역(대장간, 2021).
2) 물론, 저자의 글을 충실하게 전달하는 역할이 역자의 제1과제이다. 그러나 역자의 역할이 단지 저자의 글을 전달하는 작업에 국한되지 않는다고 생각한다. 조사 하나도 빼놓지 말아야 할 정도로 저자와 가장 밀접하게 대화하면서 깊은 이해를 추진하는 사람이기에, 번역 작업을 마치면 저자의 사상을 소재로 세태를 바라보는 논평을 작성해야 할 필요도 있다고 생각한다. 번역 작업은 이러한 논평 작성으로 일단락된다. 따라서 옮긴이 후기라는 지면을 빌려, 미력하나마 그러한 작업을 전개해 보려 한다.

상을 차지한 그림이다. '디지털 통화를 통한 통치' Goverment issue digital currency가 동전의 상층부에 인쇄되어 있고, 하층에는 '우리는 기술을 믿는다' In Tech We Trust라고 인쇄되어 있다.

코로나바이러스가 맹위를 떨치면서 사람들의 외부 활동과 접촉을 가로막았다. 심지어 곳곳을 봉쇄해 버렸던 시국에 나온 권위 있는 경제 잡지는 디지털 통화의 세계화를 꾀하는 경제 방향성을 다뤘다. 통화를 통한 '통치', 그것은 동전에도 인쇄되어 있듯, 기술을 통해 가능할 것이다. 잡지의 주제 기사는 기술 변화가 금융을 전복시킬 것이라 말한다. 비트코인, 페이팔과 같은 디지털 거래 체계의 확장은 통화의 새로운 화신이며, 머지않아 지정학과 자본 분배 방식까지 바꿀 것이다. 그리고 이 예측은 실현될 것이다. "기술"이 있기 때문이다.

동전 하층에 버젓이 인쇄된 "우리는 기술을 믿는다"는 달러화에 인쇄된 "우리는 신을 믿는다" In God We Trust의 모방, 변형일 것이다. 그러나 "우리는 신을 믿는다"가 실제로는 "우리는 황금을 믿는다" In Gold We Trust였던 것과 달리, 이 구호는 문자 그대로 "기술 신앙"일 것이다. 기술 발전이 확실히 그러한 꿈을 구현할 수 있는 도구이자 튼튼한 분모이기 때문이다. 그렇다면, 이제 남은 것은 우리의 "아멘"인가?

빌 게이츠: "기술을 믿사오며" 그리고 "내 탓이오" mea culpa

전 세계를 주도하는 초국적 기업들의 줄임말인 '가팜' GAFAM 3)의 일원인 빌 게이츠는 지난 2021년 초에 전 세계적 기후 문제에 관한 자신의 통찰과 연구 결과, 해법을 제시한 책을 한 권 출간했다. 꽤 설득력 있고 유려한 문체로 서술한 책의 머리말에서, 게이츠는 돌연 자신의 죄를 고백한다. 그 가운데 두 번째와 세 번째 죄 고백이 눈에 들어온다. 게이츠는 이렇게 말한다. "나는 또

---

3) 구글(Google), 아마존(Amazon), 페이스북(Facebook), 애플(Apple), 마이크로소프트(Microsoft)의 앞 글자로 만든 신조어이다.

한 기술 찬양론자다. 내 앞에 놓인 문제를 보면, 이 문제를 해결할 수 있는 기술을 찾을 것이다."[4] 물론, 이 문장만 따로 떼어 게이츠를 기술 신봉자로 매도할 수는 없다. 바로 이어지는 문장에서 기술을 기후 문제의 유일한 해결책은 아니라고 밝히고 있으니 말이다. 그러나 게이츠의 이 말에는 기술의 중요한 속성 하나가 언급되지 않았다. 게이츠는 분명 문제의 '해법'이 기술이라는 점에만 집중할 뿐, 기술이 문제의 '원인'이라는 점에 대해서는 침묵한다.

세 번째 죄 고백은 더 진중하다. "나의 탄소발자국 수치가 터무니없을 정도로 높다는 것 또한 사실이다. 나는 오랫동안 이 사실에 대해 죄책감을 느꼈다. 내가 배출하는 탄소량이 얼마나 많은지 이미 잘 알고 있다."[5] 혹자는 게이츠의 이 고백을 두고 양심 있는 사람이라고 평가할지 모르겠다. 필자역시 이 고백이 게이츠의 진심이기를 바란다. 그러나 게이츠는 이 표현에서도 중요한 내용을 은폐했다. 본인이 사업차 여러 곳을 다니면서 대기에 내뿜는 탄소 문제와 별도로, 게이츠의 디지털 사업체는 전 세계 시장에 보편화되어 있다는 점을 언급하지 않았다. 무슨 소리인가? 아래 내용을 바탕으로 게이츠의 은폐물이 무엇인지 유추해 보자.

파리 소재의 경제연구소 "더 쉬프트 프로젝트"The Shift Project와 경제 월간지 「경제 대안」Alternatives économiques에 따르면, 2016년의 세계 전력 소비의 10%를 컴퓨터 관련 분야가 차지했다. 이는 컴퓨터와 스마트폰을 위시한 디지털 기술 장비들이 전 세계 온실 가스 배출의 3.2%를 차지하는 결과로 나타났다. 2016년 당시 전 세계의 인터넷 사용 비율은 49%로 절반에 조금 못 미쳤다. 세계 인구의 절반이 당시까지 인터넷을 사용하지 않았던 셈이다. 이 연구소와 잡지의 전망 및 보도에 따르면, 2016년에 3.2%였던 탄소 배출 비율이, 2018년에는 3.7%, 2020년에는 4.3%, 2023년에는 5.6%, 2025년에는

---

4) 빌 게이츠, 『기후재앙을 피하는 법: 우리가 가진 솔루션과 우리에게 필요한 돌파구』, 김민주/이엽 역, 김영사, 2021, 24쪽.
5) 위의 책, 24쪽.

7.6%에 달할 것이다. 2018년에 전 세계의 "디지털 기술"로 배출한 공해 비율인 3.7%는 러시아의 배출량과 비등하다.[6] 단, 2018년 이후의 예상 수치는 코로나 이전에 계산된 수치였고, 코로나 시국에 비대면과 디지털 기술의 급속한 보급 및 재편이 일어난 것을 감안하면, 그 수치는 상당히 앞당겨졌을 확률이 높다. 문제는 이러한 정보가 대중들에게 제대로 공유되지 않는다는 데 있다.

다시 빌 게이츠의 세 번째 고백으로 돌아가면, 우리는 그의 고백에 무엇이 누락되었는지를 파악할 수 있다. 그는 지금의 "디지털 공해"의 구조를 짠 사람 가운데 하나다. 게이츠 개인이 배출하는 탄소발자국의 문제가 핵심이 아니며, 그가 대기 중의 탄소를 줄이기 위한 기술 개발에 천문학적 금액을 투자하고 지원하는 것도 핵심이 아니라는 말이다. 오히려, 그가 짜 놓은 구조에서 지구의 무수한 사람들이 탄소발자국을 멈추지 않는다는 점이 더 큰 문제이며, 그 구조의 영역을 결코 축소하려 들지 않는다는 점이 더 큰 문제이다.[7] 숱한 연구 자료들을 섭렵했다고 밝힌 게이츠가 과연 이 사실을 몰랐을까? 설령 몰랐다 하더라도, 그의 죄 고백은 충분한가?

기술의 양면성: 병주고 약주고

기술에 대한 낙관론으로 점철된 『이코노미스트』의 기술 신앙 선언이나 빌 게이츠의 죄 고백을 통해 우리는 현대 기술에 담긴 중요한 속성을 하나를 호출한다. 바로 "양면성"이다. 『기술담론의 허세』 1부에서 엘륄이 강조하듯이, 현대 기술은 폭발적인 진보를 일궜지만, 그와 동시에 그에 상응하

---

6) 이 문제와 관련해, 다음 자료를 참고하라. Justin Délépine, «L' insoutenable croissance du numérique», in *Alternatives économiques*, Janvier 2020, p. 24~27. Cf. Guillaume Pitron, «Quand le numérique détruit la planète» , in *Le Monde diplomatique*, Octobre 2021. [국역] 기욤 피트롱, 「지구를 파괴하는 디지털」, 『르몽드 디플로마티크』, 2021년 10월호.

7) 예컨대 공인된 국제학술지나 사업 문서를 작성하려면, 거의 모든 기관이 "마이크로소프트"사의 MS-Word나 Excel을 사용한다. 다른 소프트웨어를 통한 접근은 몇몇 내수 시장을 제외하곤 불가능하다.

는 값을 치러야 할 정도의 퇴보를 야기했다. 기계 발달로 위험하고 불필요한 노동이 사라지고, 노동 시간도 축소되었다고 이야기하지만, 그 이면에 노동자들의 불면 증세와 스트레스는 새로운 문제로 대두되었다. 노동 속도가 빨라지면서 생활 속도가 달라졌고, 3교대 근무자들은 월 1/3이상을 야간에 근무해야 하는 생활이 도래했다. 생산성 증가를 위해 사용하는 농약과 제초제로 수질, 토질 오염이 발생하고, 에너지 생산과 효율성 제고를 위한다는 명목으로 증강시킨 각종 발전소는 단번의 사고로 감당할 수 없는 피해와 후유증을 유발한다. 무기 기술은 지속적인 군사 갈등 지역을 필요로 하게 되었으며, 무기 기술담론은 전장에서의 살상 효능을 높이는 방안을 최우선으로 홍보한다. 살상 효능이란 결국 적은 비용과 무기 사용으로 다수의 인명을 처분하겠다는 뜻 아닌가?

20세기의 양차 대전이라는 비극을 맛보고도 우리는 "기술 후퇴"라는 길을 적극적으로 택하지 않았다. 후퇴까지는 아니더라도, 적절한 통제 수단을 설정하면서 점진적인 진보 혹은 해당 사회가 충분히 유지할 수 있고 감당할 수 있는 수준의 진보를 추구하지도 않았다. 지금은 모두 자본 전체집합의 품속에 안겨 그 족보가 무의미해진 옛 좌파와 우파도 "기하급수적 성장"에 혈안이었다.[8] 통제 불가능한 수준으로 비대해진 기술 진보, 이러한 기술 진보를 수단으로 수익을 불리는 경제 과두, 이들의 후원을 등에 업고 정책과 수단을 선별하는 정치의 결탁을 뻔히 보았음에도 불구하고, 저지선을 긋지 못했다. 또 종잡을 수 없는 개발과 진화를 추진하는 과정에서 대중들에 대한 대대적인 선전 작업도 빠지지 않았다. 선전에는 참과 거짓이 섞이기 마련이다. 거짓만 이야기하면, 대중들이 믿지 않기 때문이다. 적절하게 참을 섞어가면서 결국 의도한 방향으로 대중을 유인하는 방식이 선전

---

8) 주류가 아니었을 뿐, 전후 이러한 문제를 제기했던, 사상가들이 없었던 것은 아니다. 자크 엘륄을 비롯해, 그의 동료 베르나르 샤르보노, 이반 일리치, 레오폴트 코어, 에른스트 프리드리히 슈마허, 앙드레 고르스 등이 각 분야의 산업화, 기술화, 대규모 경제, 개발 중심주의, 핵발전소 문제 등을 성토했던 대표 인물들이다.

의 기법이다.[9] 엘륄이 말하는 "기술담론" 역시 그러한 기술의 "선전"을 가리킨다. 본서 서론에서 엘륄이 말하듯이, 기술의 효능이 100이면 100을 이야기하지 않고, 1,000을 이야기한다. 혹은 100이 발생할 가능성이 있으면 100을 아예 언급하지 않는다. 이런 틀에서 볼 때, 기술의 핵심 특징을 은폐한 채 기술에 대한 신앙고백과 죄 고백까지 상승한 「이코노미스트」와 빌 게이츠의 일화는 최신판 기술담론선전의 허세를 보인 사례라 하겠다. 독자들은 이러한 행보에 동의하는가? 전문적인 정보에 접근하는 데 한계가 있는 우리는 그저 이들의 제안과 주장에 조용히 수용하고 적응하면 되는가?

기술담론: 상상계의 식민화와 중독성 소비에 대한 선전

현대 기술의 작동 방식 가운데 또 한 가지 중요한 부분이 있다. 바로 '인위적 욕구 창출'이다. 없던 욕구도 만들어야 기술 체계, 소비 사회, 성장 사회로 구성된 현대 사회를 유지할 수 있다. 엘륄도 지적했듯이, 현대 사회에서는 과거에는 하나도 쓸모없는 물건들이 마구잡이로 생산된다. 이 물건을 생산할 수 있는 기술력이 있고, 그 능력을 지속적으로 발전시켜야 하기 때문이다.[10] 이러한 기술 생산은 과연 우리의 욕구에 부응하는 방식인가? 우리와 민주적으로 합의된 생산인가? 아니면, 미리 만들어 놓고 우리의 소비를 부추기는가? 대형 슈퍼마켓에 빼곡하게 정렬된 상품들은 우리의 필요에 따른 생산인가? 아니면, 미리 대량으로 생산해 놓고 없던 욕구를 생성하는 것인가? 우리에게 불필요한 욕구들의 생성을 가능케 하는 일차 도구는 바로 선전 매체들이 역시 기술의 중요한 요소이다. 이 매체들이 우리를 마치 "톱니바퀴"처럼 사용자와 소비자로 조직한다.[11]

---

9) 자끄 엘륄, 『선전』, 하태환 역(대장간, 2012)과 『정치적 착각』, 하태환 역(대장간 2011)을 참고하라.
10) 본서 『기술담론의 허세』 III부 1장 '기술 진보와 부조리 철학' 편을 보라.
11) Serge Latouche, *Jacques Ellul. Contre le totalitarisme technicien, Neuvy-en-Champagne*, Éditions le passger clandestin, 2013, p. 27.

단지 생활 물품에 한정된 구도가 아니다. 모두가 "디지털 장비"의 화신이 된 현 세계에서 우리는 끝없이 욕구 생성 문제와 마주한다. 일정 시간이 지나면 물건을 고장 나도록 애당초 설계해서 출시하는 "계획적 진부화"는 우리의 의도와 무관하게 지속적으로 물품 생산과 소비를 유도한다. 그 과정에서 갖은 거품들로 무장한 담론들이 폭발물처럼 터진다.[12]

우리의 대표적인 믿음 하나가 있다. 바로 '신기술=진보' 혹은 '신제품=진보'라는 공식이다. 진보라면, 무엇의 진보인가? 기능이 진보하면, 나머지도 다 함께 진보하는가? 드론의 경우를 생각해보자. 과거에 인간이 직접 촬영할 수 없는 풍경을 드론 기술로 촬영할 수 있게 되었다. 새로운 풍경과 새로운 각도에서 더욱 입체적인 화면이 제공된다. 그동안 몰랐던 세상의 모습이 새로운 기술을 매개로 우리 앞에 드러났다. 충분히 진보라는 용어를 사용할 수 있을 것이다. 그러나 드론 기술은 거기에 그치지 않았다. 이 기술은 무인 폭격과 테러 작전에 응용되었고, 실전에도 활용되었다.[13] 무엇의 진보인가? 이 기술무인 촬영과 저 기술무인 폭격이 다른 기술 범주라고 말할 수 있는가? 단지 사용자와 사용처의 문제인가? 엘륄의 진단처럼, 긍정 효과와 부정 효과의 동시 출현 아닌가? 더욱이 새로운 기술로 새로운 위협이 인간에게 추가되었다는 점은 왜 활발히 논의되지 않는가?

소형 컴퓨터가 등장했을 무렵, 이 물품에 대한 소비 촉진을 위해 기술 선전가들은 "해방" 이데올로기까지 끌어들였다. 스마트폰이 본격적으로 유통되던 무렵에도 비슷한 담론들이 난무했던 기억이 난다. 우려보다는 압도적으로 낙관이 우세했다. 그리고 이제는 이런 물품 없는 세상은 불가능한

---

12) "계획적 진부화"에 관해, 국내에 번역된 세르주 라투슈의 책이 유용하다. 세르주 라투슈, 『낭비 사회를 넘어서: 계획적 진부화라는 광기에 관한 보고서』, 정기헌 역(민음사, 2014). 또한 동영상 시청이 가능한 독자들은 "유튜브"(Youtube)에서 "전구 음모"(Lightbulb Conspiracy)라는 영상을 참조하라.

13) 2020년 11월 시리아 국경 근처에서 이란의 핵물리학자가 무인기(드론) 테러로 사망했다. 테러 가해자는 밝혀지지 않았다. 이보다 1년 전에 사우디아라비아의 국영 정유 시설을 예멘 후티 반군이 폭발물 탑재 드론으로 공격했다.

것처럼 보인다. 즉, 다른 형태의 삶을 구상하기가 매우 어려워졌다. 이 기술에 맞게 모든 행정과 교육 체계가 바뀌기 때문이다. 새로운 방식의 삶의 추구는 체계화된 기술 안에서 계속 소외된다. 체계 안에 어떤 자리를 잡고 살아가기 위해 필요한 것은 순응이다. 우리의 또 다른 "아멘" 말이다.

기계들이 인간을 자유롭게 하리라는 일종의 신화가 우리를 에둘렀다. 기계들이 인간을 자유롭게 한다는 말이 꼭 틀린 말은 아니다. 그러나 왜 하필 그렇게 조성된 삶을 살아야 하는지, 왜 그런 숙명에 종속되어야 하는지를 묻지 않게 되었다는 점은 큰 문제이다. 필자가 엘륄의 시각에 매우 동의하는 부분이다. 이런 숙명론이 본의 아니게 진짜 필요한 혁명이 무엇인지를 생각하도록 한다.[14]

수요가 없음에도 봇물처럼 쏟아지는 신상품, 창조와 창의성이라는 명칭에 가려진 위기의 가중, 두 번째 파도, 세 번째 파도가 무엇일지 예측 불가능한 신기술들의 쇄도, 도저히 제어할 수 없는 수준으로 발전하는 기술들, 자신이 합의하지 않고 주어진 환경에 "적응"하고 살아야 하는 현대인들, '테크노크라트'들이 구축하는 사회의 뿌리는 건드리지 못하면서 형식만 수정하는 민주주의 체제, 숲을 보는 혜안을 갖춘 비판적 지식인들의 부재[15], GMO처럼 이리저리 섞이는 학문, 고가 기술 장비와 그에 따른 경제적 지원이 없으면 진행할 수 없는 연구, 체계로 조직된 기술 환경에 적응하기 바쁜

---

14) 엘륄의 혁명 삼부작인 『혁명의 해부』, 『혁명에서 반란으로』, 『인간을 위한 혁명』과 베르나르 샤르보노와의 공저 「인격주의 선언을 위한 강령」(『생태 감수성의 혁명적 힘』)을 참고하라.

15) 엘륄은 제자이며 정치학자인 파트릭 샤스트네와의 대담에서, 왜 그렇게 다양한 학문(법학, 사학, 정치학, 사회학, 신학)을 공부했냐는 질문에, 좌파든 우파든 권력이 가장 두려워하는 사람은 바로 '비판할 줄 아는 사람'이라고 답했다. 같은 편이라고 비판의 수위를 낮추거나 은폐하는 편협한 "당파성"이 아닌, 자기 정견과 사상을 바탕으로 토론할 내용을 뿌리까지 파고드는 집요한 '단독자'가 필요하다는 뜻이다. 프랑스 대학이 비판적 지식인을 배양하는 곳이 아닌, 협소한 전문가만 제조하는 공장이 되었다는 한탄을 담은 대답이다. 우리 사회의 교육은 과연 어떠한가? 단도직입적으로 물어, 대학은 기업의 자본에서 자유로운가? 자금 후원자들의 입맛에 맞지 않는 연구의 결과가 나오더라도 그것이 진실이라면 이야기할 수 있는가? Cf. Jacques Ellul et Patrick Chastenet, *À contre-courant. Entretiens, op. cit.*, p. 81.

사람들, 편리에 익숙해져 최소한의 불편도 감내하지 않으려는 사람들, 담론 과잉과 실천 부재의 모순에 불감증으로 일관하는 심장, 화면으로 습득하는 자연 감성 등.

아마도 현대인에게 이러한 기술 체계에 파묻힌 삶을 거부하거나 새로운 생태계를 구축하자고 이야기하면, 마치 신석기 시대 사람들에게 생활 터전인 숲을 불태우라고 말하는 것과 같을 것이다.[16] 오늘날 수많은 사람들은 발전, 생활양식 등과 관련된 기술들을 포기하지 않는다. 수명은 늘었고, 기회는 많아졌다. 그럼에도 더 제한적이고 획일화된 삶을 산다. 신기술들의 출현과 더불어, 우리는 끝없이 새로운 결함과 공백을 메우면서 살아야 한다.[17] "항상 소비하라. 쉬지 말고 소비하라. 범사에 소비하라." 성서를 응용한 이 문구를 성장, 개발, 생산으로 대체해도 큰 차이가 없어 보인다. 이러한 담론이 현대인의 삶의 대다수를 이루고, 나아가 삶을 굳건히 지탱하지 않는가? 삶을 지탱하는 이러한 기술 제품이나 치료술에 대한 의존도가 높아질수록, 삶 자체를 향유하는 우리의 범위와 역량은 점점 축소되는 것은 아닌가?

기술담론: 매료된 인간, 적응된 인간, 저항하지 않는 인간을 향해

거품 낀 기술담론은 마치 자동인형처럼, 우리를 복종에 익숙한 존재로 다듬는다. 우리가 "허세"라고 번역하는 이 용어는 기술에 관한 환상과 착각을 유발하는 거품을 가리킨다. 이 담론의 허세가 "기술 제국의 무제한 팽창을 정당화하고 우리를 환상의 세계에 젖어 살도록 유도한다."[18]

엘륄의 시각에, 기술이 패권을 거머쥔 현대 사회는 사회를 구성하는 모든 구성체를 기술 윤리에 부착시켰다. 이 책의 첫 부분인 "대혁신La Grande Inno-

---

16) 자끄 엘륄, 『기술 체계』, 이상민 역(대장간, 2013), 175∼181쪽을 보라.
17) 본서 『기술담론의 허세』 I부 1장 '양면성' 편을 보라.
18) Patrick Chastenet, *Introduction à Jacques Ellul*, Paris, Éditions La Découverte, 2019, p. 42.

vation"은 사이보그의 출현과 같은 내용에 초점을 맞추지 않는다. 마치 중세의 종교재판소La Grande Inquisition가 정신적종교적 차원을 관장하는 데 그치지 않고, 모든 사법 판단과 생활윤리의 중심지로 기능했던 것처럼, 각종 기술에 에둘러 기술이 요구하는 판단과 속도에 맞춰 사는 현대인의 모습이 "대혁신"이라는 표현에 담겨 있다.

1960~70년대 무서운 산업화 추진과 더불어 과학기술이 가져올 재난의 참상을 이야기하는 담론, 운동, 심지어 예술까지 등장했다. 그러나 지구 멸망에 대한 우려의 다른 쪽에서는 외려 과학기술 이데올로기가 더욱 견고해졌다. 우주항공과 같은 거시적인 분야에서 컴퓨터 정보와 같은 미시 분야에 이르기까지, 기술 진보는 과학 진보를 이끌고, 강화한다. 엘륄은 이미 1970년대 중반에 기술이 더 이상 과학의 부록이 아니며, 과학에 중요한 일개 요소로서 존재하지 않는다고 단언했다. 기술 덕에 과학은 더 이상 실험실에 갇히지 않고, 우리의 일상의 일부를 이루게 되었다. 기술의 힘을 익히 아는 경제계는 손익 계산을 따져 분야마다 자금을 투자하고, 정치계는 과학과 기술의 관계를 보편적 진보의 조건으로 평가한다. 일상에서 소비되는 단순한 가전제품에서 핵무기와 우주항공과 같은 첨단 분야에 이르기까지 과학기술경제정치는 상호 규정, 상호 내재, 상호 견인의 견실한 삼위일체를 구축한다. 이러한 틀 속에 살아가는 현대인은 역설적인 상황을 맞이했다. 한 편으로, 여러 기술 도구들의 조작은 점점 쉬워지고, 손쉬운 조작 도구들의 숫자도 증가해 생활의 편리를 누린다. 다른 한 편, 과학기술 분야는 전문가 아니면 접근할 수 없을 정도로 일반인에게는 이해할 수 없는 미지의 분야, 복합 분야로 심화된다. 우리는 주어진 물품을 소비하고, 주어진 제도에 적응하는 존재로, 분야 전문인은 기획, 생산, 구조 설정을 이끄는 존재로 그 격차는 심화된다. 거기에 경제와 정치의 공조는 민주적 합의를 거치지 않고 특정 분야에 대한 자금 투자와 정책적 결정으로 시민들의 상태를

더욱 취약하게 만든다. 요컨대, 이러한 역설적 상황의 결과는 과학기술 권력의 강화, 우리의 저항력 약화다.

기술담론: 터무니없는 성장과 한계선 위반의 사회

엘륄은 현대 기술의 또 다른 모습을 지적한다. 바로 '무한 성장'이다. 그러나 그는 무한 성장의 결과를 '부조리의 승리'로 진단한다. 욕구 신장을 구실로 새로운 에너지 자원들을 추가하여 얻은 결과는 소비의 지속과 연장이다. 순간적이고 자극적인 소비가 증가하고, 소비의 경계가 사라진다. 기술 '철학' 지혜를 사랑하는 학문이라는 명칭이 가능하다면, 지혜와 한계를 엄밀히 숙고하는 기술 철학은 더 이상 존재하지 않을 것이다. 왜냐하면 현대 기술은 경계선 넘기와 과잉을 멈추지 않기 때문이다. 기술을 통해 무엇이든 할 수 있다고 믿는 신자들은 우리 행성에서 벌어지는 오만 악에 대해 얼마든 책임질 수 있다고 낙관한다. 기술이 우리에게 궁극적인 자유와 구원을 주리라 믿기 때문이다. 기술의 힘에 대한 이 굳은 신앙에 대해, 이미 엘륄은 1937년에 쓴 「파시즘, 자유주의의 자식」에서 이렇게 말했다. "우리가 어떤 힘을 신뢰한다면, 그 힘을 신뢰할 수 있게끔 만든 요인은 바로 기술 자체이다. 기술이 그 힘의 테두리를 그렸다. 그러나 그와 동시에 기술은 이 테두리를 마구 부술 것이다."[19]

이러한 기술 신앙의 보편성은 물품 사회, 속도 사회, 합리성을 이탈한 사회를 만든다. 엘륄은 이 사회의 몇 가지 특징을 짚었다. 나사못과 필체까지도 규격화되고 표준화되는 사회, 모든 것이 끊임없이 바뀌는 사회, 어떠한 부정 효과가 나와도 성장을 멈출 수 없는 사회, 별다른 이유 없이도 빠른 속도를 추구하는 사회, 마지막으로 과학기술의 진보 속도를 결코 줄이지 않는 사회 등이 그것이다. 덧붙여, 우리는 모든 것을 사고파는 상품 사회 속

---

19) Jacques Ellul, «Le fascisme, fils du libéralisme», *Esprit*, vol. 5, n° 53, 1ᵉʳ février, p. 797.

에 산다. 이 사회는 기술을 바탕으로 재화를 생산하는 사회임과 동시에 기술을 바탕으로 각종 위험을 생산하는 사회다. 이 사회와 대면한 엘륄은 기술에게 포섭된 인간의 자유와 자유에 대한 의식 문제 및 인간을 구경꾼으로 가꾸는 세태를 염려한다. 이미 60년대부터 심도 있게 토론했던 기 드보르 Guy Debord나 코르넬리우스 카스토리아디스Cornelius Castroriadis와 동일 선상에서, 엘륄은 우리의 몸과 영혼을 지속적인 욕구 생산과 불필요한 개발에 제물로 드리도록 하는 세태를 비판했다. 직접 책임과 행동의 수위는 점점 낮아지고, 시류에 대항하는 비판적 시각은 파편화된다. 그러면서, 오락과 위락에 젖은 구경꾼들을 만드는 사회, 자극적이고 감각적인 선동에 쉽게 동요하는 이들을 가꾸는 사회가 조성된다고 말이다.[20]

우리의 불복종: 한 가지 출구

쓰다 보니 숨이 턱턱 막힌다. 역시 엘륄의 사회정치학 서적을 읽으면, 비관론이라는 종착지를 벗어날 수 없는 것 같다. 안토니오 그람시의 말처럼 '지성의 비관'을 이길 수 있는 '의지의 낙관'이 있으면 좋겠지만, 이제는 그런 힘도 사라지는 것 같다. 이러한 의지마저 소진되면, 자칫 벼랑 끝 전술이 전개될 수도 있다는 염려가 엄습한다. 숨 쉴 틈 없이 조여 오는 기술 사회에 예속된 우리의 처지를 확인할 때, 기술의 차이가 낳는 소외와 박탈감이 누군가의 삶을 벼랑 끝으로 내몰아 "기왕 이렇게 죽는 거 한 놈 죽이고 나도 죽는다"는 물귀신 사회가 도래할 때[21], 과연 우리는 엘륄의 지속적인 주장

---

20) Patrick Chastenet, *Introduction à Jacques Ellul, op. cit.*, p. 44.
21) 본서 III부 2장 '합리성 결여의 주요 지점들' 편에서 엘륄은 이러한 '테러리즘'의 문제를 짚었다. 실제로 2010년대 유럽에서 벌어진 각종 테러 사건들은 단순히 "종교" 갈등에 환원되지 않는 사회경제적 차이와 변두리화가 자리 잡혀 있다. 세계화를 내세운 경제기술 사회가 빚은 또 하나의 소외다. 사회의 중심에서 멀어진 이들의 잠재된 불만을 잔인한 폭력 행위에 환원시키고, 정당화한 이들이 바로 근본주의 종교들이다. 따라서 '종교의 극단주의화'가 아니라, '극단주의의 종교화'를 문제 삼아야 함에도 불구하고, 서구 언론은 이 점을 거의 보도하지 않는다. 또 하나의 "담론 허세"다. Cf. Serge Latouche, «Una decrescita convivale», in *L'idolatria del mercato. Dalla globalizzazione economica alla riscoperta degli esclusi*, Città di Castello (Pg), L'Altrapagina, 2016, p. 21~22.

처럼 비폭력 저항의 길을 택할 수 있을지도 의문이다. 도무지 출구를 찾을 수 없는 자기 시대의 기술 지배 현상에 갑갑해 하다 결국 과학자를 위시한 지식인들에 대한 폭탄 테러의 길을 택했던 "유나바머" 시어도어 카진스키 Theodore Kaczynski도 엘륄의 기술 분석에 큰 영향을 받았으니 말이다.22) 기술 전체주의는 한 개인의 내면 갈등, 개인과 개인의 갈등 및 이견을 없애고, 매체들의 의견, 말쑥한 정장과 작성된 대본 암기에 능숙한 전문가들의 견해에 따라 살도록 인간을 발명하고, 큰 그림을 그린다. 기술 체계에 완벽히 적응한 인간의 발명, 이 체계에 충실한 삶을 살도록 애당초 조건을 만들려는 큰 그림말이다.23)

마치 자연 환경처럼 기술 환경에 둘려 살아가는 현대인의 상황을 분석하는 엘륄은 비극을 노래하는 카산드라의 역할로 끝을 맺지 않는다. 오히려 그는 성서의 예언자들과 같이 규탄과 심판의 끝자락에 위로와 소망의 싹이 자라고 있음을 이야기한다. 그를 절대 비관론자로 볼 수 없는 이유다. 그의 많은 신학, 윤리 서적이 출구 없는 세상의 잔여지대, 빈틈을 만들 수 있는 창조적 소망의 구역, '수평적 희망l'espoir' 이 아닌 '수직적 소망l'espérance' 에서 도래하는 예외성을 강하게 피력하지만, 굳이 그의 신학, 윤리 사상까지 가지 않더라도, 우리는 그의 사회사상에 내재된 불복종과 비순응주의에서도

---

22) 시어도어 카진스키가 체포되었을 당시, 그의 오두막 서재에는 엘륄의 사회정치학 서적들이 있었다. 그의 동생 증언에 따르면, 카진스키에게 엘륄의 『기술. 시대의 쟁점』 (영역:『기술 사회』)은 성서였다. Cf. Jacob E. Van Vleet, *Dialectical Theology and Jacques Ellul: An Introductory Exposition, Minneapolis*, Fortress Press, 2014, p. 1~2.

23) 한나 아렌트의 배우자이자 발터 벤야민의 친척으로 유명한 독일 출신의 오스트리아 철학자 귄터 안더스(Günther Anders)도 현대 기술의 쇄도에 따른 인간의 추락 문제를 연구했다. 그의 기술 철학은 엘륄의 기술 사회학과 방법론과 접근법은 다르지만, 공통의 목소리를 상당 부분 발견할 수 있는 철학으로 평가 받는다. 안더스는 자신의 기술 철학서 『인간의 골동품화』(*Die Antiquiertheit des Menschen*)에서 "인간다운 인간의 인격을 지우고 붕괴시키는 길은 표면적으로 자유라고 느낄 수 있을만한 것을 지속적으로 보장"하는 "조건들을 만드는 것"이지 결코 히틀러 식의 방식은 아니라고 쓴다. 즉, 강압적으로 가두고, 때리는 방식이 아니라 알아서 예속될 수 있는 부드러운 "조건들" 만 만들어주면 저항이고 뭐고 할 수 없는 바보들이 된다는 뜻이다. 엘륄의 시각과 매우 유사하다. Cf. Günther Anders, *Die Antiquiertheit des Menschen. Über die Seele im Zeitalter der zweiten industriellen Revolution*, t. I, München, Verlag C. H. Beck, 1961[1954], p. 104.

하나의 길을 찾을 수 있다. "세상을 바꾸고 싶다면, 자신의 길 바꾸기부터 시작하라"[24]는 아나키즘의 격언에 따라 살았던 엘륄은 체계화된 기술 세상과 기술담론의 범람으로 그 영역을 빼앗긴 자유와 해방의 길을 회복하기 위한 첫 걸음을 너의 "불복종"에서부터 출발하라 말한다. 그 옛날 같은 보르도의 선배 사상가 에티엔 드 라 보에시가 "폭군을 밀어내고 흔들기보다, 더 이상 그를 지지하지 말라"[25]는 외침에 맞게, 엘륄도 신화 속 괴물 고르고노스와 히드라와 같은 기술 전체주의에 부복하지 말고, 뻣뻣이 고개를 들고 차라리 그것을 외면하라 말한다.[26] 극소수일지 몰라도, 쉽게 복종하지 않는 "사람"들이 이 체계에 균열을 내고 틈을 벌려 우리를 "전율케 할" 자유의 탑을 쌓을 수 있을 것이다.

나가는 말

본서 『기술담론의 허세』는 1988년 라아셰트La Hachette 출판사에서 초판 출간되어 지난 2010년 파야르 플뤼리엘Fayard/Pluriel 출판사에서 새로운 판형으로 재출간되었다. 2010년 판을 번역 대본으로 삼았음을 밝힌다. 독자들도 익히 알겠지만, 책의 분량이 만만치 않기에 물리적 시간이 많이 소요될 것이다. 또한 옛 자료들에 근거한 분석이라 2020년대를 살아가는 독자들에게는 진부한 글처럼 보일 수도 있을 것이다. 세세한 자료들에 너무 집중하면, 엘륄이 제시하려는 의도를 놓치기 십상이니 저자의 주안점이 무엇인지 파악하는 방식으로 글을 읽어 가면 좋을 것이다. 또한 각 장이 독립된 주제로 구성되었기 때문에, 분리해서 읽는 방법도 유익하리라 본다. 마지막으로, 이 책은 프랑스와 이탈리아 중심의 라틴계 탈성장la décroissance[27] 사상가들

---

24) Jacques Ellul et Patrick Chastenet, *À contrecourant. Entretiens, op. cit.*, p. 57.
25) 에티엔 드 라 보에시, 『자발적 복종』, 심영길/목수정 역(생각정원, 2015), 54쪽.
26) 본서의 "결론: 마지막 몇 마디"를 참고하라.
27) 여기에서는 영미권 중심의 "디그로쓰"(*degrowth*)와 논점 및 전환하려는 범주가 다르다는 점만 이야기하겠다. 참고로, 프랑스의 탈성장 사상가 세르주 라투슈는 "디그로

에게 많은 영향을 미친 책이기도 하다. 특히 I부 1장의 "양면성", II부 2장의 "기술 문화는 존재할 수 있는가?", III부 5장의 "낭비", 6장의 "생산성의 허세"는 성장 종교에 빠진 현대 사회에서 이 종교에 맞선 무신론자로 살 수 있는 사유의 내용을 제공할 것이다.

오랜 시간 번역 작업에 매진하면서 고되기도 했지만, 많은 내용을 배우고 곱씹을 수 있었던 시간이었다. 서문을 쓴 장뤽 포르케의 말처럼, 엘륄을 이해할 수 있는 좋은 입문서가 되기에 충분한 책이었다고 감히 단언한다. 예상 시간보다 작업이 늦어져 출간을 기다리는 독자들에게는 송구하다는 말씀을 드려야겠다. 묵묵히 기다려준 도서출판 대장간의 배용하 대표에게는 감사와 미안함 마음을 동시에 전한다. 아울러 출판에 힘쓴 편집부의 노고에 감사와 응원의 말씀을 전한다. 번역과 관련된 모든 오류는 역자의 몫이다. 독자들의 질정을 기다린다.

프랑스 스트라스부르

쓰"라는 영어 단어는 프랑스어 "데크루아상스"의 의미를 포괄하는 정확한 번역어가 아니며, 규모 축소(*downsizing*)나 탈탄소(*post-carbon*), 자발적 단순성(*voluntary simplicity*)과 같은 다른 용어들을 찾아야 한다고 지적한 바 있다. Cf. Serge Latouche, *Renverser nos manières de penser. Métanoï a pour le temps présent, Entretiens avec Daniele Pepino, Thierry Paquot et Didier Harpagès*, Paris, Éditions Mille et une nuits, 2013, p. 142.

참고문헌

여기서 나는 1976년 이후에 발간된 기술 관련 참고문헌을 모두 소개하지 않고, 연구에 실제 활용한 책들만 인용하겠다. 독자들은 참고문헌을 통해 분석의 기본 요소들을 확인할 수 있을 것이다. 둘째, 나는 본 연구에 활용된 잡지들의 논문을 일일이 인용하지 않겠다. 또한 1976년 이후의 책들만 인용하려 한다. 따라서 『기술 체계』 출간 이후의 책들만 인용하겠다. 내가 과거에 사용한 참고문헌들을 굳이 반복할 필요는 없을 것이다. 다만, 막스 베버, 베르트랑 드 주브넬, 조르주 프리드만, 베르나르 샤르보노와 같은 저자들의 글을 연구의 기초 자료로 사용했음을 밝힌다.

연구에 참고한 잡지
La Recherche, Autogestions, Pandore, Science, Culture Info., ADE-MAST, Science, Technology and Society, Combat Nature.

연구에 참고한 단행본
ADER (M.), *Le Choc informatique*, Denoël, 1984.
AIZCORBE (R.), *Fin de Milenio, Occitania*, Buenos Aires, 1985.
«Ambigüités du progrès», numéro spécial de *Lumière et Vie*, Lyon, 1981.
AMERY (C.), *Fin de la Providence*, Le Seuil, 1977.
AMIR (S.), *et alii, La crise, quelle crise?*, Mespero, 1982.
ATLAN (H.), *Entre le cristal et la fumée*, Le Seuil, 1979.
AZNAR (G.), *Tous à mi-temps*, Le Seuil, 1981.
BEILLEROT (J.), *La Société pédagogique*, P.U.F., 1982.

BERLEUR (J.), *et alii., Une société informatisée — pourquoi? Pour quoi? Comment?*, Presses universitaires de Namur, 1982.

BIROU (A.) et HENRY (P.), *Pour un autre développement*, P.U.F., 1977.

BLANC (M.), *et alii, L'État des sciences et des techniques*, Maspero, 1984.

BOUCHER (Wayne), *Study of the Future, An Agenda for Research*, National Science Foundation, 1977.

BOURGUINAT (H.), Les Vertiges de la finance internationale, Economica, 1987.

BRESSAND (A.) DISTLER (C.), *Le prochain monde: Réseaupolis*, Le Seuil, 1985.

BRETHENOUX (D.), *Étude de la réception télévisuelle: Sémiologie T.V. réception T.V.*, thèse Bordeaux-I, 1985.

BRZEZINSKI (Z.), *La Révolution technetronique*, Calmann-Lévy, 1971.

BUSSY (J.-C.), *La Forêt de l'An demain*, La maison rustique, 1980.

CABALLERO (F.), *Essai sur la notion juridique de nuisance*, R.Pichon, 1981.

CAMILLIERI (J. A.), *Civilisation in Crisis*, Cambridge University Press, 1976.

CASTELLI (E.), *Il tempo inqualificabile*, Cedam, 1975.

CASTORIADIS (C.), *Les Carrefours du labyrinthe*, Le Seuil, 1978, et *L'Institution imaginaire de la société*, Le Seuil, 1976. [국역] 코르넬리우스 카스토리아디스, 『사회의 상상적 제도(1)』, 양운덕 역(문예출판사, 1994)

Centre d'études et de recherches de biologie, R. I., océanographie médicale, *Les Pollutions chimiques de la mer*, C.E.R.B.O.M., 1972.

CÉRÉZUELLE (D.), Le Mythe de la technique, thèse, Dijon, 1976.

C.F.D.T., *Les Dégâts du progrès*, Le Seuil, 1977.

CHAMOUX (J.-P.), *Menaces sur l'ordinateur*, Le Seuil, 1986.

CHARBONNEAU (B.), *Prométhée réenchaîné*, chez l'auteur, 1972 et *Le Systè me et le Chaos*, Anthropos, 1973.

CHESNEAUX (J.), *De la modernité: les treizes effets pervers de la modernité*, Maspero, 1983.

CHEVALIER (J.-M.), *l'Économie industrielle en question*, Calmann-Lévy, 1977.

CORIAT (B.), *Science, Technique et Capital*, Le Seuil, 1976.

COSMAO (V.), *Un monde en développement?*, Éditions Ouvières, 1984.

COSMAO (V.), *Changer le monde*, Cerf, 1981.

C.N.R.S., *L'Acquisition des techniques par les pays non initiateurs*, 1973.

DERIAN (J.-C.) et STAROPOLI, *La Technologie incontrôlée*, P.U.F., 1975.

DUCHROCQ (A.), *1985-2000, le futur aujourd'hui*, Plon, 1984.

DUMOUCHEL (P.), DUPUY (J.-P.), *L'Enfer des choses*, Le Seuil, 1979.

L'auto-organisation, Le Seuil, 1983.

DUPUY (J.-P.), *Ordres et Désordres*, Le Seuil, 1982.

DURANDIN (G.), *Les Mensonges en propagande et en publicité*, P.U.F., 1982.

DURBIN (X.), *et alii, Research in Philosophy and Technology*, J.A.I. Press, 1982.

Écologie, l'écologie, enjeu politique, dossier du *Monde*, 1978.

Éducation 2000, n°19, «Informatique au présent», 1981.

EKELAND, *Le Calcul, l'Imprévu*, Le Seuil, 1984.

Encyclopédie de l'Écologie, Le Présent en question, Larousse, 1977.

GALBRAITH (J. K.), *Théorie de la pauvreté de masse*, Gallimard, 1980.

GAUDIN (Th.), *À l'écoute des silences*, 1980.

Les Dieux intérieurs, Éditions Cohérence, 1984.

GELLIBERT (J.), *Le Choix de la biomasse comme énergie*, thèse, Bordeaux-I, 1986.

GEZE (F.), *et alii, L'État du monde 1984*, La Découverte, 1985.

GIARINI (O.), et LOUBERGÉ(H.), *La Civilisation technicienne à la dérive*, Dunod, 1979.

GILLE (B.), *Histoire des techniques*, Gallimard, «La Pléiade», 1978.

GIROD (P.), *La Réparation du dommage écologique*, R.Pichon, 1974.

GOLDSCHMIDT (B.), *Le Complexe atomique*, Fayard, 1980.

GOODMAN (P.), *Growing-up absurd*, Vintage Books, 1962.

GRANDSTEDT (I.), *L'Impasse industrielle*, Le Seuil, 1980.

GRANT (G.), *Technology and Empire*, Anansi Toronto, 1969.

GROETENDIECK, *et alii, Pourquoi la mathématique?*, «10-18», 1974.

GUINNESS (O.), *The Dust of Death*, Intervarsity Press Illinois, 1973.

HARTUNG (H.), *Les Enfants de la promesse*, Fayard, 1972.

HENRY (M.), *La Barbarie*, Grasset, 1987. [국역] 미셸 앙리, 『야만』, 이은정 역(자음과모음, 2013)

HOLTS-BONNEAU (F.), *L'Image et l'Ordinateur*, Aubier, 1986.

Déjouer la publicité, Éditions Ouvrières, 1976.

HOTTOIS (G.), *Le Signe et la Technique*, Aubier, 1984.

Rapport et annexes de la Commission «Informatique et Libertés», La Documentation française, 1974.

Une société informatique, pour qui? pourquoi?, Institut d'Informatique, P.U. de Namur, 1982.

IRIBARNE (P. d'), *Le Gaspillage et le Désir*, Fayard, 1975.

JACQUARD (A.), *Au péril de la science*, Le Seuil, 1982; *Les scientifiques parlent*, Hachette, 1987.

JALEE (P.), *Le Tiers-Monde en chiffres*, Maspero, 1971.

JAMOUS (H.) et GREMION (G.), *L'Ordinateur au pouvoir*, Le Seuil, 1978.

JANICAUD (D.), *La Puissance du rationnel*, Gallimard, 1985.

JANICAUD (D.), *et alii, Les Pouvoirs de la science*, Vrin, 1987.

JÉZÉQUEL, Ledos, Regnier, *Le Gâchis audiovisuel*, Éd. de l'Atelier, 1986.

JOUVENEL (B. de), *La Civilisation de puissance*, Fayard, 1976.

KAHN (H.), et WIENER, *L'An 2000*, Laffont, 1968.

KERORGUEN (Y.), *et alii*, «Technopolis-L'explosion des cités scientifiques», *Autrement*, 1985.

KOCH (C.) et SENGHAAS, *Kritische Studien zur Politikwissenschaft. Texte zur Technokratiediskussion*, Europäischer Verlag, 1971.

KOLM (S.-C.), *Philosophie et l'économie*, Le Seuil, 1986.

LAGADEC (P.), *La Civilisation du risque*, Le Seuil, 1981.

LAUNAY (B. de), *Le Pocker nucléaire*, Syros, 1983.

LAVERRI RE (H.), *Repenser ce bruit dans lequel nous baignons*, La Pensée universelle, 1982.

LAVIGNE (J.-C.), *Impasses énergétiques: défis au développement*, Éditions Ouvrières, 1983.

LEFEVRE (B.), *Audiovisuel et Télématique dans la cité*, La Documentation française, 1979.

LONGACRE (D. J.), *Living More With Less*, Herald Press, 1980.

LUSSATO (B.), *Le Défi informatique*, Fayard, 1981.

MARCHAND (M.) et ANCELIN (C.), *Télématique, Promenade dans les usages*, La Documentation française, 1984.

MATTELART (A.) et SCHMUCLER (H.), *L'Ordinateur et le Tiers-Monde, Amérique latine*, Maspero, 1983.

MAYZ-VALLENILLA (E.), *Ratio tecnica*, Monte Avila, Éditions Caracas, 1985.

MELOT (N.), *Qui a peur des années 1980?*, Éditions du Rochet, 1981.

MENDEL (G.), *54 millions d'individus sans appartenance*, Laffont, 1983.

MICHALET (C.-A.), *Le Capitalisme mondial*, P.U.F., 1977.

MIRABAIL (M.), *et alii, Les Cinquante mots clés de la télématique*, Privat, 1981.

MONTMOLLIN (M. de), *Le Taylorisme à visage humain*, P.U.F., 1981.

MORGENSTERN (O.), *Précision et Incertitude des données économiques*, Dunod, 1972.

MORIN (E.), *Pour sortir du XXe siècle*, Nathan, 1981. [국역] 에드가 모랭, 『20세기를 벗어나기 위하여』, 심재상/고재정 역(문학과지성사, 1996); *Sociologie*, Fayard, 1984.

MORIN (J.), *L'Excellence technologique*, Jean Picollec Publi-Union, 1985.

NEGRI (A.), *I tripodi di efesto (Civiltà tecnologica e liberazione dell'uomo)*, Sugar Cie Éditions, 1986.

NEIRYNCK (J.), *Le Huitième Jour de la Création, Introduction à l'entropologie*, Presses polytechniques et universitaires romandes, 1986.

NORA (S.) et MINC (A.), *L'Informatisation de la société*, La Documentation française, 1978.

NORDON (D.), *Les mathématiques pures n'existent pas*, Actes Sud, 1981.

O.C.D.E., *L'État de l'Environnement*, 1985.

PACKARD (V.), *L'Homme remodelé*, Calmann-Lévy, 1978.

PARTANT, *Que la crise s'aggrave*, Solin, 1978; *La Fin du développement. Naissance d'une alnternative*, Maspero, 1982.

PELISSOLO (J.-C.), *La Biotechnologie demain?, Rapport du Premier ministre*, D.G.R.S.T., 1980.

PINAUD (C.), *Entre nous, les téléphones*, INSEP, 1985.

PIVETEAU (J.), *L'Extase de la télévision*, INSEP, 1984.

POQUET (G.), *Économies de matières premières*, Futuribles, 1977.

Politik und Wissenschaft, Verlag Buch, 1971.

Prospective 2005, Sept Explorations de l'avenir, Rapport C.N.R.S., 2volumes, 1986.

PUEL (G.), *Pourquoi la pauvreté*, Éditions Tiers-Monde, 1986.

PUYMEGE (G. de), *et alii, Autour de «l'Avenir est notre affaire»*, Fondation Veillon, 1984.

RAVIGNAN (F. de), *La Faim, pourquoi?*, Syros, 1983; *Naître à la solidarité*, Desclée de Bronwer, 1981.

REGIMBAL (J. P.), *et alii., Le Rock n'Roll*, Croisade-Genève, 1983.

RIPKIN (J.), *Entropy: a New World View*, Viking Press, New York, 1981. [국역] 제레미 리프킨, 『엔트로피』, 이창희 역(세종연구원, 2015)

RODES (M.), *La Question écologique*, chez l'auteur, 1978.

RONZE (B.), *L'Homme de quantité*, Gallimard, 1977.

ROQUEPLO (Ph.), *Penser la technique*, Le Seuil, 1983.

ROSTAND (J.), *Peut-on modifier l'homme?*, Gallimard, 1956.

ROUGEMONT (D. de), *L'Avenir est notre affaire*, Stock, 1977.

SALOMON (J.-J.), *Prométhée empêtré*, Pergamon, 1981.

SALOMON (J.-J.) et SCHMEDER (G.), *Les Enjeux du changement technologique*, Economica, 1986.

SALOMON (J.-J.) et LEBEAU (A.), *L'Écrivain public et l'ordinateur*, Hachette, 1988.

SCARDIGLI (V.), *La Consommation, culture du quotidien*, P.U.F., 1983.

SCHUMAN (J. B.) et ROSENAU, *The Kondratieff Wave*, World Publication, New York, 1972.

SCHUMACHER, *Good Work*, Le Seuil, 1980.

SCHUURMAN (E.), *Reflections on the Technological Society*, Wedge Publication Foundation, Toronto, 1976.

SIMON (J.-C.), *L'Éducation et l'informatisation de la société*, Fayard, 1981.

STANLEY (M.), *The Technological Conscience*, Free Press, New York, 1978.

SUSSKIND (C.), *Understanding Technology*, Johns Hopkins Press, 1973.

Technische Zeitalter, «Technik», V. Schilling, 1965.

TERNISIEN (J. A.), La Pollution *et ses Effets*, P.U.F., 1968; *La Lutte contre les pollutions*, P.U.F., 1968.

TOUSCOZ (J.), *et alii*, *Transferts de technologie*, P.U.F., 1978.

U.N.E.S.C.O., *La Culture, la société et l'économie dans un monde nouveau*, La Baconnière, 1976.

VINCENT (B.), *Paul Goodman et la Reconquête du présent*, Le Seuil, 1976.

VITALIS (A.), *Informatique, Pouvoir et Libertés*, Economica, 1981.

VOYENNE (B.), *L'Informatique aujourd'hui*, Colin, 1980.

WEBER (M.), *Essais sur la théorie de la science*, Plon, 1965.

WEIZENBAUM (J.), *Computer Power and Humour Reason*, Éditions Freeman, San Francisco, 1976.

WELGER (C.), *et alii*, «Informatique, matin, midi et soir», *Autrement*, 1982.

인명 • 주제어 찾아보기

엘륄의 저서^(연대기순) 및 연구서

- *Étude sur l'évolution et la nature juridique du Mancipium*. Bordeaux: Delmas, 1936.
- *Le fondement théologique du droit*. Neuchâtel: Delachaux & Niestlé, 1946.
  →『자연법의 신학적 의미』, 강만원 옮김(대장간, 2013)
- *Présence au monde moderne: Problèmes de la civilisation post-chrétienne*. Geneva: Roulet, 1948.
  →『세상 속의 그리스도인』, 박동열 옮김(대장간, 1992, 2010(불어완역))
- *Le Livre de Jonas*. Paris: Cahiers Bibliques de Foi et Vie, 1952.
  →『요나의 심판과 구원』, 신기호 옮김(대장간, 2010)
- *L'homme et l'argent* (Nova et vetera). Neuchâtel: Delachaux & Niestlé, 1954.
  →『하나님이냐 돈이냐』, 양명수 옮김(대장간. 1991, 2011)
- *La technique ou l'enjeu du siècle*. Paris: Armand Colin, 1954. Paris: Économica, 1990.
- (E)*The Technological Society*. New York: Knopf, 1964.
  →『기술, 시대의 쟁점』(대장간, 출간예정)
- *Histoire des institutions*. Paris: Presses Universitaires de France, plusieurs éditions (dates données pour les premières éditions);. Tomes 1-2, L'Antiquité (1955); Tome 3, Le Moyen Age (1956); Tome 4, Les XVIe-XVIIIe siècle (1956); Tome 5, Le XIXe siècle (1789-1914) (1956).
  →『제도의 역사』, (대장간, 출간 예정)
- *Propagandes*. Paris: A. Colin, 1962. Paris: Économica, 1990
  →『선전』, 하태환 옮김(대장간, 2012)
- *Fausse présence au monde moderne*. Paris: Les Bergers et Les Mages, 1963.
  → (대장간 출간 예정)

· *Le vouloir et le faire: Recherches éthiques pour les chrétiens*: Introduction (première partie). Geneva: Labor et Fides, 1964.
  → 『원함과 행함』, 김치수 옮김(대장간, 2018)
· *L'illusion politique*. Paris: Robert Laffont, 1965. Rev. ed.: Paris: Librairie Générale Française, 1977.
  → 『정치적 착각』, 하태환 옮김(대장간, 2011)
· *Exégèse des nouveaux lieux communs*. Paris: Calmann-Lévy, 1966. Paris: La Table Ronde, 1994.
  → (대장간, 출간 예정)
· *Politique de Dieu, politiques de l'homme*. Paris: Éditions Universitaires, 1966.
  → 『하나님의 정치와 인간의 정치』, 김은경 옮김(대장간, 2012)
· *Histoire de la propagande*. Paris: Presses Universitaires de France, 1967, 1976.
  → 『선전의 역사』(대장간, 출간 예정)
· *Métamorphose du bourgeois*. Paris: Calmann-Lévy, 1967. Paris: La Table Ronde, 1998.
  → 『부르주아와 변신』(대장간, 출간 예정)
· *Autopsie de la révolution*. Paris: Calmann-Lévy, 1969.
  → 『혁명의 해부』, 황종대 옮김(대장간, 2013)
· *Contre les violents*. Paris: Centurion, 1972.
  → 『폭력에 맞서』, 이창헌 옮김(대장간, 2012)
· *Sans feu ni lieu: Signification biblique de la Grande Ville*. Paris: Gallimard, 1975.
  → 『머리 둘 곳 없던 예수-대도시의 성서적 의미』, 황종대 옮김(대장간, 2013).
· *L'impossible prière*. Paris: Centurion, 1971, 1977.
  → 『우리의 기도』, 김치수 옮김(대장간, 2015)
· *Jeunesse délinquante: Une expérience en province*. Avec Yves Charrier. Paris: Mercure de France, 1971.
· *De la révolution aux révoltes*. Paris: Calmann-Lévy, 1972.
  → 『혁명에서 반란으로』, 안성헌 옮김(대장간, 2020)
· *L'espérance oubliée, Paris*: Gallimard, 1972.
  → 『잊혀진 소망』, 이상민 옮김(대장간, 2009)

- *Éthique de la liberté*,. 2 vols. Geneva: Labor et Fides, I:1973, II:1974.
  →『자유의 윤리』, (대장간, 2018),『자유의 윤리2』, (대장간, 2019)
- *Les nouveaux possédés*, Paris: Arthème Fayard, 1973.
- (E)*The New Demons*. New York: Seabury, 1975. London: Mowbrays, 1975.
  →『새로운 신화에 사로잡힌 사람들』, 박동열 옮김(대장간, 2021)
- *L'Apocalypse: Architecture en mouvement*, Paris. Desclée 1975.
- (E)*Apocalypse: The Book of Revelation*. New York: Seabury, 1977.
  →『요한계시록』(대장간, 출간 예정)
- *Trahison de l'Occident*. Paris: Calmann-Lévy, 1975.
- (E)*The Betrayal of the West*. New York: Seabury,1978.
  →『서구의 배반』(대장간, 출간 예정)
- *Le système technicien*. Paris: Calmann-Lévy, 1977.
  →『기술 체계』, 이상민 옮김(대장간, 2013)
- *L'idéologie marxiste chrétienne*. Paris: Centurion, 1979.
  →『기독교와 마르크스주의』, 곽노경 옮김(대장간, 2011)
- *L'empire du non-sens: L'art et la société technicienne*. Paris: Press Universitaires de France, 1980.
  →『무의미의 제국』, 하태환 옮김(대장간, 2013)
- *La foi au prix du doute*: *"Encore quarante jours.."*. Paris: Hachette, 1980.
  →『의심을 거친 믿음』, 임형권 옮김 (대장간, 2013)
- *La Parole humiliée*. Paris: Seuil, 1981.
  →『굴욕당한 말』, 박동열 이상민 공역(대장간, 2014년)
- *Changer de révolution: L'inéluctable prolétariat*. Paris: Seuil, 1982.
  →『인간을 위한 혁명』, 하태환 옮김(대장간, 2012)
- *Les combats de la liberté*. (Tome 3, L'Ethique de la Liberté) Geneva: Labor et Fides, 1984. Paris: Centurion, 1984.
  →『자유의 투쟁』(솔로몬, 2009)
- *La subversion du christianisme*. Paris: Seuil, 1984, 1994. [réédition en 2001, La Table Ronde]
  →『뒤틀려진 기독교』,박동열 이상민 옮김(대장간, 1990 초판, 2012 불어 완역판 출간)

- *Conférence sur l'Apocalypse de Jean*. Nantes: AREFPPI, 1985.
- *Un chrétien pour Israël*. Monaco: Éditions du Rocher, 1986.
  → 『이스라엘을 위한 그리스도인』(대장간, 출간 예정)
- *Ce que je crois*. Paris: Grasset and Fasquelle, 1987.
  → 『개인과 역사와 하나님』, 김치수 옮김(대장간, 2015)
- *La raison d'être: Méditation sur l'Ecclésiaste*. Paris: Seuil, 1987
  → 『존재의 이유』, 김치수 옮김(대장간. 2016)
- *Anarchie et christianisme*. Lyon: Atelier de Création Libertaire, 1988. Paris: La Table Ronde, 1998
  → 『무정부주의와 기독교』, 이창헌 옮김(대장간, 2011)
- *Le bluff technologique*. Paris: Hachette, 1988.
  → 『기술담론의 허세』, 안성헌 옮김(대장간, 2021)
- *Ce Dieu injuste..?: Théologie chrétienne pour le peuple d'Israël*. Paris: Arléa, 1991, 1999.
  → 『하나님은 불의한가?』, 이상민 옮김(대장간, 2010)
- *Si tu es le Fils de Dieu: Souffrances et tentations de Jésus*. Paris: Centurion, 1991.
  → 『네가 하나님의 아들이라면』, 김은경 옮김(대장간, 2010)
- *Déviances et déviants dans notre societé intolérante*. Toulouse: Érés, 1992.
- *Silences: Poèmes*. Bordeaux: Opales, 1995. → (대장간, 출간 예정)
- *Oratorio: Les quatre cavaliers de l'Apocalypse*. Bordeaux: Opales, 1997.
- (E)*Sources and Trajectories: Eight Early Articles by Jacques Ellul that Set the Stage*. Grand Rapids: Eerdmans, 1997.
- *Islam et judéo-christianisme*. Paris: Presses universitaires de France, 2004.
  → 『이슬람과 기독교』, 이상민 옮김(대장간, 2009)
- *La pensée marxiste*: Cours professé à l'Institut d'études politiques de Bordeaux de 1947 à 1979 Edited by Michel Hourcade, Jean-Pierre Jézéuel and Gérard Paul. Paris: La Table Ronde, 2003.
  → 『마르크스 사상』, 안성헌 옮김(대장간, 2013)
- *Les successeurs de Marx*: Cours professé à l'Institut d'études politiques de Bordeaux Edited by Michel Hourcade, Jean-Pierre Jézéquel and Gérard Paul. Paris: La Table Ronde, 2007.

→『마르크스의 후계자』 안성헌 옮김(대장간, 2014)

· *Les sources de l'éthique chrétienne*. Geneve: Labor et Fides, 2014.

→『원함과 행함 2』, 김치수 옮김(대장간, 2021)

· *Théologie et Technique. Pour une éthique de la non-puissance*. Textes édités par Yves Ellul et Frédéric Rognon, Genève, Labor et Fides, 2014.

→『기술과 신학』, (대장간, 출간 예정)

· *Nous sommes des révolutionnaires malgré nous. Textes pionniers de l'écologie politique*. Paris: Seuil, 2014. →『정치생태학의 혁명적 힘: 인격주의, 자연 감성, 기술 비판』, 자끄 엘륄 · 베르나르 샤르보노 공저, 안성헌 옮김(비공, 2021)

기타 연구서

·『세계적으로 사고하고 지역적으로 행동하라』(*Perspectives on Our Age*: *Jacques Ellul Speaks on His Life and Work*), 빌렘 반더버그, 김재현, 신광은 옮김(대장간, 1995, 2010)

·『자끄 엘륄 −대화의 사상』(*Jacques Ellul, une pensée en dialogue*. Genève), 프레데릭 호농(Frédéric Rognon)저, 임형권 옮김(대장간, 2011)

· In season, Out of Season: An Introduction to the Thought of Jacques Ellul: Interviews by Madeleine Garrigou−Lagrange. Trans. Lani K. Niles. San Francisco: Harper and Row, 1982.

· Entretiens avec Jacques Ellul. Patrick Chastenet. Paris: Table Ronde, 1994.

· *Dialectical Theology and Jacques Ellul−An Introductory Exposition*, Jacob E. Van Vleet (Minneapolis, Fortress Press, 2014),

→『자끄 엘륄의 변증법신학』 안성헌 옮김(대장간, 2023)

대장간 자끄 엘륄 총서는 중역(영어번역)으로 인한 오류를 가능한 줄이려고, 프랑스어에서 직접 번역을 하거나, 영역을 하더라도 원서 대조 감수를 원칙으로 하고 있습니다.
이 일은 한국자끄엘륄협회(회장 박동열)의 협력으로 이루어지고 있으며, 총서를 통해서 엘륄의 사상이 굴절되거나 왜곡되지 않고 그의 삶처럼 철저하고 급진적으로 전해지길 바라는 마음을 가득 담아 진행되고 있습니다.